Mircea Eliade
**Histoire des croyances
et des idées religieuses / III**
De Mahomet
à l'âge des Réformes

세계종교사상사 ³

무함마드에서부터 종교개혁의 시대까지

미르치아 엘리아데 지음 박규태 옮김

세계종교사상사 ³

무함마드에서부터 종교개혁의 시대까지

지은이 / 미르치아 엘리아데
옮긴이 / 박규태
펴낸이 / 강동권
펴낸곳 / (주)이학사

1판 1쇄 발행/ 2005년 10월 25일
2판 2쇄 발행/ 2024년 8월 10일

등록 / 1996년 2월 2일 (신고번호 제1996-000015호)
주소 / 서울시 종로구 율곡로13가길 19-5(연건동 304) 우 03081
전화 / 02-720-4572
홈페이지/ ehaksa.kr
이메일/ ehaksa1996@gmail.com
페이스북 / facebook.com/ehaksa · 트위터 / twitter.com/ehaksa

한국어판 ⓒ (주)이학사, 2005. Printed in Seoul, Korea.
ISBN 978-89-6147-436-8 94200
　　　 978-89-87350-26-4 94200(세트)

Histoire des croyances et des idées religieuses III.
De Mahomet à l'âge des Réforems de Mircea Eliade
Copyright ⓒ EDITION PAYOT & RIVAGES, Paris, 1983
All rights reserved.
Original edition is published by Édition Payot & Rivages.

Korean Translation Copyright ⓒ 2005 by Ehak Publishing Co., Ltd.
All rights reserved.
Korean edition is published by arrangement with
Édition Payot & Rivages through Bestun Korea Agency Co., Seoul.

이 책의 한국어판 저작권은 베스툰 코리아 에이전시를 통해
저작권자와 독점 계약을 한 (주)이학사가 가지고 있습니다.
저작권법에 의해 한국 내에서 보호를 받는 저작물이므로
무단 전재와 무단 복제를 금합니다.

Publié avec le concours du ministère de la
Culture - Centre national du livre.
이 책의 한국어판은 프랑스문화성과 국립도서협회의 지원으로 출판되었습니다.

* 책값은 뒤 페이지에 표시되어 있습니다.

Mircea Eliade
**Histoire des croyances
et des idées religieuses / III**
De Mahomet
à l'âge des Réformes

미르치아 엘리아데 지음 박규태 옮김

세계종교사상사 ³

무함마드에서부터 종교개혁의 시대까지

일러두기

1. 이 책은 Mircea Eliade, *Histoire des croyances et des idées religieuses III. De Mahomet à l'âge des Réformes*(1983)를 우리말로 옮긴 것이다.
2. 번역의 정확성을 기하기 위해 영어판(*A History of Religious Ideas 3. From Muhammad to the Age of Reforms* trans. Alf Hiltebeitel & Diane Apostolos-Cappadona,The University of Chicago Press, 1985)과 일본어판(世界宗敎史 5, 6. ムハンマドから宗敎改革の時代まで,鶴岡賀雄 譯, 2000)을 참조하였다.
3. 본문에 나오는 외국 인명, 신명, 지명 등은 현행 외래어 표기법 및 표준국어대사전(국립국어연구원)을 기준으로 표기하는 것을 원칙으로 하였으나, 표기 원칙이 정해지지 않은 것은 일반적으로 통용되고 있거나 굳어진 표현을 사용하였다.
   - 인명, 신명, 도서명 및 주요 용어 등은 처음 나올 때 한 번 원어를 병기(괄호 없이 해당 단어에 붙여 병기)하는 것을 원칙으로 하였으나, 일부 용어의 경우는 뜻을 분명히 하기 위하여 반복적으로 원어 병기를 하기도 하였다. 단 각주 및 문헌 해제에서는 연구자와 서지 사항 등은 원어만 사용하는 것을 원칙으로 하였다.
   - 지은이가 ( )로 해당 외국어를 원어 병기한 경우에는 이 책에서도 그대로 ( )로 병기하는 것을 원칙으로 하였다. 단 일부 용어는 우리말 발음이나 뜻을 밝히기도 하였다.
4. 원서의 이탤릭체는 고딕체로, 도서명은 『 』로, 논문, 시, 성서, 예술 작품명 등은 「 」로,《 》는 " "로, " "는 ' '로 하였다.
   - ( ), 〔……〕, =는 지은이가 한 것이다.
   - 〔 〕는 인용부호(" ")가 있는 구절 또는 문장에서는 지은이의 설명(주석)이고, 그 외에는 옮긴이의 설명(주석)이다. 단 인용부호가 있는 구절 또는 문장에서 〔 〕안에 한자만 사용하거나 *표를 한 경우는 옮긴이의 설명(주석)이다.
   - 연도 표기에서 /로 구분하여 표기한 연도는 앞의 것은 이슬람력이고 뒤의 것은 서력이다. 예: 260/873~324/935
5. 본문 중에 인용된 성경 구절은 『현대인의 성경』(생명의 말씀사, 2003)을 저본으로 하고, 개정판 공동번역 『성서』(대한성서공회, 2001)를 일부 참조하되,지은이의 글에 맞게 수정하였다.

서문

　이 제3권의 간행이 늦어진 것은 전적으로 건강상의 이유 때문이다. 나는 얼마 전부터 시력이 감퇴하였으며 심한 관절염 때문에 글 쓰는 일이 어려워졌다. 이로 인해 나는 『세계종교사상사』의 이 마지막 부분을 완성시키기 위해 나의 옛 제자들 몇몇의 도움을 받지 않을 수 없었다.

　독자 여러분들도 마땅히 눈치 챘겠지만 나는 제2권의 서문에서 예고한 계획을 바꾸었다. 나는 기독교 교회의 역사를 계몽주의 시대까지로 잡고, 힌두교의 전개, 중국 중세, 일본 제 종교에 관한 장은 마지막 권에 할당하기로 했다. 여기에서는 4세기에서 17세기까지의 유럽 종교사상, 신앙, 제도의 역사에 네 개의 장을 할당했는데, 서양 독자들에게 잘 알려져 있는 창안물(가령 스콜라학이라든가 종교개혁)에 관해서는 별로 설명을 하지 않았다. 통상 일반 개설서에서는 전혀 언급되지 않거나 혹은 최소한의 언급에 그치는 몇몇 현상에 대해 보다 상세히 논하기 위해서이다. 여러 이단적 제설諸說 및 종파, 민중적 신화와 풍습, 마술, 연금술, 비의 종교 등이 그것이다. 이런 종교적 창안물은 그 본래의 영적, 정신적 지평에서 해석되기만 한다면 우리의 관심을 끌 것이 틀림없다. 사실 거기에는 종종 위대한 무엇인가가 들어 있기도 하다. 어쨌든 그것들은 유럽의 문화사 및 종교사를 구성하는 불가결한 요소이다.

『세계종교사상사』의 마지막 권에서는 아메리카, 아프리카, 오세아니아의 전통적 제 종교의 소개가 중요한 부분을 차지하게 될 것이다. 또한 마지막 권에서는 현대사회의 종교적 창안물에 관한 분석이 시도될 예정에 있다〔그러나 이 마지막 권은 결국 간행되지 못했다〕.

흔쾌히 33장과 35장을 읽고 귀중한 조언을 아끼지 않은 찰스 아담스 교수에게 감사한다. 하지만 시아파와 이슬람 신비주의의 해석에 관해서는 내게 책임이 있다. 이는 작고한 나의 벗 앙리 코르뱅의 해석에 입각한 것이다. 또한 나의 동료이자 벗인 앙드레 라코크에게도 감사한다. 그는 이 책 전체의 원고를 꼼꼼하게 읽고 수정해주었다. 내 저서의 간행자이자 친구인 장-뤽 피두-파요에게도 감사한다. 그는 인내심과 따뜻한 마음으로 본서의 집필을 지켜봐주었다.

내 옆에 있어준 아내의 애정과 헌신으로 말미암아 나는 고통스러운 지병에서 오는 피로와 의욕 상실을 결국에는 이겨낼 수 있었다. 이 책이 나올 수 있었던 것은 분명 아내의 덕택이다.

1983년 4월
시카고대학에서
미르치아 엘리아데

차례

서문 5

제31장 고대 유라시아 대륙의 종교: 투르크-몽골인, 핀-우골인, 발트-슬라브인
    241. 수렵민, 유목민, 전사 11
    242. "천신", 탱그리 14
    243. 세계의 구조 18
    244. 세계 창조의 드라마 21
    245. 샤먼과 샤먼의 입문 의례 26
    246. 샤먼의 신화와 의례 33
    247. 샤머니즘의 의의와 중요성 39
    248. 북아시아인과 핀-우골인의 종교 42
    249. 발트족의 종교 47
    250. 슬라브의 이교 신앙 54
    251. 고대 슬라브인의 의례, 신화 그리고 신앙 60

제32장 성상 파괴 운동(8~9세기)까지의 기독교 교회
    252. 로마는 멸망하지 않는다…… 66
    253. 아우구스티누스: 타가스테에서 히포로 70
    254. 아우구스티누스의 위대한 선구자: 오리게네스 73

255. 아우구스티누스의 신학 논쟁: 은총론과 예정설　78
256. 성인 숭배: 순교, 성물, 성지순례　86
257. 동방교회와 비잔틴 신학의 만개　92
258. 이콘 숭배와 성상 파괴 운동　99

제33장 무함마드와 이슬람의 전개

259. 알라, 아라비아의 데우스 오티오수스　104
260. 무함마드, "신의 사도"　111
261. 천상으로의 엑스터시 여행과 신성한 책　117
262. 메디나로의 "이주"　120
263. 유랑 끝의 승리　124
264. 『코란』의 가르침　128
265. 지중해 세계와 근동에의 이슬람 유입　133

제34장 샤를르마뉴에서부터 피오레의 요아킴까지의 서구 가톨릭

266. 중세 초기의 기독교　140
267. 기독교 이전 전통의 동화와 재해석: 신성 왕권, 기사도　147
268. 십자군: 종말론과 정략　152
269. 로마네스크 예술과 궁정풍 연애의 종교적 의미　159
270. 비의 종교와 문학 작품들: 트루바두르, 페델리 다모레, 성배 이야기　166
271. 피오레의 요아킴: 새로운 역사신학　177

제35장 이슬람 신학과 신비주의

272. 주류파 신학의 근본 원리　183
273. 시아파와 비의 종교적 해석학　187
274. 이스마일파와 이맘의 찬미, 대부활, 마흐디　193
275. 수피즘, 비의 종교 그리고 신비체험　197
276. 위대한 수피들, 줄 눈에서 티르미지까지　202
277. 알 할라즈, 신비가이자 순교자　206
278. 알 가잘리 그리고 칼람과 수피즘의 화해　210
279. 최초의 형이상학자들, 아비센나, 이슬람화된 스페인의 철학　215
280. 안달루시아의 최후이자 최고의 사상가들: 아베로에스와 이븐 아라비　221
281. 소흐라와르디와 빛의 신비주의　227

282. 잘랄 웃 딘 루미: 거룩한 음악과 시와 춤 233
283. 수피즘의 승리와 신학자들의 반발. 연금술 238

제36장 바르 코흐바의 난에서 하시디즘까지의 유대교

284. 『미슈나』의 편찬 244
285. 탈무드. 반랍비적 반동: 카라이파 248
286. 중세 유대교의 신학자와 철학자 252
287. 아리스토텔레스와 토라 사이의 마이모니데스 255
288. 유대교 신비주의의 초기의 제 형태 260
289. 중세의 카발라 267
290. 이삭 루리아와 신카발라 274
291. 배교한 메시아 280
292. 하시디즘 284

제37장 유럽의 종교운동: 중세 후기에서 종교개혁 전기까지

293. 비잔틴제국의 이원론적 이단들: 보고밀파 288
294. 서유럽의 보고밀파: 카타리파 293
295. 아시시의 성 프란체스코 300
296. 성 보나벤투라와 신비신학 304
297. 성 토마스 아퀴나스와 스콜라신학 308
298. 마이스터 에크하르트: 신으로부터 신성으로 314
299. 민중의 신앙과 종교 생활의 위기 322
300. 재난과 희망: 채찍 고행자로부터 새로운 신앙생활까지 327
301. 쿠자의 니콜라스와 중세의 황혼 334
302. 비잔틴과 로마. 필리오케의 문제 339
303. 정적주의의 수도승들. 성 그레고리우스 팔라마스 344

제38장 종교, 주술, 그리고 종교개혁 전후의 헤르메스주의 전통

304. 기독교 이전 종교 전통의 잔존 352
305. 정화의 춤의 상징과 의례 358
306. "마녀사냥"과 민중 종교의 성쇠 363
307. 마르틴 루터와 독일의 종교개혁 375
308. 루터의 신학. 에라스무스와의 논쟁 382

309. 츠빙글리, 칼뱅, 가톨릭 개혁 389
310. 르네상스기의 인문주의, 신플라톤주의 그리고 헤르메스주의 398
311. 연금술의 새로운 가치 매김: 파라셀수스에서 뉴턴까지 404

제39장 티베트의 종교들

312. "인간의 종교" 415
313. 전통적 관념들: 우주들, 인간들, 신들 419
314. 본교: 대립과 융합 422
315. 티베트 불교의 형성과 발전 428
316. 티베트 불교의 교의와 실천 432
317. 빛의 존재론과 신비적 생리학 438
318. 티베트의 종교적 창안물에 대한 현대적 관심 443

약어표 447
연구 현황 및 비판적 문헌 해제 449
엘리아데의 저서 목록 541
옮기고 나서 543
찾아보기 553
1권의 차례 567
2권의 차례 569

고대 유라시아 대륙의 종교:
투르크-몽골인, 핀-우골인, 발트-슬라브인

241. 수렵민, 유목민, 전사

 4세기의 훈족(흉노)으로부터 14세기의 티무르(1360~1404)에 이르기까지 투르크-몽골인의 전격적인 침입은 모두 유라시아 대륙의 원시 수렵민들이 가지고 있던 신화적 모델, 즉 초원에서 사냥감을 쫓는 육식동물의 모델에서 촉발된 것이다. 그들은 돌발적이고 재빠르게 이동하면서 피정복민들을 모두 살해했으며, 정착문화의 외적 흔적(마을과 촌락)까지 모조리 없애버렸다. 훈족, 아바르족, 투르크족, 몽골족 기마대의 모습은 초원에서 사슴 무리를 쫓거나 혹은 유목민을 습격하는 이리들의 이미지와 중첩된다. 물론 이 부족들의 장수들은 이런 행동의 전략적 중요성이라든가 정치적 의의에 대해 잘 알고 있었다. 그러나 그들의 행동에서 저 범례적 수렵자, 곧 육식동물이 가지는 신비적 위신 또한 무시할 수 없는 역할을 했다. 많은 알타이 부족들은 그들의 조상을 초자연적인 늑대로 간주했다.(본서 제1권 10절 참조)

이 "대초원의 제국들"은 전격적으로 출현했으며, 정도의 차이는 있을지언정 모두 단기간에 사라졌다. 이 점은 오늘날 많은 역사가들의 관심을 불러일으키고 있다. 훈족은 374년 드니에스테르 강가에서 동고트 왕국을 격파했으며, 계속해서 다른 게르만 부족들을 급격한 민족 이동으로 몰아넣었다. 나아가 훈족은 헝가리 평야를 비롯하여 로마제국 전역을 침략했다. 아틸라는 중부 유럽의 태반을 석권했는데, 그가 죽자마자(453) 통솔자를 잃어버린 훈족은 거의 때를 같이하여 분열되고 역사에서 그 이름이 사라지고 말았다. 마찬가지로 칭기즈칸이 20여 년(1206~1227) 만에 출현시킨 거대한 몽골제국도 그 후계자들에 의해 더욱 확장되기는 했지만(1241년 이후 중부 유럽 점령, 1258년 이후 페르시아, 이라크, 아나톨리아 정복, 1279년 중국 정복), 일본 정복에 실패(1281)한 이래 쇠퇴하기 시작했다. 스스로를 칭기즈칸의 후계자로 자임했던 투르크족의 티무르는 육식동물 모델에 고취된 최후의 정복자였다.

여기서 주목할 것은, 중앙아시아의 대초원을 휩쓸었던 이 "야만인들"이 문명화된 민족의 문화적, 종교적 창안물을 완전히 무시한 것만은 아니라는 점이다. 또한 앞으로도 계속 살펴보겠지만, 그들의 조상에 해당하는 선사시대 수렵민과 유목민들은 이미 남아시아 각지에서 생겨난 여러 창안물들을 도입하고 있었다.

알타이계 민족들이 점하고 있던 지역은 광대했다. 시베리아, 볼가 강 유역, 중앙아시아, 중국 북부 및 동북부, 몽골, 투르크 등이다. 이 알타이계 민족은 다음의 세 가지 주요 부족으로 나누어진다. (1) 투르크(터키)족: 위구르족, 차가타이족 (2) 몽골족: 칼무크족, 몽골족, 브리야트족 (3) 만주-퉁구스족.[1] 이들 알타이계 민족들의 원래 거주지는 아마도 티베트와 중국 사이에 있는 알타이 산맥에서 칭하이靑海 일대의 초원 지대 및 나아가 북방 시베리아의 동토 지역에까지 이르렀다고 보인다. 이 알타이계 민족들의 다양한 집단과 핀-우골계 민족들은 유라시아 대륙 북부에서는 수렵과 어로를, 중앙아시아 지역에서는 유목을, 그리고 남아시아에서는 소규모이지만 농업도 행했다.

선사시대 이래, 유라시아 대륙 북부 일대는 남부에서 비롯된 다양한 문화, 산업, 종교사상의 영향을 받았다. 예컨대 시베리아의 순록 사육은 아마도 초원 지대에서 행해진 말 사육을 모방한 것으로 보인다. 선사시대 교역의 중심지, 가령 오네가[레닌그라드 북부에 있는 카레니아 지방의 동쪽에 위치한 호수] 호반에 위치한 사슴 교역의 섬이라든가 광석의 중심 산지였던 페름[우랄 산맥 중부] 지역 등은 시베리아 문화의 형성에 중요한 역할을 했다. 나아가 중앙아시아와 북아시아는 메소포타미아, 이란, 중국, 인도, 티베트(라마교), 기독교(네스토리우스파), 마니교 등을 기원으로 하는 다양한 종교사상들을 차례차례로 받아들였다. 여기에는 이슬람 및 최근의 러시아 정교의 영향도 덧붙여져야 할 것이다.

하지만 이러한 외부적 영향이 이 지역 본래의 종교 구조를 바꾸는 데에 항상 성공한 것은 아니라는 점을 분명히 해둘 필요가 있다. 가령 유라시아 대륙 북부에는 지금까지도 구석기시대 수렵민 이래의 특징적인 신앙과 풍습이 살아남아 있다. 그런 원초적인 종교 관념과 신화들이 티베트 불교라든가 이슬람 혹은 기독교의 옷을 입은 채 여러 형태로 남아 있는 것이다.[2] 따라서 다채로운 종교적 융합[혼합]syncrétisme

---

1) 핀족과 헝가리인을 포함한 우랄 알타이 어족의 가설은 이미 폐기되었다.
2) 이에 관한 문헌 자료는 매우 적으며 그것도 비교적 후대의 것이다. BC 2세기 중국의 『사기』와 AD 4세기 로마 및 비잔틴의 사서에 (아틸라의 침입에 관한) 약간의 언급이

의 배후에서 이 지역에 특징적인 종교 관념을 식별해낼 수가 있다. 인간을 지배한다고 여겨진 단일한 천신天神에 대한 신앙, 일정한 유형의 우주 창조 신화, 동물과의 신비적 연대감, 샤머니즘 등이 그것이다. 하지만 중앙아시아 및 북아시아 종교들에 있어 가장 흥미로운 점은 무엇보다도 독자적인 창안물을 만들어낸 종교 융합의 구조에 있다.

242. "천신", 탱그리

알타이계 민족들의 신들 가운데 가장 유명한 동시에 가장 중요한 신은 탱그리Tängri(몽골족과 칼무크족은 텡그리Tengri, 브리야트족은 텡게리Tengeri, 볼가 강 유역의 타타르인은 탱게레Tängere, 벨티르족은 팅기르Tingir라고 부른다)이다. 여기서 탱그리라는 말은 "신" 혹은 "하늘"을 의미하며, 투르크족과 몽골족의 어휘에 속한다. "아시아의 선사시대에까지 거슬러 올라가며 수많은 우여곡절을 겪었던 이 말은 공간과 시간 및 문화를 넘어 광대한 지역에서 쓰이고 있다. 이 말은 이미 2000년 이상 전부터 알려졌으며, 중국 국경에서 러시아 남단까지, 캄차카에서 마르마라 해〔흑해와 지중해를 연결하는 보스포루스해협과 다르다넬스해협 사이에 있는 바다〕에 이르기까지 아시아 전 대륙에 걸쳐 알려져 있었다. 이 명칭은 알타이계 사람들이 자신들의 신 혹은 지상

있을 뿐이다. 그 밖에 몽골의 오르콘 강변에서 발굴된 고대 투르크족의 비문(7~8세기)과 칭기즈칸 대정복의 결과 편찬된 제 문헌 및 마르코 폴로(13세기)와 최초의 가톨릭 선교사들이 쓴 보고서 등을 들 수 있겠다. 유라시아 대륙의 풍습과 신앙에 관해 보다 정확한 정보를 담은 유럽인들의 저술이 나타난 것은 18세기 이후의 일이다.

신을 가리키기 위해 사용했는데, 투르크족과 몽골족이 자신들의 역사 과정 속에서 점차로 받아들인 거대한 보편 종교(기독교, 마니교, 이슬람교 등)에 있어서도 항상 사용되어왔다."³⁾

탱그리라는 말은 신적인 것을 나타내는 데 쓰인다. 이미 BC 2세기의 훈족들도 이 말을 위대한 천신을 나타내는 데 사용했음이 확인되고 있다. 당시 문헌에는 이것이 "높은 것(*üzä*)", "희고 천상적인 것(*kök*)", "영원한 것(*möngkä*)"으로서 등장하며, "힘(*küc*)" 있는 어떤 것으로 관념되었다.⁴⁾ 오르콘 강 유역의 고대 투르크계 민족[돌궐족, 위구르족 등]이 남긴 비문(7~8세기)에는 이렇게 새겨져 있다. "옛날 높은 곳에 푸른 천공이 그리고 낮은 곳에 검은 대지가 생겨날 때, 양자 사이에서 인간 아이(=인류)가 생겼다."⁵⁾ 이와 같은 하늘과 땅의 분리는 우주 창조의 작용으로 해석될 수 있다. 탱그리를 주인공으로 하는 본래 의미에서의 우주 창조 신화는 암시적인 형태로만 나타날 뿐이지만, 알타이 지방의 타타르족과 야쿠트족은 자신들의 신을 "창조주"라고 불렀다. 또한 브리야트족의 전승에 의하면, 신들(*tengeri*)이 인간을 창조했으며 악령들이 질병과 죽음을 지상에 퍼뜨리기 전까지는 인간은 행복하게 살고 있었다고 한다.⁶⁾

어쨌든 우주의 질서 및 세계와 사회의 성립과 인간의 운명은 탱그

---

3) Jean-Paul Roux, "Tängri. Essai sur le ciel-dieu des peuples altaïques"(premier article), p. 49.
4) *Ibid.*, deuxième article, p. 200을 참조하라.
5) *Ibid.*, p. 221.
6) Eliade, *Le Chamanisme*, p. 71, n. 4에 인용된 문헌들을 참조하라. 몽골인의 민간신앙에서는 탱그리가 불과 젖 등등 모든 것을 창조했다고 나온다. W. Heissig, *La religion des Mongols*, p. 404를 참조하라 하지만 이는 본래적 의미에서의 우주 창조 신화에 관련된 문제는 아니다.

리에 의존한다. 따라서 어떤 지배자이든 하늘로부터 신임을 받지 않으면 안 된다. 오르콘 강변의 비문에는 이렇게 적혀 있다. "우리의 아버지를 카간Kaghan의 자리에 오르게 해주시는 탱그리여, …… 제국을 하사하신 탱그리여, 나를 카간의 자리에 들게 하소서……."[7] 사실 중국의 전례에 따르자면 카간은 하늘의 아들[天子]에 해당된다.(본서 제2권 128절 참조) 요컨대 군주란 하늘-신이 파견한 자 내지는 대리자이다. 탱그리 숭배는 바로 이 군주에 의해 충분하고도 완전한 형태로 행해졌다. "무정부 상태가 되어 부족들이 흩어지고 (오늘날 그렇듯이) 제국이 더 이상 존재하지 않는 상태가 되면, 이전에는 그만큼 주목을 받았던 탱그리도 데우스 오티오수스deus otiosus[한가한 신]가 되어 천상의 하위 신들에게 자리를 내주거나 산산조각 난다(탱그리의 다수화). …… 최고의 통치자가 없어지면 하늘이신 일신은 점차 망각되며 대신에 민간신앙이 강성해짐으로써 가장 중요한 위치를 점하게 된다."[8] (몽골족은 99가지의 탱그리를 알고 있었으며, 그 대부분은 고유한 이름과 확실하게 정해진 역할을 가지고 있었다.) 천상의 지고신이 데우스 오티오수스로 변모해가는 것은 세계적으로 확인할 수 있는 현상이다. 탱그리의 경우는 분열되어 다수화되거나 다른 신격에게 자리를 양도하는데, 이는 제국의 분열 사태와 상응하는 것으로 보인다. 물론 이와 유사한 과정은 인류 역사에서 수없이 많이 찾아볼 수 있다.(*Traité*, §§14 sq. 참조)

---

7) J.-P. Roux, *op. cit.*(troisième article), p. 27. 이와 동일한 신앙이 몽골 시대에도 나타난다. "그는 영원한 하늘의 권능에 의해 칸[왕]이 되었다." R. Grousset, *L'Empire des Steppes*, p. 182.

8) J.-P. Roux, "La religion des Turcs de l'Orkhon des VIIe et VIIIe siècles"(premier article), p. 20.

탱그리는 신전을 가지지 않았다. 또한 신상의 형태로 표상되었는지 여부도 의심스럽다. 부카라(우즈베키스탄 공화국의 한 도시명. 1220년 칭기즈칸에게 점령당했다)의 이맘과 벌인 유명한 논쟁에서 칭기즈칸은 이렇게 묻고 있다. "전체 우주가 신의 집이다. 특별히 그중 한 곳(가령 메카)을 지정해서 거기에 참배하는 것이 무슨 의미가 있는가?" 다른 경우도 그렇듯이 알타이인의 천공신도 전지적인 신이다. 그래서 몽골족은 선서할 때 "하늘이 알듯이!"라고 말한다. 군대를 통솔하는 자는 산정(세계의 중심을 나타내는 특권적 이미지)에 올라 신에게 기도하며, 원정을 앞두고 때로는 칭기즈칸이 그랬듯이 사흘 동안이나 천막에 홀로 은거했다. 그 사이에 군대는 하늘에게 기원했다. 한편 탱그리는 자신의 불만을 나타내기 위해 여러 가지 하늘의 징조를 보여주었다. 유성, 기근, 홍수 등이 그것이다. (가령 몽골족이나 벨티르족의 경우) 사람들은 탱그리에게 기도를 올렸고 말과 양 등을 희생 제물로 바쳤다. 천신들에 대한 희생 제사는 특히 재해와 천재가 일어날 때 보편적으로 나타났다. 그러나 중앙아시아와 북아시아에서는 다른 지역과 마찬가지로 탱그리가 다수화됨에 따라 그것이 (바람의 신이라든가 우주적 풍요신 등) 다른 신격들에 동화되어갔다. 그리하여 알타이인에게 있어 바이 월겐Bai Ülgän("위대한 자")이 텡게레 카이라 칸Tengere Kaira Kan("자비심 많은 하늘의 주")을 대신하게 되었고, 그 결과 사람들은 바이 월겐에게 말을 희생 제물로 바치게 되었다.(본권 pp. 37 이하 참조)[9] 인간으로부터의 거리 유지와 수동성은 다른 천신들을 특징짓는 것이기도 하

---

[9] 천공적 구조를 지닌 신들의 명칭—"대장", "주님", "아버지", "창조주", "위대한 자", "광명"—등에 관해서는 Eliade, *Traité d'Histoire des Religions*, §18을 보라. 그리고 Uno Harva, *Die religiösen Vorstellungen der altaischen Völker*, pp. 140 sq.를 참조하라.

다. 가령 퉁구스족의 천신 부가Buga("하늘" 혹은 "세계")에게는 어떤 제사도 바치지 않는다. 부가는 전지적 존재이지만 인간사에는 관여하지 않으며 악인을 벌하지도 않기 때문이다. 또한 야쿠트족의 천신 우룬 아이 토욘Urün Ai Tojon도 제7천에 거하면서 만사를 통어하는 신이지만 징벌을 내리는 일은 없으며 오직 선만 행한다.[10]

243. 세계의 구조

알타이계 민족들의 우주론과 우주 창조론은 매우 흥미롭다. 거기에는 우선 전통문화에서 많이 확인되는 원초적인 요소들이 잘 보존되어 있다. 또한 그런 신화를 전하는 형태 자체가 상당 부분 외래 사상을 동화시키고 재해석해온 장기간에 걸친 종교의 융합 과정을 잘 보여준다. 나아가 그 우주론이 아시아에 가장 널리 퍼져 있는 우주 창조 신화와 반드시 연관성을 가지지는 않는다는 점도 흥미롭다. 확실히 우리가 확인할 수 있는 자료의 성격이 비균질적이라는 점을 고려하지 않으면 안 된다. 우주 창조 신화는 전적으로 민간 사이에 퍼져 있던 것이기 때문이다. 이는 세부적인 사항이긴 하지만 중요하다. 그 의미에 관해서는 차후에 다시 논하기로 하겠다.

세계의 다른 지역에서도 그러하듯이 아시아의 우주론 또한 크게 보아 삼층 구조—천상, 지상, 지옥—를 지니며, 그것들은 중앙을 관통하는 축에 의해 서로 연결되어 있다고 여겨졌다. 이 축을 따라 하나의 "구멍"이 "뚫려" 있으며, 이 구멍을 통해 신들이 지상으로 내려오

---

10) Eliade, *Traité*, §18; Harva, *op. cit.*, pp. 151 sq.를 보라.

고 죽은 자가 지하 세계로 내려간다. 또한 샤먼의 혼이 천계와 지옥을 여행할 때에도 이곳을 통해 비상한다든가 강하한다. 따라서 이와 같은 세 개의 세계들—각각에 신들, 인간들, 지옥의 왕과 사자들이 거하고 있다—은 겹쳐진 세 장의 판자 같은 이미지를 가진다.[11]

많은 알타이계 민족들은 천공을 일종의 천막으로 상상했다. 거기서 은하수는 천막의 "이음매"이고 별들은 빛이 드나드는 "구멍"에 해당된다. 때때로 신들은 지상을 조망하기 위해 천막을 열어젖힌다. 이것이 유성이다. 또한 천공은 일종의 뚜껑이라고 생각되었다. 때로 그 뚜껑이 지면의 모서리와 딱 맞아떨어지지 않는 경우가 있다. 그러면 그 틈새로부터 큰 바람이 불어 들어온다. 나아가 그 좁은 틈새를 통해 영웅이나 다른 특수한 인간이 천계로 올라갈 수도 있다. 그 천계의 중앙에는 북극성이 빛나고 있으며, 이것이 마치 기둥처럼 하늘 천막을 지탱시킨다. 몽골족과 브리야트족은 이 북극성을 "황금의 기둥"이라 부르고, 시베리아 타타르족은 그것을 "흑철의 기둥"으로, 그리고 텔레우트인은 "태양의 기둥"이라고 불렀다.[12]

당연한 예상이지만, 이 우주론은 인간이 사는 소우주에 반영되었다. 예컨대 세계축axe du monde은 인간의 주거지를 지탱시켜주는 기둥들 혹은 "세계의 기둥"이라고 불리는 특별한 막대기와 같이 구체적인 형

---

11) 이런 이미지는 이 세계 전체가 바다 속으로 가라앉지 않도록 동물(거북이라든가 물고기)이 받치고 있다는 믿음으로 완성된다. Harva, *op. cit.*, pp. 22 sq.를 참조하라.
12) Eliade, *Le Chamanisme*, pp. 212 sq.에 인용된 문헌들을 보라. 브리야트인은 별들을 말[馬] 떼로 상상했으며, 북극성은 그 말들을 매는 말뚝으로 여겼다. 이런 관념은 알타이계 제 민족 및 우골계 제 민족에 공통적으로 나타난다. *Ibid.*, p. 212, n. 6을 참조하라.

태로 표상되었다. 그러다가 주거 양식이 원추형의 지붕을 가진 오두막에서 유르트youte, 즉 천막 형태로 바뀌면서 기둥이 가지고 있던 신화-종교적 기능이 천정 꼭대기에 있는 굴뚝으로 옮겨 갔다. 이 천막의 굴뚝은 "하늘의 집"에 있는 굴뚝과 대응되며, 그것은 다시 밤하늘에 북극성이 만들어내는 "구멍"과 동일시되었다. 이와 같은 상징은 매우 넓은 지역에서 발견된다.[13] 그 근저에는 천계와의 직접적 교류가 가능하다는 신앙이 깔려 있다. 대우주의 차원에서 이런 교류는 우주축(기둥, 산, 나무 등)으로 표상되며, 소우주의 차원에서는 집 중심의 기둥 혹은 천막 꼭대기의 개구부에 의해 표상된다. 이는 다음과 같은 사실을 의미한다. 즉 인간의 집은 모두 "세계의 중심"을 향해 투영되고 있으며, 따라서 모든 제단, 천막, 집 등은 일상적 차원을 넘어서서 신들과의 교류와 (샤먼의 경우처럼) 천계로의 상승을 가능하게 한다는 것이다.

이미 여러 차례 지적했듯이, "세계의 중심"이라는 신화적 이미지(이는 선사시대에까지 거슬러 올라간다. 본서 제1권 7절 참조)에서 가장 널리 보이는 것은 우주산과 우주목이다. 이 이미지들은 알타이계 민족 및 그 밖의 아시아 전역에서 나타난다. 가령 알타이 타타르인은 바이 윌겐이 하늘의 중심에서 황금산 위에 앉아 있다고 상상한다. 아바칸 타타르족은 이를 "철산"이라 부른다. 또한 몽골족, 브리야트족, 칼무크족 사이에서 이 산은 숨브르Sumbur, 수므르Sumur 혹은 수메르Sumer라는 이름으로 알려져 있다. 인도의 신화적 산 메루Meru를 감안하건대 이는 인도로부터 영향을 받았음이 틀림없다. 하지만 그렇다고 해서

---

13) 이런 상징체계는 여러 알타이계 제 민족뿐만 아니라 이집트, 인도, 중국이나 메소포타미아, 그리스 등 더욱 발달된 문화권에서도 찾아볼 수 있다. Eliade, *Le Chamanisme*, pp. 213 sq.의 관련 참고 문헌들을 참조하라.

이들 민족이 저 원초적이고 보편적인 우주산의 상징을 원래 모르고 있었던 것은 아니다.[14] 한편 우주목 또한 아시아 전역에서 발견되며, 특히 샤머니즘에서 중요한 역할을 수행한다. 우주론적으로 말하자면 우주목은 대지의 중심, 즉 배꼽에 해당되는 장소에 세워지며, 가지의 끝은 바이 윌겐의 궁전과 접해 있다. 브리야트인은 신들(텡게리)이 이 나무의 과실을 먹고산다고 믿는다. 다른 알타이계 민족들은 우주목 가지에 깃드는 작은 새가 바로 태어나기 전의 아이의 혼이며, 따라서 샤먼들이 그곳으로 혼들을 찾으러 온다고 여겼다.[15] 또한 샤먼은 이 우주목을 재료로 삼아 북을 만든다. 샤먼이 사는 오두막의 앞쪽과 안쪽에는 이 우주목의 모형이 놓여져 있으며, 북에도 우주목의 그림이 그려져 있다. 뿐만 아니라 뒤에서 다시 살펴보겠지만(본권 245절), 알타이족 샤먼들은 의례용 백화나무를 타면서 실제로 우주목에 기어오른다고 믿는다.

244. 세계 창조의 드라마

북아시아와 중앙아시아 민족들에게 가장 잘 알려진 우주 창조 신화는 그 형태에서 상당한 차이가 있기는 하지만 거의 전 세계에 퍼져

---

14) *Le Chamanisme*, pp. 216 sq.의 예들과 참고 문헌들을 보라.
15) *Ibid.*, pp. 49, 220 sq.를 보라. 이런 신화적 모티프는 아프리카와 인도네시아에서도 찾아볼 수 있다. p. 221, n. 1을 참조하라. 거의 확실히 메소포타미아 기원이라고 여겨지는 또 한 가지 테마는 운명의 목책Arbre-Livre des destins에 관한 테마이다. *Ibid.*, pp. 221~222를 참조하라.

있는 유형의 창조 신화이다. 이 신화의 원초성(본서 제1권 7절 참조)과 광범위한 지역에 전파되었다는 점—아시아 이외에서는 아리안 시대 및 전前 아리안 시대의 인도, 동남아시아, 북미 대륙—그리고 시대를 거듭하며 다양하게 변화되었다는 점은 이 신화를 종교사학자가 가장 관심을 갖는 연구 테마 중의 하나로 만든다. 중앙아시아 판본(및 동유럽의 판본, 본권 250절)의 특징을 분명히 하기 위해 우선 이 신화의 최초 형태로 보여지는 것을 소개하고자 한다. 그 배경은 항상 동일하다. 즉 천지창조 이전의 거대한 물 혹은 바다이다. 이 신화의 시나리오에는 몇 가지 변이형이 있다. (1) 신이 세계를 만드는 데 사용할 약간의 진흙을 가져오기 위해서 어떤 동물의 모습을 하고 심연의 바닥까지 잠수한다. (2) 혹은 수륙 양서 동물(가령 물새)을 보낸다. (3) 혹은 그때까지 그 존재를 모르고 있다가 이윽고 적이라는 사실을 알게 되는 어떤 생물(조류인 경우가 많다)을 보낸다. 이 가운데 첫 번째 유형은 힌두교에서 찾아볼 수 있다.(위대한 신—프라자파티Prajápati, 브라흐마Brahmā, 비슈누Viṣṇu—이 돼지로 모습을 바꾸어 수중에 잠수하여 대지를 끌어올린다. 본서 제1권의 p. 661~662 참조) 두 번째 유형은 매우 널리 퍼져 있다(전 아리안 시대의 인도, 아삼, 북아메리카 등. 이 유형에서는 물에 잠수하는 동물과 창조주가 적대적이지 않다는 점에 주의해야 한다). 이런 우주 창조를 위한 잠수가 일종의 "이원론"적 의미로 전개되는 것은 아시아와 동유럽에서만이다.

몇몇 투르크계 민족의 경우 종종 이 두 가지 유형의 융합형이 나타난다. 가령 브리야트족의 어떤 신화에는 원초적 바다 위에 있는 솜볼 부르칸Sombol-Burkan이라는 신이 등장한다. 이 신은 한 마리의 물새를 발견하고 그 새에게 물 밑까지 잠수하도록 명한다. 그리고 물새가 가져온 진흙으로 대지를 창조한다. 몇몇 이본에서는 그 다음에 신이 진흙으로 인간을 빚어낸다.[16] 레베드 타타르인의 신화에서는 백조 한 마리가 신의 명령으로 물에 잠수하여 주둥이에 약간의 흙을 담아 가지고 온다. 신은 그것으로 평평하고 반들반들한 대지를 빚는다. 그 대지에 늪지대가 생긴 것은 나중에 악마가 왔기 때문이다.[17] 알타이 타타르인에 의하면, 태초에 아직 물밖에 없었을 때 신과 "사람"이 두 마리의 검은 독수리 모습으로 함께 수영했다. 신은 사람에게 해저의 진흙을 가져오도록 시켰다. 그런데 "사람"은 진흙을 약간 입 안에 남겨두었고, 진흙에서 만들어진 대지가 넓어지기 시작하자 입 안의 진흙도 불어나기 시작했다. 사람은 하는 수 없이 그것을 토해냈다. 그러자 늪지가 생겨났다. 이때 신이 말했다. "넌 죄를 범했다. 따라서 네 신하는 나쁜 자들이 될 것이다. 하지만 내 신하들은 경건한 자들이다. 그들은 태양과 빛을 볼 것이다. 그리고 나는 쿠르비스탄Kurbystan (Ohrmazd)이라 불릴 것이며, 너는 엘릭Erlik이라 불릴 것이다."[18] 여기서는 이란계 사상과의 융합이 뚜렷하게 나타난다. 그러나 우주 창조를 위한 잠수의 시나리오는 거의 완전히 보존되어 있다. "사람"이 지옥의 왕 엘릭 칸Erlik Khan과 동일시되어 있다는 점은 신화적 조상인 최

---

16) Eliade, "Le diable et le Bon Dieu"(=*De Zalmoxis à Gengis-Khan*, pp. 81~130), pp. 106 sq. 를 보라. 거기서 몇몇 브리야트족과 야쿠트족의 이본 신화들을 분석하고 있다.
17) "Le diable et le Bon Dieu", p. 103에 인용된 W. Radlov.
18) *Ibid.*, p. 104에 인용된 Radlov. 이 신화에서는 계속해서 인간의 창조 이야기가 나온다. 엘릭 칸은 자기 막대기를 덮을 수 있을 만큼의 대지를 요구한다. 그가 막대기로 대지를 두드리자 해로운 동물들이 출현했다. 결국 신은 엘릭을 대지 밑으로 추방해버린다. 엘릭과 신의 이와 같은 대립이 반드시 "이원론적" 사상을 의미하는 것은 아니다. 예컨대 고대 투르크인의 비문에서는 엘릭이 죽음의 신으로 나오기 때문이다. Annemarie V. Gabain, "Inhalt u. magische Bedeutung der altturkischen Inschriften"을 참조하라.

초의 인간이 또한 최초의 사자死者(이는 전 세계에 널리 보이는 신화소이다)이기도 했다는 사실에 의해서도 설명될 수 있다.

몽골계 민족에게는 이 신화의 변이형이 훨씬 더 복잡하다. 거기서는 먼저 오치르바니Očirvani(=Vajrapani)와 차간 슈크르티Tšagan-Šukurty가 하늘에서 원초적 바다로 내려온다. 그러고는 오치르바니가 동료에게 물속으로 들어가 진흙을 가져오라고 부탁한다. 가져온 진흙을 거북이 등에 고루 바르고 난 뒤 그 위에서 두 신이 잠들어버린다. 그때 악마 슐무스šulmus가 와서 두 신을 바다에 빠뜨리려 한다. 그런데 악마가 두 신을 밀어냄에 따라 대지도 함께 넓혀졌다. 또 다른 이본에서는 하늘에 살고 있던 오추르만Očurman이 대지를 창조하려고 동료를 찾았다. 그리하여 차간 슈크르티를 발견하고는 자기 대신에 점토를 찾으러 보낸다. 그러나 차간 슈크르티는 우쭐한 기분에 이렇게 외쳤다. "내가 없으면 넌 점토를 손에 넣을 수 없을 것이다." 그러자 가지고 있던 점토가 손가락 사이로 흘러내렸다. 그래서 다시 물속으로 들어가 이번에는 오추르만의 이름으로 진흙을 가져온다. 그런데 대지가 창조된 후 악마 슐무스가 와서 대지의 일부를, 정확히 말하자면 그가 자신의 막대기 끝으로 건드릴 수 있는 만큼의 대지를 넘겨줄 것을 요구한다. 그리고 슐무스가 대지를 막대기로 두드리자 거기서 뱀이 기어 나왔다고 한다.[19] 이 신화는 다음의 두 가지 이원론적 모티프를 결합하거나 공존시켰다고 말할 수 있다. (1) 창조신의 적대자 혹은 경쟁자와 실제로 잠수한 자와의 동일화. (2) 대지가 창조된 뒤 악마가 어디선가 나타나 그 일부를 요구하거나 혹은 황폐하게 만든다.

우주 창조를 위한 잠수 신화는 핀-우골계 민족들과 서슬라브 민족

---

19) Eliade, *Zalmoxis*, p. 105에 인용된 Potanin.

들 및 동구 지역에서도 발견된다. 따라서 이 신화의 "이원론적 고정화"에 관해서는 나중에(본권 250절) 다시 살펴보면서 그 기원에 관한 여러 설들을 검토할 것이다. 다만 여기서는 우주 창조를 위한 잠수가 가지는 극적인 가능성 혹은 최종적으로 "이원론적"인 것이 될 가능성이 전개되는 것은 세 번째 변이형―창조신이 인간의 형태를 한 조력자를 잠수시키는 판본―에서라는 점을 확인하는 데에 그치고자 한다. 여기에서는 창조된 세계의 불완전성, 즉 "죽음"의 출현과 산지 및 늪지의 출현 및 악마의 "탄생"과 "악"의 존재를 설명하기 위해 잠수와 그에 이어지는 세계 창조 작업의 극적 전개가 펼쳐진다. 다시 말해 대지의 재료를 얻기 위해 잠수하는 것은 더 이상 **창조신 자신**이 아니라 그의 조수 내지는 하인이다. 이런 에피소드 덕분에 이 창조 신화에 불순종 혹은 반항이라든가 대립이라는 요소를 도입하는 것이 가능해진다. 세계 창조의 이와 같은 "이원론적" 해석은 동물의 모습을 한 신의 조력자가 점차 신의 "종"으로 그리고 "동료"로 화하고 마침내 신의 적대자로까지 변해감으로써 가능했던 것이다.[20] "민중적" 신정론에 있어 이런 이원론적 해석이 가지는 중요성에 관해서도 나중에(본권 250절) 고찰할 것이다.

인간 창조의 신화도 이 적대자의 불길한 역할을 보다 부각시키고 있다. 많은 신화에서 찾아볼 수 있듯이, 신은 인간을 진흙으로 만들고 거기에 혼을 불어넣는다. 그러나 중앙아시아와 북아시아에서는 이런 시나리오에 하나의 극적인 삽화가 내포되어 있다. 즉 신은 최초의 인간들의 신체를 반죽해서 만든 후, 개 한 마리에게 그것을 지키게 하고 혼을 가지러 천상에 올라갔다. 그 사이에 엘릭이 와서, 만일

---

[20] Eliade, pp. 126 sq.를 참조하라.

자신을 가까이 가게 해주면 털 모피를 입혀주겠다고 개(이때는 아직 개에게 털이 없었다)에게 약속한다. 그런 다음 엘릭은 인간의 신체를 침으로 더럽히고 말았다. 브리야트족은 콜름Cholm(적대자)에게 더럽혀지지 않았다면 인류가 질병도 죽음도 알지 못했을 것이라고 믿는다. 알타이족의 다른 이본에 의하면, 신이 잠시 자리를 비운 사이를 노려 엘릭이 인간들의 신체를 지키고 있던 개를 속이고 사람의 신체에 악마의 혼까지 불어넣었다고 한다.[21] 이 경우는 인간의 질병과 죽음뿐만 아니라 인간의 영혼이 가지는 악한 성격에 관해서까지 신의 책임을 면제시키려고 애쓴 필사적인 노력의 흔적이 엿보인다.

245. 샤먼과 샤먼의 입문 의례

데우스 오티오수스가 되거나 혹은 끝없이 다수화되어가는 지고의 천신(탱그리 및 99가지 텡그리), 창조주이지만 자신의 작품(세계와 인간)이 악마적인 적대자의 개입에 의해 손상받은 신, 인간 영혼의 빈약함, 악마와 악령에 의해 초래된 질병과 죽음, (천상과 지옥이 무수한 층으로 나누어지고, 천상 혹은 타계로 통하는 경로에 관해 상세한 지식이 필요한) 상당히 복잡한 신화적 지리를 포함하는, 삼층—천상, 지상, 지옥—으로 이루어진 우주상……. 이와 같은 본질적 요소들을 상기하는 것만으로도 중앙아시아 및 북아시아 종교에 있어 샤먼이 행하는 역할의 중요성을 짐작하기에 충분하다. 실로 샤먼은 신학자인 동

---

21) Harva. *relig. Vorstell.*, pp. 114 sq. 이와 동일한 설화가 핀-우골계 민족들에게서도 나타난다.

시에 악마학자, 엑스터시의 전문가이자 주의呪醫, 수렵의 조언자, 공동체와 가축 떼의 수호자, 영혼의 인도자, 그리고 일부 사회에서는 학자이자 시인이기도 한 그런 존재이다.

"샤머니즘Chamanisme"이라는 말은 매우 원초적이고(이미 구석기시대부터 있었다고 생각된다) 전 세계에 걸쳐 퍼져 있는(아프리카는 좀 예외적이다) 일종의 종교현상을 가리키기 위해 사용된다. 그러나 엄밀한 의미에서 샤머니즘이란 전적으로 중앙아시아와 북아시아 및 극동 지역의 종교현상을 말한다. 샤머니즘이 (이란, 메소포타미아 문화, 불교 일반, 티벳 불교 등으로부터) 가장 다양한 영향을 받은 것도 역시 아시아에서였다. 또한 아시아에서는 샤머니즘 본래의 구조가 지금도 보존되어 있다.

샤먼이 지니는 여러 가지 능력은 입문 의례적 체험의 결과 얻어진 것이다. 입문 의례에 수반되는 시련을 통해 미래의 샤먼은 인간 영혼의 허약함에 대해, 그리고 그것을 지키는 테크닉에 대해 배운다. 또한 직접 체험을 통해 모든 질병이 일으키는 고통을 알고 그 원인을 찾아낸다. 그는 의례적 죽음을 경험하고 지옥으로 내려가며 때로는 천상에도 올라간다. 요컨대 샤먼의 모든 능력은 "영적" 차원의 체험과 지식에 입각한 것이다. 샤먼은 모든 "영적 존재", 즉 생자와 사자의 영혼, 신들과 악령들, 우주의 삼층에 가득 차 있는 (보통의 인간들에게는 보이지 않는) 무수한 정령들과 친숙하게 지낼 수 있다.

이런 샤먼이 되는 것은 다음 세 가지 중의 하나에 의해서이다. (1) 갑작스런 소명("부름" 혹은 "선택")에 의한 경우 (2) 샤먼직의 세습에 의한 경우 (3) 개인적 결단 혹은 드물기는 하지만 씨족의 의사意思에 의한 경우이다. 그러나 어떤 경우든 샤먼이 샤먼으로서 인정받기 위해서는 다음과 같은 두 가지 측면을 섭렵하지 않으면 안 된다. 즉 (1) 엑스터시에 관련된 측면(꿈, 환영, 트랜스 등)과 (2) 전승 지식에 관련된 측면(샤먼 고유의 테크닉, 정령의 명칭과 활동, 씨족의 신화와 계보, 비밀 언어 등)이 그것이다. 입문 의례는 이 양 측면의 교육으로 이루어져 있으며, 선배 샤먼이나 정령이 이런 입문 의례를 제공한다. 이 교육은 공개적으로 행해지기도 하지만, 그런 공개적인 의례가 없다 하더라도 입문 의례는 항상 행해진다. 입문 의례는 신참자의 꿈과 엑스터시 체험을 통해서도 충분히 행해질 수가 있기 때문이다.

이런 신비스런 소명의 징후는 쉽사리 알 수 있다. 즉 샤먼이 되고자 하는 자는 기묘한 행동으로 사람들의 눈길을 끈다. 그는 늘 꿈을 잘 꾸고, 혼자 있고 싶어하며, 숲이나 황야를 배회하거나, 환영을 본다든지 혹은 자면서 노래를 부른다든지 한다. 때로 이런 준비 기간은 상당히 심각한 증상으로 특징지어진다. 야쿠트족 사이에서는 그런 젊은이가 성격이 난폭해지며 곧잘 의식을 잃거나, 숲에 은거하거나, 나무껍질을 먹거나, 물과 불 속에 뛰어들거나, 칼로 자기 몸을 자해하는 일이 생기기도 한다.[22] 세습 샤먼의 경우에도 미래의 샤먼은 샤먼으로 선정되기 전에 어떤 행동의 변화를 보인다. 가령 조상 샤먼의 혼이 일족 중에서 어떤 젊은이를 선택한다. 그러면 그 젊은이는 멍한 상태에 빠지며 꿈을 많이 꾸게 되고 혼자 있는 것을 좋아하게 된다. 혹은 예언적인 환영을 보거나 의식을 잃을 정도로 발작을 일으키기도 한다. 브리야트족에 따르면 그렇게 실신한 상태에서 그의 혼은 정령들에게 납치되어 신들의 궁전으로 간다고 한다. 그의 혼은 거기서 조상 샤먼으로부터 샤먼직의 비밀, 신들의 모습과 이름, 정령의 이름과 그 의례 등에 관해 가르침을 받는다. 이 최초의 입문 의례가 끝나

---

22) Eliade, *Le Chamanisme*, pp. 45 sq.에 인용된 예들을 보라.

야 비로소 혼은 다시 자기 육체로 돌아올 수 있다.[23]

　신비스런 소명은 많은 경우 혼에 심각한 위기 상황을 초래하며, 그것이 입문 의례의 역할을 수행한다. 일반적으로 입문 의례란 어떤 유형이건 간에 일정 기간의 격리와 여러 시련 및 고행을 수반한다. 자신이 "선택당했다"고 하는 부담스런 감정에서 미래의 샤먼이 병에 걸리는 일도 있는데, 이 자체가 "입문 의례적 질병"이라는 의의를 가진다. 병에 걸리면 누구라도 불안과 고독을 느끼게 되는데, 샤먼의 경우는 특히 신비적 죽음의 상징으로 인해 그것이 한층 더 심각하다. 왜냐하면 초자연적인 "선택"을 받아들인다는 것은 신 내지는 악마의 손에 완전히 자신을 맡긴다는, 즉 임박한 죽음에 자신을 내어준다는 느낌을 갖게 하기 때문이다. 샤먼이 되고자 하는 자가 빠지는 "광기"라든가 "심리적 혼돈"은 세속적 인간이 "해체"되고 새로운 인격이 출현한다는 것을 의미한다.

　많은 경우 "질병"의 증상은 전형적인 입문 의례 직후에 생긴다. "선택받은 자"의 고통은 모든 점에서 입문 의례 때에 행해지는 고행과 아주 비슷하다. 성인식에서 신참자가 악령-"입문의 인도자"에게 살해당하는 것과 마찬가지로 미래의 샤먼 또한 "질병의 악령"들에 의해 자기 목을 잘린다든가 몸이 토막 나는 것을 목도한다. 이런 의례적 죽

---

23) 19세기 중엽 이후 시베리아 및 북극 지역의 샤머니즘 현상을 정신병의 일종으로서 설명하는 시도가 종종 행해졌는데, 그것은 잘못된 문제 설정이었다. 왜냐하면 샤먼이 되고자 하는 자가 모두 신경증 환자는 아니기 때문이다. 설령 신경증 환자가 있다고 해도 그들은 그런 신경증에서 치유될 때 비로소 샤먼이 될 수 있다. 다시 말해 입문 의례가 곧 치료인 것이다. 입문 의례는 무엇보다도 새로운 정신적 통합을 가져다주기 때문이다. Eliade, *Le Chamanisme*, pp. 36 sq.; *id., Mythes, rêves et mystères*, pp. 105 sq.를 보라.

음을 병자는 마치 지옥에 떨어진 것 같은 기분으로 체험한다. 그는 꿈속에서 자신의 몸이 토막토막 해체되는 것을 목격하며, 악령에게 목을 잘리고 눈알이 뽑히는 장면 등을 보는 것이다. 야쿠트족에 의하면 미래의 샤먼은 정령에 의해 지옥으로 끌려가 거기서 3년간 어떤 집에 유폐된다. 그곳이 그의 입문 의례 공간이 된다. 우선 정령이 그의 목을 잘라내어 그것을 그의 옆에 놓는다.(즉 신참자는 자기 눈으로 자기 몸이 토막 나는 장면을 지켜보지 않으면 안 된다) 그리고 몸이 산산조각이 나도록 해체당하여 온갖 질병의 악령들에게 분배된다. 그럼으로써 비로소 미래의 샤먼은 질병을 치유하는 능력을 얻는 것이다. 그런 다음 뼈에 새로운 살이 입혀지고 새로운 혈액이 주입되는 경우도 있다. 어떤 샤먼들은 입문 의례적 질병에 걸려 있는 동안 조상 샤먼이 그들에게 활을 쏘아 살점들을 떼어내고 뼈를 발라내어 정화시킨다고 말하기도 한다. 혹은 배를 갈라내어 살코기를 먹고 피를 마신다든지 혹은 신체를 풀떡풀떡 끓이고 쇠로 된 이불 위에서 머리를 망치로 두들겨댄다고 한다. 그러는 동안 현실 속의 그들은 의식을 잃은 채로 거의 죽은 자처럼 사흘에서 아흐레 동안 천막 안이나 혹은 마을에서 떨어진 곳에 누워 있는다. 어떤 이는 아예 숨도 쉬고 있지 않은 듯한 상태로 보여서 매장될 뻔한 경우도 있을 정도라고 한다. 그러나 결국 그들은 부활한다. 이때 그들은 완전히 새로운 육체를 입고 샤먼의 직무를 수행할 능력을 획득한 존재가 된다.[24]

통상 신참자가 의식을 잃고 천막 안에 누워 있는 동안 가족이 샤먼을 불러온다. 이 샤먼이 후에 미래의 샤먼의 인도자가 된다. 또는 "입문 의례적 해체" 후에 신참자 자신이 샤먼 직무의 비밀을 가르쳐줄

---

[24] *Le Chamanisme*, pp. 45 sq., 73 sq., 102 sq.에 인용된 예들을 보라.

스승을 찾아 길을 떠나는 일도 있다. 샤먼의 가르침은 본래 밀교적인 것으로서 많은 경우 엑스터시 상태에서 전수된다. 즉 샤먼의 인도자는 정령이나 악령과 같은 방식으로 제자를 인도한다. 야쿠트족 사이에서 이 인도자는 신참자의 영혼을 데리고 기나긴 엑스터시의 여행을 떠난다. 이 여행은 우선 산에 기어오르는 일부터 시작된다. 정상까지 오르면 거기서 인도자는 많은 산봉우리들과 통하는 갈림길을 제자에게 보여준다. 그 각각의 봉우리마다 사람을 괴롭히는 질병의 영들이 거하고 있다. 그런 다음 인도자는 제자를 어떤 집으로 데리고 간다. 거기서 둘은 샤먼의 의상을 몸에 걸치고 함께 샤먼의 직무를 수행한다. 인도자는 인체 각 부위에 달라붙는 질병의 정령을 분별하고 질병을 치유하는 방법을 가르쳐준다. 끝으로 인도자는 제자를 하늘의 정령들이 사는 천상 세계로 데려간다. 이리하여 새로운 샤먼은 "거룩한 몸"을 가지게 되어 샤먼의 직무를 수행할 수 있게 되는 것이다.[25]

이와 아울러 공개적인 입문 의식이 거행되는 일도 많다. 이는 특히 브리야트족, 골디족, 알타이족, 퉁구스족, 만주족 등에게서 찾아볼 수 있다. 브리야트족의 의식은 그중 가장 흥미로운 의식 중의 하나이다. 그 중심을 이루는 것은 일종의 상승 의례라 할 수 있다. 우선 천막 안에 한 그루의 자작나무가 세워진다. 나무의 뿌리 끝은 화로가 있는 마루에까지 닿고, 나뭇가지 끝은 천막의 굴뚝 구멍을 통해 바깥쪽에까지 삐져나온다. 이 자작나무는 "문의 수호자"라고 불린다. 샤먼에게 천계로 향하는 문을 열어주기 때문이다. 신참자는 이 나무의 정상까지 기어올라 굴뚝 구멍을 통해 바깥으로 나온다. 그러고는 큰 소리로 신들의 가호를 구하는 문구를 외친다. 그 다음 의식에서는 입문

---

25) *Le Chamanisme*, p. 105에 인용된 G. V. Ksenofontov.

의례에 참여한 사람들 전원이 마을에서 떨어진 곳을 향해 행진을 한다. 거기에는 하루 전부터 많은 자작나무들이 심어져 있는 등 의식의 준비가 되어 있다. 한 그루 자작나무 밑에서 일동은 숫염소 한 마리를 희생 제물로 바치고 상반신을 벗은 신참자의 머리와 눈과 귀에 피를 쏟아 붓는다. 그 사이 다른 샤먼들은 계속해서 북을 친다. 그런 다음 인도자 샤먼이 자작나무에 기어 올라가 나무 꼭대기에 아홉 개의 홈을 새긴다. 다른 샤먼들의 순서가 끝나면 신참자인 제자도 이 나무에 기어오른다. 이렇게 나무에 기어오르는 동안 전원이 엑스터시에 빠진다―혹은 그런 시늉을 한다. 어떤 보고에 의하면 〔샤먼〕 후보자는 아홉 그루의 나무에 기어 올라가야 한다고 한다. 이는 아홉 개의 홈과 마찬가지로 아홉 개의 하늘을 상징한다.[26]

이와 같은 입문 의례에서 유의할 것은 신참 샤먼은 성별聖別되기 위해 천계에 올라갔다고 여겨진다는 점이다. 나중에 살펴보겠지만 나무라든가 기둥을 오르는 것은 알타이계 샤먼들이 신과 교통하는 중심적 의례이다. 자작나무라든가 기둥은 세계의 중심으로 간주되며, 우주의 삼층 구조를 연결하는 우주목 혹은 우주 기둥과 동일시된

---

26) *Le Chamanisme*, pp. 106~111. N. N. Agapitov, M. N. Changalov, Jorma Partanen에 의함. Uno Harva가 이미 통찰했듯이(*relig. Vorstell.*, pp. 492 sq.), 이 의례에는 미트라교의 어떤 신비적 의례를 연상시키는 것이 있다. 가령 산양의 피에 의한 후보자의 정화는 타우로볼리움taurobolium과 유사하며, 자작나무에 오르는 것은 칠층의 혹성천을 나타낸 일곱 계단의 사다리를 타고 오르는 미트라교 비의의 신참자를 연상시킨다.(본서 제2권 217절 참조) 앞서 언급했듯이, 고대 근동 지방의 영향이 중앙아시아와 시베리아의 거의 전역에 미치고 있음은 분명하다. 또한 브리야트족 샤먼의 입문 의례도 이 근동으로부터의 영향을 증명해 보여주는 사례로 보아야 한다. 하지만 우주목의 상징과 나무를 오르는 입문 의례는 메소포타미아와 이란에서 비롯된 문화적 요소보다 **선행하는** 것임을 부언해둔다.

다. 요컨대 샤머니즘에 등장하는 나무는 우주목이 지니는 모든 특성들을 갖추고 있다.

246. 샤먼의 신화와 의례

샤먼의 기원에 관한 신화에는 매우 의미심장한 두 가지 테마가 분명하게 나타난다. 첫째, "최초의 샤먼"은 신(혹은 천상의 신들)에 의해 창조되었다는 점, 둘째, 그의 태도가 좋지 못했기 때문에 신들이 그의 능력을 엄격하게 제한했다는 점이 그것이다. 브리야트족에 의하면 텡게리들은 악령이 초래한 질병과 죽음에 대해 인간이 대항할 수 있도록 한 샤먼을 내려 보내기로 결정했다. 그리하여 신들은 독수리 한 마리를 파견했다. 이 독수리는 잠들어 있는 한 여자를 보고 그녀와 몸을 섞는다. 여자는 남자 아이를 낳았는데 그가 "최초의 샤먼"이 되었다. 야쿠트족에게도 이와 유사한 신앙이 있다. 거기서 독수리는 최고신 아이Ajy("창조주") 혹은 아이 토욘("빛의 창조주")과 동일한 이름으로 불린다. 아이 신의 자녀들은 정령-새로서 우주목의 가지에 앉아 있는 모습으로 표상된다. 그 가지 가운데 가장 높은 곳에 머리가 두 개인 독수리가 군림하고 있는데, 이는 아마도 아이 토욘 자신을 나타내는 듯싶다.[27] 샤먼의 조상들—조상의 혼은 신참자의 선출과 입문 의례에서 일정한 역할을 수행한다—은 바로 최고신에 의

---

27) *Le Chamanisme*, pp. 71~72에 인용된 문헌들을 참조하라. 아이 토욘은 최초의 샤먼을 창조했을 때 아울러 여덟 개의 가지를 가진 자작나무를 천상의 자기 집에 심고, 창조주인 자신의 아이들을 위해 그 각각의 가지에다 둥지를 만들었다.

해 독수리 모습으로 창조된 이 "최초의 샤먼"의 자손이다.

그러나 일부에서는 현재의 샤머니즘에서 조상이 행하는 역할이 타락의 결과라고 여기기도 한다. 예컨대 브리야트족의 전승에 의하면 조상들의 시대에 샤먼은 하늘의 정령으로부터 직접 그 능력을 얻었다고 한다. 그러니까 조상의 혼을 통해 샤먼이 능력을 얻게 된 것은 우리 시대에 들어서서부터라는 것이다.[28] 이런 발상은 아시아와 북극 지역 전역에서 샤머니즘의 쇠락에 대한 관념을 반영한 것이다. 예전에 "최초의 샤먼들"은 그들의 "말〔馬〕"(즉 그들의 북)에 올라타 실제로 하늘을 비행했다. 그들은 자유자재로 변신할 수 있었고, 오늘날의 자손들은 더 이상 행할 수 없게 된 기적을 일으켰다. 브리야트족은 이런 능력을 실추하게 된 것은 최초의 샤먼이 행한 교만과 악행 때문이라고 여긴다. 샤먼이 신과 맞서게 되고 그로 인해 신이 샤먼의 능력을 크게 약화시켰다는 것이다.[29] 이와 같은 기원 신화에서 우리는 이원론적 체계의 간접적 영향을 읽어낼 수 있다.

샤먼은 공동체의 종교 생활에서 확실히 중심적인 역할을 수행하기는 했으나 그렇다고 해서 모든 것을 관장한 것은 아니었다. 다시 말해 샤먼은 희생 제의 집행자는 아니었다.[30] 알타이 지역에서는 탄생

나아가 지상에도 세 그루의 나무를 심었다. 이는 샤먼 또한 신과 마찬가지로 한 그루의 나무를 가지고 있으며, 일면 샤먼이 그 나무의 생명에 의존하고 있음을 시사하기 위한 것이다. *Ibid.*, p. 72, nn. 2, 3을 참조하라. 어떤 샤먼들은 입문 의례적 꿈속에서 우주목 아래로 가며, 그 정상에 우주의 왕이 있는 것을 본다.

28) L. Sternberg, "Divine Élection", p. 495. 몽골인 사이에서도 샤먼은 완전히 조상의 힘에 의존한다. Heissig, "Les religions de la Mongolie", pp. 354 sq.를 참조하라.
29) *Le Chamanisme*, p. 70을 참조하라.
30) 곧 살펴보겠지만, 알타이인들은 샤먼 자신이 말〔馬〕 희생 제의를 집행한다. 하

의례와 혼인 의례에서도 불임과 난산과 같은 특별한 경우를 제외하고는 샤먼이 개입하지 않는다. 이에 비해 인간의 영적 체험과 관련된 의식, 가령 질병(이는 혼의 상실 혹은 악령이 혼에 들러붙는 경우이다)과 죽음(이는 혼이 타계에 끌려가는 것)의 경우에는 샤먼이 없어서는 안 될 존재가 된다. 아시아의 다른 지역에서는 사냥감이 줄어들었을 때와 엑스터시를 수반하는 기술(점술, 예언 등)이 필요할 때는 샤먼을 부른다.[31]

래드로프Radlov는 알타이족의 말〔馬〕희생 제사에 관해 이미 고전적이 된 기술을 남기고 있다. 이 희생 제사는 때때로 가족별로 행해지는데, 의식은 이틀에서 사흘 정도 계속된다. **캄**kam(=샤먼)은 목양지에 새로운 천막을 세우고 그 안에 나뭇가지를 쳐내고 아홉 개의 홈을 판 자작나무를 세운다. 많은 예비 의식이 끝나면 샤먼이 말에게 축복을 내리고 몇몇 조수들의 도움을 받아 한 방울의 피도 흘리지 않은 채 등뼈를 부수어 말을 죽인다. 그리고 조상과 수호 정령에 대한 봉헌을 행한 다음 모두가 고기를 조리하여 의례적인 음복을 한다.

다음 날 해질 무렵에 행해지는 의례의 제2부는 더 중요하다. 거기서 **캄**은 샤먼 의상을 입고 무수한 정령들을 불러낸다. 이처럼 길고 복잡한 의식의 클라이맥스는 "승천"이다. 쉬지 않고 북을 울리고 소리를 질러대면서 샤먼은 자신이 하늘에 승천하는 듯한 몸짓을 한다. "엑스터시"(?!) 상태에서 그는 자작나무의 첫 번째 홈에 오른다. 그런 다음 점차 하늘의 각 층을 통과하고 아홉 번째 하늘〔칼자국〕에까지

지만 이렇게 하는 것은 희생 제물이 된 짐승의 혼을 바이 윌겐이 있는 곳까지 보내주는 것이 그의 의무이기 때문이다.

31) *Le Chamanisme*, pp. 154 sq.의 참고 문헌들을 보라.

이른다. 경우에 따라, 특히 힘 있는 샤먼이라면 열두 번째 혹은 그 이상까지 오르는 일도 있다. 힘이 닿는 한 높은 곳까지 올라간 다음에야 샤먼은 오르기를 멈추고, 바이 윌겐에게 이렇게 외친다.

> 그대 윌겐이시여, 당신은 모든 인간을 창조하셨습니다…….
> 그대 윌겐이시여, 당신은 우리 모두에게 가축 떼를 내려주셨습니다!
> 우리들을 고통에 빠지게 하지 마소서!
> 우리들을 악령과 싸울 수 있게 하시고,
> 우리들에게 케르메스Körmös(악령)가 나타나지 못하게 하소서.
> 우리들을 악령의 손에 넘기지 마소서…….
> 우리의 죄를 저주하지 마소서!

샤먼은 바이 윌겐이 희생 제물을 흔쾌히 받아들였는지 여부를 통지받고 새로운 수확 및 그 시기에 관한 예언을 받는다. 이것이 샤먼의 "엑스터시"에 있어 클라이맥스이다. 그후에 샤먼은 초췌할 대로 초췌해져 푹 쓰러지고 만다. 그러고는 잠시 후에 깊은 잠에서 깨어난 듯 눈을 비비며, 모여 있는 사람들에게 먼 여행에서 돌아온 사람처럼 인사를 한다.[32]

천계로의 상승에는 그 반대급부로서 지하로의 하강이 수반된다. 이 의식은 수직적인 경우와 수평적인 경우 그리고 이중으로 수직적인 경우(일단 상승한 다음 하강한다)가 있다. 첫 번째 경우에는 샤먼이 일곱 개의 "계단" 혹은 프닥pudak("장애물")이라고 불리는 지하 영역을 하나하나 내려간다. 이때 조상과 수호 정령들이 그와 동반한다.

---

32) Radlov, *Aus Sibirien*, II, pp. 20~50. *Le Chamanisme*, pp. 160~165에 요약되어 있다.

프닥을 하나씩 넘을 때마다 그는 새로운 지하 세계의 현현을 몸짓으로 묘사하여 보여준다. 가령 두 번째 프닥에서는 광물의 소음을 듣는 듯한 몸짓을 하며, 다섯 번째 프닥에서는 바람이 웅성거리는 소리를 듣는 시늉을 한다. 그리고 마지막 일곱 번째 프닥에서 그는 사자들의 왕인 엘릭 칸의 궁전을 본다. 그것은 돌과 검은 점토로 만들어져 있으며 엄중하게 방비되고 있다. 이때 샤먼은 엘릭 앞에서 기나긴 기도를 한다(또한 바이 윌겐에게 "높은 곳에 계신 분"이라고 말한다). 그런 다음 그는 천막으로 돌아와 참석자들에게 여행의 성과를 전한다.

두 번째 유형의 하강—수평적 하강에 이어지는 수직적 하강—은 더욱더 복잡하고 드라마틱하다. 샤먼은 말을 탄 채 사막을 넘고 초원을 넘어 철산을 기어오르는가 하면, 다시 말을 타고 달린 다음 이윽고 "대지의 굴뚝", 즉 저세상의 입구에 도착한다. 이 굴뚝 구멍을 내려가는 도중에 그는 바다를 만나고, 머리털 한 오라기 정도의 폭밖에 되지 않는 다리를 건너며,[33] 죄인을 고문하는 곳을 통과한다. 그런 다음 한 번 더 말에 올라타고 마침내 엘릭 칸이 사는 곳에 도착한다. 그는 문을 지키는 개와 수문장에게 저지당하지만 안으로 들어가는 데에 성공한다. 죽음의 왕[엘릭 칸]과의 이 회견—몸짓으로 꼼꼼하게 표현한다—은 무시무시하고 그로테스크한 에피소드로 가득 차 있다. 한편 샤먼은 엘릭 칸에게 여러 가지 선물을 바치고 마지막으로 술을 헌상한다. 신은 점점 취기가 돌면서 기분이 좋아져서 그에게 축복을 내린다. 예컨대 가축의 수를 늘려주겠다는 약속을 한다. 이리하여 샤

---

33) 이 다리를 건널 때의 생생한 모습을 전하기 위해 샤먼은 비틀거린다든지 아슬아슬하게 넘어질 듯한 시늉을 한다. 그리고 해저에는 다리에서 떨어진 수많은 샤먼들의 해골이 보인다. 죄가 있는 자는 이 다리를 끝까지 건널 수 없다.

먼은 이번에는 말이 아니라 독수리를 타고 기쁨에 차서 의기양양하게 지상으로 귀환한다. 그가 잠에서 깨어난 듯이 눈을 비비면 사람들은 그에게 묻는다. "말은 잘 탔는가? 잘되었나?" 그러면 그는 이렇게 대답한다. "놀라운 여행이었다. 나는 더없이 환영받았다!"[34]

앞으로도 계속 살펴보겠지만, 이 엑스터시에 의한 지옥으로의 하강은 알타이계 민족들의 종교와 문화에서 매우 중요한 것이었다. (앞에서 든 사례에서처럼) 샤먼은 사자의 왕으로부터 가축과 수확에 대한 은총을 받기 위해서도 이런 의례를 행하지만, 그러나 그 주된 목적은 사자의 혼을 인도한다든지 악령들의 포로가 된 병자의 혼을 해방시키는 데 있다. 이 경우에도 그 시나리오는 거의 동일한데, 세부적인 드라마틱한 에피소드는 민족에 따라 다양하다. 샤먼은 지옥으로의 하강에 수반되는 여러 가지 고난을 몸짓으로 묘사하는데, 이 또한 샤먼 혼자 행하는 경우와 몇몇 조수들이 합세하는 경우가 있다. 지옥에 도달하면 이번에는 사자들의 혼이 신참자의 혼을 가로막고 들여보내주지 않는다. 여기서 샤먼은 그들에게 독주毒酒를 대접하지 않으면 안 된다. 이때 행하는 샤먼의 연기는 참으로 열정적이어서 종종 그로테스크하기까지 하다. 혹은 많은 모험을 거친 후 사자의 나라에 도착해서 그가 데려온 혼의 가까운 친척들을 망령의 무리로부터 찾아내어 그들에게 그 혼을 맡긴다. 이리하여 지옥으로부터 귀환한 샤먼은 참석자들 한 사람 한 사람에게 그들의 죽은 친척들의 혼령에게서 받은 전갈을 전해주며 때로는 작은 선물을 전해주기도 한다.[35]

그러나 가장 중요한 샤먼의 역할은 치병治病이다. 일반적으로 질병

---

34) Potanin, *Le Chamanisme*, pp. 168~170에 요약되어 있다.
35) *Le Chamanisme*, pp. 174~176에 인용된 예들을 보라.

은 혼이 길을 잃고 헤맨다든지 "유괴"당하는 것이 원인이라고 여겨진다. 샤먼은 그런 혼을 찾아내어 붙잡아다가 병자의 몸으로 다시 돌려보낸다. 때로 질병의 원인 중에는 이중적인 것도 있다. 우선 혼이 몸에서 빠져나가고 그 몸에 악령이 "빙의"함으로써 병이 더 깊어지는 것이다. 따라서 샤먼의 치료도 혼을 추적하는 일과 악령을 추방하는 일 모두를 포함하게 된다. 많은 경우 혼의 추적은 그 자체로 하나의 좋은 볼거리이다. 샤먼은—혼이 근처이든 먼 곳이든 어디선가 "길을 잃"지는 않았는지 확인하기 위해—먼저 수평 방향으로 엑스터시의 여행을 하며, 그런 다음 지옥으로 내려간다. 그리고 혼을 포로로 잡고 있는 악령을 찾아내어 다시 혼을 빼앗아 데려오는 것이다.[36]

247. 샤머니즘의 의의와 중요성

요컨대 샤먼은 공동체가 그 심리적 통합을 유지하는 데에 불가결한 역할을 수행한다. 그들은 악령을 제압하는 데 뛰어난 달인이다. 그들은 악령이나 질병뿐만 아니라 흑마술magie noire과도 싸운다. 아시아 샤머니즘의 몇몇 사례에서는 전쟁과 관련된 요소(갑옷, 창, 활, 검 등)가 매우 큰 위치를 점하고 있는데, 이 또한 샤먼이 인류의 참된 적인 악령과 싸우지 않으면 안 된다는 데에 그 이유가 있다. 일반적으로 샤먼은 죽음, 질병, 불모, 흉사, "어둠"의 세계에 대항하여 생명, 건강, 다산, 풍요, "빛"의 세계를 지킨다고 말할 수 있다. 고대사회에서 이런 악령 퇴치의 달인이 가지는 의의가 과연 무엇이었을지를 상

---

[36] *Le Chamanisme*, pp. 180 sq.에 인용된 예들을 보라.

상하는 것은 우리에게 용이한 일이 아니다. 하지만 이는 인간이 의지할 곳 없는 세계에서 악령과 이런저런 "악의 힘"에 둘러싸여 고립되어 있는 것이 아니라는 확신을 보여준다. 그리하여 고대인들은 인간이 기도를 올리고 희생물을 바치는 신들이라든가 초자연적 존재 외에, "성사聖事 전문가", 정령을 볼 수 있으며 천상에 올라가 신들을 만나고 지옥에 내려가 악령이나 질병 혹은 죽음과 싸울 수 있는 인간이 실제로 존재한다고 믿었던 것이다. 공동체의 심리적 통합을 유지한다는 샤먼의 본질적 역할은 전적으로 이 점에 있다. 즉 보이지 않는 세계의 존재에 의해 일어나는 위기 상황 속에서도 어떤 한 사람이 그 상황으로부터 자신들을 구제해줄 수 있다고 사람들은 확신하는 것이다. 공동체에 속한 어떤 한 사람이 다른 성원들에게는 보이지 않는 것을 볼 수 있고 초자연계로부터 직접 정확한 정보를 얻어낼 수 있다면, 분명 사람들에게 안심이 되고 힘이 될 것이다.

 샤먼이 **죽음의 인식**에 있어 결정적으로 기여할 수 있는 것은 그가 초자연계로 여행하여 초인간적 존재(신들이나 악령)를 **만날** 수 있기 때문이다. 아마도 "타계 지리학géographie funéraire"의 많은 특징 및 죽음의 신화와 관련된 다양한 주제는 샤먼적 엑스터시 체험의 결과로 생겨난 것이리라. 샤먼이 저세상에서의 엑스터시적 여행 도중에 목도하는 광경과 조우하는 인물들은 트랜스 이후 혹은 그 한가운데에서 샤먼 자신에 의해 상세히 묘사된다. 즉 샤먼은 알 수 없고 두려운 죽음의 세계에 형태를 부여하고 그것을 각각 특징 있는 정형에 따라 조직화한다. 그리하여 마침내 일정한 구조가 정해지고 시간이 흐름에 따라 그것이 당연한 것으로 받아들여지게 된다. 한편 죽음의 나라에 사는 존재들도 **눈에 보이는** 존재로 바뀌며 형태를 가진 존재가 된다. 그리하여 그런 존재들의 성격과 내력에 대한 관심이 생겨난다. 그럼으로써 사자의 나라에 대한 관념이 서서히 가능해지며, 죽음 그 자체에 대해서도 영적존재양식mode d'être spirituel에 이르는 통과의례로서 그 가치가 부여된다. 결국 샤먼의 엑스터시 여행 이야기는 사자의 세계에 매혹적인 형상과 조형을 부여하며 그것을 풍부하게 함으로써 사후의 세계를 "영적이고 정신적인 것으로 만드는" 데에 기여했던 것이다.

샤먼의 타계 모험 및 엑스터시에 의한 지옥으로의 하강과 천상으로의 상승 중에 겪는 시련 등은 민화의 주인공이나 서사시 문학의 영웅들의 모험담을 상기시킨다. 서사시 문학 중에 나오는 수많은 "주제"와 모티프, 등장인물, 이미지, 정형적인 이야기 등은 궁극적으로는 샤먼이 말하는 초인간계에서의 여행과 모험 이야기에서 유래한 것이다. 이런 의미에서 그것들은 엑스터시 체험으로부터 비롯되었을 가능성이 충분히 있다. 가령 브리야트족의 영웅 무 몬토Mu-monto 이야기도 그런 것의 일종이다. 무 몬토는 아버지 대신 지옥에 내려갔다가 지상으로 귀환한 다음 지옥의 죄인들이 고문받는 모습을 이야기한다. 타타르족도 같은 주제를 지닌 중요한 문학을 가지고 있다. 사얀 초원의 타타르족 사이에 전해지는 이야기에서 용감한 소녀 쿠바이코 Kubaiko는 괴물에게 목을 베인 동생의 머리를 되찾아오기 위해 지옥으로 내려간다. 많은 모험을 겪으면서 수많은 죄인들을 벌하는 온갖 형장들을 돌아본 후 쿠바이코는 마침내 지옥의 왕 앞에 선다. 그러자 왕은 그녀가 한 가지 시련을 이겨내면 동생의 머리를 돌려주겠다고 약속한다. 타타르족의 서사시 문학에 등장하는 다른 영웅들도 이런 유의 입문 의례적 시련을 통과하지 않으면 안 된다고 여겨진다. 또한 거기에는 반드시 지옥으로의 하강이라는 시련이 포함되어 있다.[37]

---

37) *Le Chamanisme*, pp. 177 sq.를 참조하라.

마찬가지로 엑스터시에 빠지기 전의 행복감이 서사시의 한 원천이 되었을 가능성도 충분히 있다. 몰아경 상태에 들어가고자 할 때, 샤먼은 북을 치고 수호 정령들을 불러내어 "비밀의 언어" 혹은 "동물의 언어"를 말하거나 동물의 우는 소리, 특히 새들의 가성을 흉내 낸다. 이리하여 그는 언어적 창조 활동과 서사시의 운율이 활성화되는 의식의 "제2차 상태"를 획득한다. 또한 샤먼의 연기가 가지는 극적인 성격도 간과해서는 안 된다. 이는 일상생활의 세계에서는 찾아보기 어려운 장관이라 할 수 있다. 예컨대 대단한 마술(불의 마술을 비롯한 여러 가지 "기적")은 저세상으로의 막을 연다. 그곳은 신들과 마술사들의 가상의 세계이며 **모든 것이 가능한** 세계이다. 거기서는 사자들이 되살아나고 산 자들이 부활하기 위해 죽기도 한다. 인간이 순간적으로 사라지기도 하고 다시 나타나기도 한다. "자연법칙"이 폐기되며 초인간적인 "자유"가 멋진 형태를 부여받고 눈앞에 **현실화**되어 나타난다. 이와 같은 **장관**이 "원시"공동체에 어떤 효과를 주었을지는 충분히 예상할 수 있다. 샤먼이 행하는 "기적"은 전통 종교의 구조를 재확인하고 강고하게 할 뿐만 아니라, 사람들의 상상력을 자극하고 키우며 꿈과 현실 사이의 거리를 걷어내고 신들과 사자와 정령이 사는 다양한 세계로 통하는 창문을 열어주는 것이다.[38]

248. 북아시아인과 핀-우골인의 종교

본서의 성격상—본서는 전적으로 **종교적 창조**의 분석을 시도하고

---

38) *Ibid.*, pp. 395~397.

있다—고대 시베리아 어족, 우랄 어족, 핀-우골 어족에 속한 민족들의 종교에 관해서는 그 공통점을 요약하여 보여주는 것에 그치기로 하겠다. 그 종교들이 매력이 없어서가 아니라 거기에 내포된 특징적인 구성 요소들의 많은 부분(예를 들어 천상의 신들, 데우스 오티오수스, 우주 창조를 위한 잠수, 우주의 "이원론적" 고정화 등)이 알타이계 민족의 종교와 매우 흡사하기 때문이다.

예컨대 예니세이인(Kets)의 "에스Es"를 들 수 있겠다. 여기서 에스는 "천공"과 "천공신"을 동시에 가리키는 말이다.(텡그리 참조) 아누친 Anutchin에 의하면 이 에스는 눈에 보이지 않는다. 에스를 본 자는 아무도 없었다. 그럴 수밖에 없는 것이, 에스를 본 자는 눈이 멀게 된다고 믿어졌기 때문이다. 에스는 우주의 창조자이자 지도자이고 또한 인간을 창조한 창조주이기도 하다. 에스는 선하고 전능한 존재이지만 인간사에는 전혀 관심이 없다. "인간사에 관해서는 하위의 정령들이나 영웅들 혹은 위대한 샤먼들에게 맡긴다." 에스는 숭배의 대상이 아니며, 따라서 사람들이 그에게 희생 제물을 바치거나 기도를 드리지는 않는다. 그래도 에스는 우주를 수호하고 사람들을 도와준다고 여겨진다.[39] 유카기르족의 쿠주Kudj ("하늘") 또한 은혜를 베풀어주는 신이지만 역시 사람들의 종교 생활에는 어떤 역할도 하지 않는다.[40] 코리약족은 최고신을 "높이 계신 하나이신 분", "존재하는 분" 등과 같이 부르는데,[41] 이 또한 비활동적인 신이다.

---

39) Paulson, "Les religions des Asiates septentrionaux", pp. 50 sq.에 번역, 요약되어 있는 Anutchin.
40) Paulson, pp. 53 sq.에 인용, 해설되어 있는 Jochelson.
41) Eliade, Traité, p. 65를 참조하라. (체레미스족, 오스티악족 등 사이에서의) 천신의 명칭에 관한 다른 예들도 같은 곳을 보라.

보다 중요하고 널리 알려진 신은 사모예드인의 눔Num일 것이다. 가장 오래된 보고(A. M. Castrén)에 의하면, 눔은 천상에 거주하면서 바람과 비를 관장하고 지상에서 일어나는 모든 일들을 지켜보며 다스린다. 또한 선을 행하는 자에게는 상을, 죄인에게는 벌을 내린다.[42] 또 다른 보고는 눔의 선성과 권능을 강조하면서 다음과 같은 점을 덧붙이고 있다. 즉 눔은 세계와 생명과 인간을 창조한 후에 그 권능을 자신보다 하위의 다른 신격들에게 양도했다는 것이다. 보다 최근에 나온 레티살로Lehtisalo의 보완적인 보고에 의하면, 눔은 제7천에 거주하는데, 태양이 그의 눈이며, 그는 어떤 형상으로 표상된 적이 없고, 사람들은 그를 위해 순록을 희생 제물로 바친다고 한다.[43] 사모예드인들에게 기독교가 전래되었을 때(1825~1835) 선교사들은 인간의 모습을 한 "우상들"과 세 개 내지 일곱 개의 얼굴을 가진 수천 개의 우상들을 파괴했다. 많은 증언에 따르자면 눔은 형상을 갖지 않는다고 했으므로 당연히 이 우상들은 조상이라든가 여러 정령들을 나타낸 것으로 판단되었다. 하지만 머리가 여러 개라는 특징—즉 모든 것을 보고, 모든 것을 알 수 있는 능력—이 점차 눔의 가장 중요한 현현 형태인 태양에게 부여된 것일지도 모른다.[44]

그러나 중앙 및 북아시아에서는 어디서나 그런 것처럼, 가장 일반적인 우주 창조 신화는 신의 조력자 또는 적대자로서 새의 모습을 한 존재가 "잠수"를 한다는 것이다. 눔은 백조, 거위, "북극 잠수조北極潛

---

42) Castrén, *Reiseerinnerungen*, I, pp. 253 sq.
43) Paulson, pp. 61 sq.에 요약되어 있는 A. C. Schrenk et Lehtisalo.
44) Pettazzoni, *L'onniscienza di Dio*, p. 383을 참조하라. 천신의 태양화에 관해서는 Eliade, *Traité*, §37을 보라.

水鳥", 르구루lguru 새 등을 차례로 보내어 흙을 가지고 돌아오도록 했다. 그러나 주둥이에 진흙을 약간 머금고 돌아올 수 있었던 것은 오직 르구루 새뿐이었다. 눔이 대지의 창조를 끝마쳤을 때 "어디에선가" 한 "노인"이 다가와 대지에서 쉬게 해달라고 청했다. 눔은 할 수 없이 그 청을 받아주었지만, 다음 날 아침이 되었을 때 깜짝 놀랐다. 노인이 섬 언저리에서 섬을 부수려 하고 있었기 때문이다. 당장 나가달라고 재촉받은 노인은 이번엔 그의 지팡이 끝을 덮을 수 있는 만큼의 흙만 달라고 청했다. 이번에도 눔은 그 청을 들어주었다. 그러자 노인은 이제부터는 여기에 살면서 인간들을 내쫓아버리겠다고 하더니 구멍 속으로 사라져버렸다. 눔은 망연자실하다가 이윽고 자신의 실수를 알아챘다. 노인이 지면 위에 살 거라고만 생각했지 지면 아래에서 살리라고는 전혀 예상치 못했던 것이다.[45] 이 신화에서 눔은 더 이상 전지적인 존재가 아니다. 그는 노인(죽음을 불러일으키는 악마)의 존재에 대해서뿐만 아니라 그 노인의 의도에 대해서도 알아채지 못했다. 체레미스인과 보굴인들 사이에 전해지는 이본에서도 세계 창조에서의 이와 같은 이원론적 성격이 강조되고 있다.[46] 하지만 핀족, 에스토니아인, 모르도바족의 전설에서는 그런 이원론적 성격이 보다 더 뚜렷하게 나타난다. 거기서는 신의 명령에 따라 악마 자신이 직접 잠수를 한다. 그때 악마는 입 안에 약간의 진흙을 숨겼고 그걸로 산지와 늪지를 만들어냈다.[47]

---

45) Eliade, *Zalmoxis*, p. 101에 요약된 Lehtisalo. 사모예드의 또 다른 신화에는 눔과 죽음의 신(Ngaa) 사이의 대립이 처음부터 보여지고 있다. *Ibid.*, p. 102.
46) *Ibid.*, pp. 100~101을 참조하라.
47) *Ibid.*, pp. 86~88에 나오는 여러 판본들을 보라.

한편 이들의 샤머니즘은 앞에서(본권 245~247절) 간략히 언급한 아시아의 샤머니즘의 구조와 큰 테두리 안에서 일치한다. 하지만 샤머니즘에서 영감을 얻은 문학작품이 가장 고도로 완성된 것은 핀란드에서였다. 엘리아스 뢴로트Elias Lönnrot가 편찬한 국민 서사시 『칼레발라Kalevala』(1832년 초판본)에서 주인공은 베이네뫼이넨Väinämöinen, 즉 "영원한 현자"라고 불린다. 초자연적 존재인 베이네뫼이넨은 무수한 주술적 능력을 부여받은 엑스터시의 전문가이자 환영을 보는 자이다. 나아가 그는 시인이자 가수이며 거문고 연주가이다. 그와 그의 동료인 대장장이 일마리넨Ilmarinen과 전사 레민케이넨Lemminkäinen이 감행하는 모험은 흔히 아시아적 샤머니즘과 영웅-주술사의 행적을 연상시킨다.[48]

수렵과 어로를 주된 생계 수단으로 삼는 사회에서는 각종 동물들의 수호 정령과 동물의 주인Maîtres des fauves이 중요한 역할을 한다. 거기서 동물은 인간과 닮은 존재로서 모두 혼을 가지고 있다고 여겨진다. 어떤 민족(가령 유카기르족)은 먼저 그 동물의 혼을 포박하지 않고서는 동물을 죽일 수 없다고 믿는다.[49] 아이누족이나 길리악족은 살해한 곰의 영혼을 "원래의 고향"으로 돌려보내는 의식을 행한다. 동물의 주인은 수렵민의 수호자이자 동시에 사냥감의 수호자이기도 하다. 사실 수렵은 그 자체가 상당히 복잡한 의례이다. 사냥의 대상이 되는 동물은 초자연적인 힘을 지닌다고 여겨지기 때문이다.[50] 그들의 신앙과 의례

---

48) Martti Haavio, *Väinämöinen, Eternal Sage*, 특히 pp. 83 sq., 140 sq., 230 sq.를 참조하라. 우골인의 샤머니즘에 관해서는 Eliade, *Le Chamanisme*, pp. 182 sq.를 참조하라.
49) Paulson, *Die primitiven Seelenvorstellungen der nordasiatischen Völker*, pp. 174 sq.; "The Animal-Guardian"을 참조하라.

는 매우 원초적인 성격을 보여주므로 특히 우리의 관심을 끈다(이와 동일한 신앙과 의례를 남북아메리카 및 아시아 등지에서도 찾아볼 수 있다). 그것들은 우리에게 인간계와 동물계의 신비한 연대 관계에 관해 가르쳐준다. 이것이야말로 구석기시대의 수렵민들에게 있어 이미 확인된 바 있는 주술-종교적 관념이다.(본서 제1권 2절 참조)

동물의 수호 정령과 동물의 주인에 대한 이와 같은 신앙은 농경문화권에서는 거의 소멸되었다. 그런데 그런 신앙이 지금도 스칸디나비아에 잔존한다는 사실은 의미심장하다. 뿐만 아니라 동물의 주술-종교적 힘을 강조한 초자연적 도상과 신화상의 테마는 유럽의 다른 지역과 서아시아 각지 목축민들의 신앙, 특히 농경민의 민간전승 가운데서도 흔히 발견된다. 바로 이 점으로부터 한 가지 중요한 결과가 도출된다. 즉 유럽의 일부 농촌 사회에서는 적어도 20세기 초엽까지 원초적인 관념이 잔존했음을 알 수 있는 것이다.

249. 발트족의 종교

발트 계열의 세 민족—리투아니아인, 레트인과 고古프러시아인—가운데 고프러시아인은 기독교화와 민족 정복을 기도하는 독일기사단Chevaliers Teutons과의 기나긴 전쟁으로 인해 수많은 사람들이 살육당했으며 이윽고 독일의 식민지가 되어 소멸하고 말았다. 레트인과

---

50) Eveline Lot-Falck, *Les rites de chasse chez les peuples sibériens*; Paulson, "Les religions des Asiates septentrionaux", pp. 71 sq.; "Les religions des peuples finnois", pp. 170 sq.를 참조하라.

리투아니아인 또한 게르만족의 지배하에 들어갔으며 14세기에는 적어도 명목상 기독교화되었다. 그러나 이들의 종교 전통은 보존될 수 있었다. 16세기가 되면서 루터파 선교단이 지속적으로 이교 배척 운동을 벌였지만, 그래도 발트계 민족들의 민족지 및 민속학은 고대적 유산의 일부를 지금까지도 보존하고 있으며, 그들의 전통 종교를 알 수 있는 자료가 풍부하게 남아 있다.[51] 그중 「다이나dainas」(짤막한 4행시) 및 농경과 혼인과 죽음에 관련된 의례 그리고 민화들이 특히 중요하다. 발트계 민족들은 지정학상으로도 전통의 보존에 유리한 입장이었다. 예컨대 원초적 신앙과 풍습이 피레네 산지, 알프스 지방, 카르파티아 산맥, 발칸 지방 등에 많이 남아 있다는 점에 유념할 필요가 있다. 하지만 그렇다고 해서 게르만족이나 에스토니아인 혹은 슬라브족과 같은 인근의 여러 민족들로부터의 영향 및 지난 4세기에 걸친 기독교의 영향이 전혀 없었던 것은 아니다.

발트 계열의 세 민족의 판테온과 종교적 관념 및 풍습에는 상당 부분 차이가 있는데, 여기에서는 그걸 정리해서 간단히 소개하는 데에 그치기로 하겠다. 먼저 강조하고 싶은 점은 발트계 민족들이 고대 인도-유럽 어족 제 민족에게 보이는 천신의 이름, 즉 디보스deivos를 보존하고 있다는 점이다. 디보스는 레트어로는 디에브스dievs, 리투아니아어로는 디에바스dievas, 고古프러시아어로는 디바스deivas이다. 기독교화된 이후에는 이 신명이 성서의 신을 가리키는 말로서 사용되었다.

---

51) 문헌 자료들(연보들, 즉 선교사 및 교회 성직자들의 보고서들 등)은 종종 유익한 정보를 담고 있지만 그것들을 다룰 때에는 신중할 필요가 있다. 대부분의 필자들이 발트어를 알지 못한 채로 각 민족의 "이교"를 기독교류의 역사 기술과 선교용의 상투적인 방식에 맞추어 소개하고 있기 때문이다.

레트인의 종교적 민간전승에서는 신들의 아버지 격인 디에브스가 천상의 산 위에 있는 밭에 살면서 때때로 지상을 방문하여 농사일이나 혹은 자신에게 바쳐지는 계절 축제에 참여한다고 여겨졌다. 이 디에브스는 세계의 질서를 정하고 인간의 운명을 결정하며 도덕 생활을 감시한다.[52] 하지만 디에브스는 최고신이 아니며 가장 중요한 신격이라고도 할 수 없다.

폭풍신 페르쿠나스Perkūnas(리투아니아어)/페르쿠온스Pērkuons(레트어)[53] 또한 천상에 거주하는 신으로서 종종 지상에 내려와 악마라든가 기타 악령들과 싸운다(이 점에서는 기독교의 영향이 있었을 것으로 추정된다). 이 신은 무서운 전사신이자 대장장이신으로 비를 관장하며, 따라서 농작물의 풍요를 관장한다. 그리하여 농민들은 페르쿠나스/페르쿠온스를 가장 중요하게 여겼고, 한발이나 병충해가 있을 때마다 이 신에게 희생 제물을 바쳤다. 16세기의 어떤 보고서에 의하면 폭풍우가 몰아칠 때 사람들이 이 신에게 고기 한 덩이를 바치면서 이렇게 기도했다고 한다. "오오, 페르쿠나스 신이시여, 저희들을 치지 마소서. 원하옵건대 오오, 신이시여, 당신께 이 고기를 바치나이다." 이는 원시 민족이 폭풍우가 불어 닥칠 때 천신들을 찬미하면서 행한 원초적인 의식 그 자체이다.(*Traité*, 14절 참조)

발트족의 판테온에서 상당한 위치를 점하는 신격으로 태양의 여신

---

52) Harold Biezais, *Die Gottesgestalt der lettischen Volksreligion*, 특히 pp. 90 sq., 182 sq.를 보라.
53) 페르쿠나스의 이름은 말라라스의 『연대기Chronique』(1261)에 등장하며, 16세기 기독교 저술가에 의해서도 여러 번 언급된 적이 있다. 페르쿠온스에 관해서는 H. Biezais, *Die himmlische Götterfamilie der alten Letten*, pp. 92 sq. 및 103 sq.에 나오는 자료와 비판적 분석을 보라.

사울레Saule(이 여신에 대해서는 베다의 신 수리야Sūrya와의 유사성이 지적되곤 했다)가 있다. 사울레 여신은 어머니이자 동시에 젊은 여성으로 표상된다. 이 여신 또한 천상의 산에 거주하는 디에브스의 밭 근처에 자신의 밭을 가지고 있다. 종종 이 두 신은 싸움을 하는데, 그 다툼은 사흘간이나 계속된다. 사울레는 경작지를 축복해주고 고통받는 자들을 도와주며 죄인들을 벌한다. 사울레의 가장 중요한 축제는 하짓날에 행해진다.[54] 레트인의 종교적 민간전승에서 사울레는 달의 신 메네스Mēness의 부인으로 나온다. 여기서 메네스는 전사신의 기능을 담당했다고 보여진다. 이 천상의 신들은 모두 말(馬)과 관계가 깊으며, 그들은 마차를 타고 천상의 산들을 순행한다든지 지상에 강림한다고 여겨졌다.

지상의 신들은 대부분 여신이다. 가령 대지모신을 레트인은 제멘 마테Zemen māte라 불렀으며, 리투아니아인은 제미나Zemyna라고 불렀다. 리투아니아에는 "대지의 주인" 제메파티스Zemēpatis라는 신격도 널리 알려져 있다. 이런 모신들의 수는 엄청나게 많다. 예컨대 숲의 모신 메자 마테Meza māte를 리투아니아어로는 메디네Medeine라고 하는데, 이 여신은 정원의 모신, 들판의 모신, 과실의 모신, 꽃의 모신, 버섯의 여신 등으로 발산·분화되었다. 물의 신들(바다의 모신이라든가 파도의 모신 따위)의 경우에서도 이와 동일한 과정을 찾아볼 수 있다. 이 밖에 기상 현상을 신격화한 비의 모신 혹은 바람의 모신이라든가, 인간 행위를 신격화한 잠의 모신 등도 마찬가지로 분화 과정을 거쳐 생긴 것이다. 우제너Usener의 지적대로,[55] 신화적 존재의 이와 같은 분

---

54) *Ibid.*, pp. 183 sq., 303 sq.(사울레 숭배)를 보라.
55) Usener, *Die Götternamen*, pp. 79~122를 참조하라.

화에서 우리는 로마 종교에 특징적으로 나타나는 현상을 떠올리게 된다.(본서 제2권 163절 참조) 레트인 사이에서 가장 중요한 여신은 라이마 Laima(이 이름은 "행복" 혹은 "행운"을 뜻하는 *laime*에서 비롯되었다) 이다. 라이마는 특히 인간의 운명을 관장하는 여신인데, 인간이 탄생하는 순간 그의 운명을 결정한다. 또한 라이마 여신은 결혼과 작물의 풍요 및 가축의 성장 등을 관장하기도 한다. 성모마리아와 융합되기는 했지만 라이마는 레트인의 이교 신앙의 가장 저변에 존재하는 고대적 형상을 내포하고 있다.56)

기독교화되기 이전에는 공동체의 의례가 주로 숲 속에서 행해졌다. 특정한 나무, 특정한 샘물 혹은 특정한 장소가 신성시되었고, 그곳에 신들이 거한다고 여겨졌다. 때문에 그런 장소에 함부로 접근하는 것은 금기시되었다. 공동체는 작은 숲 등의 신성한 장소에서 희생 제사를 행했다. 또한 나무로 지은 집이 성스러운 공간으로 여겨졌고 그런 집에는 "성스러운 신상"이 있었다. 엄밀한 의미의 신전에 관해서는 알려진 바가 별로 없다. 다만 목조로 된 직경 5미터 전후의 원형 진지〔內陣〕의 흔적이 발굴된 적이 있는데, 그 중앙에 신상이 안치되어 있었다는 정도가 알려져 있을 따름이다.

사제 계급의 유무에 관해서도 우리가 알고 있는 지식은 매우 불확실하다. 그저 이런저런 자료를 통해 추정하건대, "마법사"라든가 점쟁이 혹은 엑스터시 전문가들이 중요한 역할을 했으며 그들의 권위가 상당히 컸을 것으로 여겨진다. 1294년에 독일기사단이 고프러시아인을 정복하고 그들에게 강요한 조약에는 죽은 자와 함께 말 혹은

---

56) Biezais, *Die Hauptgöttinnen der alten Letten*, 특히 pp. 179~275의 비교 연구를 보라. 성모마리아와의 종교적 융합에 관해서는 *ibid.*, pp. 279 sq.를 참조하라.

시종들, 무기, 의복 혹은 기타 귀중품을 화장하거나 매장하는 고프러시아의 풍습[57]을 금할 것, 수확 후에 쿠르케Curche나 그 밖의 우상신들에게 바치는 희생 제의를 폐지할 것, 장례식의 연회에서 사자의 훈공을 찬미하고 사자가 말을 타고 타계를 향해 하늘을 나는 모습을 환영으로 볼 수 있다고 주장하는 음유시인들(*tulissones* 또는 *ligaschones*)을 멀리할 것 등이 들어 있었다.

  이와 같은 "환영을 보는 시인들"은 아시아의 샤먼들과 매우 흡사한 엑스터시 전문가 내지는 주술사 계층에 속해 있었으리라고 보인다. 이들은 "장례식의 연회"가 끝날 무렵에 사자의 혼을 저세상으로 인도하는 자들이었음이 틀림없다. 기독교 교회 당국은 다른 곳에서와 마찬가지로 발트계 민족들의 이와 같은 풍습, 즉 엑스터시의 기법과 주술을 악마적인 것으로 간주했다. 하지만 엑스터시나 혹은 그 클라이맥스에 이르러 동물의 형상을 연출하는 것은 일상적인 종교적 행위(또는 "백마술magie blanche)라 할 수 있다. 샤먼이 동물의 형상을 취하는 것은 악령과 싸우기 위한 것이기 때문이다. 이와 유사한 신앙을 17세기 리투아니아의 기록에서도 찾아볼 수 있다. 그 기록에는 어떤 노인이 늑대 인간이라고 고발당한 이야기가 나온다. 노인의 고백에 의하면 자신은 분명 늑대 인간으로서 성 루시아Saint Lucile의 축일과 성령강림절 및 성 요한 축일[하지] 밤에 동료들과 함께 늑대로 변신하여 "바다 끝(지옥)"까지 걸어가서 악마와 그 졸개인 마법사들에게 결투를 요청했다고 한다. 이 노인의 설명에 따르자면, 늑대 인간들이 늑대로 변신하여 지옥으로 내려가 마법사가 훔쳐간 것들—가축, 밀, 그리고 다른 농

---

[57] 이 원초적 풍습(이것은 원시시대의 메소포타미아, 중국, 스키티아 등에서 확인된다)은 15세기에 들어와서도 여전히 존속하고 있었다.

작물—을 되찾아 온다는 것이다. 그리고 늑대 인간들이 죽으면 그 혼은 하늘로 올라가지만, 마법사의 혼은 악마가 데리고 간다는 것이다. 즉 늑대 인간은 "신의 문지기 개"인 셈이다. 그래서 만일 이런 늑대 인간들이 없다면 악마가 지상을 유린할 거라고 여겨졌던 것이다.[58]

장례 의례와 결혼식의 유사성은 발트 제 민족의 고대적 특성을 보여주는 하나의 증거라 할 수 있다. 혼인 의례와 죽음 의례의 이와 같은 연관성은 루마니아와 발칸반도에서 20세기 초엽까지도 나타났다. 디에브스, 사울레, 라이마와 같은 신들이 종종 농민 차림을 하고 들에 나타난다고 하는 신앙 또한 마찬가지로 고대적인 것으로, 동남부 유럽의 민간전승에서도 찾아볼 수 있다.

결론적으로 발트 제 민족의 종교적 특징은 다음과 같다. (1) 신들의 여러 가계의 관념, (2) 태양신과 폭풍신의 지배적 지위, (3) 출산과 운명의 여신(라이마)과 대지의 신들 및 그 실재들의 중요성, (4) 신에게 헌신하는 "선한 주술사"와 악마를 섬기는 마법사가 엑스터시 상태에서 의례적으로 벌이는 전투에 대한 관념이 그것이다. 기독교와 종교적으로 융합하는 과정이 있기는 하지만, 이런 종교 형태는 원초적인 것이다. 그중 어떤 것들(디에브스, 페르쿠나스, 사울레)은 인도-유럽 어족 제 민족에 공통된 유산에서, 그리고 어떤 것들(라이마, 제멘 마테)은 유라시아 대륙의 기층 신앙에서 비롯된 것이다. 슬라브 민족들 및 핀-우골족의 종교와 더불어 발트 제 민족의 종교가 우리의 깊은 관심을 끄는 것은 민속학이나 민족지에 의해 밝혀진 그 원초적인 성격에 있다. 실제로 마리아 짐부타스Marija Gimbutas는 이렇게 말한다.

---

58) Eliade, *Occultisme, sorcellerie et modes culturelles*, pp. 103~105에 나오는 문헌들을 보라.

즉 기독교화되기 이전의 발트 제 민족에 있어 민간전승의 기원은 "확실히 선사시대에까지 혹은 적어도 철기시대까지 거슬러 올라갈 만큼 매우 오래되었다. 그중 어떤 것은 이보다도 수천 년 더 앞선 것으로 보여진다."[59]

250. 슬라브의 이교 신앙

슬라브 민족들과 발트 민족들은 아리아 어계 민족 가운데 마지막으로 유럽에 침투했다. 스키타이족, 사르마트족, 계속해서 고트족의 지배를 받은 슬라브인들은 1000여 년 이상을 드니에스테르 강과 비스툴라 강 사이의 한정된 지역에서만 살았다. 그러나 5세기부터 시작된 훈족, 불가리아족, 아바르족 등의 유럽 침략으로 인해 슬라브인들은 원래의 거주 지역을 벗어나 서서히 중부 및 동부 지역에 정착하게 되었다.[60] 이들을 호칭하는 **스클라비니**Sclavini는 6세기의 문헌에 처음 등장한다. 고고학 자료들은 러시아와 발트 해 연안에 살던 슬라브인들의 풍습과 종교 관념 및 물질문화에 관련된 자료들을 드러내 보여준다. 하지만 고대 슬라브인의 종교에 관한 문헌 자료는 모두 기독교화된 이후의 것들이며, 그것들은 신뢰할 수 있는 것이라 할지라도 민족

---

59) Gimbutas, "The ancient religion of the Balts", p. 98. 발트 민족들의 민간전승에 대한 이와 같은 해석에 모든 학자들이 찬성하는 것은 아니다. 다이나의 고대적 가치에 대한 논쟁에 관해서는 본권의 문헌 해제 249절을 보라.
60) 일부 슬라브계 부족은 아틸라의 군단에도 참여했다. Gimbutas, *The Slavs*, pp. 98 sq.를 참조하라.

고유의 종교가 쇠퇴한 형태를 보여주는 데 불과하다. 그럼에도 불구하고, 나중에 보겠지만, 민중의 제사 및 신앙을 꼼꼼히 분석하면 슬라브인 본래의 종교적 특징을 파악할 수 있다.

1167년부터 1172년 사이에 쓰인 헬몬드의 『슬라브 연대기Chronica Slavorum』는 귀중한 정보를 전해준다. 거기에는 몇몇 신들의 명칭과 역할이 기록되어 있는데, 이에 관해서는 다시 후술하겠다. 헬몬드의 보고에 의하면 슬라브인은 "천상의 유일신"의 존재를 수긍했다. 그들은 이 신이 "천상의 일에만 관심이 있고" 지상 세계의 통치는 자신이 낳은 하위 신들에게 위임한다고 여겼다. 헬몬드는 이 신을 가장 뛰어난 신prepotens, 신 중의 신deus deorum이라고 부른다. 그러나 이 신은 인간과 관련된 신이 아니다. 이 신은 신들의 지배자이기는 하지만 지상과는 어떤 관계도 가지지 않기 때문이다.[61] 따라서 이 신은 데우스 오티오수스로서의 천신과 같다. 이런 관념이 형성된 과정에 관해서는 앞에서 알타이계 민족들 및 핀-우골계 민족들의 경우를 살펴본 바 있는데, 그것과 동일한 과정이 인도-유럽 어족 계통의 민족들에게서도 확인된다.(가령 베다의 디아우스Dyaus, 본서 제1권 65절 참조)

슬라브 판테온의 가장 완전한 목록은 12세기에 편찬된 『키예프 연대기Chronique de Kiev』, 이른바 『네스토르 연대기Chronque de Nestor』에서 찾아볼 수 있다. 거기서 저자는 블라디미르 대공(978~1015) 시대의 러시아 부족들의 이교 신앙에 관해 간단히(그러나 분개하는 어조로) 언급하고 있다. 저자는 일곱 신들의 이름, 즉 페룬Perun, 볼로스Volos, 코르스Khors, 다지보그Dazhbog, 스트리보그Stribog, 시마르글루Simarglŭ, 모코슈Mokosh 등을 들면서 이렇게 적고 있다. "사람들은 이 신들에게

---

61) Helmond(약 1108~1177년), *Chronica Slavorum*, I, ch. 83.

희생 제의를 올린다. 〔……〕 사람들은 자신들의 아들딸들을 데리고 와서 이 악마들에게 희생 제물로 바친다……."[62]

여러 종류의 보완적 자료들을 통해 부분적으로나마 이 슬라브 신들의 구조와 기능을 재구성할 수 있다. 먼저 페룬 신은 모든 슬라브 부족들에게 알려져 있으며 민간전승 및 지명에 그 흔적이 남아 있다. 여기서 페룬이라는 이름은 "폭풍신"을 뜻하는 인도-유럽어이다. 그 어원인 페르per/페르크perk는 "때리다", "부수다"를 뜻한다. 이는 베다의 파르자니야Parjanya 혹은 발트인의 페르쿠나스Perkūnas에 대응된다. 페룬도 이 페르쿠나스와 유사한 형상, 즉 손에 도끼나 망치를 들고 그걸로 악령들을 내려치는 붉은 머리의 건장한 거인 남자의 모습으로 표상되었을 듯하다. 어떤 게르만계 부족의 경우 페룬은 토르Thorr와 동일시된다. 가령 폴란드어로 천둥벼락을 가리키는 피오룸piorum 등 수많은 슬라브계 어휘와 표현들이 어원론적으로 이 신의 이름과 관계가 있다.[63] 어쨌든 기독교화되기 이전의 유럽의 여타 폭풍신과 마찬가지로 페룬 신에게도 측백나무가 바쳐졌다. 비잔틴의 역사가 프로코피우스에 의하면 사람들은 페룬 신에게 닭을 제물로 바쳤고, 대제 때는 황소와 곰 혹은 숫염소 따위를 바쳤다고 한다. 기독교화된 이후의 민간전승에서 페룬은 성 엘리야로 대체된다. 이때 성 엘리야는 흰 머리카락을 휘날리며 불수레를 몰고 하늘을 가로지르는 노인의 이미지로 묘사되었다.

한편 볼로스 신은 별명이 벨레스Veles이며 뿔 달린 짐승들의 신이다.

---

62) 이 부분은 Brückner, *Mitologia Slava*, pp. 242~243; *Die Slawen*, pp. 16~17에 번역되어 있다.
63) Gasparini, *Il matriarcato slavo*, pp. 537 sq.에 인용된 예들을 보라.

이것과 동일한 어근을 가지는 말이 리투아니아어(가령 오늘날 "악마"를 의미하는 벨니아스Velnias와 "죽음의 그림자"를 뜻하는 벨레vēlė)와 켈트어(타키투스는 켈트인의 여예언자 벨레다Veleda에 대해 언급한 적이 있다)에도 있다.[64] 어쨌든 로만 야콥슨Roman Jakobson에 의하면,[65] 볼로스는 인도-유럽 민족에 공통된 판테온에서 비롯된 신이며 바루나Varuṇa에 비견될 만하다. 이에 비해 코르스는 이란의 쿠르시드Khursid에서 따온 신명으로 태양을 신격화한 것이다. 마찬가지로 이란에 기원을 가지는 신명으로 시마르글루가 있다. 야콥슨은 이 신을 페르시아어의 시무르그Simourg, 즉 신수神獸 그리핀과 연관시켰다. 아마도 슬라브인들은 이 신수를 시마르그Simarg라고 불렀던 사르마트인을 통해 그걸 받아들였던 것으로 보인다.

또한 다지보그 신은 어원적으로 "부의 배분자"를 의미한다(가령 슬라브어 다티dati는 "부여하다"를 뜻하며 보그bogŭ는 "부當" 혹은 부의 원천인 "신"을 의미한다). 이 다지보그는 태양과 동일시되기도 한다. 그런데 스트리보그 신에 관해서는 거의 알려진 바가 없다. 기껏해야 러시아어로 기록된 고문서 『이고르의 시Le Poème d'Igor』에서 바람이 스트리보그의 손자라고 노래되고 있는 정도가 고작이다.[66] 『네

---

64) 벨레스는 15, 6세기 기독교의 악마학에도 등장하며 지명으로도 남아 있다. Gimbutas, *The Slavs*, p. 167; "The Lithuanian God Velnias", pp. 87 sq.
65) "The Slavic God Veles and his Indo-European cognates"를 참조하라. 이와 함께 Jaan Puhvel, "Indo-European Structure of the Baltic Pantheon", p. 85도 보라.
66) 스트리보그의 어원은 분명치 않다. 슬라브 어근 *srei(색色)와 이란어의 *srira(아름답다) 등이 그 어원으로 제기된 바 있다. 이때 후자는 바람[風]의 부가 형용사로서 널리 쓰이며, 또한 태양의 광휘를 연상시키는 말이기도 하다. Gimbutas, *The Slavs*, p. 164를 참조하라.

스토르 연대기』에서 마지막으로 들고 있는 모코슈 신은 풍요의 여신이었으리라고 추정된다. 17세기 러시아의 사제들은 농민들에게 "모코슈가 있는 곳으로 갔는가?"라고 물었다. 체코인은 태양이 비출 때 이 신에게 기원을 올렸다.[67] 중세의 몇몇 자료들을 보면 로드Rod라는 신격("출산하다"라는 뜻의 동사 *roditi*와 관계가 있는 신)과 스칸디나비아의 노른Nornes과 매우 흡사한 요정 로제닛차rozhenitsa("어머니, 모태, 운명, 행운")가 등장한다. 아마도 로제닛차는 고대의 지모신 마티시라 젬리야Matisyra zemlja("늪지의 대지모신")의 현현 혹은 화신일 것으로 여겨진다. 이 여신에 대한 숭배 의식은 19세기까지 잔존했다.

발트 해의 신들의 이름도 대략 열다섯 가지 정도가 알려져 있다. 이 지방에서는 슬라브의 이교 신앙이 12세기까지 계속되었다. 그중 가장 유명한 것이 류겐 섬의 수호신인 스반테빗Svantevit 혹은 스베토빗Svetovit이다. 이 신에게 바쳐진 성역이 아르코나에 있는데, 거기에는 8미터나 되는 신상이 세워져 있었다.[68] 이 신의 어원인 *svet*은 원래 "힘" 혹은 "강함"을 의미했다. 그리하여 스베토빗은 전사신이자 동시에 밭의 수호자이기도 했다. 류겐 섬에서는 이 밖에도 야로빗Jarovit, 루제빗Rujevit, 포로빗Porovit 등의 신들이 숭배되기도 했다. 이중 야로빗과 루제빗이라는 명칭은 계절의 주기와 관계가 있다. 가령 어원적으로 야로Jaro("젊고 혈기왕성한 것"을 뜻하는 *jaru*와 관계가 있다)는 "봄"을 의미하며,[69] 루

---

67) Brückner, *Mitologia Slava*, pp. 141 sq.
68) 신전은 1168년에 파괴되었다. 류겐 섬 안의 다른 성역과 리데고스트(레트라) 구릉 위에 세워진 신전도 12, 3세기에 기독교로의 강제 개종 소동 속에서 파괴되고 말았다.
69) 야로빗의 사제는 이 신을 대신하여 다음과 같이 영창한다. "나는 그대들의 신이로다. 들판을 풀들로 녹음지게 하고 숲을 무성한 나뭇잎으로 덮어주는 신이

에누ruenū는 어린 동물들이 서로 짝짓기를 하는 가을의 어떤 달을 가리키는 이름이고, 포라pora는 "한여름"을 뜻한다.

머리가 여러 개 달린 신의 형상은 몇몇 인도-유럽 민족에게서 엿볼 수 있다(가령 갈리아인의 삼두신三頭神과 두 개 혹은 세 개의 머리를 가진 "트라키아의 기사" 등이 그것이다). 이와 같은 다두신의 관념은 핀-우골 민족들에게도 존재하며(본권 248절) 고대 슬라브인에게서도 비슷한 사례를 많이 찾아볼 수 있다. 머리가 여럿이라는 것의 의미는 분명하다. 그것은 하늘의 신 내지는 태양신에 특유한 속성인, 모든 것을 꿰뚫어 보는 신적인 힘을 나타낸다. 서부 슬라브인의 최고신은 그 형태가 다양하지만(Triglav, Svantevit, Rujevit) 공통적으로 일종의 태양신이었으리라고 추정된다.[70] 이는 동부 슬라브인의 경우에 코르스와 다지보그가 태양과 동일시되었다는 점을 떠올리게 한다. 이것과는 별도의 신격인 스바로그Svarog(서부 슬라브에서는 스바로지츠Svarožic라고 한다)는 다지보그의 아버지였다. 티트마르 폰 멜제부르크Thietmar von Merseburg(11세기 초)는 이 신을 최고신(*primus Zuararasici dicitur*)으로 보았다. 전승에 의하면 불은 천상의 불이든 가정의 화롯불이든 스바로그의 자식이었다. 10세기 아라비아의 여행가 알 마스디는 슬라브인이 태양을 숭배하며, 그들에게는 태양이 떠오르는 것을 보기 위해 원형 지붕에 창을 낸 신전이 하나 있다고 적고 있다.[71] 그러나 슬라브

로다. 들판과 숲에서 나는 것들과 사람들을 이롭게 하는 그 밖의 모든 것은 다 나의 권능하에 있노라."(Helmond, *Chronica Slavorum*, III, 4)

70) R. Pettazzoni, *L'onuiscienza di Dio*, pp. 343 sq.를 참조하라. 점을 칠 때 성스런 말이 수행하는 역할은 이런 추측을 더욱 뒷받침해준다.

71) F. Haase, *Volksglaube und Brauchtum der Ostslaven*, pp. 256 sq.를 참조하라.

민족의 신앙과 습속에서는 달(남성명사)이 태양(여성명사에서 파생된 중성명사로 추정됨)보다 더 중요한 역할을 한다. 그래서 사람들은 풍요와 건강을 구할 때 "아버지" 혹은 "할아버지"라 불리는 달에게 기도하였으며 월식 때마다 탄식하고 슬퍼했던 것이다.[72]

251. 고대 슬라브인의 의례, 신화 그리고 신앙

슬라브 종교사를 재구성하려는 시도는 무용할 것이다. 그러나 거기서 주된 신앙의 기층을 발굴해내어 그것들이 슬라브적 영성의 형성에 기여한 역할을 규명할 수는 있다. 인도-유럽 민족들이라든가 핀-우골 민족들 및 이란으로부터의 영향 이외에 보다 더 원초적인 기층을 찾아낼 수도 있다. 슬라브 민족들은 페르시아의 보그bog("부" 혹은 "신"을 의미)를 받아들여 그것으로써 발트 민족들이 지니고 있었던 (본권 248절 참조) 인도-유럽어족의 신 디보스를 대신했다. 그 밖에 이란에서 파생된 차용어에 관해서는 앞서 지적한 바 있다.[73] 핀-우골인의 신앙 및 습속과의 유사성은 선사시대에 이루어진 접촉 및 공유 전통으로부터의 파생이라는 두 측면에서 설명이 가능하다. 가령 서부 슬라브인과 핀-우골인의 성소 구조가 매우 흡사하다는 점, 머리가 여러 개인 신들과 정령의 형상 사이에 유사성이 엿보인다는 점[74] 등이

---

72) Evel Gasparini, *Il matriarcato slavo*, pp. 597 sq.에 열거된 자료들을 보라.
73) 라이ray라는 말도 기독교의 "낙원"을 의미하게 되기 이전에는 보그와 동일한 의미, 즉 "부富"를 뜻했음을 부연해둔다.
74) Gasparini, *Il matriarcato slavo*, pp. 553~579의 자료들을 보라. 하지만 앞서 살펴보았듯이(p. 59) 많은 머리를 가진 형상은 다른 인도-유럽어계 민족들에게서도

주목받는다. 또한 슬라브 전역에 걸쳐 나타나지만 인도-유럽 민족들에게는 없는 재매장 관습을 들 수 있다.[75] 즉 매장 후 3년이나 5년 혹은 7년 후에 유골을 파내어 세척한 다음 천(ubrus)으로 감싸서 그걸 집으로 가져가 성화가 걸려 있는 "거룩한 구석angle sacré"에 잠시 안치해두는 풍습이 그것이다. 여기서 이 천은 사자의 유골과 두개골에 접촉함으로써 주술-종교적인 가치를 지닌 것이 된다. 원래는 파낸 유골 그 자체의 일부를 "거룩한 구석"에 안치했었다. 이처럼 지극히 원초적인 풍습(아프리카나 아시아에서도 확인된다)은 핀족에게서도 발견된다.[76]

인도-유럽 민족에게는 없으나 슬라브인에게는 있는 또 다른 관습으로서 **스노카체스트보**snochačestvo, 즉 부친이 자식의 약혼자와 잠자리를 함께할 권리를 들 수 있다. 부친은 자식이 결혼한 다음에도 자식이 오랫동안 집을 비울 때는 며느리와 잠자리를 함께할 권리가 있다. 오토 슈라더Otto Schrader는 이런 **스노카체스트보**의 관습을 인도-유럽 민족의 **아듀토르 마트리모니**adiutor matrimonii의 관습과 비교하고 있다. 그러나 인도-유럽 민족에게 있어 딸이나 신부의 일시적 양도는 그 부친이라든가 신랑에 의해 행해지며, 이는 그들의 아버지 혹은 남편으로서의 권리 행사나 다름없는 것이다. 이런 양도가 남편이 모르는 사이에 이루어지거나 또는 남편의 뜻에 반하여 행해지는 일은 없다.[77]

마찬가지로 찾아볼 수 있다.
75) 이는 슬라브의 영향을 받은 독일인과 루마니아인 및 기타 동남부 유럽의 제 민족에게만 나타난다.
76) Gasparini, "Studies in Old Slavic Religion: *Ubrus*"; *Il matriarcato slavo*, pp. 597~630을 참조하라.
77) *Il matriarcato slavo*, pp. 5 sq.를 참조하라. Gasparini는 이 밖에도 다음과 같은 비인도-유럽적 특징을 들고 있다. 즉 모친 쪽의 집에서 혼례를 치루는 것(pp. 232

이것 못지않게 특징적인 것은 고대 슬라브 사회의 법적 평등성이다. 고대 슬라브 사회에서는 공동체 전원에게 완전한 권리가 주어졌으며 따라서 결정은 모두 만장일치이지 않으면 안 되었다. 예컨대 미르mir라는 말이 있는데, 이는 원래 공동체의 집회를 의미함과 동시에 어떤 결정을 할 때의 만장일치를 가리키는 말이었다. 그리하여 오늘날에는 미르가 평화와 세계라는 두 가지 의미를 동시에 갖게 된 것이다. 가스파리니Gasparini에 의하면 미르라는 말은 공동체의 구성원 각자—남자뿐만 아니라 여자도—가 동일한 권리를 가졌던 시대를 반영하고 있다.[78]

유럽의 다른 민족들과 마찬가지로 슬라브계 민족들의 종교, 민속, 신앙, 풍습은 다소 기독교화된 형태이긴 하지만 이교 시대 유산의 많은 부분을 지금까지도 내포하고 있다.[79] 그중에서도 특히 흥미로운 것은 슬라브 전역에서 찾아볼 수 있는 숲의 정령(러시아어로는 *leshy*, 벨로루시어로는 *leshuk*이다)에 대한 관념이다. 이런 숲의 정령은 사냥꾼들이 필요로 하는 만큼의 사냥감을 보증해준다. 즉 이 숲의 정령은 저 원초적 유형의 신격인 동물의 주인(본서 제1권 4절 참조)과 같다. 레쉬leshy는 나중에 가축 떼의 보호자가 된다. 사람들이 집을 지으면 일종의 숲의 정령들(*domovoi*)이 집 안으로 들어온다는 신앙 또한 오래된 것이다. 이 정령들 중에는 선한 정령도 있고 악한 정령도 있는데, 특히 집을 지탱하는 나무 기둥 안에 거주한다.

---

sq.), 적어도 남슬라브인의 경우 모계 씨족의 존재(pp. 252 sq.), 모계 쪽의 외숙부나 이모부가 가지는 권위(pp. 277 sq.), 신부의 정기적인 고향 나들이(pp. 299 sq.) 등이 그것이다.
78) *Ibid.*, pp. 472 sq.를 참조하라.
79) *Ibid.*, pp. 493 sq. 및 pp. 597 sq.에 소개되어 있는 자료들을 보라.

민중 설화는 기독교화되기 이전의 오래된 관념들의 잔존을 보다 명확하게 보여준다. 그런 사례들 가운데 가장 유명하고 또 가장 의미심장한 것 하나만 들어보자. 우주 창조의 잠수 신화가 그것이다. 이는 앞서 살펴보았듯이(본권 244절) 중앙아시아 및 북아시아 전역에 퍼져 있는 신화이다. 이런 신화는 다소 기독교화된 형태로 슬라브계 민족들 및 남동 유럽 민족들의 전설에서 발견된다. 신화는 잘 알려진 도식을 따른다. 즉 신은 원초적 바다 위에서 악마와 만나 악마에게 물 밑으로 잠수하여 대지를 창조하기 위한 진흙을 가져오라고 명한다. 그런데 악마는 입 안 혹은 손 안에 진흙(또는 모래)을 조금 숨겨놓는다. 그리고 대지가 넓어지기 시작하면서 악마가 숨겨놓은 그 소량의 진흙이 산지와 늪지가 된다. 이 신화의 러시아판에서는 악마가, 또 다른 전승에서는 신이 물새의 형태로 등장한다는 점이 특징적이다. 여기서 악마가 새의 형태를 취하는 것은 중앙아시아에서 유래한 특징이다. 『티베리아스 바다〔갈릴리 호수〕의 전설Légende de la mer de Tibéritide』(15세기와 16세기의 사본이 남아 있는 위경僞經)에서는 신이 공중을 비행하면서 물새의 형상을 한 악마를 발견했다고 나온다. 다른 전승에서는 신과 악마가 각각 백색 잠수오리와 검은색 잠수오리의 모습으로 등장한다.[80]

중앙아시아에서 발견되는 이와 동일한 우주 창조 신화의 여러 이본들과 비교하건대, 슬라브 및 남동 유럽의 잠수 신화에는 신과 악마의 이원론적 대립이 한층 강조되어 있다. 어떤 학자는 악마의 손을 빌려 세계를 창조하는 신의 이미지를 보고밀파bogomiles〔본권 293절 참조〕 신앙의 표현으로 해석하기도 한다. 그러나 그런 가설에는 몇 가지 문제

---

80) Eliade, *Zalmoxis*, pp. 97 sq.를 보라.

점이 있다. 우선 이 신화는 보고밀파의 어떤 문헌에도 등장하지 않는다. 또한 이 신화는 보고밀파가 수 세기에 걸쳐 존속한 지역(세르비아, 보스니아, 헤르체코비나, 헝가리)에서 발견되지 않는다.[81] 한편 이 신화의 이본은 우크라이나와 러시아 및 발트 해 연안 지방 등 보고밀파의 신앙이 미치지 않는 지역에서도 채집된다. 결국 이 신화가 집중적으로 발견되는 곳은 전술했듯이(본권 pp. 21 이하) 중앙아시아 및 북아시아의 민족들에게서이다. 이 신화의 이란 기원설이 제시되기도 했지만, 우주 창조의 잠수 신화는 이란에서는 알려져 있지 않다.[82] 나아가 앞에서 지적했듯이(본권 p. 22) 이 신화의 이본은 북아메리카와 아리아기 및 전 아리아기의 인도, 동남아시아에서도 발견된다.

결국 이는 수차례 재해석되고 재평가된 원초적 신화에 관한 것이다. 이 신화가 유라시아 대륙과 중앙아시아 및 남동 유럽에 그토록 널리 퍼져 있다는 사실은 그것이 민중들의 깊은 정신적 요구에 부합되었음을 말해준다. 즉 이 신화는 세계의 불완전성과 악의 실재를 승인하면서 신이 창조한 창조물의 중대한 결함이 신의 잘못이 아니라는 점을 함축하고 있다. 또한 이 신화는 원초적 인간의 종교적 상상력에 이미 깃들어 있었던 신적 측면, 즉 데우스 오티오수스로서의 성격(특히 발칸 지방의 전설에 현저하게 나타난다)을 잘 보여준다. 인간 삶의 모순과

---

81) 이 신화는 또한 독일과 유럽에도 알려져 있지 않다. 한편 카타리파Cathares와 파타리파Patarini는 남프랑스, 독일, 피레네 산맥 지역에까지 마니교와 보고밀파 기원의 민간전승 모티프를 파급시켰다. Eliade, *Zalmoxis*, pp. 93 sq.를 참조하라.
82) 그러나 주르반교zurvanites(본서 제2권 213절 참조)의 것이라고 여겨지는 이란의 전승 중에서 이 신화를 구성하는 두 가지 모티프가 확인된다. 즉 신(그리스도)과 악마(사탄)가 형제라고 보는 모티프와 세계 창조 이후 신의 정신적 무기력을 말하는 발칸 지방의 전설의 모티프가 그것이다. Eliade, *Zalmoxis*, pp. 109 sq.를 참조하라.

고통 그리고 신이 악마에 대해 가지는 연대 관계 혹은 심지어 우정에 대해서도 이렇게 설명할 수 있을 것이다.

우리가 이 신화에 주목한 데에는 몇 가지 이유가 있다. 첫째, 유럽 민족에 있어 이 신화의 형태는 하나의 **전체 신화**mythe total라 할 수 있기 때문이다. 즉 이 신화는 세계 창조를 말할 뿐만 아니라 동시에 악과 죽음의 기원을 설명해준다. 둘째, 이 신화의 모든 이본들을 비교할 경우, 다른 지역의 비슷한 종교적 창안물과 비교할 수 있는 "이원론적" 고착 과정이 나타난다.(인도에 관해서는 본서 제2권 195절, 이란에 관해서는 본서 제1권 104절과 제2권 213절 참조) 하지만 여기서 우리가 다루는 것은 그 기원이 무엇이든 간에 **민간전승적인** 전설이다. 달리 말하자면 이 신화의 연구를 통해 우리는 민중의 종교성이 지니는 몇 가지 사고방식을 파악할 수 있다. 즉 기독교화된 이후에도 오랫동안 동구의 민중들은 이 신화를 수단으로 삼아 세계의 본질과 인간이 처한 조건을 정당화시킬 수 있었다. 악마의 존재 자체는 기독교에서도 결코 부정된 적이 없었다. 하지만 이 우주 창조 신화에서 악마의 역할은 일종의 "이원론적" 혁신이었다. 때문에 이 전설은 비상한 성공을 거두었고 광범위하게 퍼질 수 있었던 것이다.

고대 슬라브인이 이란 혹은 그노시스 계통의 또 다른 이원론적 관념을 공유하고 있었는지 아닌지는 딱 잘라 말하기 어렵다. 하지만 여기서는 원초적인 신화-종교 구조가 기독교화된 유럽 민중들의 신앙 속에도 연면히 이어지고 있다는 점, 그리고 아득한 옛날의 종교적 유산에 대해 민간전승의 차원에서 행해지는 가치 부여가 인류의 종교사에 매우 중요하다는 점을 보여주는 것으로 충분할 것이다.

성상 파괴 운동(8~9세기)까지의 기독교 교회

252. 로마는 멸망하지 않는다……

휴 트레버-로퍼Hugh Trevor-Roper는 이렇게 적고 있다. "고대의 종언, 즉 그리스와 로마의 위대한 지중해 문명의 붕괴는 유럽의 역사에서 가장 중요한 문제들 가운데 하나이다. 그 원인에 관해서는 아직 정설이 없다. 뿐만 아니라 언제부터 붕괴가 시작되었는지에 관해서도 의견이 분분하다. 다만 그것이 완만하면서도 결정적인, 분명 돌이킬 수 없는 그런 과정이었으며 아마도 3세기경에 시작되어 서유럽의 경우 5세기에 완결되었다는 점만은 말할 수 있다."[1]

로마제국의 쇠망과 고대 세계 붕괴의 원인 가운데 하나로 기독교가 계속 거론되어왔다. 보다 엄밀히 말하면 기독교가 국가의 공식 종교가 된 것이 그 원인으로 거론되었다. 하지만 여기서 이 곤란하고 미묘

---

1) Hugh Trevor-Roper, *The Rise of Christian Europe*, p. 33.

한 문제에 대해 깊이 다루지는 않겠다. 다만 다음 한 가지만 확인하고 넘어가고자 한다. 즉 만일 기독교가 군인의 덕목과 사명감을 중시하지 않았다면, 황제를 비판한 초기 호교론자들의 논쟁이 콘스탄티누스 대제의 회심 이후에 그 존재 이유를 상실했을 거라는 점이다.(본서 제2권 239절 참조) 나아가 콘스탄티누스 대제가 내린 결정, 즉 기독교를 받아들여 보스포루스해협 근방에 새로운 제국의 수도 콘스탄티노플을 세우겠다는 결단은 그리스-로마 고전 문화의 보존을 가능케 했다.[2] 그러나 주지하다시피 로마제국의 기독교화가 당시 사람들에게 행복을 가져다주지는 못했다. 특히 410년 8월에는 고트족의 왕 알라리크(기독교도였지만 아리우스파의 이단에 속해 있었다)가 로마를 점령하여 약탈을 자행하고 많은 시민들을 살육했다. 군사적·정치적인 측면에서 보자면 이 사건은 분명 심각한 것이었지만, 그렇다고 해서 그것이 곧바로 제국의 파국을 초래한 것은 아니었다. 당시의 수도는 밀라노였기 때문이다. 하지만 이 사건의 소식은 제국 전체를 뒤흔들어놓았다. 이교를 믿는 정치적, 문화적 집단들과 고위 성직자들은 당연히 이 전대미문의 재앙에 대해 그 원인이 로마의 전통 종교를 버리고 기독교를 채용한 데에 있다고 주장했다.[3]

---

2) "만일 로마제국이 기독교화되지 않았다면, 혹은 만일 야만족 지배의 시대와 이슬람 점령하에서 콘스탄티노플이 로마법과 그리스 문화를 보존하지 않았다면, 세계가 도대체 어떻게 되었을지를 그 누가 알랴. 12세기에 이루어진 로마법의 재발견은 유럽 부흥에 획기적이고 중요한 단서를 제공했다. 그러나 이때 재발견된 로마법은 유스티니아누스 대제가 집성한 장엄한 비잔틴판 속에 보존되어 있던 법전이었다."(*ibid*, p. 33~35) 마찬가지로 15세기에 이루어진 그리스 학문의 재발견은 르네상스를 초래했다.
3) P. de Labriolle, *La réaction païenne*; Walter Emil Kaegi, *Byzantium and the Decline of Rome*, pp. 59 sq., 99 sq.를 보라.

히포의 주교 아우구스티누스가 412~426년에 걸쳐 저술한 최대의 주저 『신국론: 이교도에 대항하여De civitate Dei contra paganos』는 바로 이런 비난에 반론을 제기할 목적으로 쓰인 것이었다. 이 책의 의도는 무엇보다도 이교 비판에 있다. 즉 서구 기독교 사상에 심대한 영향을 끼친 역사신학과 결부된 로마 신화와 로마의 종교제도를 비판하고 있는 것이다. 하지만 아우구스티누스는 당시의 통념적 의미에 있어서의 세계사 전체를 아우르고자 한 것은 아니었다. 예컨대 이 책에서는 고대의 대제국 가운데 기껏해야 아시리아와 바빌로니아 정도만 언급하고 있다.(예를 들면 XVIII, 27, 23) 그가 다루고 있는 주제의 다양성과 놀라운 박식함에도 불구하고 아우구스티누스의 진짜 관심은 기독교도였던 자신에게 역사를 열고 방향을 부여한 두 가지 사건, 즉 아담의 타락과 그리스도에 의한 인류의 속죄뿐이다. 그는 세계의 영원성과 영원회귀의 관념을 부정하지만 그런 부정의 논거를 제시하지는 못했다. 시간은 직선적이고 유한하므로 세계는 신에 의해 창조되었으며 종말을 향해 다가서고 있을 따름이라는 것이다. 원초의 타락 이후 유일하게 중요한 사건은 그리스도의 화육신이다. 역사적 진리인 동시에 구원을 위한 진리이기도 한 모든 진리는 성서에 계시되어 있다. 성서는 역사가 한 가지 방향을 가지고 명확한 목적, 즉 인류의 구원이라는 목적을 향해 나아가고 있음을 유대 민족의 운명에 관한 기술을 통해 분명히 보여주고 있기 때문이다.(IV, 3; V, 12, 18, 25 등) 간단히 말해 역사란 아벨과 카인의 영적, 정신적 후예들끼리 벌이는 항쟁의 역사라는 것이다.(XV, 1)

아우구스티누스는 역사를 다음 여섯 단계로 구분한다. (1) 아담에서 대홍수까지 (2) 노아에서 아브라함까지 (3) 아브라함에서 다윗까지 (4) 다윗에서 바빌론 유수까지 (5) 바빌론 유수에서 예수까지

(6) 그리스도 예수의 재림까지이다.[4] 이 역사적 단계들은 모두 카인의 범죄에서 시작된 **지상의 나라**civitas terenna에 속하며, 여기에 **신의 나라**Civitas Dei가 대비된다. 인간의 나라는 허영과 **공허**vanitas의 징후 아래 번영을 누리고 있지만, 시간의 지배를 받기 때문에 결국은 멸망할 수밖에 없으며 생명의 자연적 탄생에 의해 존속할 따름이다. 한편 신의 나라는 영원불멸하고 **진리**veritas로 빛나며 거기서는 영적인 재생이 성취된다. 이 역사적 세계(속세saeculum)에서는 아벨과 같은 선인이 구원을 향해 나아가는 순례자이다. 요컨대 로마제국의 사명—그리고 정당성—은 그리스도의 복음이 전 세계에 선포되도록 평화와 정의를 확보하는 데에 있다는 것이다.[5] 아우구스티누스는 로마제국의 번영과 기독교 교회의 발전을 결부시키고자 하는 일부 기독교 저술가들의 주장에 동의하지 않았다. 그는 기독교도는 인간 문명에 대한 신국의 최종적 승리만을 대망할 뿐이라고 되풀이하여 강조하였다. 또한 그 승리는 천년왕국론자들이 생각한 형태로 이 역사적 시간 속에서 실현되는 것이 아니라고 생각했다. 달리 말하자면 전 세계가 기독교로 개종한다 해도 이 지상과 역사는 바뀌지 않을 것이다. 이 점에서 『신국론』의 마지막 권(XXII)이 죽은 자들의 육체적 부활을 문제 삼고 있다는 것은 의미심장하다.

알라리크의 로마 침공에 관해 아우구스티누스는 로마가 과거에도 여

---

4) 그러나 아우구스티누스는 그리스도 재림의 시기를 확정 짓는 것은 유보하고 있다. 한편 그와 동향인 락탄티우스(240~320)는 AD 500년에 그리스도가 재림할 것이라고 생각했다.
5) *Civ. dei*, XVIII, 46. 아우구스티누스에 의하면 국가도 황제도 악마의 소행은 아니다. 그것들은 태초에 저질러진 과실의 결과일 따름이다.

러 차례 전화를 입었음을 지적한다. 또한 로마인들이 다른 여러 민족들을 착취하고 노예로 삼았던 사실을 강조한다. 어쨌든 아우구스티누스는 유명한 설교에서 이렇게 선언한다. "로마인이 멸망하지 않는 한, 로마는 멸망할 수 없다!" 다시 말해 어떤 체제를 유지하는 것은 그것을 구성하는 사람들의 자질에 의한 것이며 그 역은 성립하지 않는다는 것이다.

아우구스티누스가 죽기 5년 전인 425년에 마침내 『신국론』을 완성했을 때, 알라리크의 로마 침공은 세간에서 이미 잊혀져가고 있었지만 서로마제국은 점점 종국을 향해 치닫고 있었다. 아우구스티누스의 이 책은 이후 4세기에 걸쳐 로마제국의 소멸과 서유럽의 "야만화"에 직면해야 했던 기독교도들에게 있어 특별히 고마운 저술이었다. 『신국론』은 빈사 상태의 로마제국과 기독교 교회의 역사적 연대 관계를 근본적으로 단절시켜주었기 때문이다. 기독교도의 참된 의무는 구원의 추구에 있으며, 그들의 유일한 신앙은 신의 나라의 최종적이고 결정적인 승리일 뿐이다. 따라서 단연코 역사상의 모든 패배는 결국 어떤 영적 의미도 지니지 못한다.

429년 여름부터 430년 봄에 걸쳐 반달족이 지브롤터해협을 건너 모리타니아 및 누미디아 지방을 유린했다. 그들이 아직 히포를 점령하고 있을 때인 430년 8월 28일에 아우구스티누스는 세상을 떴다. 그로부터 1년 뒤 히포는 멸망했으며 일부는 불에 타 소실되었다. 이로써 아프리카에는 더 이상 로마제국이 존재하지 않게 되었다.

253. 아우구스티누스: 타가스테에서 히포로

종교 교조와 성자 및 신비가들(가령 붓다, 무함마드, 성 바울, 밀라레파, 로욜라의 이그나티우스 등)이 대개 그렇듯이, 성 아우구스티누스의 전기 또한 그의 천재적인 측면을 이해하는 데에 있어 많은 도움이 된다. 354년에 로마령 아프리카의 소도시 타가스테에서 이교도인 부친과 기독교도인 모친 사이에 태어난 아우구스티누스는 우선 수사학에 열중했다. 이어 마니교에 투신하여 9년간이나 신자로 있었다. 또한 어떤 여성과 동거 생활을 하여 아데오다투스라는 아들을 낳았다. 이 아들은 그의 유일한 자식이었다. 382년에 수사학 교사직을 구하러 로마로 이주했고, 2년 뒤에는 이교도 상류 지식계급의 지도자로서 그의 보호자였던 심마쿠스의 추천으로 밀라노에 파견되었다. 그 사이에 아우구스티누스는 마니교 신앙을 버리고 신플라톤주의 철학 연구에 정열적으로 몰두했다. 밀라노에서 아우구스티누스는 기독교 교회 내에서뿐만 아니라 로마 궁정에서도 명성이 자자했던 암브로시우스 주교에게 접근했다. 이 무렵 기독교 교회 조직은 20세기까지 계속된 기본 제도, 즉 성직자 집단 및 그 영적 활동(성사의 집행이라든가 여러 가지 종교적 지도)에서 여성을 배제한다든지 또는 성직자와 평신도를 구별하면서 사제직의 우월성을 강조하는 등의 제도적 장치를 이미 채택하고 있었다.

얼마 후 모친 모니카가 아우구스티누스를 찾아왔다. 아마도 그녀는 아우구스티누스에게 동거녀와 헤어질 것을 강요했던 것 같다(하지만 아우구스티누스는 곧이어 다른 여성과 동거를 했다). 그러다가 암브로시우스의 설교와 모범적인 생활을 보고, 또한 신플라톤주의의 연구가 심화되면서 아우구스티누스는 육체적인 욕망과 결별을 고해야만 한다고 결심하게 된다. 그러던 중 386년 여름의 어느 날, 그는 우연히 이웃집 정원에서 "집어라, 읽어라tolle, lege!"라고 말하는 아이들의 목소리를 듣게 되었다. 이에 『신약성서』를 펼쳐 든 아우구스티누스의 눈에 「로마서」의 다음 구절이 들어왔다고 한다. "술 취하지 말고 음란과 방탕과 싸움과 시기하는 일을 버리십시오…… 주 예수그리스도로 옷을 입고, 정욕을 위해 육신의 일을 추구하지 마십시오……."(「로마서」 13:13-14)

이리하여 387년의 부활절에 그는 암브로시우스에게 세례를 받고 가족과 함께 아프리카로 돌아갔는데, 이때 모니카는 도중에 오스티아에서 죽고 말았다(아들 아데오다투스도 이로부터 3년 뒤에 죽었다). 아무튼 타가스테로 돌아오자마자 아우구스티누스는 친구들과 반#수도원적인 공동생활을 조직하여 기도와 연구에 전념하고자 했다. 그러다가 391년에 히포를 방문했을 때 그는 사제직을 서품받고 그곳의 주교보로 임명받았으며, 나아가 396년에는 주교직을 이어받게 되었다. 그후 세상을 떠나기까지 아우구스티누스는 설교와 서간을 비롯하여 방대한 저술 활동을 통해 교회의 통일을 지키고 기독교 교의를 심화시키는 데에 남은 생애를 바쳤다. 그가 서구 신학자 가운데 가장 위대하고 가장 큰 영향을 끼친 인물로 간주되는 것은 정당하다. 다만 이는 서방교회에 한한 것이며, 동방교회에 있어 아우구스티누스는 별로 명성을 얻지 못했다.

아우구스티누스의 신학에는 그의 기질과 내면생활이 깊이 각인되어 있다고 보여진다. 마니교를 부정하기는 했지만 그에게는 여전히 마니교적인 관념이 남아 있었다. 예컨대 그는 인간의 "악한 본성"이 원죄의 결과라고 보았으며 그것이 성행위에 의해 유전된다고 하는 물질주의적 관념을 지니고 있었다. 한편 신플라톤주의가 그에게 끼친 영향은 보다 결정적인 것이었다. 가령 아우구스티누스에게 인간은 "육체 안에 갇혀 있는 혼을 의미한다. 기독교도로서의 아우구스티누스는 인간이 혼과 육체의 통일체임을 늘 유념하고자 노력했지만,

철학 연구에 전념하면서부터 그는 곧바로 인간에 대한 플라톤적 정의에 마음을 뺏겼다."6) 그러면서도 그는 항상 신의 은총을 강조하여 선양했으며, 특히 나이를 먹어가면서 점점 더 완고하게 예정설을 주장했다. 이렇게 된 원인은 전적으로 그가 자신의 관능적인 기질과 욕정에 대해 부단히 싸우면서도 항상 만족스러운 성과를 얻지 못했던 데에 있었다.(본권 255절 참조)

결국 개인적인 명상과 관조의 생활을 포기하고 사제와 주교로서의 모든 책무를 맡게 된 아우구스티누스는 신자들의 공동체 안에서 자신의 종교 생활을 영위하게 되었다. 아우구스티누스는 다른 어떤 탁월한 신학자들보다도 더 구원의 길과 교회의 생명을 동일시했다. 바로 이 때문에 그는 만년에 이르기까지 위대한 기독교 교회의 통일을 유지하기 위해 진력했다. 아우구스티누스에게 가장 금기시된 죄악은 교회로부터 떨어져 나오는 것이었다. 심지어 그는 복음서를 믿는 것은 교회가 그렇게 명하기 때문이라고 주저하지 않고 단언하기도 했다.

254. 아우구스티누스의 위대한 선구자: 오리게네스

아우구스티누스가 저술 활동에 몰두한 시대는 기독교 신학자들이 한껏 날개를 펼쳤던 시대였다. 4세기 후반은 실로 기독교 교부들의 황금시대이다. 여러 교부들—카이사레아의 바실리우스, 나지안주스

---

6) E. Gilson, *La philosophie au moyen âge*, p. 128. 이 정의는 플라톤의 『알키비아데스 Alcibiade』에 나온 것을 플로티누스가 다시 취한 것으로서, 아우구스티누스도 같은 정의를 따르고 있다.

의 그레고리우스, 니사의 그레고리우스, 요하네스 크리소스토무스, 폰티쿠스의 에바그리우스 등—은 암브로시우스처럼 모두 교회의 평화 시대에 자라나 저술 활동을 하였다. 당시의 신학은 아직 그리스 교부들이 지배하고 있었다. 이단인 아리우스파에 대항하여 성부와 성자가 동일한 실체라고 보는 교의(*homoousia*)를 정식화한 것은 그리스 교부 아타나시우스였다. 이 정식은 니케아공의회(325)에서 공식적으로 채택되었다. 아우구스티누스에 비견될 만한 유일한 인물로는 천재적이고 가장 대담한 인물인 오리게네스Origène(약 180~254년)를 들 수 있다. 하지만 오리게네스의 사후에 그의 위신과 영향이 갈수록 커졌음에도 불구하고 그에게 당연히 주어져야 마땅할 교부로서의 권위는 끝내 인정되지 않았다.

알렉산드리아에서 기독교도 양친 밑에서 태어난 오리게네스는 뛰어난 지적 능력과 정열 및 창조성으로 말미암아 항상 두각을 나타냈으며, 유능함과 성실성 및 박학다식함으로 교회(처음에는 알렉산드리아의 교회, 다음에는 카이사레아의 교회)의 직무에 헌신했다. 그러나 그는 성서의 계시와 그리스도의 복음이 플라톤주의 철학을 두려워할 이유가 전혀 없다는 확신에 입각하여 고명한 암모니우스 사카스(20년 정도 후에 플로티누스의 스승이 됨)의 사사를 받으며 철학 연구를 시작했다. 오리게네스는 모름지기 신학자란 그리스 문화에 정통해야 하며 그것을 취해야만 한다고 생각했다. 그래야 이교도의 지식인 계층과 고대 문화에 푹 젖어 있는 개종한 기독교도들에게 기독교의 가르침을 제대로 이해시킬 수 있다고 여겼기 때문이다(이 점에서 그는 4세기 이후에 일반화된 기독교와 그리스 문화의 융합 과정을 선구적으로 수행한 인물이라고 할 수 있다).

오리게네스의 저작으로는 문헌학(그는 『헥사플라Hexaples』[6개국어

대조판 성서]를 성서 문헌 비판의 기반으로 삼았다), 호교론(『켈수스 논박론Contre Celse』), 성서 주해서(많은 훌륭한 주석들을 담고 있다)를 비롯하여 설교와 신학서 및 형이상학 저서 등 다방면에 걸쳐 방대하다.[7] 그러나 이 저작들은 대부분 소실되어버렸고 현재 남아 있는 것은 『켈수스 논박론』과 몇몇 귀중한 주해서 및 설교문 외에 『기도에 관하여 Traité de la prière』, 『순교의 권장Exhortation au martyre』, 신학 논저인 『제 원리에 관하여De principiis』(*Peri archôn*) 등에 불과하다. 이중 『제 원리에 관하여』가 그의 저작 가운데 가장 중요하다. 유세비우스에 의하면 오리게네스는 육욕에서 해방될 수 없다고 생각하여 마태복음의 구절을 "극단적이라 할 만큼 문자 그대로" 해석했다.[8] 또한 생애에 걸쳐 항상 시련과 순교를 예찬했다. 그러다가 데키우스 황제에 의한 박해기(250)에 체포되어 받은 혹독한 고문의 후유증으로 254년에 사망했다.

이런 오리게네스에 의해 신플라톤주의가 기독교 사상에 결정적으로 침투했다. 오리게네스의 신학 체계는 천재성의 산물이라 말하지 않을 수 없으며 후대에 큰 영향을 끼쳤다. 하지만 이하의 서술에서 알 수 있듯이 그의 사변은 너무 대담한 측면이 있어 결국 악의적인 해석을 초래할 가능성이 처음부터 내포되어 있었다. 가령 오리게네스에 의하면 파악 불가능한 초월자인 성부는 영원히 자신과 닮은 성자를 낳는다. 이 성자 예수는 파악 불가능한 동시에 파악 가능한 존재이기도 하다. 다시 말해 예수는 로고스적인 신인데, 성부는 그를

---

7) 히에로니무스는 800여 권의 저작명을 열거하면서, 팜필리우스는 2000여 권의 저술 목록을 제시했다고 덧붙인다.
8) "천국을 위해 스스로 고자가 된 자도 있다."(『마태복음』 19:12) AD 210년 이전에는 이런 일이 실제로 행해졌다.

통해 순수하게 영적인 존재, 즉 이성적 존재자를 수없이 많이 창조하며 그들에게 생명과 지적 능력을 부여한다. 하지만 예수를 제외하고는 이 순수한 영적 존재들은 모두 성부를 배반하고 떠나간다. 오리게네스는 이런 배반의 정확한 원인에 대해서는 언급하지 않았다. 혹자는 이를 두고 오리게네스의 부주의나 권태 때문이라느니 아니면 망각했기 때문이라느니 하지만, 결국 이런 배반의 위기는 순수한 영들(*logikoi*)의 무지 때문이라고 설명되었다. 성부로부터 떨어져 나온 영적 존재들은 "영혼(*psychai*)"(*De principiis* II, 8, 3 참조)이 되고, 성부는 이런 영혼들에게 각자의 죄의 크기에 따라 천사의 신체, 인간의 신체, 악마의 신체 등 고유한 신체를 부여한다.

그런데 이렇게 전락한 혼들은 자발적인 결정에 의해, 그러나 동시에 신의 섭리에 인도받아 신을 향한 순례의 여정에 오른다. 오리게네스는 영혼들이 원죄에도 불구하고 여전히 선악을 선택할 자유를 가지고 있다고 여겼음이 분명하다(이런 사유는 펠라기우스에게 계승된다. 본권 pp. 85 이하를 보라). 전지자全知者인 신은 우리의 자유로운 행위를 모두 알고 있다.(*Sur la prière*, V-VII) 그러나 자유 자체에 내표된 속죄의 기능을 중시하는 오리게네스는 그노시스주의자들과 이교 철학자들의 운명 결정론을 부정한다. 신체를 가진다는 것은 분명 일종의 벌이지만, 이와 동시에 신체는 신이 스스로를 계시할 때의 수단이며 또한 혼이 신의 품으로 돌아갈 때의 버팀목이기도 하다.

이와 같은 우주적 드라마는 영혼이 숱한 시련을 겪고 무지의 상태로부터 신적 경험에 이르는 여행, 즉 신을 향한 순례의 여행으로서 이해할 수 있다. 구원은 원초의 완전한 상태로 귀환하는 것, 즉 **아포카타스타시스**apokatastasis("모든 것의 회복")이다. 이처럼 종말의 때에 이루어질 완전성은 원초의 완전성보다 더 뛰어나다. 왜냐하면 그것은 더 이상 손상받을 일이 없으므로 결정적인 완전성이기 때문이다.(De princ, II, 11, 7) 이때 영혼은 "부활의 신체"를 입게 된다. 기독교도들이 걷는 이 영적 노정은 생명의 성장이라든가 악과의 투쟁 등과 같은 비유에 의해 멋지게 서술되어 있다. 그리하여 오리게네스는 마침내 완성을 성취한 기독교도가 사랑에 의해 신을 인식하고 신과 하나가 될 수 있다고 생각했던 것이다.[9]

오리게네스에 대한 비판은 그의 생전부터 이미 시작되었다. 특히 그의 사후 상당 시간이 흐른 다음 몇몇 신학자들이 그에게 맹렬한 공격을 퍼부었고, 유스티니아누스 황제의 요청으로 열린 553년의 제5차 공의회에서 그는 최종적으로 단죄받기에 이른다. 이때 많은 신학자들이 문제 삼은 것은 특히 오리게네스의 인간론과 아포카타스타시스의 사상이었다. 사람들은 오리게네스를 기독교 신학자라기보다는 철학자이며 그노시스주의자라고 비난했다. 아포카타스타시스론은 우주 전체의 구원을 설하며 따라서 악마도 구원받는다고 보는 입장으로 해석되었다. 뿐만 아니라 그것은 그리스도의 위업을 우주적 과정의 하나로 편입시켜버린다고 간주되었다. 물론 이때 우리는 오리게네스가 활동하던 시대의 사조를 염두에 두어야 한다. 특히 그가 수행한 종합이 잠정적인 것이었다는 사실을 고려하지 않으면 안 된다. 오리게네스는 스스로를 전적으로 교회의 봉사자라고 여겼다. 이 점은 신뢰할 만한 많은 증언들[10]과 또한 그의 순교가 증명하고 있다. 불행히도 오

---

9) "Sources Chrétiennes", vols. 252, 253, 268, 269에 나오는 *De principiis*의 교정판 및 번역을 보라. 주석을 붙인 번역 텍스트 선집으로 최근 Rowan A. Greer, *Origen*이 나와 있다. 그의 신학 체계에 관해서는 *ibid.*, pp. 7~28을 참조하라.
10) 가령 *De principiis*(I, praef. 2)에는 이런 말이 나온다. "우리는 믿어야만 하는 유일한 진리란 사도 및 교회의 전통과 조금도 모순되지 않는 그런 진리임을 주장한다."

리게네스의 많은 저작들이 유실되었기 때문에 그의 본래적 사상과 다른 "오리게네스주의자"들의 사상을 구별하기가 어렵다. 하지만 일부 교회 세력의 경계에도 불구하고 그는 카파도키아의 교부들에게 영향을 끼쳤다. 그리하여 대大바실리우스, 나지안주스의 그레고리우스, 니사의 그레고리우스 등에 의해 오리게네스 신학 사상의 본질적인 부분들이 기독교 교회 내에 보존될 수 있었다. 이 카파도키아의 학자들을 통한 오리게네스의 영향력은 특히 신비체험과 기독교적 수도 생활의 사고방식에 있어 폰티쿠스의 에바그리우스, 위僞-디오니시오스 아레오파기타, 요하네스 카시아누스 등에게까지 미쳤다.

그러나 끝내 오리게네스를 이단으로 단죄해버림으로써 결과적으로는 기독교 교회가 그 보편주의적 성격을 보다 확장시킬 수 있는 유일한 가능성이 차단되고 말았다. 특히 기독교 신학이 다른 종교사상(가령 인도의 종교사상)과의 대화를 향해 스스로를 개방할 가능성이 막혀버린 것이다. 많은 대담한 주장을 함축하고 있는 아포카타스타시스의 통찰력은 지금까지도 가장 위대한 종말론적 창조의 하나로 계속 남아 있다.[11]

255. 아우구스티누스의 신학 논쟁. 은총론과 예정설

397년에 주교로 취임한 이후 몇 년이 지나지 않아 아우구스티누스는 『고백록Confessions』을 저술한다. 방종했던 청년 시절에 대한 기억이

---

11) 1000년 뒤 서방교회는 피오레의 요아킴과 마이스터 에크하르트의 대담한 사변을 공격함으로써 그들의 통찰력을 동시대인들이 향유하지 못하게 만들었다.

너무도 또렷한 탓에 "내 죄의 무게에 짓눌려 있다"(X, 43, 10)고 고백할 만큼 그의 마음은 무거웠다. 왜냐하면 "적이 내 의지를 지배하고 그것으로 쇠사슬을 만들어 나를 옥죄었기"(VIII, 5, 1) 때문이다. 『고백록』의 저술 자체가 그에게는 일종의 치유 행위였고 자신과 화해하려는 노력이었다. 이 책은 영적 자서전인 동시에 장대한 기도이기도 하다. 그 기도에 힘입어 아우구스티누스는 신의 신비스런 본성에 참여하고자 했다. "저는 흙먼지와 재에 불과합니다만, 기도하는 것을 허락하여주소서. 저는 인간을 향해 말하는 것이 아니라 당신의 자비로움에 호소하는 것입니다."(I, 6, 7) 이런 기도를 올리면서 그는 신의 이름을 부른다. "내 마음속의 하느님이시여", "오! 늦게 찾아온 나의 기쁨이여! 나의 **감미로운 하느님이시여**Deus dulceda mea", "당신이 원하는 것을 제게 명하소서!", "제가 사랑하는 모든 것을 당신께 바치옵니다."[12] 아우구스티누스는 어린 시절과 젊은 날들의 모든 죄악과 사건들—배를 훔쳤던 일, 동거한 여자를 버린 일, 친구의 죽음 앞에서 절망했던 일 등—을 상기해내는데, 이는 그런 일들에 대한 흥미 때문이 아니라 신에게 자신의 마음을 열고 그렇게 함으로써 죄의 중대함을 보다 분명하게 자각하기 위해서였다. 『고백록』은 페트라르카나 후대의 근대 저술가들이 느꼈던 것과 같은 감동을 오늘날의 독자들에게도 안겨준다.[13] 『고

---

12) Peter Brown, *Augustine of Hippo*, pp. 167 및 180에 나오는 출전들을 보라. 『고백록』이라는 제목 자체가 중요한 의의를 가진다. 아우구스티누스에게 있어 고백Confessio이란 "자기 자신을 비난하고 신을 찬미하는" 것을 의미한다. *Ibid*, p. 175.
13) "나는 아직 사랑을 해본 적이 없지만, 사랑 자체를 사랑하고 있었습니다……. 나는 사랑에 빠질 기회를 찾기 시작했습니다. 사랑이라는 관념을 미칠 정도로 사랑하고 있었기 때문입니다"(III, 1, 1)라는 유명한 구절을 사람들이 인용하게 된 것은 전적으로 페트라르카 이후의 일이다.

백록』은 아우구스티누스의 저작 가운데 현대에도 세계적으로 공감을 불러일으키며 읽혀지고 있는 유일한 작품이다. 그리하여 『고백록』은 종종 "최초의 근대적 저작"이라고 말해지기도 한다.

그러나 5세기의 기독교 교회에 있어 아우구스티누스는 단지 『고백록』의 저자라는 사실을 뛰어넘어 아주 중요한 존재였다. 무엇보다 그는 위대한 신학자였고 이단자와 분파주의자들에 대한 권위 있는 비판자였다. 그의 최초의 논쟁 상대는 마니교도와 도나투스파donatistes이다. 청년 시대에는 아우구스티누스 자신이 마니교에 빠져 있었다. 마니교가 설파하는 이원론이 악의 기원 및 악이 가지는 무한한 위력을 설명해줄 거라고 생각했기 때문이다. 그는 결국 마니교를 버렸지만 악의 문제는 여전히 고민거리로 남아 있었다. 대바실리우스 이래 기독교 신학자들은 악의 존재론적 실재성을 부정함으로써 이 문제를 해결해왔다. 예컨대 바실리우스는 다음과 같이 악을 "선의 결여"라고 정의 내린다. "악은 영혼에 고유한 실체 안에 본성적으로 내재되어 있는 것이 아니라, 영혼에 결손이 생김으로써 나타나는 것이다."(Hexameron, II, 5) 마찬가지로 보스라의 티투스(370년 사망)와 요하네스 크리소스토무스(344~407년경)의 경우도 악을 "선의 결여(steresis, privatio boni)"라고 여겼다.

아우구스티누스 또한 388~399년에 걸쳐 저술한 다섯 편의 마니교 논박서에서 이와 동일한 논지를 전개하고 있다. 즉 신이 창조한 모든 것은 **실재**이며, 존재에 참여하기 때문에 모두가 **선**하다. 이에 비해 악은 선의 흔적을 전혀 가지지 않으므로 실체가 아니다. 이는 세상에 엄연히 존재하는 악을 신과 절연시킴으로써 신의 유일성과 전능성과 선성을 옹호하고자 하는 절실한 노력이라 할 수 있다(이처럼 신을 악의 출현과 무관한 것으로 보려는 노력은 동구 및 중앙아시아의 우주론적 전설에서도 나타난다. 본권 251절 참조) 어쨌든 악을 선의 결여로 간주하는 이런 교의는 오늘날까지도 기독교 신학자들을 지배하고 있다. 하지만 일반 신자들은 결코 이런 교의를 받아들이지 않았으며 그걸 이해하지도 못했다. 아우구스티누스에게 있어 마니교 논쟁[14]은 인간의 전면적 타락에 관한 그의 사상을 보다 엄격하게 만든 계기가 되었다. 그럼에도 불구하고, 뒤에서 계속 살펴보겠지만, 마니교적인 비관주의와 물질주의의 흔적이 그의 은총론 속에 남아 있는 것도 사실이다.(본권 pp. 84~86 참조)

누미디아의 주교 도나투스에 의한 분파 활동은 디오크레티아누스 황제의 박해기에 이어진 평화 시대, 즉 311~312년에 걸쳐 시작되었다. 도나투스파는 이 박해기에 여러 형태로 신앙적 동요를 보인 성직자들을 자기네 교회로부터 추방해버렸다. 성사 집행자가 죄를 범한 경우는 성사에 의한 은총의 중개 자체가 어려워진다고 여겼기 때문이다. 이에 대해 아우구스티누스는 다음과 같이 반론했다. 즉 교회의 성성聖性은 결코 성직자와 신자의 완전성에 의존하지 않으며, 오로지 성사를 통한 은총의 수여에 의한 것이다. 이는 성사가 가지는 구원의 힘이 그 성사를 받는 자의 신앙에 의존하지 않는 것과 똑같다. 아우구스티누스는 교회의 분열을 피하고자 수년에 걸쳐 도나투스파와 로마교회의 화해를 위해 노력했지만 끝내 성공하지는 못했다.

아우구스티누스가 행한 논쟁 가운데 가장 곤란했던 것은 펠라기우스와 그 제자들과의 논쟁이었다. 그 논쟁의 반향은 실로 컸다. 펠라기우스는 영국 출신의 수도사로서 꽤 나이가 든 400년에 로마로 갔는데, 그곳의 기독교도들의 이완된 도덕과 관습에 분개한 나머지 개혁

---

14) 기본 텍스트들은 Claude Tresmontant, *La métaphysique du christianisme*, pp. 528~549에 수록, 해설되어 있다.

을 위해 노력하기 시작했다. 엄격한 수행과 학식으로 인해 그는 머지않아 큰 명성을 얻게 되었다. 그는 410년에 전란을 피해 몇몇 제자들과 함께 북아프리카로 갔지만 아우구스티누스와 만나지는 못했다. 그리하여 이번엔 동쪽 지방으로 가서 로마에서와 같은 성공을 거두었다. 그러고는 418~420년 사이에 그곳에서 숨을 거두었다.

펠라기우스는 인간의 지적 능력과 특히 의지력이 가지는 가능성에 대해 무한한 신뢰를 보냈다. 스스로 고행과 덕행을 실천해 보여주었고, 모든 기독교도가 완전한 상태, 즉 성인聖人의 상태에 도달할 수 있다고 설했다. 인간은 악을 피하고 선을 행할 능력을 가지고 있기 때문에 죄의 책임은 오직 인간에게만 있다는 것이다. 달리 말하면 인간은 자유, 곧 "자유의지"를 향수하고 있다. 이런 입장에서 펠라기우스는 다음과 같이 원죄가 아담의 자손 모두에게 이어진다는 사상을 인정하지 않았다. "죄가 타고나는 거라면 그것은 의지에 의한 것이 아니다. 죄가 의지에 의한 것이라면 그것은 타고나는 것이 아니다." 유아세례의 목적은 원죄를 씻어내어 정화시키는 데에 있는 것이 아니라 신생아를 그리스도에 의해 성화시키는 데에 있다. 펠라기우스에게 있어 은총이란 율법을 통한 신의 계시, 특히 예수그리스도를 통한 신의 계시 그 자체를 의미했다. 그리스도의 가르침은 기독교도가 따를 만한 모범을 보여준다. 요컨대 펠라기우스의 신학에서 인간은 일면 자기 자신의 구원자라고 설해졌던 것이다.[15]

---

15) 가장 뛰어난 제자였던 켈레스투스가 펠라기우스의 테제들을 한층 무거운 것으로 만들었을 가능성이 크다. 411년 혹은 412년에 이 이단 사상을 탄핵한 밀라노의 파울루스에 의하면 펠라기우스주의는 이런 주장을 했다고 한다. "아담은 죽을 수밖에 없는 존재로 창조되었으며, 설령 죄를 범하지 않았다 해도 죽었을 것이다. 아담의 죄로 인해 상처받은 것은 아담 혼자이며 인류 전체가 아니다. 영아

펠라기우스주의의 역사는 짧지만 파란만장한 것이었다. 펠라기우스 자신도 주교 회의 및 공의회가 열릴 때마다 수차례 파문 선고와 무죄 선고를 되풀이해 받았다. 그러다가 펠라기우스주의가 최종적으로 이단으로서 단죄된 것은 579년 오랑주 주교 회의에서였다. 이 결정은 전적으로 아우구스티누스가 413~430년에 걸쳐 저술한 각종 논박서에 입각한 것이었다. 도나투스파와의 논쟁에서처럼 아우구스티누스는 먼저 펠라기우스가 주장하는 엄격한 금욕주의 및 도덕적 완전주의를 공격의 표적으로 삼았다. 이런 아우구스티누스의 승리는 무엇보다 엄격주의 및 교회 개혁의 이상에 대한 교회 내 평신도 중류 계층의 승리였다.[16] 아우구스티누스는 신의 은총과 전능성에 대해 결정적인 중요성을 부여했는데, 이는 성서 전통에 호소한 것이면서도 민중들의 신앙에 방해가 되지는 않았다. 그러니까 예정설에 관해 최대 관심을 보인 것은 오직 상류 엘리트 계층의 사람들뿐이었다.

오리게네스는 이미 신의 섭리, 즉 신의 예지력이 인간 행위의 원인이 될 수는 없다고 주장한 바 있다. 인간의 행위는 완전한 자유 속에서 이루어지며, 따라서 인간은 그 행위의 책임을 진다.(본권 pp. 75~76 참조) 이와 같은 인간의 자유와 모순되지 않는 신의 예지능력의 교의로부터 전개된 예정설의 신학은 원죄설이라는 신학적 근본 명제에 의해 완성된다. 이미 암브로시우스는 원죄가 성교에 의해 유전된다는 관념과 예수그리스도의 처녀 잉태 사이에 인과관계가 존재한다는 점을 인정했다. 또한 키프리아누스(200~258)는 실로 이와 같은 원죄

는 타락 이전의 아담과 동일한 상태이다. 나아가 예수그리스도 이전에도 완전히 깨끗하고 어떤 죄도 없는 사람들이 존재했다."
16) Peter Brown, *Augustine of Hippo*, p. 348을 참조하라.

의 과실을 씻어내기 위해 유아세례가 꼭 필요하다고 여겼다.

아우구스티누스는 이 선구자들의 교설을 다시 다루고 확장시키고 심화시켰다. 그는 특히 은총이란 어떤 외적 필연성과도 전혀 무관하게 작용하는 신의 자유라는 사실을 강조했다. 신이 무로부터 만물을 창조한 지고의 존재인 이상, 신의 은총 또한 지고한 것이다. 신의 전능성 및 은총의 지고성에 대한 이와 같은 관념은 예정설에서도 복잡다단하게 표현된다. 가령 아우구스티누스는 예정을 "하느님이 이루실 미래의 일을 하느님 스스로 조직화한 것이며, 변경할 수 없는 것"(*Perseverentia*, 17:41)이라고 규정한다. 하지만 이때의 예정은 이교도들의 운명론과는 아무런 관계가 없다고 첨언한다. 신은 자신의 분노를 나타내고 자신의 힘을 드러내기 위해 인간을 벌한다. 세계의 역사는 신의 뜻이 펼쳐지는 무대나 다름없다. 어떤 이들은 천국에서 영원한 삶을 누리고 또 어떤 이들은 지옥에서 영원한 멸망에 이른다. 세례를 받지 않은 채 죽은 영아도 영원한 지옥에 빠진다. 이와 같은 천국과 지옥의 이중적 예정은, 아우구스티누스도 인정하듯이, 인간에게 이해 불가능한 것이다. 원죄가 성교에 의한 생식을 통해 유전되는 이상[17] 그것은 보편적이며, 생명을 가지고 태어나는 한 누구도 원죄를 피할 수 없다. 결국 교회는 세계의 창조보다 더 오래전부터 예정된 일정 수의 성자들에 의해 구성된다.

논쟁 과정에서 아우구스티누스가 정식화한 테제들이 모두 가톨릭 교회에 의해 전면적으로 받아들여진 것은 아니지만 그것들은 서구 신학계에 끝없는 논쟁을 불러일으켰다. 이 엄격주의 신학을 이교도들의 운명론과 비교하는 작업도 이루어졌다. 나아가 아우구스티누

---

17) Pelikan은 이를 '성병처럼'이라고 표현한다. Jaloslav Pelikan, *The Emmergence of the Catholic Tradition*(100~600), p. 300.

스의 예정설은 신이 **모든** 사람들을 구원하기를 원한다고 하는 기독교 보편주의와 모순된다고 간주되기도 했다. 아우구스티누스에 대한 반론은 그의 은총론 자체에 대해서가 아니라 은총을 어떤 특수한 예정 이론과 동일시해버린 점에 대해 가해졌다. 한편 신의 예지력에 관한 교의가 예정에 관한 아우구스티누스류의 해석이 초래할 반론을 막을 수 있다고 보는 지적도 있었는데, 이는 정당하다고 여겨진다.[18]

여기서 현대의 한 위대한 가톨릭 신학자가 쓴 저서의 결론을 인용해보자. "아우구스티누스는 마니교에 반대하며 인간의 자유와 책임을 옹호했다. 아우구스티누스가 마니교를 비판한 것은 마니교가 악의 책임을 '자연-본성' 내지 신화적 '원리'에 돌려버린 데에 있었다. 이 점에서 아우구스티누스는 적극적으로 기독교적인 업적을 이루었다고 말할 수 있다. 하지만 아우구스티누스가 그 대신 제시한 교설은 충분히 만족스러운 것일까? 아우구스티누스가 후대에 남긴 원죄의 관념 또한 마찬가지 비판을 받아야 하지 않을까? 오늘날 인류가 행하고 있는 악은 〔……〕 이 또한 아우구스티누스의 가정에 따르자면, 현대인들이 책임을 져야만 하는 것인가? 그것은 오히려 원초의 남녀가 저지른 과실에 의해 인류에게 '유전된' 악하고 타락한 '본성-자연'의 책임이 아닐까? 〔……〕 아우구스티누스는 최초의 인간을 통해 인류가 그 육체에 있어 죄의 **습관**을 획득했다고 설한다. 이는 죄의 유전성에 관한 일종의 물질주의적 관념이 아닌가? 그것은 물리적인 관념이며 따라서 결정론적인 사고가 아닐까? 인간을 속박하는 것은 생물학적인 것이 아니다. 갓 태어난 아기의 생체 조직과 그 생명 원리 안에 이

---

18) *Ibid.*, pp. 325~326의 정당한 지적. 그리고 자연과 은총에 관해 언급하고 있는 pp. 278~331을 보라.

미 죄가 각인되어 있을 리가 없다. 유아는 앞으로 받게 될 교육을 통해 유전적인 죄를 이어받는 것이다 [⋯⋯]. 이는 유아가 받아들이려 하는 심리적 메커니즘이며 윤리적 도식이다. 세례를 받지 못한 채 죽은 유아가 지옥에 떨어진다고 설한 아우구스티누스의 무시무시한 교설은 비록 그가 교회에 있어 가장 위대한 천재였고 또한 가장 박식한 인물이었다 하더라도, 그 자신 또한 위험한 양면성을 지니지 않을 수 없었음을 보여준다 [⋯⋯]. 우리는 가톨릭교회 안에서 16세기 이래로 성 아우구스티누스의 위대성과 나약함이 초래한 성과와 하중을 지고 있다."[19]

256. 성인 숭배: 순교, 성물, 성지순례

오랫동안 아우구스티누스는 순교자 숭배에 대해 비판적이었다. 그래서 그는 성인들의 기적담을 별로 믿지 않았고 성물聖物의 매매에 대해서는 단호하게 규탄했다.[20] 그러나 425년 성 스테파누스의 성물이 히포로 옮겨져 왔을 때 몇몇 치병의 기적이 일어난 것을 보고 그

---

19) Claude Tresmontant, *La métaphysique du christianisme*, p. 611. 저자는 주석 40에서 이 문제가 아우구스티누스 이래 거의 발전되지 못했다고 지적하는 라이프니츠의 말을 인용하고 있다. "어떻게 혼이 현실의 모든 죄악의 근원인 원죄에 오염될 수 있었을까? 하느님 안에는 인간의 혼을 원죄에 노출시키는 불의가 있었을 리 없는데 말이다."(*Essais de Théodicée*, 86)
20) 401년경 아우구스티누스는 "그것이 정말로 순교자들의 것이라 할지라도 순교자의 지체肢體를 매매하는" 수도사들의 잘못을 책망하고 있다. *De opere monachorum*. Victor Saxer, *Morts, martyrs, reliques*, p. 240에서 인용하였다.

는 생각을 바꾸었다. 그리하여 아우구스티누스는 425~430년 사이에 행한 설교와 『신국론』 제22권에서 성물 숭배를 정당화하고 이론화시켰으며 성물이 일으킨 기적에 대해 상세한 기록을 남겼다.[21]

순교자 숭배는 2세기 말부터 행해졌으며 교회에서도 받아들여졌다. 그러나 그리스도를 직접 경험한 "증인들"의 유물이 비상한 중요성을 가지게 된 것은 주로 대박해의 시기 및 뒤이은 콘스탄티누스 대제에 의한 평화의 시기 이후이다. 일부 주교들은 지나치게 유행하게 된 성인 및 성물 숭배 행위에 대해 이교 부활의 위험성을 우려하기도 했다. 확실히 이교도의 장례 의례와 기독교의 사자 숭배 사이에는 연속성이 있다. 가령 매장하는 날과 매년 기일에 묘소 앞에서 연회를 개최하는 관습 등이 그것이다. 하지만 이런 고대적인 의례에도 얼마 안 있어 "기독교화"의 경향이 분명하게 나타난다. 즉 기독교도들은 묘지 앞에서의 연회를 통해 종말의 때에 베풀어질 천국에서의 향연을 연상했다. 순교자 숭배 또한 이런 전통을 이어받은 것이다. 하지만 그것은 더 이상 가족 내의 의식이 아니라 신자 공동체 전체에 관련된 행사가 되어 주교 임석하에 집행되었다. 나아가 순교자 숭배는 비기독교 사회에서는 알려지지 않았던 새로운 요소를 보여준다. 순교자는 통상적인 인간을 초월한 존재로서, 그들은 그리스도를 위해 목숨을 바치고 천국에서 신과 함께 머무름과 동시에 이 지상에도 계속 존재한다. 따라서 그들의 유물 자체가 성성을 체현하고 있다. 순교자는 신의 "친구"로서 중재자 역할을 행할 뿐만 아니라, 그의 유물은 기적을 일으키는 힘을 가지고 있으며, 놀라운 치유력을 보증한다. 순교자의 묘소와 유물은 특이한 성격을 띤 역설적 장소가 되고, 거기

---

21) *Ibid.*, pp. 255 sq.를 참조하라.

서는 천상과 지상이 교류하고 있다.[22]

이를 이교 세계의 영웅 숭배와 비교하는 것은 그리 적절치 못하다. 이교도들은 두 종류의 숭배, 즉 신들에 대한 숭배와 영웅에 대한 숭배를 확실하게 구별했다.(본서 제1권 95절 참조) 영웅은 죽음을 통해 신들로부터 분리되는 반면, 기독교 순교자의 육체는 그걸 숭경하는 사람들을 신과 가까워지게 한다. 이처럼 육체에 대해 높은 종교적 가치를 부여하는 태도는 성육신成肉身 교의와 일정한 관계를 가지고 있다. 신이 예수그리스도로 성육신한 것이므로, 주 그리스도를 위해 고통을 받고 죽음을 당한 순교자들은 모두 각각의 육체 안에서 성화된 것이다. 또한 성물의 성성은 성체의 비의와도 일정 부분 관계가 있다. 빵과 포도주가 성사에서 그리스도의 살과 피로 변한다는 교의와 마찬가지로 순교자의 육체는 그 모범적인 죽음에 의해, 즉 참된 **그리스도의 모방**imitatio Christi을 통해 성화된다. 이와 같은 상동성은 순교자의 육체가 [성체 빵과 마찬가지로] 갈가리 찢겨 나누어진다는 점에서도 확인된다. 마찬가지로 성물은 순교자의 신체와 묘지에 접촉한 의복, 소지품, 기름이나 흙 등에까지 무한히 확대되어나갈 수 있다.

6세기에 들어와 순교자 숭배는 상당히 널리 퍼졌다. 동로마제국에서는 지나치게 과도한 숭배가 종종 교회 당국자들을 고민에 빠뜨리곤 했다. 4, 5세기의 시리아에는 두 종류의 교회당이 있었다. 하나는 보통의 교회당이고 다른 하나는 **마르티리아**martyria[순교자의 유해나 유물 등이 보존되어 있는 곳. martyrium의 복수형].[23] 즉 "순교자의 교회당"이다. 이중 후자에는 특징적인 돔이 있는데,[24] 그 중심에는 성물이 안

---

22) Peter Brown, *The Cult of the Saints*, pp. 3 sq.
23) 특히 H. Grabar, *Martyrium*을 보라.

치된, 성인에게 바쳐진 제단이 있다. 오랫동안 성직자들의 반대에도 불구하고 특별한 의식, 특히 순교자를 예찬하기 위한 봉헌물과 기도 및 찬가 영창 등이 중앙 제단(mensa) 주위에서 거행되었다. 나아가 이 숭배 의식에는 새벽까지 계속되는 철야 제의가 수반되었다. 이는 매우 감동적이고 정열적인 의식이었음이 분명하다. 왜냐하면 참배자들은 모두 기적이 일어날 것을 대망했기 때문이다. 제단(mensa) 주변에서는 애찬愛餐과 연회가 열리기도 했다.[25] 교회의 권위자들은 이런 성인 숭배와 성물 숭배를 그리스도에 대한 예배보다 하위에 두고자 집요하게 노력했다. 마침내 5, 6세기에는 보통의 교회당에서도 흔히 성물을 안치하게 되었다. 어떤 교회에서는 성당 내부에 성인을 모시기 위한 특별한 **마르티리움**, 즉 작은 제단을 세우기도 했다. 이는 동시에 마**르티리아**가 서서히 보통 교회당으로 변화되어가는 과정이기도 했다.[26]

이와 동일한 시기, 즉 4세기 말에서 6세기에 걸쳐 성물 숭배의 열기는 서로마제국 전체로까지 퍼져 나갔다. 하지만 서로마제국의 경우 성물 숭배는 대체로 주교들에 의해 통어되었고 심지어 장려되기도 했다. 주교들이야말로 이 민중적 열광의 진짜 **흥행주**impresarios(피터 브라운Peter Brown의 표현)였던 것이다. 도시 교외의 묘지 구역에 있는 순교자의 묘소는 점점 더 장엄한 건조물이 되어갔고, 해당 지역 종교 생활의 중심을 이루게 되었다. 그런 묘소는 말할 수 없는 권위를 누렸다. 놀라의 파울리누스는 성 펠릭스 묘소 주변에 모르는 사람이 보면 또

---

24) E. Baldwin Smith, *The Dome*, pp. 95 sq.를 참조하라.
25) 이는 뿌리 깊은 관습으로서 교회의 금지에도 불구하고 계속되었다. 692년의 트룰로 종교회의는 제단 위에서의 식사 준비 및 회식을 재차 금하고 있다.
26) E. B. Smith, *op. cit.*, pp. 137, 151.

하나의 다른 마을이라고 여길 정도의 거대한 건조물들을 세우고 희희낙락했다. 게다가 이 새로운 "마을 바깥의 마을"은 완전히 주교의 지배하에 들어가 있었다.[27] 성 히에로니무스가 성인들을 찬미한 노래 속에서 "마을의 위치가 바뀌었다"[28]고 적고 있는 그대로이다.

이 밖에 동로마제국에서와 마찬가지로 수많은 의식들이 묘지 앞에서 행해졌다. 또한 묘지는 행진이나 순례의 최종 목적지가 되기도 했다. 이와 같은 행진이나 순례는 지중해 지역의 종교사에 하나의 두드러진 혁신을 초래했다. 기독교는 이런 공적 의식을 통해 여성과 빈자들에게 참여의 장을 제공해주었던 것이다. 다시 말해 의례에서의 행진과 성물 행렬은 성적 차별 및 사회적 차별의 해소를 분명하게 보여주었다. 거기서는 남자와 여자, 귀족과 노예, 부자와 빈자, 내지인과 이방인 등이 모두 함께 행진했다. 이런 행렬이 마을에 공식적으로 입성할 때 성물은 황제의 방문 시와 같은 특별한 대접을 받았다.

(꿈이라든가 환상에 이끌린) 성물의 발견(*inventio*)은 항상 대대적인 종교적 열광을 불러일으켰다. 그것은 신에 의한 죄 사함의 징표로 해석되었던 것이다.[29] 그런 발견이 교회 내의 논쟁에 결정적인 역할

---

27) P. Brown, *op. cit.*, p. 8에 나오는 문헌을 참조하라.
28) 마을이 본래 있던 자리로부터 이동한다 Movetur urbs sedibus suis.(*Ep.* 107, I); Brown, p. 42. 이 "마을 바깥의 마을"은 몰타 섬의 거석 묘지와, 특히 유명한 할 살피에니의 고대 묘지와 비교할 수 있을 것이다.(본서 제1권 p. 187~188 참조) 나아가 거석문화시대의 이와 같은 의례 장소가 공동묘지만이 아니라 제단 및 신전 및 행렬과 그 밖의 여러 의식들을 위한 테라스를 갖추고 있었음을 염두에 둔다면, 이런 유사성은 한층 더 엄밀해질 것이다. 그러나 이런 형태상의 유사성이 곧 신앙적 측면에서의 유사성을 뜻하는 것은 아니라는 점을 부연해둔다.
29) Brown, *op. cit.*, p. 92를 참조하라.

을 하는 일도 있었다. 예컨대 암브로시우스가 발견한 순교자 성 게르바시우스와 프로타시우스의 성물이 그 전형적인 사례이다. 유스티나 황후가 이단 아리우스파를 위한 새로운 예배당을 요구했지만, 암브로시우스는 성물을 제단 위에 현시함으로써 자신의 뜻을 관철시킬 수 있었던 것이다.

성인 숭배는 특히 고행자들 사이에서 퍼져 나갔다.(Brown, p. 67) 놀라의 파울리누스에게 성 펠릭스는 **수호자**patronus이자 **친구**amicus였다. 그리하여 펠릭스의 순교를 기념하는 축일은 파울리누스에게 제2의 탄생일이 되었다. 묘지 앞에서는 순교자 성 펠릭스의 순교 **일지**Passio가 낭송되곤 했다. 이처럼 범례적인 성인의 삶과 죽음을 재연함으로써 일상적인 시간이 파기되고 성인이 새롭게 현전하게 된다. 이때 군중들은 치병과 악마 퇴치 및 외적으로부터의 보호와 같은 새로운 기적을 대망한다. 하지만 모든 기독교도들이 가장 대망한 것은 **성자 옆에**ad sanctos 묻히는 일이었다. 사람들은 할 수 있는 한 성인의 묘소 근처에 자기 묘지를 만들고자 했다. 이는 그 성인이 최후의 심판 때에 자신을 지켜줄 것을 소망했기 때문이다. 그래서 실제로 **마르티리아** 아래라든가 혹은 인접한 구역에서는 줄줄이 늘어선 수많은 묘지들이 발굴되었다.

성물이 무제한적으로 분할되어 유럽 각지에 **퍼진 것**translatio은 기독교의 파급과 집단적 기독교 경험의 일체성을 유지하는 데에 큰 공헌을 했다. 물론 지나친 성물 숭배와 사기 및 교회 내부의 성물 경쟁과 정치적인 성물 경쟁이 시대가 지남에 따라 점점 더 증가한 것도 사실이다. 성물이 비교적 적었던 갈리아와 게르마니아에서는 다른 곳에서, 특히 로마에서 성물을 도입했다. 카롤링거 왕조 전기(740~840)에는 엄청난 수의 로마 성인 및 순교자들의 유물이 서유럽 각지로 퍼졌으며, 9세기 말경에는 모든 교회가 성물을 소지하게 되었다.[30]

시간이 흐르면서 결국 "대중적인populaire" 것이 되었음에도 불구하고 성물 숭배에는 위대한 무엇인가가 여전히 남아 있었다. 단적으로 말해 그것은 **물질의 변용**을 보여준다. 이는 어떤 의미에서 테이야르 드 샤르댕Teilhard de Chardin의 저 대담한 학설을 상기시켜준다. 또 한편으로 성물 숭배는 신자들의 열광 속에서 하늘과 땅뿐만 아니라 인간 또한 신에게 가까이 다가서게 해준다. 왜냐하면 성물의 "발견(*inventio*)"을 인도하고 기적을 가능하게 하는 것은 역시 신이기 때문이다. 나아가 (예를 들어 천상에 거하는 순교자가 동시에 묘지와 유해 조각에도 존재한다는 식의) 성물 숭배에 내포된 여러 가지 모순은 신자를 역설적인 사고에 익숙하게 만든다. 사실상 성물 숭배는 성육신과 삼위일체의 교리 및 성사에 관한 신학에 대한 "평이한 유사물"(다시 말해 평신도들이 이해하기 쉽게 해주는 것)이라고 볼 수 있다.

257. 동방교회와 비잔틴 신학의 만개

서방교회와 동방교회의 차이가 분명하게 드러나기 시작한 것은 4세기 이후의 일이다. 가령 비잔틴의 동방교회는 주교와 대주교보다 상위의 교회 위계로서 총주교제도를 제정했다. 콘스탄티노플공의회(381) [서방교회에서는 "제1회 콘스탄티노플공의회"라고 부른다]에서 동방교회는 네 개의 지역 관구[콘스탄티노플, 알렉산드리아, 안티오크, 예루살렘의 4개

---

30) Patrick J. Geary, "The Ninth Century Relic Trade", pp. 10 sq.를 참조하라. 교황들도 적극적으로 이런 교역을 시인했다. 로마에서 나온 성유물은 제국의 수도이자 기독교의 중심지인 로마의 위신을 한층 높이 세워주었기 때문이다.

총주교구]로 구성되며 각각의 관구가 총주교직을 가지도록 정해졌다. 로마와 콘스탄티노플—간접적으로는 동로마 황제—간의 긴장은 종종 위기를 불러일으키기도 했다. "그리스도의 최초의 제자"(따라서 초대 로마 사교인 성 베드로보다 상위였던) 성 안드레의 성물을 가지고 있는 콘스탄티노플교회는 적어도 로마교회와 대등한 지위를 주장했다. 다음 세기에도 기독론 및 교회 제도상의 여러 문제에 관해 양 교회는 여러 번 충돌했다. 그중 동서 교회 분열의 직접적인 계기가 된 문제들에 관해서는 뒤에서 다시 논하기로 하겠다.(본권 302절)

최초 몇 차례의 공의회에는 로마 교황의 대표자들이 그저 몇 명만 출석했다. "교황Pape"이라는 명칭은 시리키우스 황제(384~399년 재위)가 처음으로 사용한 것이다. 그럼으로써 시리키우스 황제는 자신이 다른 주교들의 "형제"가 아니라 "아버지"라고 선언한 것이다. 그러나 아리우스에 대한 두 번째 이단 선고(381년 콘스탄티노플에서 열린 제2차 공의회)와 네스토리우스에 대한 이단 선고(431년 에페수스에서 열린 제3차 공의회)에 대해서는 로마교회도 이를 지지했다. 교황 레오 1세는 그리스도 단성론monophysisme[31]을 이단으로 규정한 제4차 공의회(451년 칼케돈)에서 새로운 신경信經의 문안을 제시하여 동방교회의 주교들에게도 승인을 받았는데, 그 내용과 사상이 성 키릴루스의 사상과 일치했기 때문이다. 거기서는 "우리의 주 예수그리스도는 유일하고 동일한 그리스도로서 주님이신 독생자이시며, 두 개의 본성에 있어 섞이거나 변화하거나 분리되지 않은 채 존재한다. 이와 같은 결합에서 두

---

31) 그리스도 단성론은 예수그리스도가 신성과 인성이라는 "두 가지 본성"으로 이루어져 있기는 하나 그에게는 양성이 합일한 단 하나의 본성만이 존재하며, 따라서 "수육하신 말씀의 본성은 하나"라고 주장하는 입장을 말한다.

가지 본성의 차이가 사라지는 것은 아니며 오히려 각각의 특질이 보존된다. 즉 두 가지 본성이 하나의 유일한 위격과 유일한 실재 안에 함께 내포되어 있다"고 선언되었다.

이런 규정은 종래의 기독론을 완성시킨 것이었지만, 단성론자들이 제기한 몇몇 난제에 관해서는 여전히 아무런 답변도 이루어지지 않았다. 어쨌든 이 칼케돈 신경에 대해서는 5세기가 다 가기 전부터 이미 반발이 일어나기 시작했으며, 특히 6세기에 들어서면서 그런 반발의 움직임이 더해졌다. 그리하여 동방교회의 어떤 지역에서는 이 칼케돈 신경이 **완전히** 받아들여지지는 않았다. 그 결과 단성론파 교회의 분리가 불가피해졌다.[32] 그리스도 단성론을 둘러싸고, 또한 단성론적 성격에 대해 회의를 제기하는 몇몇 주장을 둘러싸고 이후 비생산적이고 무미건조한 논쟁들이 수 세기에 걸쳐 계속되었다.

여기서 잠시 동방교회에 독자적인 구조가 형성되게 된 발전 과정에 대해 생각해보자. 우선 비잔틴식 전례의 유례없는 전개와 그 장엄함 및 화려함, 의례인 동시에 예술이기도 한 그 아름다움을 들지 않을 수 없다. 동방교회에서는 성사가 하나의 "비의"로서 신자들에게만 집행된다. 그래서 위-디오니시오스 아레오파기타는 신성한 비의를 전수받는 자에게 "모든 비의 중에서도 특히 신성한 비의는 그 성스러움이 더럽혀지는 일이 없도록 해야 하며 속세의 사람들에게 함부로 알려주어서는 안 된다는 점을 명심하라. 신중을 기하고 신의 비밀을 존중해야만 한다······"(*La Hiérarchie ecclésiastique*, I, 1)고 주의를 주었다. 동방교회에서는 언제부터인가 이코노스타시스 iconostasis〔동방교회 성당 내의 일반 신자

---

32) 제5차 콘스탄티노플공의회(553)와 제6차 콘스탄티노플공의회(680)에서는 단성론자에 대해 약간의 양보가 이루어졌다.

석과 성소 및 성체성사 등이 행해지는 지성소를 따로 구별하기 위해 그 사이에 설치된 여러 가지 이콘, 즉 성상을 붙인 일종의 벽]의 장막이 드리워졌으며, 그 후 수 세기 동안 성상벽이 교회 본당의 회중석과 완전히 분리되었다.

"성당 내부의 네 부분은 동서남북의 기본방위를 상징한다. 성당 내부는 우주 그 자체의 상징이다. 다시 말해 제단은 낙원에 해당되며 동쪽에 위치한다. 지성소의 황제의 문도 '낙원의 문'이라고 불려졌었다. 부활제 주간에 이 문은 제의가 집행되는 동안에도 계속 열려진 채로 있다. 이런 관습의 의미는 부활제 전례문 Canon pascal에 잘 나타나 있다. 즉 그리스도가 묘지에서 일어나 우리를 위해 천국으로 향한 문을 열어주신다는 것이다. 한편 성당 서쪽은 비탄과 어둠과 죽음의 영역에 해당된다. 사자들은 영원히 이 죽음의 영역에 머무르면서 육체의 부활과 최후의 심판을 기다린다. 다음으로 성당의 중앙은 우리가 사는 이 지상을 표상한다. 코스마스 인디코플레우스테스 Kosmas Indikopleustès가 묘사한 세계상에 의하면, 대지는 정방형이며 둥근 지붕을 얹힌 네 개의 외벽으로 둘러싸여 있다. 성당 내의 네 부분은 네 방위를 상징한다."[33]
이런 우주의 이미지를 나타내는 비잔틴 교회는 세계를 구상화하는 동시에 성화한다.

성가의 시와 선율도 시인이자 작곡가였던 로마누스 멜로두스(6세기)에 의해 독특하게 개화되었다. 끝으로 부제副祭직의 역할이 갖는 중요성도 강조하지 않을 수 없다. 부제는 미사를 집행하는 자[사제]와 일반 신도를 중개하는 역할을 맡고 있다. 기도문의 영창을 지휘한다든지 신도들에게 성사의 주요 절차들을 가르치는 것도 부제의 역할이다.

---

33) Hans Sedlmayr, *Die Entstehung der Kathedrale*, p. 119 ; W. Wolska, *La Topographie chrétienne de Cosmos Indicopleustès*(Paris, 1962), p. 131.

그러나 동방 기독교의 가장 중요한 창안물은 신학, 특히 신비신학의 영역에서 이루어졌다. 물론 비잔틴 종교사상의 구조가 그 "독창성"을 가리는 것도 사실이다. 동방교회의 박사들은 모두 교부로부터 계승된 교설을 유지하고 지키며 변호하는 데에 온 힘을 기울였기 때문이다. 그들은 신학이란 변해서는 안 되는 것이며 새로운 것은 모두 이단에 속한다고 여겼다. "혁신"이 곧 "독신瀆神"과 거의 같은 것으로 간주된 것이다.[34] (교부들이 만들어낸 사상을 그대로 반복함으로써 생겨나는) 이와 같은 외견상의 단조로움은 수 세기 동안 동방교회 신학의 경직화와 불모성의 징후라고 여겨져왔다.

그러나 동방교회 신학의 중심 교리, 특히 인간이 신이 된다(theosis)는 사상은 물론 성 바울과 「요한복음」 및 그 밖의 성서 구절에 입각한 것이지만 본질적으로는 완전히 독창적인 것이었다. (테오시스theosis 사상에 의하면) 구원과 신화神化가 같다는 것은 성육신의 비의에서 도출된 사상이었다. 고백자 막시무스에 따르면, 신은 인간을 신적이고 비물질적인 생식 방법을 가진 존재로 창조했다. 남녀의 성별이 나누어지게 된 것은 죽음과 마찬가지로 원죄에 의해 생겨난 결과이다. 로고스의 성육신은 테오시스를 가능하게 했지만, 그것이 실제로 실현되는 것은 어디까지나 신의 은총에 의해서이다. 이런 이유로 해서 동방교회에서는 내적 기도(후에는 "부단한 기도"가 된다)와 명상 및 수도 생활 등을 중시하게 되었다. 인간이 신이 되는 데에는 신비스런 빛의 체험이 선행되거나 혹은 수반된다. 그리하여 수도사들은 "은총의 빛을 발한다." 수도사가 기도에 몰입하고 있을 때는 그 장소가 완전한 광명에 싸이게 된다는 것이다.[35] 이와 동일한 전통(기도-신비스런

---

34) Pelikan, *The Spirit of the Eastern Christendom*에 인용, 해설된 텍스트들을 참조하라.

빛―테오시스)은 1000년 후 아토스 산의 정적주의 수도승들에게까지 이어졌다. 이들이 결코 창조되지 않은 신적 빛을 보았다고 주장함으로써 야기된 논쟁은 위대한 사상가 그레고리우스 팔라마스(14세기)가 타보르 산의 광명과 관련하여 신비신학을 만들어낸 계기가 되었다.

동방교회에는 일견 상반되는 것처럼 보이지만 실은 상보적이라 할 만한 두 가지 경향이 존재한다. 그것들은 시대가 지나면서 점점 더 현저해졌다. 하나는 신자 공동체가 가지는 **교회로서의** 역할과 가치이며, 다른 하나는 고행과 명상을 영위하는 수도사들의 위광에 넘치는 권위이다. 서방교회 성직자 계급은 신비가와 명상가에게 일정한 유보와 경계의 눈초리를 보냈지만, 이에 비해 동방교회에서 그들은 일반 신자들뿐만 아니라 성직자들로부터도 많은 존경을 받았다.

서방교회의 신학에 큰 영향을 미친 유일한 사례로서 위-디오니시오스 아레오파기타를 들 수 있다. 이 인물의 정체와 생애는 불확실하다. 아마도 5세기 시리아의 수도승이었으리라고 추정된다. 하지만 그는 오랫동안 성 바울과 동시대인으로 믿어져왔기 때문에 그 권위는 사도들과 거의 맞먹을 정도였다. 아레오파기타의 신학은 신플라톤주의와 니사의 그레고리우스를 원천으로 삼고 있다. 이런 아레오파기타에게 있어 최고 원리―본질적으로 인격성과 비인격성 모두를 초월한 존재이며 언어로 표현할 수 없는 절대자―는 모든 존재의 위계질서를 통해 눈에 보이는 세계와 관계를 맺는다. 무엇보다 삼위일체야말로 일―과 다多의 궁극적 일치를 표상한다. 이리하여 아레오파기타는 그리스도 단성론과 칼케돈 신경 모두를 피해 갔다. 그는 『신명론

---

35) Eliade, *Méphistophélès et l'Androgyne*, pp. 68 sq.에 인용, 해설된 텍스트들을 참조하라.

Nombres divins』에서 신성의 모든 현현 방식을 세심하게 고찰하였고, 『천상위계론Hiérarchie céleste』에서는 천사의 위계질서에서 그것이 드러나는 방식을 논했다. 그러나 그에게 더할 나위 없는 권위를 가져다준 저술은 뭐니 뭐니 해도『신비신학Théologie mystique』이라는 제목이 붙은 소론이다. 이 책에서 그는 기독교 신비사상의 역사상 처음으로 신을 향해 가는 영혼의 상승과 대비되는 "신성한 무지ignorance divine"라든가 "불가지inconnaissance" 등의 표현을 쓰고 있다. 아레오파기타는 "신적 어둠의 초본질적인 빛"이라든가 "빛 저편의 어둠"과 같은 사고를 도입했다. 그리고 신에 대한 일체의 속성 부여를 거부했다. "왜냐하면 신은 생명이며 선이라고 말한다 해도 그것은 신이 공기라든가 돌이라고 말하는 것 이상으로 참이 될 수 없기 때문이다." 이리하여 아레오파기타는 부정신학théologie négative을 구축했다. 이는 저 유명한 우파니샤드의 네티 네티neti! neti!를 연상시킨다.

  니사의 그레고리우스는 이런 사상의 몇몇 측면들을 더욱 깊이 있고 체계적인 형태로 제시해 보인 바 있다. 하지만 이런 사상이 수도자들 사이에 널리 퍼지는 데에 크게 기여한 것은 역시 아레오파기타의 위광이었다. 아레오파기타의 저술들은 매우 이른 시기에 라틴어로 번역되었고, 9세기에도 아일랜드 출신의 수도승 스코투스 에리게누스에 의해 다시금 라틴어 번역이 나왔다. 아레오파기타가 서방 유럽에 알려지게 된 것은 전적으로 이 번역서에 의한 것이다. 아레오파기타의 사상은 "7세기의 가장 보편적인 정신의 소유자이자 아마도 비잔틴 교회의 신학자들 가운데 최후의 독창적인 사상가"[36]였던 고백자 막시무스에 의

---

36) Pelikan, p. 8에서 인용된 H. C. Beck. Welner Elert 또한 아레오파기타를 "아마도 이 세기에 유일한 독창적 사상가일 것"이라고 적고 있으며, Meyendorff는 그

해 발전적으로 계승되었다. 즉 고백자 막시무스는 스콜리아scholia〔원전에 붙여진 부연적 주해〕의 형식을 통해 아레오파기타의 신비주의적 논저에 주석을 붙였다. 이 주석 또한 에리게누스에 의해 본문과 함께 번역되었다. 사실 원문 및 막시무스의 주석을 합친 문서 전체가 아레오파기타의 텍스트를 구성하고 있으며, 이것이 클레르보의 베르나르두스 및 토마스 아퀴나스로부터 쿠자의 니콜라스에 이르는 수많은 서구 신학자들과 신비가들의 사상에 영향을 끼쳤던 것이다.[37]

258. 이콘 숭배와 성상 파괴 운동

성상 파괴 운동(8~9세기)이 야기한 심각한 위기에는 정치적, 사회적, 신학적 요인들이 복잡하게 얽혀 있다. 모세의 십계가 명한 금지 조항에 입각하여 2세기까지의 기독교도들은 어떤 성상도 만들지 않았다. 그러나 동로마제국에서는 3세기부터 이 금지 조항이 무시되었고, 종교적 도상(성서를 제재로 한 조각이나 회화)이 묘소라든가 신자들이 모이는 회당 등에 나타나기 시작했다. 이런 혁신은 성물 숭배의 발전에 뒤이어 생겨났다. 4, 5세기에는 성상의 숫자가 보다 증가하였고 성상에 대한 숭배도 한층 높아졌다. 한편 이콘〔성상〕에 대한 비판과 변호가 명확한 형태를 띠게 된 것도 역시 이 2세기 동안의 일이다. 이콘을 변호하는 사람들의 주된 논점은 그것이 특히 문맹자들에

를 "비잔틴 신학의 참된 사부"라고 칭한다.
37) Deno John Geanakoplos, *Interaction of the "Sibling" Byzantine and Western Cultures in the Middle Ages and Italian Renaissance*, pp. 133 sq.

게 교육적 역할을 한다는 점, 그리고 성상 자체가 성화시키는 힘을 지니고 있다는 점에 있었다. 이리하여 6세기 말에서 7세기경이 되면 이윽고 일반 가정과 교회당 내에서 이콘이 숭경과 예배의 대상이 된다.[38] 이 시대에 사람들은 이콘에게 기도를 올리고 그 앞에 몸을 던지거나 혹은 포옹하는가 하면 어떤 의식에서는 이콘을 모시고 행진하기도 했다. 또한 초자연적인 힘의 원천으로서 기적을 일으킨다고 믿어진 이콘의 숫자도 점점 늘어났다. 그런 이콘들은 도시와 궁정 혹은 군대 등을 수호해준다고 여겨졌다.[39]

에른스트 키친거Ernst Kitzinger가 지적하듯이, 이콘이 가지는 초자연적 힘에 대한 신앙은 이콘 그 자체와 그것이 나타내는 인물 사이에 어떤 연속성을 상정하는 신앙이었는데, 이런 신념이야말로 6, 7세기 이콘 숭배의 가장 중요한 특질이었다. 이때의 이콘은 "신성 그 자체의 확장이자 신성의 기관"[40]으로 간주되었다.

성상 숭배는 726년에 황제 콘스탄티누스 5세에 의해 공식적으로 금지되었고, 754년에 콘스탄티노플의 성상 파괴 주교 회의에서 이단으로 선고받았다. 이때 신학상의 주요 논점은 성상 숭배에 우상숭배적 요소가 포함되어 있다는 데에 있었다. 성상 파괴 운동의 제2회 주교 회의는 815년에 개최되었는데, 거기서는 기독론에 입각하여 성상 숭배를 배격하고 있다. 다시 말해 그리스도상을 묘사한다고 할 때,

---

38) E. Kitzinger, "The Cult of Images in the Age before Iconoclasm", p. 89를 참조하라.
39) 가장 유명한 실례 중에서 에데사의 그리스도 이콘은 페르시아군의 습격을 격퇴하는 힘이 있다고 여겨졌다. 또한 황궁의 청동 대문 위에 걸린 그리스도 화상이 있었는데, 이것은 727년에 파괴되었다. 이것이 바로 성상 파괴 운동의 발단이 되었다.
40) Kitzinger, *op. cit.*, p. 104. 성인의 도상에는 성령이 거한다고 여겨졌다. *Ibid.*, pp. 140 sq.

그것은 그리스도의 신성을 그림으로 그리거나(이것은 독신으로 간주되었다) 혹은 그리스도의 인성만을 묘사함으로써 결국 분리할 수 없는 양성(신성과 인성)을 분리시키는 것이 되므로 이단이라는 것이다.[41] 그런 성상 숭배와는 달리 성체야말로 그리스도의 참된 "모습"을 드러내 보인다. 왜냐하면 성체에는 성령이 깃들어 있으며 따라서 이콘과는 달리 신적인 것인 동시에 물질적인 것이기도 한 어떤 차원을 지니고 있기 때문이다.[42]

한편 이콘 옹호파의 신학으로서 가장 체계적인 것은 다마스쿠스의 요하네스(675~749)와 스투디트의 테오도루스(759~826)에 의해 형성되었다. 아레오파기타에 의거한 이 두 사람은 영적인 것과 물질적인 것의 연속성을 강조한다. 가령 다마스쿠스의 요하네스는 "대체 어찌하여 눈에 보이는 당신들이 눈에 보이지 않는 것을 숭배할 수 있단 말인가?"라고 묻는다. 성상 파괴론자들의 극단적인 "정신주의"에서 보자면, 이와 같은 주장은 고대 그노시스주의자들과 동일한 범주에 속한다고 여겨질 것이다. 그노시스주의자들의 주장에 의하면 그리스도의 육체는 물질적인 것이 아니라 천상적인 것이다.[43] 성육신의 결과로 신의 모습이 눈에 보이게 되었으며, 그리하여 신상을 조각해서는 안 된다는 『구약성서』의 금지 조항이 폐기되었다는 것이다. 따라서 이콘에 의해 그리스도가 드러난다는 사실을 부정하는 자는 암묵적으로 성육신의 실현성을 부정하는 것이 된다. 하지만 이 두 신학자

---

41) Jaroslav Pelikan, *The Spirit of Eastern Christendom*, p. 129를 보라. 또한 Stephan Gero, *Byzantine Iconoclasm during the Reign of Constantine V*, p. 74를 참조하라.
42) Gero, *op. cit.*, p. 78; Pelikan, p. 109.
43) Pelikan, p. 122를 참조하라.

들은 성상이 그것의 모델과 본질에 있어서나 실체에 있어서 동일하지 않다고 주장했다. 성상은 분명 어떤 모델을 본뜬 것이지만 그 모델과는 여전히 구별되어진다. 따라서 성상 파괴론자들은 성체를 성상의 일종으로 간주한다는 점에서 독신의 죄를 범하는 셈이 된다. 왜냐하면 성체는 그 본질에 있어서든 실체에 있어서든 그리스도와 동일하기 때문이다. 다시 말하자면 성체는 그리스도 자체이지 그 모습이 아니라고 여겨졌기 때문이다.[44]

한편 성인의 이콘에 관해 다마스쿠스의 요하네스는 이렇게 적고 있다. "이 세상에 살고 있는 동안 성인들은 성령에 충만해 있다. 사후에도 성령의 은총은 결코 그들의 영혼과 묘소와 성스러운 이콘을 떠나지 않는다."[45] 확실히 이콘은 신과 동일한 방식으로 숭경받아서는 안 된다. 그러나 이콘은 예수그리스도가 그 현존에 의해 성화시킨 사물, 가령 나사렛이라든가 골고다 혹은 십자가의 나무 등과 동일한 범주에 속한다. 그런 땅이라든가 사물들은 "신적인 에너지를 담는 그릇"이 된다. 왜냐하면 그것들을 통해 신이 인류의 구원을 이루기 때문이다. 이전에 예수의 제자들은 예수그리스도의 기적과 그 밖에 예수가 행한 일들을 직접 보고 섬기는 특권을 가졌지만, 지금 시대에는 이콘이 그걸 대신하는 것이다.[46]

---

44) *Ibid.*, p. 119; N. Baynes, "Idolatry and the Early Church", p. 135를 참조하라.
45) 이 텍스트에 관해서는 G. Mathew, *Byzantine Aesthetics*, pp. 103 sq.에서 적절하게 해설하고 있다.
46) Pelikan, p. 121에서 분석하고 있는 여러 텍스트들을 보라. 복음서 기자들이 그리스도를 **말씀**이라고 표현했듯이, 이콘에 있어서는 그리스도가 금(혹은 황금색)으로 묘사될 수 있다. *Ibid.*, p. 135를 참조하라.

요컨대 성물이 천상과 지상의 교류를 가능하게 한 것처럼 이콘 또한 위대한 **일루드 템푸스**illud tempus, 즉 그리스도와 성모마리아 및 거룩한 사도들이 사람들 사이에 거하면서 생활했던 그때를 재현해준다. 이콘은 효험에 있어서는 성물만큼은 아니지만 적어도 일반 신자들이 보다 용이하게 접촉할 수 있었다. 그리하여 조그만 교회나 성당뿐만 아니라 개개인의 가정 안에서도 이콘을 볼 수 있다. 나아가 이콘을 바라보는 것은 상징적 우주에의 접근을 가능하게 한다. 그럼으로써 이콘은 문맹자들에 대한 교육을 보완하고 심화하는 역할을 했다. (사실 도시민들을 제외한 모든 동유럽 민중들에게는 이콘이야말로 종교 교육의 역할을 수행한 담지자였다.)

정치적, 사회적 원인을 차치하면 성상 파괴의 열광은 충분한 힘을 갖지 못했다. 왜냐하면 성상 파괴론은 이콘이 가지는 상징적 기능을 무시하거나 혹은 거부했기 때문이다. 또한 많은 성상 옹호론자들이 이콘 숭배를 자신들에게 도움되는 방향으로, 즉 교회 제도의 위신과 의의 및 풍성함을 보강하려는 목적으로 이용했기 때문이다.

무함마드와 이슬람의 전개

259. 알라, 아라비아의 데우스 오티오수스

세계종교의 창시자들 가운데 무함마드는 그 전기가 알려져 있는 유일한 인물이다.[1] 물론 그의 전기가 그리 상세한 것도 아니고 그의 내면적인 정신세계까지 다 보여주는 것도 아니지만, 그래도 무함마드에 관해 우리가 가지고 있는 사료는 대단히 귀중한 것이 아닐 수 없다. 그것은 한편으로는 무함마드의 생애 및 그의 예언자로서의 소명을 준비하고 결정지어준 여러 가지 종교체험에 관해, 다른 한편으로는 당시 아라비아의 문명과 메카의 사회·정치적 구조에 관해 말해준

---

1) 가장 중요한 자료는 『코란』(아라비아어로는 al-Qor'ân, "사람들 앞에서 소리 내어 설한 것"을 뜻하는 말)과 전승(아라비아어로는 al-Hadîth, "담화" 혹은 "말해진 것"을 뜻하는 말)에 의해 보존된 구전 전승을 들 수 있다. 그러나 이 자료들의 역사적 가치가 반드시 보증된 것은 아니라는 점을 부언해둔다.

다. 그것은 무함마드의 인격 및 그의 선교가 성공한 이유에 대한 모든 것을 다 설명해주지는 못하지만, 예언자로서의 그가 지니고 있었던 창조성을 보다 적절하게 평가할 수 있도록 도와준다. 세계종교의 창시자들 중 적어도 한 사람에 대해서라도 어느 정도 풍부한 역사적 자료를 가진다는 것은 크나큰 의의가 있다. 왜냐하면 한 사람의 종교적 천재가 얼마만큼의 힘이 있는지를, 다시 말해서 그가 자신의 메시지를 만천하에 떨치기 위해, 즉 궁극적으로 세계사의 흐름 자체를 완전히 바꾸어버리기 위해 당시의 역사적 상황을 어느 정도까지 이용할 수 있는지를 확인할 수 있기 때문이다.

567~572년 사이에 메카에서 태어난 무함마드는 쿠라이시족의 유력한 일족에 속해 있었다. 6살 때 양친을 잃고 처음에는 조부 밑에서, 이어 외삼촌 아부 탈리브 밑에서 양육되었다.[2] 25세 때 하디자라는

---

[2] 예언자 무함마드의 탄생과 유소년기에 관한 이야기는 상당히 일찍부터 모범적 구세주에게 특유한 신화적 시나리오에 맞추어 새롭게 만들어졌다. 가령 그의 모친이 임신 중에 "네 자식은 민족의 예언자이자 주인이 될 것"이라고 선포하는 음성을 들었다는 이야기처럼 말이다. 또한 탄생시에는 눈부실 정도의 빛이 온 땅을 비추었다고 한다.(차라투스트라, 마하비라, 붓다의 탄생을 참조하라. 본서 제1권 101절, 147절, 152절을 참조하라) 그는 어린 양처럼 청결한 모습으로 태어났다. 태어날 때부터 할례가 되어 있었고 탯줄도 이미 잘려 있었다. 또한 태어나자마자 곧바로 땅을 한 번 내려치고는 하늘을 우러러보았다. 메디나에 살던 어느 유대인은 구세주가 세상에 오셨음을 알고 동료 유대인들에게 사방팔방 이 소식을 알렸다. 무함마드가 네 살 때 두 천사가 그를 대지에 내동댕이치고 그의 가슴을 열어 심장에서 한 방울의 검은 피를 뽑아낸 다음 황금 주발에 담아온 눈 녹은 물로 내장을 씻었다.(『코란』 94:1 sq. "알라께서 그대의 가슴을 열지 않았던가" 등의 구절을 참조하라. 이런 입문 의례는 샤먼적 입문 의례의 특징을 지니고 있다) 12세 때에 그는 아부 탈리브를 따라 대상에 참가했으며 시리아를 여행했다. 보스트라에서는 어떤 기독교 수도승이 무함마드의 어깨 위에 예언자의 소명을 보여주는 신기한 징표가 있는 것을 알아보았다. Tor Andrae, *Mohammed:*

매우 부유한 과부의 고용인이 되어 시리아로 가는 대상隊商에 몇 차례 참가했다. 그후 얼마 지나지 않아 595년경 나이차에도 불구하고 여주인과 결혼했다(당시 하디자는 40세였다). 둘의 결혼 생활은 행복했다. 무함마드는 하디자 사후에 9명의 여성과 결혼했지만, 하디자 생전에는 오직 그녀에게만 충실했다. 그에게는 7명의 자식이 있었는데 아들이 셋이고 딸이 넷으로, 아들들은 모두 어릴 때 죽었다(딸 가운데 장녀 파티마는 후에 무함마드의 사촌 동생 알리와 결혼했다). 예언자 무함마드의 생애에서 하디자가 차지하는 위치는 결코 무시할 수 없다. 그의 종교적 소명에 수반된 시련의 시기에 끊임없이 그를 격려하고 뒷바라지해준 사람이 바로 하디자였기 때문이다.

610년경 무함마드의 생애에서 최초의 계시가 내려왔다. 그 이전의 생애에 관해서는 별로 알려진 바가 없다. 전승에 의하면 그는 계시가 있기 전에 오랫동안 동굴과, 마을에서 멀리 떨어진 장소에서 "영적 은둔(*tahannuth*)"을 행했다고 한다. 이는 아라비아의 토착적인 다신교와는 이질적인 종교경험이었다. 아마도 무함마드는 각지를 여행하면서 기독교 수도승들에 대한 평판을 듣거나 혹은 직접 만났을 것이고, 그들의 철야 수행과 기도 및 명상에서 강한 인상을 받았음에 틀림없다. 하디자의 사촌 중 한 명도 기독교도였다. 게다가 당시 아라비아의 도시들에는 기독교 정통 교회 및 분파(네스토리우스파라든가 그노시스파 등)의 교의뿐만 아니라 유대인들의 사상과 관습도 어느 정도 알려져 있었다. 하지만 메카의 기독교도는 지극히 적은 숫자에 불과했으며 그것도 대개는 빈민 계층(아마도 아비시니아인, 즉 에티

The Man and his Faith, pp. 34~38; W. Montgomery Watt, *Muhammad at Mecca*, pp. 34 sq.에 인용된 문헌들을 보라.

오피아인 노예들이었을 것이다)으로서 종교적 지식 또한 빈약했다. 한편 유대인들은 야스리브(후의 메디나)에서 집단적으로 거주하고 있었다. 예언자 무함마드가 이들의 지지를 얼마만큼 받았는지에 대해서는 뒤에서(본권 262절) 곧 알게 될 것이다.

그렇다고 해서 무함마드가 살았던 아라비아 중부의 종교가 유대-기독교의 영향을 받아 질적으로 변화했다고는 여겨지지 않는다. 당시 쇠퇴기에 있었다고는 하지만 셈족의 다신교가 여전히 그 구조를 유지하고 있었기 때문이다. 그 종교적 중심지가 바로 메카(Makkah)였다. 이 메카라는 지명은 프톨레마이오스의 작품집(2세기)에도 마코라바Makoraba로 언급되어 나온다. 이는 사바어로 "성소"를 뜻하는 마쿠라바Makuraba에서 파생된 말이다. 즉 메카는 본래 종교 의례의 중심지로서 그 주변에 서서히 도시가 형성되었던 것이다.³⁾ 그중 성별된 지역인 히마Hima 한가운데에 카바ka'ba("입방체"를 의미하는 말)의 성소가 있다. 카바는 지붕이 뻥 뚫려 있는 노천 건조물로서 그 일각에 천상에서 내려왔다고 말해지는 유명한 흑석이 안치되어 있다. 이슬람 이전 시대에도 이 흑석 주위를 순행하는 관습은 오늘날과 조금도 다르지 않았다. 이 관습은 메카에서 수 킬로미터 떨어진 곳에 있는 아라파트를 향해 매년 한 번씩 행해지는 순례(Hajj) 중에서도 매우 중요한 의례였다. 카바의 주신은 바로 알라Allah(문자 그대로 "신"을 뜻하는 말인데, 아라비아인 유대교도와 기독교도들이 신을 지칭할 때도 이 말을 썼다)라고 믿어졌다. 그런데 당시에 알라는 이미 오래전부터 데우스 오티오수스가 되어 있었으며, 알라에 대한 의례 또한 정해진 햇곡식이나

---

3) 이런 과정은 또한 보편적인 것이라 할 수 있다. Paul Wheatley, *The Pivot of the Four Quarters*(Chicago, 1971)를 보라.

첫 번째 낳은 가축을 제물로 바치는 정도였다. 그것도 여러 지역신들에게 함께 지내는 제사였을 뿐이다.[4] 이런 알라보다 훨씬 더 중요한 신은 중앙 아라비아의 3여신, 즉 마나트Manat(운명의 여신), 알라트Allat(알라의 여성형), 알웃자Al'Uzza(권능의 여신)였다. 이 여신들은 모두 "알라의 딸"로 간주되어 널리 믿어졌다. 때문에 무함마드 자신도 선교 초기에는 이 여신들을 알라의 중개자로서 숭배하는 오류를 범했던 것이다(이런 오류는 후에 정정된다).

전체적으로 보자면 이슬람 이전 시대의 종교는 6세기 이전 팔레스타인 지방의 민중 종교에 가까웠다. 가령 나일 강 상류 엘레판티나의 유대-아람인 거주 지역에 관한 자료에 의하면, 거기서는 야훼-야후Jahvé-Jahu를 비롯하여 베델Béthel, 하람베델Harambéthel, 아라트Arat 여신, 식물신 등이 함께 모셔졌다는 사실을 알 수 있다.[5] 메카에서는 유력한 일족 출신이 성소에서의 제의를 집행하도록 되어 있었다. 상당한 보수를 받았던 이 직무는 아버지에게서 아들로 세습되었다. 하지만 본래적 의미에서의 사제 계급은 아직 존재하지 않았다고 보여진다. 아라비아어로 카힌kâhin은 히브리어로 "사제司祭"를 뜻하는 코헨kôhên과 관계있는 말로서 "선견자" 혹은 "점쟁이"를 가리킨다. 이들은 진djinn에게 빙의되어 미래를 예언한다든지 분실물이나 잃어버린 낙타를 찾아내는 능력을 가지고 있었다.[6] 무함마드 시대에 유일하게 일신교 신자라 할 만한 자들은 하니프hanîf라고 불린 환영을 보는 자와

---

4) J. Henninger, *Les fêtes de printemps chez les Sémites*, pp. 42 sq.를 보라.
5) A. Vincent, *La religion des Judéo-Araméens d'Éléphantine*(Paris, 1937), pp. 593 sq., 622 sq., 675 sq.를 참조하라.
6) 선교를 시작한 무렵에 무함마드는 종종 진에 홀렸다는 비난을 받았다.

일종의 시인들뿐이었다. 그들 중 어떤 이들은 기독교의 영향을 받았다고는 하지만, 기독교(후에는 이슬람)의 중요한 특징인 종말론에 대해서는 아직 모르고 있었다. 사실 아라비아 전체가 당시에는 기독교의 종말론을 아직 접하지 못하고 있었다.[7]

무함마드가 예언자로서의 선교를 개시하기에 앞서 이른바 계시의 전주곡을 이룬 몇 차례의 엑스터시 체험이 있었다. 『코란』제53장 1~18절에서 무함마드는 그 최초의 체험에 대해 이렇게 회상하고 있다. "가장 높은 지평선에 그 모습을 나타냈을 때 힘을 소유한 자는 위엄 있는 모습이었다. 그는 활 두 개가 놓일 만한 거리—혹은 조금 더 짧은 거리—까지 다가와서 멈췄다. 그러고 나서 그는 그의 종에게 계시를 내렸다."(『코란』 53:5-8) 무함마드는 대추나무 옆에서 두 번째로 그 신을 보았다. "그는 주님의 가장 위대한 표적을 보았다."(『코란』 53:13-18) 『코란』 제81장 22절과 23절에서 무함마드는 다시금 이 환영을 상기한다. "그대들의 친구는 미치지 않았다. 그는 선명한 지평선 위에서 정말로 주님을 보았다!"[8]

이러한 환영에는 청각에 의한 계시가 수반되어 있었다. 『코란』에서는 그런 청각적 계시만을 신에게서 유래한 것으로 간주한다. 무함마드로 하여금 예언자의 길을 걷도록 만든 이 초기의 신비체험은 이븐 이스하크Ibn Ishâk(768년 사망)가 전한 전승 속에서 다음과 같이 보고되고 있다. 즉 무함마드가 매년 은둔 생활을 하던 동굴 속에서 어느 날

---

7) Tor Andrae, *Les origines de l'Islam et le Christianisme*, pp. 41 sq.를 참조하라. 고대 아라비아 종교가 가지는 일신교적 경향에 관해서는 일찍이 J. Welhausen, *Reste arabischen Heidentums*, pp. 215 sq.에서 지적된 바 있다.
8) 별도의 지시가 없는 한 본서에서는 D. Masson이 번역한 『코란』을 인용한다.

잠을 자고 있는데, 천사 가브리엘이 나타나 손에 책을 들고는 "읽어라!"라고 명했다. 무함마드가 이를 거절하자 천사는 그 책을 무함마드의 코와 입에다 바짝 들이댔는데, 어찌나 세게 들이밀었던지 무함마드는 거의 질식할 뻔했다. 마침내 네 번째로 천사가 "읽어라!"라고 되풀이하여 명했을 때 무함마드는 "무얼 읽으라는 거지요?"라고 물었다. 그러자 천사는 "읽어라! 창조주이신 그대 주님의 이름으로. 그분은 응고된 피로부터 인간을 만들어주셨다. 읽어라! 그대 주님은 고귀하신 분, 붓으로 가르쳐주시는 분이시니, 인간이 알지 못하는 것을 가르쳐주셨다."(『코란』 96:1-5)라고 대답했다. 이에 무함마드가 책을 읽자 마침내 천사가 사라졌다. "나는 눈을 떴다. 마치 내 심장에 무언가 글자가 새겨진 것만 같았다." 그후 무함마드가 동굴을 나와 산중턱에 이르자 천상에서 음성이 들려왔다. "'무함마드여, 그대는 알라의 사도이며 나는 가브리엘이다.' 나는 머리를 하늘로 쳐들고 올려다보았다. 그러자 사람의 모습을 한 가브리엘이 가부좌를 튼 채 지평선 위에 앉아 계셨다." 천사는 같은 말을 되풀이했다. 무함마드는 그런 천사를 그저 바라만 볼 뿐, 나가지도 물러서지도 못한 채 멍하니 서 있었다. "내가 하늘을 쳐다보면 반드시 그가 보였다."[9]

이 체험의 진실성은 확실한 것 같다.[10] 무함마드의 첫 번째 저항은 샤먼이라든가 여러 신비가 혹은 예언자들이 자신의 소명 앞에서 흔

---

9) Tor Andrae, *Mohammed*, pp. 43~44에 번역된 Ibn Ishâk. 또한 Blachère, *Le problème de Mahomet*, pp. 39~40에 나오는 다른 번역도 보라.
10) 현대의 어떤 역사가들은 이 두 가지 장면, 즉 동굴에서의 몽상적인 환영과 지평선에 나타난 천사 가브리엘의 환영이 동일한 시기에 겪은 체험은 아니라고 말한다. Tor Andrae, *Mohammed*, pp. 45 sq.를 참조하라. 그러나 이런 반론은 설득력이 약하다.

히 보여주었던 망설임을 연상시킨다. 동굴에서의 이러한 몽상적인 비전에 대해 『코란』이 언급하지 않은 것은 아마도 예언자 무함마드가 진에 홀렸다는 비난을 피하기 위해서였을지도 모른다. 그러나 『코란』의 다른 많은 구절을 보건대 무함마드의 영감이 진실한 것이었음을 알 수 있다.[11] 신의 계시를 "받아 적는" 데에는 종종 격렬한 경련이나 발열 혹은 오한이 수반되곤 했기 때문이다.

260. 무함마드, "신의 사도"

무함마드는 신에게 받은 이 최초의 계시를 3년여 동안 아내 하디자와 몇몇 친한 사람들(이종사촌 알리와 그 양자인 자이드 및 후에 칼리프가 된 우스만과 아부 바크르 등)에게만 말했다. 그후 얼마 지나지 않아 천사에 의한 계시는 중단되었으며 이에 무함마드는 불안과 낙담의 나날을 보냈다. 그러나 다시금 새로운 신의 계시가 나타나 그는 다시 믿음을 갖게 되었다. "그대의 주께서는 그대를 버리신 것이 아니며 미워하시는 것도 아니다 (……). 그대에게 내세는 현세보다 훨씬 좋은 곳. 주님께서는 틀림없이 그대가 기뻐하는 걸 내려주시리라." (『코란』 93:3-5)

무함마드가 사도로서 선교를 시작한 것은 612년에 어떤 환영 속에

---

11) "그대의 혀를 성마르게 움직여서는 안 된다. 『코란』을 모으고 『코란』을 읽게 하는 것은 알라의 일이다. 그러므로 알라가 그것을 읽었을 때 그 음성에 따르라." (『코란』 75:16-17), 다시 말해 무함마드 개인에 의한 즉흥적인 『코란』 창작은 금지되었던 것이다.

서 신으로부터 계시를 사람들 앞에 공표하라고 명령받은 이후부터였다. 선교 초기에 그는 신의 능력과 자비를 강조했다. 신은 "한 방울의 피로"(『코란』 96:1, 80:17-22, 87:1 참조) 인간을 빚어내어 『코란』과 "말하는 법을 가르쳐주었으며"(『코란』 55:1-4) 하늘과 산들과 대지와 낙타를 창조한(『코란』 88:17-20) 분이다. 또한 그는 알라의 선하심에 대해서도 언급하고 있다. 가령 무함마드 자신의 인생을 떠올리며 "알라는 고아인 나를 보살피고 비호해주시지 않았는가"(『코란』 93:3-8)라고 적고 있다. 나아가 모든 존재의 허무함과 창조주의 영원성을 대비시켜 말하기도 한다. "지상의 모든 것은 소멸한다. 영원히 변치 않는 것은 존엄과 영광에 충만한 그대 주님의 자비로운 얼굴뿐이다."(『코란』 55:26-27) 그런데 놀랍게도 그는 최초의 선교에서 신의 유일성에 관해 아무런 언급도 하지 않았다. 단 한 군데의 예외적 구절("알라와 함께 다른 신을 섬겨서는 안 된다", 『코란』 51:51)이 있기는 하지만, 이는 아마도 후대에 삽입된 것으로 보여진다.[12]

그의 가르침의 또 다른 주제는 최후의 심판과 사자의 부활이 임박했음을 선포한 데에 있다. "나팔이 불려질 때, 그날은 고난의 날이며 불신자들에게 있어 고통의 날이 되리라."(『코란』 74:8-10) 종말에 대한 언급과 암시는 이 밖에도 최초의 여러 장에서 이미 찾아볼 수 있지만, 보다 완전한 형태의 것은 후기에 속한 장의 앞부분에 나타나 있다. "하늘이 산산조각이 나고 〔……〕 대지가 평평하게 펴질 때, 그 속의 것(시체들, 『코란』 99:2 참조)이 모두 내던져져서 대지는 텅 비게 되

---

12) Bell, *The Qur'ān*; W. Montgomery Watt, *Muhammad at Mecca*, p. 64. 『코란』의 장구는 처음에는 암기되어 구전으로만 전승되었지만 다신교도들의 반론이 강해지자 문자로 기록되기 시작했다. Blachère, *Le problème de Mahomet*, pp. 52 sq.를 참조하라.

며 […] 오 인간이여, 그대는 주님을 향해 돌아서서 주님을 만나 뵈올 것이다. 바른손에 자신의 장부가 주어지는 자는 너그러이 용서받을 것이다. 이에 반해 등 뒤에서 장부가 주어지는 자는 죽음을 부를 것이고 불길 속으로 떨어질 것이다."(『코란』 84:1-12) 보다 후기에 기록된 많은 장들에서 무함마드는 종말에 대한 서술을 더욱 명확하게 전개하고 있다. 예컨대 종말의 때가 되면 산들이 뿌리부터 흔들리며 산산조각이 나 재와 먼지로 화할 것이고, 하늘이 찢어지며 달과 별들은 빛을 잃고 떨어질 것이다. 여기서 더 나아가 예언자 무함마드는 우주적 대화재에 대해서도 언급하고 있다. 그때 불똥과 청동 용암이 사람들의 머리 위로 떨어져 내릴 것이다.(『코란』 55:35)

이제 두 번째 나팔 소리가 울려 퍼질 때 죽은 자들이 소생하여 묘지에서 나올 것이다. 이 부활은 순간적으로 일어난다. 무너져 사라진 하늘 저편에는 신의 보좌가 여덟 개의 몸을 가진 천사에 의해 받쳐지고 천상의 군대에 둘러싸여 있는 모습이 보인다. 이 보좌 앞에 사람들이 모여 선인은 오른쪽으로 그리고 불신자는 왼쪽으로 늘어선다. 이리하여 **인간이 생전에 행한 행위를 낱낱이 기록한 장부**의 점수에 따라 최후의 심판이 시작된다. 이때 과거의 예언자들이 불려나와 자신들은 일신교를 선교하고 가르쳤으며 각각의 시대를 살았던 사람들에게 경고를 했노라고 증언한다. 그리고 불신자들은 지옥의 고통을 받도록 단죄받는다.[13] 그러나 무함마드는 이런 지옥보다는 오히려 신자들에게 돌아갈

---

13) 여기서 이슬람이 기술하는 지옥이 불교나 기독교의 그것만큼 무섭지는 않다는 점에 주의해야 한다. 또한 이슬람 일반에 퍼져 있는 종말론은 『코란』에는 나오지 않는 많은 모티프들(가령 묘지 안에서 받는 징벌, 지옥 위에 놓인 다리, 불의 호수 등)을 포함한다는 점도 분명히 해둘 필요가 있다.

낙원의 지복 쪽을 더 강조한다. 이 낙원의 지복은 전적으로 물질적 성격을 가진 것으로서, 낙원에는 상쾌한 물줄기와 풍성한 과일나무가 널려 있으며 "진주처럼 아름다운" 젊은이들이 모든 종류의 고기 요리와 맛있는 음료수 등을 나르는가 하면 알라가 특별히 창조한 정숙하고 곱디고운 처녀들이 있다.(『코란』 56:26-43 등) 무함마드는 육체와 분리된 "영" 또는 "영혼"이 지옥에서 고통을 받는다든가 아니면 낙원에서 즐거움을 누린다든가 하는 걸 말하는 것이 아니다. 육체의 소생은 사실상 하나의 새로운 창조이다. 다만 죽음과 최후의 심판 사이에서 사람은 무의식의 상태에 있게 되므로 다시 살아난 자는 죽은 뒤 바로 심판을 받은 것처럼 느낀다.[14]

"알라 외에 다른 신은 없다!"고 선언했을 때, 무함마드는 새로운 종교를 내세우고자 했던 것이 아니다. 그는 다만 동포 시민들을 "자각하게" 하여 알라만을 숭배하도록 설득하고 싶었을 따름이다. 당시 사람들은 이미 알라를 천지의 창조자이자 풍요를 가져다주는 신으로서 인정하고 있었으며(『코란』 29:61-63 참조), 커다란 위험에 처한다든지 위기적 상황에 직면했을 때는 알라에게 기도했고(『코란』 29:65, 31:31, 17:69), 또한 "가장 엄숙한 맹세를 할 때는 알라의 이름을 걸고" 서약했다.(『코란』 35:42, 16:38) 게다가 알라는 카바 신전의 주신이기도 했다. 예컨대 가장 오래전에 쓰인 『코란』의 어떤 장에서 무함마드는 자신의 부족인 쿠라이시족 사람들을 향해 "그들을 양육하고 기근으로부터 보호하며 두려움에서 해방시켜주는 이 신전의 주님을 찬양할 것을"(『코란』 106:3-4) 요구하고 있다.

---

14) 죄인들은 묘지 안에서 지낸 것이 하루 혹은 단 한 시간밖에 되지 않는다고 우길 것이다. 『코란』 10:46 이하, 46:34 이하 등을 참조하라.

그러나 오래지 않아 [무함마드와 시민들 사이의] 대립이 표면화되기 시작했다. 거기에는 몇 가지 원인과 계기가 있었다. 이븐 이스하크가 전하는 바에 의하면 예언자 무함마드가 알라의 명을 받고 참된 종교(즉 "복종"을 뜻하는 이슬람)를 선언했을 때조차도 시민들은 그가 자기들이 숭배하는 신들을 비난하지 않는 한 그와 대립하지 않았다. 이 전승에 따르자면, 3여신, 즉 알라트와 알웃자 및 마나트의 이름이 거론된 『코란』 제53장 20절에 이어 원래는 다음과 같은 구절이 들어가 있었다고 한다. "이들은 지고한 여신들로서 그 중재는 진실로 바람직하다." 그런데 후에 무함마드는 이 구절이 악마[사탄 혹은 샤이탄]의 꼬임에 넘어가 받아 적은 것임을 깨닫고는 그걸 다음 구절로 대체했다는 것이다. "이 여신들은 단지 그대들과 선조들이 붙인 이름에 불과하다. 알라는 이 여신들에게 어떤 권위도 부여하지 않았다."

이는 두 가지 측면에서 흥미를 끈다. 첫째, 이는 예언자 무함마드의 정직성을 보여준다. 즉 그는 신적 영감이 가르쳐주는 대로 받아 적으면서도 실은 악마의 꼬임을 받기도 했음을 인정한 것이다.[15] 둘째, 그는 본래 구절의 폐기를 신의 권능과 절대의 자유에 의한 것이라고 정당화한다.[16] 확실히 신적 계시에 의해 쓰인 구절을 폐기할 수 있는

---

15) 아마도 무함마드는 이 3여신을 중개의 천사라고 생각했음에 틀림없다. 천사에 대한 신앙은 이슬람에서도 받아들여졌으며, 후대의 시아파에서 천사론이 중요한 역할을 하게 된 것도 사실이다. (본권 281절 참조) 그러나 이 여신들(천사들)의 중개 역할을 인정하게 되면 엄밀한 일신교 신학에 위협이 될 것을 고려하여 무함마드는 이 두 구절을 폐기한 것이다.
16) "알라는 계시의 어떤 구절을 삭제하거나 잊어버린다 해도 그것과 똑같은 것 혹은 보다 더 뛰어난 것을 내려주신다. 알라는 모든 일에 전능하시다는 사실을 알지 못하는가?"(『코란』 2:106)

자유가 인정되고 있는 경전은 『코란』밖에 없다.

쿠라이시족의 부유한 과두제 지배자들에게 있어 종래의 "이교 신앙"을 버리는 일은 곧 자신들의 특권을 잃어버리는 것이나 다름없었다. 나아가 무함마드를 신의 사도라고 승인하는 것은 곧 그를 정치적 최고권자로 인정하는 것을 의미하기도 했다. 뿐만 아니라 예언자 무함마드가 전한 계시에 의하면 다신교를 믿은 그들의 조상들은 영원한 지옥에 떨어진다고 단죄받은 셈이 되므로 이는 보통 일이 아니었다. 그것은 전통을 중시하는 사회에서 결코 받아들여지기 어려운 생각이었다. 한편 대부분의 일반 민중들이 무함마드에게 반발한 이유는 그의 "범속한 일상생활"에 있었다. "저 사람이 어떻게 사도가 될 수 있단 말인가? 우리와 똑같이 밥을 먹고 거리를 돌아다니지 않는가. 저 사람이 사도라면 천사가 파견되어 그와 함께 다니며 경고자로서 보좌해야 하는 것 아닌가?"(『코란』 25:7) 그리하여 사람들은 그가 받은 "계시"를 조롱했으며, 무함마드가 계시를 지어냈거나 혹은 그가 진에게 홀린 것이라고 여겼다. 특히 세상의 종말과 죽은 자의 부활에 관한 선언은 세간의 조소와 비웃음거리가 되었다. 게다가 시간이 지나도 무함마드에 의해 예고된 종말의 천재지변 따위는 일어나지 않았다.[17]

또한 사람들은 무함마드가 기적을 행하지 않는다고 비난했다. "당신이 우리를 위하여 대지에서 샘을 솟아나게 하지 않는 한, 혹은 당신이 대추야자나무와 포도원을 소유하고 그 안에 시냇물이 넘쳐흐르게 하지 않는 한 결코 당신 말을 믿지 않겠다 〔……〕. 혹은 당신이 알

---

17) 무함마드는 세계의 종말을 피하기가 어렵다고 역설하고 있는데, 그것이 언제 올지에 대해서는 분명하게 한정 짓지 않는다. 다만 『코란』의 몇몇 장구를 보건대 그가 살아 있는 동안에 종말이 올 것이라고 여겼던 것 같다.

라와 천사들을 우리 눈앞에 데리고 오지 않는 한, 혹은 당신이 하늘에 올라가 우리에게 읽어줄 책을 거기서 떨어뜨려주지 않는 한 우리는 당신을 믿지 못하겠다."(『코란』 17:90-93)

261. 천상으로의 엑스터시 여행과 신성한 책

요컨대 사람들은 무함마드에게 천상에 올라가 신성한 책을 가지고 내려와 그의 예언자로서의 소명이 진짜임을 증명해 보이라고 요구했던 것이다. 즉 무함마드도 모세, 다니엘, 에녹, 마니 및 기타 신의 계시의 전달자들이 보여준 것과 동일한 이적을 행하지 않으면 안 된다는 것이었다. 그들은 모두 천상에 올라가 신과 만났고 그 신으로부터 직접 신의 계시가 기록된 책을 건네받았다는 것이다. 이와 같은 이적은 당시 정통 유대교와 유대 묵시문학뿐만 아니라 사마리아교, 그노시스주의, 만다교Mandéens 등에서도 친숙한 것이었다. 그 기원은 고대 메소포타미아의 전설적 제왕 에멘두라키에까지 거슬러 올라가 왕권 통치 이데올로기의 중요한 부분을 구성하기도 했다.[18]

이렇게 불신자들의 비난과 공격이 점점 거세지면서 그에 대한 무함마드의 반박과 자기 정당화의 내용과 횟수도 더 늘어났다. 이전의 예언자들이나 사도들 혹은 경쟁자들과 마찬가지로 무함마드 또한 스스로를 **라술 알라**rasûl Allah[19], 즉 신의 사도(신의 말씀을 전하는 자)라고

---

18) G. Widengren, *The Ascension of the Apostle and the Heavenly Book*, pp. 7 sq.; *Muhammad, the Apostle of God, and his Ascension*, pp. 115를 보라.

19) Widengren, *Muhammad, the Apostle of God, and his Ascension*, pp. 16 sq.를 참조하

여겼으며 그렇게 공언했다. 다시 말해 그는 사람들에게 신의 계시를 전해주는 인물이 된 것이다.『코란』은 "명료한 아라비아어로 말해진"(『코란』 26:193) 계시이다. 따라서 메카의 주민들은 그걸 완벽하게 이해할 수 있었다. 그런데도 그들이 불신앙을 고집한다면 그것은 오만함과 둔감함 때문이며(『코란』 27:14, 33:68 등) 신의 표징 앞에서 눈이 멀었기 때문이다.(『코란』 23:68) 또한 무함마드는 이전에 신이 파견한 예언자들, 즉 아브라함, 모세, 노아, 다윗, 세례 요한, 예수 등과 같은 인물들도 모두 마찬가지 시련을 겪었음을 마음 깊이 새기고 있다.(『코란』 21:66 이하 및 76 이하)

천계로의 상승(*mi'râj*) 이야기 또한 불신자에 대한 반박의 일환이었다. "성스러운 모스크에서 주님이 증거를 보이기 위해 축복한 먼 곳의 모스크에 이르기까지, 밤에 그 종을 데리고 여행하시는 분에게 영광 있으라."(『코란』 17:1) 전승에 의하면 무함마드의 이 야간 여행은 617년 또는 619년의 일이라고 한다. 무함마드는 알 보라크al-Boraq라는 이름의 날개 달린 암말을 타고 예루살렘을 방문하였으며 나아가 천상까지 여행했다는 것이다. 이런 엑스터시 여행담에 관해서는 후대의 문헌에서 여러 가지로 해설되고 있다. 그 이야기 자체도 항상 같지만은 않다. 어떤 문헌에 의하면 예언자 무함마드는 날개 돋은 말을 타고 지옥과 천국을 찬찬히 바라보았으며 알라의 보좌 옆 가까이까지 다가갔다. 이 여행은 눈 깜짝할 새에 일어났다. 무함마드가 출발할 때 물병을 쓰러뜨렸는데, 그가 다시 방에 돌아왔을 때 아직도 물이 새어나오고 있었다고 한다. 또 다른 전승에서는 천사 가브리엘의 인도를

라. 이는 고대 근동 지방에서 매우 많이 사용된 어법이며, 후에 시아파의 이맘들도 이것을 사용하게 된다. *Ibid.*, ch. II를 참조하라.

받아 무함마드가 천국의 문에 이를 때에 오른 계단이 등장한다. 이때 무함마드는 알라 앞에 나아가 자신이 다른 어떤 예언자보다도 먼저 선택받았다는 점, 그리고 그가 알라의 "친구"라는 점을 알라로부터 직접 전해 듣는다. 이때 신은 그에게 『코란』과 비밀스런 지식을 수여했는데, 이 비의는 신자들에게도 전해서는 안 되는 것이었다.[20]

이와 같은 엑스터시 여행은 후대의 이슬람 신학과 신비주의에서 중심적인 역할을 하게 된다. 이는 무함마드의 천재성과 이슬람 전체가 가지는 두드러진 특징을 보여주는 것으로서 앞으로도 특히 유의할 필요가 있다. 즉 거기서 우리는 전통적인 신화의례적 시나리오와 사상 및 관습을 새로운 종교적 종합으로써 동화시키고 흡수하고자 하는 의지를 엿볼 수 있다. 우리는 방금 신의 사도가 천상으로 여행하여 "신성한 책"을 수여받는다고 하는 고대적인 주제가 이슬람 전통에서 어떻게 새롭게 가치를 부여받았는지 살펴보았다. 앞으로 유대교와 그 밖의 종교 전통, 그리고 카바 신앙과 같이 유사 이전부터 이어져 내려온 "이교적" 전통과의 접촉이 이슬람에 초래한 성과가 무엇이었는지를 살펴보고자 한다.

---

20) Widengren, *Muhammad, the Apostle of God, and his Ascension*, pp. 102 sq.에 번역, 해설된 텍스트들을 보라. Arthur Jeffrey, *Islam*, pp. 35~46에 알 바가위al-Baghawī와 수유티Suyūtī의 글을 발췌 번역한 부분이 자세하게 실려 있다. 일부 연구자들은 미라즈mi'rāj에 대한 아라비아 문헌이 라틴어로 번역되어 있어 단테가 『신곡』을 쓸 때 많은 부분을 세부적으로 이용할 수 있었다고 말한다. Asin Palacios, *La escatoloia musulmana en la Divina Comedia*; E. Cerulli, *Il "Libro della Scala"*를 보라.

262. 메디나로의 "이주"

무함마드와 신자들의 상황은 점점 더 악화되어갔다. 메카의 통치자들은 무함마드를 따르는 자들에게는 그들이 소속된 부족이 보증하는 권익을 인정하지 않겠다고 결정했다. 그런데 아라비아인에게 있어 유일한 안전보장책은 어떤 부족에 소속되는 데에 있었다. 무함마드는 삼촌 아부 탈리브의 비호하에 있었다. 하지만 아부 탈리브 자신은 최후까지 이슬람을 신봉하지 않았다. 아부 탈리브가 세상을 떠나자 그의 동생 아부 라하브는 무함마드를 부족의 보호 대상에서 배제하는 데 성공했다. 이리하여 쿠라이시족과의 대립이 점차 격화되었는데, 이 문제는 신학적 차원에서 다음과 같이 해석되기도 한다. 즉 알라 자신이 이 대립을 원했다는 것이다. 쿠라이시족은 맹목적으로 다신교에 집착하게끔 태곳적부터 알라에 의해 정해져 있었다.(『코란』 16:39, 10:75, 6:39 참조) 불신자들과의 결별은 불가피한 것이었다. "너희들이 숭배하는 것을 나는 숭배하지 않는다. 내가 숭배하는 것을 너희들은 숭배하지 않는다."(『코란』 109:1-2)

박해를 피하는 한편 교단 분열의 염려[21]도 있고 해서, 615년경에 무함마드는 7, 80명의 무슬림에게 기독교 지역인 아비시니아[홍해 건너편의 에티오피아]로 이주하도록 권고했다. 무함마드는 처음에는 자신이 오직 쿠라이시족을 개종시키기 위해 신에 의해 파견된 것이라고 생각했지만, 이 무렵에는 유목민들뿐만 아니라 두 개의 오아시스 도시인 타이프와 야스리브의 정주민들에게도 접근을 시도하게 되었다. 유목민들과 타이프의 베두인족에 대한 포교는 실패하고 말았지만,

---

21) Watt, *Muhammad at Mecca*, pp. 115 sq.

야스리브(장래의 메디나) 주민들과의 접촉에서는 기대 이상의 성과가 있었다. 거기서 무함마드는 야스리브로의 이주를 결심한다. 이는 그곳의 전통 종교가 정치, 경제적 이해관계에 의해 타락하지 않았으며 그곳에 많은 유대교인들, 즉 일신교도들이 살고 있었기 때문이기도 하다. 더욱이 이 오아시스 도시는 오랜 세월에 걸친 내전으로 완전히 피폐해 있었다. 그리하여 야스리브의 몇몇 부족들은 혈연 대신 종교에 입각한 권위 있는 예언자적 인물이 부족 간의 이해관계를 초월하는 입장에서 일종의 중재 역할을 해주기를 기대하고 있었다. 게다가 야스리브를 대표하는 두 개의 주요 부족은 태반이 이슬람을 신봉하고 있었으며, 무함마드를 전체 아라비아인에게 전할 메시지를 가지고 신에게서 파견된 인물이라고 확신하고 있었다.

이리하여 622년에 야스리브로부터 파견된 남자 75명과 여자 2명이 메카 순례 때에 은밀히 무함마드와 회견하여 그를 위해 싸울 것을 엄숙히 서약했다. 이 서약을 받아들인 메카의 무슬림은 소집단으로 나뉘어 조금씩 야스리브를 향해 메카를 탈출하기 시작했다. 300킬로미터가 넘는 사막을 횡단하는 데에는 9일이 소요되었다. 무함마드는 장인 아부 바크르와 함께 마지막 소집단에 끼여 메카를 출발했다. 9월 24일에 그들은 메디나 근교의 코바라는 작은 마을에 도착했다. 이렇게 하여 헤지라Hégire(아라비아어로는 *al Hijra*), 즉 "천행遷行"이 성공리에 끝난다. 무함마드는 곧 메디나로 들어갔으며, 자신이 타고 온 암낙타로 하여금 이제부터 살 집을 세울 장소를 선택하게 했다. 그 집은 신자들이 기도를 올리는 공동 장소로도 사용될 것이었는데 완성되기까지는 1년 정도가 걸렸다. 무함마드의 아내들이 거할 집도 지어야 했기 때문이다.

메디나에서의 무함마드의 종교적, 정치적 활동은 메카 시대와는 전혀 달랐다. 이런 변화는 헤지라 이후에 쓰인 『코란』의 각 장에서도 분명하게 나타난다. 그 장들은 전적으로 신자 공동체(ummah)²²⁾의 조직과 그 사회적, 종교적 기구에 대해 적고 있다. 이슬람의 신학적 구조는 무함마드가 메카를 떠난 시점에서 이미 완성되었으며, 메디나에서는 그 의례상의 규칙들(기도, 단식, 희사, 순례 등)이 추가로 결정되었을 따름이다. 메디나에 도착하자마자 무함마드는 비상한 정치적 재능을 발휘했다. 그는 메카에서 이주해 온 무슬림들("이주자")과 메디나의 개종자들("조력자") 쌍방에게 있어 유일한 지도자가 됨으로써 양자를 융화시키는 데에 성공했다. 이로써 종래의 부족적인 충성심이 폐기되고 이후에는 오직 신이 지배하는 사회로 재조직된 무슬림 공동체만이 존재하게 되었다. 623년 무렵에 제정된 정치적인 기본 원칙에서 무함마드는 "이주자"와 "조력자"(즉 움마ummah)가 다른 모든 백성과 구별되는 유일한 백성을 구성한다고 선언했다. 이와 아울러 무함마드는 다른 씨족과 유대인 3부족의 권리 및 의무에 관해서도 분명하게 규정했다. 물론 메디나의 모든 주민들이 무함마드의 지도 정책에 만족하지는 않았겠지만, 무함마드의 정치적 권위는 그의 군사적 성공과 비례하여 점차 강력해졌다. 하지만 그의 정치적 성공을 보증해준 것은 역시 천사들에 의해 새롭게 전달된 계시였다.²³⁾

---

22) 이 말의 의미와 그 변천에 관련된 기본 문헌으로는 F. M. Denny, "The Meaning of *Ummah* in the Qur'ân"을 보라.
23) "이주자"들의 최초의 성전 때에 메디나 사람들은 그것이 신성성을 모독하는 것이라고 외쳐댔다. 신성한 달(라자브 달rajab, 623년 12월)의 휴전을 위반했기 때문이다. 이때 무함마드가 신으로부터 받은 계시는 다음과 같은 것이었다. "이 신성한 달에 싸우는 것은 중대한 죄이다. 하지만 사람들을 알라의 길에서 벗어나게 하고 알라와 신성한 모스크를 불신앙하며 그 성역에 사는 자를 추방하는

메디나에서 무함마드를 가장 실망시켰던 것은 세 유대인 부족의 반응이었다. 메디나로의 헤지라 이전부터 무함마드는 기도드리는 방향(quiblah)을 유대교의 관습에 따라 예루살렘으로 정했었다. 메디나에 정착한 이후에는 그 밖의 다른 관습도 유대교의 것을 채용했다. 헤지라 후 첫해에 기록된 다음『코란』구절은 유대인을 개종시키고자 한 그의 노력을 잘 보여준다. "경전의 백성들이여, 그대들이 경전에 대해 숨겨왔던 많은 것들을 밝혀 드러내고 또한 많은 것들을 지워버리기 위해 우리의 예언자 무함마드가 그대들에게 온 것이다."(『코란』 5:19) 유대교도가 그를 예언자로 인정해주기만 했다면 아마도 무함마드는 그들에게 유대의 전통 의례를 계속 허용했을 것이다.[24] 하지만 유대인들은 무함마드에게 점점 더 적대적이 되었다. 유대인들은『코란』의 오류를 지적한다든지 무함마드가『구약성서』에 무지하다는 점을 증명해 보이기도 했다.

마침내 624년 2월 11일에 유대인들과 무함마드 사이에 균열이 일어났다. 무슬림이 예루살렘 대신 메카를 향해 기도하도록 엄명하는 새로운 계시가 무함마드에게 내려진 것이다.(『코란』2:136) 타고난 직관력으로 무함마드는 카바 신전이 아브라함과 그의 아들 이스마엘에 의해 세워진 것이라고 선언했다.(『코란』2:127) 카바 신전이 현재 우상을 숭배하는 무리들에게 지배받고 있는 것은 조상들의 죄가 초래한 결과였다. 하지만 이제부터 "아라비아 백성은 독자적인 신전을 가질 것이다. 그 신전은 예루살렘 신전보다 더 오래된 것이다. 아라비아 백성은 또한 독자적인 일신교, 즉 하니프교Hanifisme를 가질 것이다. [……] 이것은 모두 알라 앞에서 더 큰 죄를 범하는 것이다."(『코란』2:217)

24) Watt, *Muhammad at Medina*, pp. 199 sq.를 참조하라.

런 경로를 통해 이슬람은 궁극적으로 한때 자신이 떨어져 나왔던 원천으로 회귀할 것이다."[25] 이와 같은 결정이 초래한 정치적, 종교적 귀결은 막중한 것이었다. 첫째, 이로써 향후 아라비아의 통일을 보증할 수 있는 토대가 형성되었다. 둘째, 후에 카바 신전을 둘러싸고 여러 가지 사변들이 전개되었는데,[26] 그 결과 최고最古의 "참된" 일신교도로서의 이름을 건 신전 신학théologie du Temple이 형성되었다. 무함마드는 이 시기에 유대교뿐만 아니라 기독교와도 결별을 고했다. 무함마드는 이 두 가지 "경전의 종교"가 더 이상 본래의 순수성을 지니고 있지 못하다고 판단했다. 실로 이 때문에 신은 최후의 사도를 보낸 것이며, 따라서 기독교가 유대교 다음에 나왔듯이 이번에는 그 기독교 다음에 이슬람이 나오도록 정해진 것이라고 여겨졌다.

263. 유랑 끝의 승리

무함마드와 "이주자"들은 자신들의 존립을 위해 메카의 대상들을 습격하지 않을 수 없었다. 그들은 627년 3월의 바드르 전투에서 최초의 승리를 거두었다.(『코란』 3:123 참조) 무함마드 측은 14명을 잃었지만 우상숭배를 일삼는 적의 무리는 70명이 죽었고 40명이 포로가 되었다. 전리품도 상당했는데, 무함마드는 포로들의 몸값까지도 균등하게 나누어 직접 전사들에게 분배해주었다. 한 달 뒤 무함마드는 유

---

25) Blachère, *Le problème de Mahomet*, p. 104.
26) 예를 들어 Henry Corbin, "La Configuration du Temple de la Ka'ba comme secret de la vie spirituelle"를 보라.

대인 세 부족 중 한 부족에게 집과 재산을 그대로 두고 메디나를 떠날 것을 명했다. 다음 해에 무슬림 측은 거의 3000여 명에 이르는 메카 군과 우후드에서 싸워 패배했고 무함마드 자신도 중상을 입었다. 그러나 이 종교전쟁의 결정적 국면은 "참호"전이라 불리는 전투였다. 이 전투가 그렇게 불린 것은 어떤 페르시아인의 조언에 따라 오아시스 도시(메디나)로 통하는 주요 도로 앞에 도랑을 팠기 때문이다. 전승에 의하면 4000명의 메카 군이 2주일에 걸쳐 메디나를 포위 공격했지만 결국 함락시키지 못했고, 이어 모래 폭풍이 불어와 메카군을 사분오열 흩어버렸다고 한다. 그 사이 무함마드는 일부 거짓 개종자들과 메디나에 남아 있던 마지막 유대 부족인 쿠라이자족의 수상한 행동을 몰래 감시했으며, 전투에서 승리한 뒤 유대인들을 배반자로 고발하여 모두 죽이라고 명했다.

628년 4월에 새로운 계시(『코란』 48:27)를 받은 무함마드는 신자들의 카바 순례를 승인했다. 물론 망설이는 자도 있었지만, 수많은 신자들의 대열이 거룩한 도시를 향해 나아갔다. 결국 메카에 들어가지는 못했지만 무함마드는 절반은 실패한 이 순례 시도를 승리로 바꾸어 버렸다. 즉 그는 신자들로 하여금 신을 직접 대변하는 자신에게 절대적인 충성을 맹세하도록 명했던 것이다.(『코란』 48:10) 사실 그는 이런 맹세를 필요로 했다. 얼마 지나지 않아 그는 메카 측과 거의 굴욕적인 휴전협정을 체결하지 않으면 안 되었기 때문이다. 하지만 그 덕택에 다음 해에는 카바 신전 순례가 실현될 수 있었을 뿐만 아니라, 쿠라이시족은 무슬림에 대해 향후 10년간의 평화공존을 약속했다.

실제로 629년에는 무함마드 자신이 한때 다신교도들에게 쫓겨 도망 나오지 않을 수 없었던 메카에 2000여 명의 신자들을 데리고 입성하여 순례 의식을 수행할 수 있었다. 이슬람의 승리가 코앞에 있다는 것은 이제 확실했다. 게다가 많은 베두인 부족들 및 쿠라이시족의 과두정을 이끄는 지도자들 가운데에서도 개종자들이 나오기 시작했다. 이 해에 무함마드는 비잔틴제국과 인접한 국경 마을 무타에 개종을 시키기 위한 군대를 파견했다. 이 파견은 실패로 끝났지만 그의 권위는 조금도 손상되지 않았다. 무타 원정은 이슬람 선교가 향후 지향해야 할 주요 방향을 보여주었으며 무함마드의 후계자들은 이 점을 잘 이해하고 있었기 때문이다.

전승에 의하면 630년 1월에 무함마드는 1만 명의 군대를 인솔하여 일시적으로 휴전협정을 깨고 메카의 마을을 무혈점령했다. 메카가 당시 무함마드에게 적대적인 어떤 부족을 지원했다는 것이 그 구실이었다. 이때 그는 카바 신전에 있는 우상들을 파괴하고 신전을 정화시켰으며 다신교도들이 가지고 있던 일체의 특권을 폐지시켰다. 하지만 일단 메카의 지배자가 된 무함마드는 대대적인 관용 정책을 펼쳤다. 완고하게 저항한 6명은 처형했으나, 휘하 군사들이 메카 주민들에게 복수하지 못하도록 철저히 단속했다. 이런 식의 세심한 정치적 감각에 따라 무함마드는 메카를 이슬람 신정국가의 수도로 삼지 않았고, 순례를 마치자마자 메디나로 돌아갔다.

다음 해인 631년에 무함마드는 몸소 메카 순례를 하지 않고 대리로 아부 바크르를 파견했다. 그러고는 기회를 포착하여 새롭게 받은 계시를 근거 삼아 다신교도들에 대한 전면전을 선포했다. "알라와 그의 예언자 무함마드는 다신교도들을 용인하지 않는다. 〔……〕 신성월이 지나면 다신교도들을 발견하는 즉시 죽여버려라. 〔……〕 그러나 만일 그들이 회개하여 정해진 기도 의식을 지키고 희사를 한다면 방면해주어라. 알라께서는 무한히 관용하시고 자비로운 분이시다. 만일 다신교도 중에 누군가가 너희에게 보호를 구한다면, 그를 보호하여 알라의 말씀을 들려주고 안전한 장소로 보내주어라. 이는 그들이 아무 것도 모르는 무지한 백성이기 때문이다."(『코란』 9 : 3-6)[27]

어떤 예감에 사로잡힌 듯 무함마드는 632년 2월부터 3월에 걸쳐 메카로 향했다. 이것이 그의 마지막 순례였다. 이 순례를 기화로 그는 하지Haji의 상세한 의례 절차를 제정했다. 이는 오늘날까지도 그대로 지켜지고 있다. 그때 천사가 다음과 같은 알라의 말씀을 받아 적도록 했다고 한다. "이제 나는 너희들을 위해 종교를 완성하였고 너희들을 위해 내 은혜를 두루 내려 너희들을 위한 종교로서 이슬람을 선택했다."(『코란』 5 : 3) 전승에 의하면 이 "이별의 순례"를 마치면서 무함마드는 이렇게 외쳤다. "주님이시여, 제가 사명을 잘 수행했는지요?" 그러자 군중들이 "물론! 그대는 사명을 잘 완수했다"고 대답했다.

메디나로 돌아온 무함마드는 632년 5월 말경에 병에 걸렸으며 6월 8일에 애처 아이샤의 품 안에서 숨을 거두었다. 그의 죽음 앞에서 사람들은 크게 동요했다. 무함마드의 죽음을 받아들이지 않으려는 자들도 있었다. 어떤 자는 예수와 마찬가지로 무함마드 또한 하늘로 승천했다고 믿었다. 그의 시신은 묘지가 아니라 아이샤 집 안의 한 방에 묻혔으며, 오늘날 그곳에는 묘비명이 세워져 있다. 그곳은 무슬림에게 있어 거의 카바 신전에 필적하는 성지로 여겨지고 있다. 칼리프calife, 즉 예언자의 "후계자"로 선택받은 아부 바크르는 신자들에게 이렇게

---

[27] 무슬림 이외의 일신교도, 즉 "경전의 백성"에 대해 무함마드는 다른 곳에서 "유대교의 율법과 기독교의 복음과 주님께서 당신들에게 내려주신 모든 계시를 지켜야만 한다"고 강조했다. "참으로 믿는 자는, 유대교이든 사바교이든 기독교이든 신과 종말의 때를 믿고 선행에 힘쓰는 자는 누구든지 전혀 두려워할 필요가 없으며 고통받는 일도 없을 것이다."(『코란』 5:68-69)

말했다. "만일 누군가 무함마드를 숭배한다면 무함마드는 이미 죽었다. 그러나 만일 알라를 숭배한다면 무함마드는 살아 있으며 결코 죽지 않을 것이다!"

264. 『코란』의 가르침

종교사 혹은 인류의 모든 역사에서 무함마드의 업적에 필적할 만한 사례는 찾아보기 힘들다. 메카 정복과 이슬람 신정국가의 창설은 예언자 무함마드의 정치적 천재성이 종교적 천재성에 못지않았음을 보여준다. 확실히 모든 상황, 특히 메카의 과두정에 내포된 모순들은 무함마드에게 유리하게 작용했다. 그러나 그것이 무함마드의 신학과 선교 및 그 성공을 설명해주지는 못한다. 또한 그가 창출해낸 이슬람 및 이슬람 신정제의 영구성을 설명해줄 수도 없다.

무함마드가 직접적이든 간접적이든 유대교와 기독교의 종교사상 및 실천 내용에 대해 어느 정도 알고 있었다는 것은 분명하다. 그러나 기독교에 관한 그의 지식은 대체로 피상적인 것에 지나지 않았다. 가령 그는 예수라든가 마리아에 관해 언급하면서, 양자 모두 창조된 존재이므로(『코란』 3:59) 신적 본성을 가지고 있지는 않다고 언명한다.(『코란』 5:16-20) 또한 몇 군데에 걸쳐 예수의 유년기와 예수가 행한 기적 및 그의 사도들("조력자들")에 관해서도 언급하고 있다. 한편 무함마드는 유대교도에는 부정적이었던 반면 그노시스주의자들과 기독교 가현론자들docétistes에 대해서는 찬성하는 입장에서 예수의 십자가형과 죽음을 부정한다.[28] 또한 그는 예수의 구속자로서의 역할과 『신약성서』의 가르침 및 여러 가지 기적담이라든가 기독교의 비의 등에 관해서는 무시하고 있다. 이 밖에 무함마드는 신과 예수와 마리아를 기독교의 3신으로서 언급한다. 그에게 이와 같은 지식을 전해준 것은 아마도 아비니시아의 단성론파 교회에 정통했던 사람들이었던 듯싶다. 이 단성론파에서는 성모마리아가 대단히 숭경받았다.[29] 다른 한편 네스토리우스파의 영향도 어느 정도 확인된다. 예컨대 죽음에 의해 영혼이 완전한 무의식 상태에 들어간다든지, 신앙에 따른 순교자는 즉시 천국으로 옮겨진다는 관념이 그것이다. 그 밖에도 계시가 계속적으로 이어진다고 하는 관념은 유대교와 기독교적 그노시스의 여러 교파에도 널리 퍼져 있었다.

  그러나 이와 같은 외부로부터의 영향도 무함마드의 소명 및 그의 가르침의 내적 구조까지 다 설명해주지는 못한다. 임박한 최후의 심판을 고지하면서 인간은 단독자로서 신의 보좌 앞에 설 뿐이라고 설함으로써 무함마드는 부족적인 결합이 종교적으로는 무력할 수밖에 없음을 강조했다. 그 대신 무함마드는 종교적 성격을 지닌 새로운 공동체, 즉 **움마**에 의한 각 개개인들의 재통합을 이루었던 것이다. 이리하여 그는 아라비아인의 국가를 창출해냈다. 물론 이때 그는 이슬람 신자 공동체가 습속과 인종의 국경을 넘어서서 확대되는 것을 허용했다. 그럼으로써 오랫동안 내전에만 소모되었던 에너지가 외부 이교도와의 전쟁, 즉 알라의 이름으로 일신교의 완전한 승리를 위해 행

---

28) "그들[*유대교도와 기독교도들]은 예수를 죽이지 않았다. 또한 예수를 십자가에 매달지도 않았다. 다만 그들에게 그렇게 보인 것뿐이다. 〔……〕 그러나 알라는 예수를 옆 자리로 부르셨다."(『코란』 4:157-158)

29) Tor Andrae, *Les origines de l'Islam et le Christianisme*, pp. 209~210을 참조하라. 또한 "성령"을 의미하는 말은 셈 어족에서 여성명사라는 사실도 고려할 필요가 있다.

해진 전쟁으로 집중되었던 것이다. 하지만 유목민 부족들, 특히 메카와의 전쟁에서 무함마드는 전략보다는 오히려 교묘한 교섭 능력에 의해 승리를 쟁취했다. 그리하여 무함마드는 후계자, 즉 칼리프들이 본받을 만한 범례를 보여주었다.

결국 그는 아라비아인들에게 『코란』을 계시함으로써 아라비아인을 다른 두 "계시 경전의 백성들"과 동등한 반열에까지 끌어올렸고, 아라비아어를 신학과 성사의 고귀한 언어로 고양시킴으로써 그것이 하나의 보편적 문화를 담지하는 언어로 성장할 전망을 열어 보여주었다.

종교 형태론의 관점에서 볼 때, 『코란』에 응집되어 나타난 무함마드의 가르침은 절대적 일신교의 가장 순수한 표현을 보여준다. 즉 알라는 유일신으로서 완전히 자유롭고 전지전능한 신이다. 알라는 하늘과 땅 그리고 존재하는 모든 것의 창조자이며 "뜻하는 대로 계속해서 창조하시는 분"(『코란』 35:1)이다. 낮이 지나고 밤이 되는 것도, 하늘에서 비가 내리고 배가 "바다 위를 떠다니는 것도"(『코란』 2:164) 그런 연속적 창조의 덕택이다. 즉 알라는 우주의 리듬뿐만 아니라 인간만사를 지배한다. 그럼에도 불구하고 알라의 행위는 모두 자유롭고 궁극적으로는 자의적이다. 그의 행위는 다만 그 자신의 결정에만 따르기 때문이다. 알라는 자기모순을 범할 자유까지도 지니고 있다. 앞서 『코란』 장구를 수정한 사례를 상기해보라.(본권 p. 115)

인간은 약한 존재이다. 이는 원죄의 결과가 아니라 인간이 피조물이기 때문이다. 하지만 인간은 이 최후의 예언자 무함마드에게 전해진 계시에 의해 다시금 성화된 세계에 살고 있다. 생리적, 심리적, 사회적, 역사적인 일체의 행위는 그것이 신의 은총에 의해 실현된다고 하는 단적인 사실로 인해 신의 권한하에 있다. 세상의 어떤 것도 자유롭지 못하며 신에게 의존하지 않을 수 없다. 그러나 알라는 자비와 연민으로 가득 찬 분이며 그의 예언자는 선행하는 두 개의 일신교, 즉 유대교와 기독교보다 훨씬 더 간명한 종교를 계시받았다. 가령 이슬람은 교회가 없으며 성직자도 없다. 어디서나 예배를 드릴 수 있으며 그 예배는 반드시 성역 내에서 집행하지 않아도 된다.[30] 종교 생활은 동시에 법적 규범이기도 한 관습적 제도에 의해 규정되어 있다. 특히 다섯 가지 "신앙의 기둥"이 그것이다. 이 가운데 가장 중요한 "기둥"은 **살라트** shalât, 즉 종규상의 예배 내지는 기도로서, 매일 다섯 차례씩 땅바닥에 바싹 엎드려 행하는 기도이다. 두 번째는 **자카트** zakât, 즉 법으로 정해진 희사이다. 세 번째 기둥은 **사운** sawn, 즉 라마단 Râmâdan 기간 중 여명부터 일몰까지 행하는 단식이다. 네 번째는 **하지**, 즉 메카 순례이며, 다섯 번째는 **샤하다트** shahâdat, 즉 "알라 외에 신은 없으며 무함마드는 알라의 사도이다"라는 신앙고백을 반복하여 봉창하는 의식이다.[31]

실수하기 쉬운 인간의 약점을 고려하여 『코란』은 고행이라든가 수도사 생활 같은 것은 권장하지 않는다. "오 아담의 자손들이여, 어떤 예배 장소에서든 몸을 단정히 하여라. 먹어라, 그리고 마셔라. 하지만 도를 넘어서는 안 된다."(『코란』 7:31) 어쨌든 『코란』은 성인이나 완벽한 덕성을 갖춘 자가 아니라 모든 보통 사람들을 향해 설해진 것이다. 무함마드는 정실의 숫자를 네 명까지 한정했지만(『코란』 4:3), 첩과 여종의 숫자는 특별히 정하지 않았다.[32] 신분제 또한 용인된다.

---

30) 그러나 신도들은 금요일 정오에 정해진 공공장소로 모이도록 권장된다.(『코란』 62:9)
31) 이 정형구는 『코란』에는 나오지 않는다. 그러나 이런 의미를 나타내는 구절은 많이 있다. Watt, *Muhammad at Medina*, p. 308을 참조하라.
32) 유럽인들의 비난에 대해 일부 중근동 학자들은 그것이 이슬람 이전 시대의 이교도들이 빠졌던 성적 무질서 상태에 비하면 상당히 진보한 것이라고 반박한다. 이

다만 모든 신도들은 움마 안에서 평등하다. 그러면서도 노예제도는 폐지되지 않았다. 하지만 당시 아라비아의 노예들은 로마제국 지배 하의 노예보다는 형편이 훨씬 나았다.

무함마드의 "정치 방침"은 『구약성서』의 곳곳에 등장하는 것과 매우 흡사하다. 즉 그것은 직접적이든 간접적이든 알라가 가르쳐주고 인도해준 것이다. 세계의 역사는 신의 부단한 자기 현시나 다름없다. 불신자들의 승리조차 실은 신이 원해서 그렇게 되는 것이다. 따라서 전 세계를 일신교로 개종시키기 위해서는 모든 곳에서의 끊임없는 전쟁을 피할 수 없다. 어쨌든 배교와 무질서보다는 차라리 전쟁 쪽이 더 바람직하다는 것이다.

"알라의 집"이라고 여겨지는 카바 신전으로의 순례와 그곳에서 집행되는 갖가지 의례는 무함마드가 설한 절대적 일신교와 일견 모순되는 듯이 보이기도 한다. 그러나 앞에서 살펴보았듯이(본권 p. 123) 무함마드는 이슬람을 아브라함 이래의 종교 전통 안에 통합시키고자 했다. 『코란』에 등장하는 여러 다른 상징들과 이야기들, 가령 "신성한 책"이라든가 무함마드의 천계 상승 이야기 혹은 대천사 가브리엘의 역할 등과 더불어 이 카바 신전 순례 또한 후대의 신학과 신비주의에서 항상 다양하게 재해석되었고 재평가를 받아왔다. 아울러 하디스(예언자의 "말씀")로서 구전으로 전해져 내려온 전승도 고려하지 않으면 안 되는데, 그것들 또한 수많은 해석과 사변을 낳은 원천이기 때문이다. 여전히 알라는 유일하고 절대적인 신으로서의 자리를 유

슬람에 대한 이와 같은 "정당화"는 사회학적 내지 윤리적 차원에서는 유효한 것이지만, 『코란』 신학의 관점에서 보자면 무의미하고 나아가 모독적인 것일 따름이다. 계시는 그 어떤 세부 사항에 있어서도 "정당화"될 필요가 없기 때문이다.

지하고 있으며, 무함마드가 탁월한 예언자라는 점에는 변함이 없다. 그러나 유대교 및 기독교와 마찬가지로 이슬람 또한 이윽고 신과 인간 사이의 중개자 혹은 매개물을 상정하게 된다.

265. 지중해 세계와 근동에의 이슬람 유입

유대인 및 로마인과 마찬가지로 이슬람도 특히 초기 단계에서는 역사상의 사건들을 거룩한 역사의 관점에서 보았다. 초기 칼리프들이 얻은 눈부신 군사적 승리 또한 그랬다. 이는 이슬람의 존속과 나아가 이슬람의 최종적 승리를 보장해주었다. 사실 무함마드의 죽음은 이슬람이라는 새로운 종교에 절체절명의 위기 상황을 초래했다. 어떤 전승에 의하면 죽음에 임박한 무함마드는 자신의 후계자를 지명하지 않았다고 한다. 결국 대부분의 무슬림들은 이 전승을 받아들였다. 무함마드의 애처 아이샤의 부친 아부 바크르는 무함마드를 매장하기 직전에 칼리프로 선출된 것에 지나지 않는다. 한편 무함마드가 딸 파티마의 남편이자 당시 살아남은 단 두 명의 손자 하산과 후사인의 아버지이기도 했던 알리를 지극히 사랑했다는 사실도 널리 알려져 있다. 따라서 무함마드가 알리를 후계자로 택했을 가능성도 충분하다고 보여진다. 그러나 *움*마의 통일을 지키기 위해 알리와 그의 지지자들은 아부 바크르의 선출을 받아들였다. 아부 바크르는 이미 고령이었으며, 알리는 얼마 지나지 않아 자신이 그 뒤를 잇게 될 것이라고 의심해 마지않았다. 그 시점에서 무엇보다 중요한 것은 이슬람의 치명적인 위기를 피하는 것이었다. 이미 베두인 부족들이 이슬람으로부터 이탈하기 시작했다. 하지만 아부 바크르가 적시에 조직한 원정군은 그들의 이탈을 저지하는 데에 성공했다. 그 직후에 칼리프 아부 바크르는 비잔틴제국의 종주권하에 있었던 풍요로운 땅 시리아를 침공할 부대를 조직했다.

2년 뒤인 634년에 아부 바크르는 세상을 떠난다. 그러나 그는 이미 후계자로 휘하 장군 중의 한 명인 우마르를 지명했다. 이 위대한 전략가 우마르 칼리프의 시대(634~644)에 무슬림 군대는 놀라운 기세로 승리를 쟁취했다. 야르무크의 전투에서 패한 비잔틴 측은 636년에 시리아를 포기할 수밖에 없었다. 637년에는 안티오크가 함락되었고 같은 해에 사산 왕조 페르시아제국이 무너졌다. 이어 642년에는 이집트를 정복했으며 694년에는 카르타고를 점령했다. 이후 7세기 말까지 이슬람은 북아프리카, 시리아, 팔레스타인, 소아시아, 메소포타미아, 이라크 등을 수중에 넣었다. 비잔틴제국만이 아직 저항을 계속하고 있었지만 그들의 판도는 지극히 축소되어 있었다.[33]

그러나 이런 공전의 대승리에도 불구하고 **움마**의 통일은 심각한 위기에 직면했다. 우마르가 한 페르시아인 노예에게 암살당했던 것이다. 하지만 우마르는 죽기 직전에 무함마드의 친구 가운데 여섯 명에게 자기 후계자를 선정하도록 역할을 위임할 수가 있었다. 그런데 이 여섯 명은 알리와 그의 지지자들(**시아트 알리**shi'at 'Alî, 문자적 의미는 "알리의 일당" 또는 **시아파**Shi'ah, **시아파의 교의**Shi'isme)을 무시한 채 무

---

33) 아라비아인들의 저 엄청난 침입은 서로마제국을 진동시킨 야만족 침입의 마지막 물결로 비유되곤 했다. 물론 거기에는 나름대로의 근거가 있다. 그러나 야만족과는 달리 아라비아인들은 사막 주변에 새롭게 주둔 도시를 구축하고 거기서 살았다. 일정한 세금을 납부하기만 하면 피정복민들도 각자의 토지와 관습을 유지하면서 사는 것이 허용되었던 것이다. 하지만 대부분의 도시 주민들, 특히 관리층과 지식계급의 사람들이 이슬람을 신봉하게 되면서 상황이 크게 변했다.

함마드의 또 다른 양자 우스만(644~656 재위)을 칼리프로 선출했다. 이전에 무함마드에게 적대했던 움마이야족의 귀족 출신인 우스만은 이슬람제국의 주요 거점들을 메카의 유력자들에게 분배했다. 그러나 이런 그가 이집트와 이라크 주둔지의 베두인들에게 피살되자 메디나 사람들은 알리를 칼리프라고 선언했다. 원래 시아파는 무함마드의 일족 및 그 자손 이외에는 어떤 "후계자"도 인정하지 않았다. 따라서 시아파에게 있어서는 알리야말로 참된 최초의 칼리프였다.

다른 한편 무함마드의 애처였던 아이샤와 메카의 지도층 가운데 많은 이들은 알리를 우스만 암살의 배후자로 고발했다. 이리하여 양쪽은 끝내 "낙타의 전투"라 불리는 전투에서 충돌하고 만다. 아이샤의 낙타 주위에서 벌어진 전투였기 때문에 그렇게 불린 것이다. 알리는 이라크의 주둔 도시에다 수도를 정했는데, 우스만의 사촌으로 무함마드의 양아버지이기도 했던 시리아 총독 무아위야는 알리를 칼리프로 인정하지 않았다. 그런데 전투가 패색이 짙어진 것을 안 무아위야 측의 장병들은 창끝에 『코란』을 걸고 앞으로 나왔다. 알리는 이 신성한 책을 앞세운 중재안을 받아들였지만, 교섭에 임한 자가 서툴렀던 탓에 그는 칼리프로서의 자신의 권리를 단념할 수밖에 없었다. 이와 같은 심약한 태도로 인해 일부 병사들은 알리를 버리고 대열을 이탈하기도 했다. 이들이 향후 하리지파Khârijites, 즉 "이탈파"가 된다. 한편 알리는 661년에 암살당했다. 그러자 알리를 추종하는 시아파는 당시 소수파이기는 했지만 알리의 장남 하산을 칼리프로 선언했다. 그러나 이때는 이미 시리아인들에 의해 칼리프가 선출된 후였고, 예루살렘에 있었던 무아위야는 하산을 잘 설득하여 그의 지위를 포기하도록 하는 데에 성공했다.

무아위야는 유능한 군사 지도자이자 교활한 정치가였다. 그는 이슬람제국을 재편하고 최초의 칼리프 왕조인 움마이야 왕조(661~750)를 세웠다. 그런데 680년에 알리의 둘째 아들 후사인이 그의 일족 전원과 함께 이라크의 카르발라에서 학살당하고 만다. 이로써 시아파는 움마를 재통일할 마지막 기회까지도 잃어버리고 만다. 시아파 사람들은 이들의 순교를 결코 잊지 않았다. 그리하여 수 세기에 걸쳐 계속해서 반란을 일으키곤 했으며 그때마다 당대의 칼리프에게 무자비한 탄압을 받았다. 10세기에 들어와서 마침내 시아파 집단은 무하람Muharram 달의 처음 열흘 동안 이맘 후사인의 비극적 죽음을 기념하는 공식적인 행사를 허락받게 되었다.[34]

이리하여 무함마드 사후 30년이 지나 움마는 세 개의 분파로 분열하게 되었으며 그 상태로 오늘날에 이르고 있다. 신도 가운데 다수파는 순니파Sunnites, 즉 순나Sunna("관행", "전통")의 신봉자들이며 이들은 당대 칼리프에게 복종해왔다. 시아파는 알리만이 최초의 "참된" 칼리프라고 믿어 알리의 혈통에 충성을 서약한 자들이다. 한편 하리지파(이탈파)는 오직 신자 공동체[움마]만이 칼리프를 선출한 권리가 있으며 만일 칼리프가 죄를 범하면 그를 폐위시킬 의무가 있다고 주장한다. 뒤에서 설명하겠지만(본권 35장 참조), 정도의 차가 있기는 하나 이 세 분파는 모두 이슬람의 종교제도와 신학 및 신비주의의 발전에 각각 나름대로 기여한 바가 있다.

초대 칼리프들이 구축한 이슬람제국의 역사에 관해서는 가장 중요한 사건 몇 가지만 들기로 하겠다. 이슬람제국의 군사적 확대는 715년까지 계속되었다. 이 해에 아라비아군은 처음으로 투르크인에게 패배

---

34) 최근의 저작으로는 Earle H. Waugh, "Muharram Rites: Community Death and Rebirth"를 보라.

하여 오크서스 강 지역에서 철수할 수밖에 없었다. 717년에는 비잔틴 제국에 대한 제2차 해상 원정이 실패로 끝난다. 또한 733년에는 프랑크족의 왕 샤를르 마르텔이 투르 근방에서 아라비아군을 격파하여 피레네 산맥 건너편으로 몰아냈다. 이로써 아라비아제국의 군사적 패권주의가 종언을 고하게 되었다. 그후 이슬람의 침입과 정복은 아라비아인 이외의 무슬림들에 의한 것이다.

이슬람 자체도 부분적으로 초기의 구조가 바뀌었다. 그 무렵에는 이미 당초 무함마드가 정한 성전聖戰의 목적, 즉 불신자들의 개종이라는 목적이 점차 무색해지고 있었다. 오히려 아라비아군은 다신교도들을 개종시키지 않은 채 그대로 지배하에 두고자 했다. 그래야 그들에게 무거운 세금을 부과할 수 있었기 때문이다. 더욱이 다신교도들은 개종한다 해도 아라비아인 무슬림과 동등한 권리를 가질 수 없었다. 그런 와중에 715년 이후 아라비아인과 타민족 출신의 신규 개종자들 사이의 긴장이 갈수록 심각해졌다. 새로운 개종자들은 아라비아인과 평등한 지위를 확보하기 위해 어떤 반란이든 개의치 않는 분위기였다. 군사적인 혼란과 항쟁이 수년간 계속된 후 750년에 마침내 움마이야조가 전복되고, 메카의 다른 유력 부족인 압바스 왕조가 그 뒤를 이었다. 새로운 칼리프는 전적으로 시아파의 지지에 의해 승리를 얻을 수 있었다. 그러나 알리의 무리들, 즉 시아파의 사정은 그 후에도 별로 나아진 것이 없었다. 압바스 왕조의 제2대 칼리프 알 만수르(754~775 재위)는 시아파의 반란을 피의 홍수가 날 정도로 무자비하게 진압했다. 한편 아라비아인과 신규 개종자들 사이의 차별은 압바스 왕조의 통치하에서는 완전히 해소되었다.

최초 4대에 걸친 칼리프들은 메디나에 거주했는데, 무아위야는 다마스쿠스를 제국의 수도로 삼았다. 이를 기화로 헬레니즘과 페르시아 및 기독교의 영향이 움마이야조 전반을 통해 서서히 확대되어갔다. 이런 영향의 흔적은 특히 종교 건축 및 세속 건축 양식에서 찾아볼 수 있다. 가령 시리아에 최초로 세워진 모스크는 모두가 기독교 교회의 둥근 지붕(돔 형식)을 채용하고 있다.[35] 거기에다 궁전, 별궁, 정원, 벽면 장식, 모자이크 등은 근동 헬레니즘 문화를 모델로 한 것이었다.[36]

압바스 왕조 또한 중근동과 지중해 세계의 문화유산을 받아들여 더욱 발전시켜나갔다. 이슬람은 관료 지배 및 무역 통상에 기반을 둔 도시형 문명을 만들어냈다. 거기서 칼리프는 더 이상 종교적 역할을 담당하지 않게 되었다. 칼리프는 다만 궁전에 살면서 신자들의 일상적인 문제들에 관해서는 울라마ulema, 즉 신학자와 종교법 전문가 집단에게 그 처리를 위임했다. 762년에 이루어진 새 수도 바그다드의 건설은 아라비아인 우위의 이슬람 사회가 종언을 고하는 데에 일획을 그었다. 십자형으로 구획 지어진 원형의 이 도시는 세계의 형상imago mundi으로서 제국의 중심이 되었다. 네 개의 성문은 동서남북의 사방위를 나타내며, 최고 행운의 별 목성이 바그다드의 "탄생"을 관장하는 별로 지정되었다. 바그다드 건설공사가 페르시아인 점성술사가 정한 길일에 개시되었기 때문이다.[37] 칼리프 만수르와 그 후계자들은 사산 왕조 페르시아 황제에 비해 조금도 뒤떨어지지 않는 화려한 즉위식을 거행했다. 이런 압바스 왕조를 지탱시킨 것은 대부분 페르시아인들로 구성된 관료 집단과 이란의 군인 귀족계급으로 구성된 왕실 직속

---

35) E. Baldwin Smith, *The Dome*, pp. 41 sq.를 참조하라.
36) U. Monneret de Villard, *Introduzione allo studio dell'archeologia islamica*, 특히 pp. 23 sq., 105 sq.를 보라.
37) Charles Wendell, "Baghdâd: *Imago Mundi*", p. 122에 인용된 문헌들을 보라.

친위대였다. 집단적으로 이슬람으로 개종한 이란인들은 정치와 행정 및 예절 문화에 있어 사산 왕조 시대의 모델로 회귀했다. 당시의 건축물도 사산 왕조풍과 비잔틴풍 양식이 지배적이었다.

또한 당시는 시리아인 통역가에 의해 그리스 철학과 의학 및 연금술 등에 관한 문헌들이 아라비아어로 번역된 시기이기도 하다. 칼리프 하룬 알 라시드(788~809 재위)와 그 후계자들의 통치하에 고대 후기의 지중해 문명이 아라비아어에 의해 처음으로 재생되었다. 그 문명은 때로는 압바스 왕조가 장려한 이란적 가치에의 동화 과정[38]에 대립하면서도 그 과정을 완성시켰다. 이와 같은 발견과 만남이 이슬람 영성의 발전에 가져온 결과에 관해서는 뒤에서(본권 35장) 다시 살펴보게 될 것이다.

---

38) 이는 물론 무궁무진한 이란의 종교적 융합이 낳은 창안물들을 가리킨다.(본서 제2권 212절을 참조하라)

샤를르마뉴에서부터 피오레의 요아킴까지의 서구 가톨릭

266. 중세 초기의 기독교

474년에 서로마제국 최후의 황제 로물루스 아우구스툴루스는 야만족의 오도아케르 왕에 의해 폐위당했다. 역사가들은 오래전부터 이 474년을 통상 고대가 끝나고 중세가 시작된 해로 간주했다. 그러나 1937년에 앙리 피렌느Henri Pirenne의 유작 『무함마드와 샤를르마뉴 Mahomet et Charlemagne』가 간행되면서부터 이 문제를 전혀 다른 관점에서 재고하게 되었다. 벨기에 출신의 이 탁월한 역사가가 지적한 몇 가지 중요한 사실들이 새로운 관심을 불러일으켰던 것이다. 첫째, 로마제국의 사회구조는 이후 2세기 동안 존속되었다. 둘째, 6, 7세기 야만족의 왕들은 로마식 관습을 채용하고 로마제국으로부터 이어받은 칭호를 고수했다. 더욱 중요한 점은 비잔틴제국과 아시아 지역 간의 통상이 계속 행해졌다는 사실이다. 피렌느에 의하면 서구와 동구가 결정적으로 분리된 것은 8세기의 일인데 그 원인은 이슬람의 침입에 있다. 지중해 문명의 중심으로부터 고립되어 끊임없는 이민족의 침입과 내란으로 인해 황폐해진 서구는 "야만상태"가 되어 몰락해갔다. 그리고 이런 폐허 속에서 농촌의 자급 경제를 기반으로 한 새로운 사회가 등장하게 된다. 그것이 바로 봉건제의 형태를 취한 새로운 세계, 곧 중세이다. 그리고 이 새로운 세계를 구축하는 데 성공한 자가 바로 샤를르마뉴 대제였다.

이와 같은 피렌느의 가설은 기나긴 논쟁을 불러일으켰고,[1] 오늘날까지도 부분적으로밖에는 받아들여지지 않고 있다. 그러나 그의 설은 학자들에게 서구 중세의 형성에 이르는 복잡한 역사적 과정에 대한 재검토의 필요성을 인식시켜주었다는 점만으로도 충분한 의의를 지닌다. 물론 피렌느는 기독교가 서구에 초래한 근본적인 변화에 관해서는 고려하지 않았다. 하지만 바크가 지적했듯이, 300년경에서 600년경까지의 서유럽의 역사는 두 가지 요인이 결합되어 나타난 결과이다. (1) 기독교, (2) 다음과 같은 사건들이 야기한 충격chocs과 그에 대한 반발contre-chocs, 즉 로마의 속주에서의 지배 및 경제체제의 점차적인 붕괴, 반복되는 이민족 침입이 초래한 혼란들, 농촌형 사회에서의 자급자족 시스템의 진전 등이다. 사실 서구 사회가 분열하여 빈곤하고 열악한 통치 상태에 빠지지 않았다면, 기독교 교회가 그렇게까지 결정적인 영향을 끼칠 수는 없었을 것이다.[2]

성립 당시부터 서구 중세 사회는 개척자들의 공동체였다고 말할 수 있다. 베네딕트회 수도원이 어떤 의미에서 하나의 모델을 제공해주

---

1) William Carroll Bark, *Origins of the Medieval World*, pp. 7 sq., 114 sq.에 인용된 비판들을 보라.
2) *Ibid.*, pp. 26~27.

었다. 서구 수도원 제도의 창시자인 성 베네딕투스(480년경~540년경)는 경제적으로 완전히 자립적인 일련의 소공동체를 조직했다. 따라서 몇몇 수도원이 붕괴하더라도 수도회 전체가 몰락하는 일은 없었다. 민족 대이동에 의해 촉발된 수많은 야만족의 침입과 거기에 이어진 바이킹들의 해적 활동은 고대 문화의 마지막 중심지였던 서구 도시들을 파괴해버렸다. 고전 문화의 유산은 기껏해야 수도원 속에 단편적으로 살아남았다.[3] 게다가 학문 연구에 전념할 시간적 여유를 가진 수도사는 거의 없었다. 수도사들의 주된 업무는 기독교 선교 및 가난한 자들의 구제에 있었다. 나아가 그들은 목수이자 의사였고 동시에 대장장이이자 무엇보다도 농부였다. 이 시대에 경작법과 농경 도구를 크게 개량한 것은 다름 아닌 이 수도사들이었다.[4]

경제적으로 완전히 독립적이었던 수도원 연합체는 흔히 봉건적 토지 소유제, 즉 신하의 군사적 공헌에 대해 군주가 그 보상 내지는 사전 선물로서 토지를 수여하는 제도에 비교되곤 했다.[5] 수도원과 봉건제라는 이 두 가지 "씨앗"은 수차례의 역사적 대격동기를 넘어서 살아남을 수 있었고 그럼으로써 새로운 사회와 문화의 기반을 구축할 수 있었다. 샤를르 마르텔은 교회가 소유하고 있던 다수의 교회 영지를 자기 가신들에게 분배하기 위해 세속 영지로 만들었다. 그것만이 강력하고 충실한 군대를 조직하기 위한 유일한 방법이었기 때문이다. 이 시대에는 자력으로 군대를 운영할 만한 지배자가 한 명도 없었다.

---

3) 700년경에는 서구 문화가 아일랜드와 노섬브리아의 수도원에 피난 가 있는 형국이었다. 그리고 100년 후 그곳에서 학자와 예술가 및 신학자들이 배출된다.
4) 이런 개량과 관련해서는 Bark, *op. cit.*, pp. 80 sq.를 보라.
5) Hugh Trevor-Roper, *The Rise of Christian Europe*, pp. 98 sq.를 참조하라.

기사도를 논할 때 다시 살펴보겠지만(본권 267절), 봉건제도와 그 이데올로기는 게르만에게서 비롯된 것이다.[6] 이 봉건제 덕택에 서구는 5세기 이래 끊임없이 계속된 숱한 위기와 재난 및 그로 인한 여러 난국을 극복할 수 있었다. 800년 로마에서 교황이 직접 샤를르마뉴의 "신성로마제국" 황제 대관식을 집전했는데, 이는 반세기 전까지만 해도 상상조차 할 수 없었던 일이었다. 하지만 역대 황제와 교황 간의 심각한 긴장 관계 및 이어진 수 세기 동안 일부 왕후와 군주들이 가진 야심 등으로 인해 신성로마황제의 역할과 중요성은 대체로 제한적이고 불안정한 것이 될 수밖에 없었다. 물론 중세 전기의 정치와 군사의 역사를 되돌아보는 것이 우리의 주된 관심사는 아니다. 다만 봉건제와 기사도 및 신성로마제국이라는 모든 제도들이 비잔틴 세계에서는 알려지지 않았던, 설령 알려져 있었다 해도 거의 전개되지 못했던 새로운 종교적 창조를 야기했다는 점을 유념해야 할 것이다.

본서의 성격상 이 시대의 전례와 성사에 관한 혁신[7] 및 9세기의 이른바 "카롤링거 르네상스Renaissance carolingienne"가 지니는 종교적 측면[8]에 관해서는 생략해도 좋을 것이다. 하지만 이 5세기 동안에 서방 교회가 혁신과 후퇴, 승리와 굴욕, 창조성과 그것의 고갈, 개방과 불관용의 시기를 교대로 되풀이했다는 점만은 주의할 필요가 있다. 한 가지 사례만 들어보자. "카롤링거 르네상스" 이후 교회는 10세기에서 11세

---

6) Carl Stephenson, *Mediaeval Feudalism*, pp. 1~14를 참조하라.
7) 가령 결혼반지의 교환이라든가 미사성례전(이 시대 이후 생자와 사자를 위해 미사를 올릴 수 있게 된다)이 가지는 중요성 혹은 많은 기도문을 집성한 「미사전서 missel」의 작성 등을 들 수 있다.
8) 성직자 육성 방법의 정비, 본격적인 라틴어 연구의 진전, 베네딕트회 회칙에 따른 수도원 개혁 등.

기 전반까지 또 하나의 퇴행기로 접어든다. 그러나 1073년에 그레고리우스 7세가 교황으로 선출되어 소위 "그레고리우스 개혁"이 시작되면서 교회는 다시금 영광과 힘을 되찾는다. 이와 같은 변동의 근본 원인을 간단히 설명하기는 어렵다. 여기서는 그저 상승의 시대든 하강의 시대든 그것들은 모두 한편으로는 교회의 사도 시대 이래 이어져 내려온 전통에의 충성과 다른 한편으로는 종말에 대한 기대 및 보다 깊고 참된 기독교적 경험에 대한 향수에 의해 촉진되었다는 점을 지적하는 것으로 족하리라 여겨진다.

  기독교는 그 발단부터 종말에 대한 묵시적 징표를 토대로 하여 전개되었다. 성 아우구스티누스를 제외하고, 그 밖의 다른 신학자들과 환영을 보는 자들은 모두 이 세상의 종말과 그 징후에 대해 논했으며 언제가 종말의 날인지를 계산하기에 바빴다. 일반 신자들뿐만 아니라 성직자들까지도 적그리스도와 "최후의 날의 지배자"에 관한 신화에 깊이 빠져 들었다. 1000년을 맞이하기 직전에 세계의 종말이라는 이 오래된 시나리오가 다시 극적인 현실이 되었다. 종말론에 관련된 여러 가지 공황에 더하여 당시에는 실제로 온갖 종류의 재난이 빈발했다. 역병과 기근 및 각종 흉조(혜성, 일식, 월식 등)가 그것이다.[9] 그리하여 사람들은 도처에서 악마의 존재를 실감했다. 기독교도들은 이런 재난을 자신들의 죄 때문이라고 해석했다. 때문에 재난을 피하려면 속죄 의식을 행해야만 하며 성인과 성물 등에 의지하지 않으면 안 된다고 여겼다. 이때의 속죄 의식은 임종시에 행하는 참회와 유사한 것이었다.[10] 한편 수도승 라울 글라베르의 기록에 의하면, 사제와 수

---

9) Georges Duby, *L'An Mil*, pp. 105 sq.에 수록된 문헌 자료들을 보라.
10) "서방교회가 사자의 현존이라든가 눈에 보이지 않는 형태로 존재하는 사후의

도원장들은 사람들을 성물 주변에 모이게 함으로써 "평화를 회복하고 신앙을 확립시키고자" 했다. 기사들은 성물 위에 손을 얹고 다음과 같은 평화의 서약을 선언했다. "나는 결코 교회를 침범하지 않겠습니다 〔……〕. 나는 성직자와 수도사에게 위해를 가하지 않겠습니다 〔……〕. 나는 소고기와 돼지고기와 양고기를 먹지 않겠습니다 〔……〕. 나는 남자든 여자든 농민들을 약탈하지 않겠습니다."[11] 또한 11세기에 제정된 "신의 휴전" 제도는 교회력 중에서 가장 신성한 기간〔성령강림절, 사순절, 부활절 등〕동안에는 전투를 중지할 것을 명하고 있었다.

예루살렘이나 로마 혹은 산티아고 데 콤포스텔라 등으로의 집단 순례 또한 놀라울 정도로 유행했다. 라울 글라베르는 예루살렘으로의 "거룩한 여행"을 죽음의 준비와 구원의 약속으로 해석하고 있다. 사람들은 이런 순례자들의 엄청난 숫자가 적그리스도의 도래와 "임박한 세계의 종말"을 고지해주는 징표라고 여겼다.[12]

그러나 예수그리스도가 십자가형의 수난을 받은 지 1000년째 되는 1033년이 지나가면서 기독교도들은 비로소 참회와 정화의 행위가 그 목적을 달성했다고 여기게 되었다. 이와 관련하여 라울 글라베르는 그런 징표와 신의 축복에 대해 다음과 같이 강조하고 있다. "하늘이 미소 짓기 시작했다. 밝음을 되찾고 상쾌한 바람으로 생명을 불어넣었다 〔……〕. 대지는 곳곳마다 아름다운 녹음으로 뒤덮였고 탐스럽게

생과 같은 매우 고대적인 신앙을 마침내 받아들이게 된 것은 바로 AD 1000년의 일이었다. 그런데 여기서 사후의 삶은 생전의 육체를 가진 존재 양태와 거의 차이가 없다고 간주되었다." *Ibid.*, p. 76.
11) *Ibid.*, pp. 171 sq.에 나오는 선서문 텍스트를 보라.
12) *Ibid.*, p. 179에 수록된 텍스트.

열린 과실들이 빈궁을 깨끗이 추방해버렸다 […]. 무수한 성인들이 추구했던 저 거룩한 재결합 안에서 수많은 병자들이 건강을 되찾았다 […]. 회중들은 모두 신을 향해 팔을 벌렸고 입을 모아 평화! 평화! 평화!라고 외쳤다."[13] 사람들은 교회를 재생시키기 위한 갖가지 노력, 특히 클뤼니의 베네딕트회 수도원 개혁에 뜻을 모았다. 그리하여 서구 곳곳에서 성지들이 재건되었고 교회당이 수복되었으며 성물이 발굴되었다. 북구와 동구에 대한 포교 활동도 늘어났다. 그러나 이에 못지않게 중요한 것은 부분적으로 민중 신앙의 압력을 받아 행해진 교회 실천 활동에 있어서의 변화이다. 가령 성체성사가 무엇보다 중요해졌다. 수도사들도 적극적으로 제도권의 사제가 되고자 했다. 이는 "그리스도의 피와 살의 현현"에 참여하고 "눈에 보이는 이 세상 안에서 거룩한 영역"을 확장시키기 위해서였다.[14] 또한 십자가에 대한 숭배도 널리 행해졌다. 십자가야말로 그리스도의 인성을 함축한 징표이기 때문이다. 이처럼 "육화한 신"[15]에 대한 선양은 머지않아 널리 퍼지게 될 성모마리아에 대한 숭배에 의해 완성을 보게 된다.

  1000년을 전후로 하여 사람들 사이에 각인된 공포와 희망으로부터 갖가지 종교현상이 나타났는데, 그것들은 어떤 의미에서는 향후 이어질 5세기 동안을 특징짓는 여러 가지 위기와 창조를 미리 보여주는 것이기도 했다.

---

13) *Ibid.*, pp. 183~184의 텍스트를 보라.
14) *Ibid.*, p. 219.
15) *Ibid.*, p. 216 sq.에 인용된 텍스트들을 보라.

267. 기독교 이전 전통의 동화와 재해석: 신성 왕권, 기사도

대부분의 게르만 민족들에게 있어서 왕권은 신성한 기원과 성격을 가지고 있었다. 왕조의 창설자들은 신들, 특히 보단Wodan의 자손으로 간주되었다. 또한 왕의 "행운", 달리 말해 왕권이 가지는 성스러움의 증거로 간주되었다.[16] 그리하여 통치자는 몸소 풍요와 전승을 위한 희생 제사를 집행했다. 요컨대 왕은 사람들과 신들을 연결시켜주는 카리스마적인 중개자인 것이다. 만일 "행운"과 신들이 떠나가면 그 왕은 계속되는 흉작에 스웨덴의 도말드르 왕이 당했던 것처럼 폐위되거나 혹은 살해당할 수도 있다.[17] 기독교로 개종한 다음에도 지배자의 계보―그가 보단의 자손이라는 점―는 여전히 결정적인 중요성을 지니고 있었다.[18]

교회 성직자들은 이런 신앙까지도 기독교의 거룩한 역사 속에 편입시키고자 애썼다. 그 결과 몇몇 왕가의 계보에서는 보단이 방주 안에서 노아의 자식으로 태어났다든지 혹은 성모마리아의 사촌 동생의

---

16) 앵글로 색슨족의 왕들은 대체로 보단을 조상으로 삼고 있다. William A. Chaney, *The Cult of Kingship in Anglo-Saxon England*, pp. 33 sq.에 인용된 자료들을 참조하라. 스칸디나비아의 지배자들은 프레이Frey와 동일시되는 신 잉그위Yngwi의 자손으로 간주되었다. 『리그의 시Lai de Rig』에 의하면 헤임달Heimdal 혹은 리그Rig가 모든 왕들의 조상으로 간주된다.(*ibid.*, p. 19) 고대 게르만족의 군주제에 관해서는 본서 제2권의 문헌 해제 177절을 보라.
17) *Ynglingasaga*, ch. 15(18)를 보라. 그리고 *ibid.*, ch. 43(47)에서 흉작으로 인해 오딘에게 희생 제물로 바쳐진 잉글링 왕가 최후의 후예 이야기를 참조하라. 다른 예들은 Chaney, *op. cit.*, p. 86에 나온다.
18) 영국 왕실의 여덟 개 가문 가운데 일곱 개가 보단의 자손이라고 주장된다. Chaney, *op. cit.*, p. 29.

자손이라고 주장하기도 했다.[19] 전장에서 쓰러진 왕은 그가 설령 개종하지 않은 이교도의 왕이라 할지라도 순교한 성인과 동일시되었다. 기독교도가 된 이후에도 군주들은 적어도 부분적으로는 조상 전래의 주술-종교적인 권위를 가지고 있었다. 그리하여 군주는 가을의 풍요로운 수확을 위해 봄에 직접 밭에 씨를 뿌린다든지 혹은 병자와 아이들에게 손을 대는 주술적 행위를 하곤 했다.[20] 이런 군주들은 사후에 교회 부지 내에 매장되었는데, 그것은 왕가 묘소에 대한 숭배를 없애기 위한 것이었다.

그러나 이교도적 습속에 대한 이와 같은 새로운 가치 부여 중에서도 가장 독창적인 사례는 왕을 크리스투스 도미니Christus Domini, 즉 "기름 부음을 받은 자"로서 숭배하는 행위였다. 이를 통해 왕은 신성불가침의 존재가 되며 그런 왕을 해치려는 일체의 기도는 독신 행위로 간주되었다. 이후 군주가 가지는 종교적 권위는 그의 신적 기원에서가 아니라 그를 기름 부음을 받은 자로 선언하는 대관식에서 나오게 된다.[21] "기독교도 왕은 그리스도에 의해 사람들에게 파견된 자"라고 11세기의 어떤 저술가는 언명하고 있다. "왕의 지혜로 인해 사람들은 행복하며(gesaelig) 풍요롭고 힘 있는 자가 된다."[22] 기름 부음을 받은 자로서의 왕에 대한 이와 같은 칭송에서 고대 이교도적 신앙의 흔적을 찾아보기란 그리 어렵지 않다. 하지만 거기서 왕은 사람들과 교회

---

19) *Ibid.*, p. 42에 인용된 예들을 보라.
20) Marc Bloch, *Les rois thaumaturges*; Chaney, pp. 86 sq.를 참조하라.
21) 이는 또한 군주가 주교에 종속되어 있다는 것을 의미한다.
22) 울프스톤 대주교(1023년 사망)가 썼다고 말해지는 논고인 *Principes d'un régime politique chrétien*; Chaney, p. 257에서 인용하였다.

의 신성한 수호자일 뿐이다. 즉 이전의 왕들이 가졌던 인간과 신 사이의 중개자라는 역할은 이제 교회의 위계 제도에 의해 수행되었던 것이다.

이와 동일한 영향 및 공존의 과정은 기사도에 관련해서도 보인다. 타키투스는 고대 게르만족의 전사단 입단 의례에 관해 간략히 언급하고 있다. 그에 의하면 무장한 병사들이 지켜보는 가운데 대장 혹은 신참자의 부친이 입단하는 젊은이에게 창과 방패를 건네준다. 젊은이는 이전부터 대장(*princeps*)의 부대(*comites*)에 섞여 훈련을 받아왔지만, 이런 의식을 거쳐야만 비로소 전사로서 혹은 부족의 정식 일원으로서 인정받게 된다. 또한 타키투스에 의하면 전장에서 용맹성이 부족한 것은 대장에게 큰 치욕이며, 부대원의 경우 대장보다 용맹성이 떨어지면 부끄러운 일로 간주되었다. 프린켑스princeps가 전사했음에도 불구하고 살아남아 싸움터에서 후퇴하는 것은 지울 수 없는 치욕이 된다. 대장을 지키는 것은 전 부대원의 신성한 의무이다. "대장은 승리를 위해 싸우며, 부대원은 대장을 위해 싸운다." 그 대신 대장은 부대원을 부양하고 무구武具와 전리품 등을 지급한다.[23]

이런 제도는 게르만 부족들이 기독교로 개종한 후에도 존속되었다. 이는 봉건제[24]와 기사도의 근저에서 가장 잘 엿볼 수 있다. 791년에 샤를르마뉴의 장자 루이는 약관 13세의 나이로 부친으로부터 전사의 검을 수여받았다. 그로부터 47년 후에 루이는 15세의 아들에게 "남자의 무기인 검"을 수여한다. 이것이 기사도 특유의 입문 의례인 착

---

[23] *Germania*, 13~14. 고대 게르만족의 군대 입대식에 관해서는 본서 제2권 175절을 보라.
[24] 봉건제란 봉토(즉 영주가 군주의 이름을 대신하여 통치하는 토지로부터의 수입)와 신하(영민)의 교환으로 정의내릴 수 있다.

구식着具式의 기원이라고 말해진다.

　서구 군제사軍制史, 사회사, 종교사, 문화사에 있어 대단히 중요한 역할을 해온 이 제도의 발단을 규명하는 일은 쉽지 않다. 하지만 어쨌든 기사도의 "고전적인" 형태가 확립된 것은 갑옷으로 몸을 감싼 기사를 태울 수 있을 만큼 크고 강한 말(*cathafracti*)이 프랑스에 도입된 9세기 이후의 일이었다. 기사에게 가장 중요한 덕목은 처음부터 주군에 대한 절대적 충성이었음이 분명하지만,[25] 모든 기사는 가난한 사람들 및 특히 교회를 수호해야만 하는 자라고 여겨졌다. 전술한 착구식에도 (검을 제단 위에 올려놓는 등) 무구를 축복하는 의식이 포함되어 있었다. 그러나 앞으로 살펴보겠지만 교회의 영향이 커진 것은 전적으로 12세기 이후의 일이었다.

　전사가 되고자 하는 자는 기나긴 수련과 여러 가지 시련의 시기를 거친 후 공개적인 착구식에 임한다. 이때 주군은 예비 기사에게 의례적으로 검, 창, 박차, 갑옷, 방패 등의 무구를 수여한다. 그러면 예비 기사는 후견인 앞에 서서 손을 합장하거나 혹은 무릎을 꿇은 채로 머리를 수그린다. 끝으로 주군이 주먹이나 손바닥으로 예비 기사의 목을 세게 때린다. 이런 의식— "콜레colée"—의 기원과 의미에 관해서는 아직도 해석이 분분하다.

　기사도는 11세기부터 12세기 전반에 걸쳐 완성되었다가 13세기부터 쇠퇴하기 시작하고 15세기 이후에는 귀족의 예법과 칭호에 불과하게 되고 만다. 역설적으로 기사도가 수많은 문화적 창조의 주제가 된 것은 전적으로 쇠퇴기 혹은 소멸기에 접어들면서부터이다. 그러한 창조

---

[25] 롤랑이 영웅 중의 영웅으로 여겨졌던 것은 그가 자기 목숨을 바칠 정도로 철저하게 신하의 의무를 다했기 때문이다.

의 종교적 기원과 의미에 관해서는 다시 후술할 것이다.(본권 270절)

앞에서 타키투스가 간략하게 묘사한 제도에도 확실히 종교적 차원이 존재한다. 가령 젊은이가 전사로 승격하는 것은 일종의 전사단 입단 의례의 완수를 뜻하며, 대장에 대한 절대적 충성 또한 일종의 종교적 태도를 함축하고 있다. 기독교로의 개종은 조상 전래의 전통에 대한 갖가지 재해석과 새로운 가치 부여를 불러왔지만, 그럼에도 불구하고 이교적 유산을 완전히 지워버리는 데에는 결코 성공하지 못했다. 기독교화 이후 3세기 동안에는 기사 서품에서 교회가 담당한 역할이 비교적 미미했다. 그러나 12세기가 되면 서품 의식이 적어도 외견상으로는 교회 관리하에 행해지게 된다. 새롭게 기사로 임명받는 젊은이는 고해성사를 한 후 교회에서 기도하면서 하룻밤을 새우고 다음 날 아침 빵과 포도주의 성찬식을 거친 다음 무구를 수령한다. 그 사이사이에 젊은이는 기사도의 법도[26] 준수를 서약하고 기도문을 외우도록 되어 있다.

제1차 십자군 이후 순례자의 보호와 병자의 간호를 목적으로 하는 두 개의 군대식 기사 수도회가 성지 예루살렘에서 결성되었다. 성당기사단Templiers과 자선기사단Hospitaliers이 그것이다. 이후 일부 수도승들은 기사도를 본뜬 군사교육을 수도사 교육과정에 포함시키기도 했다. 이와 같은 군대식 수도회의 선구 형태로서 이슬람의 "성전聖戰

---

[26] 몇몇 자료에 의하면 기사도의 법도는 다음 네 가지 규칙을 포함하고 있었다. (1) 날마다 미사성례전에 참여할 것. (2) 신앙을 위해 목숨을 바칠 각오로 임할 것. (3) 교회를 수호할 것. (4) 과부와 고아와 가난한 자들을 도와줄 것. 다른 자료에는 기사는 "그를 필요로 하는 기혼, 미혼 여성들"을 돕고, "여성을 찬미하며 〔······〕 여성의 권리를 지킬 것"이 부가되어 있다.

(*jihād*)"(본권 265절), 미트라교의 비밀 의례Mystères de Mithra(본서 제2권 217절), 스스로를 밀리티아 사크라militia sacra[거룩한 군병]로 여겼던 기독교 고행자들의 어법과 비유적 언사 등을 들 수 있겠다. 이와 아울러 고대 게르만인들 사이에서 전쟁 자체가 함축하고 있었던 종교적 의미 또한 간과해서는 안 될 것이다.(본서 제2권 175절)[27]

268. 십자군: 종말론과 정략

기본과 윌리엄 로버트슨에서 흄과 볼테르에 이르는 계몽주의 시대의 역사가와 철학자들은 십자군을 종교적 열광과 광기의 힘겨운 폭발로 특징지었다. 이런 식의 평가는 오늘날 많은 학자들에 의해서도 보다 신중한 형태로 계승되고 있다. 어쨌든 십자군 원정이 중세사의 중심을 이루는 사건이라는 사실에는 변함이 없다. "십자군 이전에는 우리 문명의 중심이 비잔틴과 아라비아의 칼리프 제도하의 여러 국가들이었다. 최후의 십자군 원정이 끝났을 때 문명의 주도권은 서구인들의 손으로 넘어갔다. 근대사는 바로 이런 중심의 이동으로부터 태어난 것이다."[28] 하지만 이처럼 주도권이 서구로 넘어가면서 비잔틴과 동구인들은 대단히 비싼 대가를 톡톡히 치러야만 했다.

그런데 우리가 여기서 다루고자 하는 것은 십자군의 종교적 의미이다. 가령 십자군의 발생과 종말론적 구조에 관해 폴 알팡데리Paul

---

27) 종교적 기사제도는 이슬람 세계에서도 발전되어 있었음을 부연해둔다. Henry Corbin, *En Islam iranien*, II, pp. 168 sq.를 참조하라.
28) Steven Runciman, *A History of the Crusades*, I, p. IX.

Alphandéry와 알퐁스 뒤프롱Alphonse Dupront은 다음과 같이 멋지게 해명하고 있다. "성직자든 비성직자든 십자군의 의식의 한가운데에는 예루살렘을 해방한다고 하는 사명감이 깔려 있었다. 〔……〕 십자군에서 가장 강렬하게 표현된 것은 시간[歷史]의 완성과 인간의 공간[地上]의 완성이라는 이중적 완성에 대한 관념이었다. 즉 시대의 완성을 나타내는 공간적인 징표로서의 거룩한 도성이자 세계의 어머니인 예루살렘을 중심으로 하여 모든 국민들을 재통합한다는 관념이 그것이다."29)

십자군의 종말론적 성격은 황제 및 제후의 십자군이 와해와 패주를 반복함에 따라 서서히 강렬해졌다. 제1차 십자군은 비잔틴제국의 황제 알렉시우스와 로마 교황 우르바누스 1세의 요청으로 결성되어 1095년에 은자 피에르가 총궐기를 호소함으로써 이루어졌으며 가장 눈부신 성공을 거두었다. 대장들 간의 질시라든가 모략 등이 있기는 했지만, 수많은 우발적 사건들(가령 라인 강변과 다뉴브 강변에서의 유대인 대학살, 콘스탄티노플에서 프랑크 왕국 군대와 합류한 것 등)을 거쳐 십자군은 소아시아를 가로질러 안티오크와 트리폴리 및 에데사를 손에 넣고 마침내 예루살렘을 점령했다. 그러나 한 세대도 지나지 않아 점령지를 다시금 빼앗기고, 1145년에 성 베르나르두스가 베즐레에서 제2차 십자군의 결성을 주창하게 된다. 이리하여 프랑스와 독일 국왕이 인솔하는 제2차 십자군의 대부대가 콘스탄티노플에 이르렀다. 하지만 얼마 지나지 않아 이 대군도 이코니움과 다마스쿠스에서 괴멸당하고 만다.

1188년에 〔신성로마제국의〕 황제 프리드리히 바르바로사에 의해 마인스에서 소집된 제3차 십자군은 황제의 군대인 동시에 메시아의 군대였다. 프랑스의 필립 오귀스트와 영국의 사자왕 리처드가 이에 호

---

29) A. Dupront, "Croisades et eschatologie", p. 177.

응했지만, 이들에게는 "바르바로사의 정열과 박력"이 결여되어 있었다.[30] 어쨌든 이 제3차 십자군 부대는 아크르를 점령한 후 예루살렘 목전까지 진격했다. 이때 예루살렘은 이집트와 시리아를 통치하는 전설적 술탄 살라딘이 지키고 있었다. 결국 이번에도 십자군은 붕괴되고 만다. 황제 바르바로사는 아르메니아의 한 강물에 빠져 죽었고 필립 오귀스트는 동맹군이었던 영국의 허를 찌르기 위해 자국으로 돌아가버렸다. 이때 예루살렘을 목전에 두고 혼자 남은 사자왕 리처드는 영국군 부대가 예루살렘 성묘[예수의 무덤]에서 예배를 드려도 좋다는 허가를 살라딘으로부터 받아냈다.

당시 사람들 중 일부는 왕들이 예루살렘을 해방시키지 못한 이유가 통치자와 부호들의 무능 때문이라고 설명했다. 죄를 참회하지 않은 왕과 부호들은 신국神國에 들어갈 수 없듯이 지상의 성지에도 들어갈 수 없다는 것이다. 성지는 가난한 자들과 십자군 가운데 선택된 자들의 것이다. "구세주 신화에 의해 뒷받침되었음에도 불구하고 제왕들의 시도가 실패했다는 사실은 성지 해방이라고 하는 사업이 지상의 권력에 좌우되는 것이 아님을 분명하게 보여주었다."[31] 이노켄티우스 3세는 제4차 십자군(1202~1204)을 제창하면서 빈자의 사도라 불리운 풀크 드 뇌이유에게 직접 편지를 썼다. 폴 알팡데리가 지적하듯이, 풀크는 "십자군의 역사를 통해 가장 주목할 만한 인물 중의 하나"였다. 그는 부호와 왕들을 격렬하게 비난하면서 십자군 성공에 불가결한 조

---

30) Paul Alphandéry et A. Dupront, *La chrétienté et l'idée de Croisade*, II, p. 19. "필립왕은 원정의 성공 여부에 대해서는 관심이 없었다. 그의 마음속에는 오직 뒤에 남겨두고 떠나는 그의 왕국에 대한 걱정뿐이었다."(*ibid.*)
31) *Ibid.*, p. 40.

건으로서 참회와 도덕성의 회복을 설파했다. 그러나 그는 1202년에 세상을 떠났다. 그리고 당시에 이미 십자군 부대는 제4차 십자군을 파견하여 유럽의 역사를 통틀어 가장 뼈아픈 사건 중의 하나가 된 저 악명 높은 사건에 발을 들여놓았다. 즉 물욕에 눈이 멀고 온갖 음모에 의해 사분오열된 이 제4차 십자군 부대는 성지로 향하는 대신 콘스탄티노플을 점령하여 주민들의 일부를 학살하고 도시의 재산을 약탈했던 것이다. 그 결과 플랑드르의 왕 보두앙이 비잔틴제국 자리에 세워진 라틴제국의 황제로 즉위하고, 토마스 모로시니가 콘스탄티노플 대주교로 취임하게 되었다.

이후 수차에 걸친 십자군의 고만고만한 승리와 숱한 패배에 관해서는 더 이상 논할 필요가 없을 것이다. 다만 한 가지만 더 부연하고 넘어가자. 교황에 의한 파문에도 불구하고 바르바로사의 손자인 황제 프리드리히 2세는 1225년에 성지에 도착하여 술탄으로부터 예루살렘의 지배권을 탈취했다. 그는 예루살렘에서 왕에 즉위하여 15년간 그곳에 머물렀다. 그러나 1244년에 예루살렘은 맘루크 왕조에 의해 함락되어 그후 두 번 다시 십자군에게 정복되지 않았다. 13세기 말까지 몇 차례인가 돌발적인 십자군 원정이 시도되기는 했지만 아무런 성과도 얻지 못했다.

확실히 십자군 원정으로 인해 서유럽이 동방을 향해 문을 열게 되고 이슬람과의 접촉도 가능해진 것은 사실이다. 하지만 문화 교류라면 굳이 그런 참혹한 원정이 아니더라도 얼마든지 가능하다. 십자군은 교황의 권위를 높이고 서구에서의 전제군주제의 발전에 기여했다. 그러나 이와 동시에 십자군은 투르크인이 발칸반도에 깊숙이 침입하게 만들었고 비잔틴제국의 세력을 약화시켰다. 또한 동방교회와의 관계를 지극히 악화시켰다. 나아가 십자군 병사들의 잔학 행위가 **모든**

기독교도들에 대한 무슬림의 반발을 불러일으켜 이슬람 지배하에서 600여 년에 걸쳐 존속해온 수많은 기독교 교회들이 파괴되고 말았다.

하지만 십자군이 일면 정치적이고 정략적인 것으로 변질되었음에도 불구하고 이 집단적 운동은 최후까지 종말론적 구조를 유지했다. 특히 1212년에 북부 프랑스와 독일에서 돌발적으로 일어난 소년 십자군은 이 점을 잘 보여준다. 이 소년 십자군 운동이 자연 발생적인 것이었음은 의문의 여지가 없다. "국내든 국외든 이 운동을 사주한 자는 아무도 없다"고 한 당대인이 증언하고 있다.[32] "너무도 어린 나이와 빈곤함을 특징으로 하며—이 두 가지 특징 모두 정상이 아님을 보여준다—, 특히 어린 목동들"[33]로 이루어진 소년 십자군이 행진을 시작하였고 가난한 사람들이 그 뒤를 따랐다. 어디에 가느냐고 물으면 그들은 "신에게로"라고 대답했다. 당시의 연대기 기록자에 의하면 "그들의 목적은 바다를 건너 권력자와 왕들이 하지 못했던 일인 그리스도의 묘소를 되찾는 데"[34]에 있었다. 성직자들은 이런 소년 십자군에 반대했다. 프랑스의 소년 십자군은 비참한 최후를 맞는다. 마르세유에 도착한 소년 십자군은 일곱 척의 큰 배에 나누어 타고 출항했는데, 그 선단 중에 두 척은 곧 폭풍우를 만나 사르디니아 해에서 난파되었고, 배에 탔던 사람들은 모두 바다에 빠져 죽었다. 남은 다섯 척에 분승했던 아이들은 사기꾼이었던 두 명의 선주에 의해 알렉산드리아로 끌려가 사라센인 선장들과 노예 상인들에게 팔리고 말았다.

"독일판" 소년 십자군의 사정도 오십보백보였다. 당시의 연대기에

---

32) *Ibid.*, p. 118.
33) *Ibid.*, p. 119.
34) P. Alphandéry et A. Dupront, *op. cit.*, p. 120에 인용된 Reinier.

의하면 1212년에 "니콜라스라는 이름의 소년이 나타났다. 그의 주위에는 수많은 아이들과 여자들이 따라다녔다. 그는 천사의 명령에 따라 그들과 함께 예루살렘으로 가서 주님의 십자가를 해방시키지 않으면 안 된다고 말했다. 그리고 옛날 이스라엘 백성들이 그랬듯이 그들이 발을 물에 적시지 않고 건널 수 있도록 바다가 갈라져 길을 열어준다는 것이다."[35] 이들은 아무런 무장도 하지 않았다. 콜로뉴 지방에서 출발한 그들은 라인 강을 거슬러 올라가 알프스를 건너 이탈리아 북부에 도착했다. 거기서 이들의 일부는 제노바와 피사까지 갔지만 쫓겨나고 말았다. 로마까지 간 아이들 또한 교회의 권위가 자신들을 일체 지지하지 않는다는 사실을 알게 되었다. 즉 교황은 이들의 계획을 승인하지 않았으며, 따라서 소년 십자군은 발걸음을 돌릴 수밖에 없었다. 이와 관련하여 『카르바켄시스 연대기Annales Carbacenses』의 필자는 이렇게 적고 있다. "그들은 굶주림에 시달린 채 맨발로 돌아왔다. 하나씩 둘씩, 침묵 속에서." 아무도 그들을 도와주지 않았다. 또 다른 보고서는 이렇게 적고 있다. "그들의 대부분은 마을 광장에 널브러진 채 굶어 죽었다. 매장해주는 자도 없었다."[36]

알팡데리와 뒤프롱은 이 운동에서 "선택받은 아이들"이라는 민중신앙을 읽어냈는데, 이는 정곡을 찌르는 해석이다. 이는 순진무구한 자의 신화 혹은 아이들에 대한 그리스도의 찬미에 부응하는 운동인 동시에, 왕후 귀족들의 십자군에 대한 민중의 반발이기도 했다. 이 반발은 초기 십자군의 경우 "타푸르Tafurs" 설화로 형상화되었다.[37]

---

35) Alphandéry et Dupront, p. 123에 인용된 텍스트 *Annales Schefteariensis*.
36) Alphandéry et Dupront, p. 127에 인용된 텍스트들.
37) "타푸르(=방랑자)"는 식칼과 곤봉과 도끼 등을 무기로 삼아 십자군 부대를 따라

"성지 회복은 기적이 일어나지 않는 한 더 이상 기대하기 어려웠다. 그리고 기적은 가장 순수한 자들, 곧 어린아이들과 가난한 자들을 위한 은총이 아니고는 일어날 수 없다."[38]

그러나 십자군이 실패했다고 해서 종말에 대한 기대가 완전히 사라진 것은 아니었다. 예컨대 『스페인 전제군주제론De Monarchia Hispanica』 (1600년)에서 토마소 캄파넬라는 투르크제국과 싸우기 위한 새로운 십자군을 재정 지원하도록 스페인 왕에게 요청하면서, 전쟁에서 승리를 거둔 후에는 세계적인 전제군주국가를 구축할 것을 진언하고 있다. 이로부터 38년이 지난 뒤, 장래 루이 14세의 탄생을 기원하면서 루이 13세와 그의 왕비 안느에게 바친 『목가Ecloga』에서 캄파넬라는 **성지 회복**recuperatio Terrae Sanctae과 **세계의 갱신**renovatio saeculi을 동시에 예언하고 있다. 즉 앞으로 태어날 젊은 왕 루이 14세가 1000일 내에 전 세계를 정복하고 괴물, 즉 불신자들의 왕국을 쓰러뜨린 다음 그리스 땅을 해방시킬 것이다. 또한 무함마드가 유럽 바깥으로 추방되고 이집트와 에티오피아는 기독교로 복귀한다는 것이다. 뿐만 아니라 타타르인과 페르시아인 및 중국인 등이 사는 동양 전체가 기독교로 개종할 것이라고도 했다. 모든 민족이 단 하나의 기독교를 형성함으로써 세계가 재생될 것이고 단 하나의 중심, 즉 예루살렘을 갖게 될 것이다. 캄파넬라는 이렇게 적고 있다. "교회는 예루살렘에서 시작되었다. 그리고 교회는 전 세계를 한 바퀴 돈 다음 다시 예루살렘으로 돌아올 것이다."[39]

종군했던 가난한 자들의 무리를 지칭한다. Norman Cohn, *The Pursuit of the Millenium*, pp. 67 sq.를 참조하라.
38) P. Alphandéry et A. Dupront, *op. cit.*, p. 145.
39) A. Dupront, "Croisades et eschatologie", p. 187에 인용된 『목가』 제207행에 대한 캄파넬라의 주석.

더 나아가 『첫 번째 부활과 두 번째 부활La prima e la seconda resurrezione』
이라는 제목의 논고에서 토마소 캄파넬라는 성 베르나두스와 달리 예
루살렘의 정복을 더 이상 하늘의 예루살렘에 이르기 위한 중간 단계
로 여기지 않고 메시아의 통치가 시작되는 것으로 보았다.[40]

269. 로마네스크 예술과 궁정풍 연애의 종교적 의미

십자군 시대는 가장 위대한 영적 창조의 시대이기도 했다. 그리고 로마네스크 예술이 절정에 달하고 고딕 예술이 새롭게 흥기하기 시작한 시대였으며, 연애시와 종교시뿐만 아니라 아더 왕 전설 및 트리스탄과 이졸데에 관한 이야기(로망)가 탄생한 시대였다. 나아가 이 시대는 스콜라철학과 신비주의가 활짝 꽃피고 가장 명성 높은 몇몇 대학과 은둔 수도회 및 방랑 설교단 등의 토대가 구축된 시대였다. 또한 금욕주의와 종말론을 내건 각종 운동들이 다투어 전개된 시대이기도 하다. 물론 그런 운동들의 태반은 정통 교의의 주변부에서 일어난 것들로서 실제로는 이단으로 간주되었다.

이와 같은 창안물들은 하나하나가 꼼꼼히 검토해볼 만한 가치를 가지고 있지만, 여기서 그 모든 것들을 다 논할 수는 없다. 그래서 다만 다음 사실에 주의를 환기하는 데에 그치고자 한다. 즉 성 베르나르두스(1090~1153)에서 마이스터 에크하르트(1260~1327)에 이르는 최고 수준의 신학자와 신비주의자들, 그리고 캔터베리의 안셀무스(1033~1109)에서 성 토마스 아퀴나스(1223년경~1274년)에 이르는 가

---

[40] Romano Amerio의 교정판(Rome, 1955), p. 72; Dupront, *op. cit.*, p. 189.

장 유력한 철학자들이 탁월한 저작을 내놓은 것은 바로 숱한 위기로 점철되었고 서구 영성의 모습을 근본적으로 바꾸어놓은 온갖 변혁으로 가득 찬 이 시대였다. 이 밖에 1084년에 카르투지오회가, 1098년에는 디종 근교의 시토에서 시토회가 설립되었으며, 계속해서 1120년에 프레몽트레에서 대성당 참사회원들에 의해 프레몽트레 수도회가 창설되었다는 점에도 주목할 만하다. 이 수도회들은 성 도미니크(1170~1224)와 아시시의 성 프란체스코(1182~1221)가 설립한 두 개의 수도회와 함께 향후 4세기 동안의 종교적 및 지적 생활에 결정적인 역할을 하게 된다.

여기서 1000년을 기점으로 한 위기 상황 이후의 서구 중세사회에 널리 퍼져 있었던 상징적 우주의 제 구조에 관해 간단히 언급하고 넘어가기로 하자. 먼저 11세기 초엽부터 새로운 형태의 사회적 틀이 정착되기 시작했다는 점을 말하지 않을 수 없다. 이와 관련하여 1027년경 라온의 주교 아달베르투스는 왕에게 보낸 서간에서 이렇게 적고 있다. "신자들의 사회는 단 하나의 몸체를 구성하지만, 국가에는 세 개의 몸체가 있습니다 [……]. 따라서 사람들은 하느님의 집이 단 하나라고 믿고 있지만 실은 세 개로 나누어져 있습니다. 기도와 전투 그리고 노동이 그것입니다. 이 세 부분은 함께 공존하고 있으며 상호 분리되어 있지 않습니다 [……]. 그러므로 이 삼자의 모임은 역시 하나의 몸체를 구성합니다. 그럼으로써 비로소 법이 모든 이들 위에 군림하고 세계가 평화를 누릴 수 있는 것입니다."[41]

---

[41] Duby, *L'An Mil*, pp. 71~75에 있는 문헌을 보라. 11세기에 이런 제도는 "사회 시스템의 재편성을 표현한 것이었다. 즉 수도원의 모델과 신의 뜻에 의해 지배된 성직자 계급, 군사를 관장하는 귀족계급, 노동에 의해 이데올로기상으로는

이와 같은 사회적 틀은 조르주 뒤메질Georges Dumézil의 탁월한 연구, 즉 인도-유럽 민족의 사회에 특유한 삼분법(본서 제1권 63절 참조)을 연상시킨다. 어쨌든 거기서 무엇보다 우리의 관심을 끄는 것은 이런 사회계층 구분을 표현하는 종교적인, 보다 정확히 말하자면 기독교적인 상징체계이다. 세속적 현실도 실은 성스러운 것에 참여하고 있다는 것이다. 그런데 이런 사고방식은 모든 전통 사회의 특징이라고 할 수 있다. 잘 알려진 사례 하나를 들어보자. 예컨대 종교 건축은 처음부터 이런 사고방식에 의해 지배되었다. 기독교의 바실리카 양식 성당 구조에서도 이 점을 확인할 수 있다.(비잔틴 교회의 상징체계에 관해서는 본권 p. 94~95 참조) 로마네스크 예술 또한 이런 상징체계를 이어받아 발전시켜나갔다. 대성당은 세계의 형상 그 자체이다. 우주론적 상징체계는 세계를 구조화하고 동시에 그것을 신성하게 만든다. "우주 전체는 성스러운 것과 관련되어 있다고 하는 관점에서 바라볼 수 있다. 꽃이든 동물이든 인간이든 모두가 성스러운 것과 관계가 있다."[42]

실제로 대성당이라는 하나의 우주 안에는 모든 종류의 존재, 인간 생활과 노동의 모든 형태, 또한 성서에 나오는 온갖 인물들과 사건들, 그리고 천사들, 괴물들, 악마들이 동시에 함께 들어가 있다. 대성당의 장식은 성서적, 신화적 주제(악마, 용, 불사조 피닉스, 켄타우로스 등) 및 교도적 주제(매달 행해지는 노동에 관한 월별 도해 등)와

지위가 상승된 개간 농민 중의 경제적 엘리트 계급이라는 세 가지 계급 시스템이 그것이다." Jacques Le Goff, *Histoire des religions*, II, p. 817. 또한 같은 저자의 *Pour un autre Moyen Age*, pp. 80~90 및 G. Duby, *Les trois ordres ou l'imaginaire du féodalisme*, pp. 62 sq.를 보라.

[42] M. M. Davy, *Initiation à la symbolique romane*, p. 19.

함께 우주적 상징(태양, 황도대, 말, 생명수 등)이 집적되어 있는 보고寶庫이기도 하다.[43] 거기에는 두 개의 상반된 우주가 함께 공존하고 있다. 하나는 추악한 존재, 곧 기형적 괴물이나 악마들의 우주이다.[44] 또 하나는 영광의 주이신 그리스도와 교회(이는 여성의 모습으로 형상화되어 있다) 및 12세기에 민중 신앙 속에서 큰 위치를 차지했던 성 모마리아 등의 우주이다. 이러한 대조는 지극히 현실적이고, 그 목적은 매우 뚜렷하다. 그러나 로마네스크 예술의 천재성은 성스러운 세계와 속된 세계, 그리고 상상력의 세계의 모든 존재들을 하나의 전체 속에서 재결합시키려는 의지와 섬세한 상상력 속에서 찾아볼 수 있다.

우리의 목적에서 볼 때 흥미로운 점은 민중의 종교 교육에서 이런 도상들이 차지했던 중요성이 아니라, 인간의 상상력을 일깨우고 상징적 사유로 더 나아가게 한 그 도상들의 역할이다. 이런 유의 우화적 도상을 바라보는 가운데 기독교도는 갖가지 종교적 혹은 준準종교적 상징의 우주에 친숙해지게 된다. 그러는 사이 그는 점차 가치와 의미의 세계로 들어간다. 또 어떤 이에게 있어서는 그런 의미의 세계가 일상적인 경험세계보다 더욱 "현실적"이고 소중한 것이 되기도 한다.

이와 같은 의례적 도상들, 몸짓들과 행위들, 서사시와 서정시, 음악 등이 가지는 가치는 그것들이 인간을 무언가 다른 세계로 데려가서 그곳에서가 아니라면 알 수 없는 일종의 영적 체험과 깨달음을 얻게 해준다는 점에 있다. 전통 사회에서는 종교 혹은 준종교, 문학과 예술

---

43) *Ibid.*, pp. 209 sq.를 참조하라.
44) 성 베르나르두스는 이를 불쾌하게 여겼다. "우리 수도원 안에 있는 이 기묘한 괴물들, 이 그로테스크한 미학, 혹은 아름다운 공포라고 말해야 좋을 이런 것들에는 도대체 무슨 의미가 있는 걸까?" Davy, p. 210에 인용된 *Apologia*, XII, 29.

작품이 이러한 가치를 강화했다.[45] 여기서 트루바두르troubadours [11~13세기에 남부 프랑스 및 북부 이탈리아 등지에서 활약하던 음유시인들]의 작품과 그 궁정풍 연애에 관한 담론을 상술할 필요는 없을 것이다. 그러나 그 안에 내포된 근본적인 혁신, 특히 귀부인과 혼외의 연애에 대한 상찬이 단순히 문화사적인 관심사로만 끝나지는 않는다는 점에 주목하고자 한다. 이때 중세 귀족제도에 있어 여성의 낮은 지위와 혼사를 결정짓는 것이 전적으로 경제적, 정치적 이해관계였다는 점, 아내에 대한 남편의 조야하고 냉담한 태도 등도 간과해서는 안 될 요소이다. 12세기에 발견되고 찬미된 "참된 사랑"은 보다 복잡한 고급문화 및 나아가 일종의 신비주의와 금욕주의를 내포하고 있었는데, 그것은 세련되고 교양 있는 여성을 통해서만 배울 수 있었다.

그런 교양 있는 여성들이 특히 많이 모인 곳은 푸와티에의 고명한 귀부인 알리에노르(또는 엘리노르) 다키텐의 성채였다. 그녀는 이름이 알려진 최초의 트루바두르라고 말해지는 기욤 드 푸와티에(1071~1127년)의 손녀딸로서 프랑스 왕과 영국 왕의 왕비가 된 인물이다. 수백 명의 왕후, 귀족, 기사, 후작 부인, 백작 부인들이 알리에노르의 딸 마리 드 샹파뉴가 이끄는 특권적인 문화적 환경 속에서 교양을 닦았다. 거기서는 일종의 연애 법정이 열리기도 했는데, 우리는 이 유례없는 재판소의 법규와 몇몇 판례들을 알고 있다.[46] 그녀들은 자신들이 남성을 교도할 수 있다고 여겼다. "자신의 힘을 새롭고 섬세하며 우아한 방식

---

45) 심층심리학이 보여주듯이, 비록 빈약해지고 가치가 떨어지기는 했지만, 이와 동일한 상황이 현대의 탈성화된 사회에서도 확인된다.
46) André Le Chapelain, *De arte amandi*를 참조하라. 이 소논고는 J. Lafitte-Houssat, *Troubadours et Cours d'Amour*, pp. 43~65에 번역, 해설되어 있다.

으로 사용하기만 하면 된다. 그러면 남자들은 포로가 될 것이며 인도하는 대로 끌려올 것이다. 알리에노르는 베아트리체에 이르는 길을 보여준다."[47]

시들의 주제는 항상 연애였다. 그러나 그 표현에는 일종의 공통된 정식이 있었는데 그것은 자극적이고 수수께끼 같은 것이었다. 귀부인(프로방스어로 돔나dompna)은 기혼이며 자신의 아름다움을 잘 알고 있고 항상 자신에 대한 세간의 평(*pretz*)에 신경을 쓴다. 때문에 그녀에게는 비밀이 결정적인 역할을 한다. 귀부인의 연인은 여러 사회적 및 정념적 금기들로 인해 그녀로부터 격리되어 있다. 시인은 그가 동경하는 귀부인의 아름다움을 끝없이 찬미하는 한편, 자신의 고독으로 인해 고통받으면서도 희망을 노래하지 않으면 안 된다. 가령 먼 발치에서나마 그녀를 한 번 보고 싶다든가, 그녀의 옷을 만지고 싶다든가, 혹은 키스의 영광을 수여받고 싶다든가 하는 희망 말이다.

이처럼 긴 사랑의 입문 기간은 동시에 고행과 교육 그리고 여러 가지 영적 경험의 기간이기도 하다. 이상형의 여성을 찾아내어 그녀의 육체적 아름다움과 정신적 고귀함을 찬미함으로써, 사랑에 빠진 시인은 이미지와 상징으로 이루어진 별개의 비유적 세계로 들어가고 거기서 그의 세속적인 존재 양식이 서서히 변형되어간다. 이와 같은 변형은 사랑에 빠진 시인이 귀부인에게서 완전한 선물을 수여받은 경우에도 생긴다.[48] 왜냐하면 그렇게 해서 귀부인을 손에 넣는다는

---

47) Friedrich Heer, *The Medieval World*, p. 174.
48) Moshé Lazar, *Amour courtois et Fin'Amors dans la littérature du XII*[e] *siècle*의 자료 및 비판적 분석을 보라. 참고로 마리 드 샹파뉴는 혼인에 의한 결합과 연인들끼리의 결합의 차이를 분명하게 구별하고 있다. "연인들끼리는 모든 점에서 **보상을**

것은 고행과 도덕적 고양과 정열이라는 세 가지 원리에 입각한 정교한 예법에 의해 얻어낸 영광의 대관식이나 다름없기 때문이다.

이와 같은 사랑의 시나리오가 종교 의례적 성격을 가진다는 점에는 의문의 여지가 없다. 가령 그것을 탄트리즘의 성적 기법(본권 39장 참조)에 빗대어 생각해볼 수도 있다. 탄트리즘의 성적 기법을 문자 그대로 육체적으로 해석하거나 정묘한 생리학의 맥락에서 읽을 수도 있으며, 혹은 순수하게 영적, 정신적 차원에서 이해할 수도 있다. 나아가 비슈누교의 몇몇 종파에서 행해지는 헌신(*ibid.* 참조)과 비교할 수도 있겠다. 거기서는 신비스런 경험이 청년 크리슈나Krishna 신에 대한 기혼 여성 라다Radha의 사랑이라는 형태로 묘사된다. 이 사례가 의미하는 바는 특히 중요하다. 우선 거기서 우리는 "정열적 연애"의 신비스런 가치와 진정성을 확인할 수 있다. 뿐만 아니라 이 사례는 기독교 전통에서의 **신비적 합일**unio mystica(이는 흔히 혼인과 관련된 용어, 즉 인간의 영혼과 그리스도의 결혼이라는 용어로 말해진다)과 힌두교 전통에 고유한 **신비적 합일**의 구별을 용이하게 해준다. 다시 말해 힌두교에서는 신비체험에 의해 확립되는 **절대**[모든 것으로부터의 이탈]의 경지와 세속 사회 및 윤리적 덕목으로부터의 절연을 특히 강조한다. 때문에 힌두교는 존중해야만 하는 사회제도의 전형인 **결혼**의 이미지가 아니라 반대로 **간통**의 이미지를 사용하는 것이다.

바라지 않은 채 서로 자유롭게 결합한다. 한편 결혼한 부부는 상대방의 의지를 상호 수용하되 결코 서로를 거부하지 않을 것이 의무로 정해져 있다."

270. 비의 종교와 문학 작품들: 트루바두르, 페델리 다모레, 성배 이야기

궁정풍 연애에서는 2, 3세기의 그노시스주의 이후 처음으로 여성적인 것의 종교적 가치와 영적 권위가 존중되었다.[49] 많은 학자들에 의하면 프로방스의 트루바두르들은 스페인의 아라비아 시문학을 모델로 작품을 구상했다고 한다. 거기서는 확실히 여성 및 여성에 의해 눈떠진 영적 사랑이 찬미되고 있다.[50] 그러나 12세기에 재발견 내지 재활성화된 켈트적 요소와 그노시스주의적 요소 및 오리엔트적 요소 등도 고려할 필요가 있다. 또한 이 시대에 널리 유행했던 성모 숭배가 간접적으로나마 여성의 신성화에 기여했다는 점도 간과할 수 없다. 이런 경향은 한 세기가 지난 다음 단테(1265~1321)에 의해 보다 두드러지게 된다. 단테는 소녀 시절의 베아트리체를 짝사랑했는데, 훗날 재회했을 때 그녀는 피렌체의 어느 명사에게 시집간 뒤였다. 단테는 이런 베아트리체를 완전히 신격화해버렸다. 그래서 베아트리체는 천사와 성인들보다도 높은 자리에 있으며, 모든 죄를 사함받은 자로서 거

---

49) 많은 그노시스주의 문헌이 어머니신을 "신비한 침묵"이라든가 성령 혹은 지혜로서 찬미하고 있다. "나는 빛 안에 거하는 사유, 모든 것에 앞서 존재한 자이다. 나는 모든 피조물 안에서 활동하고 있다 [······]. 나는 눈에 보이지 않는 하나이자 전부이다······."(Elaine Pagels, *The Gnostic Gospels*, pp. 65 sq.에 인용된 텍스트) 그노시스주의의 시 「우뢰, 완전한 영혼Tonnerre, l'Esprit Parfait」에서 한 여성적 힘이 다음과 같이 노래하고 있다. "나는 처음이자 끝이며 [······] 나는 아내이자 처녀이다 [······]. 나는 어머니이자 딸이다."(*ibid.*, p. 66)

50) 특히 Menéndez Pidal, *Poesía árabe y poesía europea*; Garcia Gómez, "La lírica hispano-árabe y la aparición de la lírica romance" 및 Claudio Sánchez-Albornoz, "El Islam de España y el Occidente", pp. 178~179, n. 56에 인용된 작품들을 보라.

의 성모마리아에 비견될 만한 존재로 묘사된다. 이리하여 그녀는 단테를 비롯한 인류와 신 사이의 새로운 중개자가 된다. 베아트리체가 지상낙원에 막 그 모습을 드러내고자 할 때, 어떤 자가 "오시오, 신부여, 레바논에서Veni, sponsa, del Libano"라고 외친다.(Purgatorio, XXX, 11) 이는 『구약성서』「아가서」(4:8)의 유명한 구절로서 교회 기도에 종종 사용되는 말이기도 하다. 하지만 이 구절은 원래 성모마리아나 혹은 교회 자체에 대해 노래할 때만 쓰이던 말이다.[51] 이만큼 뚜렷한 여성의 신격화는 달리 유례를 찾기 힘들다. 베아트리체가 신학을 표상하고 따라서 구원의 비의를 상징하고 있음은 분명하다. 단테는 모든 인류의 구원을 위해 『신곡』을 썼다. 이론의 힘에 의존하는 것이 아니라 지옥과 천국의 비전으로 독자들을 외포畏怖의 감정에 젖게 하고 매혹시킴으로써 인류를 변화시키고자 했던 것이다. 단테는 예술, 특히 시가 사람들에게 형이상학과 신학을 전달하기 위한 수단일 뿐만 아니라 사람들을 눈뜨게 하고 **구원하기** 위한 탁월한 수단이라고 하는 전통적인 사고방식을 하나의 범례적인 형태로 실천하여 보여주었다.

연애와 여성이 구원론적 기능을 가진다고 하는 점을 분명하게 선언하는 또 하나의 운동이 있다. 그 운동은 본질적으로 "문학적인" 운동으로 보이지만, 일종의 감추어진 그노시스를 함축하고 있으며 아마도 입문 의례를 수반하는 조직까지 가지고 있었던 것으로 여겨진다. 이것은 페델리 다모레Fedeli d'Amore[사랑의 신자][52]라고 불리는데, 이 운동

---

[51] 다른 곳(Purgatorio, XXXIII, 10 sq.)에서는 베아트리체가 "조금 있으면 너희가 더 이상 나를 보지 못할 것이며 그러다가 조금 더 있으면 나를 보게 될 것이다"(「요한복음」 16:16)라는 예수의 말을 언급한다.

[52] Luigi Valli, *Il linguaggio segreto di Dante e dei Fedeli d'Amore*; R. Ricolfi, *Studi su i "Fedeli d'Amore"*, I을 참조하라.

의 구성원들은 12세기 이후 프로방스와 이탈리아뿐만 아니라 프랑스와 벨기에에도 있었음이 확인되고 있다. 페델리 다모레는 비밀스런 영적 군대 조직을 형성하고 있었으며, "유일한 여성"의 숭배와 "사랑"에의 비의적 입문을 목적으로 삼았다. 사랑의 신자 가운데 가장 고명한 프란체스코 다 바르베리노(1264~1348)에 의하면, 입문자 전원은 "비밀의 언어(*parlar cruz*)"를 사용했기 때문에 "일반 대중"은 이들의 교의를 알 수 없었다고 한다. 역시 사랑의 신자였던 자크 드 베지외는 그의 시 「저 사랑의 신자들 *C'est des fiez d'Amours*」에서 "사랑의 가르침을 드러내서는 안 되며 주의 깊게 감추도록"[53] 엄격하게 명하고 있다. 이와 같은 사랑에 의한 입문 의례가 영적인 차원의 것이었음은 자크 드 베지외 자신도 언명하고 있다. 그는 "사랑"이라는 말을 해석하면서 이렇게 노래하고 있다.

"〔*사랑Amore/Amour의〕 A는 부분적으로
없음sans을, 그리고 mor는 죽음mort을 의미한다.
그러므로 이 둘을 합친 말은 죽지 않는 것sans mort이다."[54]

여기서 "여성"은 초월적 지성과 지혜를 상징한다. 여성에 대한 사랑이야말로 교황의 영적 타락으로 인한 기독교 세계의 침체 상황으로부터 입문자들을 각성시켜준다. 실제로 페델리 다모레에 관한 문헌에는 "과부 아닌 과부"에 대한 언급이 나온다. 이는 귀부인의지성 Madonna Intelligenza을

---

53) 원문은 "D'Amur ne doivent révéler/ Les consiaus, mais très bien celer⋯."(Ricolfi, *op. cit.*, pp. 68~69에 인용된 *C'est des fiez d'Amours*, vv. 499~500.)
54) Ricolfi, p. 63에서 인용하였다.

가리키는 표현으로서, 그녀는 남편인 교황이 세속적인 것에 몰두하여 영적 생명을 잃고 죽어버렸기 때문에 "과부"가 되어버렸다는 것이다.

이런 페델리 다모레는 본래적 의미에서의 이단 운동은 아니었다. 하지만 이들은 기독교 세계를 이끄는 영적 수장으로서의 교황의 권위를 더 이상 인정하지 않는 집단이었다. 이들의 입문 의례에 관해서는 아무것도 알려진 바가 없지만, 어쨌든 그런 입문 의례가 존재했다는 점만은 분명하다. 페델리 다모레가 일종의 군대 조직으로서 비밀 집회를 열었다는 사실을 확인할 수 있기 때문이다.

이 밖에도 12세기 이후 여러 가지 비밀 및 그 비밀을 준수하는 기법이 각 분야에서 행해졌다. "종교 소집단들뿐만 아니라 연인들도 독자적인 비밀 언어를 가지고 있었다. 이런 비밀 소집단의 구성원들은 여러 가지 징표와 상징 혹은 색채와 신호들을 자기네들끼리만 알 수 있도록 정했다."[55] 이와 같은 "비밀 언어"는 전설적인 수수께끼 같은 인물들과 불가사의한 기적담들의 만연과 마찬가지로 그 자체가 준종교적 현상이었다. 이는 가령 아더 왕을 둘러싸고 12세기에 생겨난 수많은 『원탁의 기사』 이야기 이본들에서도 확인할 수 있다. 직접적이든 간접적이든 알리에노르 다키텐과 마리 드 샹파뉴에 의해 배양된 새로운 세대는 더 이상 낡은 무훈시chansons de geste 같은 것을 좋아하지 않게 되었다. 샤를르마뉴가 차지했던 위치는 이제 전설적인 아더 왕에 의해 대체되었다. 브르타뉴 계통의 소재Matière de Bretagne가 시인들에게 그 대부분이 켈트에서 비롯된 풍부한 인물상과 전설군을 제공해주었지만,[56]

---

55) F. Heer, *The Medieval World*, p. 258.
56) 아더 왕, 어부왕Roi Pêcher, 페르치발, 랑슬로 등. 또한 "황무지Gaste Pays"의 주제라든가 별천지의 불가사의한 물건들 등.

제34장 샤를르마뉴에서 피오레의 요아킴까지의 서구 가톨릭 169

그러나 그것은 이질적인 요소들―기독교, 그노시스주의, 이슬람 등―
을 동화시킬 수 있었다.

마리 드 샹파뉴의 비호하에 있던 시인 크레티앙 드 트루아는 아더
왕 전설집에 대한 사회 전체의 열기를 불러일으켰다. 그의 생애에 관
해서는 거의 알려진 바가 없지만, 1170년경 집필을 시작했다는 것과
운문으로 된 다섯 편의 장편 로망을 썼다는 것은 확인되었다. 그중
특히 유명한 것은 『랑슬로Lancelot』와 『에렉Erec』 및 『페르치발Percival』
이다. 본서의 연구 관점에서 보자면 이런 『원탁의 기사』 이야기군은
일종의 새로운 신화를 수립했다고 말할 수 있다. 왜냐하면 이 이야기
들은 청중에게 스스로의 "성스러운 역사-이야기"를 보여주면서 기
사와 연인들이 따를 만한 범례적 모델을 제시해주었기 때문이다. 이
런 기사도 신화가 역사적 사실로서의 기사도 그 자체보다 더 많은 문
화적 영향을 남겼다는 점도 부연해두고자 한다.

무엇보다도 고대적 요소들, 즉 구체적으로 입문 의례적 모티프들의
수적인 방대함과 내용상의 중요성에 주목해보자. 이야기의 주제는
항상 불가사의한 어떤 것을 찾아 나서는 파란만장한 "탐색"에 있으
며, 그것은 무엇보다도 주인공의 타계 방문을 포함한다. 기사단의 입
단 규칙에는 어느 정도 **남성 결사**Männerbund 유형의 비밀 단체에의 입
문 의례적 시련이 반영되어 있다고 보여진다. 가령 페르치발은 기사
의 시체가 놓여 있는 성당 안에서 하룻밤을 꼬박 새우지 않으면 안
되었다. 그리고 천둥 벼락이 침과 동시에 검은 손이 하나 나타나 불
이 켜진 마지막 양초를 꺼버린다.[57] 이는 입문 의례적 밤샘의 전형적
인 유형이다. 주인공이 조우하는 시련은 이 외에도 수없이 많다. 예

---

57) Jean Marx, *La Légende arthurienne et le Graal*, pp. 281 sq.의 분석을 보라.

컨대 다리를 건너야 하는데 그 다리가 시퍼런 칼날들로 만들어져 있다든지, 아니면 다리가 아예 물속에 잠겨버린다든지, 혹은 사자나 온갖 괴물들이 지키고 있다든지 하는 식이다. 우여곡절 끝에 다리를 건너 성문에 들어서면 이번엔 자동인형이나 요정 혹은 악귀들이 앞을 가로막는다. 이런 시나리오는 모두가 타계 여행 또는 위험에 가득 찬 지옥으로의 하강을 연상시킨다. 사실 이런 유의 여행이 산 사람에 의해 기도될 때 그것은 항상 입문 의례적인 것이 된다. 즉 위험한 지옥으로의 하강을 감행함으로써 주인공은 불사의 획득이라든지 혹은 그것에 필적할 만한 장대한 목적을 추구한다. 아더 왕 전설의 등장인물들이 조우하는 무수한 고난 또한 이런 범주에 속한다. 탐색 끝에 주인공들은 왕의 난치병을 고치고 그럼으로써 "황야"를 소생시키는 데에 성공하고, 심지어 그들 자신이 왕위에 오르기도 한다.

여기서 우리는 몇 가지 기독교적인 요소를 읽어낼 수 있지만, 그것들이 항상 정통 교의의 문맥에 수렴되는 것은 아니다. 특히 눈길을 끄는 대목은 기사적 명예를 찬미하는 신화와 때로 극도의 여성 찬미이다.[58] 입문 의례의 모티프와 시나리오를 풍부하게 함축하고 있는 이런 문학들은 그것이 대중 사이에 널리 유행했다는 점만으로도 우리의 연구에 귀중한 의의를 지닌다. 상투적인 입문 의례적 시나리오가 질릴 정도로 계속 나오는 공상적 이야기에 사람들이 그토록 환호하며 귀를 기울였다는 사실은 그런 모험담이 중세인들의 심층적 욕구에 부응한 것이었음을 입증해준다.

---

58) 가령 크레티앙 드 트루아의 『랑슬로』를 들 수 있다. 또한 R. S. Loomis에 의하면 트리스탄과 이졸데의 아름답고 비극적인 이야기는 "크게 보자면 중세에서 가장 인기 있었던 세속적[*비종교적] 이야기"이다.(*The Development of Arthurian Romance*, p. 90)

그러나 이야기 작자들이 지녔던 의도 또한 고려하지 않으면 안 된다. 그들은 이런 작품들을 매개로 하여 페델리 다모레의 경우처럼 일종의 비의 종교적 전통을 전달하거나, 혹은 후에 단테가 전형적으로 그랬듯이 독자들의 "각성"을 목적으로 어떤 메시지를 전달하고자 했다. 가령 성배 전설의 시나리오와 상징체계도 그렇다. 이 주제는 브르타뉴에서 생겨난 아더 왕 전설의 최초 설화집에는 등장하지 않는다. 1180년경에 이르러서야 비로소 크레티앙 드 트루아의 작품에서 성배가 등장한다. 이와 관련하여 방드리에J. Vendryès는 다음과 같이 적고 있다. "켈트 문학은 대단히 풍부한 것이기는 했지만, 거기에는 우리 중세 문학이 이 [*성배 전설의] 주제로부터 끌어낸 저 다채로운 창작의 모델이 될 만한 이야기는 전혀 존재하지 않는다."[59]

그런데 성배 전설을 가장 짜임새 있는 줄거리를 가진 신화 혹은 가장 완성된 이야기로 제시하고 있는 것은 크레티앙 드 트루아가 아니라 독일인 기사 볼프람 폰 에셴바흐이다. 1200~1210년 사이에 저술된 『파르지팔Parzival』에서 볼프람은 자신이 프로방스인 키오트가 쓴 이야기에 따랐음을 밝히고 있다. 이 작품의 구성은 혼성적이다. 제3부의 12권과 13권의 일부는 크레티앙에 입각하고 있으면서도, 14권에서 볼프람은 저 고명한 크레티앙에게 반대하고 있다. 아마도 크레티앙이 성배 모티프를 다루는 방식에 만족할 수 없었기 때문일 것이다. 볼프람의 소설에서 동양적 요소가 양적으로든 질적으로든 매우 중요하게 다루어지고 있다는 점은 놀랄 만하다.[60] 파르지팔의 부친 카므렛은 바그다드의 칼리프 군대에 복무했으며, 숙부인 은둔자 트레브리첸트

---

59) J. Vendryès, "Le Graal dans le cycle breton", p. 74.
60) 게다가 전체 텍스트의 60%가 동양을 무대로 전개되고 있다.

는 젊은 시절 아시아와 아프리카를 여행했다. 또한 파르지팔의 조카는 인도를 통치하는 이름 높은 수수께끼의 사제왕 프레스터 요하네[중세에 아시아와 아프리카 등에 기독교 왕국을 건설했다고 전해지는 전설상의 사제왕]가 된다. 최초로 성배 이야기를 써서 키오트에게 전한 것은 이교도(무슬림-유대교도)의 현자 플레게타니스라고 말해진다.

볼프람 폰 에셴바흐가 시리아와 페르시아에서 인도와 중국에 이르는 동양의 실정에 관해 상당히 폭넓고 정확한 지식을 가지고 있었음이 오늘날 확인되었다. 아마도 십자군 병사들이라든가 혹은 동양에 갔다 온 이탈리아 상인들로부터 그런 지식을 얻은 것으로 보여진다.[61] 그러나 우리의 관심사는 볼프람이 소개하거나 간단히 언급하는 데에 그친 다양한 성배 관련 신화나 신앙 및 의례들에 있다.[62] 크레티앙과는 반대로 볼프람은 어부왕Roi Pêcher 암포르타스Amfortas의 위엄과 역할을 높이 평가한다. 암포르타스는 템플라이젠Templeisen이라는 기사 수도회의 원장인데, 이 템플라이젠의 단원들은 성당기사단과 마찬가지로 모두가 정결의 서원을 한다. 그들은 신에 의해 선택되었으며 고난에 가득 찬 사명을 지닌 자들이었다. 또한 거기서는 25명의 귀부인들이 성배를 섬기고 있다.

최근에 두 명의 미국 학자들이 성배graal(잔, 항아리, 그릇)라는 말의 어원이 그리스어 크라테르krater[그릇]에서 비롯된 것이라는 학설을 내

---

61) Hermann Goetz, "Der Orient der Kreuzzüge in Wolframs Parzival"을 보라. Goetz에 의하면 이 이야기는 미술사상 중요하고도 새로운 정보를 포함하고 있다. 가령 볼프람이 기술하듯이, 중국으로 통하는 비단길(마르코 폴로보다 1세기 앞선)이라든가 바그다드 후기 칼리프들의 궁전 혹은 카니시카 왕의 스투파 등이 그것이다.
62) 키오트, 플레게타니스, 트레브리젠트 등 3인의 수수께끼 같은 인명의 어원도 중요한 문제이다. 본권의 문헌 해제 270절을 보라.

놓았다.[63] 이 어원설의 강점은 성배가 가지는 속죄의 기능을 설명해 준다는 점에 있다. 확실히 『헤르메스 문헌 집성Corpus Hermeticum』의 제4논고에는 이렇게 적혀 있다. "신은 커다란 크라테르를 예지로 채워 지상에 내려 보내면서 전령을 파견하여 인간들에게 이하의 사항을 선포하도록 명했다. 앞에 놓여 있는 이 크라테르 안에 뛰어들 수 있는 자여, 크라테르를 내려주신 분에게 올라갈 수 있다고 믿는 자여, 무엇을 위해 태어났는지를 아는 자여. 이 선포를 듣고 예지의 세례를 받은 자들은 지식(그노시스)을 수여받아 온전한 인간이 되었노라. 이는 그들이 예지를 받았기 때문이다."[64] 이런 헤르메스주의의 영향이 『파르지팔』에 미쳤을 가능성이 높다. 왜냐하면 12세기는 대량의 아라비아어 문헌이 번역되면서 그 결과 헤르메스주의가 유럽에 알려지기 시작한 시대였기 때문이다.[65] 『헤르메스 문헌 집성』에 나타난 그노시스의 입문 의례적 기능에 관해서는 이미 검토한 바 있다.(본서 제2권 210절 참조) 이 문제에 관해서는 차후 다시 논할 기회가 있을 것이다.

한편 1939년에 간행된 저서에서 파르시교도 학자인 코야지 경Sir Jahangîr C. Coyajee은 성배와 이란 왕의 빛인 **화르나프**(본서 제1권 pp. 480~481 참조)와의 유사성 및 아더 왕 전설과 페르시아의 전설적 왕 카이 호스라브와의 유사성을 지적하고 있다.[66] 이와는 별도로 앙리 코르뱅

---

63) Henry et Renée Kahane, *The Krater and Grail: Hermetic Sources of the Parzival*, pp. 13 sq. 이 가설은 Henry Corbin, *En Islam iranien*, II, pp. 143~154에서 받아들여지고 있다.
64) *Corpus Hermeticum*, IV, 3~6, trad. Festugière, I, p. 50.
65) Kahane, *op. cit.*, pp. 130 sq.를 참조하라.
66) Coyajee, in: *Journal of the K. R. Cama Institute*, pp. 37~194를 참조하라. 이런 지적은 Jean Marx, *La légende arthurienne*, p. 224, n. 9에서 받아들여지고 있다.

Henry Corbin 또한 입문 의례를 통해 전수받는 지혜와 기사도 제도 및 여러 시나리오 등과 관련하여 이란과 서구의 두 전설군을 매우 꼼꼼하게 비교하고 있다. 그러면서도 양자의 역사적 접촉을 주장하는 코야지설에 관해서는 조심스러운 입장을 취하고 있다.[67] 양자 사이에 보이는 많은 유사성 가운데 여기서는 쌍방의 이른바 "영적 기사도 Chevaleries Spirituelles"의 구조 및 카이 호스라브 왕과 아더 왕이 모두 몸을 감추었다고 하는 점을 지적해두고자 한다.[68] 또한 볼프람 폰 에셴바흐 이후의 작품군에서는 파르지팔의 아들 로엔그린이 기사단 전원과 함께 인도에서 성배를 가지고 돌아오는 것으로 되어 있다는 점을 덧붙이고자 한다.

볼프람과 그 후계자들의 작품에 대한 일반적인 해석이 어떻든지 간에 성배의 상징체계 및 그 시나리오가 일종의 새로운 영적인 종합을 나타내고 있음은 분명하다. 다시 말해 거기서 우리는 다양한 문화 전통들의 영향을 확인할 수 있다. 또한 동양에 대한 뜨거운 관심의 배후에서 우리는 십자군이 불러일으킨 심각한 환멸감, 이슬람과의 화해를 촉구하는 종교적 관용에의 욕구, **참된 성당기사단**(볼프람이 말하는 **템플라이젠**)의 이상에 입각한 "영적 기사도"에의 동경 등을 엿볼 수 있다.[69] 이는 기독교의 상징들(성체, 성창聖槍)과 연금술에 기원을 둔 요소들이 통합된 하나의 문화적 종합이었다. 두 학자들(H. Kahane과 R.

---

67) H. Corbin, *En Islam iranien*, II, pp. 155~210.
68) *Ibid.*, pp. 177 sq.를 참조하라.
69) 성당기사단은 십자군 시대에 당시의 주요한 은행가가 되어 막대한 부를 축적했다. 나아가 막강한 정치적 권력도 수중에 넣었다. 그들의 재산을 빼앗고자 했던 필립 4세는 1310년에 치졸한 소송을 걸었다. 그들을 품행이 방정치 못한 이단으로 고소했던 것이다. 2년 뒤 교황 클레멘트 5세는 결국 성당기사단을 해산시켰다.

Kahane)이 주창한 어원 해석(*graal*=*krater*)이 과연 타당한 것인지의 여부와는 상관없이, 아라비아의 전통들을 매개로 하여 헤르메스주의의 재발견이 이루어졌다는 것은 의심할 여지가 없다. 게다가 알렉산드리아의 헤르메스주의는 그노시스에 의한 입문 의례, 즉 끝없이 먼 과거로부터 전해진 보편적 예지에 의한 입문 의례에 대한 희망을 지니고 있었다(이런 희망은 이탈리아 르네상스기에 그 최성기를 맞이하게 된다. 본권 310절 참조).

아더 왕과 관련된 문학 전반의 경우와 마찬가지로, 기사들이 체험하는 입문 의례적 시련이 실제로 얼마만큼 구체적인 의례와 대응되느냐 하는 문제는 단정하기 어렵다. 마찬가지로 성배가 "인도" 내지는 동양의 어디론가로 사라져버렸다는 사실을 몇몇 자료를 이용하여 증명하거나 혹은 부정하는 것은 소용없는 짓이다. 아더 왕이 숨어버렸다는 아발론 섬과 티베트 전통에 나오는 기적의 나라 샴발라와 마찬가지로, 성배가 사라졌다고 하는 동양 또한 신화적 지리에 속하는 땅이다. 중요한 것은 성배가 사람들의 시야에서 사라져버렸다고 하는 상징체계 그 자체이다. 이는 역사상의 특정 시점 이후 하나의 비의 전통에 근접 불가능하게 되었다는 사실을 표현하고 있는 것이나 다름없다.

성배 이야기에 내포된 영적 메시지는 오늘날에도 여전히 현대인의 상상력을 자극하며 반성을 이끌어낸다. 요컨대 성배 신화는 종종 유토피아 이야기와 구분하기 어렵게 되긴 했지만 그래도 엄연히 서구 종교사의 일부를 구성하고 있다.

271. 피오레의 요아킴: 새로운 역사신학

1135년경 칼라브리아에서 태어난 피오레의 요아킴(지오아키노 다 피오레)는 성지순례 후 신에게 생애를 바칠 결심을 하고 코라초의 베네딕트회 수도원에 들어갔으며 마침내 수도원장이 되었다. 오랫동안 그 수도원을 시토파에 귀속시키고자 애썼는데, 1188년 그 청원이 받아들여졌을 때 요아킴과 그를 따르는 무리들은 이미 코라초의 수도원을 떠나 있었다. 1192년에 그는 산 지오반니 디 피오레에서 새로운 수도원을 창설했다.

요아킴은 당시 최고 지위의 사람들과 교류를 가졌다. 세 명의 교황과 직접 대화한 적도 있고(그 세 명 모두 요아킴의 "예언"을 책으로 펴내도록 권했다) 사자왕 리처드와 만난 적도 있다(요아킴은 사자왕에게 여러 가지 예언, 특히 적그리스도의 탄생에 관해 말해주었다). 1202년 3월 30일에 세상을 떠날 때, 이 피오레의 수도원장은 기독교 세계에서 가장 유명하고 존경받는 인물 중의 하나가 되어 있었다. 그러나 그에게는 강력한 적대자들이 있었으며, 곧 살펴보겠지만 결국 그 적대자들은 요아킴의 명성을 실추시키는 데 성공한다. 요아킴의 저작은 방대하고 난해하며 새로운 성서 해석을 목적으로 한 일련의 성서 주석론을 포함하고 있다.[70] 그러나 요아킴의 예언을 둘러싸고 생겨난 여러 전설들로 인해 그의 이름을 빌린 많은 위작 문서들이 유

---

70) 가장 중요한 저작으로는 14세기 초 베네치아에서 간행된 다음 책들을 들 수 있다. 『신약성서와 구약성서의 일치Condordia novi ac veteris Testamenti』(일명 『일치의 서Liber Concordiae』)와 『묵시록 주해Expositio in Apocalypsim』, 『십현금Psalterium decem chordarum』이다.

포되기도 했다.

그러나 요아킴 자신은 예언자라는 칭호를 거부했다. 그는 다만 신이 역사와 성서 속에서 보여주는 징표들을 해독하는 은사恩賜가 자신에게 주어졌다는 점만을 인정할 따름이었다. 그는 신으로부터 받은 몇 번인가의 빛의 체험(한 번은 부활제 전야에[71] 또 한 번은 성령강림절에 있었다고 한다)을 자신의 역사 이해의 근거로 내세웠다. 요아킴에 의하면 2와 3이라는 두 개의 숫자가 역사 전체의 시대구분을 지배하며 특징짓는다.[72] 가령 『구약성서』의 두 가지 계약, 신에게 선택받은 두 백성(유대인과 그리스 로마 등의 이교도), 그리고 삼위일체에서의 세 신격 등이 그것이다. 제1의 시대(그는 여기서 시대라는 표현 대신 *status*, 즉 **상태**라는 용어를 쓰고 있다)는 구약시대로서 성부의 지배를 받으며, 율법의 절대적 권위가 불러일으키는 외경을 그 종교적 특징으로 한다. 제2의 시대는 성자의 통치하에 있으며, 신약의 시대이자 은총에 의해 성화된 교회의 시대이다. 이 시대의 종교에 특유한 징표는 신앙이다. 「마태복음」(1:1-17)에 나오는 아브라함에서 예수그리스도까지의 기간이 42세대이듯이, 이 시대는 한 세대를 약 30년으로 하여 42세대 동안 계속된다. 요아킴의 계산에 의하면 이 제2의 시대는 1260년에 끝나며 이어서 성령이 지배하는 제3의 시대가 시작된다. 바로 이 제3의 시대에 종교적 삶은 충만한 사랑과 환희와 영적 자유를 맞이하게 된다. 그러나 이 제3의 **상태**가 확립되기 전의 3년 반 동안 적그리스도가 지상에 군림하게 되며, 기독교도는 가장 가혹한 최후의

---

71) Bernard McGinn, *Visions of the End*, p. 130에 재수록된 텍스트.
72) Marjorie Reeves, *The Influence of Prophecy in the Later Middle Age: A Study of Joachimism*, pp. 7~11을 참조하라.

시련을 맞게 된다.73) 그리고 드높은 덕성을 지닌 거룩한 교황과 영적 병사들viri spirituales, 즉 설교 수도자들과 명상 수도자들로 이루어진 두 개의 수도사 부대가 이 공격에 맞서 저항한다. 제1의 시대는 결혼한 남성이 지배하며 제2의 시대는 교회 성직자들이 지배하고 제3의 시대는 영적 수도사들이 인도한다. 또한 제1의 시대에는 노동이 가장 중요시되고 제2의 시대에는 지식과 학문이 가장 중요시되며 제3의 상태에서는 명상 생활에 최대의 가치가 주어지게 된다.

역사 전체를 삼등분하는 이 도식과 삼위일체와의 관계는 실제로는 더 복잡하다. 요아킴은 이분법에 의한 역사 구분도 언급하고 있기 때문이다(가령 기독교의 역사에서 중요한 사건은 모두 『구약성서』에 미리 형상화되어 나와 있다고 여겨졌다). 어쨌든 그의 역사 해석은 매우 독창적인 것임에 틀림없다. 먼저 요아킴은 성 아우구스티누스의 설에 대항하여, 많은 시련을 겪은 뒤에 역사 그 자체가 지복과 영적 자유의 시대를 맞이할 것이라고 생각했다. 따라서 기독교의 완성은 우리 시대의 전방, 즉 역사상의 미래에 있을 것이다(이는 물론 정통 신학이 결코 승인할 수 없는 사상이었다). 요아킴에게 문제가 된 것은 분명 역사였지 종말론이 아니었다. 이 점은 무엇보다도 다음과 같은 사실에서 뚜렷하게 확인할 수 있다. 즉 이 제3의 시대 또한 타락과 변질의 시기를 맞이하게 되고 비탄과 황폐함 속에서 막을 내리게 될 것이다. 왜냐하면 부패하지 않는 유일한 완성 상태는 최후의 심판 이후에야 비로소 계시될 그런 것이기 때문이다.

특히 이 제3의 시대는 구체적이고 역사적인 성격을 띠고 있었고, 따라서 그것이 교회 성직자들의 반발과 수도자들의 열광과 민중의

---

73) 이는 유대교와 기독교의 묵시 사상에 잘 알려져 있는 시나리오이다.

앙양을 동시에 불러일으킨 것도 무리가 아니었다. 요아킴의 사상은 11세기 이후에 시작된 교회 개혁의 큰 사조 속에 자리매김된다. 그가 대망했던 것은 참된 개혁—역사 속에 신성이 새롭게 파고 들어옴으로써 이루어질 세계의 개혁—이었고, 과거로의 회귀가 아니었다.[74] 그는 전통적인 교회 제도—교황 제도, 성사, 성직자 제도—를 부정한 것은 아니었지만, 그런 것에 대해 그다지 큰 비중을 두지는 않았다. 교황의 기능과 권한은 근본적으로 변질되었다.[75] 성령에 의해 지배될 미래의 교회에서는 더 이상 성사도 필요 없을 것이다.[76] 사제직은 소멸되지 않겠지만, 교회의 지도권은 수도사들, 즉 **영적 병사**들에게 귀속될 것이다. 하지만 이는 순수하게 영적인 지도권으로서 외적인 교회 제도에 대한 지배권을 뜻하지는 않는다.[77]

수도원장[요아킴]은 바로 이러한 제3의 시대에 그리스도의 사업이 성령의 인도를 받아 완성될 거라고 생각했다. 그러나 이런 생각은 구원의 역사에서 그리스도가 차지하는 중심적 역할을 간과하고 있는 것은 아닐까? 어쨌든 요아킴은 미래의 교회에 있어 영적인 것의 **제도들**에 대한 지배를 중시했는데, 이는 13세기에 승리를 거둔 세력들과는 분명하게 대립하는 것이다. 이 점에서 보건대 요아킴의 사상은 12세기

---

74) McGinn, *Visions of the End*, p. 129를 참조하라.
75) McGinn, "Apocalypticism in the Middle Ages", p. 282. 이는 Reeves, *The Influence of Prophecy*, pp. 395~397에 나오는 주장들을 정정한 것이다.
76) McGinn, "Apocalypticism in the Middle Ages", p. 282. 그리고 *ibid.*, n. 82에 인용된 참고 문헌을 참조하라.
77) 요아킴 사후 반세기가 지난 뒤에 프란체스코회 영성파가 "새로운 생활"을 실천할 자유를 교회로부터 인정받지 못한 데에 대해 놀라워했던 것은 요아킴의 이와 같은 사고가 배경에 있었기 때문이다. *Ibid.*, p. 282.

의 교회에 대한 근본적인 비판이기도 했다.[78] 피오레의 이 수도원장은 장래 두 개의 새로운 수도회가 출현할 것을 예고한 바 있는데, 그 중 아시시의 프란체스코가 창시한 수도회는 어쩌면 이 요아킴의 사상을 반영한 것일지도 모른다. 사실 프란체스코회 수도사들은 성 프란체스코가 청빈과 겸손 및 생명 있는 모든 것에 대한 사랑 등 그의 전 생애에 걸쳐 그리스도의 새로운 "재림"을 체현했다고 믿었다. 한편 1254년에 대단한 스캔들이 파리를 뒤흔들었다. 프란체스코회 수도사인 보르초 산 도미노의 게라르도가 『영원한 복음에의 서장Introduction à l'Évangile Éternel』이라는 제목으로 저 칼라브리아 출신의 수도원장 요아킴이 쓴 세 권의 텍스트를 해제하고 주석을 달아 간행한 것이다. 거기서 게라르도는 가톨릭교회의 권위가 이제는 그 끝에 이르렀으며, 머지않은 1280년에 새로운 영적 교회, 즉 성령의 교회가 출현할 거라고 선언했다. 파리대학의 신학자들은 이 생각지도 않은 기회를 포착하여 탁발수도회의 위험성과 이단성을 고발하고 나섰다. 사실 이전부터 교황들도 요아킴을 탐탁치 않게 여기고 있었다. 그래서 1215년에는 공식적으로 요아킴의 삼위일체론이 이단으로 선고되었다. 이 『영원한 복음에의 서장』이 불러일으킨 스캔들 이후 교황 알렉산드르 4세는 1263년에 요아킴의 중심적 사상들을 모두 이단으로 단죄했다.

그러나 요아킴을 열렬히 신봉하는 자들이 아직도 많이 있었다. 단테도 그중 한 사람이었는데, 그는 『신곡』에서 요아킴의 영혼이 천국에 있다고 묘사했다. 이리하여 요아킴 저작의 필사본들이 점점 더 늘어나서 거의 서구 전체에 유포되었다. 직접적이든 간접적이든 요아킴주의는 프라티첼리파Fraticelli, 베갈파Beghards 및 베긴파Béguines에게 영향

---

78) McGinn, *Visions of the End*, p. 129.

을 미쳤으며, 빌라노바의 아르놀트가 펴낸 저작 및 그 제자들 사이에서도 요아킴주의의 도식을 찾아볼 수 있다.[79] 보다 후대에 16세기 말엽부터 17세기 초에 걸쳐 초대 예수회 수도사들에 의해 제3의 상태라는 요아킴의 사상의 중요성이 재발견되기도 했다. 이들은 실제로 시대의 드라마 속에서 악의 힘(마르틴 루터와 동일시되었다!)에 대한 최종적인 싸움의 절박성을 실감했던 것이다.[80] 이처럼 예기치 않게 전개된 칼라브리아 출신 예언자의 사상은 가령 철학자 레싱에게서도 읽어낼 수 있다. 『인류의 교육Éducation de la race humaine』에서 레싱은 신의 계시가 계속적이고 현재진행적으로 주어지며 역사적으로 제3의 시대에 완성된다는 주장을 전개하고 있다.[81] 이와 같은 레싱의 사상은 큰 반향을 일으켰다. 그의 영향은 생시몽주의자들을 거쳐 오귀스트 콩트의 역사 3단계설에까지 미치고 있다. 각기 서로 다른 맥락이긴 하지만 피히테, 헤겔, 셸링도 역사 전체를 갱신하고 완성하는 제3의 시대가 임박했다고 하는 요아킴 사상의 영향을 받았다.

---

79) Reeves, *The Influence of Prophecy*, pp. 175~241을 참조하라.
80) *Ibid.*, pp. 274 sq.
81) 확실히 레싱은 이 제3의 시대를 교육의 힘에 의해 이성이 승리하는 시대로 해석했다. 그러나 그는 무엇보다도 이 제3의 시대야말로 기독교 계시의 완성이 이루어지는 시대라고 생각했다. 그리하여 그는 공감과 찬미의 소리를 높여 "13, 4세기의 일부 열광주의자들"에 대해 언급하고 있다. 그들의 유일한 결함은 "새롭고 영원한 복음"을 너무 일찍 설파한 데에 있다는 것이다. Karl Löwith, *Meaning in History*, p. 208을 참조하라.

이슬람 신학과 신비주의

272. 주류파 신학의 근본 원리

앞서 살펴보았듯이(본권 pp. 134~136), 이슬람 공동체(*Ummah*)의 통일은 순나, 즉 "전통적 관행"에 입각한 순니파와 최초의 "참된" 칼리프로 알리를 옹립하는 시아파의 분열에 의해 깨지고 말았다. 뿐만 아니라 "실로 단기간에 이슬람은 놀랄 만큼 많은 종파와 학파로 분열되었다. 그들은 종종 서로 싸웠다. 때로는 상호 이단이라고 선고했으며 각각 자기 파야말로 계시된 최고의 진리를 소유하고 있다고 주장했다. 이런 분파의 대부분은 역사의 흐름 속에서 소멸되었으며 앞으로도 그럴 것이다. 그러나 마찬가지로 많은 분파(그것도 종종 가장 전통 있는 분파)가 눈부신 활력을 자랑하면서 오늘날까지 존재하고 있고, 나아가 조상에게 이어받은 신앙과 사상적 유산을 끊임없이 새롭게 갱신함으로써 풍부하게 발전시키고 영속시키고자 노력하고 있다."[1)]

순니파는 지금까지 이슬람의 다수파였으며 오늘날에도 그렇다. 순니파의 특징으로서는 먼저 『코란』과 전승〔하디스〕에 대한 문자적 해석을 중시한다는 점, 그리고 샤리아shari'at라 불리는 성법이 중심적 역할을 한다는 점을 들 수 있다. 이때 샤리아가 이슬람에 있어 차지하는 영역은 서구 법체계에서 성문법이 차지하는 영역보다 훨씬 크다. 우선 샤리아는 신도들이 공동체와 국가에 대해 가지는 관계뿐만 아니라 신도와 신의 관계 및 자기 양심과의 관계까지 규정하고 있다. 또한 샤리아는 무함마드에게 계시된 신의 뜻을 표현하고 있는 것으로 간주된다. 실제로 순니파에서는 샤리아와 신학이 밀접하게 연관되어 있다. 양자가 근거로 삼는 법적 원천으로는 『코란』의 해석, 순나, 즉 예언자 무함마드의 언행에 입각한 전승, 이즈마ijmâ, 즉 무함마드의 교우 및 계승자들의 일치하는 증언, 이즈티하드ijtihâd, 즉 『코란』과 순나가 언급하지 않은 문제에 관한 개인적 추론 등의 네 가지를 들 수 있다. 이때 일부 학자들은 이런 법적 원천의 하나로서 추론적 논증(ciyâs)을 거론하면서 이즈티하드는 이 키야스ciyâs를 실행하는 방법이라고 보기도 한다.

본서의 목적상 순니파에서 정통으로 인정하는 네 가지 법학파에 관해 상술할 필요까지는 없을 듯싶다.[2] 이 네 학파는 모두 **칼람**kalâm이라 불리는 합리적 법 해석을 차용하고 있다. 여기서 **칼람**이라는 용어는 아라비아어로 원래 "말 혹은 논술"을 의미했는데 이윽고 신학을 지칭하는 말로 정착되었다.[3] 가장 오래된 신학자들은 무타지라파

---

1) Henri Laoust, *Les schismes dans l'Islam*, pp. V~VI.
2) 하나피파hanafite, 말리키파malikite, 샤피파shâfi, 한발리파hanbalite의 네 학파. 각각의 창시자와 대표적 학자에 관한 간단한 소개가 Toufic Fahd, *L'Islam et les sectes islamiques*, pp. 31 sq.에 나온다.
3) 주로 H. A. Wolfson의 기념비적 저작인 *Philosophy of the Kalâm*을 보라. 무타칼림motakallim, 즉 "말하는 자"라는 말이 **무타칼리문**Motakallimûn, 즉 "칼람의 학문에 종

Mo'tazilites로 불리는 사람들로서 이슬람력인 헤지라 기원 2세기 전반에 바스라에서 결성된 학파이다. 이슬람 사회는 이들의 교설을 급속히 받아들였으며, 그것은 얼마 지나지 않아 순니파 이슬람의 공인 신학이 되었다. 무타지라파의 근본 테제는 다섯 가지인데, 이중 특히 앞의 두 가지가 중요시된다. 첫 번째는 타우히드Tawhiid, 즉 신의 유일성에 관한 테제이다. "알라는 유일한 신이며 알라와 비견될 만한 신은 없다. 알라는 물체가 아니며 개체도 아니다. 알라는 실체가 아니며 우연한 존재도 아니다. 알라는 시간을 초월하여 존재한다. 알라는 어떤 장소나 어떤 존재자 안에 거하는 그런 신이 결코 아니다. 알라는 피조물이 가지는 어떤 속성이나 성질도 지니고 있지 않다. 알라는 조건지어지지 않으며 한정되지도 않는다. 알라는 아이를 낳지 않으며 태어나지도 않았다〔……〕. 알라는 그에 앞서 존재한 어떤 원형이라든가 조력자도 없이 세계를 창조하셨다."4) 이와 같이 무타지라파는 신의 속성 자체까지도 부정하며 『코란』이 창조된 것이라는 코란 피조설을 주장한다. 한편 무타지라파의 두 번째 테제는 신의 정의에 관한 것이다. 즉 무타지라파는 인간의 자유의지를 인정하며 따라서 인간은 자신의 행위에 대해 책임을 진다고 주장한다.

사하는 자", "신학자"라는 술어의 어원이 된다는 점에도 주의할 필요가 있다. 파라비 및 아베로에스와 같은 철학자에게 있어 "**무타칼리문**은 이미 증명된 혹은 증명 가능한 철학적 진리에 관해서는 그다지 고려하지 않은 채, 모든 종류의 신학적 변증법을 구사하여 자신들의 전통적 종교의 신앙을 변호하고자 하는 호교론자들을 의미했다."(Henry Corbin, *Histoire de la philosophie islamique*, pp. 152~153)

4) Corbin, *op. cit.*, p. 158에 번역된 Al-Ash'arî. 또한 H. A. Wolfson, *Philosophy of Kalâm*, pp. 129 sq.의 설명을 보라. 그리고 H. Laoust, *op. cit.*, s.v. *mu'tazilisme, mu'tazilite*도 참조하라.

남은 세 가지 테제는 전적으로 개인의 도덕과 공동체의 정치적 조직에 관한 문제를 다루고 있다.

알 마문—무타지라파를 전면적으로 수용하여 국가의 교실로 선언했다—이 칼리프로 즉위한 무렵 순니파 공동체가 매우 중대한 위기에 처한다. 그때 공동체를 위기로부터 구한 자가 바로 알 아슈아리(260/873~324/935)이다.[5] 그는 40세가 되기 전까지는 무타지라파 신학을 신봉했는데 바스라의 대 모스크에서 공식적으로 무타지라파 신학의 포기를 선언했고, 이후 순니파 내부의 대립을 조정하는 데에 생애를 바쳤다. 알 아슈아리는 『코란』의 문자적 해석을 고집하는 사람들에 대항해 합리적 논증의 가치를 인정했지만, 그러나 이성의 절대적 지상권을 주장하는 무타지라파 등에 대해서는 비판적인 입장을 취했다. 『코란』에 따르면 가이브ghayb(보이지 않는 것, 초감각적인 것, 비의)에 대한 신앙은 종교 생활에 불가결하다. 이 가이브는 합리적 논증을 넘어서 있다. 아슈아리는 무타지라파에 반대하여, 신이 『코란』에 열거한 속성과 명칭을 가지고 있음을 인정한다. 단 "그것이 어떤 방식으로 존재하는가를 묻는 것"은 금하고 있다. 그는 "신앙과 이성을 매개 없이 직면"시키고자 한 것이다. 마찬가지로 『코란』은 피조물이 아니다. 하지만 이는 『코란』이 신의 영원한 말씀인 한에서이며 "시간 속에 나타난 인간의 언술 행위"로서가 아니다.[6]

비판이 없지는 않았지만, 특히 무타지라파와 문자주의파(『코란』을 문자적으로 해석하는 학파)로부터 비판을 받았지만 아슈아리파는 수 세기에 걸쳐 순니파 이슬람의 거의 대부분을 지배했다. 이런 아슈아리

---

5) Wolfson, pp. 248 sq.; Laoust, pp. 127 sq., 177 sq., 200 sq.를 보라.
6) Corbin, *op. cit*,. pp. 165 sq.

파의 공헌 가운데 특히 신앙과 이성의 관계에 관한 치밀한 분석에 대해 언급하고 넘어갈 필요가 있다. 아슈아리파에 의하면 영적 실재 réalité는 신앙에 의해서도 이성에 의해서도 파악될 수 있다. "하지만 각각의 경우는 상호 조건을 전혀 달리하는 지각에 의존하고 있으므로 양자를 혼동한다든지 상호 대용한다든지 어느 한쪽만을 택하고 다른 쪽을 버리는 일이 있어서는 안 된다."[7] 그럼에도 불구하고 코르뱅은 이렇게 결론짓고 있다. "무타지라파 및 문자주의파 모두와 대립하면서도 아슈아리파는 사실상 그들과 동일한 지반 위에 서 있었다."[8] 이런 지반 위에서는 현교적顯教的[외적]인 의미에서 비의적[내적]인 의미로 이행하면서 신적 계시의 영적인 해석을 전개해나가기가 어려웠다.

273. 시아파와 비의 종교적 해석학

이슬람은 유대교 및 기독교와 마찬가지로 "경전의 종교"이다. 신은 전령, 즉 예언자에게 신의 말씀을 받아쓰게 한 천사를 통해 『코란』에서 스스로를 계시했다. 법적, 사회적 견지에서 보자면 다섯 가지 "신앙의 기둥"(본권 p. 131 참조)이 종교 생활의 근간을 형성한다. 그러나 무슬림의 이상은 『코란』의 "참된" 의미와 존재론적 차원에서의 진리

---

7) *Ibid.*, p. 177. 또한 Fazlur Rahman, *Islam*, pp. 91 sq.; Wolfson, *op. cit.*, pp. 526 sq.를 보라.
8) Corbin, p. 177. "아슈아리파가 이처럼 많은 공격과 비판에도 불구하고 살아남은 것을 보건대, 순니파 이슬람의 정통 의식이 다름 아닌 아슈아리파에 있었음을 알 수 있다."(p. 178)

(*haqiqat*)를 파악하는 데에 있다. 예언자들, 특히 마지막 예언자인 무함마드는 영감을 받아 기록한 텍스트 안에서 신의 법인 샤리아에 대해 분명하게 언급하고 있다. 그러나 텍스트는 가장 명확한 해석인 문자적 해석을 비롯하여 다양한 해석의 여지가 있다. 무함마드의 사위로서 최초의 이맘Imâm이 된 알리에 의하면, "『코란』의 각 장구에는 반드시 네 가지 의미가 있다. 외적 의미(*zâhir*), 내적 의미(*bâtin*), 제한(*hadd*), 신적 의도(*mottala*)가 그것이다. 여기서 외적 의미란 독송을 위한 것이고, 내적 의미는 내적 이해를 위한 것이다. 한편 제한은 정당하냐 아니냐를 결정하는 진술을 가리키며, 신적 의도란 신이 각각의 장구를 통해 인간에게 실현하고자 하는 것을 뜻한다."[9] 이는 시아파 특유의 사상으로서 많은 이슬람 신비가와 신지학자들에게 받아들여져왔다. 이와 관련하여 이란의 대철학자 나시레 호스라브(5/11세기)는 다음과 같이 적고 있다. "실증 종교(*sharî'at*)는 이념의 외형적인 측면(*haqiqat*)이고, 이념은 실증 종교의 비의적 측면이다……. 실적 종교는 상징(*mithâl*)이고, 이념은 바로 상징된 것(*manithûl*)이다."[10]

"이념", 곧 하키카트haqiqat가 일반 신도들에게 이해 가능한 것이 되려면 입문의 교사가 필요하다. 시아파에서는 이 입문의 교사이자 탁

---

9) Trad. Corbin, *Histoire de la philosophie islamique*, p. 30. 중세 기독교 신학에 있어 성서의 네 가지 의미(자의적 의미, 우화적 의미, 도덕적 의미, 신비적 의미) 이론을 참조하라.

10) Trad. Corbin, *ibid.*, p. 17. 예언자 무함마드로까지 거슬러 올라간다는 하디스에 의하면, "『코란』은 외적인 현상과 감추어진 깊이, 또는 바깥에 나타난 의미와 안에 숨겨진 의미를 동시에 지니고 있다. 이때 이 숨겨진 의미는 더욱 안쪽에 또 다른 숨겨진 의미를 내포하고 있다." 이런 식으로 일곱 가지의 감추어진 의미가 계속 이어진다고 한다. Corbin, p. 21을 참조하라.

월한 영적 지도자를 이맘이라고 부른다.[11] 사실 『코란』의 영적 의미에 있어서 가장 오래된 것 중의 하나로 이맘들이 제자에게 수여한 비의 종교적 가르침을 들 수 있다. 그런 가르침은 스승으로부터 제자에게 충실히 계승되어 오늘날 방대한 문헌 집성을 이루었다(가령 마즐리시가 편찬한 전 26권의 2절판 장서를 들 수 있다). 시아파의 이맘과 저술가들이 행한 『코란』 해석은 두 가지 상보적 키워드인 탄질tanzîl과 타윌ta'wîl에 입각하고 있다. 여기서 탄질이란 구체적 종교, 즉 천사의 구술에 의해 고차원의 세계로부터 수여된 신적 계시 문자를 의미한다. 한편 타윌은 기원으로 돌아가는 것, 즉 성스러운 텍스트의 참된 기원적 의미로 되돌아가는 것을 가리킨다. 이스마일파의 어떤 문헌에는 이렇게 기록되어 있다.(본권 274절 참조) "그것은 어떤 것을 그 기원으로 되돌리는 것이다. 따라서 타윌을 행하는 자는 진술된 말을 그 외적(현교적, zâhir) 현현으로부터 분리시켜 그 진리, 곧 비의 종교적인 하키카트로 되돌아가게 하는 자이다."[12]

시아파에서는 정통파의 주장과는 반대로 무함마드 이후에 새로운 시대의 주기인 왈라야트walâyat("우의, 보호")의 시대가 시작되었다고 본다. 신의 이와 같은 "우의" 덕택에 예언자와 이맘에게 계시 경전과 전승의 비밀스런 의미가 계시되고 그럼으로써 신자들을 신적 비의에 참여시킬 수 있는 힘이 주어졌다고 여겨지는 것이다. "이 점에서 보건대 시아파는 확실히 이슬람의 그노시스라 할 수 있다. 왈라야트의

---

11) 이맘이라는 아라비아어는 원래 집단 예배를 이끄는 자, 즉 칼리프를 의미했다는 점에 주목하라. 시아파에서 이맘은 영적, 정신적 수장의 역할 외에 최고의 정치적, 종교적 권위의 구현자로 간주되기도 한다.
12) Corbin, *ibid.*, p. 27에 번역된 *Kalâm-e Pir*.

시대는 따라서 예언자 무함마드를 잇는 이맘의 시대로서, 자히르zâhir에 계속되는 바틴bâtin의 시대이자 동시에 샤리아sharî'at를 잇는 하키카트의 시대이기도 하다."(Corbin, op. cit., p. 46) 실제로 최초의 이맘들은 바틴과 자히르를 분리시키지 않은 채 현실의 종교와 그 "이념"의 조화를 유지하고자 노력했다. 그러나 여러 가지 상황으로 인해 이런 조화를 담지할 수 없게 되었고, 그 결과 시아파의 통일성도 상실되고 말았다.

 이와 같은 종교운동의 실로 극적인 역사에 대해 간단히 살펴보기로 하자. 시아파는 움마이야조 칼리프에 의한 정치적 박해와 성법학자들로부터의 공격에 더하여 내부에서의 여러 가지 분쟁으로 많은 어려움을 겪으면서, 그 결과 수많은 종파와 분파가 생겨났다. 그리하여 제6대 이맘 자파르 알 사디크(148/765년 사망)의 죽음과 함께 위기가 도래했다. 시아파에서는 종교상의 수장이 이맘, 즉 알리 직계의 자손이지 않으면 안 되었는데, 부친 자파르 알 사디크에 의해 미리 이맘의 지위를 계승하도록 정해졌던 아들 이스마일은 일찍 죽고 말았다. 그러자 일부 신자들은 이스마일의 아들인 무함마드 이븐 이스마일을 추대하여 그를 제7대 이맘으로 옹립했다. 이것이 [시아파 중의] 이스마일파Ismailis, 즉 "제7시아파"이다. 그런데 이에 대해 다른 신자들은 이스마일의 형제로서 역시 부친 자파르에 의해 이맘으로 서임되었던 무사 카젬을 제7대 이맘으로 인정했다. 이 계통은 제12대 이맘인 무함마드 알 마흐디크까지 계속 이어졌는데, 마흐디크는 260/874년 다섯 살 때 아직 젊었던 부친인 선대 이맘이 죽은 바로 그날에 신비스럽게 모습을 감추었다.[13] 이것이 "제12시아파" 혹은 이맘파이다. 시

---

13) 12대 이맘의 실종과 그후의 (전적으로 영적 차원의) 전개에 관해서는 Henry Corbin, *En Islam iranien*, IV, pp. 303~389를 보라. 이 실종은 10년간 계속된

아파 중에서 최대 다수파가 바로 제12시아파이다. 여기에 나오는 7과 12라는 숫자에 관해서는 양파의 신지학자들에 의해 수많은 해석이 나왔다.[14]

법학적 견지에서 보건대 이런 시아파와 정통 순니파의 가장 중요한 차이는 다음 두 가지에 있다. 첫째, 일시혼—時婚의 제도와 둘째, 종교적 신념을 숨겨도 좋다는 교의가 그것이다. 이중 두 번째 교의는 시아파가 박해를 받았던 시대의 산물이라 할 수 있다. 그러나 시아파의 두 파[이스마일파와 이맘파]의 혁신성은 특히 신학적 측면에서 두드러진다. 시아파가 신비주의와 그노시스주의를 중시한다는 점에 대해서는 이미 살펴본 바 있다. 일부 순니파 신학자와 서양 학자들에 의하면, 이슬람에 이질적인 몇 가지 관념(특히 그노시스라든가 이란계 사상)이 시아파 이슬람에 침투한 것은 이와 같은 이맘의 비의적 가르침 때문이라고 한다. 가령 단계적인 신적 유출의 사상, 그런 유출 과정 속에 이맘이 자리매김되어 있다는 점, 윤회 사상, 일종의 우주론적 및 인간학적 이론 등이 그것이다. 하지만 이와 동일한 현상을 수피즘Soufisme(본권 275절)이나 카발라Kabbale(본권 289절) 혹은 기독교의 역사에서도 찾아볼 수 있다는 점이 간과되어서는 안 될 것이다. 이상

"소은닉"의 시작을 알리는 사건이었으며, 그 사이에 몸을 감춘 이맘은 몇 사람의 사자를 통해 자신의 의향을 여러 차례 전했다. 그러나 그가 끝내 이맘 후계자를 지정하지 않은 상태에서 940년에 대은닉의 역사, 즉 12대 이맘의 감추어진 역사가 시작된다.

14) 제3의 종파인 자이드파Zaidiya에 관해서도 언급하지 않을 수 없다. 이는 제5대 이맘인 자이드Zaid(724년 사망)의 이름을 취한 것으로서, 그 세력은 상당히 약했고 교의는 순니파에 가깝다. 예를 들어 그들은 특히 이스마일파가 인정한 초자연적 덕목의 이맘을 인정하지 않았다.(본권 274절을 참조하라)

에서 우리가 명백히 해야 할 것은 사실 그 자체, 특히 외부로부터의 영적 방법론 및 사상의 유입이 아니라 그것들이 다른 체계 속에 동화되어가는 과정에서 어떻게 재해석되고 재구성되었느냐 하는 점이다.

한편 일부 시아파가 이맘을 무함마드와 동렬의 존재로 다루자 이맘의 지위에 대해 정통 다수파로부터 비판이 쏟아져 나왔다. 무함마드의 전기(傳記)가 점점 신격화되어가는 불가피한 사례에 대해서는 앞에서도(본권 p. 105~106, 주석 2) 몇 번 거론한 바 있다. 그런 사례는 얼마든지 확대될 수 있다. 가령 무함마드 부친의 머리에서 빛이 발했다든가("무함마드의 영광의 빛"에 대한 암시) 하는 식으로 말이다. 이리하여 무함마드는 "완전한 인간(insân Kâmil)"으로서 신과 인류의 중개자가 되었다. 『하디스』의 어떤 구절에 의하면 신은 무함마드에게 이렇게 말하고 있다. "만일 그대가 존재하지 않았다면 내가 우주를 창조하는 일도 없었을 것이다." 나아가 많은 신비가 집단에 있어 입단자들의 최종 목적은 무함마드와의 합일에 있었다.

그러나 순니파에게 있어 이맘은 무함마드와 비견할 만한 위상을 차지하지 않는다. 순니파에서도 물론 알리의 탁월성과 고귀함을 인정하고는 있지만, 알리와 그 가문만이 정당한 후계자라고는 여기지 않는다. 특히 순니파는 이맘이 신으로부터 영감을 받는다는 신앙, 즉 이맘이 신의 현현이라는 신앙을 부정한다.[15] 그렇지만 시아파는 알리와 그 자손들에게서 신적 광명의 편린을 인정하며, 또한 혹자는 거기서 신적 실체를 인정하기도 한다. 물론 그런 경우에도 신의 수육

---

15) 이스마일파에서 나온 시리아의 누사이리파 Nussaïrites는 알리를 예언자 무함마드보다 더 뛰어난 존재로 간주하며, 일부에서는 알리를 신격화하기도 한다. 그러나 시아파는 이런 사상을 배격한다.

사상에까지 가지는 않는다. 보다 정확히 말하자면 이맘은 신의 현현, 즉 신현théophanie으로 간주된다(이와 동일한 신앙은 이맘과는 상관없이 일부 신비가들에게도 찾아볼 수 있다. 본권 276절 참조). 따라서 이맘파뿐만 아니라 이스마일파에서도 이맘은 신과 신도 사이의 중개자로 여겨진다. 이맘은 무함마드를 대신할 만한 존재는 아니지만 무함마드의 사업을 완성하고 그 권위를 나누어 가진 자이다. 이는 대담하고 독창적인 사상이었다. 왜냐하면 그것은 장래에 새로운 종교경험의 가능성을 열어주었기 때문이다. 왈라야트, 즉 "신의 우호" 덕택에 이맘은 아직껏 드러난 적이 없는 영적 이슬람의 지평을 발견하고 그걸 신자들에게 보여줄 수 있었던 것이다.

274. 이스마일파와 이맘의 찬미, 대부활, 마흐디

이바노프W. Ivanow의 작업 덕분에 우리는 이스마일파에 관해서 막 알아가기 시작했다. 최초의 이스마일파에 관한 문헌은 거의 남아 있지 않다. 전승에 의하면 이맘 이스마일의 사후에 세 명의 숨은 이맘이 있었다고 한다. 487/1094년에 이스마일파는 둘로 분열되었다. 페르시아의 이스마일파인 "동방파"는 알라무트(카스피 해 남서 산악지대에 있는 성채)의 "지휘소"를 중심으로 전개되었으며, 이에 대해 이집트와 예멘의 이스마일파는 "서방파"를 형성했다. 본서의 지면상 여기서 이스마일파의 우주론과 인간론 및 종말론의 복잡한 체계에 관해서 분석은커녕 요약도 하기 힘들지만,[16] 다음 한 가지만 확인하

---

16) 태초의 세계를 구축한 자 내지는 그 구성 원리, 비의 중의 비의, 제1지성 내지는

고 넘어가고자 한다. 즉 이스마일파의 저술가들에 의하면 이맘의 신체는 살로 된 신체가 아니다. 차라투스트라의 경우와 마찬가지로(본서 제1권 101절 참조), 이맘의 신체는 양친이 흡입한 천상의 이슬로 되어 있다는 것이다. 이스마일파의 그노시스는 이맘의 "신성(*lâhit*)"을 이맘의 "영적 탄생"의 의미로 해석한다. 그럼으로써 이맘은 순수하게 영적인 신전으로서의 "빛의 신전"을 지키는 자로 변형된다. "그의 이맘적 속성, 즉 '신성'은 그의 신봉자들이 지닌 빛의 형상들 전체로 구성된 신비체|corpus mysticum라 할 수 있다."(Corbin, *op. cit.*, p. 134)

알라무트의 개혁 이스마일파가 주장한 교설은 보다 대담하다.[17] 559년 라마단월의 17일(AD 1164년 4월 8일)에 이맘은 신도들 앞에서 대부활을 선언했다. "이 선언은 순수한 영적 이슬람의 도래를 의미한다. 이는 모든 율법 정신과 성법의 예속으로부터 해방된 하나의 개인적 종교이다. 왜냐하면 그것은 사람들로 하여금 예언자가 받은 계시의 영적 의미를 발견하게 하고 그 의미를 살게 하는 것이기 때문이다."(*ibid.*, p. 139) 몽골인들이 알라무트 성채를 점령하여 파괴했어도

영적 아담으로부터의 존재의 유출, 천상적 위계질서와 지상적 위계질서, Corbin의 표현에 의하자면 "서로서로 상대방을 상징하는" 두 개의 위계질서 등이 말해진다. 본권의 문헌 해제(본권 274절)에 인용된 저작들을 요약하고 있는 H. Corbin, *Histoire*, pp. 110~136을 참조하라. 이스마일파의 역사는 H. Laoust, *Les schismes dans l'Islam*, pp. 140 sq., 184 sq.에 소개되어 있다.

17) 알라무트 성채와 그곳의 개혁 이스마일파에 관련하여, 서구에서는 "아사신 암살단assassins"(Sylvestre de Sacy에 의하면 아사신이라는 말은 하쉬샤신hashshâshîn에서 유래했다. 이 종파의 신자들은 모두 하쉬슈hashish를 흡입했다고 믿어졌기 때문이다)을 둘러싼 전설들이 널리 퍼져 있었다. 아사신 암살단을 둘러싼 전설에 관해서는 L. Olschki, *Marco Polo's Asia*, pp. 368 sq. 및 본권의 문헌 해제 274절에 언급된 다른 저작들을 보라.

(654/1251) 이 운동은 소멸되지 않았다. 이 영적 이슬람은 수피 교단 속에 은닉하여 존속했던 것이다.

개혁 이스마일파의 견해에 의하면 이맘의 인격은 예언자 무함마드의 인격보다 우월하다. "알라무트의 이스마일파는 제12시아파가 세상의 궁극적인 종말 과정으로서 묘사한 것을 선취했다고 볼 수 있다. 즉 개혁 이스마일파는 모든 예속에 대해 영적 궐기를 함으로써 '현 시점에서' 일종의 종말론을 실행했던 것이다."(Corbin, *op. cit.*, p. 142) 이맘은 완전한 인간 혹은 "신의 얼굴"이므로 이맘을 인식한다는 것은 곧 "인간에게 유일하게 가능한 신 인식이다." 코르뱅에 의하면 다음과 같은 선언을 하는 인간이야말로 바로 영원한 이맘이다. "예언자들은 지나가버리고 변전해간다. 하지만 우리는 영원한 인간이다." "신적 인간은 신 자신이 아니다. 그러나 신으로부터 분리될 수도 없다." (*op. cit.*, p. 144) 따라서 "신적 현현으로서의 영원한 이맘은 그 자체만으로 하나의 존재론을 가능케 한다. 즉 계시받은 것 그 자체인 이맘은 계시로서의 **존재** 그 자체이다. 그는 절대적인 인격, 신의 영원한 얼굴, 신의 지고한 속성, 즉 신의 지고한 이름이다. 지상적 형태에 있어 그는 지고한 말씀의 현현이며, 각 시대의 진리를 소유한 자이며, 신의 얼굴을 드러내는 영원한 인간의 현시顯示이다."(*ibid.*, pp. 144~145)

또한 인간의 자기 인식이 이맘의 인식을 전제로 한다는 신앙도 중요하다(물론 여기서 말하는 인식이란 눈에 보이지 않고 감각으로 포착되지 않는 숨은 이맘과의 "조우" 혹은 **상상계**에서의 "만남"을 가리키는 영적 인식이다). 이스마일파의 어떤 문헌에서는 이렇게 설하고 있다. "자신의 이맘을 인식하지 못한 채 죽는 자는 무의식의 죽음을 맞는다." 코르뱅은 이에 이어지는 내용에서 이스마일파 철학의 지고의 메시지를 본다. "이맘이 다음과 같이 말씀하셨다. 나는 내 친구들이

나를 찾는 곳이라면 어디든지 그들과 함께 있다. 산정이든 평원이든 사막이든 나는 그대들과 함께 있다. 내가 나의 본질, 곧 나 자신에 관한 신비스런 인식을 계시할 때, 그 계시를 받은 자는 더 이상 나와의 물리적 접근을 필요로 하지 않는다. 이것이야말로 곧 대부활인 것이다."(ibid., p. 149)

눈에 보이지 않는 이맘은 이스마일파와 여타 시아파의 신비체험에 결정적인 역할을 해왔다. 성자성聖者性, 곧 영적 지도자의 "신성"에 관한 유사한 발상이 다른 종교 전통(인도, 중세 기독교, 하시디즘 Hasidism)에도 나타난다는 점을 덧붙이자.

숨은 이맘이라는 우화적 이미지는 많은 경우 마흐디Mahdî의 종말론적 신화와 결부되어 있다는 점에 주목할 필요가 있다. 여기서 마흐디란 문자적으로는 "인도자"("즉 신에게 인도받은 자")를 의미한다. 이 말 자체는 『코란』에 나오지 않지만, 순니파의 많은 저술가들은 이런 호칭을 역사상의 실재 인물에 적용하고 있다.[18] 그러나 사람들의 상상력을 불러일으킨 것은 바로 마흐디에 내포된 종말론적인 중요성이었다. 가령 어떤 이들은 마흐디를 예수('Isâ)로 여겼다. 하지만 대부분의 신학자들은 마흐디를 무함마드의 후예로 본다. 순니파의 견해에 의하면 마흐디는 우주 갱신의 테이프를 끊는 자이기는 하지만, 시아파가 설하듯이 반드시 오고야 말 인도자는 아니다. 한편 시아파에서 마흐디는 제12대 이맘과 동일시되기도 했다.

마흐디의 은신 및 종말의 때에 그가 재림한다는 발상은 민중들의 신

---

18) D. B. Macdonald, *Shorter Encyclopedia of Islam*, p. 310의 논문에 나오는 참고 문헌을 보라. 마흐디와 관련된 전설 및 신앙에 대한 가장 신빙성 있고 상세한 소개로서는 Ibn Khaldûn, *The Muqaddimah*(trad. Rosenthal), II, pp. 156~206을 참조하라.

앙과 천년왕국운동에서 커다란 역할을 해왔다. 가령 어떤 분파(카이산파Kaisâniya)에서는 알리가 파티마가 아닌 다른 아내와의 사이에서 낳은 아들 무함마드 이븐 알 하나피야를 마흐디라고 여긴다. 그는 라드와 산중의 묘지 속에 누운 채로 영원히 산다. 그리고 신자들은 그가 묘지로부터 돌아올 날을 기다리고 있다. 다른 종교 전통에서와 마찬가지로 여기서도 종말의 때는 인간의 근본적인 타락과 특정한 징조들로 특징지어진다. 카바 신전이 불타 없어지고 『코란』의 장구들이 모두 백지로 바뀌며 알라의 이름을 부르는 자는 살해당하는 것이다. 그때 마흐디가 현현하여 무슬림들을 위해 사상 유례없는 정의와 번영의 시대를 창출하여 이끌 것이다. 이런 마흐디의 지배가 5년이나 7년 혹은 경우에 따라 9년간 계속된다는 것이다. 이와 같은 마흐디의 출현에 대한 기대가 박해의 시대에 가장 고양되었음은 말할 것도 없다. 수많은 정치적 지도자들이 스스로를 마흐디라고 자칭함으로써 권력을 장악하고자 했다(그리고 수차례 권력을 장악했다).[19]

275. 수피즘, 비의 종교 그리고 신비체험

수피즘은 이슬람의 신비주의적 차원을 가장 잘 보여주며, 이슬람 비교주의 가운데 가장 중요한 전통 중의 하나이다. 수피sufi라는 아라비아어는 "양모"를 의미하는 수프suf에서 유래했다고 한다. 그러니까 이는 수피들이 걸치는 양털 외투와 관계가 있는 말이다. 이 말은 이슬람력 3세기(AD 9세기)경부터 사용되기 시작했는데, 전승에 의하면 무함마

---

19) 예를 들어 1885년 키치너Kitchener 경에게 패한 수단의 마흐디를 참조하라.

드의 교우 중에 이미 수피즘의 영적 스승이 있었다고 한다. 예를 들어 예언자[무함마드]의 집에 살았던 페르시아인 이발사로, 영적인 귀의 및 신비주의적 입문 의례의 모델이 된 살만 알 파리시와, 무함마드가 그 신앙심을 상찬했던 우와이스 알 카라니가 있다.[20] 이슬람의 고행적 경향이 언제 어디서 비롯된 것인지 그 기원에 관해서는 알려진 바가 많지 않지만,[21] 아마도 움마이야조 시대에 나타난 것으로 보인다. 확실히 이 시대에는 제국의 지속적인 팽창에만 관심이 있고 종교에는 무관심했던 칼리프들에 대해 대부분의 신자들이 환멸을 느끼고 있었다.[22]

최초의 고행자이자 신비가로는 신앙심과 깊은 애상으로 이름 높은 하산 알 바스리(110/728년 사망)를 들 수 있다. 여기서 깊은 애상이라고 한 것은 그가 늘 최후의 심판일에 대해서만 골똘해 있었기 때문이다. 명상가 이브라힘 이븐 아드함은 고행(*zuhd*)의 3단계를 규정했다고 알려져 있다. 곧 (1) 현세를 포기할 것, (2) 현세의 포기를 인식하는 기쁨까지도 버릴 것, (3) 그리하여 더 이상 현세에 어떤 관심도 가지지 않게 될 때까지 현세의 무의미함을 완전히 체득할 것 등이 그것이다.[23] 라비아(185/801년 사망)는 여자 해방 노예로서, 신에 대한 절대적이고 대가를 바라지 않는 사랑을 수피즘에 도입했다. 그녀는 신을 사

---

20) L. Massignon, "Salman Pâk et les prémices de l'Islam iranien"; Anne-Marie Schimmel, *Mystical Dimensions of Islam*, pp. 28 sq.를 보라.
21) 이슬람력 3세기에는 대부분의 수피들이 결혼하여 가정을 가지고 있었다. 하지만 그로부터 2세기가 더 지난 다음에는 기혼자가 소수파가 될 만큼 감소했다.
22) 후대에는 많은 수피들이 "통치"와 "악"을 동일시하게 된다. Schimmel, p. 30을 참조하라. 또한 기독교 수도원 사상의 영향도 고려할 필요가 있다. Marijan Molé, *Les mystiques musulmans*, pp. 8 sq.를 참조하라.
23) Schimmel, p. 37을 참조하라.

랑하는 자라면 천국의 일이든 지옥의 일이든 일체 생각해서는 안 된다고 설했다. 이렇게 그녀는 수피로서는 처음으로 신에 대한 뜨거운 사랑을 언급했다. "아아, 나의 희망이자 나의 안식이며 나의 기쁨이신 분, 나의 마음은 당신 외에는 다른 어떤 것도 사랑할 수 없나이다!"[24] 특히 한밤의 기도는 라비아에게 있어 신과의 길고도 사랑에 충만한 대화나 다름없었다.[25] 그런데 최근의 연구에 의하면[26] 제6대 이맘으로서 초기 수피즘의 대스승이기도 했던 자파르 알 사디크(148/765년 사망) 또한 신에 대한 사랑의 언어(가령 "인간을 남김없이 불태우는 신의 불길")로써 신비체험을 규정하고 있다. 이는 시아파와 초기 단계의 수피즘이 결부되어 있었음을 보여준다.

사실 이슬람의 비의적 측면(bâtin), 특히 시아파에 특유한 이러한 측면은 처음에는 순나 안에서 수피즘과 동일시되었다. 이븐 할둔에 의하면 "수피들의 머릿속에는 시아파의 교설들만 가득 차 있었다." 또한 시아파에서도 자신들의 교리가 수피즘적 영감의 원천이라고 생각했다.[27]

어쨌든 이런 신비체험이라든가 신지학적 그노시스 같은 것은 정통

---

24) Trad. Margaret Smith, *Râbî'a the Mystic*, p. 55.
25) *Ibid.*, p. 27에 번역된 텍스트를 보라.
26) Paul Nwyia, *Exégèse coranique et langage mystique*, pp. 160 sq.를 참조하라.
27) S. H. Nasr, "Shi'ism and Sufism", p. 105 sq.를 참조하라. 또한 이슬람 초기의 수 세기 동안은 어떤 저술가가 순니파인지 시아파인지를 규정하기가 곤란했다는 점도 고려할 필요가 있다. *Ibid.*, pp. 106~107. 시아파와 수피즘의 관계는 일부 수피의 스승들이 영적 입문 의례와 "신의 우의"(뒤에 나오는 것을 보라)에 관한 새로운 해석을 내세운 시점에서 결렬되었다. 시아파의 수피즘은 3/9세기 이후 모습을 감추었으며 7/13세기까지 나타나지 않았다.

파 이슬람에 도입되기 어려웠다. 정통 무슬림들은 알라와의 친밀하고 영적인 사랑에서 생겨나는 관계들을 받아들일 만큼 대담하지는 못했다. 그들은 다만 신에게 스스로를 바치고 성법을 준수하며 전통(sunna)에 의해『코란』의 가르침을 완성시키는 것만으로 충분하다고 생각했기 때문이다. 신학적 지식과 전문적인 법률 지식을 갖고 있는 **울라마들**은 자신들이야말로 신자 공동체의 유일한 종교 지도자임을 자부하고 있었다. 이에 반해 수피들은 단호한 반이성주의자들이었다. 수피들에게 있어 참된 종교적 인식은 매 순간 신과의 합일에 이르는 개인적 체험에 의해서만 얻어질 수 있었다. 그러나 **울라마들**이 보기에 이와 같은 수피들의 신비체험과 경전 해석은 정통 신학의 기반을 뿌리부터 흔드는 위험한 것이었다.

한편 수피즘의 "도道"는 필연적으로 "제자들", 그리고 스승에 의한 그들의 입문 의례와 기나긴 교육 과정을 전제하고 있었다. 그런 특수한 사제 관계는 매우 초기 단계부터 **샤이흐**sheikh〔위대한 스승, 장로〕에 대한 존경과 성인 숭배에까지 이르렀다. 이와 관련하여 후즈위리는 다음과 같이 적고 있다. "수피즘의 원리와 기초, 그리고 신에 대한 인식은 모두 성자성에 입각하고 있음을 알아야 한다."[28]

이와 같은 새로운 동향은 **울라마들**을 불안하게 만들었다. 이는 단지 자신들의 권위가 위협받는다든가 혹은 무시받는다고 생각했기 때문만은 아니다. 정통파 신학자들이 보기에 수피들은 이단의 혐의가 있었다. 계속해서 살펴보겠지만 실제로 수피즘 안에서는 신플라톤주의, 그노시스주의 및 마니교의—불길하고 독신적으로 보여지는—영향

---

28) *Kashf al-Mahjûb*, trad. R. A. Nicholson, p. 363. 그리고 H. A. Gibb, *Mohammedanism*, p. 138을 참조하라.

이 나타났다. 그리하여 이집트의 줄 눈Dhû'l-Nûn(245/859년 사망)이라든가 알 누리(295/907년 사망) 등과 같이 이단 혐의로 칼리프에게 고발당한 수피들도 적지 않았다. 심지어 수피즘의 위대한 교사였던 알 할라즈와 소흐라와르디가 처형당하는 일까지 있었다.(본권 277, 281절 참조) 그 결과 수피들도 자신의 체험과 사상을 교단 입문자들로 한정된 집단 내에서 신뢰할 수 있는 제자들에게만 전수하게 되었다.

그럼에도 불구하고 이 수피즘 운동은 점점 더 확대되었다. 이는 수피즘이 "민중의 종교적 본능"을 충족시켜주었기 때문일 것이다. "민중의 종교적 본능은 정통주의의 추상적이고 인간미가 결여된 교의로 인해 다소 얼어붙어 있었다. 그런데 수피들의 보다 정동적이고 인간적인 종교적 태도를 접하면서 해방감을 느꼈던 것이다."[29] 사실 수피의 교사들은 정해진 제자들에게만 한정된 입문 의례적 가르침 말고도 공개적인 "영적 연주회"를 개최하기도 했다. 거기서는 종교적 찬가, 악기(갈대 피리, 심벌즈, 북)의 연주, 거룩한 춤, 쉬지 않고 신의 이름을 불러대는 것(*dhikr*) 등이 행해졌는데, 이는 영적 엘리트들뿐만 아니라 민중 사이에서도 널리 퍼져 나갔다. 이와 같은 거룩한 음악과 춤이 갖는 기능 및 상징체계에 관해서는 뒤에서(본권 282절) 다시 상술하겠다. 디크르dhikr는 동방 기독교 교회의 기도인 모놀로기스토스monologistos와 비슷한데, 이 기도는 오직 신의 이름 혹은 예수의 이름만을 부단히 불러대며 찬미한다.[30] 뒤에서 보겠지만(본권 283절) 디크르의 기법은 (동방교

---

29) Gibb, *Mohammedanism*, p. 135.
30) 이 기도는 디크르가 성립하기 수 세기 전부터 많은 교회 교부들(성 닐루스, 성 요하네스 카시아누스, 성 요하네스 클리마쿠스 등)이 언급하고 있다. 이는 특히 헤시카스트들에 의해 실천되었다.

회의 헤시카스트hésychaste[정적주의자들]의 실천과 마찬가지로) 12세기 이후 매우 복잡한 형태를 띠게 되었다. 그것은 일종의 "신비적 생리학"과 요가에 준하는 기법들(가령 특수한 자세, 호흡의 단련, 시각적 및 청각적 초상 체험 등)을 포함하고 있다는 점에서 일정 부분 인도 종교의 영향을 받은 것으로 추정된다.

몇몇 예외가 없는 것은 아니지만, 시대가 흐르면서 울라마들로부터의 압박은 완전히 사라지게 되었다. 가장 완강했던 박해자들도 이슬람의 확대와 영적 갱신을 위해 수피들이 행한 비할 데 없는 기여를 인정하지 않을 수 없게 되었다.

276. 위대한 수피들, 줄 눈에서 티르미지까지

이집트의 줄 눈(245/859년 사망)은 이미 자신의 신비체험을 숨기는 기법을 실천하고 있었다. "위대한 신이시여, 사람들 앞에서 저는 '나의 주님이시여'라고 부릅니다. 하지만 혼자 있을 때는 '오! 나의 사랑이시여!'라고 부릅니다." 전승에 의하면 줄 눈은 마리파ma'rifa, 즉 신에 대한 직관적 인식("체험")과 일름'ilm, 즉 추론적 인식의 대치를 정식화한 최초의 인물이다. "지혜 있는 자라면 매 시간 겸허해져야 한다. 왜냐하면 그는 매 시간 한층 더 신에게로 가까이 가기 때문이다 [⋯⋯]. 지혜 있는 자들은 그 자신이 아니다. 왜냐하면 그의 존재는 곧 신 안에서의 존재이기 때문이다. 그는 신 안에서 행동하며 말할 따름이다. 신은 그의 혀를 통해 신의 뜻을 말하게 한다."[31] 줄 눈의 문학

---

31) Margaret Smith, *Readings from the Mystics of Islam*, No 20을 보라. 또한 Anne-Marie

적 재능에 대해서도 한마디 하고 넘어가지 않을 수 없다. 즉 주님의 영광을 찬미한 그의 장편 송가는 그야말로 시가 가지는 신비적 가치를 잘 드러내 보여준다.

한편 페르시아인 아부 야지드 비스타미Abû Yazîd Bistâsmi(260/874년 사망)는 가장 논쟁의 표적이 된 이슬람 신비가 중의 한 명이다. 그는 한 번도 책을 저술한 적이 없지만 그가 행한 가르침의 본질적 부분들은 제자들에 의해 이야기와 잠언의 형태로 전해지고 있다. 지독한 고행 및 신의 본질을 파고든 집중적인 명상을 통해 비스타미는 자기 자신을 완전히 버리는 "무화無化"의 상태(fanâ)에 이르렀다. 이런 무화를 정식화한 것은 그가 처음이다. 또한 자신의 신비체험을 미라즈mi'râj(무함마드의 야간 천상 여행, 본권 261절 참조)의 용어를 써서 서술한 것도 그가 처음이다. 이리하여 비스타미는 자신의 "독존獨存"을 성취하였으며, 적어도 일순간 동안 사랑받는 자와 사랑하는 자 및 사랑 그 자체의 절대적 일체성을 실현했다고 믿었다. 심지어 엑스터시 속에서 비스타미는 스스로 신이 되기나 한 듯 "신들린 공수"를 발하기도 한다. "그대는 어떻게 하여 이곳까지 왔는가? 나는 뱀이 허물을 벗듯이 나 자신을 벗어던져버렸다. 그러고는 나의 본질에 대해 생각을 집중했다. 그러자 나는 나 자신이 바로 신 자신임을 알게 되었다!" 또한 이런 말도 남기고 있다. "신은 전 세계 모든 사람들의 마음속을 꿰뚫어 보셨다. 그리하여 모두가 신에 관해서는 텅텅 비어 있음을 아셨다. 하지만 나의 마음만은 달랐다. 신은 나의 마음속에서 신 자신의 모습을 온전히 보실 수 있었다."[32]

Schimmel, *op. cit.*, pp. 43 sq.를 참조하라.

32) Trad. L. Massignon, *Lexique technique de la mystique musulmane*, pp. 276 sq. 또한 G.-C. Anawati et Louis Gardet, *Mystique musulmane*, pp. 32~33, 110~115를 보라.

제너Zaehner는 몇몇 동양학자들의 설을 수용하여 비스타미의 이와 같은 신비체험이 인도로부터 영향을 받아 성립된 것이라고 해석하고 있다. 정확히 말하자면 샹카라의 베단타 철학의 영향을 받았다는 것이다.[33] 그러나 고행과 명상의 기법이 중요시되고 있음을 보건대 오히려 요가의 영향에 대해 생각해봄 직하다. 어쨌든 일부 수피 교사들은 비스타미가 신과의 합일을 성취했다는 점에 대해 이의를 제기한다. 가령 주나이드에 의하면 비스타미는 "신과의 합일에 있어 다만 그 출발점에 머물러 있을 뿐이며 최종적인 완성 상태에는 도달하지 못했다." 또한 알 할라즈는 비스타미가 "신적 말씀에 최근접했음"을 인정하면서 "그 말씀은 확실히 신에게로부터 그에게 내려진 것"이지만, 그러나 "자아"라는 방해물에 의해 그 경로 자체가 막혀버리고 말았다고 생각했다. 그리하여 알 할라즈는 "불쌍한 아부 야지드여"라고 탄식한다. 다시 말해 비스타미는 영혼과 신의 합일이 어디서 어떻게 하여 이루어지는지를 알지 못했다는 것이다.[34]

아불 카심 알 주나이드Abû'l Qâsim al-Junayd(298/910년 사망)는 바그다드 수피들의 진정한 스승이었다. 그는 신학과 신비주의에 관한 수많은 저술들을 남겼는데, 이것들은 특히 영혼이 신의 내부에까지 몰입하는 영적 체험을 분석하고 있다는 점에서 귀중한 자료라고 하지 않을 수 없다. 주나이드의 가르침은 평정(*sahw*)의 중요성을 강조하면서, 비스타미가 빠져버렸던 영적 도취(*sukr*)를 부정했다. 개인의 자아를 지워버리는 엑스터시 체험 이후에 "제2의 평정"을 획득하는 것이 중요하다는 말이다. 그래야만 다시금 자기 자신을 의식하게 되며, 인간으로서의

---

33) R. C. Zaehner, *Hindu and Muslim Mysticism*, pp. 86~134.
34) Massignon, *op. cit.*, p. 280 ; Anawati et Gardet, *op. cit.*, p. 114.

속성 또한 신적 현존에 의해 변화를 겪고 영성화된 다음 본래 자리로 되돌아가게 될 것이기 때문이다. 신비가의 최후 목표는 "무화(fanâ)"가 아니라 신 안에서의 새로운 삶(baqâ, "남아 있는 것")에 있다는 것이다.

주나이드는 신비체험을 이성적인 용어나 개념으로 규정할 수 없다고 생각했다. 그래서 그는 입문 의례를 거치지 않은 자들 앞에서 신비체험에 관해 말하지 못하도록 제자들을 단속했다(알 할라즈는 이 규칙을 지키지 않았기 때문에 주나이드에 의해 파문당했던 것이다). 주나이드의 저술과 서간문들은 일종의 "비밀 언어"로 쓰여 있으므로 그의 가르침을 잘 모르는 독자들은 이해하기가 어렵다.[35]

한편 이란인 스승 후사인 티르미지Husayn Tirmidhî(285/898년 사망)는 알 하킴al-Hakîm, 즉 "철학자"라는 별명을 가지고 있었다. 수피들 중에서는 그가 처음으로 그리스 철학을 차용하여 논했기 때문이다. 그는 80여 편에 이르는 논고가 남아 있을 만큼 다작의 저술가였는데, 그 가운데에서도 특히 그의 명성을 높인 저작은 『성자성의 봉인Khâtam al-walâya』[36]이었다. 이 책에서 그는 당시 쓰이고 있었던 수피즘 특유의 용어들에 대해 해설하고 있다. 예컨대 수피의 위계질서에서 수장은 쿠트브qutb("극極") 혹은 가우스ghauth("도움")라 불린다. 티르미지의 저술에서 성자성의 위계는 "사랑의 위계질서"와는 전혀 무관하며 성인이 가지는 그노시스와 깨달음의 정도에 상응하는 것으로 나온다. 티르미지는 갈수록 그노시스를 강조했는데, 이는 후대의 신지학적 사변의 길을 예비한 측면이 있다.[37]

---

35) A. Schimmel, op. cit., pp. 57 sq. 또한 Zaehner, op. cit., pp. 135~161을 보라.
36) 각 장의 제목 리스트가 Massignon, Lexique technique, pp. 289~292에 있다.
37) A. Schimmel, op. cit., p. 57.

티르미지는 되풀이하여 왈라야트("신의 우의", 곧 영적 입문 의례) 개념을 강조했다. 그는 여기서 두 가지 단계를 구분한다. 즉 모든 신자들에게 주어진 일반적 왈라야트와 영적 엘리트들에게만 주어지는 특수한 왈라야트가 그것이다. 이 영적 엘리트들은 "신과 친밀한 관계에 있는 사람들, 신과 대화를 나누고 교류하는 사람들이다. 왜냐하면 그들은 신과의 현실적인 동시에 초월적인 합일 상태에 들어가 있기 때문이다." 또한 앙리 코르뱅에 의하면 "이중의 왈라야트라고 하는 이와 같은 사고방식은 시아파의 교리에 처음으로 나타나 확립된 것이다."[38] 티르미지는 왈라야트와 예언의 관계에 있어 왈라야트가 더 우월하다고 결론짓는다. 왜냐하면 왈라야트는 예언처럼 특정한 역사적 계기와 결부되어 있지 않으며 영속적인 것이기 때문이다. 실제로 예언의 주기는 무함마드에 의해 완결되는 반면 왈라야트의 주기는 종말의 때까지 계속된다.[39]

277. 알 할라즈, 신비가이자 순교자

알 할라즈al-Hallâj, 즉 후사인 이븐 만수르Hussayn-ibn-Mansûr는 857년에 이란 남서부에서 태어났다. 두 명의 영적 교사로부터 가르침을 받은 후 바그다드에서 고명한 샤이흐 알 주나이드를 만나 그의 제자가 되었다.(264/877) 이윽고 메카로 순례 여행을 떠났으며 거기서 단

---

38) Henry Corbin, *Histoire de la philosophie islamique*, p. 274. 또한 S. H. Nasr, "Shi'ism and Sufism" (=*Sufi Essays*), pp. 110 sq.를 보라.
39) Corbin(*op. cit.*, p. 275)은 이 교설과 시아파 예언자학의 유사성을 지적한다.

식과 침묵의 고행을 할 때 최초의 신비적 엑스터시를 경험했다. "나의 정신과 영혼은 마치 사향과 용연향이 섞이고 포도주와 물이 섞이듯이 그렇게 신의 영혼 안에 녹아 섞여버렸다."[40] 이 하지 순례에서 돌아오자마자 할라즈는 주나이드에게 파문당했다. 이에 할라즈는 바그다드 수피들과의 교류를 대부분 끊고 4년간 도성을 떠나 있었다. 그후 최초로 대중들 앞에서 설교를 시작했을 때 그는 전통주의자들뿐만 아니라 수피들을 향해서도 분노를 표명했다. 한편 수피들은 이런 할라즈에 대해 입문 의례를 거치지 않은 자에게까지 "비밀"을 알려준 자라 하여 공격을 가했다. 그들은 또한 할라즈가 (마치 예언자인 양!) "기적을 행했다" 하여 비난하기도 했다. 이는 입문 의례를 거친 자들에게만 자신의 권능을 보여주는 다른 샤이흐들과 정면으로 충돌하는 행위였기 때문이다. 이에 할라즈는 자유롭게 민중들 안으로 들어가기 위해서 수피의 옷을 벗어던져버리고 만다.[41]

201/905년에 할라즈는 400명의 제자들을 이끌고 두 번째 메카 순례를 행했다. 이 순례를 마치자마자 계속해서 인도와 투르키스탄을 거쳐 중국 국경에까지 이르는 기나긴 여행을 떠났다. 할라즈는 세 번째 메카 순례에 나서 그곳에서 2년간 머문 다음 마침내 바그다드에 정주했다.(294/908) 이후 그는 일반 대중들 앞에서의 설교에 전념하게 된다.(Massignon, *Passion*, I, pp. 268 이하 참조) 그는 "모든 인간들이 추구해야 할 궁극적인 목표는 사랑(*'ishq*)에 의해 실현되는 신과의 신비적 합일이라고 선언한다. 이런 합일을 통해 신도의 행위가 거룩해지며 신적인 것이 된다. 엑스터시 속에서 그는 저 유명한 말—"내가 곧 진리(=신)

---

40) *Dîwân*, trad. Massignon, p. XVI.
41) L. Massignon, *La Passion d'al Hallâj*(2e édition), I, pp. 177 sq.

이다"―을 했다. 이 말로 인해 그는 주변으로부터 단죄받았다. 성법학자들은 그를 범신론자라고 공격했으며 정치가들은 그를 대중 선동가라고 비난했다. 이 밖에 수피들도 할라즈를 적으로 몰아붙였다. 놀랍게도 할라즈는 스스로 가혹한 비난을 받고 죽음에 이르기를 원하고 있었다. "신성과 합일했노라는 둥 대담하게 말하는 이 남자를 죽임으로써 스캔들에 종지부를 찍도록 부추기고자 할라즈는 알 만수르의 대大모스크에서 사람들에게 이렇게 외쳤다. '신은 나의 의로운 피를 그대들에게 맡기셨다. 나를 죽여라…… 무슬림들에게 있어 나의 처형만큼 긴급한 일은 다시 없을 것이다.'"[42]

할라즈의 이와 같은 기이한 행동은 말라마티야malâmatîya라고 불리는 사람들, 즉 신에 대한 사랑 때문에 같은 신앙자들로부터 일부러 비난(*malâma*)을 받고자 하는 명상가들을 연상시킨다. 이런 명상가들은 수피의 의상을 걸치지 않았고, 자신들의 신비체험을 숨기는 것을 교의로 삼고 있었다. 또한 그들은 기괴하고 불경한 행동으로 일반 신자들을 도발하곤 했다.[43] 이와 유사한 현상은 6세기 이후 동방 기독교 교회의 일부 수도승들이나 혹은 남인도 지방에서도 찾아볼 수 있다.

할라즈는 301/915년에 체포되어 거의 9년간이나 감옥 생활을 한 후[44] 309/922년에 처형당했다. 처형 때 입회한 사람들은 할라즈의 마지막 발언을 다음과 같이 전하고 있다. "엑스터시 체험자들에게 있어

---

42) *Dîwân*, p. XXI.
43) 후대가 되면 일부 **말라마티야** 단체는 통상적인 도덕규범을 극단적으로 멸시하면서 오르지를 행하기까지 했다. M. Molé, *Les mystiques musulmanes*, pp. 73~76에 번역된 텍스트들을 보라.
44) Massignon, *Passion*, vol. I, pp. 385 sq.(고발), pp. 502 sq.(재판), pp. 607 sq.(순교)를 보라.

서는 자기 내면의 유일한 신이 그 자신을 드러내어 입증해주는 것으로 충분하다"(간단히 말하자면, "엑스터시 체험자에게 있어 중요한 것은 유일한 신과 합일하는 것이다").[45]

할라즈의 저작은 부분적으로밖에 남아 있지 않다. 『코란』 주석서의 단편, 몇 통의 편지 글, 상당수에 이르는 잠언과 시편들, 그리고 신적 통일성과 예언자학에 관해 논한 『키타브 아타와신Kîtâb at-tawasin』[46] 등이 그것이다. 이 가운데 시편은 신과의 궁극적 합일에 대한 강렬한 동경으로 가득 차 있다. 연금술서에서 차용한 표현(Massignon, *Passion*, III, pp. 369 이하 참조) 및 아라비아어 알파벳의 비밀스런 의미에 대한 언급도 종종 눈에 띈다.

우리는 루이 마시뇽Louis Massignon에 의해 낱낱이 파헤쳐지고 편집, 분석된 이 전체 텍스트와 여러 증언들을 통해 할라즈의 신앙과 무함마드에 대한 존경심의 전모를 알 수 있다. 거기서 할라즈가 설한 "도"는 인간적 인격의 파괴를 추구한 것이 아니었다. 할라즈가 굳이 고통을 바란 것은 신에 대한 "열정적인 사랑('ishq)"을 이해하기 위한 것이었다. 다시 말해 그것은 신의 본질과 신적 창조의 비밀을 이해하기 위한 노력이었다. 따라서 "내가 곧 진리이다!"라는 그의 말은 (혹자가 비난하듯이) 범신론을 함의한 것이 결코 아니었다. 할라즈는 끊임없이 신의 초월성을 강조했다. 그러니까 그 말은 단지 피조물의 정신이 신과 합일한 드문 엑스터시 체험에서 나온 말이었다.[47]

---

45) *Dîwân*, trad. Massignon, pp. XXI~XXII.
46) Massignon, *Passion*, I, pp. 20 sq.; III, pp. 295 sq.에는 잔존 작품의 완전한 목록과 상세한 주석이 있다.
47) 할라즈의 신학은 Massignon, *Passion*, III, pp. 9 sq.(신비신학), pp. 63~234(교리신학)에 분석되어 있다. 간단한 소개로서는 A.-M. Schimmel, *op. cit.*, pp. 71sq.를 보라.

비록 그를 비난하는 시점에서 쓰인 것이기는 하지만, 할라즈에 대해 적대적인 한 신학자의 손에 의해 그가 말한 "인간을 신으로 변형시키는 합일"의 사상이 상당히 정확하게 정리되었다. "[할라즈는 다음과 같이 주장했다] 정해진 규칙대로 신체의 의례를 행하는 자, 신앙심에 마음을 기울이는 자, 즐거움의 박탈을 견디는 자, 욕망을 극복함으로써 자신의 영혼을 지키는 자, 이런 자들은 신에게 '가까이 다가서는 자'의 위치로 상승한다. 그런 다음 이번에는 격리의 단계를 거쳐 그 본성이 육적인 것으로부터 완전히 정화되는 상태에까지 도달한다. 그러고는 [……] 그의 내면에 신의 영이 내린다. 마리아의 아들 예수도 바로 이런 신의 영으로부터 태어난 것이다. 이때 그는 '모든 만물이 따르는 존재(Muta)'가 된다. 그는 이제 신의 명령을 실행하는 것 이외에는 다른 어떤 것도 구하지 않는다. 이리하여 그의 모든 행위는 신의 행위가 되며 그의 모든 명령은 신의 명령이 된다."[48]

할라즈가 순교당한 이후 그의 성자성에 대한 평가가 전체 이슬람 세계에서 점점 더 높아져갔다.[49] 또한 사후에 그는 수피들과 일부 신비신학에 대해서도 큰 영향을 미쳤다.

278. 알 가잘리 그리고 칼람과 수피즘의 화해

할라즈의 순교 이후 수피들은 대중들을 상대로 말할 때 자신들이 정

---

48) Massignon, *Passion*, III, p. 48에 번역된 텍스트.
49) *Dîwân*, pp. XXXVIII~XLV의 서문에 있는, 무슬림 사회에 할라즈가 서서히 재수용되어가는 과정에 대한 Massignon의 간단한 설명을 보라.

통 교의와 조금도 대립되지 않는다는 것을 증명하지 않으면 안 되었다. 이로 인해 자신의 신비체험과 신학 사상을 기묘한 행동으로 위장하는 자까지 나타나게 되었다. 가령 쉬블리(247/861~334/945)의 경우를 들 수 있겠다. 그는 교수대에 매달린 할라즈에게 **신비적 합일**의 의미에 관해 물었던 친구로서, 할라즈 사후 23년을 더 살았다. 쉬블리는 스스로를 조롱거리로 만들기 위해 자신을 두꺼비로 비유했다. 그런 역설과 시적 자기표현 덕택에 일종의 "면책특권"(Massignon)을 얻었던 것이다. 가령 그는 이렇게 말했다. "신의 은총 때문에 신을 사랑하는 자는 다신교도이다." 그런가 하면 어떤 때는 제자들에게 쉬블리 자신을 버리고 떠나도록 명하기도 했다. 왜냐하면 쉬블리는 그들이 어디에 있든 자신이 그들과 함께하며 그들을 지킨다고 믿었기 때문이다.[50]

또한 이라크인 신비가 니파리Niffarî(354/865년 사망)도 역설적 표현에 의존했지만 쉬블리 같은 점잖은 표현 방식은 피했다. 아마도 니파리는 기도가 신의 선물이라고 주장한 최초의 인물일 것이다. "내[신]가 그것을 부여했다. 만일 내가 그대의 기도에 응답하지 않았다면 나는 애당초부터 그대가 기도를 구하도록 유도하지도 않았을 것이다."[51]

할라즈의 순교 이래 1세기 동안 상당수의 저술가들이 수피즘의 교리와 실천에 관한 책을 펴냈다. 그 가운데 "도道(tarîqah)"의 "단계" 혹은 "정류장(maqâmât)"과 "상태(ahwâl)"에 관한 고전적인 교리 한 가지만 살펴보자. 이는 세 가지 주요 단계로 나누어진다. 신참자(murîd)의 단계, 진보하는 자(sâlik)의 단계, 완성자(kâmil)의 단계가 그것이다. 샤이흐의 지도에 따라 신참자는 일정한 고행과 수행을 해야만 한다.

---

50) A. M. Schimmel, *Mystical Dimensions of Islam*, pp. 78 sq.에 인용된 텍스트들을 보라.
51) *Ibid*, pp. 80 sq. A. M. Schimmel은 파스칼이 말한 유명한 구절과의 유사성을 강조한다.

이는 참회로부터 시작하여 자신에게 일어나는 일체의 사건에 대한 평정한 수용으로 끝난다. 이와 같은 고행과 교육은 신참자의 마음에 일종의 내적 갈등을 불러일으키지만, 그것 또한 교사의 세심한 감시하에 통제된다. 한편 마카마트maqâmât, 즉 "정류장"은 각자가 노력한 결과 얻어지는 것이며, "상태"는 신으로부터 주어지는 무상의 선물을 가리킨다.[52]

9세기의 이슬람 신비주의에는 신과의 합일에 관해 세 가지 이론이 있었음을 기억해야 한다. "합일은 다음과 같이 이해되었다. 첫째, 결합(ittisâl 혹은 wisâl)으로서의 합일이 있는데, 이 경우는 영혼과 신이 동일하다는 사고를 인정하지 않는다. 둘째, 합일을 동일화(ittihâd)로 이해하기도 한다. 이는 두 가지 상이한 의미를 가진다. 하나는 방금 언급한 결합으로서의 합일이고 다른 하나는 신과 영혼의 본성적 합일을 의미한다. 셋째, 일종의 빙의(hulûl)로서의 합일도 있다. 이는 신의 영이 신비스럽게 정화된 영혼 안에 상호 본성이 뒤섞이는 일 없이 거하는 것을 가리킨다. 이슬람의 공인 학자들은 잇티살ittisâl의 합일(혹은 첫 번째 의미에서의 잇티하드ittihâd의 합일)만 인정한다. 훌룰hulûl의 의미와 관련된 일체의 합일 사상은 철저하게 배격되었다."[53]

수피즘이 정통 신학에 의해 수용되게 하는 데에 성공한 사람은 다름 아닌 저 유명한 신학자 가잘리였다. 451/1059년 페르시아 동부 지방

---

52) 그 수는 다양하다. 예컨대 Anawati가 인용하고 있는 어떤 저술가는 사랑, 외경, 희망, 욕망, 평화의 고요함, 관상, 확실성 등의 열 가지를 들고 있다. Anawati et Gardet, *Mystique musulmane*, pp. 42sq.를 참조하라. 그리고 *ibid*, pp. 125~180 및 S. H. Nasr, *Sufi Essays*, pp. 73~74, pp. 77~83에 번역, 해설된 텍스트들을 보라.
53) *Mystique musulmane*, pp. 43.

에서 태어난 아부 하미드 알 가잘리Abu Hâmid al-Ghazzâlî는 칼람을 배운 후 바그다드에서 교수가 되었다. 이어 그리스 철학의 영향을 받은 파라비와 아비센나의 사상 체계를 습득했는데, 이는 실은 그들을 비판하기 위한 것이었다. 실제로 가잘리는 『철학에의 반론Réfutation de Philosophies』에서 그들을 배격하고 있다.[54] 그러나 이윽고 신앙적인 위기에 빠진 가잘리는 1075년에 교수직을 내팽개치고 시리아로 여행을 떠났고, 예루살렘을 방문했다가 이집트에까지 발을 들여놓았다. 그는 유대교와 기독교를 연구하기도 했고, 일부 학자들은 그의 종교사상에서 기독교적 영향을 읽어내기도 한다. 어쨌든 그후 2년간 그는 시리아에서 수피의 도를 몸에 익혔다. 이렇게 여행을 떠난 지 10여 년이 지나서야 가잘리는 바그다드로 돌아와 아주 잠시 교수직에 몸을 담았다. 그러나 그는 결국 제자들을 데리고 자신이 태어난 마을로 들어가 거기서 일종의 신학교 및 수피들을 위한 수련장(madrasa)을 세웠다. 이 무렵 그는 이미 많은 책들을 펴내어 널리 명성을 떨치고 있었다. 이후에도 그는 저술 활동을 계속했으며 모든 이들의 존경을 한 몸에 받다가 505/1111년에 세상을 떠났다.

가잘리의 영적 스승이 누구였는지, 또한 그가 어떤 유형의 입문 의례를 받았는지에 대해서는 알려진 바가 없다. 그러나 그가 일종의 신비체험을 겪은 이후 공인 신학(kalâm)만으로는 충분치 못하다는 사실에 눈뜨게 되었음은 의심할 여지가 없다. 그는 해학을 곁들여 이렇게 적고 있다. "드문드문 있을까 말까 한 이혼의 형태에 관해서는 그토록 아는 것이 많은 사람들이 영적 생활의 가장 단순한 양상, 예를 들어 신

---

[54] 나아가 이번에는 유명한 이 "반론"이 아베로에스에 의해 논박된다.(본권 280절을 참조하라)

에 대한 진실성이라든가 신에 대한 신뢰가 어떤 의미를 가지는지에 관해서는 그대들에게 아무것도 말해줄 수 없다."[55] 신비주의로의 회심과 수피즘 입문 의례를 거친 가잘리는 수피의 가르침이 영적 엘리트들에게만 열려진 비밀이 되어서는 안 되며 모든 신도들이 알 수 있는 것이 되어야만 한다고 생각하게 되었다.

그의 신비체험이 진정하고 강렬한 것이었음은[56] 그의 주저『종교학의 소생 La revivification des sciences religieuses』에서 잘 알 수 있다. 전체 40장으로 이루어져 있는 이 책에서 가잘리는 의례의 문제, 관습, 무함마드의 메시지, 파멸로 인도하는 것과 구원으로 인도하는 것에 관해 차례로 고찰하고 있다. 이 가운데 마지막 부분에서 그는 신비주의적 삶에 내포된 몇몇 측면에 관해 논하고 있다. 그러면서도 가잘리는 항상 성법과 전승을 수피즘의 교설로 보완한다고 하는 중용의 태도를 견지했으며, 신비체험에만 가장 높은 우위성을 부여하지는 않았다. 이와 같은 그의 태도로 인해 『종교학의 소생』은 정통파 신학자들에게도 받아들여져 비교할 수 없는 권위를 가지게 되었다.

가잘리는 모든 분야에 달통한 백과전서적인 다작의 저술가인 동시에 위대한 논쟁가이기도 했다. 가령 그는 이스마일파와 모든 그노시스주의적 경향에 대해 쉴새없이 공격을 퍼부었다. 하지만 그의 일부 저작에는 신적 빛을 둘러싼 신비주의적 사변과 관련하여 일종의 그노시스적 구조도 다소 엿보인다.

---

55) A. M. Schimmel, p. 95에서 인용하였다.
56) 회심 이후 가잘리는 일종의 영적 자서전 『오류로부터의 해방자 Le Libérateur des erreurs』를 썼는데, 자기 내면의 체험에 관해 밝히지는 않았다. 거기서는 전적으로 철학자 비판에 초점을 맞추고 있다.

그러나 결국 이슬람의 종교사상을 "소생시키고자" 하는 가잘리의 시도는 실패로 끝났다고 보는 것이 많은 학자들의 견해이다. "그는 지극히 재기발랄한 인물이었다. 하지만 이런 그의 업적도 2, 3세기 후의 이슬람 종교사상을 경직시킬 침체를 막는 데는 별 효과가 없었다."[57]

279. 최초의 형이상학자들, 아비센나, 이슬람화된 스페인의 철학

그리스 철학과 과학 문헌의 번역은 이슬람 내에 철학적 반성을 환기시키고 유지시켰다. 3/9세기 중엽부터 플라톤과 아리스토텔레스에 직접 의거한 저작들(신플라톤주의적 해석을 통해 알려졌다)이 신학적 논쟁과 더불어 서서히 중시되기 시작했다. 오늘날 그 저작이 부분적으로나마 전해지는 최초의 철학자로서 아부 유소프 알 킨디(185/796~260/873년경)를 들 수 있다.[58] 그는 그리스 철학뿐만 아니라 자연과학과 수학을 연구하기도 했다. 킨디는 순수하게 인간적인 인식, 다시 말해 종교적 계시라든가 권위에 입각하지 않은 그런 인식의 가능성과 가치를 위해 힘을 쏟았다. 물론 킨디는 신이 예언자들에게 수여한 초자연적 차원의 인식을 인정하기는 했지만, 적어도 원리적으로는 인간의 사유가 지닌 고유한 수단만으로도 계시된 진리를 인식할 수 있다

---

57) Anawati et Gardet, *op. cit.*, p. 51. 또한 Zaehner, *Hindu and Muslim Mysticism*, pp. 126 sq.의 신랄한 가잘리 비판을 보라. 그러나 Corbin은 이슬람의 철학적 창조성이 아베로에스의 죽음(1198)으로 끝난 것이 아님을 보여준다. 이슬람 철학은 동방, 특히 이란에서 소흐라와르디 및 여러 학파의 전통 속에서 더욱 발전했다.
58) 그의 이름은 중세에 라틴어로 번역된 『지성론De intellectu』과 『다섯 가지 본질에 관하여De Quinque Essentiis』 등의 저작을 통해 서구에 알려졌다.

고 보았다.

이 두 가지 종류의 인식, 즉 (전적으로 고대 그리스인들이 행한) 인간적 인식과 (특히 『코란』에 있어서의) 계시에 의한 인식을 둘러싼 사색으로부터 킨디는 장래 이슬람 철학에서 본질적인 것이 될 일군의 문제들을 다루기 시작했다. 그중 가장 중요한 문제로 『코란』과 전승(Hadith)에 대한 형이상학적(이성적) 해석의 가능성, 존재 자체 혹은 제1원인과 신의 동일시, 자연적 원인들도 아니고 신플라톤주의적 유출도 아닌 일종의 원인성으로서의 창조 이해, 개인 영혼의 불사성 등을 들 수 있겠다.

이 가운데 몇 가지 문제에 대해서는 심원한 철학자이자 신비가였던 알 파라비l-Fârâbî(250/872~339/950)에 의해 탐구되고 대담한 해석이 제시되었다. 그는 철학적 성찰과 이슬람 신앙을 결부시키고자 했던 최초의 인물이다. 그도 역시 (아리스토텔레스가 제시한 것들과 같은) 자연과학과 윤리학 및 정치 신학 등을 연구했다. 그는 플라톤에게서 영감을 얻은 "완전한 도시"의 청사진을 전개했으며, "무함마드적 예언자상의 외투를 걸친 플라톤"[59]이라고도 말할 수 있는, 모든 인간적 미덕과 철학적 덕목을 겸비한 이상적 "제왕"의 모습도 묘사하고 있다. 이런 정치 신학을 통해 파라비는 철학과 종교의 연관성을 어떻게 다룰 것인가 하는 문제와 관련하여 후대 사람들에게 하나의 길을 보여주었다. 그의 형이상학은 창조된 것들의 존재와 본질 간의 차이 위에 구축되었다. 즉 존재existence는 일종의 술어이며 본질이 지니는 우연성 accident de l'essence의 일부라는 것이다. 코르뱅도 적절하게 지적했듯이 이런 주장은 형이상학의 역사에 새로운 시대의 한 획을 그은 것이었

---

59) Corbin, *Histoire de la philosophie islamique*, p. 230에서 인용하였다.

다. 지성 및 지성의 유출에 관한 그의 이론 또한 독창적인 것이었다. 그러나 파라비는 신비주의에 열렬한 관심을 가지고 종종 저작 속에서 수피즘의 용어를 사용하곤 했다.

그 스스로도 인정하고 있듯이, 청년 아비센나가 아리스토텔레스의 『형이상학Métaphysique』을 이해할 수 있었던 것은 파라비의 책이 있었기 때문이다. 370/980년에 부하라에서 태어난 이븐 시나Ibn Sînâ는 12세기에 그의 몇몇 저작이 라틴어로 번역된 이래 아비센나 Avicenne라는 이름으로 서구 세계에까지 널리 알려지게 되었다. 그는 종래 찾아보기 힘든 조숙함과 보편적 지식을 가지고 있었다. 그의 탁월한 저서『의학전범Canon』은 수 세기에 걸쳐 유럽 의학을 지배했으며, 오리엔트 세계에서는 오늘날에도 여전히 활용되고 있다. 지칠 줄 모르는 연구자(그의 저작 목록은 292종을 헤아리고 있다)였던 이븐 시나의 주된 저작으로는 아리스토텔레스 주해, 형이상학과 논리학 및 자연학 등을 다룬 일종의 전집 『키타브 알 시파Kitab al-Shifâ』, 자신의 철학을 개진한 두 권의 책[60]이 있다. 그 밖에 총 20권에 달하는 방대한 백과전서가 있는데, 이것은 이스파한이 가즈나의 무함마드에게 점령당했을 때 거의 없어지고 약간의 단편만 남아 있다. 이븐 시나의 부친과 형은 이스마일파였는데, 코르뱅에 의하면(p. 239) 이븐 시나 자신은 아마도 제12시아파에 속해 있었을 거라고 한다. 그는 57세 때 (428/1037) 군주를 수행하여 갔던 하마다 근교에서 죽었다.

아비센나는 파라비가 내세웠던 본질의 형이상학을 받아들여 보다

---

60) *Le livre des directives et remarques*[『지시와 권고의 서』] et *Le livre de Science*[『학문의 서』], trad. A. M. Goichon. 아비센나의 다른 저작들의 번역에 대해서는 뒤에 나오는 것을 보라.

발전시켰다. 존재는 창조의 결과로서 "자기 자신을 사유하는 신의 사유에서 생긴 것이다. 그리고 신적 존재가 자기 자신에 관해 영원히 가지는 이런 인식은 다름 아닌 제1유출, 제1누스noûs, 제1지성이다." (Corbin, *ibid.*, p. 240) 일련의 연속적 유출에 의해 제1지성으로부터 무수한 존재들이 생겨난다.[61] 제2지성에서는 제1천을 움직이는 천계의 영혼이 파생되어 나온다. 이어 제3지성으로부터 천계의 에테르적 신체가 파생된다. 그리고 이 과정은 계속된다. 그 결과 "지천사적" 제10지성(*Angeli intellectuales*)과 천계의 영혼(*Angeli caelestes*)이 생겨난다. "이들에게는 감각적 기관이 전혀 없으며 다만 순수 상태의 상상력을 소유하고 있을 따름이다."(Corbin, p. 240)

제10지성은 능동적 지성 내지는 활동적 지성이라 불리며, 아비센나의 우주론에서 중요한 역할을 담당한다. 거기에서 지상 세계[62] 및 무수한 인간들의 영혼이 생겨나기 때문이다.[63] 인간의 영혼은 나누어지지 않으며 파괴되지도 않는 비물질적인 실체이므로 몸이 죽은 다음에도 계속 존속한다. 아비센나는 피조물임에도 불구하고 개인의 영혼이 죽지 않는다는 것을 순수하게 철학적인 논증에 의해 증명했다고 자부했다. 그에게 있어 종교의 주요한 역할은 각 인간에게 행복을 가져다 주는 데에 있었다. 그러나 참된 철학자는 동시에 신비가이기도 하다. 왜냐하면 철학자란 모름지기 신에 대한 사랑에 스스로를 던지며 종교의 내적 진리를 탐구하는 자이기 때문이다. 아비센나는 종종 "동방의

---

61) 이 과정은 Anawati가 번역한 *La métaphysique du Shifâ*(IX, 6)에 묘사되어 있다.
62) Goichon, *Le livre des directives*, p. 430 sq.를 보라.
63) Corbin(p. 243)에 의하면 천사의 모습과 역할을 담지하는 이 "능동 지성"이야말로 이른바 "라틴 아비센나주의"를 좌절시킨 원인이었다고 한다.

철학"에 관해 쓴 자신의 저술을 언급한다. 그 책은 현재 짤막한 단편 밖에 남아 있지 않은데, 전권에 걸쳐 사후 영혼의 존속에 관해 논하고 있다. 그의 신비체험은 세 편의 『신비스런 이야기Récits mystiques』[64]에 서 다루어지고 있다. 이것은 밝게 빛나는 천사에게 인도받아 신비스런 동방세계로 가는 엑스터시 여행의 이야기이다. 이 주제는 후에 소흐라와르디에 의해 다시금 다루어진다.(본권 281절)

본서의 제약상 안달루시아의 초기 신지학자들과 신비가들에 관해서는 간단히 언급하는 데에 그치고자 한다. 우선 이븐 마사라Ibn Massara (269/883~319/931)를 들 수 있겠다. 그는 동양을 여행하면서 여러 비의 종교적 집단과 접촉하였고, 이윽고 몇몇 제자들과 함께 코르도바 근교에 은둔처를 마련하여 그곳에 틀어박혔다. 이슬람 지배하의 스페인에서 최초로 비의적 신비주의 교단을 창설한 자가 바로 이븐 마사라였다. 그노시스적인 동시에 신플라톤주의적인 그의 교설의 기본 개요는 이븐 아라비의 저작에 나오는 긴 인용문들을 통해 재구성할 수 있다.

이븐 하즘Ibn Hasm(403/1013~454/1063) 또한 코르도바에서 태어났다. 그는 법률가이자 사상가이고 시인이기도 하며 제 종교 및 철학 체계에 관한 비판적 역사서를 저술하기도 했다. 그의 유명한 시집 『비둘기의 목걸이Le collier de la Colombe』는 플라톤의 『향연Banquet』에 나오는 신화에서 영감을 받은 것으로, 사랑에 관한 그의 교설은 최초의 트루바두르라고 말해지는 아키텐느의 기욤 9세의 "열락의 지식Gaie Science"과 유사하다는 점이 지적되고 있다.[65] 그러나 이보다 훨씬 더 중요한 것은 제 종교와 철학에 관한 그의 논고이다. 이븐 하즘은 회의

---

64) Henry Corbin, *Avicenne et le récit visionnaire*에 번역, 해설되어 있다.
65) A. R. Nykl, *A Book Containing the Risâla*를 보라.

론자와 신앙인의 다양한 유형에 대해 기술하면서, 특히 계시 경전을 지닌 민족, 그중에서도 신의 유일성(tawhîd)에 대한 관념과 계시의 원문을 잘 보존해온 민족을 중시하고 있다.

사상가 이븐 밧자Ibn Bajja(라틴 스콜라학에서는 아벰파체Avempace)는 12세기의 인물로, 아베로에스와 알베르투스 마그누스에게 영향을 끼쳤다는 점에서 특히 중요하다. 그는 아리스토텔레스의 몇몇 저작에 대한 주해를 남기기도 했는데, 형이상학을 다룬 주저는 미완인 채로 남아 있다. 하지만 "이븐 밧자가 즐겨 사용한 고독자라든가 이방인 등의 용어는 바로 이슬람의 신비적 그노시스와 관련된 전형적인 술어"[66]였다는 점에 유의할 필요가 있다. 한편 코르도바의 이븐 토파일Ibn Tofayl(5/12세기)은 당대가 요구한 백과전서적 학식을 널리 습득했던 인물인데, 특히 그의 명성을 높인 것은 『하이 이븐 야크잔Hayy Ibn Yaqzân』이라는 제목의 철학 소설이었다. 이 소설은 12세기에 히브리어로 번역되었으나 라틴권의 스콜라 학자들에게는 알려지지 못했다. 소흐라와르디(본권 281절)와 동시대인이었던 이븐 토파일은 "동방의 철학"과 아비센나의 입문 의례 이야기를 전거로 하여 이 소설을 썼다. 이 철학 소설의 스토리는 두 개의 섬을 무대로 하여 순차적으로 전개되고 있다. 즉 제1의 섬에 사는 주민들은 전적으로 외면적인 종교를 실천하고 있으며 엄격한 성법에 의해 지배받는다. 그곳의 주민인 명상가 압살은 맞은편 섬으로 이주할 것을 결심한다. 이리하여 제2의 섬으로 건너간 그는 그곳의 유일한 거주민인 하이 이븐 야크잔과 만난다. 철학자 야크잔은 혼자서 생명의 법칙과 영적 비의를 습득했다. 야크잔과 압살은 다른 사람들에게 이런 신적 진리를 전달하고자 제1의 섬

---

66) Corbin, *Histoire de la philosophie islamique*, p. 320.

으로 갔지만, 곧바로 그곳의 인간 사회는 더 이상 치유하기 힘들다는 사실을 깨닫는다. 그래서 둘은 자기들의 은둔처로 되돌아간다. "그들의 섬으로의 귀환은 이슬람에 있어 철학과 종교의 분쟁이 출구 없는 절망적인 것임을 의미하는 걸까?"[67]

280. 안달루시아의 최후이자 최고의 사상가들: 아베로에스와 이븐 아라비

가장 위대한 이슬람 철학자로 간주되는 이븐 루쉬드Ibn Roshd(라틴권에서는 아베로에스Averroës로 알려져 있다)는 서구에서도 최고의 명성을 얻고 있다. 그의 저작은 방대하기 짝이 없다. 아베로에스는 아리스토텔레스 저술의 대부분에 대해 상세한 주석을 가했는데, 이는 그가 자신의 스승의 참된 사상을 복원시키고자 했기 때문이다. 이런 아베로에스의 사상 체계를 여기서 다 소개할 수는 없다. 다만 그가 이슬람 성법에도 통달해 있었다는 점만은 지적하고 넘어가고자 한다. 그는 모든 신자들이 『코란』과 하디스 및 이즈마(학자들의 합의)에 나오는 그대로 종교의 기본 원칙을 준수해야만 한다고 주장했다. 하지만 보다 탁월한 지적 능력을 가진 자는 고차적인 학문적 지식의 탐구, 즉 철학을 연구할 의무가 있다고 생각했다. 그리고 신학자들은 이런 철학 연구에 개입한다든지 거기서 도출된 결론의 옳고 그름을 판정할 권리가 없다. 신학은 중간적 학문으로서는 필요하지만 항상 보다 상위의 학문인 철학의 지배하에 있어야만 하기 때문이다. 하지만 철학자든 신학자든 민

---

[67] *Ibid.*, p. 333.

중들에게 『코란』의 애매한 장구들을 해석해주어서는 안 된다(이는 일부 서구 신학자들이 설명해온 "이중진리설"을 의미하는 것은 아니다).

이와 같은 입장에서 아베로에스는 엄격하게, 그러면서도 해학적으로 가잘리의 『철학에의 반론』(본권 278절)에 비판을 가했다. 저 유명한 『반론의 반론Réfutation de la Réfutation』(*Tahâfot al-Tahâfot*, 라틴어로는 *Destructio Destructionis*로 번역되었다)에서 아베로에스는 가잘리가 철학 체계 전반에 대해 제대로 이해하지 못했다는 점과 그의 논의는 그 자신의 무능력을 스스로 폭로하고 있음을 증명해 보였다. 나아가 그는 저 고명한 가잘리의 다른 저작들과 이 『철학에의 반론』 사이에 존재하는 모순을 지적하기도 했다.

아베로에스는 파라비와 아비센나에 대해서도 비판하고 있다. 그들은 신학자들에게 잘 보이려고 고대 철학의 전통을 포기해버렸다는 것이다. 아베로에스는 순수하게 아리스토텔레스의 우주론을 재흥시키기를 바라면서 아비센나의 천사론 및 천계의 영혼(*animae coelestes*)의 관념을 부정한다. 즉 아베로에스는 창조적 상상력에 의해 지각되는 이미지의 세계(본권 279절 참조)를 거부한 것이다. 형상은 아비센나가 주장하듯이 그런 능동적 지성에 의해 창조된 것이 아니다. 오히려 **질료 그 자체가 잠재적으로 모든 형상을 소유하고 있다**. 그러나 질료는 개체화의 원리이므로 개개의 사물은 부패하기 쉬운 것과 동일시된다. 따라서 **불멸성은 비개인적인 차원**에서만 가능하다는 것이다.[68] 이 마지막 주장은 이슬람의 신학자와 신지학자들뿐만 아니라 기독교 사상가들 사이에서도 큰 반발을 불러일으켰다.[69]

---

68) Corbin, *op. cit.*, pp. 340 sq.의 비판적 분석을 보라.
69) 아베로에스의 아리스토텔레스 주해를 처음으로 라틴어로 번역한 것은 1230~

아베로에스는 아직 젊은 수피였던 이븐 아라비와 교우 관계를 맺고자 했다. 그런데 이븐 아라비 진영의 전승에 의하면 아베로에스는 이븐 아라비의 모습을 보자마자 자신의 사상 체계가 불충분하다는 사실을 깨닫고 안색이 창백해졌다고 한다. 이븐 아라비는 수피즘에 가장 조예가 깊은 천재 중의 한 사람으로, 동서고금의 신비가들 중에서도 가장 특이한 인물에 속한다. 560/1165년에 무르시아에서 태어난 그는 모든 학문을 익히고 스승과 교우를 찾아 모로코에서 이라크에 이르기까지 끝없는 여행을 계속했다. 그는 일찍부터 수차례 계시를 받고 초자연적인 체험을 맛보았다. 그의 맨 처음 스승은 두 명의 여성이었다. 당시 이미 95세로 늙고 쇠한 샴스와 코르도바의 파티마가 그들이다.[70] 그는 이어 메카에서 어떤 샤이흐의 딸인 절세 미녀와 만났을 때『욕망의 해석Interprétation des désirs』이라는 제목으로 엮어진 일군의 시편을 쓰기도 했다. 불타오르는 신비적 사랑에 영감을 받아 쓴 이 시편들은 그저 에로틱한 의미로만 이해되어져왔으나, 거기서 우리는 단테와 베아트리체의 관계를 연상하게 된다.

카바 신전 밑에서 명상하는 가운데 이븐 아라비는 황홀경 속에서 숱한 환상 체험을 했다(그중 "영원한 청춘"의 환상이 유명하다). 또한 이때 자신이 "무함마드의 성자성을 보증하는 징표"임을 확신했다. 게다가 그의 주저 중의 하나로 총 20권에 이르는 신비주의적 저술의 제목이『메카 계시Les Révélations mecquoises』이다. 1205년에 모술에서 이븐

1235년경이다. 그러나 서구 중세에서 매우 중요한 역할을 한 "라틴 아베로에스주의"는 실제로는 성 아우구스티누스적 관점에서 행해진 아베로에스에 대한 새로운 해석이었다.
70) *Sufis of Andalusia*라는 제목으로 R. W. J. Austin이 번역한 자전적 저작을 보라.

아라비는 세 번째 입문 의례를 받았다.[71] 그러나 다음 해인 1206년에 카이로에서 그곳의 종교 교단과 문제가 생겨 황급히 메카로 돌아갔다. 그 밖에도 수많은 여행을 했으나 그의 창조적인 다산성은 진혀 쇠퇴의 기미를 보이지 않았다. 그러다가 이븐 아라비는 638/1240년 85세로 다마스쿠스에서 세상을 떠났다.

이처럼 이슬람 신비주의와 형이상학의 역사에서 두드러진 지위를 점했음에도 불구하고(수피들은 이븐 아라비를 "가장 위대한 샤이흐"라고 부른다) 이븐 아라비의 사상은 잘 알려져 있지 않다.[72] 확실히 그는 어떤 초자연적인 영감에 사로잡힌 사람처럼 비상한 속도로 글을 써댔다. 최근에 영역된 그의 걸작 중의 하나인 『예지의 목걸이』Le collier de la Sagesse는 눈길을 뗄 수 없을 만큼 멋진 통찰력으로 가득 차 있지만, 전체적인 구성이나 논리에 있어서는 엄밀성을 결여하고 있다. 어찌 되었건 우리는 이 조급한 저술 덕택에 그의 사상이 지닌 독창성과 그의 신비주의적 신학이 보여주는 탁월함을 접할 수 있는 것이다.

이븐 아라비는 이렇게 언명하고 있다. "신비적 상태의 인식은 체험에 의해서만 얻어질 수 있다. 인간의 이성은 그런 인식을 규정할 수도 없고, 논증에 의해 거기에 도달할 수도 없다."[73] 때문에 비의ésotérisme가 필요하다는 것이다. "이런 형태의 영적 인식은 너무도 지고해서 보통 사람들에게는 감추어져 있을 수밖에 없다. 왜냐하면 그런 인식의

---

71) *Sufis of Andalusia*, p. 157을 참조하라.
72) 이집트에서는 현재도 그의 저작이 금서로 되어 있다. 방대하고 난해한 전집은 충분한 편집 작업도 이루어지지 않고 있으며 번역도 별로 없다. 〔지금은 해금되어 『메카 계시』의 교정본이 국립기관에서 간행 중에 있다.〕
73) Austin, *Ibn al-Arabi. The Bezels of Wisdom*, p. 25에 인용된 텍스트인 *Les Révélations mecquoises*.

깊이에까지 도달하기란 매우 어렵고 또한 위험도 크기 때문이다."[74]

이븐 아라비의 형이상학과 신비주의의 근본을 이루는 것은 **존재의 통일성**Unité de l'Être, 보다 정확히 말하자면 존재와 지각 모두에 있어서의 통일성이라는 개념이다. 요컨대 일체의 차이성을 가지지 않는 전체로서의 원실재Réalité가 신성의 가장 기본적인 존재 양태를 구성한다는 것이다. 그리고 이런 신적 실재는 사랑에 의해 움직여지며, 스스로를 알고자 하여 저절로 주체(인식하는 자)와 객체(인식되는 것)로 나누어진다. 이븐 아라비는 존재의 통일성이라는 맥락에서 원실재에 대해 말할 때는 알 학크al-Haqq(현실, 진리)라는 표현을 쓴다. 한편 두 개의 극, 곧 영적 혹은 지성적 극성과 우주적 혹은 실재적 극성으로 나누어진 원실재에 관해 말할 경우에는 전자의 극성을 알라 혹은 창조주(al-khâliq)라 부르고, 후자의 극성을 우주 혹은 피조물(Khalq)이라고 부른다.[75]

이븐 아라비는 이와 같은 창조의 과정을 설명하기 위해 창조적 상상력과 사랑의 주제를 즐겨 사용했다. 즉 창조적 상상력의 활동에 의해 원실재 속에 잠재적으로 존재하는 형상들이 타자성의 환상막 위에 투사되고, 그럼으로써 신은 자기 자신을 대상으로 지각할 수 있게 된다.[76] 이때 창조적 상상력은 주관으로서의 실재와 인식 대상으로서의 실재 사이, 즉 창조주와 피조물 사이를 잇는 연결 고리를 구성한다.

---

74) *Ibid.*, p. 24에 인용된 텍스트. 이하에서 우리의 논의는 주로 Austin(*The Bezels of Wisdom*)의 번역과 주해를 사용한다.
75) *The Bezels of Wisdom*, p. 153. 이븐 아라비는 나아가 양극—영적인 극과 우주적인 극—이 가능태로서 잠재적으로 다른 극을 포함한다고 적고 있다.
76) *Ibid.*, pp. 28, 121. Henry Corbin의 중요한 저작인 *L'imagination créatrice dans le soufisme d'Ibn Arabî*, 특히 ch. II~III을 보라.

이런 창조적 상상력에 의해 존재가 환기됨으로써 모든 객체와 대상들이 신적 주관에 의해 인식될 수 있는 것이다.

창조 과정을 설명하기 위해 사용된 제2의 주제는 사랑, 즉 피조물에 의해 알려지기를 원하는 신의 동경이다. 먼저 이븐 아라비는 생식력 있는 실재가 겪는 출산의 고통에 대해 묘사하고 있다. 그러나 출산된 피조물을 하나로 결합시키는 것은 항상 사랑이다. 이리하여 신적 주관과 창조된 대상으로 분열된 원실재는 본래적 통일성으로의 재통합을 향해 나아간다. 이때의 재통합은 **자기인식의 경험에 의해 풍부해진** 원초적 통일성에의 재통합이다.[77]

피조물인 인간은 누구든 그 잠재적 본질에 있어서는 신 그 자체이다. 한편 신의 인식 대상으로서의 인간은 신이 스스로를 알도록 도와주는 존재이며 그럼으로써 신적 자유에 참여한다.[78] 완전한 인간이란 원실재의 두 가지 극성 사이에 위치하는 "골짜기" 같은 존재이다. 완전한 인간은 남성, 즉 하늘과 신의 말씀을 대표하는 자인 동시에 여성, 즉 대지 내지는 우주를 대표하는 자이다. 자기 안에 이런 하늘과 땅을 재통합시킴으로써 완전한 인간은 존재의 통일성을 획득하게 되는 것이다.[79] 성자는 사물을 창조하는 힘(*himmah*)을 신과 나누어 가지고 있다. 다시 말해 성자는 자신의 내면적 이미지를 끌어내어 객관적으로 실재화할 수 있는 것이다.[80] 그러나 어떤 성자라도 그런 이미지를

---

77) *The Bezels of Wisdom*, p. 29.
78) *Ibid.*, pp. 33, 84.
79) Corbin, *op. cit.*, ch. IV, 2. 이븐 아라비에 따르면 완전한 인간은 인간존재 속에서는 구체화되기 어려운 범례를 구성한다.
80) *Ibid.*, ch. 4; *The Bezels*, pp. 36, 121, 158을 보라. Austin(p. 36)은 이를 내면의 이미지를 물질화하는 데에 이르는 티베트의 명상과 비교하고 있다. 본권 315절을

다만 일정한 기간 동안에만 객관적 실재로서 존속시킬 수 있을 뿐이다.[81] 덧붙여 말하자면 이븐 아라비에게 있어 이슬람이란 본질적으로 성자에 의해 인식된 진리와 체험이다. 그리고 그 성자의 가장 중요한 역할은 예언자(*nabî*)와 사도(*rasûl*)의 역할에 있다.

오리게네스, 피오레의 요아킴 혹은 마이스터 에크하르트와 마찬가지로 이븐 아라비 또한 충실하고 유능한 제자들을 두었고 나아가 수피들에게까지 존경을 받았음에도 불구하고 공인 신학을 갱신하여 더욱 풍부하게 하는 데에는 결국 성공하지 못했다. 그러나 이 세 명의 기독교 교부들과는 달리 이븐 아라비의 천재성은 이슬람의 비의 종교적 전통에 큰 무게를 실어주었다.

281. 소흐라와르디와 빛의 신비주의

쉬하붓딘 야흐야 소흐라와르디Shihâboddin Yahyâ Sohrawardî는 549/1155년에 이란 북서부의 마을 소흐라와르드에서 태어났다. 그는 아제르바이잔과 이스파한에서 공부하고 아나톨리아에서 몇 년간 체재한 후 시리아로 갔다. 거기서 그는 성법학자들에 의해 고발당하여 재판에서 이단으로 선고받음으로써 587/1191년에 36세의 나이로 죽었다. 역사가들은 그를 샤이흐 마크툴Sheikh maqtûl("암살당한 자")라고 부르지만, 제자들은 그를 샤이흐 샤히드Sheikh shahîd, 즉 "순교한 자"라고 부른다.

참조하라.
81) *The Bezels*, p. 102. 이븐 아라비는 이런 능력을 가진 자에게 닥칠 큰 위험에 관해서도 강조하고 있다. *Ibid.*, pp. 37, 158.

그의 주저인 『동방 신지학La Théosophie orientale(=*Hikmat al-Ishrâk*)』은 소흐라와르디의 장대한 기획, 즉 고대 이란의 예지와 헤르메스주의적 그노시스의 재흥을 잘 보여준다. 아비센나 또한 "동방의 철학"과 "예지"에 관해 언급한 적이 있다.(본권 279절 참조) 소흐라와르디는 이 유명한 선각자 아비센나의 사상에 정통해 있었다. 그는 아비센나가 동방 철학의 원리와 시원, 즉 "동방의 원천" 자체를 알지 못했기 때문에 "동방의 철학"을 실현하지는 못했다고 생각했다. 이와 관련하여 소흐라와르디는 다음과 같이 적고 있다. "고대 페르시아인 가운데 신에게 인도받은 자들의 공동체가 있었다. 그들은 올바른 길을 걸어간 뛰어난 현자들과 신지학자들로서 주술사(*Majûs*)와는 전혀 다른 존재이다. 나는 『동방 신지학』이라 이름 붙인 책에서 그들의 귀중한 빛의 신지학, 즉 플라톤과 그 이전 선각자들의 신비체험을 입증한 바로 저 신지학을 다시 소생시켰다. 나보다 앞서 이런 기획을 실행한 자는 아무도 없다."[82]

소흐라와르디의 방대한 저작들(49권의 저작)은 그의 개인적 체험, 즉 "청년기에 겪었던 회심 체험"에서 비롯되었다. 어떤 엑스터시 속에서 그는 무수한 "빛의 존재자들을 보았다. 그것들은 헤르메스와 플라톤이 보았던 그런 빛의 존재자였으며, 거기서 발하는 천상적 광휘는 차라투스트라가 선포한 **빛의 지고성**(*Ray wa Khorreh*)과 영광의 **빛**의 원천이었다. 너무나도 경건한 지복의 왕 카이 호스로도 영적 탈혼을 통해 이런 빛을 향하여 상승했던 것이다."[83] 이슈라크Ishrâq(떠오르는

---

82) Henry Corbin, *En Islam iranien*, II: *Sohrawardî et les platoniciens de Perse*, p. 29에 번역된 텍스트. 또한 *Histoire de la philosophie islamique*, p. 287을 참조하라.
83) Corbin, *Histoire de la philosophie islamique*, pp. 288~289에 번역된 텍스트. 다른 번역은 *En Islam iranien*, II, p. 100에 있다.

태양의 광채)라는 관념은 (1) 신적 광명을 원천으로 하는 예지와 신지학, (2) 이에 따른 지적 광명체의 현현을 기반으로 세워진 일종의 교의, (3) 나아가 **동방**의 신지학, 즉 고대 페르시아 현자들의 신지학 등을 모두 반영하고 있다. 이처럼 "떠오르는 태양의 광채"는 "신적 영광의 빛", 즉 아베스타 경전에 나오는 **화르나프**(페르시아어로는 **호라** Khorrah라고 하며 파르시어 **화르**Farr 혹은 **화라**Farrah와 관계가 있는 말이다)에 상응한다. 어쨌든 소흐라와르디는 이를 빛 중의 빛의 영원한 방사로 묘사하면서, 거기서부터 **바흐만**Bahman(*Vohu Manah*)이라는 조로아스터교적 이름을 가진 최상급 대천사가 생겨났다고 말한다. 이런 빛 중의 빛과 최초의 유출자 사이의 관계는 존재의 모든 유출 단계에서 확인되며, 모든 창조물들의 범주들을 쌍으로 정리한다. "그 빛남과 반사에 의해 서로가 서로를 낳으면서 이 빛의 실체는 무한히 그 숫자를 늘려간다. 그리하여 소요학파[*아리스토텔레스 학파]와 프톨레마이오스파의 항성천恒星天 저편에도 아름답고 놀라운 우주가 무수히 존재하고 있음을 예감케 하는 것이다."(Corbin, *Histoire*, p. 293)

여기서 이런 빛의 세계를 일일이 소개하기에는 너무 복잡하다.[84] 그러니 다만 모든 양태의 영적 존재와 일체의 우주적 실재가 빛 중의 빛으로부터 유출된 각양각색의 대천사들에 의해 창조되고 인도받는다는 사실만 지적하고 넘어가기로 하자. 소흐라와르디의 우주론은 천사론과 밀접한 관계가 있다. 또한 그의 자연학은 마즈다교에 있어 실재의 두 가지 범주—**메녹**mênôk(천상의, 미세한)과 **게틱**gêtik(지상의, 농밀한)—라는 관념뿐만 아니라 더 나아가 마니교적인 이원론을 연상시

---

84) Corbin, *En Islam iranien*, II, pp. 81 sq.; *Histoire de la philosophie islamique*, p. 293 sq.를 보라.

키기도 한다.(본서 제2권 215절, 233~234절 참조) 소흐라와르디의 우주론의 네 가지 우주 가운데 특히 중요하다고 여겨지는 것으로, **말라쿠트** Malakut(천체의 영혼과 인간의 영혼이 존재하는 우주)와 **상상적 우주** mundus imaginalis를 들 수 있다. 상상적 우주는 "순수한 빛의 존재자가 거하는 지성적 우주와 감각적 우주 사이의 중간적 우주라 할 수 있다. 이런 우주에 대한 지각을 담당하는 기관이 바로 능동적 상상력이다."[85] 앙리 코르뱅의 말대로 "소흐라와르디는 확실히 이 중간적 우주의 존재론을 구축한 최초의 인물이다. 이런 상상적 우주의 테마는 이후 이슬람의 모든 신비가들과 그노시스주의자들에 의해 보다 발전적으로 계승되어갔다."[86]

소흐라와르디가 말하는 영적 입문 의례의 이야기는 오직 이런 중간적 우주를 고려함으로써만 해독이 가능하다. 이는 **말라쿠트**에서 일어나는 영적인 사건들에 관한 이야기이지만, 동시에 그것과 유사한 외적 사건들의 감추어진 깊은 의미를 드러내는 이야기이기도 하다. 한편 그의 『서방의 유배 이야기』Récit de l'Exil occidental[87]는 제자들을 **동방**

---

85) Corbin, *Histoire*, p. 296.
86) "이런 상상적 우주의 중요성은 실로 결정적이다. 상상적 우주는 인간존재의 사후 생성 및 변화를 향해 열려진 전망의 최초 단계에 위치하며, 다음과 같은 세 가지 기능을 가지고 있다. 즉 첫째, 이로써 사자의 부활이 성취된다. 상상적 우주는 '미세한 신체'가 존재하는 장이기 때문이다. 둘째, 이로써 예언자들이 만들어낸 상징과 비전에 의한 모든 체험이 현실화된다. 따라서 셋째, **타윌**, 즉 『코란』의 계시로 수여된 것을 그 '영적 진리'에까지 '인도하여 회복시키는' 해석 방법이 완성된다."(Corbin, *Histoire*, pp. 296~297)
87) H. Corbin, *L'Archange empourpré*, pp. 265~288에 번역, 해설되어 있다. 같은 책에서 소흐라와르디의 다른 신비적 이야기에 대한 번역을 보라. 또한 *En Islam iranien*, II, pp. 246 sq.를 보라.

으로 인도하는 일종의 입문 의례적 이야기이다. 바꿔 말하자면 이 간결하면서도 수수께끼 같은 이야기가 "유배자"로 하여금 본래의 자신의 **본령**으로 되돌아가게 도와준다는 것이다. 소흐라와르디와 "동방의 신지학자들(*Hokama Ishrâqîyûn*)"에게 있어서는 철학적 사색이 영적 자기실현과 함께 진행된다. 그들은 순수한 인식을 추구하는 철학자의 방법과 자신의 내적 정화를 추구하는 수피들의 방법을 재통합한다.[88]

앞서 살펴보았듯이, 이런 길을 걷는 자들이 중간적 우주에서 겪는 영적 체험들은 창조적 상상력에 의해 비롯된 일련의 입문 의례적 시련이나 다름없다. 이와 같은 입문 의례적 이야기의 기능은 비록 맥락은 다를지라도 성배 전설의 입문 의례적 기능(본권 270절)에 비견될 만한 것이다. 또한 전통적인 모든 이야기들narratives, 혹은 "범례로서의 역사 이야기들histoires"이 지니고 있는 주술-종교적 가치에 관해서도 생각해볼 필요가 있다.(본권 292절의 하시디즘 참조) 한 가지만 더 덧붙이자면, 루마니아의 농민들은 밤중에 민화를 의례적으로 이야기함으로써 집 안에 악마라든가 악령이 침투하지 못하도록 막을 수 있다고 믿었다. 뿐만 아니라 그런 이야기가 신의 현존을 초래한다고도 여겼다.[89]

이런 비교론적 관점에 의해 우리는 소흐라와르디의 독창성 및 나아가 그가 계승, 발전시킨 고대적 전통을 보다 잘 이해할 수 있게 된다. 저 중간적 우주의 발견을 가능케 한 창조적 상상력은 샤먼들의 엑스

---

88) 소흐라와르디가 자인하는 영적, 정신적 계보 속에는 고대 그리스의 철학자들과 더불어 페르시아의 예지 및 몇몇 위대한 수피들도 포함되어 있다. Corbin, *Histoire*, p. 299.

89) Ovidiu Bîrlea, *Folclorul românesc*, I(Bucuresti, 1981), pp. 141 sq.에 인용된 예들을 보라. 이는 매우 널리 발견되는 고대적 관념이다. Eliade, *Aspects du Mythe*, ch. II를 참조하라.

터시적 환상이라든가 고대 시인들의 영감과 밀접하게 연관되어 있다. 서사시나 몇몇 동화 유형들이 엑스터시를 통한 천상계 및 특히 지옥으로의 모험 여행에서 생겨난 것임은 잘 알려져 있다.[90] 이 모두는 "영적 교육"에 있어 이야기 문학이 수행하는 역할을 이해하고 나아가 20세기 서구에 있어 무의식의 세계의 발견과 상상력의 변증법이 초래한 결과를 이해하는 데에 적지 않은 도움을 줄 것으로 여겨진다.

소흐라와르디에게 있어서는 철학과 신비적 관상 모두에 뛰어난 현자들이야말로 참된 영적 지도자, 즉 **극성**(Qotb)이었다. "설령 **은신 상태** incognito에 있음으로써 사람들이 전혀 알아보지 못한다 하더라도 이런 현자들이 없다면 세계는 존속할 수 없을 것이다."(Corbin, Histoire, pp. 300~301) 그런데 코르뱅은, "극 중의 극"이란 이맘이기 때문에, 여기서 우리가 시아파의 주요 교리 중의 하나를 알게 된다고 말한다. **은신 상태**로 존재한다는 관념은 이맘의 은신(ghaybat)과 왈라야트의 순환, 즉 "예언자[*무함마드]의 징표"에 뒤따르는 비의적 예언에 관한 시아파의 사상을 함의하고 있다. 이처럼 동방의 **조명주의**Ishrâqîyûn 신지학자들의 주장과 시아파 신지학자들의 주장은 서로 일치하는 바가 있다. 이와 관련하여 코르뱅은 다음과 같이 적고 있다. "알레포의 성법학자들은 틀리지 않았다. 소흐라와르디가 이단 재판에 기소되어 단죄받은 사유는 신이 모든 시대에, 그리고 오늘날에도 여전히 예언자를 창조할 수 있다는 그의 주장에 있었다. 여기서 말하는 예언자가 설령 성법을 규정하는 자로서의 예언자가 아니라 '비의적 예언자'를 지칭하는 것이라 해도 이런 주장은 적어도 일종의 숨은 시아파주의를 드러낸 것이었다고 여겨진다. 이리하여 생애를 건 저술들과 예언자

---

90) Eliade, *Le Chamanisme*, pp. 395 sq.를 참조하라.

철학을 위한 순교에 의해 소흐라와르디는 마지막까지 '서방으로의 유배'라는 비극적 삶을 살았던 것이다."(*Histoire*, p. 301) 그러나 소흐라와르디의 영적 후계자들—동방의 **조명주의**—은 최소한 이란에서는 오늘날까지도 그 명맥을 유지하고 있다.[91]

282. 잘랄 옷 딘 루미: 거룩한 음악과 시와 춤

루미Rûmî라는 이름으로 널리 알려져 있는 무함마드 잘랄 옷 딘Muhammad Djalâl-od-Dîn은 1207년 9월 30일에 호라산의 발흐 마을에서 태어났다. 신학자이자 수피의 교사이기도 했던 그의 부친은 몽골의 침입을 피해 1219년에 마을을 떠나 메카 순례 여행에 나섰으며, 이윽고 일가는 콘야에 정착했다. 부친이 죽은 후, 당시 24세였던 잘랄 알 딘은 알레포와 다마스쿠스로 나가 학업을 연마했다. 그리고 7년 뒤에 그는 콘야로 돌아가 1240년부터 1249년까지 법률학과 성법을 가르쳤다. 그러던 중 1249년 11월 29일에 타브리즈의 샴스라는 60세가량의 방랑 행자가 잘랄 알 딘이 사는 마을을 찾아왔다. 이 두 사람의 만남에 관해서는 몇몇 이야기가 전해지고 있는데, 모두가 극적인 형태로 루미의 회심을 말하고 있다. 이리하여 이 고명한 법학자이자 신학자는 이슬람 최대의 신비가 중 한 사람이 되었으며, 이슬람 최고의 천재적 종교 시인으로 거듭나게 되었다.

한편 자신들의 스승에게 끼친 감화력을 질투한 루미의 제자들에 의

---

91) 서구 세계에 지금까지 알려지지 않았던 이 풍부한 철학적 전통의 연구에 길을 닦은 것은 Henry Corbin과 그 제자들의 위대한 업적이라 할 수 있다.

해 쫓겨난 샴스는 다마스쿠스로 떠났다. 그는 다시 돌아오겠다고 약속했지만, 샴스는 1247년 12월 3일에 의문의 암살을 당했다. 이에 오랫동안 슬픔에 잠겨 있던 루미는 스승의 이름을 넣은 장편의 신비적 서정시「디와네 샴세 타브리지Diwân-e Shams-e Tabrîzî」를 썼다. "멋진 '사랑과 사별의 슬픔'을 노래한 이 시는 장대한 작품 전체가 스승에 대한 사랑에 바쳐지는데, 이 사랑은 지상적地上的 형태를 취하고는 있지만 실제로는 신적 사랑이다."[92] 이 밖에 루미는 스승 샴스를 기념하는 영적 연주회(samâ)를 개최하기도 했다. 그의 아들 술탄 왈라드가 전하는 바에 의하면 "그는 음악에 귀를 기울이면서 춤추기를 잠시도 멈추지 않았다. 그는 밤이나 낮이나 조금도 쉬지 않았다. 그는 예전에는 학자였지만 지금은 시인이 되었다. 그는 예전에는 금욕주의자였지만 지금은 포도주 대신 사랑에 취해 있다. 빛을 받은 영혼은 빛의 술만 마시기 때문이다."[93]

루미는 만년에 후삼 알 딘 첼레비를 제자들의 지도자로 택했다. 루미가 주저『마스나위Mathnawî』를 저술할 수 있었던 것도 이 첼레비의 도움에 힘입은 바 크다. 1273년에 세상을 떠나기까지 루미는 쉼 없이 첼레비에게 이행시를 구술했는데, 이때 루미는 종종 거리를 산보하면서 혹은 욕탕 속에서 구술했다고 한다.『마스나위』는 약 4만 5000행으로 구성된 장대한 신비적 서사시로서『코란』의 장구와 예언자의 전승을 비롯하여 여러 교훈담과 일화 및 전설 외에 오리엔트와 지중해 지방의 민간전승 등을 포괄하고 있다.

루미는 타리카 마울라위야Târiqa mâwlawîya라고 불리는 일종의 교단을

---

92) Eva de Vitray-Meyerovitch, *Rûmî et le soufisme*, p. 20.
93) Trad. de Vitray-Meyerovitch*Ibid.*, p. 18.

설립했다. 이 명칭은 그가 제자와 동지들로부터 마울라나Mawlânâ(터키어로는 Mevlâna), 즉 "우리의 스승"이라고 불린 데에서 유래한 것이다. 서양에서 이 교단은 일찍부터 "회전 행자"의 이름으로 알려졌다. 사마라고 불리는 제의에서 무용수들이 점점 빠르게 회전하면서 식장을 빙글빙글 돌기 때문이다. 루미는 이렇게 말한다. "이 음악의 박자 속에는 비밀이 감추어져 있다. 만일 그 비밀을 드러내면 세계는 전복되고 말 것이다." 확실히 그 음악에는 정신을 눈뜨게 하며 참된 고향을 생각나게 하고 자신의 최종적 목적지를 상기시켜주는 힘이 있다.94) 루미는 또한 이런 말도 남겼다. "우리는 모두 아담의 몸의 일부였다. 그리고 낙원의 음악을 들었다. 물과 진흙이 우리 안에 의심을 불어넣었음에도 불구하고 우리는 낙원의 음악을 희미하게나마 기억할 수 있다."95)

거룩한 음악이나 시와 마찬가지로 수피즘의 발생 당초부터 엑스터시적인 춤도 행해지고 있었다.96) 어떤 수피들에 의하면 엑스터시적인 춤은 천사의 춤을 재현했다고 한다.(Molé가 번역한 텍스트, pp. 215~216을 보라) 루미가 창설한(그리고 그의 아들 술탄 왈라드가 조직한) **타리카** 교단에서는 춤이 우주적인 동시에 신적인 성격을 가지고 있다. 수도승들은 시신에게 입히는 것과 같은 백의를 입고 그 위에 검은 외투(묘지를 상징한다)를 걸치며 머리에는 길다란 중절모자(묘비를 상

---

94) Marjan Molé, "La danse extatique en Islam", pp. 208~213에 번역된 텍스트들을 보라.
95) *Mathnawî*, IV, pp. 745~746, trad. Molé, p. 239. 낙원에 머물렀던 것에 대한 상기와 최후 심판의 승리에 대한 기다림은 가장 오래된 수피 전통에서 입증된 주제들이다.
96) Molé의 연구를 보라. 신학자들 및 나아가 수피 저술가들로부터의 비판은 *ibid.*, pp. 176 sq.를 참조하라.

징한다)를 쓴다.[97] 거기서 샤이흐는 하늘과 땅을 중개하는 매개자의 역할을 연출한다. 이때 연주가들은 갈대 피리(ney)를 연주하고 북과 심벌즈를 울린다. 수도승들이 빙빙 도는 회당은 우주를 표상한다. "혹성은 태양 주위를 돌면서 자전한다. 북은 최후의 심판의 고동소리를 연상시킨다. 무용수들의 둥근 원은 두 개의 반원으로 나눠지며 그 한쪽은 하강하는 원호, 즉 질료에로 퇴행하는 영혼을 나타내고 다른 한쪽은 신에게로 상승하는 영혼의 원호를 나타낸다."[98] 춤의 리듬이 아주 빨라지면 샤이흐가 원 안에 들어가 그 중앙에서 빙빙 돌기 시작한다. 샤이흐는 바로 태양을 상징하기 때문이다. "이는 곧 합일이 실현된 지고의 순간이다."[99] 여기서 행자들의 이런 춤이 정신병리학적인 황홀경 상태에까지 이르는 일은 거의 없으며, 설령 있다 해도 부분적이고 주변적인 예외에 불과하다는 점을 덧붙이고자 한다.

루미는 이슬람 세계의 혁신에 지대한 역할을 했다. 그의 저술들은 이슬람 세계의 모든 곳에서 읽혀지고 번역되거나 주석 작업이 이루어졌다. 이런 예외적인 인기는 예술적 창조, 특히 시가 종교 생활의 심화에 있어 얼마나 중요한지를 입증한다. 비할 바 없는 뜨거운 정열과 시적 재능을 지닌 루미는 다른 위대한 신비가들과 마찬가지로 신의 사랑을 찬미하고 또 찬미했다. "신의 사랑이 없다면 세계는 생명

---

97) 사마의 시작부터 있었던 이 상징은 투르크(터키)의 대시인 메흐메드 첼레비의 『시집Dîwân』에서 분명하게 언급되고 있다. Molé, pp. 248~251에 번역된 텍스트를 보라. 또한 마울라위 교단의 무용에 관해서는 *ibid.*, pp. 238 sq.에 번역되어 있는 루미와 술탄 왈라드의 텍스트를 보라.
98) De Vitray-Meyerovitch, *op. cit.*, p. 41. 그리고 Molé, *op. cit.*, pp. 246 sq.를 참조하라.
99) De Vitray-Meyerovitch, p. 42. Molé, *op. cit.*, pp. 229 sq.에 기술된 마울라위 교단의 집회 묘사를 보라.

을 잃고 만다."(*Mathnawî*, V, 3844) 그의 신비적 시편에는 춤과 음악의 영역에서 취한 상징들이 풍부하게 사용되고 있다. 그의 신학은 일정 부분 신플라톤주의로부터 영향을 받기는 했지만 상당히 복잡한 양상을 보이고 있으며, 개인적인 동시에 전통적이고 게다가 대담한 것이었다. 루미는 **생성하고 존재하기** 위해 비존재에 도달하지 않으면 안 된다는 점을 강조하고 있다. 이 외에도 그는 여러 곳에서 알 할라즈를 언급하고 있다.[100]

인간의 삶은 창조주의 의지와 계획에 따라 전개된다. 또한 인간은 신과 세계의 중개자가 되어야 할 의무를 신으로부터 수여받았다. 그러므로 인간이 "정액으로부터 시작하여 이성[*있는 존재]에까지 여행을 계속해온"(*Mathnawî*, III, 1975) 것은 결코 헛되지 않다. "그대가 이 세상에 태어난 순간부터, 그대 앞에는 그대가 세상으로부터 탈출할 수 있도록 사다리가 놓여져 있었다." 인간은 처음에 광물이었고 이어 식물이 되었으며 그런 다음 동물이 되었다. "그리고 그대는 인간이 되었으며, 인식과 이성과 신앙을 부여받았다." 마침내 인간은 천사가 되어 천상에 거하게 될 것이다. 하지만 그게 마지막 거주지는 아니다. "천사의 상태마저 넘어서서 저 대양大洋(신의 통일성) 안으로 뚫고 들어가라. 물 한 방울 같은 그대가 곧 바다가 되도록."[101] 『마스나위』의 유명한 구절(II, 1157 이하)에서 루미는 신과 비슷하게 창조된 인간이

---

100) A. M. Schimmel, *Mystical Dimensions of Islam*, pp. 319 sq.에 인용된 텍스트들을 참조하라.

101) *Odes mystiques*, II(=*Dîvân-e Shams-e Tabrîz*), trad. E. de Vitray-Meyerovitch, *Rûmî et le soufisme*, pp. 88~89. *Ibid.*, p. 89의 *Mathnawî*, IX, 533 sq., 3637 sq.를 번역한 구절들을 보라.

원래 본성적으로 신의 형상을 가지고 있음을 언명하고 있다. "나의 모습은 왕이신 신의 마음 안에 거하고 있다. 그런 나의 본래적 모습을 잃어버리면 왕의 마음도 병에 걸릴 것이다 [……]. 지성을 가진 천사의 빛은 우리 사고에서 발해진 것이다. 천계는 우리 본연의 본성으로 인해 창조되었다 [……]. 나는 영의 왕국을 소유하고 있다 [……]. 나는 왕과 동등한 자는 아니다 [……]. 하지만 나는 그의 신현 안에서 그가 발하는 빛을 받아들인다."(E. de Vitray-Meyerovitch 번역)

283. 수피즘의 승리와 신학자들의 반발. 연금술

신학자 가잘리의 활약으로 성법학자들의 공인을 얻은 이래 수피즘은 큰 인기를 누리게 되었다. 그리하여 수피즘은 서아시아와 북아프리카 지역을 비롯하여 이슬람화된 모든 지역, 즉 인도, 중앙아시아, 인도네시아 및 동아프리카에까지 퍼져 나갔다. 그리고 시대가 지나면서 샤이흐 주변의 제자들로 한정되었던 소집단이 많은 지부에 수백 명의 단원들을 거느린 사실상의 단체가 되었다. 수피가 이슬람 최대의 선교자가 된 것이다. 기브Gibb의 주장에 의하면 이런 수피들의 선교 정신과 대중적 인기의 결과 시아파가 퇴조하게 되었다고 한다.[102] 이와 같은 성공은 수피들이 세속적 권위에 의해 보호를 받고 위세를 떨칠 수 있었던 이유까지도 설명해준다.

울라마의 관용적인 태도로 인해 이슬람 이외의 사상들이 도입되고 비의 종교적 기법이 점점 더 활발하게 채택되었다. 수피즘의 신비주의적

---

102) Gibb, *Mohammedanism*, p. 143을 참조하라.

기법 가운데 일부는 기원을 달리하는 다른 문화 전통과의 접촉에 의해 보다 심화되었으며 변모해갔다. 이 점은 초창기 수피들(본권 275절 참조)이 행했던 디크르와 인도의 영향을 받아 12세기 이래 행해지게 된 디크르를 비교해보면 잘 알 수 있다. 어떤 수피는 이렇게 적고 있다. "우선 (가슴) 좌측에서부터 영창을 시작한다. 그곳은 마음의 등잔을 놓아두는 벽감이자 영적 광명의 난로와 같은 곳이다. 그런 다음 가슴 아래를 거쳐 우측에 이르고 더 나아가 그 정점에까지 오른다. 이렇게 해서 최초의 출발점으로 되돌아온다. 이를 계속 반복한다." 다른 수피에 의하면 디크르는 "바닥에 웅크리고 앉아 다리를 교차시키고 양 팔은 다리 근처에 늘어뜨린 다음 머리를 무릎 사이로 집어넣고 눈을 감아야만 한다. 그러고는 머리를 쳐들면서 머리가 심장 높이에서 우측 어깨 위치에 이르는 동안 라 일라 ilâh[*신은 없다]라고 말한다〔……〕. 입이 심장 높이까지 닿으면 분명하게 일라illâ라는 기원의 말을 한다〔……〕. 그리고 얼굴을 심장 쪽으로 향하고는 한껏 힘을 주어 알라라고 말한다."103) 여기서 우리는 요가 탄트리즘 기법과의 유사성을 쉽사리 엿볼 수 있다. 특히 이런 행법이 청각 현상과 빛의 현상을 동시에 유발한다는 점에서 요가 탄트리즘과의 현저한 유사성을 말할 수 있다. 하지만 이 행법은 실상 매우 복잡하므로 여기서 다 소개하기는 어렵다.

적어도 진정한 다키르dhakîrs[디크르를 수행하는 사람들]들이 보기에, 이와 같은 인도로부터의 영향이 디크르의 이슬람적 성격을 왜곡하는 것은 아니었다. 오히려 그 반대로 외부적 영향 혹은 차용에 의해 수많

---

103) L. Gardet, "La mention du nom divin(*dhikr*) en mystique musulmane", pp. 654~655에 인용된 텍스트들. 요가 및 탄트리즘 기법과의 유사성에 관해서는 M. Eliade, *Le Yoga*, pp. 218 sq., 396~397 sq.를 보라.

은 종교적 신앙 내용과 수행 기법이 보다 풍부해진 것이다. 나아가 이렇게 말해도 좋을 듯싶다. 즉 기독교의 역사에서와 마찬가지로 이런 외부적 영향이 이슬람에 종교 통합적œcuménique 차원을 부여했고, 그럼으로써 이슬람을 "보편화시키는" 데에 공헌했다고 말이다.

어쨌든 수피즘이 이슬람의 종교경험을 혁신하는 데에 큰 역할을 한 것만은 분명하다. 뿐만 아니라 수피들은 문화적으로도 많은 공헌을 했다. 사실 이슬람권의 모든 나라가 음악과 춤, 특히 시 분야에서 수피들의 영향을 받았다고 말할 수 있다.[104]

이리하여 수피즘 운동은 승리를 거두었고, 오늘날에 이르기까지 인기를 유지하고 있다.[105] 하지만 이와 동시에 그것은 이슬람 역사에 있어 평가를 내리기 쉽지 않은 몇몇 결과를 초래하기도 했다. 예컨대 일부 수피들의 비합리주의는 종종 공격적인 성향을 띠었고, 철학자들에 대한 그들의 독설적인 악담과 매도는 특히 하층민들 사이에서 대대적인 인기를 모았다. 한편 대중 앞에서 수행 기법을 선보일 때의 과도한 감정 표출이라든가 황홀경의 엑스터시는 도를 더해갔다. 대부분의 수피 교사들은 이처럼 도를 넘은 흥분 상태에는 반대했지만 그것을 늘 통제하지는 못했다. 나아가 일부 수행자 단체의 단원들, 가령 방랑 수행승이나 파키르fakirs("빈자")라 불리던 사람들은 자신들이 기적을 행하는 능력을 가지고 있다고 선전하면서 성법을 무시하고 제멋대로 살았다.

104) 특히 A. M. Schimmel, *Mystical Dimensions of Islam*, pp. 287 sq.에 번역된 텍스트들을 보라. 신비적 시문학, 보다 엄밀히 말하자면 신비적 연애시 문학에 의해 비이슬람적 주제와 모티프가 대량으로 이슬람 국가들의 여러 문학 작품 속에 유입되었다.
105) A. M. Schimmel, pp. 403 sq. 및 *ibid.*, nn. 1~7에 인용된 참고 문헌들을 보라.

울라마는 수피즘을 용인하기는 했지만 이질적인 요소들, 특히 일부 수피 지도자들의 교설을 매개로 하여 들어온 이란 계통 및 그노시스주의적인 요소에 대해서는 경계를 게을리 하지 않았다. 성법학자들은 그러한 요소들이 이슬람의 통일성을 위협한다고 생각했다. (당시에도 오늘날과 마찬가지로 신학자들—이슬람 신학자들만이 아니라 대체로 모든 신학자들—은 신비가들이, "이단"의 위험에도 불구하고, 일반인의 종교경험을 심화시키는 데에 기여했다는 것을 인정하기가 어려웠다. 신학자들에게 있어 이단의 위험은 모든 차원의 종교적 지식에 존재하는 것이었다.) 그리하여 이에 대응하는 조치로서 울라마는 공식적인 학칙과 유급 교수가 있는 마드라사madrasa, 즉 신학 교육을 위한 신학교를 많이 세웠다. 8/14세기경까지 수백 개의 마드라사가 생겨나면서 신학자들이 고등교육을 통제하기에 이르렀다.[106]

고전 시대의 수피즘이 중세 서구에 알려지지 못한 채 끝나고 만 것은 유감스럽기 짝이 없다.[107] 안달루시아의 신비적인 연애시에 의해 간접적으로 중세 서구 사회에 수피즘에 관한 지식이 흘러 들어갔을 수도 있지만, 그것은 이슬람과 기독교라는 두 개의 위대한 신비주의 전통에 있어 참된 의미에서의 만남은 아니었다.[108] 주지하다시피 이슬람 문화가 서구 중세 사회에 끼친 가장 큰 영향은 아라비아어로 번

---

106) 이런 교육 관리가 초래한 문화적 귀결에 관해서는 Gibb의 견해(op. cit., pp. 144 sq., 153 sq.)를 보라.
107) 마찬가지로 유감스러운 것은, 이슬람이 동남부 유럽에는 거의 오스만제국만을 통해, 즉 투르크인의 점령이라는 형태로서만 알려져 있다는 점이다.
108) 다른 한편 이슬람과 기독교에 있어 일종의 비의 집단 간의 접촉은 충분히 있을 수 있었다. 그러나 그런 접촉이 낳은 성과를 중세의 종교사 및 문화사에서 확인할 수는 없다.

역된 고대 철학과 과학의 서적들, 특히 아리스토텔레스의 저술들이 서구로 유입되었다는 점이다.

여기서는 다만 다음 사실을 상기하는 데에 그치고자 한다. 수피 신비주의가 서구에 알려지지 않은 채 끝나기는 했지만, 고대 이래의 헤르메스주의와 연금술이 아라비아어 문헌들을 매개로 서구에 널리 침투했다. 게다가 그 책들의 상당수는 처음부터 이슬람권에서 쓰인 것이었다. 스테이플턴Stapleton에 의하면 알렉산드리아 학파의 이집트 연금술은 원래 메소포타미아의 하란에서 발전된 것이다. 이런 가설에는 이견도 있지만, 그것은 아라비아 연금술의 기원을 설명할 수 있다는 장점을 가지고 있다. 어쨌든 아라비아어권에서 최초의 그리고 가장 유명한 연금술사 중의 한 명으로서 자비르 이븐 하이얀Jabîr ibn Hayyaân을 들 수 있다. 그는 라틴어 이름인 게베르Geber로도 널리 알려져 있다. 홀름야드Holmyard의 설에 따르면, 그는 8세기의 인물로서 제6대 이맘 자파르의 제자였다. 자비르에 관해 기념비적인 연구서를 펴낸 파울 크라우스Paul Kraus에 의하면 3/9세기에서 4/10세기의 몇몇 저술가들이 자비르의 이름으로(그의 이름으로 유포된 저술은 무려 3000여 종에 이른다!) 다루어진다고 한다. 코르뱅은 이런 자비르의 연금술이 시아파적 내지는 비의 종교적 환경 속에서 성립된 것임을 멋지게 해명하고 있다. 예를 들어 자비르의 『천칭의 학문Science de la Balance』은 "각 사물 안에 존재하는 드러난 것(zâhir)과 감추어진 것(bâtin)의 관계"[109]를 규명하고 있다. 그러나 라틴어로 번역되어 알려진 게베르의 논고 네 편은 아무래도 자비르의 저작은 아닌 것 같다.

---

109) Corbin, *Histoire de la philosophie islamique*, pp. 184 sq. 및 특히 "Le Livre du Glorieux de Jâbir ibn Hayyân."

아라비아어에서 라틴어로의 최초 번역은 스페인에서 1150년경에 크레모나의 게라르두스에 의해 행해졌다. 그로부터 1세기 정도 지났을 때는 이미 연금술이 널리 알려졌는데, 이는 연금술이라는 말이 뱅상 드 보베의 백과사전에 실렸다는 점에서도 잘 알 수 있다. 가장 유명한 논고 중의 하나인 『에메랄드판Tabula Smaragdina』은 『창조의 비밀의 서Livre du secret de la Création』라는 이름으로 알려져 있는 작품에서 발췌한 것이다. 또한 아라비아어에서 번역된 『철학자의 합동 심의 Turba Philosophorum』와 12세기에 아라비아어로 저술된 『피카트릭스 Picatrix』 등도 유명하다. 비교주의와 그노시스의 가르침을 차용하여 이 책들이 다양한 연금술용 물질과 기구 및 작업실 내에서의 작업 등을 기술하고 있기는 하지만, 이 모든 책을 강조할 필요는 없을 것이다.[110] 알 할라즈 및 특히 아비센나와 이븐 아라비를 비롯한 몇몇 신비가들과 수피 교사들은 연금술을 참된 영적 기법으로서 논하였다. 14세기 이후 이슬람 국가들에서의 연금술의 발전에 관해서는 아직 충분히 알려져 있지 않다. 그러나 서구에서는 헤르메스주의와 연금술이 이탈리아 르네상스 직전에 황금시대를 맞게 된다. 그것들의 신비적 위광은 후대에 뉴턴Newton을 매료시키게 된다.(본권 311절)

---

110) Eliade, *Forgerons et alchimistes*(2ᵉ édition), pp. 119 sq.를 보라.

바르 코흐바의 난에서 하시디즘까지의 유대교

284. 『미슈나』의 편찬

앞에서 우리는 유대인의 첫 번째 대로마 항쟁(70~71)과 티투스 장군에 의한 신전 파괴를 논하면서 유대교에 있어 중요한 결과를 낳은 한 에피소드를 언급한 바 있다. 즉 삼엄하게 포위된 예루살렘을 고명한 랍비 요하난 벤 자카이Jokhanan Ben Zaccai가 관 속에 몸을 숨기고 탈출하여 이윽고 로마 장군 베스파시아누스로부터 유다 지방의 야브네 마을에 학교를 세워도 좋다는 허가를 받아낸 에피소드이다. 이때 랍비 요하난은 설령 군사적으로 패배한다 해도 **토라**만 잊지 않고 배운다면 이스라엘 백성을 잃는 일은 없으리라고 확신했다.(본서 제2권 224절 참조)[1] 이어서 랍비 요하난은 "수장(Nasi)"의 지도하에 71명으로 구성

---

1) 사실상 신전 파괴 이후에 사두개파 사제들은 그 존재 이유를 상실해버렸기 때문에 주도권이 율법학자, 즉 바리새파 및 그 후계자인 **랍비**("지도자, 교육자")들의

된 산헤드린을 개최했다. 산헤드린은 종교상의 최고 권위를 가진 기구인 동시에 일종의 법정이기도 했다. 이후 대략 3세기 동안 "수장"의 권위는 단 한 번의 예외를 제외하고는 부자간에 세습되었다.[2]

그러나 132년 바르 코흐바의 궐기로 시작되어 135년 전원 투옥으로 끝난 두 번째 대로마 항쟁은 유대인의 종교적 정체성과 민족의 존속을 다시금 위기에 빠뜨렸다. 하드리아누스 황제는 산헤드린을 폐지하고, **토라**를 학습하거나 유대 종교 의례를 행하는 자를 사형에 처하는 등 엄격한 탄압 정책을 실시했다. 유명한 랍비 아키바를 비롯한 여러 명의 유대인 지도자들이 고문으로 생명을 잃었다. 그러나 하드리아누스를 이어 로마 황제가 된 안토니누스 피우스는 다시금 산헤드린의 권위를 부활시켜주었다. 아니, 실제로는 오히려 그 권위를 더 높여주었다고 말할 수 있다. 그 이후 산헤드린의 결정이 곳곳으로 흩어진 디아스포라 유대인들에게 낱낱이 알려지게 되었다. 바로 이 시대—요하난 벤 자카이의 제자들에 의해 시작되어 200년경에 완성되었다—에 정통 유대교의 기본 구조가 형성되었다. 이때 이루어진 최대의 혁신은 예루살렘 신전에서 행해져오던 희생 제의와 순례가 세계 어디서든 시나고그[회당]에서 행할 수 있는 종교 생활인 율법의 연구와 기도 및 신앙심으로 대체되었다는 점이다. 과거 전통과의 연속성은 성서 연구와 의례상의 정결 및 부정에 관한 규정에 의해 유지되었다.

의례 수행과 성서 해석 및 율법상의 문제들에 관한 수많은 구전 전

손으로 넘어갔다. 특히 G. F. Moore, *Judaism in the First Century of the Christian Era*, I, pp. 83 sq.를 보라.
2) Hugo Mantel, *Studies in the History of the Sanhedrin*, 특히 pp. 140 sq.(야브네에서 우샤 등지로의 산헤드린의 이전).

승의 범위를 확정짓고 그 내용을 분명히 하여 통일성을 부여하고자,[3] "프린스Prince"라 불린 랍비 유다(175년경에서 220년경까지의 산헤드린 수장)는 종래의 전승들을 수집하여 그것을 유일한 법규범 집성으로 정리하는 작업을 수행했다. 이 방대한 집성을 『미슈나Michna』("반복")라고 하는데, 그것은 BC 1세기에서 AD 2세기에 걸쳐 성립된 자료들로 구성되어 있다.[4] 이는 농업, 축제, 가정생활, 시민법, 희생제의 및 식사에 관한 규정, 의례적 정결에 관한 규정 등의 여섯 장으로 나누어져 있다.

『미슈나』에서 우리는 메르카바Merkaba의 신비주의에 관한 몇몇 암시를 볼 수 있다. 반면 (가령 유명한 위경『제2바룩서II Baruch』나『제4에스드라서IV Esdras』에 나오는 것과 같은) 당시 널리 퍼져 있던 메시아에 대한 기다림과 종말론적 사색이 반영된 흔적은 전혀 보이지 않는다. 때문에『미슈나』는 당대의 역사 현실을 무시하거나 혹은 고의로 등을 돌린다는 인상을 준다(예를 들면 예루살렘에 바칠 수확의 십일조 문제를 다루면서 그걸 어떤 종류의 화폐로 환금해야만 하는가 하는 점까지 세세하게 규정하고 있다[하지만 당시에 유대인들은 예루살렘에 출입할 수 없었다]).[5]『미슈나』는 전형적으로 비역사적인 사회 상황을 상정하고 있다. 거기서는 생명과 인간의 신성화를 위한 여러 행위들이 의무로서 제도화된 범례에 따라 수행되어야만 하는 것으로 규정되어 있

---

3) 모세가 여호수아 및 사제들에게 "구전 토라"를 전했다는 생각은 고래로부터 존중된 전승에 따른 것이다.
4) Jacob Neusner의 최근 저서 *Judaism: The Evidence of the Mishna*가 이룬 큰 성과 중의 하나는 두 차례의 대對로마전 이전과 중간 및 이후의 각 시기별로 자료들을 분류하여 분석하고 있다는 점이다.
5) Neusner, *op. cit.*, p. 128에 요약된 *Maaser Sheni*.

다. 농작은 신의 현전과 인간의 (의례화된) 노동에 의해 거룩해진다. "이스라엘 땅은 신과의 관계로 인해 성화된다. 주님의 산물은 신의 명령 그대로 노동하는 인간에 의해, 그리고 여러 가지 공물의 언어적 지정과 분류를 통해 성화된다."[6]

마찬가지로 "축제일 부문"에서는 거룩한 시간의 다양한 주기가 거룩한 공간의 구조와 밀접하게 결부된 형태로 명명되고 분류되며 조직화되어 나온다.(Neusner, pp. 132 sq. 참조) 이와 같은 의도는 다른 "부문들"에서도 찾아볼 수 있다. 요컨대 『미슈나』에는 우주의 질서와 사회, 가정, 개인의 생활을 성화하기 위한 의례적 절차 및 부정을 씻어 내고 정결하게 하는 특별한 절차가 최대한 세부적인 데까지 엄밀하게 규정되고 있다.

사람들은 이와 같은 종교 관념을 우리가 "우주적 기독교christianisme cosmique"라고 부른 농촌 지역 기독교의 신앙과 관습 체계(본서 제2권 237절 참조)에 비추어 이해하고 싶은 욕구를 느낄 것이다. 물론 『미슈나』의 경우는 성화의 작용이 신의 은총 및 신의 명령을 수행하는 인간의 행위에 전적으로 의존하여 이루어진다는 점에서 "우주적 기독교"와는 차이가 있다. 그러나 『미슈나』에서(그리고 우리가 곧 살펴볼 그 보완과 주석에서도) 신—지금까지는 비할 바 없는 역사의 신이었다—이 이제 자신의 백성들이 처한 역사적 현실에 대해 무관심해 보인다는 것은 의미심장하다. 이제 법의 지도하에 이루어지는 삶의 성화가 메시아에 의한 구원을 대신했다.

실제로 『미슈나』는 제사 법규를 「레위기」에 규정된 대로 계승하고 완성시켰다. 즉 『미슈나』의 규정을 지키는 자는 어떤 의미에서는 사제

---

[6] Neusner, *op. cit.*, pp. 130~132에 인용된 Richard S. Sarason.

와 레위인처럼 행동하게 된다. 그들은 부정不淨과 관련된 금기 규정을 엄수하고 집에서 식사할 때도 사제들이 신전에서 식사하는 것처럼 한다. 신전의 벽을 넘어서서 준수되는 의례적 정결은 신자들을 다른 주민들과 구별해주었고 그들의 신성함을 보증해주었다. 유대 백성들이 계속 살아남고자 원한다면 그들은 거룩한 백성으로서 거룩한 공간 안에 거하고 신의 거룩함을 본받아 살아야 하는 것이다.[7)]

『미슈나』는 율법주의적 유대교의 통일과 강화를 추구했다. 다시 말해 『미슈나』의 궁극적인 목적은 유대교의 존속, 즉 디아스포라로 뿔뿔이 흩어져버린 모든 곳의 유대 백성의 통일성을 확보하는 데에 있었다. 네스너Jacob Neusner도 지적했듯이, 사람은 무엇을 행해야만 하는가라는 물음에 『미슈나』는 이렇게 대답한다. "하느님과 마찬가지로 인간도 세상을 움직일 수 있다. 인간이 원한다면 무엇이든 불가능한 것은 없다 [……]. 『미슈나』는 이스라엘 백성이 처한 상황을 이렇게 평가하고 있다. 즉 그들은 짓밟히고 의지할 곳 없지만 거룩한 고향에 있다. 조국을 잃었고 분명 예루살렘도 없어졌고 여러 나라로 뿔뿔이 흩어져 무력하기 짝이 없지만, 그러나 그들은 여전히 신성을 지니고 있다고 말이다."[8)]

285. 탈무드. 반랍비적 반동: 카라이파

『미슈나』의 간행은 아모라임amoraim(강연자 혹은 주석자)의 시대를 열었다. 『미슈나』와 그 주석서인 게마라Gemara를 합쳐서 탈무드("가르

---

7) J. Neusner, *Judaism*, pp. 226 sq.
8) *Ibid.*, pp. 282~283.

침")라 한다. 팔레스타인에서 편찬된(220~400년경) 최초의 판본은 예루살렘 탈무드라 불린다. 이는 8744쪽에 이르는 『바빌로니아 탈무드』(200~650)[9]보다 짧고 간결하다. 『미슈나』의 행위규범(halakha)이 탈무드에서는 아가다aggada에 의해 더욱 보완되었다. 아가다는 윤리적, 종교적인 교훈과 일종의 형이상학적, 신비주의적 사변을 집성해놓은 것으로서 민간신앙적인 소재까지 포함하고 있다.

『바빌로니아 탈무드』는 유대 백성의 역사에 결정적인 역할을 했다. 그것은 정치적, 사회적으로 지극히 다양한 디아스포라의 상황에서 유대교가 어떻게 적응해야 하는가를 제시해 보여주었기 때문이다. 이미 3세기에 바빌로니아의 한 지도자가 그 기본 원칙에 대해 언명한 바 있다. 즉 각 지역의 통치자가 정한 법률이 유일하고 합법적인 법규이며 유대인은 그걸 준수해야만 한다는 것이다. 이로써 해당 지역 통치자의 권력이 지니는 정통성이 종교적 차원에서도 승인받은 셈이 되었다. 다만 민법의 영역에 있어 유대 공동체 내부의 소송은 유대인 법정에 제소하게 되어 있었다.

내용과 목적에서 판단하는 한 탈무드는 전체적으로 철학적 사변에 대해 그다지 큰 의의를 두지 않는 것처럼 보인다. 하지만 일부 연구자는 탈무드에 내포된 소박하면서도 고차적인 신학과 비의 종교적 교설 및 입문 의례적 행위 등에 주목하기도 한다.[10]

---

9) 팔레스타인에서 행해진 농경, 정화 의례, 희생 제의에 관련된 일부 율법은 『바빌로니아 탈무드』에서는 이미 현실성을 상실해버렸다.
10) 특히 오래된 것이기는 하지만 아직도 사용할 만한 가치가 있는 저작인 Solomon Schechter, *Aspects of Rabbinic Theology. Major concepts of Talmud* 및 Gerd A. Wewers, *Geheimnis und Geheimhaltung in rabbinischen Judentum*을 보라. 또한 Moore, *Judaism*, I, pp. 357~442 등에 번역, 해설된 많은 신학적 텍스트들을 보라.

그러나 본서의 목적상 중세 유대교의 구조를 결정하는 데에 기여한 몇 가지 사건을 개괄하는 것만으로도 충분하리라 본다. 공식적으로는 로마 총독과 동등한 지위를 부여받은 수장은 각지의 유대 공동체로부터 세금을 징수하고 축제력을 전달하기 위해 사자를 파견했다. 359년에 수장 힐렐 2세는 팔레스타인 및 디아스포라 유대 공동체의 모든 지역에서 같은 날에 축제가 거행되도록 하기 위해 서면으로 달력을 정하는 결정을 내렸다. 이런 조치가 가지는 중요성이 분명하게 나타난 것은 429년에 팔레스타인의 수장 제도가 로마에 의해 폐지되면서부터이다. 사산 왕조 시대(226~637) 이래 종교적인 관용 정책으로 인해 바빌로니아는 디아스포라 유대인들에게 가장 중요한 중심지가 되었다. 바빌로니아의 이러한 특권적 지위는 이슬람 점령하에서도 변함이 없었다. 오리엔트의 모든 디아스포라 유대 공동체는 신 앞에서, 그리고 현세의 기관 앞에서 사람들을 대표하는 영적 지도자이자 중재자이자 정치적 수장인 가온Gaon[교학원장]의 최고 권위를 승인하고 있었다. 이 가오님Gaonim[gaon의 복수형] 시대는 640년경에 시작되어 1038년에 유대인의 영적, 정신적 중심이 스페인으로 이동할 때까지 계속되었다. 그러나 이 무렵까지는 『바빌로니아 탈무드』가 정통 랍비 유대교의 공인받은 규범과 가르침으로서 널리 퍼져 있었다.

랍비 유대교는 (초등학교에서 아카데미인 예시바Yeshiva에 이르기까지의) 각급 학교와 시나고그 및 법정을 통해 확장되어갔다. 신전 희생 제의를 대체한 시나고그에서의 의례에는 아침과 오후 기도, 신앙 고백("들어라, 이스라엘이여, 우리의 주님, 우리의 신은 유일한 주님이시다!"), 공동체와 개인의 소망을 나타낸 18개 항(나중에는 19개 항)의 "감사 기도!", 즉 짤막한 기도문 등이 포함되어 있었다. 또한 매주 세 번씩—월/목/토요일—시나고그에서 성서가 낭송되었다. 그리고 매주 토요일과 축일마다 『모세오경』 및 『예언서』가 사람들 앞에서 낭송되었으며 그런 다음 랍비의 설교가 이어졌다.

9세기에는 어떤 가온이 의례 절차를 확정하기 위해 최초의 기도집을 간행했다. 또한 8세기 이래 팔레스타인에서는 시나고그 낭송용의 새로운 종교 시편이 만들어져 급속히 퍼졌다. 나아가 16세기까지 그 밖의 의례용 시편들이 편찬되어 시나고그 예배 때 사용되었다.

그러나 가오님이 요구한 엄격하고 철저한 정통주의는 종종 랍비주의에 대한 반발을 불러일으켰다. 예컨대 팔레스타인의 오래된 종파적 교리와 이슬람의 영향을 받은 자들은 곧바로 억압당했다. 하지만 9세기에는 아난 벤 다윗을 지도자로 하는 분파 운동이 일어났고 단기간에 주류파를 위협할 만한 세력으로 성장했다. 카라이파Karaïtes("성서", 즉 기록된 것의 권위만을 인정하는 자들)[11]라는 이름으로 알려진 이들은 랍비들의 구전 율법을 단지 인간이 만들어낸 것에 불과하다고 간주하여 부정했다. 이처럼 카라이파는 참된 율법과 가르침을 회복하기 위해 성서에 대한 엄밀하고도 비판적인 검토를 제창했다. 더 나아가 메시아의 재림을 앞당기고자 유대인의 팔레스타인 귀환을 요구하기도 했다. 실제로 다니엘 알 쿠미키(850년경)가 이끄는 카라이파의 일단이 팔레스타인 정착에 성공하여 자신들의 사상을 북서 아프리카와 스페인까지 퍼뜨렸다. 이에 대해 가오님은 매우 예민하게 반응했다. 즉 이들은 이런 카라이파를 이단으로 규정하면서 율법주의적 유대교를 더욱 강고하게 고집하는 한편 그걸 보완하기 위한 수많은 법전과 편람들을 펴냈다. 이로 인해 카라이파는 활력을 잃고 말았지만, 일부 주변 지역에서는 분파로서 계속 살아남았다. 한편 곧 살

---

[11] 2세기의 사두개파처럼.

펴보겠지만 아라비아어 번역을 통한 그리스 철학의 발견은 유대교의 철학적 재능을 자극하는 동시에 물의를 일으킬 만한 일종의 극단적인 교설을 만들어내는 계기가 되기도 했다. 그 사례로서 9세기의 회의주의자 히위 알 발키를 들 수 있겠다. 그는 성서의 도덕관을 공격하면서 자신이 몸담고 있는 학교의 교육용으로 온당치 못한 부분을 삭제한 성서본을 간행했다.

286. 중세 유대교의 신학자와 철학자

알렉산드리아의 필론(BC 13년경~AD 54년)은 성서의 계시와 그리스 철학을 조화시키고자 노력한 인물이다. 유대인 사상가들은 이런 필론을 무시했으며, 그의 영향은 기독교 교부 신학에만 머물렀다. 유대인이 그리스 사상을 발견한 것은 9, 10세기에 이르러 아라비아어 번역을 매개로 해서였다. 이와 아울러 이성으로써 신앙을 정당화하는 무슬림들의 방법론(*kalâm*)이 도입되기도 했다. 최초의 중요한 유대교 철학자로서 가온 사디아 벤 요셉Saadia ben Joseph(882~942)을 들 수 있다. 그는 이집트에서 태어나 그곳에서 교육을 받은 후 바그다드에 살면서 바빌로니아의 이름 높은 탈무드 학교 가운데 하나를 지도했다. 사상적 체계를 세운 것도 아니고 그렇다고 학파를 형성한 것도 아니지만 사디아는 향후 유대인 철학자들의 범례가 되었다.[12] 아라비아어로 저술한 호교론적 저작 『신앙과 사상의 서Le Livre des croyances et des opinions』에서 그

---

12) 그의 저작 중 주석이 붙어 있는 아라비아어역 성서 등을 비롯하여 일부는 없어져버렸다.

는 이성과 계시된 진리의 관계를 다음과 같이 설명하고 있다. 양자 모두 신에게서 유출되었으나, **토라**는 유대 백성에게 주어진 특별한 선물이다. 독립 국가를 박탈당한 상황에서 유대인의 통일과 단결을 유지하기 위해서는 오직 이 토라의 율법을 준수하지 않으면 안 된다.[13]

11세기 초엽, 유대 문화의 중심은 이슬람 지배하의 스페인으로 옮겨갔다. 솔로몬 이븐 가비롤Salomon ibn Gabirol은 1021~1058년에 걸쳐 말라가에서 활동한 인물로, 특히 시인으로서 명성이 자자했다. 그의 가장 유명한 시편은 **욤키푸르**Yom Kippur[속죄일]의 전례에 쓰이기도 한다. 또한 미완성의 저작『생명의 샘Maqôr Hayyim』에서 그는 플로티누스의 유출론적 우주론을 도입하고 있다. 여기서 이븐 가비롤은 사유 대신 신의 의지라는 개념에 최고의 지위를 부여한다. 즉 세계를 창조한 것은 역시 야훼라는 것이다. 이븐 가비롤의 설명에 의하면 물질은 최초의 유출물 가운데 하나다. 그러나 이 물질은 영적 차원의 것으로서 물체성은 그것이 가지는 특성 중의 하나에 불과하다.[14] 유대인들은 이『생명의 샘』을 무시했지만 그것은『폰스 비타에Fons Vitae』라는 제목으로 번역되어 기독교 신학자들에게 높은 평가를 받았다.[15]

한편 바히아 이븐 파쿠다Bahya ibn Paqûda의 이름은 거의 알려져 있지 않은데, 그는 아마도 11세기에 스페인에서 활동한 인물인 듯싶다. 아

---

13) *The Book of Beliefs and Opinions*(trad. Rosenblatt), pp. 21 sq.를 참조하라. 신의 존재를 증명하는 사디아의 논의는 **칼람**에서 취해진 것이다. H. A. Wolson, *Kalam Arguments for Creation in Saadia, Averroes, etc.*, pp. 197 sq.를 참조하라.
14) *Fons Vitae*, IV, 8 sq.; 축약본 Munk, IV, p. 1.
15) 기독교권에서 이븐 가비롤은 아비체브론이라는 이름으로 알려져 있었다. 이 두 사람이 동일 인물이라는 사실은 1845년에 이르러 Salomon Munk에 의해 비로소 밝혀지게 되었다.

라비아어로 쓴 영적 도덕서 『마음의 의무에의 입문Introduction aux devoirs des cœurs』에서 이븐 파쿠다는 전적으로 내적 경건을 강조하고 있다. 그의 저술은 동시에 일종의 영적 자서전이라고도 할 수 있다. "이 유대인 학자는 서문에서 이미 자신이 무척 고독했으며 지독한 고립으로 인해 고통받았음을 강조하고 있다. 그는 자신의 눈에 너무나도 율법주의적으로 비춰진 주변 사람들에 대한 반발로 이 책을 썼다. 그는 이 책을 하나의 증거로 삼고자 했다. 즉 적어도 한 사람의 유대인만은 육체에 있어서만이 아니라 마음에 있어서도 유대교의 참된 전통을 따르는 삶을 살고자 고군분투했다는 것을 증명하기 위해 이 책을 썼다는 것이다 […]. 이븐 파쿠다는 주로 밤중에 자기 영혼이 열리는 것을 느꼈다. 서로 포옹한 남녀가 사랑에 몸을 맡기는 데에 어울리는 저 밤중에 이븐 파쿠다는 신의 연인이 되고자 했다. 무릎 꿇고 엎드린 채 침묵의 기도 속에서 엑스터시의 몇 시간을 보내는 동안 마침내 그는 낮 시간 동안의 여러 가지 수련과 고행, 겸손, 양심의 자기 점검, 철저한 신앙심 등이 목표로 삼았던 저 정점에 도달하는 것이다."[16]

유다 할레비Judah Halévi(1080~1149)는 이븐 가비롤과 마찬가지로 시인이자 신학자였다. 『멸시받는 종교의 옹호Défense de la religion méprisée』에서 그는 무슬림 박사와 기독교 신자, 그리고 유대인 학자와 하자르

---

[16] André Neher, "La philosophie juive médiévale", p. 1021. 이븐 파쿠다가 이슬람 신비주의의 영향을 받은 것은 분명하다. 그러나 그의 영적 생애와 신학이 유대교적 성격의 것이었음도 의심할 여지가 없다. Neher가 올바르게 지적하고 있듯이, 이븐 파쿠다는 성서와 쿰란Qumran 문서 및 탈무드에서 확인되는 유대교 경건주의의 전통, 즉 "고행, 철야기도, 명상" 등을 회복시키고자 했다. 요컨대 이는 "가장 보편적인 종교경험과 이스라엘 종교의 특수성을 융합시킬 수 있는" 전통인 것이다.(*ibid.*, p. 1022)

왕 사이의 대화편을 적고 있다. 거기서 왕은 논쟁 끝에 유대교로 개종한다. 가잘리처럼 유다 할레비는 철학의 유효성에 대해 반박하기 위해 철학적 논법을 개진하고 있다. 종교적인 확실성은 이성을 중개로 하여 얻어지는 것이 아니라 유대 백성에게 봇물처럼 내려진 성서적 계시에 의해서만 얻어질 수 있다는 것이다. 이스라엘의 참된 선택은 예언자의 영에 의해 확증되며, 이교도의 철학자로서 예언자가 된 자는 한 명도 없다. 예언은 율법의 명령을 준수할 뿐만 아니라 참된 "국가의 심장"인 성지의 거룩한 가치를 깨닫는 일과 밀접하게 연결되어 있기 때문이다. 하지만 금욕은 이와 같은 유다 할레비의 신비체험에 있어 아무런 역할도 하지 못했다.

287. 아리스토텔레스와 토라 사이의 마이모니데스

랍비이자 의사이고 철학자였던 모세 벤 마이몬Moïse ben Maimon[마이모니데스](1135년 코르도바에서 태어나 1204년 카이로에서 사망)는 중세 유대교 사상의 정점을 이룬 인물이다. 그는 오늘날까지도 유대인 사이에서 특별한 권위를 가지고 있다. 그러나 그의 천재성이 다방면에 걸쳐 있고 그의 저술 또한 일견 통일성을 결여하고 있는 듯 보이는 탓에 그를 둘러싼 논쟁이 끊임없이 이어졌다.[17] 마이모니데스의 주저로

---

17) 가령 Isadore Twersky는 이렇게 말한다. "그는 어떤 이들에게는 자극을 주고 또 다른 이들에게는 반발을 산다. 독자들은 그에 대해 무관심하다든가 무신경한 태도를 보이는 적이 없다." 한쪽에서는 그를 다면적이면서도 조화를 이룬 인격으로 보았다. 또 다른 쪽에서는 반대로 그를 복잡하고 긴장에 찬, 혹은 의식적이든 무

는 유명한 『미슈나 주해Les commentaires de la Michna』와 『미슈네 토라 Mishneh Torah』 등 몇 권의 중요한 성서 주석서와 널리 알려진 철학적 논고 『길 잃은 자를 위한 안내서Le Guide des Égarés』가 있다. 이중 『길 잃은 자를 위한 안내서』는 1195년에 아라비아어로 쓰였다. 그런데 오늘날까지도 마이모니데스의 사상에는 근본적인 모순이 있다고 보는 일부 유대인 철학자와 철학사가들이 있다. 왜냐하면 마이모니데스 사상의 한편에는 주석서와 율법서를 지배하는 원리(할라카의 원리)가 있는가 하면, 다른 한편에는 아리스토텔레스를 원천으로 하여 『길 잃은 자를 위한 안내서』에 전개된 형이상학이 있기 때문이다.[18]

여기서 먼저 다음 사실을 확인하고 넘어갈 필요가 있다. 즉 마이모니데스는 "철학자의 프린스"("이스라엘의 예언자 시대 이후 인류의 최고 지혜를 대표하는 자")로서 가장 높은 평가를 받았다. 또한 그도 전통적 유대교와 아리스토텔레스 사상의 종합 가능성을 부정하지 않았다.[19] 그러나 그는 성서와 아리스토텔레스 철학의 조화를 조급하게 추구한 것이 아니라, 먼저 양자를 떼어내는 데에서부터 출발하고 있다. "그럼으로써 성서적 경험의 진실성을 철학적 이성으로부터 보호할 수 있다. 하지만 그렇다고 해서 가잘리와 유다 할레비처럼 성서적 경험과 철학적 경험을 분리하여 양자를 근본적으로 대립시키지는 않는다. 성서와 철학은 마이모니데스 안에서 서로 결부되어 있다. 양

의식적이든 역설과 모순으로 가득 찬 그런 인물로 보았다. 그에 대한 견해는 이렇게 둘로 갈라졌다. Isadore Twersky, *A Maimonides Reader*, p. XIV.
18) 최근 학자로서는 특히 David Hartmann, *Maimonides: Torah and Philosophic Quest*, pp. 20 sq.에 나오는 Isaac Husik과 Leo Strauss의 견해를 보라. 이들과는 반대로 David Hartmann은 마이모니데스 사상의 통일성을 입증하고자 애쓴다.
19) 이와 같은 통합의 시도에는 두 사람의 선구자가 있었지만 그 영향은 미미했다.

자는 같은 뿌리에서 생겨났으며 동일한 하나의 정점을 지향하기 때문이다. 다만 그는 이런 공통된 여정에 있어 철학이 길 그 자체로서의 역할을 한다면 성서는 그 길을 걸어가는 사람들을 인도하는 길라잡이의 역할을 한다고 보았다."[20]

확실히 마이모니데스에게 철학이란 대담한 학문이며, 제대로 이해되지 못할 경우에는 위험한 것이기도 했다. (율법을 준수함으로써) 도덕적 완성에 도달할 때 비로소 그는 자기 지성의 완성에 힘쓰도록 허용될 수 있다.[21] 형이상학의 전문적 연구는 공동체 전체 구성원의 의무는 아니다. 하지만 모든 이에게 있어 율법의 준수는 일정한 철학적 반성을 수반하는 것이 되지 않으면 안 된다. 지적 교양은 윤리적 덕목보다 상위의 덕목이기 때문이다. 마이모니데스는 형이상학의 요체를 13개의 명제로 집약하면서 적어도 이 13개의 이론만은 모든 신자들이 숙고하여 자신의 것으로 동화시켜야 한다고 생각했다. 실제로 그는 주저 없이 철학적 인식이 사후 생명을 확보하는 데에 불가결한 조건이라고 단호하게 말한다.[22]

필론이나 사디아와 마찬가지로 마이모니데스 또한 성서가 말하는 역사적 사실과 표현 방법을 철학적 언어로 번역하고자 부심했다. 그

---

20) A. Neher, "La Philosophie juive médiévale", pp. 1028~1029.
21) 『길 잃은 자를 위한 안내서』의 서장에서 마이모니데스는 몇몇 주의 사항 중의 하나로, 이 책 안에 의도적으로 상호 모순된 주장을 집어넣었음을 인정하고 있다. 이는 미숙한 독자들을 오류에 빠뜨리기 위한 것이었다고 한다.
22) *Guide des Égarés*, III, 51, 54. 그리고 Vajda, *Introduction à la pensée juive du Moyen âge*, p. 145를 참조하라. 결국 "불멸성"이란 지상에 살아 있는 동안 획득한 형이상학적 차원의 인식을 총칭하는 말이나 다름없다. 이는 많은 비의 전통에서 찾아볼 수 있는 사고방식이다.

리하여 마이모니데스는 **칼람**식의 성서 해석을 비판하고 부정하면서 아리스토텔레스의 논법을 소개하고 채택했다. 확실히 아리스토텔레스가 주장하는 세계의 영원성과 성서에 선포된 **무無로부터의**ex nihilo 창조는 어떤 논의로도 조정되기 힘들다. 그러나 마이모니데스는 양자 모두 확고한 반증이 불가능하다는 점에서 공통분모를 가진다고 여겼다. 이 유대인 박사에 의하면「창세기」는 "**무로부터의 창조를 틀림없는 사실로 주장하고 있는 것은 아니다. 그걸 시사하고 있는 것만은 분명하지만, 그러나 우의적 해석 방법을 써서 성서 구절을 아리스토텔레스가 주장한 의미로 해석할 수도 있다. 다시 말해 이 논쟁에 종지부를 찍을 수 있는 규준은 외재적인 것이 아니라 바로 신의 지고성 및 자연에 대한 신의 초월성이다.**"[23]

그 천재성에도 불구하고 마이모니데스는 아리스토텔레스의 불멸의 제1운동자Dieu-Moteur와 자유롭고 전능한 창조주인 성서적 신의 동일성을 증명하는 데에는 성공하지 못했다. 하지만 그는 진리란 오직 지성에 의해서만, 다시 말해 아리스토텔레스의 철학에 의해서만 발견될 것이며 그런 발견이 **가능하다**고 하는 주장을 굳게 견지하고 있었다. 그리하여 마이모니데스는 모세의 경우를 제외하고는 모든 예언자들이 받았다는 계시의 유효성을 인정하지 않는다. 그것들은 모두 상상력의 산물에 지나지 않는다는 것이다. 다만 모세가 받은 **토라**는 모든 시대를 걸쳐 유일하게 유효한 기념비이다. 따라서 신자들은 이 **토라**를 배우고 그 명령을 존중하면 그걸로 족하다.

이와 같은 마이모니데스의 윤리학은 성서적 전통과 아리스토텔레스적 명제의 종합이라 할 수 있다. 실제로 그는 아리스토텔레스를 좇

---

23) A. Neher, *op. cit.*, p. 1031.

아 지성의 활동과 철학적 인식의 의의를 강조하고 있다. 마이모니데스의 메시아 신앙은 순수하게 지상적인 것이다. 즉 "덕성의 자발적인 수련을 낳는 인식의 획득에 의해 신의 나라가 아닌 사람의 나라가 구축될 수 있다"[24]는 것이다. 마이모니데스는 육체의 부활이 아니라 형이상학적 인식에 의해 획득되는 불멸성을 믿었다. 그러나 일부 해석자들은 마이모니데스의 "부정신학"이라 불리는 사상에 주목한다. "신과 인간 사이에는 무無와 심연이 가로놓여져 있다 〔……〕. 어떻게 하면 이 심연을 건널 수 있을까? 그러려면 먼저 무를 받아들여야만 한다. 신에게로의 접근에 수반되는 부정성, 즉 철학적 관점에서 바꿔 말하자면 신의 불가지성은 무에 자신을 내맡기는 인간의 이미지에 불과한 것이기 때문이다. 무를 통과해 나아감으로써 비로소 인간은 신에게 다가설 수 있다 〔……〕. 『길 잃은 자를 위한 안내서』의 가장 멋진 몇몇 장에서 마이모니데스는 모든 기도가 침묵이지 않으면 안 된다는 점, 모든 율법의 준수는 가장 고귀한 신적 사랑을 지향하지 않으면 안 된다는 점을 우리에게 가르쳐주고 있다. 이런 신적 사랑에 의해 우리는 신과 인간 사이에 놓여진 심연을 긍정적으로 넘어설 수 있게 된다. 신의 위엄을 조금도 손상시키지 않은 채 신과 인간의 만남이 성취될 수 있는 것이다."[25]

---

24) A. Neher, p. 1023. 또한 Hartmann, *Maimonides*, pp. 81 sq.에 번역, 해설된 텍스트들을 보라.
25) A. Neher, *op. cit.*, p. 1032. 또한 Hartmann, *op. cit.*, p. 187 및 Twersky, *A Maimonides Reader*, pp. 83 sq., 432~433에 번역된 텍스트들을 보라. 본서의 목적에 비추어 보건대 마이모니데스 이후의 몇몇 철학자들, 가령 게르소니데스(Lévi Ben Gerson, 1288~1344), 하스다이 크레스카스(1340~1410), 요셉 알보(1370~1444) 등에 관해서는 아쉽지만 그냥 넘어가도 좋을 듯하다.

여기서 한 가지 분명히 해둘 점이 있다. 즉 그리스, 헬레니즘, 이슬람이나 기독교 철학으로부터 많든 적든 표층적인 영향을 받았음에도 불구하고 유대교의 철학 사상이 결코 역량이나 독창성을 결여하고 있지 않다는 점이다. 사실 영향이라기보다는 오히려 고대의 이교, 이슬람 및 기독교의 다양한 철학 체계를 대표하는 자들과 유대인 사상가들 사이에 이루어진 끊임없는 대화였다고 말할 수 있다. 이와 같은 대화는 대화자 쌍방이 모두 풍부해지는 결과를 낳았다. 우리는 이와 동일한 과정을 유대교 신비주의에서도 찾아볼 수 있다.(본권 288절 이하 참조) 확실히 유대인의 종교성은 성서 전통에 충실하면서도 동시에 외부로부터의 수많은 "영향"에 완전히 지배당하지 않은 채 그것들을 수용했다는 점으로 특징지어진다.

288. 유대교 신비주의의 초기의 제 형태

유대교의 신비체험은 풍부하고 복잡한 형태를 띠고 있다. 그 분석에 앞서 몇 가지 일반적인 특징을 지적하고자 한다. 첫째, 사바타이 츠비가 일으킨 메시아 운동(본권 291절)을 제외한다면, 때로 랍비적 전통과 다소 긴장 관계를 가지기는 했지만 신비주의적인 어떤 학파도 정통 유대교로부터 분리되는 일은 없었다. 둘째, 유대교 신비주의는 그 발생 초기부터 비의로서의 특징을 지니고 있었으며, 이는 오랫동안 유대교 종교 유산의 일부를 이루어왔다.(본서 제2권 p. 375~376) 셋째, 고대 유대교의 그노시스주의에서 유래한 그노시스적 요소 또한 거의 모든 유대교 신비주의에서 확인된다.[26] 끝으로 한 가지만 더 지적하자면 최고의 신비체험, 즉 신과의 합일은 유대교 신비주의에 있어 오히려 예외적인 것으로 보인다. 일반적으로 유대 신비가의 목표는 신을 보는 것, 신의 위대함을 관조하고 창조의 비의를 이해하는 데에 있었다.

유대교 신비주의의 초기의 단계는 신의 보좌인 메르카바에 이르는 엑스터시적 상승에 부여한 중요성으로 특징지어진다. 이런 비의 종교적 전통은 이미 BC 1세기부터 나타났으며 AD 10세기까지 계속되었다.[27] 신의 보좌인 메르카바는 신적 영광이 드러나는 곳이며, 기독교와 헤르메스주의의 그노시스 사상에 나오는 플레로마plérome("충일")에 상응하는 유대교의 신비주의적 관념이다. 이런 메르카바를 기술하고 있는 문헌들은 짤막하고 애매한 구절들이 많으며 『천궁의 서Livres des Hekhaloth』라고 이름 붙여져 있다. 거기에는 환영을 보는 자가 엑스터시 여행에서 거치는 많은 방들과 궁전들의 모습이 묘사되어 나오는데, 그중 마지막 일곱 번째의 헤크할hekhal〔궁전을 뜻하는 말로서 복수형은 hekhaloth〕에 신의 영광스런 보좌가 있다. 이런 엑스터시 여행은 처음에는 "메르카바로의 상승"이라고 불렸는데, 이유는 알 수 없지만 500년 경부터는 "메르카바로의 하강"이라고 불려지게 되었다. 역설적이게도 "하강"이 상승의 비유로 사용된 것이다.

---

26) 몇몇 예들에서는, 중세 기독교의 이단 운동과 직간접적으로 접촉함으로써 이런 전통적인 그노시스주의적 요소가 재활성화되었을 가능성도 배제할 수 없다.
27) Scholem은 세 시기를 구별하고 있다. 고대의 묵시 사상 신봉자들에 의한 무명의 비밀결사의 시기, 신의 옥좌를 둘러싸고 일부 미슈나 스승들의 사변이 전개된 시기, 후기 탈무드 시대 및 그 이후의 메르카바 신비주의 시기가 그것이다. G. Scholem, *Major Trends in Jewish Mysticism*, p. 43을 참조하라. 또한 *Jewish Mysticism, Merkabah Mysticism and Talmudic Tradition*을 보라. 메르카바에 관한 가장 오래된 기록은 *Livre Éthiopien d'Énoch* 14장에서 찾아볼 수 있다.

성립 당시부터 자신들의 비의 종교적 교의와 독특한 방법을 입문의례를 거친 자들에게만 전수하는 잘 조직된 비밀 집단이 있었던 것 같다. 입문 지원자는 도덕적 자격 외에도 관상과 수상에 있어 일정한 특징을 지니고 있어야만 했다.[28] 엑스터시 여행을 위해서는 그 준비 기간으로 12일 혹은 40일간에 걸친 금욕적 수련, 이를테면 단식, 의례적 영창, 반복적인 칭명稱名, (머리를 무릎 사이에 넣는다든가 하는) 특별한 자세 등이 요구되었다.

주지하다시피 여러 천계를 지나는 영혼의 상승 및 그 과정에서 조우하는 갖가지 시련들은 2, 3세기의 그노시스주의와 헤르메스주의에 공통된 테마였다. 숄렘Gershom Scholem의 지적대로 메르카바 신비주의는 유대교 내 그노시스의 지류였다.[29] 하지만 그노시스주의에서 말하는 제7혹성천의 수호자인 아르콘테스Archontes는 유대교 그노시스주의에서는 천상의 방 입구 좌우에 자리하고 있다. 어쨌든 영혼이 이곳을 지나가려면 비밀스런 이름이 적힌 마법의 부적이 필요하다. 이 부적은 악마와 반역 천사들을 쫓는 힘이 있다. 여행의 위험은 갈수록 커지는데, 마지막 시련은 다소 베일에 가려져 있다. 탈무드에 나오는 단편적인 기록에 의하면 랍비 아키바는 "천국"에 들어가기를 원하는 세 명의 랍비에게 이렇게 말하고 있다. "그대들이 빛나는 대리석판 앞에까지 도달했을 때 '물이다! 물이다!'라고 말해서는 안 된다. 왜냐하면 거기에는 '거짓말을 내뱉는 자는 내 앞에 있을 수 없다'고 적

---

28) Scholem, *Major Trends*, p. 48.
29) *Les origines de la Kabbale*, p. 36 을 참조하라. Scholem은 "랍비적 그노시스주의", 즉 유대교 그노시스주의에 속하면서 할라카 전통에 충실하고자 한 형태에 관해서도 언급하고 있다. *Major Trends*, p. 65를 참조하라.

혀 있기 때문이다." 천궁에 늘어서 있는 대리석판의 휘황찬란한 빛이 마치 바다의 파도 같은 인상을 준다는 것이다.[30]

이런 여행을 하는 동안 영혼은 창조의 비밀과 천사의 위계 및 마법 등에 관한 여러 가지 계시를 받는다. 이윽고 영혼은 최고천에 도달하여 보좌 앞에 선다. 그때 "[영혼은] 예언자 에스겔(「에스겔」 1:26)이 메르카바 보좌 위에서 보아도 좋다고 허락받았던 '사람의 모습을 한 형체'의 상징 속에서 신성의 신비한 형상을 관조한다. 거기서 에스겔이 본 것은 '몸의 크기'"였다. 그것은 히브리어의 쉬우르 코마Shi'ur Qoma, 즉 신성을 인간의 모습으로 표상한 것으로서 '최초의 인간Homme premier' 혹은 「아가서」에 나오는 연인처럼 보였다. 또한 [영혼은] 이런 형상의 각 지체가 지닌 신비스런 명칭에 대해서도 계시받는다."[31]

우리는 여기서 유대교 묵시문학과 『구약성서』 외경에서의 저 "크신 영광"이 드러나는 신비적 형상 안에서 유대교의 불가시적인 신이 투사되고 있음을 본다. 그러나 창조주를 시각화한 이와 같은 표상(가령 그의 우주적 망토로부터 별들과 천계가 방사된다는 등의)은 "전적으로 일신교적인 관념으로부터" 전개된 것이다. "그 관념에는 세계의 창조자 신이 참된 신과 대립할 때 보이는 이단적 내지 이원 대립적 성격은 전혀 보이지 않는다."[32]

메르카바 관련 문헌과 아울러 중세에 널리 퍼져 나가 디아스포라의 모든 지역에 알려지게 된 문서가 있다. 불과 몇 페이지에 지나지 않

---

30) Scholem, *Major Trends*, p. 52 sq. 그리고 *ibid.*, p. 49를 참조하라. 이와 유사한 이미지가 나오는 헬레니즘 문헌이 지적되고 있다.
31) Scholem, *Les origines de la Kabbale*, p. 29.
32) *Ibid.*, p. 31.

는 『세페르 예치라Sepher Yetsira』, 즉 『창조의 서』가 그것이다. 이 문서의 저자라든가 성립 연대에 관해서는 알려져 있지 않다(아마도 5세기 혹은 6세기일 것으로 추정된다). 그 내용은 우주 창조론cosmogonie과 우주론cosmologie에 관한 간결한 기술로 이루어져 있다. 저자는 "분명 그리스 문헌들에서 영향받은 자신의 사상을 천지창조 및 메르카바의 교리에 관한 탈무드의 가르침과 조화시키고자" 시도하고 있다. "그리고 이런 시도에서 우리는 처음으로 메르카바를 둘러싼 관념들을 사변적으로 재해석하는 태도에 직면하게 된다."[33]

『창조의 서』 제1부에서는 "신이 그것으로써 세계를 창조한(본서 제2권 200절 참조) 신적 지혜(Hokhma 혹은 Sophia)의 32가지 길, 곧 거룩한 22개의 알파벳 문자와 10개의 원초적 숫자(Sephiroth)가 제시되고 있다. 최초의 세피라Sephira[Sephiroth의 단수형]는 살아 있는 신의 숨결 pneuma(rûaḥ)이다. 이 루아흐rûaḥ로부터 원초적 공기가 생기고 거기서 다시 제3, 제4의 세피로트Sephiroth인 원초적 물과 불이 생겨난다. 신은 이런 원초적 공기로부터 22개의 문자를 창조했다. 그리고 원초적 물에서는 우주적 혼돈을, 불에서는 영광의 보좌와 천사들을 창조했다. 나머지 여섯 개의 세피로트는 공간의 여섯 방향을 나타낸다."[34]

세피로트를 둘러싼 이와 같은 사변은 숫자에 관한 신비 사상으로 짙게 물들어 있는데, 그것은 아마도 신플라톤주의에서 비롯된 관념인 듯싶다. 그러나 "문자에 의해 하늘과 땅이 창조되었다"는 사상은 유대교 내적으로도 설명 가능하다.[35] "언어의 신비주의에 입각한 이와

---

33) *Ibid.*, p. 34. 최근의 번역이 Guy Casaril, *Rabbi Siméon bar Yochaï*, pp. 41~48에 있다.
34) Scholem, *Les origines de la Kabbale*, pp. 35 sq. 또한 *Major Trends*, pp. 76 sq.를 보라.
35) Scholem, *Les origines*, pp. 37~38. Guy Casaril은 『클레멘스의 교의Homélies Clémentines』

같은 우주 창조론은 나아가 점성술 사상과 관계가 있음이 분명하다. 두말할 나위 없이 그런 발상은 문자와 언어가 기적을 일으키고 사물을 창조하는 힘을 가진다는 유대교적 주술 관념과 직결되어 있다."[36] 실제로『세페르 예치라』는 마술적 목적에 쓰이기도 했다. 이 책은 카발라주의자들의 필독서였으며, 사디아에서 사바타이 도놀로에 이르는 중세 유대교 최대의 사상가들에 의해 부단한 주석이 가해졌다.

한편 중세 유대교의 경건주의는 세 명의 "독일의 경건주의자(*Hassidei Ashkenaz*)" 사무엘과 그 아들 예후다 및 보름스의 엘레아자르에 의해 대표된다. 이 경건주의 운동〔하시디즘〕은 12세기 초에 독일에서 일어났으며, 1150~1250년에 걸쳐 가장 활발하게 전개되었다. 라인 지방에서 꽃피운 이와 같은 경건주의는 원래 메르카바 신비주의와『세페르 예치라』의 신비주의에 근거하고 있지만 완전히 새로운 독창적 산물이라고 말해도 좋다. 거기서는 일종의 민중적 신화로의 회귀가 두드러지게 나타난다. 한편 이 경건주의자들은 묵시록적인 사변과 메시아 재림의 때가 언제인지를 헤아리는 것에 대해서는 거부하고 있다. 또한 랍비적 박식함과 체계적 신학 등에 대해서도 별 흥미를 보이지 않는다. 경건주의자들은 전적으로 유일신의 비의를 명상하고 새로운 경건 개념의 실천에만 힘썼던 것이다.[37] 스페인의 카발라주의자들(본권 289절 참조)과는 달리 하시디즘의 교사들은 민중들을 향해 설교를 행했다. 이 운동의 핵심적인 책 ―『세페르 하시딤 Sepher Hassidim』― 은 주

등과 같은 일부 기독교 그노시스주의와의 유사성을 강조하고 있다. Casaril, *op. cit.*, p. 42.

36) Scholem, *Les origines*, p. 40.
37) Scholem, *Major Trends*, pp. 91~92.

로 일화와 교훈담 등으로 이루어져 있다. 이들의 종교 생활은 금욕과 기도 및 신에 대한 사랑이 중심을 이룬다. 왜냐하면 그 최고의 형태에 있어 신에의 외경은 신에 대한 사랑 및 헌신과 일치하기 때문이다.[38]

경건주의자들은 정신의 완전한 평정을 얻고자 힘썼다. 이를 위해 그들은 공동체 내의 다른 사람들로부터 모욕과 압박을 받아도 마음의 흔들림 없이 받아들이곤 했다.[39] 또한 그들은 스스로 그런 능력을 구한 것은 아니지만 기이한 마법의 힘을 지니고 있었다.[40] 이 경건주의자들이 행하는 참회에서 우리는 기독교의 영향을 엿볼 수 있지만, 성적(性)인 것과 관련된 흔적은 보이지 않는다. 왜냐하면 주지하다시피 유대교는 성적인 금욕을 결코 받아들인 적이 없기 때문이다. 한편 거기서 우리는 강렬한 범신론적 경향을 보게 된다. "신은 영혼이 인간 가까이에 있는 것 이상으로 인간과 세계 가까이에 거하신다."[41]

독일의 경건주의자들은 체계적 신학을 만들지는 않았다. 하지만 우리는 거기서 다음 세 가지의 각각 원천을 달리하는 중심 사상을 구별할 수 있다. (1) "신의 영광(Kabod)"의 관념, (2) 신의 보좌를 지키는 최고의 "성자" 케루브Cherub의 관념, (3) 신적 거룩함과 장엄성의 비의 및 인간의 본성의 비밀과 신을 향해 나아가는 인간 노정의 비밀

---

38) *Ibid.*, p. 95.
39) Scholem은 이런 평정성을 견유학파 및 스토아학파의 아타락시아ataraxia와 비교하고 있다. *Ibid.*, p. 96. 또한 할라즈의 태도(본권 277절)를 참조하라.
40) 골렘Golem, 마법의 호문쿨루스에 대한 최초의 언급은 보름스의 엘레아자르의 저작에 나온다. 이 호문쿨루스는 제작자가 엑스터시 상태에 있는 동안만 살아 움직일 수 있다. Scholem, "The Idea of the Golem", pp. 175 sq.
41) Scholem, *Major Trends*, pp. 107 sq. 아마도 이는 스코투스 에리게누스(9세기)를 매개로 한 신플라톤주의의 영향일 것이다. *Ibid.*, p. 109.

등이 그것이다.[42]

289. 중세의 카발라

유대교의 비의적 신비주의가 낳은 독특한 산물로서 카발라Kabbale가 있다. 이 말은 대체로 "전승"("받아들이다"는 뜻의 어근 K B L에서 비롯되었다)을 의미한다. 곧 살펴보겠지만 이 새로운 종교적 창안물은 종종 이단적인 색채를 띠곤 했던 그노시스주의의 유산과 ("범신론"이라고 부적절하게 불려졌던) 우주적 종교성religiosité cosmique의 구조[43]를 어디까지나 정통 유대교 안에 충실히 머물면서 재생시킨 것이었다. 그러나 이로 인해 카발라 사상의 신봉자들과 율법주의적 유대교 권위자들 사이에 심상치 않은 긴장이 발생하였다. 이런 긴장 관계에도 불구하고 카발라는 직간접적으로 디아스포라 유대 공동체의 영적, 정신적 단결을 강화시키는 데에 일조했다는 것을 미리 말해두고자 한다. 나아가 비록 르네상스기 및 그 이후의 일부 기독교 저술가들에게 충분히 알려지지도 못했고 또한 깊이 이해되었다고도 말할 수 없지만, 카발라는 서구 기독교의 "탈지역화déprovincialisation" 과정에 중요한 역할을 담당했다. 즉 카발라는 14세기부터 19세기에 이르는 유럽 사상사의 일부가 되었던 것이다.

---

42) Scholem, *ibid.*, pp. 110 sq., 118. 이 13세기 유대교 경건주의와 18세기 폴란드 및 우크라이나에서 일어난 경건주의 운동(본권 292절을 참조하라) 사이에는 아무런 연관성도 없다는 점을 지금부터 분명하게 밝혀두자.
43) 특히 G. Scholem, "Kabbala and Myth"를 보라.

본래적 의미에서의 카발라에 대해 언급한 가장 오래된 문헌은 『바히르Bahir』라고 불리는 책이다. 불완전하고 단편적인 형태로 전해졌으며 다양한 자료들로 구성되어 있는 이 문서는 내용도 애매하고 이해하기 어려운 구석이 많다. 어쨌든 『바히르』는 12세기에 프로방스 지방에서 그 이전부터 존재했던 고문헌들을 토대로 편찬되었다. 그 고문헌들 가운데 특히 『라자 랍바Raza Rabba』("위대한 신비")가 중요하다. 이는 오리엔트의 일부 저술가들이 귀중한 비의 종교서로 간주했던 문헌이다.[44] 『바히르』에 전개되고 있는 교설이 오리엔트—보다 정확하게 말하자면 그노시스주의—에서 비롯된 것임에는 틀림없다. 유대교의 여러 고문서에 나오는 고대 그노시스주의 저술가들의 사변을 『바히르』에서도 엿볼 수 있기 때문이다. 가령 남성 및 여성의 에온들Éons, 플레로마와 영혼의 나무, 그노시스주의자들의 양면적 소피아(딸이자 동시에 부인으로서의 지혜)에 사용된 것과 유사한 표현으로 서술된 셰키나Shekhinah 등이 그것이다.[45]

『바히르』의 편찬이라는 형태로 명확하게 모습을 드러낸 카발라와 카타리파 운동과의 연관성 여부에 대한 문제는 "그러나 아직 해결되지 않은 채로 남아 있다. 양자의 관계를 말해주는 확실한 증거는 없다. 하지만 그 가능성을 부정할 수도 없다고 생각한다. 사상사적으로 『바히르』는 중세 유대교에서 결코 찾아볼 수 없는 고대적 상징체계에 대한 의식적인 재현을 보여주고 있다. 『바히르』의 간행에 의해 신화적 사고의 유대교적 형태가 율법주의적 유대교 혹은 철학적 유대교의 입장과 경합 관계 내지 논쟁 관계에 들어가게 된 것은 어찌 보면

---

44) Scholem, *Major Trends*, p. 75 ; *Les Origines*, pp. 66 sq.를 참조하라.
45) Scholem, *Les Origines*, pp. 78~107, 164~194 등을 참조하라.

필연적인 일이었다."⁴⁶⁾

프로방스의 카발라주의자들은 주로 『바히르』를 토대로 하여 자신들의 이론을 만들어냈다. 이때 그들은 오리엔트에서 비롯된 이 오래된 그노시스주의적 전통을 그것과는 별개의 영적 우주, 특히 중세 신플라톤주의에 근거한 요소들을 차용하여 완성시켰다. 따라서 "카발라가 세상에 모습을 드러냈을 때 그 형태 속에는, 물론 어느 한쪽에 중점이 놓여지기는 했지만, 이 두 개의 전통, 즉 그노시스주의적 전통과 신플라톤주의적 전통이 함께 내포되어 있었다. 카발라는 이와 같은 이중적 형태를 지닌 채 스페인에 이식되었던 것이다."⁴⁷⁾

카발라에서는 통상 신비주의의 기법으로 중시되는 엑스터시적 요소가 별로 큰 역할을 하지 않는다. 또한 방대한 카발라 문헌에서도 개인적인 엑스터시 체험에 대한 언급은 거의 찾아볼 수 없다. 뿐만 아니라 **신비적 합일**unio mystica에 관한 언급 또한 매우 드물게 나올 뿐이다. 물론 카발라에도 신과의 합일을 나타내는 말이 있다. "고착" 혹은 "신과 하나가 되는 것"을 의미하는 **드베쿠트**devekuth⁴⁸⁾라는 말인데, 이것은 엑스터시를 넘어선 어떤 은총의 상태를 가리킨다. 따라서 엑스터시적 요소를 무엇보다 중시한 카발라 저술가들은 가장 인기 없는 저술가가 되고 말았다. 가령 아브라함 아불라피아Abraham Abulafia가 그러했다. 그는 1240년에 사라고사에서 태어나 오랫동안 근동 지방, 그리스 및 이탈리아 등지를 여행한 인물인데, 그의 수많은 저작들은

---

46) *Ibid.*, p. 211.
47) *Ibid.*, pp. 384~385. 바르셀로나와 피레네 산맥 중간에 위치하는 카탈루냐의 소도시 지로나의 카발라주의자에 관해서는 *ibid.*, pp. 388~500의 상세한 서술을 보라.
48) G. Scholem, "Devekuth or Communion with God"을 보라.

랍비들 사이에서 거의 읽혀지지 않았다. 그가 지극히 개인적인 엑스터시 체험을 강조했기 때문이었다.

어쨌든 아불라피아는 히브리어 알파벳의 결합 방식을 응용하여 신의 다양한 이름을 둘러싼 명상 기법을 개발했다. 물질의 구속으로부터 영혼을 해방시키는 영적 작업을 알기 쉽게 설명하기 위해 그는 끊지 말고 풀어야만 하는 매듭의 비유를 차용했다. 또한 아불라피아는 조식법調息法[호흡 기법]과 특수한 자세 및 다양한 형태의 영창 등 요가적인 실천 기법을 설하기도 했다.[49] 나아가 그는 카발라주의자들이 히브리 문자의 결합과 배열 방식에 의해 신비적 관조와 예언자적 비전을 얻을 수 있다고 주장했다. 하지만 이때 그가 말하는 엑스터시는 트랜스의 일종이 아니다. 아불라피아는 엑스터시를 구원의 전 단계|rédemption anticipée로 묘사한다. 실제로 엑스터시 상태에서 수행자는 초자연적인 빛에 휩싸인다.[50] "아불라피아가 엑스터시라고 부른 것은 마이모니데스와 중세 유대교 사상가들이 예언자적 비전으로 이해했던 것과 같은 것이었다. 다시 말해 이때의 엑스터시란 인간의 지성이 일시적으로 신과 합일하는 것, 그리고 철학자들이 말하는 **능동적 지성**이 개개인의 영혼 안에 흘러 들어오는 것을 뜻했다."[51]

---

49) Scholem, *Major Trends*, p. 139를 참조하라.
50) Scholem은 1295년에 팔레스타인의 익명의 제자에 의해 저술된 이런 유의 체험에 대한 지극히 상세한 기술을 번역하였다. *Ibid.*, pp. 143~155.
51) Guy Casaril, *Rabbi Siméon Bar Yochai et la cabbale*, p. 72. "아불라피아의 이단에 가까운 독창성은 예언자적 비전(전통적 가르침에서 이는 항상 신에게만 의존한다)과 **드베쿠트**, 즉 인간의 의지와 오직 사랑의 힘에 의한 신에의 고착을 동일시한 데에 있다. 이리하여 그는 경건하고 진지한 신비가라면 누구라도 예언자의 비전을 의도적으로 환기시킬 수 있다고 설했다."(*ibid.*)

그러나 아불라피아의 사후에 그의 명성과 영향력은 1275년이 얼마 지나지 않아『세페르 하 조하르Sepher Ha-Zohar』, 즉『빛의 서』가 나온 탓에 지극히 제한될 수밖에 없었다. 이『세페르 하 조하르』라는 대작은 만투아에서 출간된 아람어판의 경우 거의 1000페이지나 되는데, 카발라 사상사에서 유례없는 성공을 거두었다. 이 책은 정전으로 간주된 유일한 카발라 문서로서, 수 세기에 걸쳐 성서와 탈무드에 비견될 만한 지위를 부여받았다. 위경의 형식을 차용하여 쓴『세페르 하 조하르』에는 유명한 랍비 시메온 바르 요카이(2세기)가 그의 제자들 및 교우들과 나눈 신학적, 교훈적 논의가 실려 있다. 학자들은 오랫동안『세페르 하 조하르』가 다양한 자료들이 편집된 것으로 그 안에는 랍비 시메온에까지 거슬러 올라가는 사상도 포함되어 있다고 여겼다. 하지만 숄렘은 이런 "신비주의적 로망"의 저자가 스페인의 카발라주의자 모세 드 레온임을 증명해 보였다.[52]

숄렘에 의하면『세페르 하 조하르』는 유대교 신지학, 즉 신성의 신비한 작용에 관한 인식과 기술을 주된 목적으로 하는 신비주의적 교의의 서책이다.『세페르 하 조하르』와 카발라주의자들은 일체의 성질과 속성을 가지지 않는 숨은 신을 엔 소프En-Sof, 즉 무한자라고 부른다. 그러나 이 숨은 신은 우주에 편재하여 활동하는 신이기도 하므로 그 신은 스스로의 속성을 드러낼 수밖에 없으며, 그렇게 드러난 속성은 다시 신적 본성의 일측면을 표상하게 된다. 카발라주의자들에 따르면 신의 이와 같은 근본적 속성에는 열 가지가 있다. 그것들은 동시에 신의 생명이 관통하여 순행하며 흐르는 10가지 차원으로 나타나기도 한다. 이를 세피로트라고 하는데, 그 10가지 명칭은 신적 현현

---

[52] *Major Trends*, pp. 157~204를 참조하라.

의 다양한 양태를 반영한다.53) 그리고 이와 같은 **세피로트** 전체가 신적 생명의 "통일된 우주"를 이루며, 그것은 신의 신비한 나무 혹은 인간(*Adam Kadmon*, 원초적 인간)의 형상으로 묘사된다. 이런 유기체적 상징체계와 아울러 『세페르 하 조하르』는 언어의 상징체계, 즉 신이 자기 자신에게 부여한 여러 명칭들도 사용하고 있다.

창조는 신 안에서 이루어진다. 이때 창조란 휴식 상태로부터 우주 창조와 자기 계시에로 나아가는 숨은 **엔소프**의 운동을 가리킨다. 이런 운동에 의해 말로 표현할 수 없는 충만한 **엔소프**가 **세피로트** 유출의 근원인 신비적 무無로 변한다. 나아가 『세페르 하 조하르』는 이와 같은 무로부터 존재로의 변형을 원초적 일점 point primordial이라는 상징으로 나타내고 있다.54) 『세페르 하 조하르』의 어떤 구절(I, 240b)은 창조가 두 가지 차원에서 이루어졌음을 분명하게 서술하고 있다. "높은 차원과 낮은 차원", 즉 **세피로트**의 세계와 눈에 보이는 이 가시적인 세계가 그것이다. 여기서 **세피로트**의 생명에 있어 신의 자기 계시와 자기 전개는 일종의 신통기 théogonie로서 서술되어 나온다. "이 신통기와 우주 창조론은 창조의 두 가지 상이한 운동이 아니라 동일한 운동의 두 가

---

53) 신의 "지혜(*Hokhma*)", 신의 "지성(*Bina*)", 신의 "사랑" 내지는 연민(*Hessed*) 등. 열 번째의 세피라는 **말쿠트** Malkhuth, 즉 신의 "군주적 위엄"인데, 『세페르 하 조하르』에서는 통상 이를 이스라엘 공동체의 신비적 원형이나 **셰키나**[신의 편재]로서 기술하고 있다. Scholem, *Major Trends*, pp. 212~213을 참조하라. 『세페르 예치라』의 세피로트에 관해서는 본권 288절을 보라.
54) 이 일점은 신의 "지혜", 즉 **호크마** Hokhma(제2세피라)와 동일시된다. 제3세피라에 있어 이 "점"은 "궁전" 내지 "구축물"이 된다. 이는 세계의 창조를 의미한다. 이런 제3세피라를 일컫는 명칭인 **비나** Bina는 "지성"을 의미함과 동시에 "분화"를 뜻하기도 한다. Scholem, *Major Trends*, pp. 219 sq.를 참조하라.

지 측면을 나타내는 것이다."⁵⁵⁾ 즉 시원의 때에 모든 만물은 하나의 거대한 전체를 형성하고 있었으며, 창조주의 생명이 모든 피조물의 생명 안에 맥동하고 있었다. 그러니까 신이 "초월적인" 존재가 된 것은 기껏해야 인간의 죄로 인한 타락 이후의 일이라는 것이다.⁵⁶⁾

카발라주의자들이 행한 혁신 가운데 가장 중요한 것 중의 하나로서 신과 셰키나의 합일에 관한 사상을 들 수 있다. 이런 **신성 결혼**hieros gamos 에 의해 신의 참된 일성—性이 실현되는 것이다.『세페르 하 조하르』에 의하면 이와 같은 합일은 원래 부단히 영속하는 그런 것이었다. 그런데 아담의 죄에 의해 이런 **신성 결혼** 상태가 정지해버리고, 그 결과 "셰키나의 유배"가 일어났다. 참으로 "신은 유일하며 그 이름은 하나"라고 말할 수 있게 되는 것은 신적 구원에 의해 원초적 조화가 회복된 이후에야 비로소 가능할 것이다.⁵⁷⁾

이미 언급했듯이 카발라는 우주적 종교와 결부된 몇몇 신화 및 사상을 유대교에 재도입했다. 다시 말해 카발라주의자들은 탈무드에 규정된 의례와 노동으로써 삶을 신성화했을 뿐만 아니라, 자연과 인간의 신화적 가치에 대한 인식과 신비체험의 중시 및 일종의 그노시

---

55) Scholem, *ibid.*, p. 223. 이 교설은 전적으로 모세 드 레온에 의해 만들어졌다.
56) Scholem, p. 224. 이와 같은 사고방식은 "미개인들" 사이에서도 찾아볼 수 있다. Eliade, *Mythes, rêves et mystères*, pp. 80 sq.를 참조하라.
57) Scholem, *Major Trends*, p. 232. Scholem이 지적하듯이(p. 235) 카발라주의자들은 신 안에서 성性의 신비를 보고자 애썼다.『세페르 하 조하르』의 독창성 가운데 하나는 악을 신의 현시—즉 세피라—중의 하나로 보는 해석에 있다(Scholem, pp. 237 sq.는 야콥 뵈메적 사고방식과의 유사성을 지적하고 있다). 영혼이 윤회한다는 사상—그노시스에 기원을 가지는 사상—은『바히르』에 처음으로 나타나는데(*ibid*, pp. 241 sq.) 16세기 사페드에서 "신카발라"가 성공함으로써 일반인 사이에 널리 퍼지게 되었다. Scholem, "The Messianic Idea in Kabbalism", pp. 46 sq.를 참조하라.

스주의 사상을 유대교에 부가했던 것이다. 이와 같은 [다른 종교 전통에 대한 자기] "개방" 현상과 재평가의 시도에서 우리는 『구약성서』와 탈무드가 우주적 종교라든가 그노시스주의 및 신비주의와 공존하는 종교적 세계에 대한 동경을 읽어낼 수 있다. 이탈리아 르네상스기의 일부 헤르메스주의 철학자들이 품고 있었던 "보편주의적" 이상에서도 이와 동일한 현상을 찾아볼 수 있다.

290. 이삭 루리아와 신카발라

1492년 유대교도들이 스페인으로부터 추방되었고 그 결과 카발라에도 변화가 생겼다. 비의적 교의에서 민중적 교의로의 변화가 그것이다. 1492년의 대추방 이전까지 카발라주의자들은 구원론보다도 창조론에 더 관심을 집중했다. 즉 세계와 인간의 역사를 아는 사람은 경우에 따라서는 태초의 완전한 상태로 돌아갈 수도 있다는 것이다.[58] 그러나 추방 이후에는 메시아 신앙에 대한 파토스[정념, 열망]를 지배하게 되었고, 거기서 "태초"와 "종말"은 하나로 결합되었다. [스페인으로부터의 추방이라는] 대사건은 구원론적 가치를 지니게 된다. 즉 그 사건은 구세주 시대가 도래하기 위한 하나의 산고를 의미하게 된 것이다.(본서 제2권 203절 참조) 이후 유대교도들의 삶은 유배지에서의 생활

---

[58] Scholem, *Major Trends*, pp. 244 sq. 그러나 엄밀히 말하자면 1492년보다 훨씬 이전부터 일부 카발라주의자들은 파국의 때가 곧 구원의 때라고 명언한 바 있다. 스페인으로부터의 추방은 신의 구원이 파국인 동시에 해방임을 보여주었다. *Ibid.*, p. 246.

로 이해되고, 그런 유배의 아픔은 신과 인간에 관한 몇몇 대담한 이론에 의해 의미를 부여받게 된다.

신카발라에서 죽음과 참회와 재생은 인간과 신의 지복의 합일을 가능케 해주는 세 가지 중요한 계기로 간주된다. 인간은 자신의 타락만이 아니라 세계의 타락에 의해서도 위협을 받고 있다. 이때 세계의 타락이란 창조의 때에 "주체"가 "객체"와 분리되면서 생긴 최초의 균열로부터 비롯된 것이다. 이리하여 죽음과 재생(환생으로서, 또는 참회 후에 얻어지는 영적 재생으로서 이해된)을 강조함으로써 카발라주의자들의 포교 활동은 대대적인 민중적 인기를 얻을 수 있었다.[59] 그리고 그런 포교 활동을 통해 새로운 메시아 신앙이 널리 퍼져 나갔다.

스페인 추방이 있은 지 40년 정도 지났을 무렵에는 사페드가 신카발라의 중심지가 되어 있었다. 물론 그 이전부터도 사페드는 이미 거대한 영적 중심지로 유명했다. 그곳에서 활약했던 유명한 교사들 가운데 특히 요셉 카로Joseph Karo(1488~1575)의 이름을 들지 않을 수 없다. 그는 정통 랍비주의의 가장 중요한 책을 쓴 저자인 동시에 대단히 흥미롭고 매력적인 『일기Journal』를 남기기도 했다. 그 『일기』에는 천상의 지배자로부터 파견된 천사 막기드maggid가 카로에게 부여한 갖가지 엑스터시 체험이 기록되어 있다. 이런 카로의 사례는 지극히 시사적이다. 왜냐하면 그것은 랍비적 박식(*halakha*)과 카발라적 신비체험의 통합 가능성을 보여주기 때문이다. 실제로 카로는 엑스터시를 체험하고 **막기드**와 조우하기 위한 이론적 근거 및 실천적 기법 쌍방

---

[59] 유배에 대한 공포는 윤회사상에 의해 새로운 의미를 부여받았다. "추방되는 것" 혹은 "벌거벗기는 것", 즉 새로이 전생轉生도 하지 못하고 지옥에 들어가는 것도 거부된 상태야말로 영혼의 가장 비참한 상태이다. *Ibid*, p. 250을 참조하라.

모두를 카발라 안에서 찾아냈던 것이다.[60]

한편 사페드에서 꽃피운 신카발라의 가장 고명한 지도자로서는 모세 벤 야콥 코르도베로Moïse ben Jacob Cordovero(1522~1570)와 이삭 루리아Isaac Luria를 들 수 있다. 이중 코르도베로는 방대한 저술을 남긴 정력적이고 체계적인 사상가로서 카발라, 특히『세페르 하 조하르』에 대한 개인적 해석을 시도했다. 그리고 루리아는 1572년에 38세의 나이로 세상을 떠났으며 저술을 한 권도 남기지 않았다. 따라서 루리아의 사상체계는 제자들의 저술과 강의록, 특히 하임 비탈Hayym Vital(1543~1620)의 대저를 통해 알 수 있을 따름이다. 일치하는 많은 증언들에 따르자면, 루리아는 매우 풍부하고 특이한 엑스터시 체험의 소유자였다. 그의 신학은 침춤Tsimtsum의 교의에 기초하고 있다. 침춤은 원래 "집중" 내지 "응축"을 의미하는 말인데, 카발라주의자들은 이를 "퇴거" 혹은 "은둔"이라는 의미로 사용하기도 한다. 가령 루리아에 의하면 우주의 존재는 신의 "응축"에 의해 생겨났다. 만일 신이 우주에 편재한다면 신이 아닌 세계는 전혀 있을 수 없기 때문이다. "무가 없었다면 신이 어떻게 세계를 무로부터ex nihilo 창조할 수 있었을까?……" 따라서 "신은 자기 자신 안의 일부 영역을 버림으로써 세계를 위한 일정 공간을 내어주지 않을 수 없었다. 그리고 신은 이와 같은 신비스런 원초적 공간으로부터 몸을 뺐다. 이는 창조와 계시를 통해 다시금 그곳으로 돌아가기 위한 행위였다."[61] 그리하여 무한자(En-Sof)의 맨 처음 행위는 바

---

60) R. J. Zwi Werblowsky, Joseph Karo, *Lawyer and Mystic*, pp. 165 sq.를 보라. 막기드에 관해서는 *ibid.*, pp. 257 sq.를 참조하라. 또한 ch. IV("Spiritual Life in Sixteenth Century Safed: Mystical and Magical Contemplation")를 보라.
61) Scholem, *Major Trends*, p. 261.

깥쪽으로의 움직임이 아니라 자기 자신의 **안쪽**으로 퇴거하는 행위였다. 숄렘의 지적대로(p. 261), 이런 **침춤**은 유대인의 추방과 유배를 나타내는 가장 심오한 상징이 되었다. 이는 신이 그 자신의 안쪽으로 추방당하고 유배된 것을 가리킨다. 그러니까 빛과 세계를 창조한 것은 신의 이차적 운동에 지나지 않는다.[62]

"응축" 이전에 신 안에는 사랑과 연민 외에 신적인 엄격성과 같은 속성이 존재했다. 카발라주의자들은 이런 신적 엄격성을 딘Din, 즉 "재판"이라고 부른다. 하지만 딘은 **침춤**이 일어난 다음에야 비로소 자신을 드러낸다. 왜냐하면 **침춤**은 단지 부정否定이라든가 한정의 행위에만 그치는 것이 아니라 "재판"의 행위이기도 하기 때문이다. 창조의 과정에는 구별되는 두 가지 경향성이 있다. 유출과 유입이 그것이다(카발라 사전에서는 "유출"이라고 한다). 정확히 인간의 신체처럼 창조 또한 신의 들숨과 날숨으로 이루어진 장대한 시스템으로 이루어져 있다. 루리아는『세페르 하 조하르』의 전통에 따라 우주 창조의 행위가 신의 내부에서 이루어진 것이라고 생각한다. 사실 **침춤**에 의해 창조된 원초적 공간 안에는 신적 빛의 흔적이 남아 있다는 것이다.[63]

이와 같은 교의는 그에 못지않게 심원하고 대담한 다른 두 가지 사상, 즉 그릇의 파쇄(Shevirath Ha-Kelim)와 **틱쿤**Tikkun 사상에 의해 보완되고 있다. 여기서 **틱쿤**은 어떤 결함을 수복하거나 "복원"한다는 의

---

62) Scholem(p. 262)이 인용하는 Jacob Emden에 의하면, **침춤**의 이와 같은 역설은 무로부터의 창조를 설명하는 유일하고 진지한 시도이다. 나아가 **침춤**의 개념은 특히 르네상스기 이후 카발라에 영향을 미치기 시작한 범신론적 경향을 저지하기도 했다.
63) 이는 [그노시스주의자인] 바실리데스의 체계를 연상시키는 사상이다. Scholem, *Major Trends*, p. 264. 그리고 본서 제2권 229절을 참조하라.

미이다. 엔 소프로부터 계속 유출되는 빛은 각 **세피로트**에 해당되는 "그릇"에 담겨져 보존되어 있었다. 그런데 하위의 제6세피로트에 이르렀을 때 신적 빛이 한꺼번에 용출되는 바람에 "그릇"이 깨어져 산산조각 나고 말았다. 루리아는 이로써 세피로트의 빛이 "껍질(*Kalipoth*)", 즉 "거대한 심연" 안에 있던 악의 힘과 섞이게 되었노라고 설명한다. 따라서 세피로트를 구성하는 요소들의 정화가 필요하게 되었다는 것이다. 이때의 정화는 "껍질"들을 제거하여 "악"을 하나의 실체로 분리시키는 것을 뜻한다.[64]

한편 이상적 질서의 "복원" 혹은 원초적 총체성으로의 재통합을 가리키는 **틱쿤**은 곧 인간존재의 감추어진 목적인 구원이라고 간주된다. 숄렘의 말대로 "루리아적 카발라의 이 부분은 유대교 신비주의의 역사를 통해 신인동형론 사상이 얻어낸 최대의 승리를 시사한다."(p. 268) 확실히 여기서 인간은 소우주로, 그리고 살아 있는 신은 대우주로 여겨지고 있다. 루리아는 이로써 자기 자신을 낳는 신이라는 신화에 도달한 셈이다.[65] 나아가 인간은 최종적 질서 회복의 과정에 있어서도 중요한 역할을 담당하고 있다. 천상의 왕국에서 신의 즉위를 완성시키는 것은 바로 인간이기 때문이다. 이처럼 신적 인격성의 현현으로서 상징적으로 파악된 **틱쿤**은 역사의 과정에 대응된다. 그리하여 메시아의 출현이 **틱쿤**의 완성으로 말해진다.(*ibid.*, p. 274) 그럼으로써 신비주의적 요소와 메시아 신앙의 요소가 하나로 접목되고 있는 것이다.

---

64) Scholem은 이런 교설의 그노시스주의적 및 특히 마니교적 성격(세계 내에 흩어진 빛의 파편)을 강조하고 있다.(pp. 267 sq., 280)
65) 루리아에게 엔 소프는 별로 종교적 관심의 대상이 되지 못했다. Scholem, *Major Trends*, p. 271을 참조하라.

인간의 사명의 완성에 관한 사고는 루리아와 사페드의 카발라주의자들, 특히 하임 비탈에 의해 영혼의 윤회에 관한 교의, 즉 **길굴**Gilgul 교의와 결부되었다. 길굴 교의는 우주에서 인간이 담지하는 역할의 중요성을 보다 강조하고 있다. 즉 개개의 영혼은 영적으로 재생할 때 개체성을 유지하면서 윤회한다. 윤회를 다 마치고 사명을 완수한 영혼은 각자 지복의 자리에 앉아 우주 전체의 질서가 회복될 때 일어날 아담과의 통합을 기다린다. 요컨대 세계의 참된 역사는 영혼의 윤회와 상호 관련된 역사이다. 영혼의 윤회(*Gilgul*)가 질서의 회복, 즉 **틱쿤** 과정의 한 요소를 이루고 있는 것이다. 그리고 이런 과정에 필요한 시간은 특정한 종교 행위(의례, 참회, 명상, 기도 등)에 의해 단축될 수 있다.[66] 나아가 1550년 이후 이런 **길굴** 관념이 유대 민간신앙 및 종교 민속 안에 깊이 파고 들어갔다는 점도 지적하고 넘어가지 않을 수 없다.

"루리아적 카발라는 디아스포라 유대인들의 모든 지역, 모든 사회에 예외 없이 심대한 영향을 끼친 유대교 최대의 종교운동이었다. 또한 그것은 율법주의적 유대교의 역사상 전체 유대교도들에게 공통된 종교적 실재의 세계를 표현할 수 있었던 마지막 운동이었다. 유대교 철학사가들은 이토록 큰 성과를 거둔 교의가 그노시스주의와 밀접한 친연성을 가지고 있다는 사실에 대해 놀라움을 금치 못할지도 모른다. 그러나 역사의 변증법이란 원래 그런 것이다."[67]

한 가지만 더 부언하자면, 신카발라의 이와 같은 눈부신 성공은 유

---

66) *Ibid.*, pp. 281 sq. 신비적 기도는 구원을 위한 유력한 수단임이 확인되고 있다. 신비적 기도의 교설과 실천은 루리아 카발라의 비의적 측면을 구성한다. *Ibid.*, pp. 276, 278.
67) *Ibid.*, pp. 285~286.

대인들이 가진 종교적 재능의 특징을 다시 한번 분명하게 보여준 것이라 할 수 있다. 즉 유대교 외부에서 들어온 요소들을 통합함으로써 스스로를 갱신하고 그러면서도 율법주의적 유대교의 기본 구조는 조금도 손상시키지 않았다는 특징 말이다. 그뿐만이 아니다. 신카발라는 특별한 입문 의례를 거치지 않은 사람들이라 할지라도 본래 비의적 성격이 농후한 사상에 접할 수 있게 했다. 그럼으로써 신카발라는 영혼 윤회설과 마찬가지로 많은 경우 민중들이 그 담지자가 될 수 있었던 것이다.

291. 배교한 메시아

얼마 지나지 않아 사그라지긴 했지만, 하나의 장대한 메시아 신앙운동이 1665년 9월에 소아시아의 스미르나에서 발생했다. 열광하는 군중들 앞에서 사바타이 츠비Sabbataï Zwi(1626~1676)란 자가 자신을 이스라엘의 메시아라고 선언한 것이다. 그 이전부터 이미 츠비와 그의 종교적 사명을 둘러싸고 갖가지 소문이 무성했었다. 사바타이가 메시아로 인정받기에 이른 것은 전적으로 그의 "제자"인 가자의 나탄(1644~1680) 덕택이다. 즉 사바타이는 주기적으로 밀려드는 커다란 슬픔과 그에 이어지는 엄청난 환희의 발작으로 괴로워하고 있었다. 이 무렵 가자의 나탄이라는 자가 하늘의 계시를 받고 "누구나 다 가지고 있는 영혼의 비밀을 드러내어 알려준다"는 소문을 들은 사바타이는 그가 자신의 발작을 고쳐줄 수 있을지도 모른다는 기대로 나탄을 찾아갔다. 그때 나탄은 이미 엑스터시를 통해 사바타이에 대한 환상을 "보았던" 모양이다. 그리하여 나탄은 사바타이 자신이 참된 메시아임을 믿게끔 그를 설득하는 데 성공한다. 이후 메시아 신앙 운동의 신학을 조직하고 포교 활동을 강화해나간 자도 바로 이 탁월한 재능을 지닌 "제자" 나탄이었다. 기실 사바타이 자신은 책을 펴낸 적도 없고 자기만의 독자적인 신념이나 사상 같은 것도 없으며 세상에 남긴 이렇다 할 말도 없다.

어쨌든 메시아가 출현했다는 소식은 전체 유대인 사회에 유례없는 흥분을 불러일으켰다. 메시아 선언을 한 지 6개월 후에 사바타이는 콘스탄티노플로 갔다. 아마도 무슬림들을 개종시키기 위해서였던 듯싶다. 하지만 그는 1666년 2월 6일에 무스타파 파샤에게 체포당하여 투옥되고 만다. 이때 사바타이는 사형을 면하기 위해 유대교를 버리고 이슬람으로 개종해버렸다.[68] 그러나 이런 "메시아의 배교"와 11년 후의 그의 죽음에도 불구하고 그가 포문을 열었던 종교운동은 종식되지 않았다.[69]

사바타이주의는 중세 이후 유대교에 있어 최초의 본격적인 일탈 운동이며, 정통 유대교의 해체와 직결될 수도 있었던 신비주의 사상이 첫 번째로 발현된 것이었다. 결국 이 이단 운동은 일종의 종교적 아나키즘을 조장했다고 말할 수 있다. 배교한 메시아를 신봉하는 이 교단의 포교 활동은 처음에는 공공연하게 행해졌다. 그러다가 훨씬 후에 "부정한 세상으로부터의 사바타이 츠비의 개선凱旋"이 대망되면서부터 포교가 비밀리에 행해지게 된다.

배교한 메시아를 찬미하는 것은 유대교 사상에 있어 혐오스러운 독

---

68) Scholem, *Major Trends*, pp. 286~324 및 특히 Scholem, *Sabbatai Sevi, the Mystical Messiah*, pp. 103~460을 보라.
69) Scholem, *Sabbatai Sevi*, pp. 461~460을 보라.

신적 행위였지만, 이 운동에서는 오히려 메시아의 배교 행위가 가장 역설적인 비의로 해석되어 찬양받았다. 1667년에 이미 가자의 나탄은 "사바타이의 배교 행위야말로 메시아로서의 그의 사명이 참된 것임을 증명해준다"고 역설한 바 있다. 왜냐하면 "만일 그가 메시아가 아니었다면 굳이 이런 일탈 행위에까지 이르는 일은 결코 없었을 것이기 때문이다." 참된 구원의 행위는 최대의 스캔들을 불러일으키기 마련이라는 것이다.[70] 사바타이주의의 신학자 카르도조(1706년 사망)에 의하면, 오직 메시아의 영혼만이 그런 희생을 감수할 수 있을 만한, 즉 악의 심연의 저 밑바닥까지 떨어질 수 있을 만큼 강한 힘을 가지고 있다.[71] 메시아는 자신의 사명(악의 힘에 의해 수인囚人이 된 신적 빛을 그 최후의 한 조각까지 모두 해방시킨다)을 완수하기 위해 스스로를 죄의 심연 속에 빠뜨리지 않으면 안 된다. 이를 계기로 향후 사바타이주의에서는 토라의 전통적 가치마저 폐기해버리고 만다.[72]

사바타이주의자에게는 온건파와 과격파라는 두 가지 경향이 엿보인다. 온건파는 메시아가 진짜임을 추호도 의심하지 않는 신봉자들이다. 신이 가짜 메시아를 보내 자기 백성들을 냉혹하게 속일 리 없다고 믿었기 때문이다. 하지만 이들은 배교한 메시아가 실천했다고

---

70) *Major Trends*, p. 314; *Sabbatai Sevi*, pp. 800 sq.를 참조하라.
71) Scholem, *Major Trends*, p. 310에 인용되어 있다. 또한 *Sabbatai Sevi*, pp. 614 sq.를 보라. 가자의 나탄은 메시아의 영혼이 처음부터 거대한 심연에 갇혀 있었다고 주장한다. *Major Trends*, pp. 297~298. 이런 사상은 그노시스주의적 구조를 가지고 있으며 특히 오피스파Ophites에게서 분명하게 나타나는데, 『세페르 하 조하르』와 루리아파의 문헌에서도 그 맹아가 엿보인다.(*ibid.*)
72) Abraham Faez에 의하면 율법에 충실하기만 한 자는 죄인이다. Scholem, *Major Trends*, p. 312.

하는 저 역설적인 비의를 바람직한 범례로 삼지는 않았다. 과격파들은 다르게 생각했다. 배교한 메시아와 마찬가지로 자기네들 또한 지옥까지 내려가야만 한다고 생각했다. 왜냐하면 악은 악으로써만 타도할 수 있기 때문이다. 이들은 악이 가지는 일종의 구원론적 가치 내지는 기능을 주장하고 있는 셈이다. 이러한 과격한 사바타이주의자들에 따르면 부정하고 악한 행위는 성스러움의 진수와 접할 수 있게 해준다. 또한 어떤 이들은 아담의 죄가 모두 폐기되고 용서받았기 때문에, 악을 행하는 자라 할지라도 신의 눈에는 그가 선한 자로 비칠 거라고 생각했다. 땅에 뿌려진 씨앗이 그렇듯이 **토라** 또한 열매, 특히 메시아의 영광이라는 열매를 맺기 위해서는 썩지 않으면 안 된다. 말하자면 모든 죄악과 타락과 부패가 허용될 수 있다는 것이다. 성적인 부도덕도 마찬가지다.[73] 가장 지독한 사바타이주의자 야콥 프랑크(1791년 사망)는 숄렘이 **니힐리즘의 신비주의**라고 부를 정도로 극단적이었다. 그의 제자들 중에는 이런 니힐리즘을 표명하는 수단으로서 여러 혁명적 정치 활동에 뛰어든 자들도 있었다.

숄렘에 의하면 카발라의 역사에서 새로운 사상과 해석이 등장할 때는 늘상 역사가 종말을 향해 근접하고 있다는 신념이 수반된다. 이는 포로의 시대에는 감추어져 있는 신성의 가장 심오한 비의가 이와 같은 새로운 시대의 도래 직전에 그 참된 의미를 드러낼 거라는 유대인들의 신념이기도 했다.[74]

---

73) *Ibid.*, p. 316. 1700년부터 1760년에 걸쳐 카포크라테스파Carpocratiens〔고대 그노시스파의 하나〕와 동일한 성적 방종이 행해졌음을 알 수 있다.
74) *Ibid.*, p. 320. 메시아는 필연적으로 배교하지 않으면 안 된다고 하는 사유는 그 노시스 유형의 이원론, 특히 숨은 신Dieu caché(초월자)과 세계를 창조한 신과의 대립에 대한 새로운 표현이라고도 할 수 있다. *Ibid.*, pp. 322~323.

292. 하시디즘

최후의 신비주의적 종교운동인 하시디즘hassidisme은 역설적이게도 포돌리아와 볼리니아(현 우크라이나 공화국) 지역, 즉 저 배교한 메시아의 영향이 깊이 침투했던 곳에서 발생했다. 이 운동을 창시한 랍비 이스라엘 바알 셈 토브Israël Baal Shem Tov("평판이 좋은 스승"을 뜻하는 일명 "베슈트Besht")가 온건한 사바타이주의에 친숙했을 가능성은 매우 높다.[75] 하지만 그는 사바타이주의의 메시아 신앙적 요소를 완화시켜 받아들이는 한편, 전통적 카발라의 특징인 입문 의례를 수반한 비밀결사적 배타주의에 대해서는 부정적인 입장을 취했다. "베슈트"(1700~1760년경)는 카발라주의자들의 영적 발견을 대중들이 알기 쉽도록 전달하는 데에 힘썼다. (이미 이삭 루리아에 의해 시도된 바 있는) 이와 같은 카발라의 대중화는 신비주의에 일종의 사회적 기능을 부여해주었다.

이 하시디즘 운동은 경이적이고 지속적인 성공을 거두었다. 바알 셈 토브 사후 50년간—1760년부터 1810년까지—은 창조적이고 영웅적인 하시디즘의 시대였다. 이때 수많은 신비가들과 성자들이 율법주의적 유대교의 경직된 여러 종교적 가치들을 재생시키는 데에 기여했다.[76] 예컨대 새로운 형태의 영적, 정신적 지도자의 출현을 들 수 있다. 박식한 탈무드 학자와 고전적 카발라에 정통한 자들 대신에 "영적인 존재", 계시를 받은 자, 예언자가 등장한 것이다. 이 **차디크** tsaddik("의인"), 즉 영적 지도자야말로 무엇보다 따라야 할 범례로서

---

75) Scholem, *ibid.*, pp. 331~332에 나오는 논증을 보라.
76) *Ibid.*, pp. 336 sq.

간주되었고, 토라의 주석이나 카발라의 비의는 그 우위성을 상실하게 되었다. 이와 같은 차디크의 덕목과 행위는 수많은 제자들과 신도들을 고무시켰다. 이 점은 하시디즘 운동의 사회적 중요성을 잘 보여준다. 성자의 존재 자체가 공동체 전체에 대해 신의 백성으로서의 이스라엘이 가지는 최고의 종교적 이상이 실현 가능하다는 점을 구체적으로 증명하는 증거라고 여겨졌던 것이다. 그러니까 중요한 것은 스승의 교의가 아니라 그 인격이다. 어떤 유명한 차디크는 이렇게 말하고 있다. "내가 메세리츠의 막기드(랍비 도브 바에르) 밑에 들어간 것은 그에게 토라를 배우기 위해서가 아니다. 그가 구두끈을 매는 것을 보기 위해서이다."[77]

의례 면에서 다소간의 혁신이 있기는 했지만, 신앙 부흥을 내건 하시디즘 운동은 항상 전통적 유대교의 틀 안에 머물렀다. 하지만 하시딤hassides의 공적 기도에는 노래, 춤, 열광, 환희의 폭발과 같은 정동적情動的인 요소가 들어가 있었다. 일부 지도자들의 기괴한 행적과 이러한 익숙하지 않은 정동성情動性은 반反하시디즘 세력의 반감을 불러일으키기도 했다.[78] 그러나 1810년 이후 갑자기 이런 유의 과도한 정동성이 매력과 인기를 잃고 하시딤은 랍비 전통의 중요성을 재인식하게 된다.

숄렘의 지적대로 하시디즘은 극단적인 "차디크주의tsaddikisme"의 형태를 취한 후기에 있어서도 전혀 새로운 신비사상을 내놓은 바가

---

77) Scholem, p. 344에서 인용하였다. 확실히 차디크가 가장 바라는 것은 가능한 한 엄밀하게 토라를 해석하는 데에 있는 것이 아니라 그들 자신이 토라가 되는 데에 있다.(*ibid.*)
78) 그중에서도 가장 유명한 것은 빌나의 가온, 랍비 엘리야였다. 그는 1772년에 이 운동에 대한 조직적 박해를 지휘했다. Scholem, *op. cit.*, p. 346.

없다.[79] 다만 유대교 역사에서 하시디즘이 행한 최대의 공헌은 성자들과 교사들이 스스로의 내적인 재생 체험을 대중화하여 모든 이들이 알기 쉽게 하는 데에 성공한, 바로 그 단순하고 대담한 방식에 있었다. 마틴 부버Martin Buber의 번역으로 유명해진 하시딤과 관련된 여러 가지 이야기들이야말로 하시디즘 운동이 낳은 가장 중요한 창안물이라 할 수 있다. 성자들의 언행을 음송하는 것은 의례적인 가치를 지니게 되었다. 이야기 문학은 원초적인 기능, 특히 신화시대를 현재화하고 초자연적이고 신화적인 인물을 드러내는 기능을 회복하였다. 또한 성자들과 차디크의 전기에는 기적 이야기들이 숱하게 나온다. 이는 일종의 주술적 혹은 마술적 실천을 반영하고 있다. 요컨대 유대교 신비주의의 마지막 단계에 있어 두 가지 흐름, 즉 신비주의와 주술이 원래 그랬던 것처럼 서로 접근하고 또 공존했던 것이다.[80]

한 가지만 부연하자면 이와 동일한 현상은 다른 지역에서도 찾아볼 수 있다. 가령 힌두교라든가 이슬람의 경우, 유명한 고행자들이나 요가 행자들의 전설 혹은 이런저런 영웅서사시에 나오는 에피소드 등의 음송과 영창이 민중 종교에 있어 중심적인 역할을 담지했다. 거기서도 우리는 구전문학, 특히 이야기 문학처럼 신화적이고 범례를 보여주는 "역사 이야기"가 종교적 기능을 지녔다는 사실을 확인하게 된다. 또한 힌두교의 영적 교사인 구루guru(종종 제자들 사이에서 신격

---

79) *Ibid.*, pp. 388 sq. 유일한 예외는 우크라이나 지방 라디의 랍비 슈네우르 잘만을 조상으로 하는 하바드파Habad(최초의 세 가지 세피로트, 즉 호크마Hochma-비나Bina-다트Daath의 두음을 딴 것이다)이다. *Ibid.*, pp. 340 sq.를 참조하라. 특히 랍비 슈네우르의 아들인 루바비치의 도브 바에르(1773~1827)의 『엑스터시에 관해 경건주의자들에게 보내는 편지Lettre aux hassidim sur l'extase』를 보라.
80) Scholem, *op. cit*, p. 349.

화되어 구루데브gurudev[신이신 스승]라고 불렸다)와 **차디크**의 유사성도 주목할 만하다. 차디크주의는 그 극단적인 형태에 있어 일종의 일탈 현상을 낳았다. **차디크**가 자기 능력의 희생물로 전락해버린 경우가 그것이다. 이와 동일한 현상을 베다 시대에서 근대에 이르기까지의 인도에서도 찾아볼 수 있다. 끝으로 신비주의와 주술이라는 이 두 가지 경향의 공존이 인도 종교사 전반에 걸친 특징이라는 점을 기억하도록 하자.

유럽의 종교운동: 중세 후기에서 종교개혁 전기까지

293. 비잔틴제국의 이원론적 이단들: 보고밀파

10세기 이래 비잔틴 종교계의 기록과 세속의 기록을 보면 공통적으로 불가리아에서 하나의 분파 운동이 전개되었다고 나온다. 보고밀파가 그것이다. 이 분파의 창시자는 마을 사제인 보고밀("신에게 사랑받는 자")인데, 그에 관해서는 이름 외에는 아무것도 알려져 있지 않다. 930년경 그는 청빈, 겸손, 참회, 기도 등을 권장하는 설교를 시작한 것 같다. 보고밀에 의하면 이 세상은 악하며 사탄(신의 아들이자 그리스도의 형제), 즉 『구약성서』의 "악신"에 의해 창조되었다는 것이다.[1]

---

1) 보고밀이 소아시아의 이단(6~10세기) 바울파Pauliciens와 메잘린파Messaliens에 의해 퍼진 일종의 이원론적 사상을 알고 있었을 가능성이 높다. 이 이단들의 교의와 역사에 관한 간단한 소개로는 Steven Runciman, *Le manichéisme médiéval*, pp. 30~60을 보라.

성사, 이콘, 정교회의 의식 등은 악마의 산물이며 전혀 무의미하다. 십자가도 증오의 대상이다. 왜냐하면 그리스도가 고통을 받고 죽음당한 것이 바로 십자가 위에서였기 때문이다. 그러므로 단 하나의 유효한 기도는 **주기도문**이며, 보고밀파 사람들은 이 기도를 하루에 네 차례씩 음송하도록 되어 있었다.

보고밀파 신자들은 고기를 먹지 않으며, 술도 마시지 않았고, 결혼에 대해서도 부정적이었다. 그들의 공동체에는 성직자를 비롯한 어떤 위계질서도 존재하지 않았다. 남자든 여자든 서로 고해하고 서로 죄를 사면해주었다. 그들은 부를 비판하고 귀족계급을 비난했으며 민중들에게는 수동적 저항을 통해 지배자에 대한 불복종을 실천하도록 호소했다. 사치스런 교회와 무능한 사제들에게 실망했던 민중들의 신앙적 열기와 아울러, 당시 가난한 노예 상태로 전락해 있었던 불가리아의 농민들의 지주계급, 특히 비잔틴제국의 관리들에 대한 증오[2]가 보고밀파 운동을 성공으로 이끌었다.

바실리우스 2세가 불가리아를 정복(1018)한 이후에 많은 불가리아 귀족들이 콘스탄티노플로 이주했다. 이를 계기로 일부 지방 귀족들과 비잔틴 수도승 계층에까지 받아들여진 보고밀파는 자신들의 신학을 조직하기 시작했다. 그러나 몇 번의 신학 논쟁의 결과 이 분파 내에 분열이 생겨나게 되었다. 그리하여 악마를 영원하고 전능한 하나의 신격으로 인정하여 그 자율성을 주장하는 사람들이 드라고비차(트라키아와 마케도니아의 국경에 위치한 마을 이름)의 교회를 중심으로 모

---

[2] 가장 최근 저작으로 Robert Browning, *Byzantium and Bulgaria*, pp. 163 sq.를 보라. 알비젠파를 섬멸하기 위한 십자군에서도 이와 유사한 현상을 찾아볼 수 있다. 이는 지중해 지방의 부유한 귀족계급에 대한 북방 영주들의 질투의 표현이기도 했다.

여들었다. 한편 악마를 신의 타락한 아들로 보는 종래의 보고밀파는 "불가리아파"라는 종래의 명칭을 그대로 유지했다. "드라고비차파"가 완전한 이원론을 주창한 데에 비해 "불가리아파"는 느슨한 이원론의 입장에 서 있었지만, 이 두 개의 보고밀파 교회는 상호 관용적인 태도를 지켰다. 당시 보고밀파는 새롭게 발전을 거듭하고 있었다. 비잔틴과 소아시아 및 달마티아에 신자 공동체가 조직되었으며 신자 수도 늘어났다. 이 시기에 보고밀파 공동체에는 사제와 평신도의 두 계층이 형성되었다. 기도와 단식이 중시되었으며 의례 절차가 증가하여 예배 시간이 길어졌다. "10세기에 생긴 이 농민 운동은 12세기 말에는 수도원풍의 의례와 사변적 교의를 갖춘 하나의 종파가 되었다. 교의 면에서도 기독교와 이원론의 간극은 갈수록 두드러지게 벌어졌다."[3]

12세기 초엽에는 이미 이런 보고밀파 운동에 대한 견제가 조직적으로 이루어지게 된다. 그에 따라 보고밀파는 발칸 산맥 북부로 후퇴하였고, 포교의 방향도 달마티아, 이탈리아 그리고 프랑스로 향하게 되었다. 그렇지만 보고밀파가 공인을 받은 시기도 있었다. 예컨대 13세기 전반의 불가리아에서도 그랬고, 보스니아에서는 쿨린 **총독**(1180~1214)하에서 국교가 된 적도 있었다. 그러다가 14세기에 이르러 보고밀파는 영향력을 상실하고 말았으며, 오스만제국이 불가리아 및 보스니아를 점령한(1393) 이후에는 대부분의 보고밀파가 이슬람으로 개종하게 된다.[4]

---

3) Arno Borst, *Les Cathares*, p. 63. 또한 주석들에 인용된 자료들을 보라.
4) 이 운동의 역사에 관해서는 Runciman, *op. cit.*, pp. 61 sq. 및 Obolensky, *The Bogomils*, pp. 120 sq.를 보라. 발칸 지방과 루마니아에서 17세기까지 보고밀파 집단이 존속한 점에 관해서는 N. Cartojan, *Cărtile populare*, I, pp. 46 sq.; Răzvan Theodorescu, *Bizant, Balcani, Occident*, pp. 241 sq.를 보라.

서유럽에서의 보고밀파의 운명에 관해서는 다음 절에서 살펴보기로 하겠다. 여기서는 다만 유럽 남동부에서 일종의 보고밀파 사상이 성서 위경 속에 전해져 오늘날까지 민간전승에 살아남아 있다는 사실만 지적하고 넘어가고자 한다. 예컨대 중세의 동유럽에서는 많은 위경들이 보고밀파의 사제 예레미아의 이름으로 유포되었다.5) 물론 그 문서들은 모두 예레미아 본인의 작품이 아니다. 가령 『십자가의 나무Le bois de la Croix』라는 문서는 중세 유럽 전역에 알려져 있던 주제를 다루고 있는데, 그것은 그노시스주의에서 유래한 위경 『니고데모의 복음서 Évangile de Nicodème』에서 파생된 것이다. 다른 위경 『그리스도는 어떻게 사제가 되었나Comment le Christ devint prêtre』의 주제 또한 그리스인들 사이에서는 옛날부터 잘 알려져 있었다. 그러나 보고밀파는 이런 오래된 설화에다 이원론적 요소를 첨가했다. 슬라보니아어판 『십자가의 나무』는 다음과 같은 구절로 시작된다. "신이 세계를 창조하셨을 때, 신과 사탄이 존재하고 있었다……."6) 이와 같은 우주 창조론적 모티프는 앞서 살펴보았듯이(본권 251절) 각지에 널리 분포하고 있는데, 유럽 남동부와 슬라브 지방의 판본에서는 악마의 역할이 특히 강조되고 있다. 보고밀파는 일부 그노시스파의 관념을 본떠 악마의 위광을 높임으로써 이원론적 경향을 보다 강화시켜나갔을 것이다.

마찬가지로 위경 『아담과 이브Adam et Ève』에 보고밀파는 아담과 사

---

5) Runciman, *op. cit.*, pp. 76 sq.; E. Turdeanu, "Apocryphes bogomiles et apocryphes pseudo-bogomiles" 등을 보라.
6) Runciman, p. 78에서 인용하였다. 이 전설의 역사와 전파에 관해서는 N. Cartojan, *Cărtile populare*, I, pp. 115 sq.; E. C. Quinn, *The Quest of Seth for the Oil of Life*, pp. 49 sq.를 보라.

탄 사이에 맺어진 "계약" 이야기를 집어넣었다. 그 이야기에 의하면 대지는 사탄이 창조한 것이며 아담과 그 자손들은 기독교가 도래하기까지 사탄의 지배를 받게 되어 있다. 이런 주제는 발칸 지방의 민간신앙에서도 찾아볼 수 있다.[7]

위경의 재해석이라 할 수 있는 이런 방법은 『요한의 물음Interrogatio Iohannis』에서 명료하게 볼 수 있다. 이는 확실하게 보고밀파의 것이라고 여겨지는 유일한 문서로서, 남프랑스 지방의 이단 심문관이 라틴어로 옮긴 번역본이 지금도 남아 있다. 이 문서는 사도 요한과 그리스도의 대화 형식으로 쓰여졌으며, 천지창조, 사탄의 타락, 에녹의 승천 그리고 십자가의 나무 등에 대한 이야기가 전개되고 있다. 거기서 우리는 다른 위경들로부터의 차용과 12세기에 슬라보니아어로 쓰여진 『사도 요한의 물음Questions de Jean l'Évangéliste』의 번역도 확인할 수 있다. "그러나 그 신학은 엄밀히 말해 보고밀파의 것이다. 사탄은 타락 이전에는 아버지 하느님 다음으로 제1인자였다(비록 그리스도가 하느님 옆에 앉아 있기는 했지만). 〔……〕 하지만 우리는 이 문서가 원래 보고밀파에서 기원한 것인지 아니면 어떤 그리스어 저작을 번역한 것인지에 대해서는 분명하게 말하기 어렵다. 그 교의에서 판단하건대 이 문서는 아마도 보고밀파 혹은 메잘린파messalien에 속한 몇몇 저술가들이 이전부터 전해져 내려온 위경 자료들을 토대로 편집한 것으로 추정된다."[8]

여기서 우리의 흥미를 끄는 부분은 이 위경들 및 특히 그 구전 전승이 수 세기에 걸쳐 민중의 종교성 안에서 일정한 역할을 담지해왔다

---

7) 루마니아의 전설에 관해서는 Cartojan, *op. cit.*, pp. 71 sq.를 보라.
8) Runciman, p. 80. 이제는 Edina Bozóky, *Le Livre Secret des Cathares*를 보라.

는 점이다. 다시 살펴보겠지만(본권 304절) 이것들만이 유럽의 종교적 민간신앙의 원천이었던 것은 아니다. 그러나 이름 없는 민중들의 상상적 우주 속에서 이와 같은 이원론적 이단의 주제가 줄곧 존속해왔다는 것은 그 의미가 결코 작지 않다. 한 가지만 실례를 들어보자. 유럽 남동부에서는 악마가 천지창조에 협력했다(악마가 원초적 대양에 잠수하여 바다 밑의 진흙을 가져왔다)는 신화에 계속해서 이어지는 뒷이야기가 있다. 즉 신의 육체적, 심적 피로에 관한 이야기가 그것이다. 어떤 전승에 의하면 그 피로로 인해 신이 깊은 잠에 빠졌다고 하고, 또 다른 전승에 의하면 신이 천지창조 이후 난제에 봉착했다고 한다. 즉 신은 어떻게 대지를 천공의 지붕 밑에 집어넣으면 좋을지 몰라 쩔쩔맸다. 그때 고슴도치가 신에게 대지를 살짝 눌러 압축시키라고 조언했고, 그 말을 따랐더니 대지에 산과 계곡이 생겨났다는 것이다.[9]

악마의 권능, 신의 소극성, 이해하기 어려운 신의 무기력 등과 같은 주제는 "원시"종교에 나오는 데우스 오티오수스의 민중적 표현이라고 볼 수 있겠다. 원시종교의 신은 세계와 인간을 창조한 다음 자신의 창조물이 어떻게 될 것인지에 관해서 그만 흥미를 잃어버리고 천상으로 사라져버린다. 창조 작업의 완성은 다른 초자연적 존재 내지는 일종의 데미우르고스에게 넘겨지고 만다.

294. 서유럽의 보고밀파: 카타리파

12세기 초의 약 20년간 이탈리아, 프랑스 그리고 독일 서부에서 보

---

9) Eliade, *De Zalmoxis à Gengis-khan*, pp. 89 sq.에 인용된 자료들을 보라.

고밀파 포교자들의 존재가 관심을 끌었다. 가령 오를레앙에서는 보고밀파 포교자가 귀족과 사제들을 개종시키는 데에까지 성공했는데, 그중에는 로베르 왕의 고문관과 여왕의 고해신부도 포함되어 있다. 이 이단 종파의 주요한 교의에 대해서는 잘 알려져 있다. 그 교의에 의하면 신이 눈에 보이는 이 세상을 창조한 것이 아니며, 물질은 불순하고 결혼, 세례, 고해성사 같은 것도 쓸데없다. 또한 성령은 안수를 통해 신도의 머리 위로 내려오며 신도를 정화하고 성화시킨다. 로베르 왕은 이단자들을 적발하여 재판에 넘겨 단죄하였고 마침내 1022년 12월 28일에 그들을 화형에 처했다. 이는 서유럽에서 이단자들을 화형시킨 첫 번째 사례가 되었다. 그러나 보고밀파 운동은 여전히 퍼져 나갔다. 이미 이탈리아에 정착한 카타리파cathare[순결파][10] 교회는 프로방스, 랑그독 지방, 라인 강 유역과 나아가 피레네 산지에까지 선교단을 파견했다. 이 새로운 가르침은 주로 직공들에 의해 널리 퍼져 나갔다. 프로방스의 카타리파 공동체는 네 개의 교구로 나누어져 있었으며, 1167년에는 툴루즈 근교에서 교회 회의를 개회하기까지 했다. 이를 계기로 콘스탄티노플의 보고밀파 주교는 롬바르디아와 남프랑스 지방의 신도들을 극단적인 이원론으로 개종시키는 데에 성공했다.

그러나 서유럽에 침투하는 과정에서 보고밀파는 각 지역의 반反중앙집권적 전통에 뿌리내린 몇몇 요소들을 차용했고, 이로 인해 교리적 통일성이 현저하게 결여되고 말았다.[11] 어쨌든 카타리파는 지옥

---

10) 이 명칭—[그리스어로] "순수"를 의미하는 *Katharos*에서 유래—은 1163년경에 처음으로 쓰였다.
11) 부언하자면 이단 심문소가 행한 종교재판 덕택에 카타리파의 사상과 의례 내용이 보고밀파의 그것보다 더 잘 알려지게 되었다.

도 연옥도 믿지 않았으며, 대신 이 세상은 사탄이 지배하는 영역이고, 사탄은 영혼을 물질 속에 집어넣기 위해 이 세상을 창조했다고 믿었다. 이 사탄은 『구약성서』의 신 야훼와 동일시된다. 한편 선이자 빛인 참된 신은 이 세상의 저편 너머에 거하신다. 그 신이 이 세상에서 해방되는 방법을 가르쳐주기 위해 그리스도를 파견했으며, 그리스도는 순수한 영이므로 그 신체는 환영에 불과하다.[12] 이 세상과 현세의 삶에 대한 이와 같은 증오는 일면 그노시스파와 마니교를 연상시킨다.(본서 제2권 232절 이하 참조) 카타리파의 이상은 생식의 거부와 자살을 통해 인류를 소멸시키는 데에 있다고 말할 수도 있다. 왜냐하면 카타리파는 결혼보다 차라리 성적 방종이 더 낫다고 믿었기 때문이다.

이 종파의 첫 번째 입문 의례인 **콘벤차**convenza(*convenientia*)는 입문자가 장기간에 걸친 수련기를 거친 다음 행해진다. 두 번째 입문 의례인 **콘솔라멘툼**consolamentum은 "완성자"의 지위를 얻기 위한 것으로서 통상 죽음 직전에 행해졌다. 단 신자가 희망할 경우 더 일찍 행해지기도 했지만, 그때는 상당히 강도 높은 시련이 부과되었다. **콘솔라멘툼**은 신자의 집에서 "완성자" 중의 최고 장로에 의해 집행된다. 이 의식의 제1부는 **세르비티움**servitium이라고 불리며, 거기서 참석자 전원의 총 고해가 행해진다. 그 사이 집행자는 자기 앞에 복음서 한 권을 펼쳐놓는다.[13] 그런 다음 지원자는 의례적으로 **주기도문**을 전수받고

---

12) 카타리파 내부에서의 교리의 불일치에 관해 상술한들 별 의미는 없을 것이다. 예컨대 일부 카타리파에서는 그리스도의 신성이 부정되는 한편, 다른 파에서는 의례에 있어서의 삼위일체 교리를 언급하고 있다. 또 다른 파에서는 신과 이 세상 사이의 아이온 계열을 모두 인정하며 그 각각에 신의 본질이 침투해 있다고 설한다. Runciman, *Le manichéisme médiéval*, pp. 134 sq.; Borst, *Les Cathares*, pp. 124 sq.를 참조하라.

집행자 앞에 부복한 채 죄인인 자신을 위해 신에게 기도하면서 축복을 내려줄 것을 기원한다. 이에 집행자는 "하느님께서 그대를 축복하여 그대를 선하신 그리스도의 신자로 삼으시고 그대에게 아름다운 종언을 주실지어다"라고 응답한다. 또한 이 의식에서는 집행자가 지원자에 대해 로마교회를 버릴 것과 나아가 세례 때 로마교회의 사제로부터 이마에 수여받은 십자가 성호를 부정하도록 요구한다. 이런 **콘솔라멘툼** 의식을 거친 후 다시 죄를 지으면 의식의 효력이 사라진다고 여겨졌다. 때문에 일부 "완성자"들 사이에서는 **엔두라**endura, 즉 자발적인 아사餓死를 실천하는 자도 있었다.[14] 모든 의례는 출석자 전원이 서로 키스하면서 "평화"의 인사를 나누는 것으로 끝난다. "완성자"—남자든 여자든—에게는 가톨릭 사제를 능가하는 권위가 부여되었다. 그들은 일반 신자들보다도 더 엄격한 금욕 생활을 했으며 매년 세 차례씩 장기간의 단식을 준수했다. 카타리파의 교회 조직에 관해서는 아직 충분히 밝혀지지 않았다. 다만 각각의 사제에게는 **필리우스 마요르**filius major〔장남〕와 **필리우스 미노르**filius minor〔차남〕라 불리는 보좌역이 한 사람씩 붙어 있었으며, 사제가 세상을 떠날 경우 필리우스 마요르가 자동적으로 그 뒤를 계승했다는 사실 정도가 알려져 있을 따름이다. 여기서 엿보이는 로마교회 전례와의 의례적 유사성은 단

---

13) 외견상 **세르비티움** 의식에는 어떤 이단적 주장도 포함되어 있지 않다. "전례문의 낭송자가 이원론 사상을 표명했음을 보여주는 두 가지 측면이 있다. 육체의 죄에 관해 말할 때 힘주어 강조한다는 측면이 그 하나이고, 다른 하나는 '부패로부터 생겨난 육체에 대해서는 조금도 동정할 필요가 없다. 다만 육체의 감옥에 갇힌 영혼만을 불쌍히 여길 따름'이라는 구절이 그것이다." Runciman, *Le manichéisme médiéval*, p. 139.
14) Runciman, *op. cit*, pp. 139 sq. 및 Borst, *Les cathares*, pp. 163 sq.에 요약, 분석된 자료들을 보라.

순한 모방이라기보다는 5세기로 거슬러 올라가는 고대 기독교 교회의 전례 이후 형성된 전통에 입각한 것이라고 볼 수 있다.[15]

카타리파의 포교 활동이 성공한 이유, 그리고 일반적으로 종종 이단시되곤 했던 이런 유의 유사 천년왕국주의적 운동이 성공한 이유를 제대로 이해하기 위해서는 당시 로마교회가 직면한 위기, 특히 교회 성직자층의 권위가 실추되어 있었다는 사실을 고려하지 않으면 안 된다. 이노켄티우스 3세는 제4차 라테라노공의회에 즈음하여, "육체의 쾌락"에 절고 영적 계발을 하지 않아 "하느님의 말씀을 선교하고 사람들을 지도할 능력이 결여된" 주교들에 대해 언급하고 있다. 다른 한편 성직자들의 부도덕성과 성직 매매로 인해 신자들이 점점 더 교회를 멀리하게 되었다. 많은 사제들이 결혼을 했거나 혹은 공공연하게 동거 생활을 하고 있었다. 심지어 처자를 부양하기 위해 술집을 경영한 사제도 있었다. 사제들은 후원자들에게 사례하지 않으면 안 되었으므로, 혼인, 세례, 그리고 병자와 죽은 사람들을 위한 미사 등의 모든 부가적인 사제 업무에 세금을 매겼다. 또한 동유럽에서도 그랬던 것처럼 [서유럽에서도] 성서 번역이 금지되어 있었기 때문에,[16] 종교 교육은 전혀 불가능했고 기독교는 사제와 수도승을 통해서만 접할 수 있었다.

12세기 초에는 성 도미니크(1170~1221)가 카타리파와 싸웠지만 아무런 성과도 얻지 못했다. 성 도미니크의 청원을 받아들인 이노켄티우스 3세는 설교자 형제단[도미니크 수도회]을 설립했다. 그러나 종래

---

15) Runciman, p. 147. 예배와 교회 질서에 관해서는 Borst, pp. 162~181을 보라.
16) Friedrich Heer는 가톨릭교회가 북아프리카, 영국 그리고 독일을 잃은 원인이 이와 같은 성서 번역의 금지 때문이라고 지적한다. Friedrich Heer, *The Medieval World*, p. 200을 참조하라.

교황이 파견한 특사들과 마찬가지로 도미니크 수도회 또한 카타리파 운동의 확대에 쐐기를 박는 데에는 성공하지 못했다. 1204년에는 카르카손에서 카타리파와 가톨릭 신학자들 사이에 최후의 공개 토론이 벌어졌다. 1205년 1월에는 이노켄티우스 3세로부터 남프랑스의 이단을 근절시키라는 임무를 부여받은 카스텔마르의 피에르가 책무를 반납하고 수도원에 은거하고 싶다는 청원을 내기도 했다. 그러나 이에 대해 교황은 "행동이 명상보다 더 상위에 있다"고 대답한다.

마침내 1207년에 이노켄티우스 3세는 주로 북프랑스의 제후들, 특히 부르고뉴 공 및 바르, 느베르, 샹파뉴, 블루아의 각 백작들을 향해 알비겐파 토벌을 위한 십자군 소집을 선포했다. 그는 십자군이 승리하면 알비겐 귀족들의 소유령을 분배하겠다는 약속으로 그들을 끌어모았던 것이다. 그러자 프랑스 왕도 십자군에 가담했다. 남쪽으로 영지를 확대할 기회를 놓칠 수 없었던 것이다. 최초의 전쟁은 1208~1209년에서 1229년까지 계속되었고, 다시 발발하여 오랜 세월 동안 그칠 줄을 몰랐다. 그러다가 1330년경에 가서야 프랑스에 카타리파가 더 이상 존재하지 않게 되었다.

"알비겐파에 대항한 십자군 전쟁"은 몇 가지 점에서 매우 중요하다. 첫째, 역사의 역설이라고나 할까, 이는 유일하게 성공한 십자군이었다. 둘째, 그것이 정치, 문화, 종교의 각 방면에 끼친 영향도 결코 적지 않았다. 가령 프랑스 왕국의 통일과 확장이 그 하나인데, 이는 동시에 남프랑스 문화의 몰락, 특히 알리에노르 다키텐의 작품과 그녀의 "연애법정" 및 그곳에서의 여성 찬미 그리고 트루바두르의 시가(본서 제2권 269절 참조) 등이 소실되었다는 것을 의미했다. 종교 방면에 초래된 결과로서 가장 중요한 것은 이단 재판소의 권력이 강화되고 그 위협이 갈수록 커졌다는 점이다. 예컨대 전쟁 중에 툴루즈에 개설된 이단 재판소는 12세 이상의 모든 여성과 14세 이상의 모든 남성들에게 이단 신앙의 포기를 공개적으로 선언하도록 강제했다. 또한 1229년에 툴루즈의 교회 회의는 자국어나 지방어로 번역된 성경은 물론 라틴어 성경도 일반인들이 소지하지 못하도록 금지했다. 다만 라틴어로 된 성무일과聖務日課, 시편 그리고 성모 시도서Livre d'Heure de la Vierge만이 유일하게 허용되었다. 한편 이탈리아로 도망간 소수의 알비젠파도 결국 이단 재판소의 심문관에 적발되고 말았다. 얼마 안 있어 중부 및 서부 유럽의 거의 모든 나라에 이단 재판소가 설치되었기 때문이다. 그러나 이단에 대한 이와 같은 전쟁으로 인해 가톨릭교회가 자기 개혁의 필요성을 절감하게 되어 도미니크회와 프란체스코회 등의 선교 수도회들이 활발하게 움직이게 되었다는 점도 덧붙여둔다.

알비젠파를 말살시킨 이 전쟁은 로마교회의 역사상 가장 어두운 한 페이지를 장식하고 있다. 하지만 가톨릭교회의 이와 같은 반발에는 나름대로의 정당한 이유가 있었다. (가령 결혼의 금지라든가 육체적 부활의 부정 등) 생명과 육체를 혐오하고 절대적 이원론을 내세운 카타리파의 태도는 『구약성서』의 전통뿐만 아니라 기독교로부터도 분리된 이질적인 것이었기 때문이다. 사실 알비젠의 카타리파는 오리엔트 기원의 구조를 지닌 독자적인sui generis 종교를 주장했던 것이다.

어쨌든 카타리파 교단의 유례없는 성공은 오리엔트의 종교사상이 농촌 지역뿐만 아니라 직인 계층, 성직자 및 귀족들 사이에까지 깊숙이 침투한 최초의 사례였다. 그리고 20세기가 되어서야 이와 유사한 현상이 다시 나타나게 된다. 즉 20세기에 들어와 오리엔트에서 기인한 일종의 천년왕국사상이 거의 동유럽 전체에 걸쳐 열광적으로 받아들여졌던 것이다. 맑스-레닌주의가 그것이다.

295. 아시시의 성 프란체스코

12세기와 13세기는 청빈의 종교적 가치를 유례없이 높이 평가한 시대였다. 베긴파와 베갈파와 마찬가지로 겸양파Humiliati, 발도파Vaudois 그리고 카타리파와 같은 이단적 운동도 청빈이야말로 예수와 사도들이 제창한 이상을 실현하는 가장 효과적인 수단이라고 여겼다. 13세기 초에 교황이 두 개의 탁발 수도회, 즉 도미니크회와 프란체스코회를 공인한 것도 이런 경향에 신성성을 부여하기 위한 것이었다. 그러나 곧 살펴보겠지만 프란체스코회의 경우는 이와 같은 청빈의 신비주의가 오히려 그 존립 자체를 위협하는 위기를 불러일으켰다. 왜냐하면 창립자가 주창한 절대적 청빈이 귀부인의 청빈Madona Povertà으로 전화되었기 때문이다.

1182년에 아시시의 유복한 상인 가정에서 태어난 프란체스코는 1205년에 처음으로 로마를 순례 여행했다. 그리고 하루는 성 베드로 성당 앞에서 구걸을 하기도 했다. 또한 나병 환자를 껴안은 일도 있었다. 아시시로 돌아온 그는 한 교회 옆에서 2년 동안 은자 생활을 했다. 그러다가 1209년에 프란체스코는 「마태복음」의 유명한 구절 "병든 사람을 고치고 죽은 사람을 살리고 문둥병자를 깨끗하게 하며 [……] 금이나 은이나 [……] 일체 가지고 가지 말아라"[17)]는 말에서 자신의 참된 사명을 깨달았다. 이후 그는 예수가 사도들에게 한 이 말

---

17) "병든 사람을 고치고 죽은 사람을 살리고, 문둥병자를 깨끗하게 하며 귀신을 쫓아내어라. 너희가 거저 받았으니 거저 주어라. 금이나 은이나 동을 일체 가지고 가지 말아라. 여행 가방이나 갈아입을 옷이나 여분의 신발이나 지팡이도 갖고 가지 말아라."(「마태복음」 10:7-10)

을 문자 그대로 충실하게 따랐다. 이윽고 몇몇 제자들이 모였고 프란체스코는 상당히 짤막하고 요약적인 회칙을 만들었다. 1210년에 그는 교황 이노켄티우스 3세에게 이 회칙을 승인받기 위해 다시 로마로 갔다. 교황은 프란체스코가 이 작은 수도회(이후 프란체스코회 수도사들에게 작은 형제단이라는 명칭이 붙여졌다)의 수장이 되는 것을 조건으로 이 신청을 받아들였다. 프란체스코회의 수도사들은 이탈리아 전역으로 흩어져 설교를 행하다가 매년 한 번씩 성령강림절 날이면 전원이 모여 회의를 열었다. 1217년 프란체스코는 피렌체에서 우골리노 추기경과 친분 관계를 맺었다. 추기경은 프란체스코의 포교 활동을 지지하는 열렬한 후원자이자 그의 친구가 되어 프란체스코회를 비호해주었다. 다음 해에 프란체스코는 도미니크와 만나 회견했다. 그때 도미니크는 두 수도회를 하나로 통합하자고 제안했으나 프란체스코는 이를 거절했다.

1219년 총회에서 우골리노는 학문과 교양을 중시하는 일부 수도승들의 의견을 수용하여 [프란체스코회] 회칙의 완화를 요구했으나 이루어지지 않았다. 그 사이 프란체스코회 선교단은 이탈리아 바깥의 여러 나라로 진출하기 시작했다. 프란체스코 자신도 11명의 수도사들을 데리고 성지로 들어갔다. 이들이 술탄 앞에서 설교할 결심으로 무슬림의 야영지를 방문했을 때 무슬림들은 이들을 호의적으로 대해주었다. 하지만 얼마 지나지 않아 그가 임명한 두 명의 부의장이 회칙을 개정하여 교황의 인가를 얻었다는 소식을 접한 프란체스코는 곧장 이탈리아로 돌아갔다. 또한 일부 작은 형제단원들이 프랑스, 독일 및 헝가리에서 이단으로 고발되기도 했다. 이에 프란체스코는 교황의 공식적인 비호를 받아들일 결심을 하게 된다. 그리하여 이후 수도사들의 이 자유로운 공동체는 교회법의 관할에 속한 정규 수도회가 되었다. 1223년에 새로운 회칙이 교황 호노리우스 3세에 의해 허가를 받았으며 프란체스코 자신은 수도회의 책임자에서 물러나 다음 해 베로나에 은둔하였다. 그가 성흔聖痕(십자가형을 받은 그리스도의 상처 흔적이 신자들에게 나타난 것)을 받은 것은 바로 이 은둔처에서였다. 그 후 그는 중병에 걸려 거의 맹인이 되다시피 했는데도 불구하고 『태양의 찬가Laude al Sole』와 수도사들에 대한 『계고Avertissements』 및 자신의 『유언Testament』을 써서 남겼다.

이 감동적인 텍스트들에서 프란체스코는 자신이 세운 수도회의 참된 사명을 지키기 위해 마지막 노력을 기울이고 있다. 거기서 그는 수작업에의 애착을 강조하면서 작은 형제단에게 노동을 권면하고 있다. 그리고 임금을 전혀 받지 못한 경우는 집집마다 탁발하여 주님의 식탁에 올려놓을 것을 권하고 있다. 또한 작은 형제단에 대해 "어떤 명목하에서든 회칙에서 우리가 서약한 청빈에 어긋나는 경우에는 교회당이든 집이든 어떤 건물도 받아서는 안 된다"고 엄명하고 있다. "항상 여행자로서, 이방의 순례자로서 지내야만 한다. 나는 모든 형제들에게 종순從順의 이름으로 다음과 같은 것을 엄금하는 바이다. 즉 어디에 가든지, 설혹 선교를 위해서든 혹은 육체적 박해 때문이든 간에, 직접 혹은 중개자를 내세워 로마교황청에 문서로 교회당이나 어떤 장소를 요청하는 일이 있어서는 안 된다."[18]

프란체스코는 1226년에 세상을 떠났다. 그의 사후 채 2년이 지나지 않아 교황 그레고리우스 9세가 된 친구 우골리노 추기경에 의해 프란체스코는 성인의 반열에 오르게 되었다. 확실히 이는 프란체스코회를 교회와 계속 연결시켜줄 가장 좋은 해결책이었다. 하지만 그렇다

---

18) Trad. Ivan Gobry, *Saint François d'Assise*, p. 139.

고 해서 어려움이 사라진 것은 아니었다. 최초의 몇몇 전기들은 성 프란체스코야말로 교회 개혁을 위해 신이 파견한 인물이라고 묘사하고 있다. 몇몇 작은 형제단들은 자신들의 지도자에게서 피오레의 요아킴이 주장한 제3시대의 대표자를 보았다.(본권 271절 참조)[19] 13세기에 프란체스코회 수도사들에 의해 수집되어 널리 퍼졌으며 14세기에 『성 프란체스코의 작은 꽃들Fioretti』이라는 제목으로 간행된 민중설화집에서는 프란체스코와 그의 제자들이 예수와 사도들에 비유되고 있다. 그레고리우스 9세는 진심으로 프란체스코를 상찬했지만 그의 『유언』을 수용하지는 않았으며 1233년에 회칙을 개정하고 말았다. 이른바 "엄수회 수도사" 및 후대에 절대적 청빈의 필요성을 강조한 영성파 수도사들은 이 개정된 회칙에 반발했다. 이에 그레고리우스 9세 및 그 뒤를 이은 교황들은 일련의 교서를 내려, 회칙의 개정은 가옥 및 재산의 "소유"를 지향한 것이 아니라 다만 그 "사용"을 용인한 것에 지나지 않는다는 점을 입증하고자 부심했다. 1247~1257년에 걸쳐 프란체스코회의 총 수장이었던 파르마의 요한은 교황과의 정면 대립을 피하면서 성 프란체스코의 뜻을 지키고자 애썼지만, 이런 노력은 영성파의 강경한 자세로 인해 번번이 실패하고 만다. 그러나 그 뒤를 이어 보나벤투라가 총 수장에 취임한 것은 프란체스코회에 있어 참으로 다행스런 일이었다. 왜냐하면 그는 프란체스코회의 제2의 창설자라고 불릴 만한 인물이었기 때문이다. 하지만 절대적 청빈을 둘러싼 논쟁은 보나벤투라 재임 중 및 그의 죽음(1274) 이후에도 계속되었다. 그런 논쟁이 막을 내린 것은 1320년 이후의 일이었다.

---

19) Steven Ozment, *The Age of Reform*, pp. 110 sq.의 탁월한 서술 및 최근의 참고 문헌을 보라.

확실히 로마교회가 승리를 거둠에 따라 프란체스코파의 맨 처음 정열은 수그러들고, 엄격함으로 돌아가 교회를 개혁하자는 사도들의 희망도 꺾였다. 그러나 프란체스코 수도회가 계속 존속할 수 있었던 것은 사실 이런 타협 덕택이었다. 물론 따라야만 할 유일한 범례는 여전히 예수, 사도들 및 성 프란체스코의 삶의 방식, 곧 청빈, 자비와 노동에 있었다. 하지만 실제로는 교회가 지닌 절대적 권위에 순종하는 것이야말로 수도사들의 첫 번째 의무로 간주되었다. 그것은 실상 가장 곤란한 의무였다.

296. 성 보나벤투라와 신비신학

보나벤투라는 1217년에 오르비에토 근교에서 태어나 파리에서 신학을 공부하였으며 1253년부터 거기서 학생들을 가르쳤다. 그는 프란체스코회가 최대의 위기에 빠졌던 1257년에 프란체스코회의 총 수장으로 선출되었다. 보나벤투라는 청빈과 노동에 더하여 학문 연구와 명상의 필요성 또한 인정함으로써 당시에 대립하고 있던 두 가지 극단적 태도를 조정하고자 힘썼다. 그는 비교적 온건한 성 프란체스코 전기(『대전설Legenda Maior』, 1263년)를 썼는데, 3년 후에는 이것이 유일하게 권위 있는 전기임이 공식적으로 선언되었다.

파리에서 가르치던 시대에 보나벤투라는 『페트루스 롬바르두스의 명제집 주해Commentaire des Sentences』와 『신학강요Breviloquium』 및 『논쟁적 제 문제Questions disputées』를 펴냈다. 그러나 그의 걸작인 『신에게 이르는 정신의 여로Itinéraire de l'esprit en Dieu』가 쓰인 것은 1259년에 그가 베르나에 은거하던 시기 이후의 일이다.[20] 1274년에 갑작스럽게 죽기 한 해 전에 보나벤투라는 알바노의 주교 및 추기경으로 추대되었다. 1482년에는 식스투스 4세에 의해 성인의 반열에 올랐으며 1588년에는 식스투스 5세에 의해 교회의 세라피쿠스Seraphicus[치품천사] 박사라는 칭호를 수여받았다.

근래의 연구는 보나벤투라가 이룬 신학적 종합이야말로 중세를 통해 가장 완성도가 높은 것이었음을 인정하고 있다. 보나벤투라는 플라톤과 아리스토텔레스, 아우구스티누스와 그리스 교부들, 위-디오니시오스와 아시시의 프란체스코 등을 함께 다루고자 노력했다.[21] 토마스 아퀴나스가 전적으로 아리스토텔레스에 의거하여 자신의 사상 체계를 구축한 데에 비해 보나벤투라는 중세 신플라톤주의의 아우구스티누스적 전통을 보존하고 있다. 하지만 중세를 통해 아리스토텔레스적 혹은 토마스적 종합이 성공적으로 이루어진 결과 보나벤투라의 신학이 지닌 심원한 의미는 사람들에게 잊혀져버리고 말았다(근대에도 신토마스주의의 압도적인 대두에 의해 동일한 현상이 일어났다).

현대의 연구자 커즌스Ewert H. Cousins는 보나벤투라 사상 체계의 핵심이 **역의 합일**coincidentia oppositorum이라는 개념에 있다고 보았다.[22] 물론 **역의 합일**이라는 관념은 많든 적든 인류의 종교사 전체를 통해 찾아

---

20) "내가 신을 향한 영혼의 상승에 대해 명상하고 있을 때 많은 것들 중에서도 특히 이 장소에서 성 프란체스코에게 일어났던 기적이 내 마음속에 떠올랐다. 십자가의 모습으로 날개를 펼친 저 세라핌[치천사熾天使]의 환상 말이다. 그리고 이어서 그 환상은 지복의 성 프란체스코가 경험한 엑스터시를 보여주었고 그런 엑스터시에 이르기 위해 행해야만 하는 노정을 보여주었다."(*Prologue*, trad. H. Duméry)
21) Ewert H. Cousins, *Bonaventure and the Coincidence of Opposites*, pp. 4 sq. 및 pp. 229 sq.의 참고 문헌을 보라.
22) *Ibid.*, 특히 ch. I, III, V, VII을 참조하라.

볼 수 있다. 그것은 성서의 일신교 안에서도 분명하게 읽어낼 수 있다. 신은 무한하며, 인격적 초월자인 동시에 역사에 개입한다든지, 혹은 영원한 존재이면서 동시에 유한한 시간 안에 현존한다든지 하는 관념이 그것이다. 이와 같은 역의합일 개념은 신이자 인간으로서의 그리스도 안에서 한층 더 현저한 형태로 드러난다. 그러나 보나벤투라가 역의 합일적 사상 체계를 구축하는 데 있어 모델로 삼은 것은 바로 삼위일체였다. 거기서는 제3의 위격인 성령이 하나의 매개 원리 혹은 종합 원리로 작용하고 있기 때문이다.

보나벤투라의 걸작으로는 『신에게 이르는 정신의 여로』를 들 수 있다. 여기서도 저자는 전 세계에 퍼져 있는 상징을 사용하고 있는데, 그 상징은 기독교 신비신학의 초창기부터 있었던 것으로 바로 사다리의 이미지이다.[23] 보나벤투라에 의하면 "이 세계는 우리가 신에게로 올라가기 위한 사다리이다. 어떤 것은 시간 안에 있고 어떤 것은 영원하다. 어떤 것은 우리 바깥에 있고 어떤 것은 우리 안에 있다. 제1원리인 신은 가장 영적이고 영원하며 우리를 초월하여 우리 위에 계시다. 그러므로 신을 파악하고자 한다면, 우리는 먼저 물질적이고 시간적이며 우리 바깥에 있는 신의 족적을 따라 편력의 여행을 떠나지 않으면 안 된다. 이로써 우리는 신에게 이르는 길로 들어선다. 그런 다음 우리는 우리 자신의 정신 안으로 들어가야만 한다. 신의 이미지는 영원하고 영적이며 우리 안에 현존하기 때문이다. 여기서 우리는 신적 진

---

23) 비교를 위한 자료로서 Eliade, *Le Chamanisme*, pp. 378 sq.를 보라. 기독교 전통에서의 "천국에 이르는 사다리"에 관해서는 Dom Anselme Stolz, *Théologie de la Mystique*, pp. 117~145를, 이슬람과 유대교 신비주의에서의 사다리에 관해서는 Alexander Altmann, "The Ladder of Ascension"을 보라.

리 안으로 들어선다. 이리하여 우리는 마침내 영원하고 가장 영적이며 우리를 초월하여 우리 위에 있는 신에게로 나아가지 않으면 안 된다."[24] 그때 인간은 유일하며(즉 시간을 초월한 일자로서) 거룩한 삼위일체로서의 신을 만나게 된다는 것이다.

『신에게 이르는 정신의 여로』의 처음 네 장에서는 물질적 세계 안에 투영된 신과 인간 영혼의 내면에 반영되어 있는 신에 대한 명상 및 그런 신에게 다가서기 위한 명상 등이 언급되고 있다. 이어지는 두 개의 장은 존재로서의 신(5장)과 선으로서의 신(6장)을 주제로 삼고 있다. 그리고 마지막 7장에서는 영혼을 신비적 엑스터시로 파악하여 그것이 십자가의 그리스도와 함께 죽음에서 생명으로 옮겨간다고 적고 있다. 엑스터시에 대한 이와 같은 대담한 재평가는 특히 주목할 만하다. 혼인이라는 사랑의 상징에 지배받은 성 베르나르두스의 신비체험과는 달리 보나벤투라에게 있어 **신비적 합일은 그리스도와 함께 죽는 것**, 그리고 그리스도와 함께 아버지 하느님과 다시금 하나가 되는 것을 뜻했다.

한편 충실한 프란체스코회 수도사로서의 보나벤투라는 자연에 대한 정확하고 엄밀한 인식을 장려하기도 했다. 신의 지혜는 우주 만물 안에 계시되어 있다. 그러므로 어떤 사물에 관해 연구하면 할수록 사람은 그 사물의 개별성 안에 들어가게 되며, 그것을 신적 정신 안에 자리

---

[24] *Itinerarium*, ch. I, sec. 2. 그리고 또한 ch. VI을 보라. Cousins, *op. cit.*, pp. 69~97의 해설을 참조하라. 한 가지 더 덧붙이자면 신에게로의 상승에 있어 이와 같은 세 단계―우리 바깥에로 넘어서기, 우리 안으로 넘어서기, 우리 위로 넘어서기―는 각각 내재적인 것과 초월적인 것이라고 말해도 좋을 두 가지 위상을 포함한다. 따라서 도합 여섯 단계가 되며 이는 성 프란체스코를 포옹하여 성흔을 남긴 세라핌의 여섯 날개로 상징된다.

잡고 있는 범례적 존재로서 더 잘 이해할 수 있게 될 것이다.(*Itinéraire*, 2장 4절 이하) 어떤 학자들은 프란체스코회 수도사들의 자연에 대한 이와 같은 관심 안에서 경험과학의 발전의 한 원천을 보기도 한다. 가령 로저 베이컨(1214~1292)이라든가 오컴의 제자들이 이룬 여러 발견들이 그 예이다. 보나벤투라가 옹호한 신비체험과 자연 연구 사이의 밀접한 관계는 중국에서 경험과학이 발전하는 데 있어 도교가 수행한 결정적인 역할(본서 제2권 134절 참조)에 비견될 만하다.

297. 성 토마스 아퀴나스와 스콜라신학

일반적으로 "스콜라신학"이란 말은 계시와 이성, 신앙과 지식 사이의 조화를 추구하는 여러 신학 체계를 총칭하는 말로 쓰인다. 캔터베리의 안셀무스Anselme de Canterbury(1033~1109)는 성 아우구스티누스의 "나는 이해하기 위해서 믿는다"는 명제를 다시 도입했다. 이 말은 이성이 신앙적 신조를 그 출발점으로 삼는다는 것을 뜻한다. 페트루스 롬바르두스Pierre Lombard(1100년경~1160)는 『네 개의 명제집Les quatre Livres de Sententiae』을 저술하여 스콜라신학 특유의 구성법을 보여주었다. 그 구성법에 의하면 스콜라신학자는 물음, 분석, 대답의 형식에 따라 신, 창조, 수육, 속죄, 성사 등의 문제를 제시하고 논하지 않으면 안 된다.

12세기에는 아리스토텔레스와 아라비아 및 유대의 대철학자들(특히 아베로에스, 아비센나, 마이모니데스 등)의 저작이 부분적으로나마 라틴어로 읽혀지게 되었다. 이로써 신앙과 이성의 관계를 새로운 관점에서 다시 볼 수 있게 되었다. 가령 아리스토텔레스에 의하면 이성의 영역은 완전히 독립적인 것이다. 중세를 통해 가장 보편적인 정신의 소유자라 할 만한 알베르투스 마그누스 혹은 볼슈타트의 알베르투스(1206/1207~1280)는 "이성이 스스로 내다 버려 뒤돌아본 적이 없는 제 권리를 이성에로"[25] 복권시킨다는 이런 관점을 열렬히 받아들였다. 하지만 한편으로 이런 태도는 전통적 신학자들의 격분을 사지 않을 수 없었다. 그들은 스콜라 학자들이 철학을 위해 종교를 희생시키고 아리스토텔레스를 위해 그리스도를 희생시킨다고 비난했다.

알베르투스 마그누스의 사상은 제자인 토마스 아퀴나스Thomas d'Aquin(1224~1274)[26]에 의해 심화되고 체계화되었다. 토마스는 신학자이자 철학자이기도 했는데, 그에게 있어 중심 문제는 항상 하나였다. 존재로서의 신이 그것이다. 토마스는 자연과 은총, 이성의 영역과 신앙의 영역을 구별한다. 하지만 이런 구별은 양자의 일치를 전제로 한 것이었다. 신의 존재는 인간이 그가 알고 있는 그대로의 세상에 관해 깊

---

25) Étienne Gilson, *La philosophie au moyen âge*, p. 507. "근대 사상의 특징이 증명 가능한 것과 그렇지 못한 것을 구별한다는 점에 있다고 한다면, 그런 근대 철학의 기초는 분명 13세기에 이루어졌다고 말할 수 있다. 그리하여 알베르투스 마그누스에 이르러 철학은 이제 자신의 영역을 한정함으로써 비로소 자신의 가치와 권리를 자각하게 되었다."(*ibid*, p. 508)
26) 토마스의 생애는 비교적 짧고 극적인 사건도 별로 없다. 그는 1224년 말 혹은 1225년 초에 아그니 근교에서 태어났으며 1244년에 도미니크회 수도사가 되었다. 다음 해 파리로 가서 알베르투스 마그누스 밑에서 수학했다. 1256년에 신학사 학위를 받은 토마스는 1256~1259년 사이에 파리에서 가르쳤고 이어 이탈리아의 몇몇 도시에서 가르쳤다. 1269년에 파리로 돌아갔다가 1272년에 다시금 파리를 떠났으며 1273년에는 나폴리에서 가르쳤다. 그레고리우스 10세에 의해 제2차 리옹공의회에 소환됨에 따라 1274년 1월에 토마스는 나폴리를 떠났는데, 질병으로 인해 포사노바에 체재하던 중 5월 7일에 세상을 떠났다. 수많은 저작 중에서도 가장 유명하며 토마스의 참된 천재성이 발휘된 것은 『신학대전Somme théologique』과 『호교대전Somme contre les Gentils』이다.

이 생각해보기만 한다면 분명하게 알 수 있는 그런 것이다. 예컨대 이 세계는 어떤 식으로든 움직이고 있다. 그런데 모든 운동에는 원인이 있게 마련이고, 그런 원인 또한 다른 원인에 의해 비롯되는 것이다. 하지만 이와 같은 연쇄가 무제한일 수는 없으므로, 어떤 제1원인 Premier moteur의 개입을 인정하지 않을 수 없다. 그리고 신이야말로 바로 그 제1원인이라는 것이다. 이 논법은 토마스가 "다섯 가지 길"이라 이름 붙인 다섯 가지 논증 가운데 첫 번째 것이다. 이때 토마스의 논증 방법은 항상 동일하다. 즉 그의 논증은 언제나 자명한 현실로부터 출발하여 신에게 이르고 있다. (모든 원인은 그보다 앞선 다른 원인을 전제로 하는데, 그런 연쇄를 거슬러 올라가면 제1원인으로서의 신에 도달하게 된다는 식이다.)

이처럼 이성을 통해 발견된 신은 무한하고 단순하며 인간의 언어를 초월한다. 신이란 존재의 순수한 행위(*ipsum esse*), 즉 존재 자체이며, 따라서 무한하고 영원불변하다. 신의 존재를 인과의 원리에 입각하여 증명함으로써 신이 세계의 창조자라는 결론도 동시에 얻게 된다. 신은 일체를 자유롭게 창조했다. 다시 말해 신은 어떤 필연성이나 필요성에 따라 만물을 창조한 것이 아니다. 그러나 토마스는 세계가 영겁의 태초로부터 존재한 것인지 아니면 역으로 시간 속에서 창조가 행해진 것인지는 인간의 이성으로 증명할 수 없다고 여겼다. 이 세계가 시간 속에서 시작된 것임을 우리로 하여금 믿도록 요청하는 것은 다름 아닌 신적 계시에 입각한 신앙이다. 이는 여타의 신조(원죄, 삼위일체, 예수그리스도에 있어서의 신의 수육 등)와 마찬가지로 계시에 의한 진리이며, 따라서 더 이상 철학의 대상이 아니라 신학적 고찰의 대상이 된다.

모든 인식에는 중심 개념으로서 **존재**, 다시 말해 인식하고자 하는 현실의 소유 내지는 현존이 포함되어 있다. 인간은 원래 신에 대한 온전한 인식을 누리도록 창조되었지만 원죄로 말미암아 은총 없이는 그런 인식에 도달할 수 없게 되고 말았다. 때문에 신자들은 신앙에 의해 다시금 은총의 도움을 받음으로써 거룩한 역사를 통해 계시된 바로서의 신에 대한 인식을 받아들일 수 있다.

"많은 저항들이 있었지만 성 토마스의 교설은 얼마 지나지 않아 수많은 제자들을 얻게 되었다. 그 영역은 도미니크회뿐만 아니라 다른 수도회와 학파에까지 미쳤다 [……]. 토마스에 의한 개혁은 철학과 신학의 모든 분야에 영향을 미쳤다. 따라서 철학과 신학의 영역에 속한 문제로서 역사적으로 토마스의 영향을 확인하고 추적할 수 없는 문제는 단 하나도 없다. 그중에서도 토마스의 개혁은 특히 존재론의 근본적 문제에 영향을 끼쳤다. 존재론 문제에 대한 토마스적 해결은 다른 모든 분야에서의 개혁을 요청했다."[27] 질송Gilson이 보기에 토마스가 이룬 위대한 업적은 "신학주의"—신앙의 자율성을 인정한다—와 "이성주의" 모두를 비껴간 데에 있다. 질송에 의하면 (특히 아라비아 주석자들에 의해 해석된) 아리스토텔레스의 몇몇 명제가 1270년과 1277년에 파리 주교 에티엔 탕피에에 의해 이단 선고를 받았을 때부터 스콜라학이 쇠퇴하기 시작했다.[28] 그후 신학과 철학의 구조적 결합은 중대한 위기에 직면한다. 게다가 둔스 스코투스Duns Scot(1265~1308년경)와 오컴의 윌리엄Guillaume d'Ockham(1285~1347년경)에 의한 비판이 토마스주의적 종합의 파괴에 힘을 실어주었다. 결과적으로

---

27) E. Gilson, *La philosophie au moyen âge*, p. 541.
28) *Ibid*., pp. 58 sq.의 이단 선고에 관한 논의를 보라. 이단시된 많은 명제들의 대부분은 아베로에스주의에 속한 것이었고, 일부는 토마스의 교설과 관련된 것이었다.

볼 때 신학과 철학 사이에 갈수록 깊어진 이런 괴리와 골은 근대사회에서 명백하게 나타난 성과 속의 분리를 미리 보여주는 것이었다.[29]

오늘날에는 질송의 이런 해석이 전면적으로 받아들여지지는 않는다는 점을 부언해둔다. 토마스 아퀴나스만이 중세의 유일한 천재는 아니었기 때문이다. 13, 4세기에는 그를 능가한다고는 말할 수 없을지언정 최소한 그와 필적할 만한 뛰어난 사상가들―스코투스나 오컴―이 많이 있었다. 사실 토마스주의가 중시된 것은 19세기에 들어서서 그것이 로마교회의 공식적 신학으로 선언되었기 때문이다. 또한 20세기의 최초 사반세기에 일어난 신토마스주의의 부흥은 서구 문화사에 있어 하나의 중요한 계기가 되기도 했다.

정묘精妙 박사doctor subtilis로 칭해지는 둔스 스코투스는 이성에 부여된 중요성을 부정함으로써 토마스적 체계의 기반 자체를 비판했다. 둔스 스코투스에게 있어 논리적 추론에 의해 인식되는 신과 제1원리의 동일시를 제외한 모든 종교적 인식은 신앙에 의해 부여된 것이었기 때문이다.

한편 초정묘 박사doctor plusquam subtilis라고 칭해진 오컴은 이성주의적 신학에 대한 비판을 보다 심화시켰다. 오컴에 의하면 관찰된 개별적 사실과 논리적 법칙들 및 신의 계시에 의한 율법 등을 통하지 않고서는 인간은 아무것도 인식할 수 없다. 따라서 모든 형이상학은 불가능하다. 그는 "보편 개념"의 실재성을 범주론적으로 부정한다. 그런 것은 자율적 실재성을 결여한 것으로서 인간 정신의 창안물에 불과하기 때문이다. 그리고 신은 직관에 의해서는 알 수 없으며 이성 또한 그 존재를 증명할 수 없으므로, 인간은 신앙과 계시가 가르쳐주

---

29) Steven Ozment, *The Age of Reform*, p. 16을 참조하라.

는 것에 만족하지 않으면 안 된다는 것이다.30)

이런 오컴의 종교사상이 가지는 깊이와 독창성은 특히 그의 신神 개념에서 찾아볼 수 있다. 그에 의하면 신은 절대적으로 자유롭고 전능한 존재이므로 신에게는 모든 것이 가능하고 심지어 자기모순까지도 가능하다. 가령 신은 범죄자를 구원하고 성자를 지옥에 떨어뜨릴 수도 있다. 이와 같은 신의 자유를 이성, 상상력 혹은 인간의 언어를 통해 제한하는 일이 있어서는 안 된다. 교회의 신조는 우리에게 신이 인간의 모습으로 자기를 드러냈다고 가르친다. 그러나 신은 당나귀, 돌 혹은 나무의 형상으로(즉 그 본성을 취하여) 현현할 수도 있었을 것이다.31)

신의 자유에 관련된 이와 같은 역설적 설명은 후대의 신학적 상상력을 자극하지 못한 채 끝나고 말았다. 그러나 18세기 이후―즉 "원시 미개인"의 발견 이후―에 오컴의 신학은 "야만인의 우상숭배"라 불린 것을 보다 적절하게 이해하는 데에 도움이 되었을 것이다. 왜냐하면 성스러운 것은 설령 상식을 벗어난 것이라 하더라도 어떤 형태로든 현현할 수 있기 때문이다. 오컴이 개척한 관점에 서서 본다면, 고대적이고 전통적인 종교들의 도처에서 엿보이는 성현聖顯hiérophanie을

---

30) Gilson에 의하면 "오컴 연구는 결정적인 역사적 중요성을 가지는 한 가지 사실을 우리에게 확인시켜준다. 그것은 항상 간과되어왔던 사실이다. 즉 우리가 스콜라 철학이라고 불러왔던 것은 상당히 막연한 의미를 가지고 있다. 그것은 그 자신에 대해 행한 내재적 비판에 의해 이른바 근대철학이 성립되기 훨씬 이전에 스스로 붕괴하고 있었던 것이다."(op. cit., p. 640)
31) 신이 인간의 본성을 취하신 것은 신앙 신조이다. 신이 당나귀의 본성을 취하신다 해도 전혀 모순되지 않는다. 마찬가지 이유로 신은 돌의 본성이나 나무의 본성도 취하실 수가 있다. 이 문제에 관한 논의는 Eliade, *Traité d'Histoire des religion*, §9를 보라.

신학 사상의 측면에서도 정당하게 인정할 수 있었을지 모른다. 실제로 오늘날에는 사람들이 숭배해온 것은 자연의 사물(돌, 나무, 샘물 등)이 아니라 그 사물에 "육화한" 초자연적 힘이라는 점이 널리 알려지게 되었기 때문이다.

298. 마이스터 에크하르트: 신으로부터 신성으로

마이스터 에크하르트Maître Eckhart는 1260년에 태어나 파리와 콜로뉴의 도미니크회 신학교에서 공부했고, 교수이자 설교자 및 교단 지도자로서 파리(1311~1313)와 스트라스부르(1313~1323) 및 콜로뉴(1323~1327) 등지에서 활동했다. 이중 스트라스부르와 콜로뉴에서는 〔일반〕 수녀들과 베긴회 수녀들에게도 설교와 지도를 베풀었다. 수많은 저술 가운데 가장 중요한 것으로 롬바르두스를 논한 『명제집 주해 Commentaire sur les Sentences』와 『삼부작Opus tripartitum』을 들 수 있다. 『삼부작』은 광범위하고 해박한 일종의 신학대전인데 불행히도 그 대부분이 소실되었다. 한편 독일어로 쓴 저작들은 많이 남아 있다. 가령 『영적 지도Instructions spirirtuelles』를 비롯한 몇몇 논고와 많은 설교문들이 있는데, 일부 설교문은 그 진위 여부가 확실치 않다.

에크하르트는 독창적이고 심원하며 난해한 저술가이다.[32] 그를 서구 신비주의의 가장 중요한 신학자로 보는 것은 정당한 평가라 할 수 있다. 그는 전통을 이어받음과 동시에 새로운 시대를 개척한 인물이

---

32) 라틴어와 속어〔중고中高 독일어〕로 쓰인 그의 저작은 오늘날에 이르러서야 겨우 엄밀한 편찬이 이루어지고 있을 따름이다.

다. 여기서 4세기에서 12세기에 이르기까지는 명상 생활의 실천이 세속의 포기, 즉 수도원 생활을 전제로 한 것이었음을 상기할 필요가 있다. 수도자는 사막이라든가 수도원 깊은 곳의 절대 고독 속에서만 신에게 다가서고 신의 현전을 누리기를 소망할 따름이었다. 신과의 이와 같은 친밀한 교제는 낙원으로의 회귀와 동일시되었다. 명상가는 이를테면 타락 이전의 아담의 상태를 회복하는 자로 간주되었다.

기독교적 신비체험의 최초의 사례를 보여주는 성서 구절에서 성 바울은 자신이 엑스터시에 빠져 제3천으로 상승했음을 언급하고 있다. "그 사람—그가 몸 안에 있었는지 몸 밖에 있었는지 나는 모른다. 그건 하느님이 아실 것이다—이 천국으로 인도되었고, 인간에게 드러내는 것이 허용되지 않은 말할 수 없는 말을 들었다는 것을 나는 안다."(「고린도후서」 12:3-4) 이처럼 낙원에 대한 향수는 기독교 초기부터 있었다. 사람들은 지상낙원이 있는 동방을 향해 기도했다. 낙원 상징은 교회 건축과 수도원 정원에서도 엿볼 수 있다. 거기에 묘사된 고대 수도원의 초기 교부들은 (후대에 성 프란체스코가 그랬던 것처럼) 짐승들의 호위를 받고 있다. 이처럼 동물에 대한 지배력을 되찾는 것이야말로 낙원적 생활의 회복을 상징하는 징후라 할 수 있다.[33]

폰티쿠스의 에바그리우스(4세기)가 제창한 신비신학에서는 수도자만이 완전한 기독교도라고 보았다. 즉 수도자가 시원의 상태를 회복한 인간의 모델로 제시되고 있다. 고독한 명상 수행자의 최종 목적은 신과의 합일에 있었다. 하지만 특히 성 베르나르두스가 정확하게 기술하고 있듯이, 신과의 합일에 있어 "신과 인간은 어디까지나 서로

---

33) M. Eliade, *Mythes, rêves et mystères*, pp. 90 sq.; Dom Anselme Stolz, *Théologie de la mystique*, pp. 18 sq.를 참조하라.

구별된다. 각각 그 고유의 의지와 실체를 유지하는 것이다. 따라서 이런 합일은 양자에게 있어 의지의 일치이며 사랑의 화합이라고 할 수 있다."[34]

이와 같은 **신비적 합일**을 결혼에 비유하여 이해하는 태도는 신비주의의 역사 전반에 걸쳐 흔히 엿보인다. 그런 태도는 단지 기독교 신비주의에만 한정된 것이 아니다. 그런데 여기서 지적하고 싶은 것은 에크하르트에게는 그런 이해가 전혀 나타나지 않는다는 점이다. 이는 도미니크회 수도사 에크하르트가 수도사들과 수녀들뿐만 아니라 일반 신도들을 향해 설교했다는 점을 함께 고려해볼 때 특히 의미심장하다. 13세기에는 더 이상 수도원 내에서만 영적 완성을 이룰 수 있다고 여겨지지는 않게 되었다. 즉 1200~1600년에 이르는 시대의 특징적 현상으로서 신비체험의 "민주화"와 "세속화"를 말할 수 있게 된 것이다. 마이스터 에크하르트는 기독교 신비주의 역사 속에서 이 새로운 시대에 속한 탁월한 신학자였다. 그는 철저히 세속 내에 거하면서 신과의 존재론적 동일성을 회복할 수 있는 가능성을 선언하고 신학적으로 증명한다.[35] 이런 그에게 신비체험이란 역시 "시원으로의 회귀"를 의미하고 있다. 그러나 이때의 시원은 아담과 천지창조보다 더 이전으로 거슬러 올라간다.

마이스터 에크하르트는 그가 신의 존재 자체 안에 도입한 구별을 사용하여 이와 같은 대담한 신학을 전개하고 있다. 즉 그는 "신(*Gott*)"이라는 말로 창조주로서의 신을 나타내는 한편, 신의 본질을 지칭할 때는

---

34) *Sermones in Cantica Conticorum*, No 70, in *Pat. Lat.*, t. 183, p. 1126.
35) 이러한 사유는 『바가바드 기타』의 가르침과 비교될 만하다.(본서 제2권 193~194절을 참조하라)

"신성(*Gottheit*)"이라는 술어를 썼다. 여기서 신성Gottheit이란 신의 근저 Grund이자 시원과 모태를 가리킨다. 물론 이는 시간적 선행 관계라든가 혹은 천지창조의 결과 어떤 존재론적 변화가 시간 속에 생겨났다는 걸 말하는 것은 아니다. 하지만 인간의 언어가 가지는 애매함과 한계로 인해 이런 구별은 예기치 않은 많은 오해를 불러일으킬 위험이 있었다. 그리하여 어떤 설교에서 에크하르트는 이렇게 주장하고 있다. "신과 신성은 서로 하늘과 땅만큼이나 다르다 [……]. 신은 무언가를 행하지만 신성은 아무 일도 하지 않는다. 신성은 이룰 만한 그 어떤 것도 가지지 않는다 [……]. 신과 신성의 차이는 작용과 비작용의 차이에 있다."[36] 디오니시오스 아레오파기타(본권 257절 참조)는 신을 "순수 무 un pur néant"로 규정했다. 에크하르트는 이런 부정신학을 계승하여 그걸 보다 발전시켰다. "신은 이름을 갖지 않는다. 왜냐하면 누구든 신에 관해 어떤 것도 말할 수 없고 또 이해할 수도 없기 때문이다. [……] 그래서 만일 내가 신은 선하다고 말한다면 그건 참이 아니다. [……] 만일 내가 신은 지혜롭다고 말한다면 그것도 참이 아니다. 내가 신보다도 지혜롭다거나 혹은 신은 존재라고 말하면 그것 또한 참이 아니다. 신은 존재를 넘어선 존재이며 본질 너머의 부정이기 때문이다."[37]

---

[36] Trad. Jeanne Ancelet-Hustache, *Maître Eckhart*, p. 55. 그러나 많은 텍스트들은 삼위일체의 신과 신성의 절대적 동일성을 강조하고 있다. Bernard McGinn, "Theological Summary"(in Meister Eckhart, *The Essential Sermons, Commentaries, Treatises and Defense*, trad. Edmund Colledge et B. McGinn), p. 36, nn. 71~72의 참고 문헌들을 보라. 성 아우구스티누스의 교의에 입각한, 아버지 하느님을 일자—者로 간주하면서 그것이 **참**된 아들인 신을 창조하고 다시 이 둘이 선한 성령을 산출한다는 삼위일체에 관한 에크하르트의 해석에 대해서는 *ibid.*, p. 38, n. 81을 참조하라.

[37] Trad. Jeanne Ancelet-Hustache, *Maître Eckhart*, p. 55. 그러나 다른 설교에서 에크

한편 에크하르트는 인간이 "신의 혈족이며 친척"임을 강조하면서 삼위일체의 신을 초월한 신의 시원, 즉 신성(*Gottheit*)에까지 도달하도록 신자들에게 권면한다. 왜냐하면 본성적으로 영혼의 **근저**는 신의 존재 외에는 그 어떤 것도 직접 혹은 아무런 매개 없이 받아들이지 않기 때문이다. 신이 인간의 영혼에 파고 들어올 때는 그 전체가 관통해 들어온다. 에크하르트가 신비체험에서 주목하는 것은 성 베르나르두스와 그 밖의 고명한 저술가들이 상찬하는 저 **신비적 합일**이 아니라, 겉으로 드러나지 않는 신성Gottheit에의 귀환에 있다. 신자들은 오직 거기서만 신적 **근저**와 자신과의 존재론적 동일성을 발견할 수 있기 때문이다. "내가 맨 처음 있었을 때 내게는 신도 없었고 나는 다만 나 자신일 뿐이었다 〔……〕. 나는 순수한 존재이며 신적 진리에 의해 스스로를 인식하고 있었다 〔……〕. 나는 나의 시간적 존재와 영원한 존재 모두의 제1원인이었다 〔……〕. 나는 영원히 탄생하며 따라서 결코 죽는 일이 없다 〔……〕. 나는 나 자신과 다른 모든 사물의 원인이었다."[38]

에크하르트에게 있어 창조 이전의 이와 같은 원초적 상태는 동시에 종말의 상태이기도 하다. 신비체험은 모든 분화 이전의 신성으로 영혼이 재통합되는 것을 미리 보여준다. 하지만 그렇다고 해서 이것이 범신론이나 베단타 철학에서 말하는 일원론을 뜻하는 것은 아니다. 에크하르트는 신과의 합일을 대양에 떨어져 바다에 동화된 물방울에

하르트는 보다 엄밀히 이렇게 말하고 있다. "신은 존재를 넘어서 있다고 내가 말했을 때, 나는 신이 존재임을 부정한 것은 아니다. 역으로 나는 신이 보다 고차적인 존재임을 인정한 것이다."(*ibid*.)

[38] Franz Pfeiffer가 편찬한 텍스트, 그리고 Steven Ozment, *The Age of Reform*, p. 128에 번역된 텍스트.

비유한다. 그러나 대양은 결코 물방울에 동화되지 않는다. "마찬가지로 영혼은 신이 되지만, 신이 곧 그 영혼이 되는 것은 아니다." 하지만 신비적 합일에 있어서는 "영혼이 신 안에 있는 것은 신이 영혼 안에 있는 것과 같다"[39]고 말해지기도 한다.

이처럼 영혼과 신의 차이를 염두에 두면서도, 에크하르트는 이런 차이가 결정적이 아니라는 것을 보여주는 데 탁월한 능력을 보였다. 그에 의하면 인간에게 예정된 소명은 신의 피조물로서 이 세상 안에서 사는 것이 아니라 신 안에 존재하는 것이다. 왜냐하면 참된 인간—즉 영혼—은 영원한 것이며 인간의 구원은 시간 안에서 몸을 빼냄으로써 시작되는 것이기 때문이다.[40] 에크하르트는 "이탈(초연함Abgescheidenheit)"이 신을 발견하기 위해 절대 불가결한 종교적 실천이라 하여 늘 상찬하고 있다.[41] 구원이란 참된 인식에 의해 가능해지는 일종의 존재론적 움직임이다. 인간은 얼마만큼 자기 고유의 존재를 발견하느냐에 따라 구원받는다. 하지만 인간은 모든 존재의 원천인 신을 인식하기 전까지는 스스로의 존재에 도달할 수 없다.[42] 구원을 보증하는 이런 근본적인 종

---

39) Josef Quint, *Deutsche Predigten und Traktate*, nº 55, p. 410에 편찬된 텍스트, 그리고 Ozment, *op. cit.*, p. 131에 번역된 텍스트. 또한 Colledge et McGinn, *Meister Eckhart*, pp. 45 sq.에서 McGinn이 인용한 참고 문헌들을 보라.
40) 에크하르트에 의하면 시간은 신에게 다가서는 데 있어 최대의 장애물이다. 또한 시간 그 자체뿐만 아니라 "시간에 지배받는 모든 사물, 시간적 정동情動, 시간의 향기마저도" 마찬가지로 장애물이다. C. de B. Evans, *Meister Eckhart*, I, 237에 번역된 텍스트를 참조하라.
41) 이탈에 관한 논고에서 에크하르트는 이런 실천을 겸양과 자애보다도 뛰어난 것이라고 간주한다. *On Detachment*(trad. Edmund Colledge), pp. 285~287을 참조하라. 하지만 자애는 이탈에 이르는 노정의 하나라고 분명히 밝힌다.(*ibid.*, p. 292)
42) 존재론과 인식(지성)의 이런 상호 의존적 관계는 마이스터 에크하르트 신학의 모

교체험은 바로 신자의 영혼 안에 [신적] 로고스[성자 그리스도]가 탄생하는 것을 의미한다. 아버지 하느님이 영원 안에서 독생자를 낳았으며 또한 아버지 하느님의 근저는 영혼의 그것과 동일하므로 성부는 성자를 영혼의 근저 안에서 낳는 것이다. 그리하여 "신은 나를 성자[에 다름 아닌] 신의 자녀로서 낳는다." "신은 나를 낳을 뿐만 아니라 나를 그 자신[즉 성부]으로, 나인 그 자신으로 낳기도 한다."[43)]

에크하르트의 논적들이 가장 반발한 것은 신자의 영혼 안에서 신의 자녀가 탄생한다는 명제였다. 이 교설에는 "선하고 의로운" 기독교도들을 그리스도와 동일시하는 주장이 함축되어 있었기 때문이다. 확실히 에크하르트가 든 비유들이 항상 적절한 것은 아니었다. 가령 『제6설교』의 끝부분에서 에크하르트는 성체 빵이 주님의 신체가 되는 것처럼 완전히 그리스도로 변형된 인간에 대해 말하고 있다. "나는 완전히 그리스도로 바뀌었으므로 내 안에서 그리스도의 존재가 태어난다. 그것은 그리스도와 닮은 존재가 아니라 완전히 그리스도

순은 아니라 하더라도 역설적 측면을 반영한다. 실제로 그의 체계적 저작인 『명제논집Opus propositionum』은 존재는 신이다Esse Deus est라는 명제의 분석에서부터 시작하는가 하면, 『파리 토론집Questions parisiennes』에서 에크하르트는 신이 오직 지성으로서만 규정된다고 주장한다. 따라서 지성의 행위는 존재보다도 상위를 점하게 된다. Bernard McGinn, "Theological Summary", dans Colledge et McGinn, *Meister Eckhart*, p. 32, n. 42를 참조하라. 그 밖에도 여러 곳에서 순수한 지성으로 파악된 신의 우위성을 일관성 있게 주장하고 있다. *Ibid.*, p. 300, n. 45의 참고 문헌을 참조하라.

43) *Sermon*, No 6, trad. Colledge, dans Colledge et McGinn, *Meister Eckhart*, p. 187. McGinn, "Theological Summary", pp. 51 sq. 및 G. J. Kelley, *Meister Eckhart on Divine Knowledge*, pp. 126 sq.에 인용된 다른 구절들을 보라. 이 테제는 이단으로서가 아니라 "이단의 혐의"가 있다 하여 아비뇽에서 단죄받았다.

와 동일한 존재이다."[44] 그러나 에크하르트는 『변명Défense』에서 이 말의 의미를 한정시키지 않을 수 없었다. 즉 자신이 말한 것은 다만 형식적, 추상적인 의미에서였다는 것이다.[45]

에크하르트가 신(즉 신성) 아닌 모든 것으로부터의 이탈(Abgescheidenheit)에 결정적인 중요성을 부여했다는 것, 즉 유한한 시간 안에서의 활동을 경시한 것은 혹자들이 보기에 에크하르트 신비신학의 현실성과 유효성을 해치는 것으로 여겨졌다. 사람들은 교회의 성사적 삶vie sacramentaire과 구원사의 사건에 대해 그가 별로 관심이 없다고 비난했는데, 이는 오해였다. 에크하르트가 역사에 있어 신의 역할과 시간 속에 수육한 그리스도에 관해 그다지 강조하지 않은 것은 사실이다. 하지만 그는 병자에게 스프 한 숟갈을 주기 위해 자신의 명상생활을 중단한 자를 상찬했는가 하면, 인간은 교회에서든 거리에서든 똑같이 신을 만날 수 있다고 되풀이하여 설한 바 있다. 한편 에크하르트가 설한 명상의 최종 목적, 즉 차이화 이전의 신성에로의 귀환은 정동적émotionelles 종교체험을 추구하는 신자를 충족시켜주지 못했다. 그에게 있어 참된 지복은 황홀경의 **탈혼 체험**이 아니라 명상에 의해 얻어지는 신과의 지적 합일에 있었다.

1321년에 마이스터 에크하르트는 이단 혐의로 고발되었고, 만년에는 자신의 테제들을 변명하지 않으면 안 되었다. 1329년(사후 1, 2년 뒤)에 교황 요하네스 22세는 그의 28가지 명제를 단죄하면서 그중

---

44) Colledge, op. cit., p. 180. 또한 In agro dominico, article 10; trad. McGinn, "Theological Summary", p. 78을 참조하라.
45) McGinn, pp. 53 sq.에 인용된 텍스트들을 보라. 『설교Sermon』 55편에서는 인간의 영혼과 신성과의 일체성이 문제이지, 창조주로서의 신과의 일체성이 문제가 아니라고 설명한다.

17개의 명제를 이단으로 규정하고 나머지를 "괘씸하고 경솔하기 짝이 없으며 이단의 혐의가 있다"고 선언했다.[46] 이는 아마도 그의 표현이 애매하다는 점, 그리고 일부 신학자들의 적의가 그 원인이었던 것으로 보인다. 어쨌든 이런 이단 선고는 중대한 결과를 초래했다. 즉 하인리히 수조와 요한 타울러 같은 제자들의 노력(본권 300절 참조) 및 많은 도미니크회 수도사들의 지지에도 불구하고 마이스터 에크하르트의 저작은 수 세기 동안 일반인들의 접근이 금지되었다. 그리하여 서구 기독교 세계의 신학과 형이상학은 그의 천재적 직관과 해석의 혜택을 누리지 못했고, 그의 영향은 독일어권의 몇몇 나라에만 한정되고 말았다. 그의 저술은 은밀하게 유포되었으며, 그로 인해 위서들이 난립하였다. 그러나 마이스터 에크하르트의 대담한 사상은 몇몇 창조적 정신의 소유자들을 계속 키워냈다. 쿠자의 니콜라스도 그중의 한 사람이었다.(본권 301절 참조)

299. 민중의 신앙과 종교 생활의 위기

12세기 말 이래 영적인 완성은 수도원 안에서만 추구할 수 있는 그런 것이 아니게 되었다. 전적으로 세속 안에 거하면서 사도와 성인을 따라 살고자 하는 평신도들이 갈수록 늘어났다. 리옹의 발도파도 그랬다. 페터 발도의 제자였던 유복한 상인 발도는 1173년에 모든 재산을 가난한 사람들에게 나누어주고 자발적인 청빈의 길을 설교했다.

---

[46] 마이스터 에크하르트에 대한 재판 경과와 이단 선고에 관해서는 Jeanne Ancelet-Hustache, *Maître Eckhart*, pp. 120 sq.; B. McGinn, *op. cit.*, pp. 13 sq.를 보라.

북이탈리아의 겸양파도 그런 사람들의 모임이었다.[47] 이들은 대개 교회에도 충실했지만, 개중에는 자신들이 겪은 신과의 직접적인 체험을 강조하며 교회 예배와 각종 성사를 무시하는 사람들도 있었다.

북부 유럽 각지—플랑드르, 네덜란드, 독일 등—에서는 베긴파라는 이름으로 불린 재속 여성 신도들의 소집단이 여기저기에서 조직되었다.[48] 그들의 생활은 노동과 기도와 설교로 이루어져 있었다. 베긴파보다 수적으로는 적었지만 마찬가지로 청빈과 기독교적 완성의 이상을 추구한 남성 신도 집단이 있었는데, 그들은 베갈파라고 불렸다.[49]

사도적 생활vita apostolica에 대한 동경에서 촉발된 이런 민중적 신앙 운동에는 발도파의 종교적 이상을 연상시키는 구석이 있다. 그 배후에서 우리는 세속에 대한 환멸과 성직자 계층에 대한 불만을 엿볼 수 있다. 하지만 베긴파 중에는 오히려 수도원 생활을 원했던 사람들도 있었고, 또는 적어도 도미니크회의 영적 지도를 받고 싶어했던 사람들이 있었음이 분명하다. 독일어로 저술 활동을 한 최초의 신비가 막데브루크의 메히틸데(1207~1282)도 그러했다. 그녀는 성 도미니크를 "나의 가장 사랑하는 신부님"이라고 불렀다. 그녀의 저서 『하느님의 충만한 빛La lumière de la divinité』에서 메히틸데는 신랑과 신부의 합일이라는 신비적이고 에로틱한 표현을 쓰고 있다. "당신은 내 안에 계시고 나는 당신 안에 있습니다!"[50] 메히틸데는 신과의 합일이 인간을 죄에서 해방시

---

47) 이 양 집단은 1184년에 교황 루키우스 3세에 의해 이단 선고를 받는다.
48) 일부 학자들의 설에 의하면 이 명칭은 "알비젠파의 사람들Albigensiens"에서 유래했다고 한다. Ozment, *The Age of Reform*, p. 91, n. 58; Gordon Leff, *Heresy in Later Middle Ages*, I, pp. 18 sq.를 참조하라.
49) E. W. McDonnell, *The Beguines and Begards in Medieval Culture*를 보라.
50) 그리스도는 그녀에게 이렇게 말했다. "그대는 완전히 자연적으로(본성적으로) 내

킨다고 적고 있다. 지성과 성실성을 갖춘 사람들이 보기에 이런 주장 자체는 이단적인 요소를 전혀 내포하고 있지 않았다. 게다가 몇몇 교황과 많은 신학자들도 베긴파 여성 신자들의 정통성과 덕성에 관해 호의적인 증언을 남기고 있다.[51] 그런데 14세기에 들어서면서 다른 교황과 신학자들이 베긴파와 베갈파를 이단으로 고발하고 나섰으며,[52] 전통적인 상투적 수법을 사용하여 이들이 악마의 꼬임을 받아 오르지를 행했다고 비난하기도 했다. 그러나 이런 박해의 대부분은 성직자와 수도사들의 적의에서 비롯된 것이었다. 그들은 베긴파와 베갈파의 **사도적 생활**을 위선이라고 보고, 반감을 가지고 열성적으로 그들을 고발했다.[53]

물론 이런 신앙 운동은 종종 비정통 신앙 혹은 교회 권위자들이 보기에 이단 신앙으로 비쳐질 만한 그런 운동으로 진행되기도 했다. 더욱이 13, 4세기에는 정통 신앙과 비정통 신앙의 경계가 상당히 애매해졌다. 그런 가운데 일부 평신도 집단은 인간의 가능성을 초월한 종교적 순수성을 추구했다. 교회는 이런 이상주의의 위험을 그냥 두고만 볼 수 없어 강력하게 대처했다. 그럼으로써 교회는 보다 본래적이고

안에 있으므로, 우리 사이에는 아무것도 개입된 것이 없다!" Robert E. Lerner, *The Heresies of the Free Spirit in the Late Middle Ages*, p. 19에서 인용하였다. 동일한 신적 사랑(*minne*)의 체험은 13세기 최고의 시인이자 신비가 중의 하나인 플랑드르의 베긴파 여성 하데위히의 저술에 있어 영감의 원천이 되기도 했다. Hadewijch, *Complete Works*, pp. 127~258을 참조하라.
51) Lerner, *op. cit.*, pp. 38 sq.를 참조하라.
52) 그러나 일부 집단에서는 카타리파의 교의를 받아들인 것도 사실이다. Ozment, p. 93, n. 63에 인용된 Denziger를 참조하라.
53) 이와 같은 부당한 비난이 가해진 이유로, 13세기 말 수도사들이 처음에 가졌던 정열을 대부분 잃어버리고 교회 조직상의 특권을 향수하는 데에만 머물렀다는 점을 들 수 있다. Lerner, *op. cit.*, pp. 44 sq.를 참조하라.

보다 근원적인 기독교적 영성을 추구하는 민중들의 욕구에 부응할 만한 기회를 잃어버리고 말았던 것이다.[54]

1310년에 파리에서 마르그리트 포레가 화형을 당했는데, 그녀는 자유성령 형제자매단frères et sœurs du Libre Esprit[55]에 속해 있었음이 확인된 최초의 인물이었다(이 운동은 베긴과 및 베갈과 운동과 중요한 점에서 유사성을 보여주기는 하지만 근본적으로 구별할 필요가 있다). 자유성령 형제자매단의 구성원들은 이미 교회와의 유대를 끊어버렸다. 그들은 신적 존재와의 합일을 추구하는 과격한 신비주의를 실천하고 있었다. 고발자들에 의하면 자유성령 형제자매단은 인간이 이 지상에서 살아 있는 동안에 어떤 죄도 짓지 않을 만큼 완전한 경지에까지 도달할 수 있다고 믿었다. 이 이단자들은 신과 인간의 만남에 있어 교회에 의한 중개가 불필요하다고 여겼다. 왜냐하면 "주님은 영이시므로 주님이 계시는 곳에는 자유가 있기"(「고린도후서」 3:17) 때문이다. 하지만 그렇다고 해서 이들이 도덕률이 불필요하다고 설파했다는 증거는 전혀 찾아볼 수 없다. 반대로 이들은 엄격한 생활과 금욕을 통해 **신비적 합일을 준비했다**. 이들은 자신들이 신과 그리스도로부터 조금도 분리되어 있지 않다고 느낀 사람들이었다. 심지어 어떤 이들은 이렇게 선언하기까지 했다. "나는 그리스도이다. 아니, 그 이상이다……!"[56]

마르그리트 포레는 이단자로서 화형당하고 말았지만, 그녀의 저서 『단순한 영혼의 거울La Miroir des simples âmes』은 대량으로 필사되었으며 몇몇 언어로 번역되기까지 했다. 하지만 사람들은 그녀가 저자인

---

54) Ozment, *op. cit.*, p. 96. 또한 Leff, *op. cit.*, I, pp. 29 sq.를 참조하라.
55) Leff, *op. cit.*, I, pp. 310~407; Lerner를 보라.
56) Lerner, pp. 116 sq.에 수록된 텍스트를 보라.

줄도 모르고 있었다(저자가 밝혀진 것은 1946년의 일이다). 이 점은 이 운동의 이단성이 분명치 않은 것이었음을 증명한다. 『단순한 영혼의 거울』은 영혼의 지도에 관한 사랑과 이성의 대화로 이루어져 있는데, 저자는 신과의 합일에 이르기까지의 일곱 가지 "은총의 상태"를 기술하고 있다. 그중 제5 및 제6의 "상태"에서 영혼은 "무화"되고 "해방"되어 천사와 같은 존재가 된다. 그러나 제7의 상태인 합일은 오직 사후에 천국에서만 실현될 수 있다고 한다.[57]

자유성령운동에 속한 사람들의 저술 중에는 마이스터 에크하르트의 이름으로 유포된 것도 있었다. 그 가운데 가장 유명한 것은 (위작의) 『설교Sermons』 17, 18 및 37편이다.[58] 또한 『수녀 카타리나Schwester Katrei』라는 제목의 논고는 어떤 베긴파 여성과 그녀의 고해신부인 마이스터 에크하르트와의 관계를 서술한 것인데, 그 말미에서 수녀 카타리나는 스승을 향해 이렇게 고백하고 있다. "신부님, 함께 기뻐해주세요. 저는 신이 되었답니다!" 그러자 고해신부는 카타리나에게 사흘간 그녀 혼자서만 교회 안에서 지낼 것을 명한다. 『단순한 영혼의 거울』에서도 알 수 있듯이 영혼과 신과의 합일은 무질서 상태를 불러일으키는 것이 아니다. 그리고 무엇보다 자유성령운동이 이룩한 위대한 혁신은

---

57) 마르그리트 포레는 이른바 수동적인 "이단자"였다. 미사와 설교와 단식과 기도는 확실히 무익한 것이다. 그것은 "신이 이미 거기에 거하기" 때문이다. 하지만 『단순한 영혼의 거울』은 일종의 비의적 문서이다. 그것은 "이해하는" 자에게만 열려져 있다. Lerner, op. cit., pp. 200 sq.의 텍스트들과 분석들을 보라.
58) 『설교』 37편에서는 다음과 같은 말이 나온다. "눈에 보이는 모든 피조물을 내버린 자, 그 안에서 신의 뜻이 충분히 활동하는 자는 […] 인간인 동시에 신이다 […]. 그 몸은 신의 광명이 온전하게 관철되고 있고 […] 이런 자는 신적 인간이라고 부를 만하다."

바로 여기, 이 지상에서 신비적 합일에 도달할 수 있다는 확신이었다.[59]

300. 재난과 희망: 채찍 고행자로부터 새로운 신앙생활까지

서구 교회를 뒤흔든 몇몇 커다란 위기[60]와 더불어 일련의 우주적 이변과 재난이 14세기를 특징짓고 있다. 혜성, 일식, 홍수 그리고 무엇보다도 1347년에 시작된 가공할 만한 "흑사병"의 유행이 그것이다. 그때 신의 동정을 사기 위해 채찍 고행자들의 행렬이 줄을 이었다.[61] 이는 신앙 운동으로부터 이단 신앙으로의 이행이라는 전형적인 궤적을 보여주는 일종의 민중 운동이었다. 사실 스스로의 자발적인 고행을 자랑하는 채찍 고행자들은 신학적 지식을 결여하고 있었음에도 불구하고 자신들이 교회의 카리스마적 권위 혹은 기적을 일으킬 수 있는 권능을 대신할 수 있다고 믿었다. 이런 이유로 1349년 이후 클레멘트 6세는 채찍 고행을 금지하게 된다.

자신들의 죄, 특히 세상 사람들의 모든 죄를 속죄하기 위해 평신도들의 방랑 집단이 "스승"의 인도를 받아 곳곳을 방황하며 돌아다녔

---

59) Lerner, pp. 215 sq., 241 sq.를 참조하라.
60) 교황이 아비뇽에 거한 것은 1309~1377년까지였다. 교회 대분열은 1378~1417년의 일이었는데, 이때는 두 명(혹은 세 명)의 교황이 동시에 존재했다.
61) 이런 현상 자체는 새로운 것이 아니다. 채찍 고행자가 처음 나타난 것은 1260년 페르시아에서였다. 피오레의 요아킴에 의하면 이 해는 교회의 제7시대가 시작되는 해였다. 이후 수십 년간 이 운동은 중부 유럽 전역으로 퍼져 나갔는데, 그 후에는 몇 차례 돌발적으로 유행하기도 했지만 거의 모습을 감추었고, 1349년에 이르러 비상한 기세로 재발되었다.

다. 종종 수천 명이 넘는 대단한 인파가 모여든 이 행렬은 마을에 도착하면 성가를 부르면서 원형으로 몇 개의 대열을 지어 성당으로 향했다. 거기서 고행자들은 큰 소리로 탄식하고 울면서 하느님과 그리스도와 성모에게 호소한다. 그러고는 자기 몸을 힘껏 채찍으로 때리기 시작한다. 이윽고 그들의 몸은 온통 푸르죽죽하게 부어오른 살덩어리가 된다.[62]

그뿐만이 아니라 이 시대는 그야말로 죽음과 사후에 기다리고 있을 고통에 관한 상념에 사로잡혀 있는 듯이 보였다. 죽음은 부활의 희망보다도 더 강하게 사람들의 상상력을 자극했다.[63] 예컨대 여러 예술 작품들(묘비명, 조각, 특히 회화)이 시체가 부패해가는 여러 단계를 병적일 정도로 정밀하게 묘사하고 있다.[64] "이제는 시체가 여기저기 널려 있다. 묘비명 위에까지."[65] 죽음의 춤danse macabre이 회화와 문예에서 즐겨 다루어지는 주제가 되었다. 거기서는 죽음 그 자체를 표상하는 춤꾼이 모든 세대와 모든 계층(왕, 거지, 주교, 시민 등)의 남자와 여자들을 데리고 가는 풍경이 자주 등장한다.[66]

---

62) Leff, *Heresy*, II, pp. 485 sq.에서 분석된 자료들을 보라. 고행자 집단의 성원들은 하루에 두 차례 공중 앞에서, 그리고 야간에 한 차례 방 안에서 자신을 채찍질 하도록 정해져 있었다.
63) Francis Oakley, *The Western Church in the Later Middle Ages*, p. 117.
64) T. S. R. Boase, *Death in the Middle Ages*에 나오는 훌륭한 도판 자료들을 참조하라.
65) Jurgis Baltrušaitis, *Le Moyen Âge fantastique*, p. 236. "중세 말에는 이런 부패한 시체와 해골의 이미지들이 차고 넘쳤다. 촉루의 차가운 미소와 들판에 나뒹구는 해골들의 달그락거리는 소리가 어수선하게 이 시대를 채우고 있었다."(*ibid.*)
66) Baltrušaitis, pp. 235 sq. 이런 개념과 이미지는 헬레니즘에서 비롯된 것이기는 하지만, 서구 중세에는 아시아, 특히 티베트에서 도래했다. Baltrušaitis, pp. 244 sq. 를 참조하라. 또한 Boase, *Death in the Middle Ages*, pp. 104 sq. 및 특히 Norman

또한 이 시대는 피투성이 제물의 시대이자 **죽음의 기술**ars moriendi을 적어놓은 안내서들이 횡행했던 시대였는가 하면, 탄식하는 **성모**Pietà에 관한 테마가 발전하고 연옥의 역할이 중시된 시대이기도 했다. 교황청이 연옥에 대해 규정한 것은 1259년에까지 거슬러 올라가지만,[67] 연옥의 관념이 널리 퍼지게 된 것은 훨씬 후대의 일이다. 이는 특히 사자를 위한 미사의 매력 때문이었다.[68]

이와 같은 위기와 절망의 시대에 보다 진실한 종교적 삶을 희구하는 경향이 더욱 짙어졌고 만연하게 되었다. 이와 아울러 신비체험의 추구는 종종 강박관념을 수반하곤 했다. 이 무렵 바바리아와 알자스 및 스위스에서 "신의 벗"이라 칭하는 열렬한 신자 집단이 생겨난다. 그들의 영향은 여러 재가 신도 단체와 나아가 일부 수도원에까지 미치게 된다. 한편 마이스터 에크하르트의 두 제자 타울러와 수조도 스승의 가르침을 퍼뜨리고자 노력했다. 이때 그들은 일반인들이 알기 쉽게 하고 또한 이단의 혐의를 피하기 위해 스승의 가르침을 단순화시켜 전달했다.

요한 타울러John Tauler(1300년경에 태어나 1361년에 죽었다)의 생애에 관해서는 몇 가지 사실밖에 알려진 바가 없다. 그가 썼다고 하는 저작 또한 그의 작품이 아니라는 것이 밝혀졌다.[69] 타울러는 신자의 영혼

Cohn, *The Pursuit of the Millenium*(revised edition), pp. 130 sq.를 참조하라.
67) Jacques Le Goff, *La naissance du Purgatoire*, pp. 177 sq., 381 sq.를 참조하라.
68) Oakley, *op. cit.*, pp. 117 sq.에 인용된 예들을 보라. 또한 난세를 극복한 성인들에 대한 미사도 이에 덧붙여졌다. 가령 인후의 질병에는 성 블라시우스, 페스트 예방에는 성 로쿠스 등.(*ibid.*)
69) 완전한 것과 단편적인 것을 포함하여 상당수의 설교들에 대한 진정성이 확인된 것은 1910년에 이르러서였다.

안에서 신이 태어난다고 하는 점을 강조했다. 이를 위해 "모든 의지와 모든 욕구 그리고 모든 자발적인 행위"를 무화시키지 않으면 안 된다는 것이다. 그리하여 "신에 대한 단순하고 순수한 사유 외에는 어떤 것도 남겨서는 안 된다." 그래야만 인간의 정신이 "신적 비밀의 무정형적 어둠을 향해, 그리고 마침내 단순하고 무정형적인 합일을 향해" 인도받을 수 있기 때문이다. "거기서 정신은 모든 구별과 분별지를 떠남으로써 대상도 감정도 지니지 않게 된다."(Jeanne Ancelet-Hustache 번역) 그러나 타울러는 이와 같은 신비체험에 의해 주어지는 은총을 추구하도록 권하지는 않았다.

하인리리 수조Heinrich Suso(1296~1366)의 생애와 저작에 관해서는 보다 상세하게 알려져 있다. 그는 상당히 어린 나이에 콘스탄스의 도미니크회 수도원에 들어갔으며, 18세 무렵에는 최초로 엑스터시를 체험하였다. 마이스터 에크하르트(수조는 1320년에 그에게 파견되었다)와 달리, 수조는 자신의 개인적 엑스터시 체험에 관해 주저하지 않고 발언했다.[70] 그는 신비주의적 노정의 단계를 다음과 같이 요약하고 있다. "자기 자신을 버린 자는 피조물이 가지는 형상으로부터 벗어나 그리스도와 더불어 형성되고 신성 안에서 변형되지 않으면 안 된다."

수조가 강사의 지위에서 쫓겨난 것은 그가 마이스터 에크하르트의

---

[70] "나는 한 설교 수도사를 알고 있었다. 처음 약 10여 년 동안, 그는 통상 하루에 두 차례씩 조석으로, 철야 기도 2회분 정도의 시간 동안 계속 쏟아 붓는 은총의 세례를 받았다. 그 사이에 그는 신, 곧 영원한 지성에게 완전히 몰입하여 말 한마디도 할 수 없었다. 그는 점차 자신이 우주를 날고 있는 듯한, 그리고 헤아릴 수 없을 만큼 경이롭고 깊은 신적 흐름 속에 몸을 내맡기고 있는 듯한 느낌에 빠져들었다⋯⋯."(trad. Ancelet-Hustache)

가르침을 옹호한 『진리의 서Livre de la Vérité』를 썼기 때문인 것으로 보인다. 그는 스위스와 알자스 등지를 여행하면서 타울러를 비롯한 많은 "신의 벗"들과 만났다. 수조의 설교는 평신도들 사이에서도 인기가 많았으며, 그로 인해 주변의 질시를 받아 악의에 찬 중상모략까지 받게 된다. 그러나 사후에는 오히려 그의 저작들이 매우 널리 읽혀지게 되었다.

베긴파와 자유성령단의 사람들을 엄중하게 비판했음에도 불구하고 플랑드르의 위대한 신비가 로이스브루크Ruysbroek(1293~1381) 또한 교회 성직자들의 의심에 찬 눈길을 피할 수는 없었다.[71] 11권에 이르는 그의 저술들은 대부분 영적 지도에 관한 것이다. 로이스브루크는 "이단자"와 "거짓 신비가"의 오류를 날카롭게 지적한다. 즉 로이스브루크에 의하면 그들이 말하는 신과의 합일은 기껏해야 영적 공허에 불과하다. 참된 명상은 그리스도적 생활의 실천과 교회에 대한 순종 없이는 이루어질 수 없기 때문이다. **신비적 합일**은 "자연히" 실현되는 것이 아니라 신의 은총에 의한 선물인 것이다.

로이스브루크는 자신이 오해받을 위험에 대해서도 잘 알고 있었다. 사실 그는 자신의 몇몇 저서들이 유포되는 것을 결코 원치 않았다. 그것들은 상당한 수준의 명상을 실천한 독자들만을 대상으로 쓰인 책들이었기 때문이다.[72] 그럼에도 불구하고 그는 정당하게 이해받지

---

[71] 로이스브루크는 1317년에 사제 서품을 받았으며, 1343년 명상 생활의 동료들과 함께 은둔소로 들어갔다. 그곳은 얼마 지나지 않아 아우구스티누스의 회칙에 따르는 수도원이 되었다. 그는 그곳에서 88세의 나이로 세상을 떠났다.

[72] 그는 난해한 『사랑의 왕국Royaume de l'Amour』을 알기 쉽게 풀기 위해 후에 『계시에 관한 소고Le petit livre de l'illumination』를 썼다. 그의 교의의 진수는 장대한 걸작 『영적 결혼Mariages spirituels』과 소책자 『백광석La pierre étincelante』에서 엿볼 수 있다.

못한 채 파리대학 총장인 장 제르송에게 공격을 받기도 했다. 로이스브루크를 진심으로 숭배했던 그로테조차도 로이스브루크의 사상에는 다소 혼란을 일으킬 만한 여지가 있다고 생각했다. 확실히 로이스브루크는 실천의 필요성에 대해 충분히 강조하면서도, 명상 체험의 성취가 어디까지나 실천을 넘어선 지평에 있다고 여겼던 것이 사실이다. 이처럼 대단히 풍부한 체험 가운데에서도 그는 "인간은 창조된 존재이며 그런 피조물의 조건을 뛰어넘어 완전히 신이 될 수는 없다"(*La pierre étincelante*)[73]고 언명한다. 그럼에도 불구하고 명상 체험은 "신의 본질적 통일성과의 합일"을 성취하고, 명상가의 영혼은 "삼위일체 안으로 포섭된다."(*Mariages spirituels*, III, Prologue; *ibid.*, III, 6) 하지만 로이스브루크는 신이 자신의 "신적 본성의 이미지를 반영하는 산 거울처럼" 자기 형상을 따라 인간을 창조했다고 하면서, 이 심원하고 비밀스런 진리를 이해하기 위해서는 인간이 "자기를 죽이고 신 안에서 살지 않으면 안 된다"(*ibid.*, III, Prologue)고 말한다.

 요컨대 교회 성직자들에 의한 검열의 위험은 "신비체험"을 추구하는 모든 유형의 열광주의자들뿐만 아니라 신학에 정통한 명상 수행자들에게도 늘 따라다녔다. 일부 영적인 사람들은 이런 위험을 무릅쓴다는 것이 얼마나 무익한 것인지를 잘 알고 있었다. 게르하르트 그로테Gerhart Groote(1340~1384)는 새로운 금욕주의 운동인 공동생활 형제단Frères de la Vie commune을 창시했는데, 그는 신비주의적 사변과 신비 체험에는 전혀 흥미가 없었다. 이 공동체의 구성원들은 사람들이 새로운 신앙생활devotio moderna이라고 부른 단순하고 관대하며 관용적인 기독교를 실천하였고 정통 교의의 테두리를 결코 벗어나지 않았다. 신

---

73) 또한 Oakley, *op. cit.*, p. 279를 보라.

자들은 신비주의적 사변에 빠지는 대신, 성체 성사가 재현하는 수육의 비의에 관해 명상하도록 권면받았다. 14세기 말부터 15세기 초에 걸쳐 이 공동생활 형제단의 운동은 수많은 평신도들을 끌어 모았다. 토마스 아 켐피스Thomas à Kempis(1380~1471)가 저술한 『그리스도를 본받아Imitation de Jésus-Christ』가 전례 없는 성공을 거둔 것도 당대에 누구나 실천 가능한 신앙 형태가 광범위하고 뿌리 깊게 요청되고 있었기 때문이다.

이와 같은 경건주의적 운동의 의의와 중요성에 관해서는 오늘날까지도 논의가 계속되고 있다. 일부 연구자들은 이를 인문주의, 가톨릭, 프로테스탄트 등 여러 개혁 운동의 원천 가운데 하나로 간주한다.[74] 한편 새로운 신앙생활이 16세기의 여러 개혁 운동을 미리 보여준 측면을 가지고 있으며 실제로 그런 여러 개혁 운동에 수반되었다는 사실을 일면 인정하면서도 스티븐 오즈멘트Steven Ozment는 다음과 같이 적절한 견해를 제시하고 있다. "그것의 주된 공헌은 종교개혁 전야에 전통적인 수도 생활을 재생시켰다는 점이다. 새로운 신앙생활은 그리스도와 사도들을 본받은 헌신적인 삶과 단순 소박한 공동체 생활을 살고자 하는 욕구가 중세 말기에 초대 교회에서처럼 생동하고 있었음을 잘 보여주었다."[75]

---

74) 반대로 R. R. Post는 새로운 신앙생활과 종교개혁 정신과의 비연속성을 강조한다. *The Modern Devotion*, pp. 675~680을 참조하라.

75) Steven Ozment, *The Age of Reform*, p. 98.

301. 쿠자의 니콜라스와 중세의 황혼

니콜라스 크레브스Nicolas Krebs는 1401년에 쿠자에서 태어났으며, 공동생활 형제단이 운영하는 기숙학교에서 연구 생활을 시작했다. 어떤 학자들은 나중에 추기경이 된 니콜라스의 영적 발전 안에서 이 초기 경험의 흔적을 발견해낸다.[76] 쿠자의 니콜라스는 생애의 이른 시기부터 마이스터 에크하르트와 위-디오니시오스의 저작이 지닌 가치를 알아보았다. 니콜라스의 사상적 지향성을 결정하고 키워준 것은 이 두 사람의 신비 사상가였다. 그러나 니콜라스를 기독교 역사상 가장 복잡하고 가장 매력적인 인물 중의 하나로 만든 것은 그의 보편적인 학식(그는 수학, 법학, 역사, 신학, 철학 등에 두루 정통했다)과 형이상학에 있어서의 심원한 독창성 그리고 교회 조직 내에서의 보기 드문 경력이었다.[77]

여기서 그의 사상 체계 전체를 요약할 필요까지는 없을 것이다. 다만

---

[76] Ernst Cassirer, *The Individual and the Cosmos in Renaissance Philosophy*, pp. 33, 49.
[77] 쿠자의 니콜라스는 몇몇 유명한 대학에 머문 뒤(특히 파두아대학에는 1417~1423년까지 머물렀다) 사제 서품을 받고 이어 1430년경 코블렌츠에 있는 성 플로렌티누스 대성당의 주임 사제가 되었다. 1432년에는 바젤의 공의회 신학자단의 일원이 되었다. 그런데 교황 에우게니우스 4세 측에 가담한 그는 교황의 명에 의해 교황 특사로서 콘스탄티노플에 파견되었다. 동서 교회의 통합을 준비하기 위한 피렌체공의회에 동방교회의 총대주교와 황제 요하네스 팔레올로구스를 초대하려는 것이 목적이었다. 그의 가장 중요한 두 가지 저작, 즉 『지적인 무지에 관하여』(1448)와 『신을 본다는 것에 관하여De Visione Dei』(1453)를 가르는 시기 사이에 쿠자의 니콜라스는 추기경 자리에 올랐고(1440), 나아가 브릭센의 주교가 되었다(1450). 브릭센에서는 티롤의 지기스문트 공과 충돌하였다(1457). 그는 은퇴하여 만년에 로마에서 저술 활동에만 전념하다가 1464년 토디에서 세상을 떠났다.

우리의 목적을 위해서는 그의 처녀작『보편적 화합에 관하여De Concordantia Catholica』(1433),『지적인 무지에 관하여De Docta Ignorantia』(1440) 그리고『신앙의 평화에 관하여De pace fidei』(1453) 등에서 엿볼 수 있는 그의 종교적 형이상학이 지니는 보편주의적 전망을 강조하는 것이 중요하다. 쿠자의 니콜라스는 **콘코르단치아**concordantia〔일치, 조화, 화합〕라는 것을 신의 본성에 있어서뿐만 아니라 교회의 생명, 역사의 전개 그리고 세계의 구조 안에도 현존하고 있는 보편적 주제로서 인식한 최초의 인물이었다.[78] **콘코르단치아**는 교황과 공의회, 혹은 서방교회와 동방교회의 사이에서뿐만 아니라 기독교와 여타의 다른 역사 종교들 사이에서도 요청되는 그런 것이었다. 그는 이런 대담한 결론에 도달하는 데 있어 위-디오니시오스 아레오파기타의 부정신학으로부터 도움을 받았다. "지적 무지"에 관한 명저의 저술에도 역시 **부정의 논리**가 차용되었다.

쿠자의 니콜라스는 콘스탄티노플을 향해 지중해를 항해할 때(1437년 11월) 이 **지적 무지**의 직관을 얻었다. 이는 간단히 요약하기가 어려운 저술이므로 그저 몇 가지 중심적인 테제를 지적하는 데에 머물 수밖에 없다. 니콜라스는 (상대적이고 복합적이며 유한한) 인식이 (단순하고 무한한) 진리를 파악할 수 없다는 점을 강조한다. 모든 학문적 지식은 추론적인 성격의 것이므로 인간은 신을 인식할 수 없다.(De Docta Ignorantia, I:1-3) 진리—절대적 **최대**absolute maximum—는 이성 너머에 있다. 왜냐하면 이성에 의해서는 모순과 대립을 해소할 수 없기 때문이다.(I:4) 따라서 우리는 추론적 이성과 상상력을 넘어서서 직관에 의해 **최대**를 파악하지 않으면 안 된다. 실제로 지성〔이성보다 고차적인

---

[78] Jaroslav Pelikan, "Negative Theology and Positive Religion", p. 68을 참조하라.

앎]은 단순한 직관에 의해 이런저런 차이성과 다양성을 넘어서서 상승해갈 수가 있다.(I:10) 그런데 지성은 이성적 언어로는 표현될 수 없으므로 니콜라스는 다양한 상징들, 특히 기하학적인 표현 방법에 의존했다.(I:1, 12) 신에게는 무한대(*maximum*)와 무한소(*minimum*)가 일치하며(I:4) 잠재태와 현재태가 일치한다.[79] 신은 하나도 아니고 셋도 아니다. 신은 삼위trinité와 일치하는 유일성이기 때문이다.(I:19) 그 무한한 단순성에 있어 신은 일체의 사상事象을 끌어안는 포괄자(*complicatio*)이자 동시에 일체의 사상 안에 현존하는 현존자(*explicatio*)이다. 이런 **포괄태**와 **현존태**는 서로 일치한다.(II:3) 이와 같은 **역의 합일**의 원리를 이해함으로써 우리의 "무지"는 "지적인 것"이 된다. 그러나 이때의 역의 합일을 이성에 의해 도달된 종합으로 보아서는 안 된다. 왜냐하면 역의 합일은 유한성의 지평에서는 이루어지지 않으며, 다만 추론적인 의미에 있어 무한성의 지평에서만 가능한 것이기 때문이다.[80]

쿠자의 니콜라스는 역의 합일을 가능하게 하는 **부정의 논리**가 기독교 철학과 신학에 완전히 새로운 지평을 열어줄 것이라고 확신했다. 그래야만 다른 종교들과의 일관되고 내실 있는 대화가 가능해질 것이기 때문이다. 하지만 불행히도 서구 기독교에서는 이런 니콜라스의 여러 직관과 발견을 계승하는 자가 나타나지 않았다. 니콜라스가 『신앙의

---

79) 니콜라스는 부정신학이 긍정신학보다 우월하다는 점을 인정하지만, 양자는 상호 보완적이라고 주장한다.
80) 무한성의 지평에서 실현되는 역의 합일이라는 이 개념과, 반대되는 것들 사이에 있어 사실로서 성립하는 동일화를 의미하는 원초적이고 전통적인 명제들(예를 들어 윤회와 열반, 본서 제2권 189절을 참조하라)의 차이를 염두에 두자. 또한 본권 296절을 보라.

평화에 관하여』를 저술한 것이 1453년의 일인데, 이때는 오스만 투르크가 콘스탄티노플을 정복하고 비잔틴제국이 멸망한 직후였다. 확실히 이 "제2의 로마"의 붕괴는 종교적, 정치적 차원에서 유럽의 통일을 유지하거나 회복하는 것이 더 이상 불가능하게 되었음을 분명하게 보여준 비극적인 사건이었다. 그러나 이런 파국적인 사건에도 불구하고 또한 그 사건의 의미를 비통한 심정으로 그저 바라볼 수밖에 없었음에도 불구하고, 니콜라스는 『신앙의 평화에 관하여』에서 다시금 제 종교의 근본적 통일성을 긍정하는 논의를 전개하고 있다. 이때 그는 다신교, 유대교, 기독교, 이슬람 등과 같은 각 종교의 "특수성"의 문제에는 별로 관심을 보이지 않고 있다. 니콜라스는 **부정의 논리**에 따름으로써 다신교의 의례와 참된 일신교 숭배 사이의 비연속성뿐만 아니라 양자의 연속성도 분명하게 밝히고 있다. 왜냐하면 다신교 신자들은 "여러 신들 안에 있는 신성을 숭배하는"[81] 것이기 때문이다. 한편 유대교라든가 이슬람 같은 순수한 일신교와 삼위일체로 나타나는 기독교적 일신교의 차이에 관해 쿠자의 니콜라스는 이렇게 설명하고 있다. "창조주로서 신은 셋이자 하나이다. 그러나 무한자로서의 신은 셋이자 하나이지만 그냥 하나는 아니다. 혹은 그 밖의 다른 어떤 말로도 무한자로서의 신을 표현할 수는 없다. 왜냐하면 신에게 주어진 여러 가지 이름은 피조물이 지어낸 것에 불과하기 때문이다. 신 자신은 언어로 나타내질 수 없으며 인간이 붙인 일체의 이름이나 표현을 초

---

[81] Pelikan, "Negative Theology and Positive Religion", p. 72에 인용된 *De pace fidei*, IV, 17. "그대야말로 생명과 존재를 부여해준다. 사람들은 그대를 여러 가지 숭배 의식 안에서 추구하며 여러 이름으로 부른다. 그대는 참으로 존재하는 분이므로 누구도 그대를 온전히 알지 못하며 누구도 그대에 관해 온전히 말할 수 없다." *De pace fidei*, VII, 21 ; Pelikan, p. 74.

월하는 존재이다."[82] 이뿐만이 아니다. 영혼의 불사를 믿는 비기독교 신자들의 신앙은 자신도 모르는 사이에 죽음에서 부활한 그리스도를 전제하고 있다는 것이다.

하지만 이 매력적이고 대담한 서책은 거의 완전히 잊혀지고 말았다. 펠리칸Pelikan이 상기시키는 것처럼 『신앙의 평화에 관하여』는 18세기 말에 레싱에 의해 재발견된다. 니콜라스의 보편주의적 비전이 레싱의 『현자 나탄Nathan der Weise』 창작에 영감을 부여했다는 사실은 매우 의미심장하다. 나아가 『신앙의 평화에 관하여』가 현대의 여러 교회통합주의자들oecuménistes 사이에서 아직까지도 무시되고 있다는 사실 또한 의미심장하다.

쿠자의 니콜라스는 아직 분열하기 이전의 단일한 로마교회에 있어서 최후의 중요한 신학자이자 철학자였다. 그가 죽은 뒤 50년 후인 1517년에 마르틴 루터가 유명한 95개조의 명제를 선포했다.(본권 309절 참조) 그 몇 년 뒤에는 서구 기독교의 통일이 더 이상 회복 불가능한 상태에 이른다. 그런 와중에서도 12세기의 발도파와 프란체스코파로부터 15세기의 얀 후스Jan Hus[83] 및 새로운 신앙생활의 신봉자들에 이르기까지 로마교회의 관습과 조직을 "개혁"("정화")하고자 하는 시도들이 수없이 많이 있었다. 하지만 그런 개혁가들이 그로 인해 로마교회로부터 떨어져 나가는 일은 없었다.

---

82) *De pace fidei*, VII, 21 ; Pelikan, p. 74.
83) 1400년에 프라하대학의 총장으로 임명된 체코 사제 얀 후스(1369~1415)는 자신의 설교 속에서 교회 성직자, 주교 및 교황에 관한 제도를 비판했다. 후스는 존 위클리프John Wycliffe(1325~1384)의 영향을 받아 가장 중요한 저작 『교회론De ecclesia』 (1413)을 저술했다. 그는 자기변명을 하도록 콘스탄츠에 소환되었고(1414) 거기서 이단을 선고받아 화형에 처해졌다.

몇몇 드문 예외를 제외한다면 이와 같은 시도들은 별 성과 없이 끝났다. 도미니크회의 설교가 지롤라모 사보나롤라Girolamo Savonarola(1452~1498)는 로마교회 내부의 마지막 개혁 시도를 상징하는 인물이다. 그러나 그는 이단을 선고받고 교수형에 처해졌으며 그의 시체는 공개적으로 불태워졌다. 그후에 시도된 개혁들은 가톨릭교회에 대항하여 혹은 교회 외부에서 일어났다.

정통 교회의 주변부에서 종종 일어난 이와 같은 영적 운동들은 그것이 불러일으킨 대항 운동을 포함하여 모두가 정치적, 경제적, 사회적 차원의 변화로부터 많든 적든 직접적인 영향을 받았음이 분명하다. 그러나 교회 측의 적대적 반응, 특히 도를 지나친 이단 재판이 기독교 체험을 빈곤화시키고 더욱 경직화시켰다. 정치적 차원에서의 변화—특히 유럽의 역사에 있어 매우 중요하다—에 관해서는 다만 군주제의 승리 및 그것을 지탱하는 새로운 정신적 힘, 즉 국민국가적 의식의 발전을 지적하는 것만으로 족할 것이다. 우리의 관심을 끄는 것은 이 종교개혁 전야에 세속 사회의 현실—국가든 자연이든—이 신앙의 영역으로부터 이미 독립적인 것이 되어 있었다는 점이다.

아마도 당시 사람들은 아직 이 점을 자각하지는 못했을 것이다. 하지만 오컴의 신학과 정치학은 역사의 전개 자체 안에서 그 유효성을 증명했다.

302. 비잔틴과 로마. 필리오케의 문제

동서 교회의 차이점은 이미 4세기부터 나타나기 시작했으며(본권 251절 참조) 이후 수 세기 동안 점점 더 뚜렷해졌다. 그 원인은 여러 가지이다. 물론 문화적 전통의 차이(한쪽은 그리스-동방적, 다른 쪽은 로마-게르만적)를 들 수 있다. 하지만 상호 간 몰이해도 그에 못지않게 중요한 원인이었다. 이는 언어〔그리스어와 라틴어〕문제만이 아니다. 양자는 상대방의 신학 문헌에 대해서도 서로 무지했다. 또한 전례와 교회 제도상의 차이도 있다(서방교회는 사제의 결혼 금지, 성찬에서 서방교회는 누룩 없는 빵을 사용, 동방교회는 누룩이 들어간 빵 사용, 서방교회는 성체의 포도주에 물을 섞음). 이 밖에 로마 교황 니콜라우스가 평신도 신분으로 직접 밀라노의 주교로 임명받았던 암브로시우스의 사례를 "망각한" 채, 마찬가지로 평신도였던 포티우스가 일거에 콘스탄티노플 총대주교로 임명된 것에 대해 볼멘소리를 해댄 것도 양자 간의 거리를 벌려놓았다. 게다가 몇 차례인가 로마 측의 주도권 행사가 비잔틴 측 사람들을 불쾌하게 만들었다. 가령 6세기에는 로마 교황이 세속적 권력에 대한 교회의 우월성을 선언했으며, 800년에는 샤를르마뉴를 로마제국 황제로서 승인했다. 이 칭호는 종래 비잔틴제국 황제에게 부여되었던 것이었다.

예배의 발달과 몇몇 교회 제도가 동방 기독교에 고유한 모습을 보여주었다. 예컨대 비잔틴제국에서의 이콘 숭배(본권 258절 참조)와 유럽 동남부 농민들 사이에 살아 있던 "우주적 기독교"(본서 제2권 237절 참조)의 중요성에 관해서는 이미 살펴본 바 있다. 십자가와 부활에 의해 자연 전체가 속죄받고 거룩해졌다는 확신은 삶에 대한 신뢰감에 보증을 더해주었으며 일종의 종교적 낙관주의를 조장했다. 나아가 동방교회에서는 기름 부음의 성사—"성령의 은사의 징표"—에 대단히 큰 중요성이 부여되어 있었다는 점을 기억하자. 이 의식은 세례 직후에 행해졌으며 모든 평신도(즉 라오스laos, "민중"의 일원)들을 성령을 받은 자로 변화시켰다. 이런 이유로 해서 공동체의 전체 구성원이 종교적 책임을 가지는 동시에, 주교에 의해 통할되며 몇 개의 수도 대주교구로 구획되어 있는 각 공동체가 제각기 자치권을 가질 수 있었다. 동방 기독교의 또 한 가지 특징으로, 참된 기독교도는 이 세상 안에서 신적 상태(테오시스théosis, 본권 303절 참조)에까지 도달할 수 있다는 확신을 들 수 있겠다.

동서 교회의 분열은 니케아-콘스탄티노플 신조에 필리오케filioque ["성자로부터도 또한"이라는 뜻]라는 구절이 첨가됨으로써 초래되었다. 이 구절은 오늘날에는 "성령은 성부와 성자로부터 나온다"로 되어 있다. 필리오케라는 구절이 발견되는 최초의 사례는 톨레도 제2공의회에서인데, 이는 589년에 국왕 레카레도가 아리우스파로부터 가톨릭교회로 개종한 것을 확인하기 위해 소집된 회의였다.[84] 엄밀히 검토해보면 이 두 개의 정식은 신성에 관해 각기 고유한 두 가지 사고를 표현하고 있음을 알 수 있다. 서방교회의 삼위일체론에서는 성령이 신의 일체성을 보증해준다. 이에 반해 동방교회에서는 성부가 삼위일체의 원천이자 원리이며 원인이라고 강조한다.[85]

일부 학자들에 의하면 교회 신조에 새로운 정식을 부가한 것은 게르만의 황제들이었다고 한다. "서구에서 필리오케의 사용을 일반화하고 본래적 의미에서의 필리오케 신학을 확립한 것은 카롤링거제국의 정치체제이다. 즉 본래 유일한 기독교 제국을 소유하고 있던 당시의 비잔틴에 대항하여 보편적 권리를 주장하는 새로운 국가 수립을 정당

---

84) 필리오케의 구절은 삼위일체의 제2격[성자]에 관한 아리우스파의 이해와 가톨릭 교회의 이해 사이에 존재하는 차이를 강조하기 위해 덧붙여진 것일 가능성이 매우 높다.
85) J. Pelikan, *The Spirit of Eastern Christianity*, pp. 196~197에 나오는 텍스트 분석을 참조하라.

화하는 것이 그 목적이었다."[86] 그러나 필리오케를 포함한 신조가 앙리 2세의 요청으로 로마에서 주창된 것은 기껏해야 1014년의 일이었다.[87] 그래서 이 해를 동방교회가 분리된 기점으로 간주하기도 한다.

그러나 아직 양 교회의 관계가 결정적으로 단절된 것은 아니었다. 예컨대 1053년에는 교황 레오 9세가 교황 특사 훔베르투스 추기경이 인솔하는 외교 사절을 콘스탄티노플로 파견했다. 이는 교회법상의 관계를 새롭게 정함으로써 당시 남이탈리아를 점령한 지 얼마 안 되는 노르만족과의 동맹을 준비하기 위한 조처였다. 하지만 비잔틴의 총대주교 미카엘 켈라리우스는 그다지 적극적이지 않았으며 조금도 양보하려 들지 않았다. 그러자 1054년 7월 15일에 마침내 교황 사절단은 성 소피아 교회 제단 위에 켈라리우스에 대한 파문장을 올려놓았다. 이때 10개조의 이단 행위가 고발되었는데, 거기에는 켈라리우스가 신조에서 필리오케를 제외했다는 점과 사제의 결혼을 인정했다는 점이 포함되어 있었다.

이와 같은 결렬 이후 그리스인들에 대한 서방교회의 반감은 갈수록 높아져갔다. 그러나 회복 불가능할 만큼 결정적인 사건이 일어난 것은 1204년의 일이었다. 이 해에 제4차 십자군이 콘스탄티노플을 공격하고 약탈하는 한편 이콘을 파괴하고 성물을 오물 속에 던져버렸던 것이다. 비잔틴의 연대기 기자 니케타스 코니아테스Nicétas Choniates의 표현을 빌자면, 이는 창녀가 총주교의 옥좌에 올라타 외설적인 노래를 부른 형국이다. 이 연대기 기자는 다음과 같이 적고 있다. "무슬림들도 우리의 처와 딸들을 능욕하지는 않았다 〔……〕. 주민들을 곤궁에 빠뜨

---

86) Olivier Clément, *L'essor du christianisme oriental*, p. 14.
87) 새로운 조문은 1274년에 리옹공의회에서 정식으로 교의화되었다.

리는 이런 짓은 하지 않았다. 몽땅 털린 채 벌거벗고 거리를 헤매게 하지는 않았다. 굶주림과 화재로 사람들의 목숨을 앗아가는 일은 하지 않았다 〔……〕. 이 모든 일들은 주님의 이름으로 십자군을 조직하여 우리와 같은 종교를 믿는 기독교도들에 의해 저질러진 만행이었다."[88]
앞에서 언급한 대로(본권 p. 155), 이때 플랑드르의 보두앙이 비잔틴제국의 라틴 황제로 즉위하고 베네치아인 토마스 모로시니가 콘스탄티노플 총대주교로 취임했다.

그리스인들은 이 비극적인 사건을 결코 잊지 않았다. 그럼에도 불구하고 정교회는 투르크의 위협 때문에 1261년 이후 로마와의 교회 간 교섭을 재개했다. 로마 측은 필리오케 논쟁을 해결하고 교회의 통일을 준비하기 위해 양 교회 합동 공의회의 소집을 집요하게 요구했다. 한편 서구로부터의 군사적 원조를 기대한 비잔틴의 황제들도 로마와의 통일이 이루어지기를 간절히 원했다. 교섭은 1세기 이상 계속되었다. 그러다가 마침내 피렌체공의회(1438~1439)에서 황제의 강력한 압박을 받은 정교회 측의 대표단은 로마가 제시하는 조건들을 수락했다. 하지만 이 통일은 곧 민중과 성직자들에 의해 무효가 되고 말았다. 또한 4년 뒤인 1453년에는 콘스탄티노플이 투르크군에게 점령당함으로써 비잔틴제국이 멸망하고 만다. 그러나 비잔틴제국의 정신적, 영적 구조는 적어도 이후 3세기에 걸쳐 동구 및 러시아에서 계속 유지되었다. 루마니아의 역사가 이오르가N. Iorga의 표현을 빌리자

---

88) Nicétas Choniatès, *Histoire*, trad. Olivier Clément, *op. cit.*, p. 81. 그리고 John Geanakoplos, *Interaction of the "Sibling" Byzantine and Western Cultures*, pp. 10 sq., pp. 307 sq.(nn. 17~22)에 인용된 다른 자료들을 보라. 콘스탄티노플은 1261년에 미카엘 팔레올로구스에 의해 다시 탈취되었다.

면 이는 "비잔틴 이후의 비잔틴"이라고도 말할 수 있다.[89] 이 동방적 유산에 의해 일종의 "민중적" 기독교의 전개가 가능해졌다. 그 민중적 기독교는 그칠 줄 모르는 역사의 공포에 대항했을 뿐만 아니라 여러 종교적, 예술적 가치에 가득 찬 하나의 우주 전체를 창안해냈다. 즉 그 근원을 따지자면 신석기시대에까지 거슬러 올라갈 만한 그런 우주를 만들어낸 것이다.(본권 304절 참조)

303. 정적주의의 수도승들. 성 그레고리우스 팔라마스

신과의 합일을 설하는 교의(*theosis*)[90] 및 그것을 체계화시킨 대학자들, 즉 니사의 그레고리우스와 고백자 막시무스에 관해서는 앞서 언급한 바 있다.(본권 257절 참조) 『모세의 생애Vie de Moïses』(II:163-164)에서 니사의 그레고리우스는 모세가 그 안에서 "신을 보았다"고 선포했던 저 "빛나는 어둠"에 관해 적고 있다. 막시무스는 어둠 속에서의 이런 신의 환영을 테오시스의 실현으로 이해했다. 다시 말해 신자들이 신에게 참여하는 것이다. 따라서 테오시스란 무상의 선물로서 "그 본질에 관해서는 전혀 알 수 없으며, 그 초월적인 존재양식으로써 자유롭게 자기 바깥으로 나가 자신의 모습을 나타내는 전능한 신의 행위"인 것

---

89) 특히 그의 저작 *Byzance après Byzance*(Bucarest, 1933: réédition 1971)를 보라.
90) 이는 다음과 같은 예수의 언급에 근거를 가지는 사상이다. "아버지께서 내게 주신 영광을 내가 그들에게 준 것은 아버지와 내가 하나인 것처럼 이 사람들도 하나가 되게 하기 위해서입니다. 나는 그들 안에 있고 아버지는 내 안에 계십니다. 그들이 완전히 하나가 되게 하셔서……."(「요한복음」 17:22-23) 「베드로후서」 1:4를 참조하라.

이다.[91)] 마찬가지로 동방교회에서 유일한 신비가이자 신新신학자인 시메온Syméon(942~1022)은 자신의 개인적 체험을 언급하면서 이러한 신격화divinisation의 비의를 테오시스의 비의를 다음과 같이 적고 있다. "주여, 당신은 이 소멸할 수밖에 없는 신전, 곧 인간으로서의 제 육체가 당신의 거룩한 육체와 섞이는 것을, 그리고 저의 피가 당신의 피와 섞이는 것을 허락해주셨습니다. 이리하여 저는 빛을 통해 투명하게 빛나는 당신의 지체가 되었습니다."[92)]

앞서 언급했듯이(본권 p. 96~97) 테오시스는 동방 정교회 신학의 중심 교리이다. 이 교리는 시나이 산의 수도원에 살았던 고행승들, 즉 정적주의자들hésychastes(이 말은 "정적"을 뜻하는 *hesychya*에서 유래하였다)의 영적 훈련과 밀접한 연관성을 가지고 있다. 저 수도승들이 즐겨 행했던 수행은 "마음의 기도" 혹은 "예수의 기도"라 불렸으며, 정해진 짤막한 문구("주 예수그리스도, 신의 아들이시여, 저를 불쌍히 여기소서")를 끊임없이 음송하고 명상하면서 그것을 "내면화"한다. 6세기 이후 이런 정적주의는 시나이 산으로부터 비잔틴 세계로 널리 퍼져 나갔다. 시나이 산의 가장 중요한 신학자 요하네스 클리마쿠스Jean Climaque(6~7세기)가 이미 정적hesychya의 중요성을 강조한 바 있지만,[93)] 이런 신비주의의 조류가 아토스 산과 다른 수도원에 뿌리를 내리게 된 것은 고독자 니케포루스Nicéphore(13세기)에 의해서였다. 니케포루스는 성사의 활동에 의해 "마음 안에 감추어져 있는 보물"을 깨닫는 일이야말로 영적 생활의 목적이라고 강조했다. 바꿔 말하자면 정신(*nous*)을 "신의 장

---

91) Jean Meyendorff, *Saint Grégoire Palamas et la mystique orthodoxe*, p. 45.
92) Meyendorff, p. 57에 인용된 번역.
93) Kallistos Ware, *John Climacus: The Ladder of Divine Ascent*, pp. 48 sq. 서문을 참조하라.

소"인 마음과 다시금 결합시키는 것이다. 이런 재결합은 정신을 호흡이라는 탈 것에 태워 마음 안으로 "하강"시킴으로써 이루어진다.

니케포루스는 "예수의 기도를 호흡 기법과 결부시킨 자로서 생몰 연대를 확인할 수 있는 최초의 인물이다."[94] 그는 『마음의 준비에 관하여 Sur la garde du cœur』라는 제목의 논고에서 그 방법에 대해 다음과 같이 상세히 적고 있다. "내가 그대에게 말한 대로 정좌하여 정신을 안으로 모으고 그것—나는 그대의 정신을 말한다—을 콧구멍으로 통과하게 하라. 콧구멍은 숨이 마음[*심장]으로 갈 때에 거치는 길이기 때문이다. 이때 그대의 정신을 들숨과 함께 마음[*심장] 안에까지 밀어 내려 보내라. 정신이 그곳에 도달하면 환희가 그대를 감싸게 될 것이다 [……]. 떠났던 집으로 다시 돌아온 사람이 처자식과 다시 만나는 기쁨을 숨길 수 없듯이, 정신도 마음과 합일하게 되면 커다란 환희와 말할 수 없는 쾌감으로 넘쳐나게 될 것이다 [……]. 이와 아울러 알아두어야 할 것이 있다. 그대의 정신이 심장에 도달하면 그대는 침묵해서도 안 되고 가만히 있어서도 안 된다. 다만 '하느님의 아들 주 예수그리스도여, 저를 불쌍히 여기소서!'라고 외쳐야만 한다. 그 외에는 어떤 명상도 어떤 생각도 해서는 안 된다. 어떤 이유에서건 한순간이라도 이런 외침을 멈추어서는 안 된다."[95]

아토스 산에서 정적주의가 발생한 것과 관련해서 보다 중요한 인물로는 시나이의 그레고리우스Grégoire le Sinaïte(1255~1346)를 들 수 있다. 그는 특히 "신의 상기"(「신명기」 8:18에 나오는 "여러분의 하느님 야훼

---

94) Jean Gouillard, *Petite Philocalie*, p. 185.
95) Trad. J. Gouillard, *op. cit.*, p. 204. 요가와 이슬람 디크르 행법의 유사성에 관해서는 Eliade, *Le Yoga*, pp. 72 sq.를 보라.

이심을 기억하십시오")의 중심적 역할을 강조했다. 이는 세례에 의해 주어졌으나 그후 범한 여러 죄로 인해 가려져버린 은총을 깨닫게 하기 위한 것이다. 그레고리우스는 수도원의 공동체 생활보다도 세상을 떠나 홀로 거하는 은자의 고독한 생활을 선호했다. 그는 예배용 기도가 "신의 상기"를 촉발하기에는 너무 외면적인 것이라고 생각했다. 하지만 그는 상상력이 일으키는 환영의 위험성에 관해서도 주의할 것을 수도승들에게 일깨워주고 있다.[96]

이런 정적주의자들이 야기한 논쟁은 비잔틴 신학으로 하여금 9세기 이후에 계속된 "반복의 신학théologie de répétition"[앵무새처럼 전통을 따라하기만 하는 신학]에서 벗어날 수 있도록 결정적인 역할을 했다. 1330년경 칼라브리아[이탈리아반도 남부] 출신의 그리스인 바를람이 콘스탄티노플에 와서 황제의 신뢰를 얻고 동서 교회의 통합에 진력하게 되었다.[97] 그런데 몇몇 정적주의자 수도승들과 만난 바를람은 그들의 방법을 신랄하게 비난하면서 그들을 이단 메잘린파라고 고발했다.[98] 왜냐하면 정적주의자들은 신 자신을 본다고 주장했는데, 육체의 눈을 가지고 신을 직접 본다는 것은 불가능하기 때문이다. 이에 반

---

96) Meyendorff는 이 점이 "정교적 신비주의 전통의 본질적인 특징이라는 점, 다시 말해 모든 형태의 상상력이 낳은 산물은 자신의 의지에 의해 생겨난 것이든 그렇지 않은 것이든 신과의 합일에 있어 가장 위험한 적이라고 보는 입장"을 강조하고 있다. (*Saint Grégoire Palamas et la mystique orthodoxe*, p. 71)
97) 1339년에 그는 아비뇽의 베네딕투스 12세와 교섭하라는 비밀스러운 특명을 받았다. D. J. Geanakoplos, *Byzantine East and Latin West*, pp. 90 sq.에 나오는 바를람의 서간을 보라.
98) 메잘린파에서는 신도의 최종 목표가 그리스도의 빛의 신체와 엑스터시적 합일을 이루는 데에 있다.

해 정적주의를 옹호한 자들도 있었는데, 그 가운데 가장 중요한 인물은 그레고리우스 팔라마스Grégoire le Sinaïte이다. 팔라마스는 1296년에 태어나 사제 서품을 받은 이후 20년간을 아토스 산의 수도원에서 지냈고 마침내 테살로니카의 대주교로 임명되었다. 팔라마스는 바를람에 대항하여 『정적주의 성자들을 옹호하는 삼논집Triades pour la défense des saints hésychastes』을 저술함으로써 정통 신학의 혁신을 기도했다. 그중에서도 신이 자신을 계시하고 고지하는 매개로서의 "에너지"와 신적 본질을 구별한 점이야말로 그의 주된 공헌이라 할 수 있다. "인간이 알 수 없는 신적 본질은 그것과 구별되는 에너지를 가지지 않는다. 따라서 신적 본질은 하나의 실재가 아니며 그저 하나의 공허한 관념에 불과한 것이다."[99] 이에 비해 본질은 모든 에너지의 "원인"이다. "각각의 에너지는 서로 구별된 신적 특성을 나타낸다. 하지만 그것들이 별개의 실체를 이루는 것은 아니다. 왜냐하면 그것들은 모두 살아 있는 유일신의 다양한 작용들이기 때문이다."[100] (이와 같은 에너지의 교리는 1341년, 1347년 그리고 1351년에 개최된 비잔틴 교회 협의회에서 공인을 받게 된다.)

정적주의자들이 본 신적 광명에 관해 팔라마스는 "변용의 빛lumière de la transfiguration"에서 그 전거를 찾고 있다. 예컨대 타보르 산상에서 예수에게 무언가 변화가 일어난 것은 아니었다. 실은 사도들에게 변형이 일어난 것이었다. 사도들은 예수의 원래 모습, 즉 빛으로 둘러싸인 눈부신 모습을 볼 수 있는 능력을 신의 은총에 의해 되찾은 것이었다. 이 능력은 아담이 타락 이전에 지니고 있던 능력이며 장래 종말의 때

---

99) Meyendorff, *Introduction à l'étude de Grégoire Palamas*, p. 297에 번역된 텍스트.
100) Meyendorff, *Introduction*, p. 295에 요약된 미간행 텍스트.

에 인간들이 회복하게 될 그런 능력이기도 하다.[101] 한편 팔라마스는 이집트 수도승들의 사유 전통을 이어받아 성자들이 실제로 발산하는 빛에 저 창조되지 않은 빛의 환영이 수반되는 것이라고 주장했다. "신적 에너지에 참여하는 자는 〔……〕 어떤 의미에서는 그 자신이 빛이 된다. 그는 빛과 하나가 되며, 이런 은총을 받지 않은 사람들에게는 감추어져 있는 모든 것들을 그 빛을 통해 볼 수 있다."[102]

실제로 신의 성육신 이래 우리의 신체는 "우리 안에 있는 성령의 성전"(「고린도전서」 6:19)이 되었다. 그러므로 성체 성사를 통해 그리스도가 우리 안에 거하게 된다. "우리는 예수그리스도의 인성 안에서 아버지 하느님의 빛을 가진다."(Triades, I, 2, § 2) 우리 몸 안의 이와 같은 신의 현존은 우리 "몸을 변형시켜 영적인 것으로 만들며 〔……〕 그리하여 인간은 온전하게 영이 된다."[103] 하지만 이렇게 신체가 영이 되는 것이 물질로부터의 이탈을 의미하는 것은 절대 아니다. 그 반대로 명상자는 "처음부터 그와 함께한 물질로부터 분리되거나 하는 일 없이", "스스로를 통해 세상의 모든 피조물을" 신에게로 인도한다.[104] 이 위대한 신학자는 14세기 "고전학자들의 르네상스"가 한창

---

[101] 창조된 적이 없는 이 빛 속에서 신을 지각하는 것은, 태초와 종말, 즉 역사 이전의 낙원과 역사에 종지부를 찍는 종말에 있어 완성된 인간 상태와 결부되어 있다. 그러나 하느님의 나라에 적합한 자는 타보르 산의 사자들처럼 이 세상 안에서도 저 창조된 적이 없는 빛을 향수할 수 있다. M. Eliade, "Expériences de la lumiére mystique"(*Méphistophélès et l'Androgyne*), pp. 74 sq.를 참조하라.

[102] V. Lossky, "La Théologie de la Lumière", p. 110에 번역된 설교.

[103] *Triades*, II, 2, 9; trad. J. Meyendorff.

[104] 팔라마스는 이 테마를 적어도 세 번 다룬 바 있다. Meyendorff, *Introduction à l'étude de Grégoire Palamas*, p. 218을 참조하라.

일 때 비잔틴의 지식 계층과 일부 교회 성직자들을 매료시킨 플라톤주의에 대항하여 분기했다.[105] 팔라마스는 성서 전통으로 되돌아가 여러 성사의 중요성을 역설한다. 오직 성사를 통해서만 물질이 무로 돌아감 없이 "실체로 변화"할 수 있다고 여겼던 것이다.

정적주의와 팔라마스 신학의 승리는 성사적 생명의 부흥을 불러일으켰으며 나아가 몇몇 교회 제도의 쇄신을 초래했다. 정적주의는 매우 짧은 기간 내에 동구 각 지역과 양 루마니아 공국〔왈라키아 공국과 몰다비아 공국〕으로 퍼져 나갔으며 러시아에서는 노브고로드에까지 전파되었다. 한편 플라톤 철학의 융성을 수반한 헬레니즘 문화의 "부흥"은 길게 지속되지는 못했다. 다시 말해 비잔틴과 정교권 제국은 인문주의를 알지 못한 채 끝나고 만 것이다. 일부 학자들의 해석에 의하면 팔라마스의 이중적 승리, 곧 바를람의 오컴주의 및 그리스 철학에 대한 승리로 인해 정교회가 종교개혁에 있어 아무런 역할도 하지 못했다고 말할 수 있다.

팔라마스 이후 가장 대담한 신학자 가운데 한 사람으로 재가 평신도로서 비잔틴 정부의 고관이었던 니콜라스 카바실라스 Nicolas Cabasilas(1320/1325~1371)를 덧붙이도록 하자. 카바실라스는 정교권 전역에 걸쳐 오랫동안 행해지게 될 전통을 멋지게 정착시켰을 뿐만 아니라 재가 신도들을 수도승보다 우월한 존재로 간주했다. 왜냐하면 수도승들이 천사의 생활을 지향하는 데 비해 재가 신도는 완전한 인간을 지향한다고 생각했기 때문이다. 또한 카바실라스의 저술들은 전적으로 재

---

105) D. J. Geanakoplos, *Interaction of the "Sibling" Byzantine and Western Cultures*, p. 21, n. 45를 참조하라. "이 정적주의자 박사(*팔라마스)에게 찬동함으로써 비잔틴 교회는 르네상스 정신에 결정적으로 등을 돌렸던 것이다."(J. Meyendorff, *Introduction*, p. 326)

가 신도들을 위해 쓰였다. 그는 일반 신자들에게 기독교적 체험의 심오한 차원 및 나아가 여러 성사의 비의를 자각시키기 위한 목적으로 책을 펴냈던 것이다.106)

---

106) 그의 저작 『예수그리스도의 생애La vie en Jésus-Christ』와 『신성전례 해설Explication de la divine liturgie』은 현대의 정교회에서도 여전히 읽혀지고 있다.

종교, 주술 그리고 종교개혁 전후의 헤르메스주의 전통

304. 기독교 이전 종교 전통의 잔존

앞서 누차 언급했듯이, 유럽 민중들이 기독교화되었다고는 하지만 그렇다고 해서 다양한 민족적 전통까지 모두 사라진 것은 아니었다. 다시 말해 기독교로의 개종은 종교 간의 공존과 융합을 초래했으며, 많은 경우 그것은 농경 목축민들의 "민중" 문화에 특유한 창조성을 잘 보여주었다. 우리는 이미 "우주적 기독교"의 몇몇 사례를 살펴본 바 있다.(본서 제2권 237절 참조) 또한 다른 곳에서는[1] 돌과 물과 식물에 관한 특정 의례, 신화, 상징에 있어 연속성―석기시대로부터 19세기에 이르기까지―을 보이기도 했다. 여기서 사람들이 기독교로 개종한 결과, 표면적이기는 하지만 수많은 민족적 종교 전통과 지방 신화들이 단일한 "성스러운 역사"로 통합되고 또한 동일한 언어, 즉 기

---

1) 특히 Eliade, *Traité*, ch. VI, VIII, IX.

독교적 신앙과 신화의 언어에 의해 표현되었다는 점도 덧붙이지 않을 수 없다. 가령 폭풍신에 대한 기억이 성 엘리야의 설화 속에 살아남았으며, 악한 용을 퇴치하는 수많은 영웅들은 성 게오르기우스와 동일시되었다. 또한 여신에 관한 신화와 의례들은 성모마리아의 종교 민속으로 통합되었다. 요컨대 이교의 유산인 무수한 종교 형태와 그 이본들이 외면적으로는 기독교화된 동일한 신화-의례적 총체로 편입되었던 것이다.

여기서 새삼스레 "이교적 잔존"의 유형들을 모두 열거한들 별 의미는 없을 것이다. 다만 특히 의미 깊은 사례 몇 가지만 드는 것으로 충분하리라고 여겨진다. 가령 그리스의 촌락 지역에서 성 12일Douze Jours 사이(크리스마스에서 12일째 되는 1월 6일의 예수 공현 축일까지)에 출몰한다고 믿어진 **칼리칸차리**kallikantzari라는 괴물을 들 수 있겠다. 이는 고대기의 켄타우로스 신화-의례적 시나리오를 계승한 것이다.[2] 또한 트라키아의 **아나스테나리아**anasténaria 축제에는 성화 릴레이와 같은 고대적 의례가 포함되어 있다.[3] 마찬가지로 트라키아의 카니발 축제의 구조는 BC 1000년대에 아테네에서 행해졌던 **안테스테리아 축제** Anthésteries와 "들판의 디오니소스 축제"의 구조를 연상케 한다.(본서 제1권 123절 참조)[4] 다른 한편 호메로스의 서사시 중에서 찾아볼 수 있는 몇몇 이야기들의 테마와 모티프들이 오늘날까지도 발칸반도와 루마니아 민속에 남아 있다는 점도 지적하고 넘어가고자 한다.[5] 중부 및 동부

---

2) J. C. Lawson, *Modern Greek Folklore and Ancient Greek Religion*, pp. 190~255를 보라. 그 이름[칼리칸차리]은 **켄타우로이**Kentauroi(Kentauros의 복수형)에서 유래한 것이다. *Ibid.*, pp. 233 sq. 또한 G. Dumézil, *Le problème des Centaures*, pp. 165 sq.를 참조하라.
3) C. A. Romaios, *Cultes populaires de la Thrace*, pp. 17~123을 참조하라.
4) *Ibid.*, pp. 125~200.

유럽의 농경의례를 분석한 레오폴트 슈미트Leopold Schmidt는 이것들이 호메로스 시대 이전의 그리스에서 이미 소멸된 신화-의례적 시나리오와 연속성을 가진다고 말한다.[6]

우리의 목적상 여기서 기독교화의 과정과 동시에 그에 대한 전통 유산의 저항 방식을 보여주는 이교와 기독교의 융합 사례를 몇 가지 소개하는 것은 중요하다. 먼저 성 12일 동안에 행해진 복합 의례부터 생각해보자. 그것들의 기원은 선사시대에까지 거슬러 올라가기 때문이다. 하지만 그 전모(다양한 의식, 놀이, 노래, 춤, 동물의 가면을 쓴 행렬 등)를 소개하는 것이 목적은 아니므로 여기서는 특히 폴란드까지 포함한 동구 전역에서 찾아볼 수 있는 크리스마스의 의례요儀禮謠에 초점을 맞추고자 한다. 그 의례요는 루마니아어 및 슬라브어에서는 콜린데colinde라고 불리며, 칼렌다에 야누아리calendae Januarii〔1월의 달력〕라는 어원에서 비롯된 말이다. 교회 지도자들은 수 세기 동안이나 이 풍습을 근절시키고자 노력했지만 끝내 성공하지 못했다(692년에 콘스탄티노플공의회에 의해 매우 준엄한 표현의 금령들이 되풀이 반포되었다). 결국 몇몇 **콜린**데는 민중적 기독교의 신화적 주제와 등장인물을 차용했다는 의미에서 "기독교화"된 형태로 살아남았다.[7]

이 의례는 통상 크리스마스 전야(12월 24일)에서 다음 날 아침까지 행해진다. 6인에서 30인가량의 청년 집단(*colindători*)이 전통에 정통

---

5) C. Poghirc, "Homères et la ballade populaire roumaine"; M. Eliade, "History of Religions and 'Popular' Cultures", p. 7을 참조하라.
6) L. Schmidt, *Gestaltheiligkeit im bäuerlichen Arbeitsmythos*를 보라.
7) 여기서는 전적으로 루마니아의 민간신앙 자료를 사용하고 있는데, 여러 모로 변형된 동일한 시나리오를 동구 전반에 걸쳐 찾아볼 수 있다.

한 한 사람의 단장을 지명하며, 40일 혹은 18일간에 걸쳐 1주일에 4, 5회씩 누군가의 집에 모여 그 단장으로부터 필요한 지식을 배운다. 12월 24일 저녁, 꽃과 방울로 장식된 새 옷을 입은 **콜린다토리**|colindătoři 가 먼저 자신들을 초대한 집에서 노래를 부르며, 이어서 마을의 모든 집들을 돌아다닌다. 노상에서는 사람들이 소리를 지르면서 나팔을 불거나 북을 친다. 이런 소동은 악령들을 쫓아내고 집주인들에게 자신들이 왔음을 알리기 위한 것이다. 그들은 집 창문 아래에서 먼저 첫 번째 **콜린다**colinda[colinde의 단수형]를 부르며, 허락을 받으면 집 안으로 들어가 계속해서 준비한 노래들을 부른다. 그러고는 젊은 처녀들과 춤을 추고 전통적인 축복의 문구들을 창한다. **콜린다토리**는 마을 사람들에게 건강과 풍요를 가져다준다고 여겨졌으며, 조그만 콩이나 사과가 가득 담긴 병에 꽂은 작은 전나무 가지로 형상화된다. 가난한 집을 빼고 그들은 모든 집에서 관冠, 과자, 과일, 고기, 음료수 등의 선물을 받는다. 이렇게 마을 전체를 돈 다음에 일행은 젊은이들이 참가하는 축제를 집행한다.

콜린데 의례는 매우 풍성하며 복잡하다. 기도문의 봉창(*oratio*)과 의례적 연회는 그중에서도 가장 고대적인 장면을 보여주며 신년 축제와도 연관성을 가진다.[8] 동료 **콜린다토리**를 거느린 단장은 가가호호를 방문하여 집주인의 고귀함, 관대함, 유복함을 칭송하는 찬사(*urare*)를 늘어놓는다. **콜린다토리**는 종종 일단의 성자들(성 요한, 성 베드로, 성 게오르기우스, 성 니콜라스)을 나타내기도 한다. 불가리아의 어떤 콜린데는 어린 예수, 즉 일단의 성자들을 동반한 신의 방문을 주제로 하고 있다. 또 다른 지역에서 **콜린다토리**는 "초대받은 자들(*oaspeți buni*)",

---

8) Eliade, *Le mythe de l'éternel retour*, pp. 67 sq.를 참조하라.

즉 행운과 건강을 불러오도록 신으로부터 파견된 자들로 여겨진다.[9] 우크라이나 지방에서는 먼저 신 자신이 방문하여 주인을 깨우고는 콜린다토리의 방문이 가까웠음을 미리 알려준다고 한다. 트란실바니아의 루마니아인들 사이에서는 신이 납으로 된 사다리를 타고 하늘에서 내려온다고 여겨진다. 그 신은 무수한 별들로 장식된 장엄하고도 화려한 의상을 걸치고 있는데 거기에는 콜린다토리도 묘사되어 들어가 있다.[10]

어떤 콜린데에는 동남부 유럽 민중들에게 특유한 "우주적 기독교"가 반영되어 있다. 거기에는 천지창조에 대한 여러 언급들이 나오는데, 그것들은 모두 성서 전통과는 전혀 관계가 없다. 신 혹은 예수는 세계를 사흘 만에 창조했다. 그러나 대지가 너무 넓어서 천공으로 다 덮을 수 없는 것을 보고는 예수가 세 개의 고리를 던졌다. 그러자 그것들이 천사로 변하여 산맥을 만들어냈다.[11] 다른 콜린데에 의하면 신은 대지를 완성한 다음 그것을 지탱시키기 위해 네 개의 은기둥으로 대지를 받쳤다.[12] 많은 가요 속에서 신은 피리를 연주하는 목동으로 등장하며 성 베드로가 이끄는 수많은 양 무리에 둘러싸여 있다.

그러나 우리를 별난 상상적 우주로 인도해주는, 더 많고 고대적인 콜린데가 있다. 거기서는 하늘 끝에서 심연의 바닥에 이르기까지, 산에서 검은 바다에 이르기까지 전 세계에 걸쳐 이야기가 펼쳐진다. 예를

---

9) 우크라이나에서 그들은 "신의 작은 봉사자"라고 불린다.
10) Monica Brătulescu, "Colinda românească", pp. 62 sq.를 참조하라.
11) 이런 민간신앙적 모티프에 관해서는 M. Eliade, *De Zalmoxis à Gengis-khan*, pp. 89 sq.를 보라.
12) Al. Rosetti, *Colindele religioase la Români*, pp. 68 sq.; Monica Brătulescu, *op. cit.*, p. 48.

들어 멀고 먼 저편 대양의 한가운데에 한 그루의 거대한 나무가 솟아 있는 섬이 있는데, 그 나무를 둘러싸고 일단의 소녀들이 춤을 춘다는 것이다.[13] 이런 고대적인 **콜린데**에서는 등장인물이 우화적으로 표현된다. 예컨대 그들은 아름답고 무적이며, 그들의 의상에는 (기독교적 콜린데에 나오는 신의 것처럼) 태양과 달이 표현되어 있다. 혹은 한 젊은 어부가 말을 타고 하늘 저 높이 태양의 바로 옆에까지 올라간다는 식이다. 모든 집의 가옥과 가족들도 신격화된다. 집주인과 그 가족들은 낙원풍의 풍경 안에 투영되어 나오며 마치 왕처럼 묘사된다. 가장 아름다운 **콜린데**의 영웅은 사냥꾼과 목동으로, 이는 **콜린데**의 고대적인 성격을 잘 보여준다. 황제의 명을 받은 젊은 영웅은 사자와 싸워 마침내 사자를 길들이고 쇠사슬로 포박해버린다. 혹은 사내 50명이 말을 타고 대양(검은 바다)을 건너려고 하지만, 그중 오직 한 사람만이 섬에 도달하여 그곳의 가장 아름다운 소녀와 결혼할 수 있다. 또 다른 노래에서는 영웅들이 마법의 힘을 부여받은 야수를 추격하여 물리친다.

콜린데의 다양한 시나리오들은 무언가 입문 의례를 연상시킨다. 마찬가지로 소녀의 입문 의례 흔적도 확인할 수 있다.[14] 소녀와 젊은 여성들에 의해 불려지는 **콜린데** 및 여타 구전전승에서는 사막과 같은 장소에서 길을 잃어버리거나 고립된 소녀들의 시련, 자신의 성적 성숙이 야기하는 고통, 닥쳐오는 죽음의 위협 등에 대해 노래하고 있다. 하지만 남성들의 입문 의례와는 달리 소녀들의 입문 의례는 정확하게

---

13) 몇몇 이본에서는 이런 우주수가 대양 한가운데 혹은 대양 건너편 해안에 서 있는 것으로 나온다.
14) 부연하자면 한 노파 휘하의 젊은 여성들로 구성된 의례 집단(*ceata*)이 정기적으로 회합하여 성, 결혼, 장례, 비밀스런 약초 등에 관해 노파로부터 전통적 지식을 배우는 풍습이 있다. Monica Brătulescu, "Ceata feminina"를 참조하라.

보존된 것이 없다. 여성 입문 의례에서의 시련은 **콜린데** 및 기타 의례요에서 불려지는 상상적 우주 안에 그 흔적이 남아 있을 따름이다. 그럼에도 불구하고 이와 같은 구전전승들은 간접적이기는 하나 여성의 고대적인 영성과 정신성을 아는 데에 실마리를 제공해준다.

305. 정화의 춤의 상징과 의례

콜린다토리의 입문 의례 교육[15]을 보완해주는 것은 **칼루샤리**cǎluşari라 불리는 정화의 춤의 춤꾼들의 입문 의례이다.[16] 거기서 젊은이들은 크리스마스의 시나리오와 결부된 전승이나 노래 대신 그들만의 특별한 춤과 신화를 배운다. 이 춤을 **칼루슈**cǎluş라고 하는데, 이는 "말[馬]"을 뜻하는 루마니아어 **칼**cal(라틴어는 *caballus*)에서 유래했다. 이 집단은 7명, 9명 혹은 11명으로 구성되며 그 성원들은 최연장자인 리더에 의해 선발되어 교육받는다. 그들은 곤봉과 검으로 무장하며 또한 나무로 만들어진 마두馬頭와 "깃발", 그리고 끝에다 약초를 묶어놓은 장대를 가지고 있다. 나중에 보겠지만, **칼루샤리** 중에서도 "벙어리" 또는 "가면을 쓴 자"라고 불리는 한 명은 나머지와는 다른 역할을 한다.

교육은 숲 속이나 마을에서 멀리 떨어진 장소에서 2, 3주 동안 행해진다. 리더에 의해 입회를 허락받은 **칼루샤리**는 성령강림제 전야에 비밀스런 장소에 집합한다. 그러고는 손을 "깃발" 위에 올려놓고 결사단의 규칙과 관습을 준수할 것, 서로 형제로서 교분을 나눌 것, 앞으

---

15) Eliade, "History of Religions and 'Popular' Cultures", p. 17을 참조하라.
16) M. Eliade, "Notes on the *Cǎluşari*"; Gail Kligman, *Cǎluş*를 보라.

로의 9일(혹은 12일이나 14일) 동안 정결을 지킬 것, 이제부터 보고 듣는 것은 절대 발설하지 않을 것, 모든 것을 리더의 명령에 따를 것 등을 맹세한다. 그 선서를 하면서 **칼루샤리**는 요정의 여왕 헤로디아드 Herodiade(=*Irodiada*)의 비호를 요청한 뒤 곤봉을 공중에 높이 쳐들고 서로 때리기 시작한다. 그 사이 이들은 침묵을 지키는데, 이는 요정들(*zîne*)에게 병을 옮지 않도록 하기 위한 것이다. 선서를 마치고 결사단이 해산할 때까지 **칼루샤리**는 함께 행동한다.

이와 같은 요소들 가운데 몇 가지는 남성 결사(*Männerbund*)의 입사식을 연상시킨다. 가령 숲 속에의 격리, 비밀 엄수의 서약, "깃발"의 역할, 곤봉과 검, 마두의 상징 등이 그것이다.[17] **칼루샤리**의 가장 두드러진 특징은 그들의 기막힌 어릿광대춤, 특히 공중을 나는 듯한 인상을 주는 재주에 있다. 확실히 그들이 춤추며 뛰어오르고 발을 굴리고 빙빙 돌고 공중제비를 도는 것은 질주하는 말을 연상시키며 동시에 요정들(*zîne*)의 춤을 생각나게 하기도 한다. 뿐만 아니라 요정들에게 병을 옮았다고 간주되는 자는 "**칼루샤리**처럼 지면에 발이 닿지 않는 것처럼 보이게" 뛰어 오르며 소리를 질러대기 시작한다. **칼루샤리와 요정들의 관계는 기이하고 애매하다. 무용수들[칼루샤리]은 요정

---

17) 디미트리 칸테미르Dimitri Cantemir 공이 몇몇 중요한 정보를 제공해주고 있는데, 그중 어떤 것은 19세기에는 더 이상 확인할 수 없게 된 것도 있다. 『몰다비아 보고서Descriptio Moldaviae』를 쓴 이 저자에 의하면 **칼루샤리**는 여자의 목소리로 말하며 아마포로 얼굴을 가려 누구인지를 알아볼 수 없게 한다. 그들은 100여 종 이상의 서로 다른 춤을 알고 있는데, 그중 어떤 것은 완전히 특수한 춤으로서, 예컨대 무용수가 지면에 발을 대지 않은 채 "마치 공중을 날고 있는 듯이" 보인다. 또한 **칼루샤리**는 교회 안에서만 잠을 잔다. 이는 요정들(*zîne*)에게 방해받지 않기 위해서이다. *Descriptio Mordaviae*(édition critique, Bucarest, 1973), p. 314를 보라.

의 여왕 헤로디아드에게 의지하여 비호를 구함과 동시에 요정들의 희생양이 되는 위험도 무릅쓰지 않으면 안 된다. **칼루샤리**는 **요정들**의 비상飛上을 흉내 내면서도, 다른 한편으로는 지극히 남성적이고 "영웅적인" 상징인 말과의 연대 관계를 강조한다. 이와 같은 양의적 관계는 그들의 행동 양식에서 뚜렷이 나타난다. 예컨대 **칼루샤리**는 두세 명의 바이올린 연주자를 데려와 약 2주 동안 근처 마을과 촌락을 돌며 춤을 추고 노래를 부르거나 혹은 요정들에 의해 병에 걸린 자들을 치유하기도 한다. 이 시기, 즉 부활제 이후의 제3주째에 해당되는 성령강림제의 일요일까지는 **요정들**이 특히 밤중에 여기저기 날아다니면서 노래하고 춤추는 시기라고 믿어진다. 이때 현악기 연주자라든가 피리 연주자 혹은 깃발을 든 요정들이 있어, 그 요정들이 울리는 징과 북 등 악기 소리도 들려온다는 것이다. 이 요정들에게 대처하는 데 가장 효과적인 수단은 마늘과 쑥이다. **칼루샤리**가 깃대 끝의 봉지에다 넣는 주술적 치유 식물이 바로 이것이다. 그들은 최대한 마늘을 많이 씹는다.

치유는 일련의 춤을 통해 행해지며 몇몇 의례적 행위를 수반한다.[18] 어떤 지방에서는 환자를 마을에서 멀리 떨어진 숲 근처로 데리고 가서 **칼루샤리**가 만든 원 안에 둔다. 춤을 추는 도중에 리더가 한 무용수에게 "깃발"을 대면 그 무용수는 땅에 쓰러진다. 진짜든 가짜든 간에 이런 실신 상태는 3분에서 5분가량 계속된다. 그렇게 기절하는 순간, 환자는 자리를 털고 벌떡 일어나 도망치려 하지만, 두 명의 **칼루샤리**가 환자의 팔을 꽉 잡고 서둘러 그 장소를 빠져나온다. 실신에 의한 이와 같은 치유법이 의도하는 바는 명백하다. 즉 질병이 환자

---

18) 병자의 몸에 약초를 붙이고 마늘을 잘게 씹어 얼굴에 내뱉고, 물이 들어 있는 항아리를 깨뜨리고, 혹은 검은 영계를 희생 제물로 바친다.

를 버리고 기절한 **칼루샤르**călușar[călușari의 단수형] 안에 들어가는 것이다. 이때 그 칼루샤르는 일시적으로 "죽음" 상태에 들어가지만 곧 재생한다. 그는 "입문 의례를 받은 자"이기 때문이다.

일련의 익살스러운 장면이 춤 사이사이와 의식의 끝부분에 연출된다. 가장 중요한 역할은 "벙어리"에게 맡겨진다. 가령 다른 **칼루샤리**가 그를 공중에 들어 올렸다가 갑자기 땅에 떨어뜨린다. 그러면 "벙어리"는 죽은 것으로 간주되며 단원들이 모두 눈물을 흘리며 그를 매장할 준비를 하는데, 이때 "벙어리"가 몸에 걸쳤던 것을 전부 벗겨낸다. 가장 유쾌하고 정성이 깃든 에피소드는 마지막 날 결사단이 마을로 돌아오는 날에 행해진다. 네 명의 **칼루샤리**가 익히 잘 알려져 있는 배역을 그로테스크한 방식으로 연출한다. 사제, 투르크인(혹은 코사크인), 의사 그리고 여자의 배역이 그것이다. 그러고는 세 명의 남자가 각기 여자에게 구애를 하는데, 그 무언극은 통상 매우 기괴하게 연출된다. 거기서 나무로 만든 남성 성기를 가진 "벙어리"가 등장하여 그로테스크하고 기묘한 행위로써 만장의 폭소를 자아낸다. 끝으로 "배우" 중의 한 사람이 살해당했다가 다시 소생하며 "여자"가 아이를 임신하는 것으로 끝난다.[19]

그 기원[20]이야 어쨌든 간에 **칼루슈**는 과거 수 세기 동안 확인된 형태를 보면 오직 루마니아에만 있으며 루마니아 민중 문화의 독자적인 창안물이라고 생각된다. 그 특징으로는 고대적인 성격 및 열린 구

---

19) Eliade, "Notes on the *Călușari*" 및 "History of Religions and 'Popular' Cultures", pp. 17 sq.를 보라.
20) 그 기원은 아직 밝혀지지 않았다. Eliade, "Notes on the *Călușari*", pp. 120 sq.를 참조하라.

조(때문에 본래 다른 시나리오에 속해 있는 요소들, 예를 들어 그로테스크한 에피소드 등을 수용할 수가 있었다)를 들 수 있다. ("깃발", 검, 드물게는 박차 등) 봉건적 사회의 영향도 생각해볼 수 있으며, 그런 영향이 매우 고대적인 농촌 문화와 겹쳐져 있었다. 무용 그 자체는 차치하더라도, 그 증거로서 우리는 (기독교 이전의 여러 의식에 특유한 나무인) 전나무를 표상하는 기둥과 곤봉이 가지는 의례적 역할을 들 수 있다. 맹세 의식은 신의 이름으로 행해지는데, 그 시나리오는 기독교와는 아무런 관계가 없다. 따라서 교회 지도자층은 그런 맹세 의식을 강경하게 억압했고 일정한 성과를 거두었다. 17세기만 해도 확인될 수 있었던 많은 고대적 특징들이 오늘날에는 모두 사라져버렸기 때문이다.(본장 주석 17 참조) 19세기 말에도 여전히 몇몇 지방에서는 **칼루샤리**의 성찬식 참여를 3년간 금지하고 있었다. 그러나 교회도 마침내 그들을 포용하기로 결정을 내렸다.

이처럼 기독교화된 이후 이미 1600년이 지났고 다른 문화권의 영향을 받았음에도 불구하고, 지금으로부터 기껏해야 1세기 전까지의 동남부 유럽 농촌 사회에서는 여러 가지 입문 의례 시나리오의 흔적들을 찾아볼 수 있었다. 그 시나리오들은 신년과 봄의 순환에 관한 신화 및 의례 체계 안에 편입되어 존속했다. 가령 **칼루샤리**의 사례에서 고대적 유산은 특히 그들 특유의 **춤**과 **선율 구조**에서 분명하게 확인된다. 한편 **콜린데**의 신화-의례적 시나리오에서 입문 의례적 요소가 가장 잘 보존된 것은 노래 가사이다. 그리하여 이렇게 말할 수도 있을 것 같다. 즉 다양한 종교적, 문화적 영향을 받은 결과 전통적 입문 의례와 결부되어 있던 수많은 의례들이 소멸되어버렸지만(혹은 근본적으로 은폐되어버렸지만), 그래도 춤과 신화적 구조(즉 이야기적 구조)만은 살아남았다고 말이다.

어쨌든 이런 춤과 신화적 가사가 종교적 기능을 가지고 있음은 분명하다. 따라서 콜린데의 상상적 우주를 정확하게 분석할 수 있다면 중부 유럽 및 동부 유럽의 농민들에게 특유한 종교 체험과 신화적 창조성의 유형을 규명하는 일도 가능할 것이다. 유감스럽게도 현재까지 농촌의 전통에 대한 적절한 해석, 다시 말해 문자화된 자료의 해석에 필적할 만한 신화-종교적 구전 텍스트의 분석은 존재하지 않는다. 그런 해석학이 마련된다면 전통적 유산의 계승이 가지는 깊은 의미뿐만 아니라 기독교의 메시지에 대한 창조적 재해석 또한 분명하게 평가될 것이다. 기독교 "전체의" 역사에서 농촌 민중에게 특유한 창안물도 이와 같은 평가를 받을 가치가 있다. 『구약성서』와 그리스철학을 토대로 구축된 여러 신학들 외에 다양한 "민중의 신학"의 흔적을 고려하는 것은 중요하다. 그럼으로써 신석기시대로부터 오리엔트 및 헬레니즘 종교들에 이르기까지 수많은 고대적 전통이 재해석되거나 혹은 기독교화된 모습 그대로 발굴될 수 있을 것이다.[21]

306. "마녀사냥"과 민중 종교의 성쇠

저 악명 높고 불길하기 짝이 없는 "마녀사냥"은 14세기와 17세기에 가톨릭 이단 심문소뿐만 아니라 개신교 교회에 의해서도 자행되었다. 신학자들에 따르면 그 목적은 기독교 신앙의 기초 그 자체를 위협하는 악마적, 범죄적 의식儀式을 박멸하는 데에 있었다. 그러나 최근의 연구에 의해[22] 악마와의 내밀한 관계, 성적 오르지, 영아 살

---

21) Eliade, "History of Religions and 'Popular' Cultures", pp. 24 sq.를 참조하라.

해, 인육 먹기, 여러 사악한 마법 행위 등의 주요 고발 사항은 전혀 근거가 없다는 사실이 명백하게 밝혀졌다. 고문에 의하여 엄청난 수의 마법사와 마녀들이 이런 유의 사악한 행위와 범죄를 자백했으며 화형에 처해졌던 것이다. 이를 보건대 현대 학자들의 견해는 정당하다고 여겨진다. 그들에 의하면 마법에 관한 신화-의례적 시나리오는 그저 신학자들과 이단 심문관들의 발명에 지나지 않는다는 것이다.

하지만 이런 견해는 제한적임에 틀림없다. 실제로 마녀사냥의 희생자들은 고발당한 범죄 및 이단 사항에 관해서는 무고했던 것이 사실이지만, 이들이 "이단적" 기원과 구조를 가진 주술-종교적 의식—표면상으로는 기독교화되어 있었으나 오랜 세월 동안 교회가 금지해온 의식—을 행했다는 점에 있어서는 많은 이들이 인정하고 있다. 이러한 신화-의례적 유산은 유럽 민중 종교의 구성 요소였다. 아래에서 다루고자 하는 사례들은 이런 민중 종교의 신봉자들이 악마 숭배를 실천했다고 자백하게 된—나아가 그것을 믿게까지 된—과정에 대해 우리의 이해를 도울 것이다.

결국 "마녀사냥"을 통해 이루고자 했던 것은 다름 아니라 "이교 신앙"의 마지막 잔재를 제거하는 것, 즉 본질적으로 풍요 의례와 입문 의례적 시나리오를 일소하는 데에 있었다. 그리고 이는 민중 종교의 빈곤화 및 여러 농촌 지역의 황폐화를 초래했다.[23]

---

22) 이와 관련된 참고 문헌은 방대하다. Eliade, *Occultisme, sorcellerie et modes culturelles*, pp. 93~94, nn. 1~2에 있는 약간의 정보와 Richard A. Horsley, "Further Reflections on Witchcraft and European Folk Culture"에 인용된 참고 문헌을 보라. 가장 최근의 출판물은 본권의 문헌 해제 306절에 나와 있다.

23) 이런 현상의 복잡성을 보다 잘 보여주기 위해 나는 두세 가지 사례에 한정시켜 분석하고자 한다. 그중 어떤 것(루마니아의 민속자료)은 거의 알려지지 않았다.

1384년과 1390년의 밀라노 이단 심문소 재판 기록에 따르면, 두 명의 여자가 디아나 헤로디아스Diana Herodias에 의해 인도되는 한 비밀결사에 가입했음을 고백한다. 그 구성원 중에는 살아 있는 자뿐만 아니라 죽은 자도 포함되어 있었다. 또한 의례적인 식사에서 나누어 먹는 동물들은 여신의 손으로 (뼈까지) 되살려졌다. 그리고 디아나("동방의 여주인Signora Oriente")는 여성 신자들에게 여러 질병을 치유한다든지 도둑을 찾아낸다든지 혹은 마법의 정체를 폭로하는 데에 쓰는 약초의 사용법을 가르쳐주었다고 한다.[24] 디아나의 여성 신자들이 악마적인 마술을 행하지 않은 것은 분명하다. 그들의 의식과 환영은 고대의 풍요 의례의 연장선상에 놓여 있었을 것이다. 그러나 앞으로 보겠지만 이단 심문은 사태를 근본적으로 변질시켜버렸다. 16, 7세기의 로렌느 지방에서 당국에 소환된 "마술사"들은 자신들이 "점쟁이 겸 치료자"라는 점은 바로 인정했지만, 사악한 마술사는 아니라고 부인했다. 그들이 마침내 스스로를 "악마의 노예"라고 자백한 것은 어디까지나 고문 때문이었다.[25]

베난단티benandanti("여행하는 자들")와 관련된 다음 사례는 비밀스런 풍요 의례가 이단 심문의 압력으로 인해 어떻게 흑마술 행위로 간주되게 되는지 그 과정을 비극적인 형태로 잘 보여주고 있다. 1575년 3월 31일, 아퀼레이아와 콘코르디아의 주교와 이단 심문관vicario generale은 몇몇 마을에 마술사가 있다는 사실을 알았다. 그들은 베난단티라고 불렸는데, 정작 그들은 자신들이 사악한 마법사들(stregoni)과 투쟁하

---

24) B. Bonomo, *Caccia alle streghe*(Palermo, 1959), pp. 15~17, 59~60; Richard A. Horsley, "Further Reflections on Witchcraft and European Folk Religion", p. 89.
25) Horsley, *op. cit.*, p. 93에 인용된 Étienne Delcambre.

기 때문에 "선한" 마술사들이라고 주장했다. 베난단티에 대한 최초의 조사 결과 다음의 사실이 드러났다. 즉 그들은 매년 네 차례(즉 사계대재四季大齋 주간마다) 한밤중에 비밀 집회를 연다. 그들은 야생 토끼라든가 고양이 같은 동물의 등을 타고 집회 장소에 모인다. 그 집회에는 마법사들의 회합에 특유한 이른바 "악마적"인 특성은 전혀 보이지 않는다. 또한 기독교 신앙에 대한 배교 선언이라든가 성체와 십자가를 모독하는 일 혹은 악마 숭배 따위도 행해지지 않는다. 하지만 그들이 행하는 의례의 근간에 관해서는 별로 알려진 바가 없다. 어쨌든 베난단티는 손에 회향목 가지를 들고 사악한 마법사들(스트리게 strighe[마녀] 및 스트레고니stregoni)과 대결하는데, 이때 적들은 등심초 빗자루로 무장하고 있다. 베난단티는 이처럼 사악한 마법사들과 싸우고 그 마법사들에 의해 희생당한 자들을 치료한다고 주장했다. 이와 같은 사계대재의 전투에서 베난단티 측이 승리를 거두면 그해는 풍년이 되고 만일 패배하면 그해는 흉년이 되어 기근과 식량 부족으로 어려움을 겪게 된다는 것이다.[26]

나중에 이루어진 조사에 의해 베난단티가 될 자의 선발 방식 및 야간 집회에 대한 상세한 내용들이 밝혀졌다. 그들의 주장에 따르면, "하늘의 천사"가 그들에게 이 결사에 가입하도록 명령했으며, 그들은 20세에서 28세 사이에 집단의 비밀을 전수받는다. 결사는 단장의 지휘하에 군대식으로 조직되어 있으며 단장의 북소리를 신호로 소집된다. 단원들은 비밀 엄수의 서약으로 결속한다. 집회에는 때로 5000명이나 되는 베난단티들이 모이기도 하며, 동일한 지역 출신자들이 없지는 않지만 대개는 서로 초면이다. 그들은 황금색으로 물들인 백색 담비 깃

---

26) Carlo Ginzburg, *I Benandanti*, pp. 8 sq.

발을 가지고 있다. 이에 비해 사악한 마법사들의 깃발은 황색이며 네 명의 악마가 그 깃발을 들고 있다. 모든 베난단티들은 공통된 특징이 있다. 즉 그들은 "속옷을 입은 채로", 다시 말해 양막이라고 불리는 태의 胎衣를 뒤집어쓴 채 태어난다는 것이다.

마법사들의 심야 연회에 관해 고정관념을 가진 이단 심문관은 베난단티들의 "천사"가 맛있는 요리, 여자 그리고 그 밖의 외설스런 쾌락을 약속하지 않았느냐고 캐물었다. 이런 식의 유도 심문에 대해 그들은 단호하게 부정했다. 그들은 오직 사악한 마법사들(stregoni)만이 집회에서 춤을 추며 즐긴다고 말했다. 베난단티에 관한 가장 큰 수수께끼는 집회 장소까지 이동하는 그들의 "여행"에 있다. 그들은 수면 상태에서 자신들의 혼이(in spirito 집회 장소까지 이동한다고 주장한다. 이 "여행" 직전에는 힘이 빠져나가는 듯한 엄청난 무력감을 경험하며 거의 탈진하여 혼수상태에 빠진다. 그 사이 혼이 몸에서 빠져나간다는 것이다. 이와 같은 "여행" 준비를 위해 고약을 사용한다든가 하는 일은 없다. 이런 "혼의 여행"이 그들의 눈에는 생생한 현실 속의 여행으로 비쳐진다고 한다.

1581년에 두 사람의 베난단티가 이단으로 판정받아 6개월간의 금고형과 아울러 잘못된 신앙을 포기하도록 명령받았다. 그후 60여 년 동안 몇 번인가의 심문이 행해졌다. 그 결과에 관해서는 나중에 살펴보기로 하고, 여기서는 우선 당시 자료를 토대로 비밀스런 민중 의례 행위의 구조를 재구성해보기로 하자. 그 중심적인 의례가 곡물, 포도 및 "대지의 모든 열매"[27]의 풍작을 보증하기 위해 마법사들과 싸우는 의례적인 전투라는 것은 명백하다. 이 전투가 농경력의 사계절을 구분하

---

27) *Ibid.*, p. 28.

는 네 개의 밤에 행해진다는 점에서도 그 목적이 풍요의 추구에 있었다는 데에는 의심의 여지가 없다. 아마도 베난단티와 스트레고니의 대결은 자연의 출산력 촉진과 인간 사회의 재생을 의도하여 행해지는 두 대립 집단 간의 경쟁과 경기라는 저 고대적 의례의 시나리오를 계승한 것이었으리라.28) 베난단티는 십자가와 "그리스도에 대한 신앙을 위해" 싸운다고 주장하고는 있지만, 그들의 의례적 전투는 표면상으로만 기독교화되어 있을 뿐이다.29) 또한 스트레고니의 경우도 교회의 가르침에 어긋난다는 통상적인 죄목 때문에 비난받는 것은 아니다. 그들에게 돌려진 죄상은 수확을 망쳤다든가 아이들을 홀렸다든가 하는 행위에 있었다. 스트레고니가 전통적인 악마의 심야 연회를 행했다고 명기하는 최초의 고발 문서는 1634년의 것이다(아퀼레이아와 콘코르디아의 이단 심문소는 당시까지 850건의 이단 재판과 고발 사건을 심리했다). 요컨대 북이탈리아 지방에서 발견된 마법사 고발 사건이 말해주는 것은 악마 숭배가 아니라 디아나에게 바쳐진 숭배에 관련된 것이었다.30)

그런데 수많은 재판을 받으면서 결국 베난단티는 이단 심문소가 집요하게 물고 늘어지는 악마학적 전형에다 스스로를 맞추게 되었다. 본래 그 핵심을 이루고 있던 풍요의례는 일정 시점부터 더 이상 문제가 되지 않았다. 1600년 이후에 베난단티는 마법의 희생자들을 치료하는 것만이 자신들의 목적이라고 고백하게 되었다. 그러나 이런 고백에는 위험이

---

28) 이 신화-의례적 시나리오에 관해서는 M. Eliade, *La Nostalgie des Origines*, pp. 320 sq.를 보라.
29) Ginzburg, *op. cit.*, p. 34.
30) 이 디아나 숭배자들의 일부가 고문을 받은 후에 마침내 십자가와 성체에 모독을 가했노라고 고백한 것이 1532년의 일이었다. *Ibid.*, p. 36에 인용된 자료를 보라.

뒤따랐다. 왜냐하면 이단 심문소는 악운을 쫓는 능력이 사악한 마술의 엄연한 증거라고 간주했기 때문이다.[31] 시간이 흐르면서 베난단티는 자신들의 중요성을 의식하게 되었으며, 누구누구가 사악한 마법사라고 고발하는 일이 늘어났다. 그러나 마법사들과의 이와 같은 대립관계를 점점 더 강조하면서도 그들은 무의식적으로 스트리게와 스트레고니 쪽에 마음을 뺏겼다. 1618년에는 어떤 여성 베난단테[benandante (benandanti의 단수형]가 악마들이 주최하는 심야 연회에 참가했음을 인정했으며, 그것은 악마로부터 질병을 치료하는 힘을 얻기 위한 것이었다고 덧붙이기까지 했다.[32]

마침내 1634년, 50년간에 걸친 이단 심문 끝에 베난단티는 자신들이 사악한 마법사들(스트리게 및 스트레고니)과 동일한 존재임을 인정하기에 이르렀다.[33] 피고 중의 한 사람은 이렇게 고백했다. 그는 특별한 연고를 몸에 바르고 심야 연회로 갔다. 거기서 그는 많은 마법사들이 의식을 행하며 춤추고 상궤를 일탈한 성적 행위에 빠져 있는 것을 보았다는 것이다. 물론 그는 베난단티 중에는 이런 오르지에 참가한 자가 한 사람도 없었다고 분명하게 밝혔다. 몇 년 뒤 한 베난단테가 악마와의 계약에 서명하였고 그리스도와 기독교 신앙을 부인했으며 세 명의 영아를 살해했음을 인정했다. 그 이후의 심문에서는 지금은 고전적인 것이 된 사악한 마술사들의 심야 연회에 관한 상상으로부터 상투적인 요소들이 하나둘씩 추출되었고, 베난단티는 자신들이 심야 연회의 무도회에 들락거렸다는 것, 악마에게 찬사를 보내고 그 엉덩

---

31) *Ibid.*, p. 87 sq.를 보라.
32) *Ibid.*, p. 110.
33) *Ibid.*, pp. 115 sq.

이에 키스했다는 것을 고백하고 만다. 그런 고백 중에서도 가장 극적인 것이 1644년에 나온다. 거기서 피고는 악마에 관해 상세한 묘사를 하면서, 자신이 어떻게 해서 악마에게 영혼을 바쳤는지를 말했고, 주술을 걸어 네 명의 유아를 살해했음을 인정했다. 그런데 독방에서 주교와 둘만이 남게 되자 이 수인은 자신의 고백이 거짓말이며 자신은 베난단테도 아니고 스트레고네[stregone[stregoni의 단수형]도 아니라고 해명했다. 하지만 심문관들은 이 수인이 "다른 사람이 일러준 것을 고백하는 것에 불과하다"는 데 동의했다. 그에 대한 판결이 그 뒤 어떻게 되었는지는 알려져 있지 않다. 왜냐하면 당시 피고가 감옥에서 목을 매어 자살해버렸기 때문이다. 실로 이는 베난단티에 대해 행해진 최후의 본격적인 심문이었다.[34]

이 집단의 군대적 속성에 대해 좀 더 생각해보자. 군대적 속성은 이 단 심문소의 심사 이전까지만 해도 매우 중요한 요인이었다. 하지만 이와 유사한 사례가 없는 것은 아니다. 우리는 이미 17세기 리투아니아인 노인의 사례를 살펴본 바 있다.(본권 p. 52~53) 이는 그가 늑대로 변신한 동료들과 함께 지옥에 내려가 악마 및 마법사들과 싸우고 도난당한 것(가축, 보리 및 기타 작물들)을 되찾아 온다는 스토리였다. 카를로 진즈부르그Carlo Ginzburg는 베난단티와 리투아니아의 늑대 인간을 엑스터시 속에서 지하 세계로 하강하여 공동체의 안전을 확보

---

34) *Ibid.*, p. 148 sq. 그러나 1661년에도 여전히 베난단티는 자신들이 기독교 신앙을 위해 스트레고니와 싸운다고 주장할 만한 여력을 가지고 있었다.(*ibid.*, p. 155) J. B. Russel, *Witchcraft in the Middle Ages*, p. 212에서는 1384~1390년 사이에 밀라노에서 재판에 회부된 두 가지 사악한 마법 사건에서 베난단티의 신앙과 유사한 신앙 흔적에 대해 언급하고 있다.

하는 샤먼과 비교하고 있는데, 이는 정당한 견해라고 여겨진다.[35] 그러나 다른 한편 간과해서는 안 될 것은 죽은 전사들과 신들이 악마 군단과 싸운다는 신앙—북유럽 일대에 퍼져 있다—이다.[36]

루마니아의 민간전승은 이 신화-의례적 시나리오의 기원과 기능을 보다 잘 이해시켜준다. 우선 루마니아 교회는 다른 정교회와 마찬가지로 이단 심문소에 상당하는 제도를 갖고 있지 않았다는 점을 지적해두고자 한다. 때문에 여러 이단의 존재가 알려져 있기는 했으나, 사악한 마법사들에 대한 박해는 집단적 혹은 조직적으로 행해지지 않았다. 나는 우리의 문제에서 결정적인 의미를 가지는 두 가지 단어에 분석을 한정시키고자 한다. 즉 라틴어로 "마녀"를 뜻하는 스트리가striga와 동유럽 일대에서 마녀들의 여주인이 된 루마니아의 여신 "디아나Diane"가 그것이다. 스트리가는 루마니아어로 스트리고이strigoï인데, 이는 산 자일 수도, 죽은 자일 수도 있으며 둘 다 사악한 마법사를 의미한다(죽은 자의 경우는 흡혈귀가 된다). 스트리고이는 태의를 입고 태어난다. 성년이 된 다음 그 태의를 걸치면 모습이 보이지 않게 된다고 한다. 또한 그들에게는 초자연적 힘이 있다고 말해진다. 예를 들어 그들은 빗장이 잠겨 있는 집에 들어갈 수 있으며 별 탈 없이 늑대나 곰과 놀 수 있다. 그들은 마법사들이 행한다고 여겨지는 모든 악행에 탐닉하기도 한다. 예컨대 사람들과 가축들에게 역병을 퍼뜨리고, 사람들을 "조종하며" 변신시키고, 비를 "조작함으로써" 한발을 초래하고, 암소의 젖이 마르게 하고, 무엇보다 사람들에게 저주를 내린다. 그들

---

35) Ginzburg, *op. cit.*, p. 40.
36) 특히 Otto Höfler, *Verwandlungskulte, Volkssagen und Mythen*(Vienne, 1973), pp. 15, 234 등을 참조하라.

은 개, 고양이, 늑대, 말, 돼지, 개구리 등의 동물로 변신할 수 있다. 또한 그들은 정해진 날의 밤, 특히 성 게오르기우스와 성 안드레아스의 밤에 외출한다고 믿어진다. 그런 후 집에 되돌아오면 외발로 서서 발끝으로 세 번 도는데, 그러면 원래의 사람 모습으로 돌아온다는 것이다. 육체를 벗어난 그들의 혼은 말이나 빗자루 혹은 술통을 걸터타고 간다. 스트리고이는 마을에서 멀리 떨어진 특정 장소 혹은 "풀 한 포기 없는 세계의 변방"에 집합한다. 거기서 일제히 사람 모습이 되어 **함께 싸우기 시작하며** 곤봉과 도끼와 낫 등의 도구로 서로를 마구 때린다. 싸움은 밤중 내내 계속되며 흐느끼는 울음소리와 전원의 화해로 끝난다. 그들은 완전히 탈진하여 창백해진 얼굴로 집에 돌아오는데, 자신들에게 일어난 일을 전혀 기억하지 못한 채 그대로 깊은 잠에 빠지고 만다.[37]

유감스럽게도 이 심야 쌈판의 의미와 목적에 관해서는 알려진 바가 하나도 없다. 그것은 일면 **베난단티**라든가 **유령 군단**Wilde Heer, 혹은 중

---

[37] 스트리고이에 관해서는 Ion Muşlea et Ovidiu Birlea, *Tipologia folclorului: Dinăr spunsurile la chestionarele lui B. P. Hasdeu*(Bucarest, 1970), pp. 224~270에 나오는 풍부한 자료를 보라. 이것만큼 일반적이지는 못하지만, 스트리고이는 특별한 고약을 바르고 굴뚝을 통해 나간다는 신앙도 있다.(pp. 248, 256) 죽은 **스트리고이**도 마찬가지로 한밤중에 집회를 가지며 살아 있는 **스트리고이**와 동일한 무기로 서로를 때린다.(*ibid.*, p. 267 sq.) 유럽의 다른 많은 민중 신앙들에서와 마찬가지로 마늘은 살아 있는 **스트리고이**에 대해서든 죽은 **스트리고이**에 대해서든 가장 유효한 방어 수단으로 간주된다.(*ibid.*, pp. 254 sq., 268 sq.) 보름스의 불카르두스(11세기)가 펴낸 『속죄행의 서Corrector』에는 특정 여자들이 말하는 것을 믿어서는 안 된다고 적혀 있다. 이 책에 의하면 "이 여자들은 밤중에 닫혀 있는 문을 쑥 빠져나가 싸움터로 가기 위해 구름을 향해 날아오른다"고 한다.(J. B. Russel, *Witchcraft*, p. 82) 그러나 이 여자들이 누구와 싸우는지는 알려져 있지 않다.

부 유럽 및 동부 유럽에서 아주 잘 알려져 있던 사자의 장례 행렬을 연상시킨다. 하지만 베난단티는 스트리가를 공격하는 데에 비해 루마니아의 스트리고이는 자기네들끼리 서로 싸우며, 그 전투는 반드시 눈물과 전면적 화해로 끝난다. 또한 유령 군단과의 유사성에 대해 말하자면, 그 최대의 특징, 즉 마을 사람들을 떨게 만드는 무시무시한 소리가 스트리고이의 경우에는 없다. 어쨌든 이 루마니아의 사악한 마법사들의 사례는 꿈속에서의 여행이라든가 엑스터시 속에서의 의례적 전투에 입각한 저 기독교 이전의 전형에 대한 예증이라 할 수 있다. 이와 유사한 사례는 다른 유럽 각지에서도 찾아볼 수 있다.

고대 다키아의 여신 디아나가 겪은 노정 또한 마찬가지로 의미가 깊다. 디아나라는 그리스풍의 이름 자체는 게타에-트라키아인의 토착 여신의 지역적 호칭을 대신한 것임이 거의 확실하다. 그러나 루마니아의 디아나 신앙과 의례가 고대적인 것이라는 점에는 의문의 여지가 없다. 과연 로망스어권의 민족들—이탈리아, 프랑스, 스페인, 포르투갈—에게 있어 "디아나" 숭배와 신화에 관련된 중세의 자료들은 대체로 라틴어 문헌에 정통한 교양 있는 수도승들의 견해를 반영한 것이 아닌가 하는 생각을 버릴 수 없다. 하지만 이런 가설은 루마니아의 디아나에 대해서는 적용할 수 없다. 이 여신의 이름은 루마니아어로는 "요정"을 의미하는 지나zîna(< dziana)이다. 게다가 동일한 어근에 입각한 다른 말 지나텍zînatec은 "멍청하고 생각이 모자란 어리석은 자", 즉 디아나 또는 요정들에게 "사로잡힌 자", "빙의된 자"를 의미한다.[38] 우

---

38) 지네의 특수한 집단 명칭인 신제네Siinziene는 아마도 라틴어 산크테 디아네Sanctae Diānae(성스러운 디아나들)에서 유래한 듯싶다. 신제네는 비교적 성품이 좋은 요정으로서 중요한 축제일인 세례요한 축일(6월 24일의 하지 축제)의 이름이기도 하다.

리는 앞에서 지네와 **칼루샤리**의 상당히 양의적인 관계에 관해 살펴본 바 있다.(본권 305절) 지네는 잔인한 성격을 가지고 있기도 하며, 그 이름을 입에 올리는 것은 불경한 것이라고 간주된다. 때문에 사람들은 지네에 대해 "성녀", "마음이 관대한 분", "로잘리Rosalies[장미의 여인]"라고 부른다든지 혹은 단순히 "그녀들(*iele*)"이라고 말하기도 한다. 이 요정은 죽지 않으며, 활달하고 매혹적인 아름다운 소녀의 모습을 취하고 있다. 흰 옷을 입고 앞가슴을 풀어헤치고 있는데, 낮에는 눈에 보이지 않는다. 날개를 가지고 있어 특히 밤중에 공중을 날아다니며 노래와 춤을 좋아하는데, 이 요정들이 춤을 춘 뒤의 풀밭은 불에 탄 듯이 그을려 있다고 한다. 그녀들이 춤추는 것을 본 자와 금기를 어긴 자는 병에 걸리며 그 병은 **칼루샤리**만이 고칠 수 있다.[39]

이와 같은 루마니아 전승 자료들은 그 고대적 성격으로 말미암아 유럽의 주술에 대한 신앙을 이해하는 데에 큰 도움이 된다. 첫째, 주술이 주로 풍요성과 건강에 관련된 고대적인 의례 및 신앙과 관계가 있음은 의심할 여지가 없다. 둘째, 이 신화-의례적 시나리오는 젊은 남녀들(**베난단티**, **스트리가**, **칼루샤리**)에 의해 의인화된 상보적인 동시에 대립적인 두 세력 간의 전투 장면을 포함한다. 셋째, 이 의례적 전투 후에는 종종 적대적인 두 집단의 화해가 이루어진다. 넷째, 이와

---

39) 결론적으로 **칼루샤리**가 구현하는 시나리오가 의미하는 것은 대항적인 동시에 상보적인 두 개의 주술-종교적 관념 및 기법의 융합에 있다. 이 원초적인 시나리오가 놀랄 만큼 강고하게 존속할 수 있었던 이유로는 다음의 사실이 가장 진실에 가깝다고 여겨진다. 즉 여기서는 서로 대립하는 두 개의 "원리"(질병과 죽음, 건강과 풍요)가 화해하고 융화되며, 원초적 이원성의 가장 자극적인 표현 중의 하나인 여성과 남성의 이원성으로 의인화된다. 다시 말해 질병을 치유하는 힘을 가진 말 탄 영웅과 요정이라는 이원성이 그것이다.

같은 집단의 의례적 양분할은 일종의 양의성을 함의한다. 즉 두 집단이 함께 우주적 생명과 풍요성의 과정을 표현하면서도 동시에 어느 한쪽이 항상 그 부정적 측면을 의인화하고 있기 때문이다. 나아가 이렇게 의인화된 부정적 원리는 역사상의 특정 시점 혹은 일정한 상황 하에서 일종의 악의 발현으로 해석되기도 했다.[40] 이것이 루마니아의 **스트리고이**의 경우에 일어났다고 보여진다. 또한 정도는 보다 약하지만, 이는 "디아나의 권속"에 해당하는 요정 **지네**에 대해서도 일어났다고 말할 수 있다. 나아가 이단 심문소의 압력을 받았던 **베난단티**에 대해서도 유사한 해석이 가능하다. 그러나 서유럽에 있어서는 기독교 이전 시대의 신화 의례의 잔존 형태가 악마적 행위 혹은 궁극적으로 이단 신앙과 동일시되어왔기 때문에 이와 같은 재해석 과정은 지극히 복잡해졌다.

307. 마르틴 루터와 독일의 종교개혁

서구의 종교사와 문화사를 통틀어 볼 때 마녀사냥이 격화되기 전의 1세기는 가장 창조적인 시대 중 하나로 꼽힌다. 그것은 단지 마르틴 루터Martin Luther와 장 칼뱅Jean Calvin의 주도하에 많은 장애를 넘어 승리를 얻어낸 종교개혁 때문만은 아니다. 이 시대—대략 마르실리오 피치노Marsilio Ficino(1433~1499)로부터 조르다노 브루노Giordano Bruno(1548~1600)에 이르는 시기—는 (문화, 과학, 기술, 지리에 있어) 일련

---

40) 다양한 이분법과 양극성이 악의 이념을 포함하는 종교적 이원론으로 변용되어 가는 것에 관해서는 M. Eliade, *La Nostalgie des Origines*, pp. 345 sq.를 보라.

의 대발견으로 특징지어지는데, 각각의 발견은 예외 없이 어떤 종교적 의의를 수반하였다. 우리가 이탈리아의 인문주의자들이 부흥시킨 신플라톤주의, 신연금술, 파라셀수스Paracelse의 연금술적 의술, 코페르니쿠스와 조르다노 부르노의 태양중심주의 등의 종교적 가치와 기능에 대해 논의할 기회는 있을 것이다. 그러나 인쇄술의 발견과 같은 기술적 발견조차도 중요한 종교적 결과를 초래했다. 사실 인쇄술의 발견은 종교개혁의 파급과 승리에 불가결한 역할을 했다. 루터주의는 "그 발단부터 인쇄된 서책의 자녀"라 할 수 있기 때문이다. 다시 말해 인쇄물이라는 수단에 의지함으로써 비로소 루터는 강력하고 정확하게 그 메시지를 유럽 구석구석까지 보낼 수 있었던 것이다.[41]

아메리카 대륙의 발견이 신학적으로 여러 논쟁을 불러일으켰다는 점은 널리 알려져 있다. 그런데 이미 크리스토퍼 콜럼버스 자신도 그의 항해가 가지는 종말론적 성격을 자각하고 있었다. 그리하여 콜럼버스는 (우리는 그 내용을 알지 못하는) 몇몇 "놀랄 만한 상황"을 통해 "신이 그 손을 내보여주셨다"고 회고한다. 실제로 콜럼버스는 자신의 항해를 "엄연한 기적"으로 여겼다. 왜냐하면 그것은 단지 "인도" 발견만의 문제가 아니라 변모한 세계의 발견이었기 때문이다. "신은 나를 사도로 선택하셨다. 주님이 예전에 묵시록 속에서 성 요한의 입을 통해 말씀하신, 더 거슬러 올라가자면 이사야도 언급했던 저 새 하늘과 새 땅이 어디에 있는지를 신은 내게 보여주셨던 것이다."[42] 콜럼버스

---

41) A. G. Dickens, *Reformation and Society in Sixteenth Century Europe*, p. 51. "역사상 처음으로 방대한 수의 독자들이 일종의 매스미디어를 통해 혁명적 제 개념의 가치를 판단하게 되었다. 거기서 사용된 언어는 속어[비라틴어]이며 저널리스트와 풍자 작가의 수법도 사용되었다."(*ibid.*)
42) 유모에게 보낸 편지. Claude Kappler, *Monstres, Démons et merveilles à la fin du*

의 계산에 의하면 세계의 종말은 155년 뒤에 찾아올 것이었다. 하지만 그 종말에 앞서 먼저 "인도"에서 얻게 될 황금 덕택에 예루살렘이 탈환되고 "거룩한 집[*예루살렘 신전]"이 "거룩한 교회"로 반환될 것이다.[43]

당대인들이 모두 그랬듯이 마르틴 루터 또한 당대적인 수많은 통념과 신앙을 공유하고 있었다. 가령 그는 악마가 무시무시한 권능을 가지고 있으며 마녀들은 모두 화형에 처해야 한다고 믿고 있었다. 또한 그는 연금술의 종교적 기능에 관해서도 인정하고 있었다.[44] 영적 수행을 실천하고 있던 많은 신학자, 수도자, 평신도들과 마찬가지로(본권 299~300절 참조) 마르틴 루터 또한『독일 신학Theologia deutsch』에서

Moyen Age, p. 108에서 인용하였다.
43) 1502년 2월, 교황 알렉산드르 6세에게 보낸 편지. Trad. Claude Kappler, *op. cit.*, p. 109.
44) 악마에 관해서는 A. C. Kors et Edward Peters의 선집, *Witchcraft in Europe*, p. 195~201에 수록된『갈라디아서 강해Commentaire sur l'Épître de saint Paul aux Galates』를 보라 (*ibid.*, pp. 202~212의 장 칼뱅의『기독교 강요』로부터 발췌된 몇몇 구절도 참조하라). 한편『탁상어록Propos de table』에서 루터는 이렇게 말하고 있다. "나는 이 마녀들에게 어떤 연민도 품고 있지 않다. 나는 그녀들을 모두 불태워 죽이고 말겠다!" 연금술에 관해 루터는 마찬가지로『탁상어록』에서 "매우 마음에 든다"라고 적고 있다. "연금술이 내 마음에 든 것은 그것이 금속의 정련과 약초의 증류 및 승화 등 많은 점에서 도움이 될 만한 가능성을 가지고 있기 때문만은 아니다. 거기에는 최후의 심판의 날에 있을 사자의 부활에 관한 매우 매력적인 비유와 비의적 의미가 내포되어 있기 때문이다. 즉 불은 화로 안에서 어떤 물질로부터 쓸데없는 부분을 분리시키고 정신, 생명, 정기, 힘 등과 같은 것만을 끌어내는 한편, 불순한 물질이나 침전물 등은 무가치한 시체처럼 밑에 가라앉는다. 바로 그것과 마찬가지로 하느님은 최후의 심판 날에 불로써 모든 것을 분리시키실 것이다. 다시 말해 의인을 불신자들 가운데서 분리시키실 것이다."(Montgomery, "L'astrologie et l'alchimie luthérienne à l'époque de la Réforme", p. 337에 인용된 *Tischreden*.)

"신비주의적" 위안을 발견했으며, 이 문서를 성서와 성 아우구스티누스의 바로 다음에 자리매김시킬 만한 것으로 여겼다.[45] 그는 수많은 서책들을 읽고 연구했으며, 아주 일찍부터 오컴의 윌리엄으로부터 영향을 받기도 했다. 그러나 그의 종교적 천재성을 당대의 시대정신으로 모두 설명할 수는 없다. 오히려 그 반대로 마르틴 루터의 개인적 체험이야말로 당대의 영적, 정신적 동향을 근본적으로 바꿔버릴 만한 커다란 힘이었다. 따라서 무함마드의 경우와 마찬가지로 그의 전기는 그런 종교적 창조성의 원천을 이해하는 데에 중요한 근거가 된다.

마르틴 루터는 1483년 11월 10일에 아이슬레벤에서 태어났다. 1501년에 에어푸르트대학에 입학했으며 1505년에 학사 학위를 취득했다. 그로부터 수개월 뒤 천둥번개가 치는 격심한 폭풍우 속에서 오들오들 떨며 넘어졌을 때 그는 수도사가 되겠다는 맹서를 했고, 같은 해 에어푸르트의 아우구스티누스파 수도원에 들어갔다. 부친의 반대에도 불구하고 마르틴 루터는 그 결심을 굽히지 않았다. 그리하여 1507년에 사제 서품을 받았으며 비텐베르크와 에어푸르트의 대학에서 도덕철학을 강의했다. 1510년 로마 여행 때에는 교회의 타락에 몸서리를 쳤다고 한다. 2년 뒤 신학 박사 학위를 취득했으며 비텐베르크의 성서신학 교수로 취임했고 「창세기」 주석으로 첫 강의를 시작했다.

그러나 그의 종교적 불안은 아버지 하느님, 즉 구약에 나오는 야훼의 분노와 의로움에 관해 사색하면 할수록 깊어만 갔다. 그가 마침내 "신의 의로움"이라는 말의 참된 의미를 찾아낸 것은 1513년 혹은 1514년경이었다. 즉 신의 의로움이란 신이 인간을 의롭게 하는 행위

---

45) 1350년경 독일어로 저술된 이 익명의 저서는 그가 활판인쇄로 내놓은 최초의 서책이기도 했다.

이다. 바꿔 말하자면 신의 의로움이란 믿는 자가 그 신앙으로써 그리스도의 희생에 의해 성취된 의로움을 받아들이는 행위를 뜻한다. 성바울의 말―"의인은 믿음으로 산다"(「로마서」1:12)―에 대한 이런 해석은 마르틴 루터 신학의 근본을 이룬다. "나는 새롭게 태어난 듯한 느낌을 가졌다. 그리고 나는 열려진 무수한 문을 통해 천국으로 들어갔다."「로마서」―"『신약성서』 가운데 가장 중요한 문서"―에 관해 고찰함으로써 루터는 자신의 행위에 의해 의로움을 얻기(즉 신과 적합한 관계에 들어가기)란 불가능한 것임을 깨달았다. 그보다 인간은 오직 그리스도를 믿음으로써만 의롭게 될 수 있으며 또한 구원받을 수 있다. 또한 신앙과 마찬가지로 구원 또한 신으로부터 무상으로 주어지는 것이다. 루터는 1515년의 강의에서 이런 발견을 다듬어 그가 말하는 "십자가의 신학"을 전개해나갔다.

종교개혁자로서의 그의 활동은 1517년 10월 31일에 시작되었다. 이날 마르틴 루터는 비텐베르크 성의 교회 문에 면죄부에 반대하는 95개조의 테제가 적힌 대자보를 붙임으로써[46] 교회의 교의와 문화에 있어서의 일탈성을 공격했다. 1518년 4월 그는 교황 레오 10세 앞으로 정중한 서면을 제출했다. 곧이어 그는 해명을 위해 로마로 출두하라는 명을 받았다. 루터는 심문이 독일 국내에서 행해질 수 있도록 작센의 선제후 프레데릭에게 요청했다. 이들의 정면 대결은 1518년 10월 아우

---

46) 교회는 그리스도, 성모마리아 그리고 여러 성인들에 의해 축적된 "공덕의 보물"을 퍼 올려 면죄부를 베풀 수 있다고 여겨졌다. 이 교회 제도가 원활하게 운용된 것은 제1차 십자군 때부터였다. 즉 1095년에 교황 우르바누스 2세는 십자군 참가자들이 과거에 범했던 죄가 일시적으로 사면되었음을 선포했던 것이다. 그러나 일부 몰지각한 성직자들이 이 제도를 남용함으로써 사람들이 면죄부에 의해 죄 사함을 받을 수 있다고 믿게 된 것은 전적으로 루터 시대에 들어와서부터였다.

구스부르크에서 추기경 카에타누스의 임석하에 행해졌다. 그러나 이 아우구스티누스파 수도승[루터]은 자신의 주장을 끝내 철회하지 않았으며, 많은 고위 성직자들과 신학자들도 루터와 같은 의견이었다.[47] 루터에게 있어 면죄부 문제는 교리상 어떤 정당화도 있을 수 없었다. 이어진 수개월 동안 이들의 대립은 위험수위에까지 이르렀다. 이를테면 1519년 라이프치히에서 루터는 교황 절대주의에 이의를 제기하면서 교황 또한 성서의 권위에 따르지 않으면 안 된다고 주장했다. 그러자 이에 대한 대응으로 1520년 7월에 대칙서 『엑스수르제 도미니 Exsurge Domini』가 나왔고, 루터는 2개월 이내에 자신의 주장을 철회하지 않는다면 파문을 당할 상황에 놓였다. 하지만 이 피고인[루터]은 송달된 대칙서를 공중이 보는 앞에서 불에 던져버렸고 잇달아 네 권의 책을 간행했다. 그 책들은 그의 가장 중요하고 눈부신 저작에 속한다. 1520년 8월에 공표한 선언문 『독일의 기독교 귀족에게A la noblesse chrétienne de la nation allemande』에서 그는 공의회에 대한 교황의 우월권, 성직자와 평신도의 구별, 교회 성직자의 성서 연구 독점을 부정했다. 이와 관련하여 그는 세례를 받은 기독교인이라면 누구나 사제라는 점을 강조하고 있다. 2개월 뒤 그는 세상의 신학자들 앞으로 『교회의 바빌론 유수에 관하여Prélude sur la captivité babylonienne de l'Église』를 발표하여 성직자 계급과 성사의 남용을 공격했다. 루터는 처음에 세 가지 성사—세례, 성찬 그리고 고해성사—만을 인정했다가 나중에는 고해성사도 부정했다. 작센 선제후의 비호를 받은 그는 바르트부르크 성에 숨어 살면서(1521) 다음 해까지 비텐베르크에는 돌아가지 않았다.[48]

---

47) 이미 이노켄티우스 3세가 이 제도를 엄격하게 제한하고자 했다. 하지만 면죄부의 남용에 종지부를 찍은 것은 1567년 피우스 5세였다.

이로써 그는 로마와 최종적으로 결별하였다. 만일 황제 카를 5세가 모든 방면에서 추구되었던 개혁을 실행하도록 교황청에 압력을 가했다면 이런 결별을 피할 수 있었을지도 모른다. 스티븐 오즈멘트의 표현에 따르자면 사실상 평신도들도 많은 수도승들처럼 "일종의 부글거리는 종교적 억압 감정"을 공유하고 있었다. 1521년 3월에 제출된 진정서 『신성로마제국 및 특히 전체 독일 국민들의 탄원Les Griefs du Saint Empire Romain et spécialement de l'entière Nation Allemande』은 귀족 및 시민계급의 분노를 표현한 것이라 할 수 있는데, 이는 교황, 독일의 고위 성직자들, 교회 및 성직자 계층 전체에 대한 루터의 비판을 그대로 반영하고 있다.[49]

그러나 비텐베르크에 돌아오자마자 루터는 당시에 일어났던 어떤 "예언자" 운동에 대해, 그리고 그가 부재하는 동안 행해진 몇몇 혁신에 대해 반대하는 설교를 하지 않으면 안 되었다. 또한 그는 그 뒤 수년간 다른 여러 가지 난제에 직면하게 되었다. 가령 1524년 독일 남부에서 발발하여 1년도 채 되지 않은 사이에 독일 전체로 퍼진 농민전쟁에 대하여 루터는 『범죄적 폭도들과 약탈자 농민들에게 반대하며Contre les hordes criminelles et pillardes des paysans』(1525)를 간행했다. 이 소책자는 당시에—오늘날까지도—많은 비판의 표적이 되었다.[50] 이 농민전쟁기에 루터는 원래 수녀였던 캐서린 반 보라와 결혼했고 여섯 명의 자녀

---

48) 그는 이 체재 기간 중 『신약성서』를 독일어로 번역했으며(성서 전체의 완역은 1534년에 이루어졌다), 나아가 『수도자의 서원에 관하여Sur les vœux monastiques』를 저술하여 성직자의 결혼 및 서원을 파기할 수 있는 수도자의 자유를 요구했다.
49) Ozment, *The Age of Reform*, p. 223.
50) 이 농민반란은 제후 연합군에 의해 매우 잔혹하게 진압되었다.

를 두었다. 또한 에라스무스Erasme와의 논쟁이 일어난 것도 이 시기였다.(본권 308절 참조) 이와 더불어 루터는 멜란히톤Mélanchton(1497~1560) 및 여러 협력자들의 도움을 얻어 종교개혁의 조직화를 진행시켜 나갔다. 거기서 루터는 예배 중에 부르는 찬송가의 중요성을 강조했으며, 그 자신이 상당수의 찬송가를 짓기도 했다. 미사와 관련하여 그는 성체에 있어 그리스도의 실체적 현존을 인정함으로써, 그리스도의 상징적 현존만을 인정하는 스위스의 종교개혁가 츠빙글리와 논쟁을 벌이기도 했다.

만년의 루터는 주로 정치적 문제로 인해 적지 않은 어려움을 겪었다. 그는 당시 지배 권력의 보호를 받아들이지 않을 수 없었다. 무질서와 혼돈보다는 권력에 의한 질서 쪽이 더 낫다고 여겼기 때문이다. 한편 그는 과격한 종교개혁의 신봉자들에 대한 공격을 멈추지 않았다. 그리하여 루터는 자신의 복음주의 운동에 있어 항상 교조주의화를 강요하는 방향으로 신학과 예배 제도를 틀 지어나갔으며, 그 결과 루터파 교회가 성립되었다. 루터는 1546년 2월 18일에 세상을 떠났다.

308. 루터의 신학. 에라스무스와의 논쟁

1522년 6월의 어느 서간문에서 마르틴 루터는 이렇게 적고 있다. "나는 누군가가 내 교의의 시비를 판단할 수 있다고는 생각지 않는다. 설령 그가 천사라 할지라도 말이다. 나의 교설을 받아들이지 않는 자는 구원에 이를 수 없다." 자크 마리탱Jacques Maritain은 이 서간문을 인용하면서,[51] 그것이 루터의 오만과 에고이즘을 보여주는 증거 중의 하나라고 지적한다. 그러나 이는 신이 자신을 선택했다는 것을, 그리고 자신의 예언자적 사명을 조금도 의심하지 않는 자에게 특유한 태도이다. 자신의 결의 그대로 재단하고 단죄하고 구원하는 저 아버지 하느님의 절대적 자유를 계시받은 루터는 더 이상 자신의 것 이외의 그 어떠한 해석도 허용할 수 없었던 것이다. 그의 거친 비관용적 태도는 인류에 대한 야훼의 열정과 독점욕을 반영하고 있다. 루터에게 내려진 계시—**솔라 피데**sola fide[오직 신앙만으로]에 의한 의로움의 인정과 구원—는 결정적으로 변경 불가능한 것이다. 천사라 할지라도 그 옳고 그름을 판단할 수 없었던 것이다.

루터는 자신의 인생을 변화시킨 이 계시를 자신의 신학 속에서 부단히 설명하고 변호했다. 실로 그는 박학하고 뛰어난 신학자였다.[52] 면죄부에 반대하는 테제를 발표하기 직전에(1517년 9월 4일) 그는 『스콜라신학에 대한 반론Disputation contre la théologie scolastique』을 저술하여 중세 말의 신학을 공격했다. 주로 토마스 아퀴나스에 의거한 중세 교회의 가르침에 따르면, 은총의 상태 안에서 선을 실천하는 신자는 자기 자신의 구원에 협력하는 자로 간주되었다. 한편 오컴의 많은 제자들은 **신으로부터 부여받은** 이성과 양심이 원죄에 의해 상실되지 않았다고 보았다. 따라서 스스로의 자연적 본성인 도덕의식에 따라 선행을 행하는 자는 그 보답으로서 은총을 받는다는 것이다. 오컴주의자

---

51) Sämtliche Werke(Erlangen, 1826~1857), vol. 26, p. 144; J. Maritain, *Trois Réformateurs*(1925), p. 20. 같은 책의 Moehler[19세기 전반의 가톨릭 신학자]의 지적을 보라. Moehler에 의하면 "스스로 생각하기에 루터의 자아는 전 인류가 그 주변을 선회하는 중력의 중심 같은 것이었다. 그는 자신을 보편적 인간이자 모든 이들의 모델이라고 생각했던 것이다."

52) 1509년부터 1517년 사이에 그는 아리스토텔레스, 성 아우구스티누스, 교회 교부들, 중세 대신학자들의 저작을 연구했다.

에게 이와 같은 신앙은 펠라기우스주의(본권 pp. 82~83 참조)와는 전혀 무관한 것이었다. 왜냐하면 결국 인간의 구원은 여전히 신에게 있다고 여겨졌기 때문이다.

『스콜라신학에 대한 반론』에서 루터는 이런 교설을 신랄하게 공격했다. 루터에 의하면 인간의 의지는 그 본성상 선을 이룰 자유를 가지고 있지 않다. 타락 이후의 인간에 관해서는 더 이상 "자유의지"를 말할 수 없다. 왜냐하면 타락 이후의 인간을 지배하고 있는 것은 절대적 자기중심주의와 자기만족에 대한 강렬한 추구뿐이기 때문이다. 이는 비도덕적 성향과 행위에 대해서만 말해지는 것은 아니다. 인간은 종종 선하고 고귀한 것을 추구하며 경건한 행위를 행하고 신에게 다가서고자 한다. 하지만 그런 행위 또한 죄에 젖어 있다. 왜냐하면 그 원천에는 자기 숭배가 깔려 있기 때문이다. 루터는 이런 자기 숭배를 (은총 바깥에 있는) 모든 인간 행위의 근본적 형태라고 보았다.[53]

또한 루터는 윤리적 덕성이 교육을 통해 획득된다고 하는 아리스토텔레스의 『윤리학Éthique』도 부정했다. 요컨대 그는 스콜라신학 내에서 또 하나의 새로운 펠라기우스주의를 보았던 것이다. 그가 보기에 선행이 은총의 상태 안에서 행해지건 바깥에서 행해지건 간에 그것은 영혼의 구원에 아무런 기여도 할 수 없다. 『스콜라신학에 대한 반론』이 간행된 1517년 이래 루터는 **솔라 피데**에 대한 설명을 끊임없이 반복하고 있다. 그는 신앙의 교리적 내용에 관해서는 그다지 강조하지 않는다. 중요한 것은 **신앙의 체험** 그 자체라고 생각했기 때문이다. 그것은 아이의 신뢰와 같은 소박하고 전면적인 **신뢰**이다.

신앙과 이성의 조화라는 유명한 문제에 관해 루터는 그것이 불가능

---

53) B. A. Gerrish, "De Libero Arbitrio", p. 188, n. 10에 나오는 텍스트들을 보라.

하다고 보았다. 그러니까 신앙과 이성의 조화 가능성을 인정하는 자는 이교도나 다름없다는 것이다. 그는 이성은 신앙의 영역과는 아무런 공통분모를 가지지 않는다고 여겼다. 후에 그는 이렇게 적고 있다. 신조는 "변증법적 진리, 즉 아리스토텔레스의 윤리학에 반하지 않는다. 신조는 오히려 그것 바깥에, 밑에, 위에, 주변에, 그 너머에 있는 것이다."[54]

에라스무스가 『자유의지론De Libero Arbitrio』에서 전개한 비판에 응답하면서 루터는 자기 신학의 근본 테마—신앙에 의해 의로움을 인정받는 것—를 다시 한번 피력했다. 이 두 위대한 정신의 대결은 의미심장한 동시에 전형적이고 유감스러운 것이기도 했다. 에라스무스(1469~1536)는 이전부터 줄곧 교회의 악습과 부패를 공격했으며 개혁의 절박성을 강조해왔다. 때문에 그는 청년 루터에게 공감을 표명했다.[55] 그러나 선량한 기독교 신자이자 진지한 인문주의자로서 에라스무스는 기독교 공동체의 분열에 동참하기를 거부했다. 그는 전쟁과 비방과 중상모략과 종교적 비관용을 혐오했다. 그리하여 그는 서구 기독교의 근본적 개혁을 요구하면서 면죄부, 자격 없는 사제, 부도덕한 사제와 추기경, 기만적 수도사에 대해, 나아가 스콜라적 방법과 신학자의 무지에 대해서도 반대 의사를 표명했다. 에라스무스는 가장 합리적이고 이성적인 교육의 필요성을 확신하고 있었으며, 고전 시대의 문화를 도입함으로써 기독교가 얻게 될 막대한 이익을

---

54) Ozment, *op. cit.*, p. 238에서 인용하였다.
55) Roland H. Bainton, *Erasmus of Christendom*, pp. 153 sq.에 나오는 참고 문헌들 및 인용들을 보라. 에라스무스는 『서간Letters』 및 준비 중에 있던 여러 저작 속에서 루터에 대한 공감을 표명하고 있다.

되풀이하여 주장했다.56) 그의 이상은 그리스도가 설파한 그대로의 평화에 있었다. 뿐만 아니라 그의 이상은 유럽 국가들 간의 상호 협력을 굳건히 하는 데에 있었다.

1523년 8월 31일에 에라스무스는 울리히 츠빙글리에게 보낸 서신에서 이렇게 적고 있다. "저는 루터가 설한 것과 거의 동일한 것을 설했다고 생각합니다. 그러나 루터처럼 그렇게 거칠지는 않습니다. 저는 일종의 역설과 수수께끼를 사용하는 것도 자제했습니다."57) 그는 루터 사상의 일부 측면은 받아들이지 않았지만 종종 루터에게 호의적인 서간을 쓰기도 했다. 그는 나중에 서간문들이 출간되리라는 것을 알고 있었다.58) 루터의 테제들이 이단이라고 선고받았을 때에도 에라스무스는 오류가 곧 반드시 이단인 것은 아니라고 반박했으며,59) 가톨릭 신학자들을 향해서는 루터를 단죄하는 대신 그의 성서 해석에 대해 응답하도록 촉구했다. 이처럼 대화의 필요성을 설함으로써 에라스무스는 먼저 루터로부터 그리고 이어 로마 측으로부터 "중립주의자"라느니 용기 없는 자라느니 하는 비난을 받았다. 이런 비난은 또 하나의 무서운 종교전쟁을 앞둔 상황에서 정당한 것이었을 수도 있다. 왜냐하면 당시는 신조에 대한 극단적인 집착이 순교를 통해 공적으로 입증받는

---

56) Bainton, *op. cit.*, pp. 113~114에 요약, 해설된 텍스트들을 보라.
57) Gerrish, *op. cit.*, p. 191. 여기서 "수수께끼"란 성인들의 행위가 죄의 영역에 속한다든지, 선택의 자유란 공허한 말에 불과하다든지, 인간은 다만 신앙에 의해서만 의로움을 인정받을 수 있다든지 하는 루터의 유명한 주장을 가리킨다.(*ibid.*)
58) Bainton, *op. cit.*, pp. 156 sq.에 인용된 텍스트들을 보라. 에라스무스는 심지어 『신약성서와 이성Nouveau Testament et de Ratio』의 개정판에서 루터의 비판을 반영한 문장을 삽입하고 있다. *ibid.*를 참조하라.
59) Gerrish, *op. cit.*, p. 191, n. 38을 참조하라.

그런 시대였기 때문이다. 그러나 에라스무스의 이상—제 종파에 공통된 은총의 원천을 발견하고 서로를 이해하기 위한 대화와 상호 관용의 이상—은 이 20세기 최후의 사반세기에 일어난 교회 통일œcuménique 운동 속에서 거의 감동적일 만큼 현실성을 다시 얻고 있다.

그러나 에라스무스는 몇 번이나 망설이다가 결국에는 로마의 압력에 굴복하여 루터를 비판하는 데에 동의하고 만다. 이에 더하여 그는 비텐베르크의 새로운 루터 신학으로부터 자신이 점차 멀어지는 것을 느끼고 있었다. 하지만 아직 그다지 절박한 상황은 아니었던 듯싶다. 1523년에 에라스무스가 쓴 『자유의지론』은 1524년 8월이 되어 인쇄소로 넘어갔다(초판이 나온 것은 9월이다). 거기서 전개된 루터에 대한 비판은 비교적 온건한 것이었다. 에라스무스는 자유의지란 실은 일종의 허구라고 하는 루터의 주장에 대해 논의를 집중하고 있다. 확실히 대칙서 『엑스수르제 도미니』에 대해 자신의 테제를 변호하면서 루터는 이렇게 적고 있다. "나는 의지란 은총을 받기 이전에는 공허한 말에 지나지 않는다고 말한 적이 있는데, 이는 좋은 표현은 아니었다. 오히려 이렇게 딱 잘라 말했어야만 했다. 즉 자유의지란 실은 하나의 허구 내지는 실체가 없는 말이다. 왜냐하면 선이든 악이든 그것을 이루는 능력은 인간에게는 없기 때문이다. 콘스탄츠공의회에서 단죄된 위클리프의 명제가 정당하게 설명하고 있듯이, 모든 것은 절대적 필연에 의해 생기는 것이다."[60]

이에 대해 에라스무스는 자신의 견해를 다음과 같이 명료하게 규정

---

60) Érasme, *De Libero Arbitrio*(=*On the Freedom of the Will*, p. 64)에서 인용. 여기서는 최근에 E. Gordon Rupp, in: *Luther and Erasmus: Free Will and Salvation*에서 주석을 달고 번역한 부분을 사용한다.

한다. "나는 선택의 자유라는 것을 이렇게 이해한다. 즉 인간은 자신을 영원한 구원으로 인도하는 신 앞으로 나아갈 수도 있고 혹은 그 신에게 등을 돌릴 수도 있다. 선택의 자유란 그와 같은 인간의 의지의 힘을 가리킨다."[61] 에라스무스에게 있어 선과 악을 선택하는 자유는 인간의 책임성이 성립되기 위해 없어서는 안 될 조건이었다. "만일 의지가 자유로운 것이 아니라면 (인간에게) 죄를 부과한다는 것은 불가능하다. 왜냐하면 그런 죄는 의지에서 비롯된 것이 아니기 때문이다. 따라서 그때 죄란 존재하지 않는 것이 된다."[62] 이뿐만이 아니다. 인간에게 선택의 자유가 없다면 신은 선한 행위와 마찬가지로 악한 행위에 대해서도 책임이 있게 된다.[63] 에라스무스는 신적 은총의 결정적 중요성에 관해 반복하여 강조하고 있다. 인간은 자신의 구원에 협력하는 자가 아니다. 다만 어린아이가 아버지의 도움을 받아 걸음마를 배우는 것과 마찬가지로 신자는 [아버지 하느님의 도움으로] 선을 선택하고 악을 피하는 법을 배울 따름이다.

루터는 『노예의지론 De Servo Arbitrio』(1525)으로써 여기에 응답했다. 이 저작은 루터가 전 생애에 걸쳐 애착을 가지고 쓴 것이다. 그 첫 장에서부터 그는 에라스무스의 저술에서 자신이 느낀 "혐오감, 분노 그리고 모멸감"을 감추지 않는다.[64] 이 책은 『자유의지론』의 네 배나 되는 방대한 책으로서 기개와 박력으로 넘쳐나며 신학적으로는 에라스

---

61) *On the Freedom of the Will*, p. 47.
62) *Ibid.*, p. 50.
63) *Ibid.*, p. 53.
64) Philip S. Watson, *Luther and Erasmus: Free Will and Salvation*, p. 103에 번역, 주석된 *De Servo Arbitrio*.

무스의 지평을 넘어서 있다. 루터는 보편적 평화에 대한 에라스무스의 집착을 나무란다. "당신은 평화를 초래하는 자로서 우리의 싸움을 종식시키고자 한다." 그러나 루터가 문제 삼는 것은 "진지하고도 생사에 관련된 영원한 진리이다. 이는 설령 목숨이 희생된다 해도, 또한 설령 그 때문에 전 세계가 소란과 항쟁에 휩싸여 결국 분열되어 무화된다 해도 여전히 지키지 않으면 안 될 그런 진리인 것이다."[65] 이어서 루터는 비상한 어조로, 그러나 유머와 조소를 뒤섞어 자기 신학의 변호를 전개하고 있다.

에라스무스는 대작 『신의 수호 병사Hyperaspites』를 저술하여 이에 대한 반론을 폈다. 이 책에서 그는 불쾌감과 분노를 숨기지 않는다. 그러나 루터는 더 이상 에라스무스에게 논박하지 않았다. 루터의 생각은 틀리지 않았다. 그를 둘러싸고 소란은 점점 더 커졌고 마침내 종교전쟁이 현실로 나타났던 것이다.

309. 츠빙글리, 칼뱅, 가톨릭 개혁

1531년 10월 11일, 스위스의 종교개혁자 울리히 츠빙글리Ulich Zwingli[66]

---

65) *Ibid.*, pp. 112 sq.
66) 츠빙글리는 1489년에 취리히 근교에서 태어났으며, 바젤과 베른 및 빈에서 수학했고, 1506년에 사제 서품을 받았다. 그는 루터를 칭송했지만, 스스로를 루터파라고 생각하지는 않았다. 그는 한층 더 근본적인 종교개혁을 지향하고 있었기 때문이다. 1522년에 한 과부와 비밀리에 결혼해서 네 명의 자녀를 두었다. 다음 해 츠빙글리는 67개조의 테제(*Schlussreden*)를 공표, 그리스도의 복음이야말로 신학에 있어 유일하게 가치 있는 원천이라고 주장했다. 그는 1525년에 프로테스

는 카펠의 전투에서 수많은 동지들 곁에 쓰러졌다. 수년 전부터 그는 취리히 및 그 밖의 도시에서 종교개혁을 정착시켜왔다. 츠빙글리의 힘으로 취리히는 비텐베르크에 필적할 만한 위상을 획득했다. 그러나 완전한 고립을 두려워한 스위스의 가톨릭 주州들은 취리히에 대해 전쟁을 선포했으며, 우세한 병력과 군사력으로 승리를 갈취했다. 그리하여 츠빙글리의 죽음에 의해 스위스 종교개혁의 확대는 종식되었으며 19세기 초에 이르기까지 종파상의 경계가 확정되었다. 하지만 후계자 하인리히 블링거에 의해 츠빙글리의 사업이 계승, 발전되었다.

츠빙글리는 몇몇 논고를 저술했는데 그중에서도 신의 섭리와 세례 및 성찬에 관한 논고가 중요하다. 이 스위스 종교개혁자의 독창성을 특히 잘 보여주는 것은 성찬에 관한 그의 해석이다.[67] 루터의 개혁 운동에 동참하지 않았던 것도 실로 이런 해석 때문이었다. 츠빙글리는 성사를 받아들이는 신자들의 마음에 그리스도가 **영적, 정신적으로 현존한**다는 점을 강조했다. 신앙 없는 성찬은 아무런 가치도 가지지 못한다. "이는 내 몸이라……"는 명제는 그리스도의 희생 행위를 기념하는 대속 신앙의 한 측면으로서 상징적으로 이해해야만 한다.

루터는 스위스가 누리는 정치적 자유를 부러워했는데 거기에는 그럴 만한 이유가 있었다. 하지만 스위스의 종교개혁 또한 정치권력을 무시할 수는 없었다. 츠빙글리는 자신을 루터보다 더 "근본적"이라고

탄트 최초의 선언서인 『올바른 종교 및 그릇된 종교에 관한 주해Commentaire sur la vraie et la fausse Religion』를 간행했다. 취리히 교회 회의는 그의 종교개혁을 받아들여 라틴어 미사를 독일어에 의한 성찬식으로 대체하고 교회에서 성화를 제거했으며 수도원을 환속시켰다.

67) 이 논쟁에 관해서는 Ozment, *op. cit*, pp. 334 sq.를 보라.

여겼고, 그런 입장은 나름대로 타당성을 가지고 있었다. 그러나 취리히에서도 비텐베르크에서와 마찬가지로 종교적 자유가 극단적으로 과격한 경향을 조장했다. 츠빙글리에게 가장 힘들고 가장 비장한 만남은 (적대자들에 의해) 재세례파anabaptiste라고 불려진 운동의 창시자 콘라트 그레벨과의 만남이었다. 그레벨은 유아세례의 유효성을 부정했다.[68] 그에 의하면 세례성사는 성인成人들에게만 수여할 수 있는 것이었다. 보다 정확히 말하자면 세례는 그리스도의 생애를 따르기로 자유롭게 선택한 자에게만 수여되어야 한다는 것이었다. 따라서 이 운동에 참여하여 개종한 자는 재세례를 받지 않으면 안 되었다.[69] 츠빙글리는 네 개의 논고를 저술하여 이 교설을 공격했지만 큰 성과는 얻지 못했다. 최초의 "재세례"는 1528년 1월 21일에 행해졌다. 3월에는 정부 당국이 이 이단을 금지했으며, 네 명의 재세례파가 처형당했다. 그레벨은 1526년에 체포되었고 다음 해에 처형당했다.

이와 같은 박해에도 불구하고[70] 재세례파는 1530년 이후 스위스와 독일 남부에 널리 퍼져 나갔다. 시간이 지나면서 이 "과격한 종교개혁"은 몇몇 그룹으로 분열되었는데, 그중에는 파라셀수스, 세바스찬

---

68) 게다가 유아세례는 4복음서에 나오지 않는다. 한편 성서가 가지는 유일하고 절대적인 권위에 대한 존경은 여러 종교개혁파들에게 아직 보편적으로 받아들여지지는 않고 있었다.
69) 여기서 재세례파라는 명칭이 생겼다. 그러나 이는 정당한 호칭은 아니다. 왜냐하면 재세례파로의 개종자들은 최초의 세례가 가지는 비의적 성사로서의 가치를 인정하지 않기 때문이다.
70) 역사가들은 1525년부터 1618년 사이에 처형된 재세례파의 숫자를 850명에서 5000명 정도로 상정하고 있다. 어떤 자는 화형당했고 또 어떤 자는 참수형을 받거나 익사당했다. Ozment, *op. cit.*, p. 332를 참조하라.

프랑크, 발렌틴 바이겔 등과 같은 "성령주의자"도 포함되어 있었다.

루터 및 츠빙글리와 마찬가지로 장 칼뱅 또한 재세례파에 맞서 자신의 신학을 변호하지 않으면 안 되었다.[71] 1509년 누와이용에서 태어난 칼뱅은 파리의 몽테귀대학에서 공부했으며(1523~1528), 1532년에 최초의 저작(세네카의 『자비에 관하여De clementis』에 대한 주해서)을 간행했다. 그러나 루터의 저술을 접한 이후 그의 열정은 인문주의 대신 신학 쪽으로 향했다. 칼뱅은 1533년에 개신교로 개종한 듯하며 1536년에는 제네바로 망명한다. 제네바에서는 목사로 임명되어 종교개혁의 조직화에 열성적으로 뛰어들었으나 2년 후 시의회에 의해 추방당했다. 칼뱅은 스트라스부르로 거주지를 옮겼는데, 그곳으로 칼뱅을 초대한 자는 위대한 인문주의자이자 신학자였던 마르틴 부처Martin Bucer(1491~1551)였다. 칼뱅은 스트라스부르에서 그의 생애 중 가장 행복한 시기를 보냈다. 그는 거기서 부처의 호의로 많은 것을 배우면서 1539년에는 『기독교 요강Institution de la religion chrétienne』의 개정판을 냈으며,[72] 1540년에는 「로마서」에 대한 주해서를 간행했다. 같은 해인 1540년, 그는 재세례파로 개종한 과부 이들레트 드 뷔르와 결혼한다. 그러나 그 사이에 제네바에서는 심각한 사태가 일어났으며, 제네바 주의회는 그에게 돌아오도록 요청해왔다. 10개월 정도 여기저기 돌아다니다가 칼뱅은 마침내 그 요청을 받아들여 1541년 9월에 제네바로 돌아갔고 1564년 5월에 세상을 떠나기 전까지 그곳에 머물렀다.

---

71) 이 문제에 관한 모든 관련 자료들은 Willem Balke, *Calvin and the Anabaptist Radicals*에서 처음으로 수집, 분석되었다.
72) 1535년 프랑스에서 완성한 『기독교 요강』은 칼뱅 자신에 의해 이후 끊임없이 개정 증보판이 나왔다.

몇몇 저항이 있기는 했으나 제네바에서의 칼뱅은 그가 생각한 종교개혁, 즉 신앙과 교회 조직상의 모든 문제에서 오직 성서만을 유일한 권위로 삼아 결정한다는 이상을 실현시킬 수 있었다. 끊임없는 정치적, 교회 제도적, 신학적 논쟁에 휘말리면서도 칼뱅은 방대한 저술을 남겼다. 방대한 분량의 서간에 더하여 신구약성서에 대한 주석서, 종교개혁의 여러 가지 국면에 관련된 논문과 에세이, 성 바울의 서간집에 관한 설교문 등이 그것이다. 하지만 그의 최대 걸작은 역시 『기독교 요강』으로서 이는 그 문학적 완성도에 있어서도 탁월함을 보여주었다. 이 책의 라틴어 결정판은 1559년에 간행되었다.[73]

　칼뱅의 신학은 체계를 갖춘 것은 아니다. 그것은 오히려 성서 사상에 대한 주해의 집성이라 할 수 있다. 칼뱅은 신구약성서를 정밀하게 검토하고 성찰했으며, 성 아우구스티누스에 의지하면서 몇 번이고 되풀이하여 성서를 읽고 해석했다. 또한 비록 인용한 것은 없지만 루터의 영향도 받았다. 칼뱅은 상당히 개성적인 방식으로 신학상의 중심 문제들, 가령 창조자이자 주님이신 신에 대한 인식, 십계명과 신앙(사도의 상징에 따라), 신앙에 의한 칭의〔의롭다 칭함〕와 행위의 공덕, 예정설과 신의 섭리, 두 가지 유효한 성사(세례와 성찬), 기도, 교회의 권능, 세속 생활의 지배 등에 관한 문제들을 논했다. 칼뱅에게 있어 인간은 어떤 경우든 항상 죄인일 수밖에 없으며, 인간의 "선행"은 다만

---

[73] 1553년 미카엘 세르베투스의 처형은 쓰라린 사건이었다. 세르베투스는 스페인 출생의 유능한 의사였는데, 신학자로서는 아마추어였지만 칼뱅을 강도 높게 비판했다. Williams, *The Radical Reformation*, pp. 605 sq.를 참조하라. "많은 이들은 세르베투스의 죽음에 있어 칼뱅이 한 역할로 인해 프로테스탄티즘에 반동의 낙인이 찍히게 되었다고 생각했다. 갈릴레이에 대한 이단 심문소의 태도로 인해 가톨릭교회에 동일한 반동의 낙인이 찍혔던 것처럼 말이다." Ozment, *op. cit*., p. 369.

신의 은총에 의해서만 받아들여질 수 있는 것이다. 초월자인 신과 피조물 사이의 거리는 성서 속에 보존되어 있는 계시에 의해 좁혀질 수 있다. 그러면서도 인간은 신을 있는 그대로 알 수 없으며, 인간에게 스스로를 보여준 주님으로서의 신만을 알 수 있을 따름이다. 세례와 성찬이라는 두 개의 성사는 그리스도가 신자들과 교제하는 수단이 되기도 한다.

일반적으로 칼뱅은 종교개혁의 위대한 신학자들 가운데 가장 독창성이 떨어진다고 말해진다. 왜냐하면 이미 후기의 루터가 교의적으로 경직화된 이래 종교개혁파의 교회들에 있어 신학상의 창조성은 더 이상 일차적인 문제가 되지 않았기 때문이다. 그보다 중요한 것은 개인의 자유를 조직화하는 것과 사회제도를 개혁하는 것, 이를 위해 우선 공교육을 행하는 것에 있었다. 루터는 이미 창조적인 개인의 중요성을 분명히 제시했으며, 그 원리를 자신의 생애를 통해 예시해 보여주었다. 신 이외의 모든 권위를 거부하는 개인의 자유는 인문주의자들이 찬양했던 "인간의 존엄성"보다도 뛰어난 것이며, 이런 개인의 자유는 사회의 탈성화라는 완만한 과정에 의해 "근대사회"의 성립을 가능케 했다. 그리고 그런 사회가 계몽주의 시대에 실제로 출현했으며, 프랑스혁명 및 과학기술의 승리에 의해 명확하게 구현되었다.

칼뱅은 루터 이상으로 교회의 사회적, 정치적 진보에 공헌했으며, 또한 거기에 머물지 않고 스스로를 실례로 삼아 정치 활동이 가지는 신학적 중요성과 그 역할을 증명해 보여주었다. 실제로 그는 20세기 후반에 유행한 일련의 정치 신학, 즉 노동의 신학이라든가 해방신학 혹은 반식민주의 신학 등을 미리 보여주었던 것이다. 이와 같은 관점에 입각하건대 16세기 이후 서구의 종교사는 오히려 유럽의 정치사, 사회사, 경제사, 문화사에 통합된다고 말할 수 있다.

최후의 중요한 종교개혁인 트렌트공의회(1545~1563)[74]에서 이루어진 개혁은 성격이 애매했다. 개최부터가 너무 늦었고, 개신교 복음주의 운동의 확대에 위협받았기 때문에 트렌트 종교개혁은 항상 동시대 역사의 압력 밑에서 진행되었으며, 전적으로 교황청의 정치적 권력 강화를 목적으로 이루어졌다. 하지만 수많은 신학자들과 고위 성직자들이 그전부터 참된 개혁을 요구해왔으며, 특히 교황권의 제한과 주교 권위의 회복을 추구했다. 트렌트공의회가 개최되기 몇 년 전에 신성 로마제국 황제 카를 5세의 요청으로 1541년 4월에 레겐스부르크에서 개신교 신학자들(부처, 멜란히톤 등)과 가톨릭 신학자들(요하네스 엑크, 요한 그로퍼 등) 사이에 토론이 벌어졌다. 몇 주 후 양 진영은 몇몇 본질적인 문제(예를 들어 구원의 본성을 "이중의 의인"으로 본다든지 하는 문제)에 관해 합의를 이끌어냈다.

그러나 불행히도 트렌트공의회는 이런 합의를 망쳐버렸다. 교황과 예수회 고문관들은 가톨릭권 제국에 제2의 루터, 츠빙글리 혹은 칼뱅이 나타나는 것을 저지하기 위한 개혁만을 생각하고 있었다. 공의회의 구조는 교황의 제안만이 받아들여지도록 되어 있었다. 따라서 보수 반동 세력이 승리를 거두리라는 것은 당연히 예상된 바였다. 하지만 이 공의회는 주교의 권위를 (교구에 주재한다는 것을 조건으로) 회복시켰고 주교의 부도덕한 행위와 내연의 여자관계를 엄격하게 경계하였으며, 성직자의 신학 교육에 관해 중요한 결정을 내리는 등 일정한 성과를 거두기도 했다. 그 밖에 보다 진지한 종교 생활을 원하는 일반 신도들의 욕구를 충족시키기 위해 문화적 차원에서의 온갖 노력도 기울였다.

---

74) 제1회기는 1545년 3월부터 1547년 겨울까지였고, 제2회기는 1551년 5월부터 1552년 5월까지, 그리고 제3회기는 1561년 4월부터 1563년 12월까지였다.

트렌트공의회 이후의 가톨릭은 이와 같은 자구적인 정화 노력의 성과이자 동시에 몇몇 위대한 신비가와 선교사의 업적이기도 했다. 중세 신비주의와 새로운 신앙devotio moderna의 전통은 아빌라의 성 테레사 Thérèse d'Avila(1515~1582)와 십자가의 성 요한Jean de la Croix(1542~1591)과 더불어 새로운 전개를 보이면서 계승되었다. 영혼과 예수의 혼인이라는 말로 성 테레사가 표현한 신비적 합일의 체험은 이단 심문소로부터 의혹을 받았음에도 불구하고 유례없는 인기를 누렸다.[75] 그러나 반反종교개혁의 도덕적, 종교적, 정치적 성공에 가장 공헌한 자는 예수회의 창시자인 로욜라의 이그나티우스Ignace de Loyala(1491~1556)였다.[76] 그는 몇 차례나 신비체험을 했고 또 그런 신비체험에 관해 말

---

75) 이 문제에 관해서는 동서양에 걸친 원초적인 여러 신비체험의 유형론과 비교연구를 주제로 하는 본서 전체의 마지막 장에서 다시 다루고자 한다. 〔그러나 이 마지막 장은 결국 쓰이지 못했다.〕
76) 1491년 로욜라에서 태어난 이그나티우스는 파란만장하고 낭만적인 청춘기를 보냈다. 그는 1521년 프랑스와 스페인이 벌인 전쟁에서 중상을 입고 병상에서 몇 권의 책을 읽었는데, 그중에는 『그리스도를 모방하여Imitation de Jésus-Christ』와 성 프란체스코, 성 도미니크의 전기가 들어 있었다. 그는 이 성인들의 삶을 따르기로 결심했다. 성지 몬세라트를 처음 순례했을 때인 1522년 3월에 성모 제단 앞에서 신에게 봉사하는 삶을 살 것을 서약했으며, 이를 계기로 이그나티우스는 극단적인 금욕 생활을 실천했다. 그리하여 종종 1주일씩 단식하기도 하고, 여행할 때는 항상 맨발로 다녔으며, 누더기 옷을 걸치고 매일 7시간씩 기도했다. 바르셀로나의 초등학교에서 라틴어를 공부한 후 1528년 2월에 파리에 도착하여 몽테귀대학에 입학했고, 1534년에 학사 학위를 취득했다. 이그나티우스는 아홉 명의 동료와 함께 새로운 수도회를 설립해도 좋다는 허가를 취득, 1540년에는 로마 교황청으로부터도 정식 인가를 받았다. 처음에는 회원 수가 60명으로 제한되어 있었던 이 예수회는 이그나티우스가 1556년에 세상을 떠날 즈음에는 회원 수가 1000명을 넘었다.

하고 있지만, 그가 선택한 것은 선교 활동이었다. 즉 유명한 표현을 빌리자면 "행동하는 명상"이 그것이다. 그는 무엇보다 고아원, 전직 창부들을 위한 시설, 중등학교와 신학교, 세 대륙에의 선교단 파견 등 그가 이룬 사업으로 인해 높이 평가받고 있다.

로욜라의 이그나티우스가 행한 설교의 핵심은 다음과 같이 요약될 수 있다. 첫째, 신에 대한 절대적 복종, 따라서 그 지상의 대리자인 로마 교황 및 예수회 총장에 대한 절대적 복종. 둘째, 기도와 묵상 및 그로부터 생겨나는 영적 분별력이 인간의 조건을 변화시킬 수 있다는 확신. 셋째, 신은 다른 사람들을 개종시키려는 노력, 그리고 이를 위해 먼저 자기 자신을 향상시키려는 노력을 권면해주신다는 신뢰. 넷째, 신은 선한 행위—특히 고통받는 자들을 돕는 행위—를 기뻐하신다는 확신 등이 그것이다.

루터와 칼뱅에 비하면 로욜라의 이그나티우스의 신학은 상당히 낙천적이다. 이는 이그나티우스의 신비체험이 지니는 성격을 통해 설명될 수 있을지도 모른다. 이그나티우스의 신비체험은 그의 명상 방법뿐만이 아니라 행위와 일치하는 직분과 자질에도 일정한 방향을 부여했다. 지상에서 신을 대리하는 자에 대한 맹목적 복종을 강조하는 그의 태도는 이런 신비주의적 체험에서 비롯된 것이다. 이는 이슬람 시아파에서의 이맘 숭배(본권 273절)라든가 힌두교에서의 영적 스승(*Gurudev*) 숭배와 비견될 만하다. 이슬람이나 힌두교에서의 이런 지도자 숭배 또한 일종의 신비신학에 의해 입증되고 있다.

로욜라의 이그나티우스의 종교적 천재성은 전적으로 그의 저서 『영적 훈련Exercices Spirituels』 안에 표현되어 있다. 이 소책자는 그가 몬세라트 부근의 만네스에서 최초의 신비체험을 한 직후에 쓰기 시작한 것이다. 이는 4주간의 영적 수행을 실천하려는 자(반드시 예수회 수사에만 한정된 것은 아니다)에게 유익한 기도와 묵상에 관한 매일매일의 지침을 제시한 실천적 안내서인데, 기독교 고래의 명상 전통을 계승, 발전시킨 저작이라 할 수 있다. 그중 제1주차의 훈련 방식이 특히 유명하다. 그것은 어떤 광경과 역사적 사건을 상상력에 의해 구체적이고 생생하게 눈앞에 묘사해내는 훈련인데, 이것도 12세기에 이미 선례가 있다. 하지만 이그나티우스는 이런 시각화의 방법을 일견 인도의 명상 기법을 연상시키는 엄밀성을 가지고 전개한다. 영적 수행자는 자신이 있는 공간을 상상력에 의해 성스러운 역사가 (지금 여기에!) 펼쳐지고 있는 공간으로 투영시키고, 그럼으로써 자신이 처한 공간을 신성화시키는 법을 배운다. 그는 예수 시대의 고대 예루살렘을 보며, 베들레헴의 도상에 있는 성모마리아와 요셉을 **직접 자신의 눈으로 좇는다**. 그리하여 영적 수행자는 식사할 때조차도 마치 자신이 사도들과 함께 식사하는 듯이 여긴다.

재차 강조하지 않을 수 없는 것은 『영적 훈련』의 엄밀성과 엄격성이다. 거기서는 모든 종교적 충동이 주의 깊게 통어된다. 영적 수행자에게 있어 점진적인 자기 정화는 결코 신비적 합일을 위한 준비 단계가 아니다. 영적 수행의 목적은 영적 투사鬪士를 길러내어 그들을 전 세계로 파견하는 데에 있기 때문이다.

310. 르네상스기의 인문주의, 신플라톤주의 그리고 헤르메스주의

코지모 데 메디치는 오랜 세월에 걸쳐 수집한 플라톤 및 플로티누스의 사본 번역을 피렌체의 위대한 인문주의자 마르실리오 피치노(1433~1499)에게 위촉했다. 다른 한편 1460년경 코지모는 『헤르메스 문헌 집성』의 사본을 구입하여 피치노에게 즉시 라틴어로 번역, 출판하도록 요청했다. 이때 피치노는 아직 플라톤의 번역에 착수하지도 못했지만, 플라톤의 "대화편들"을 제쳐놓고 서둘러 헤르메스 문헌의 번역에 전념했다. 이 번역은 1463년 코지모가 죽기 1년 전에 완성되었다. 그리하여 『헤르메스 문헌 집성』은 마르실리오 피치노가 번역, 출간한 최초의 그리스어 문헌이 되었다.[77] 이는 헤르메스 문헌의 저자로 간주된 헤르메스 트리스메기스투스의 명성이 얼마나 대단했는지를 말해주고 있다.(본서 제2권 209절 참조)

피치노의 각종 라틴어 번역들—그중에서도 『헤르메스 문헌 집성』과 플라톤 및 플로티누스의 번역본들—은 르네상스 종교사에서 중요한 역할을 했다. 이를 통해 피렌체에 신플라톤주의가 융성하게 되었고, 또한 거의 유럽 전역에서 헤르메스주의에 대한 열렬한 관심이 들끓고 일어났기 때문이다. 페트라르카Pétrarque(1304~1374)에서 로렌초 발라Lorenzo Valla(1405~1457)에 이르기까지 이탈리아 최초의 인문주의자들은 이미 스콜라신학을 버리고 교회 교부의 전통으로 돌아간다는 새로운 종교적 방향성을 정착시키고 있었다. 이 인문주의자들은 비성직자 기독교도이자 선한 고전학자인 자신들이야말로 한편으로는 기독교와 다른 한편으로는 인간 본성 및 신들에 관한 전前 기독교적 사유 사이의 연관성을 성직자들보다 더 잘 연구하고 이해할 수 있다고 생각했다. 찰스 트린카우스Charles Trinkaus가 지적하듯이, 인간을 **승리자 인간**Homo triumphans으로 간주하는 그들의 새로운 가치 정립은 반드시 이교적 기원을 가지는 것은 아니었다. 그것은 오히려 교회 교부 전

---

77) Frances A. Yates, *Giordano Bruno and the Hermetic Tradition*, pp. 12~13. 그때까지는 『헤르메스 문서』 중 『아스클레피오스』만을 라틴어로 읽을 수 있었다.

통에서 촉발된 것으로 여겨진다.[78]

피치노, 피코 델라 미란돌라Pico della Mirandola(1463~1494), 에지디오 디 비테르보Edigio de Viterbo(1469~1532) 등이 보급시킨 신플라톤주의에 의해 인간 조건의 가치를 평가하고자 하는 움직임이 새로운 차원을 획득하게 되었지만, 그렇다고 해서 기독교적 문맥으로부터 일탈한 것은 아니다. 이를테면 신은 세계를 창조했을 때 인간에게 지상의 지배를 맡겼다. 그리고 그것은 "바로 지상에 있어서의 신이라 할 만한 인간의 행위에 의해 역사와 문명의 창조가 실현되지 않으면 안 된다"[79]는 것이었다. 그러나 인문주의자들의 특징적인 경향인 인간의 신화神化는 그후 점차 기독교의 틀을 벗어난 신플라톤주의와 헤르메스주의로부터 영감을 받게 된다.

피치노와 피코 델라 미란돌라가 자신들의 신앙적 정통성에 대해 아무런 의심도 하지 않았음은 분명하다. 이미 2세기의 호교론자 락탄티우스도 헤르메스 트리스메기스투스를 신으로부터 영감을 받은 현자로 간주하는 한편, 몇몇 헤르메스주의적 예언이 예수그리스도의 탄생에 의해 성취되었다고 해석한 바 있다. 마르실리오 피치노는 헤르메스주의 및 헤르메스주의적 마술[80]과 기독교와의 조화를 재주장했

---

78) Charles Trinkaus, "In our Image and Likeness", I, pp. XIX sq., 41 sq.(Pétrarque), 150 sq.(L. Valla) 특히 pp. 341 sq., 381 sq.에 수록된 텍스트들을 보라. 인격의 온전한 실현이라는 사고는 반드시 이단에서 빌려 온 이상을 의미하는 것은 아니다. 그것은 전적으로 은총의 신학이 재생된 것으로 설명되어야 마땅하다. *Ibid.*, pp. XX, 46 sq.를 참조하라.
79) *Ibid.*, pp. XXII.
80) 특히 D. P. Walker, *Spiritual and Demonic Magic. From Ficino to Campanella*, pp. 30 sq.를 보라.

다. 피코 또한 마술magia과 카발라는 그리스도의 신성을 보증하는 것이라고 생각했다.[81] 존중할 만한 고대 신학prisca theologia[82] 및 이름 높은 "고대의 신학자들"—조로아스터, 모세, 헤르메스 트리스메기스투스, 다윗, 오르페우스, 피타고라스, 플라톤 등—에 대한 보편적 신앙이 이제 사상 유례없을 정도로 유행하게 되었다.

이와 같은 현상에서 우리는 인간과 우주에 관한 중세적 관념들과 스콜라학에 대한 뿌리 깊은 불만을 읽어낼 수 있다. 그것은 "관구적provincial" 기독교라 부를 만한, 전적으로 서구적인 기독교에 대한 반발이자 보편주의적이고 초역사적인 "근원적" 종교에 대한 동경이기도 했다. 가령 피코는 카발라를 알기 위해 히브리어를 공부했는데, 그에 의하면 카발라는 『구약성서』보다 선행하며 『구약성서』를 설명해주는 계시라는 것이다. 또한 교황 알렉산드르 6세는 바티칸에 헤르메스주의적, 즉 "이집트풍"의 상징과 도상이 넘쳐 나는 프레스코화를 그리게 했다. 고대 이집트, 조로아스터의 신화적 페르시아, 오르페우스의 "비밀스런 교의" 등은 유대-기독교와 인문주의자들이 재발견한 고전 세계의 경계를 훨씬 뛰어넘는 "비의"를 계시하고 있다. 여기서 우리는 확실히 이집트와 아시아의 원초적 계시를 재발견할 수 있다는 확신, 또한 그것들이 상호 결부되어 있으며 유일하고 공통된 원천을 가지고 있음을 증명할 수 있다는 확신을 엿볼 수 있다(보다 온건한 형태로서이지만, 우리는 19세기에 베다와 우파니샤드의 "원초성" 및 산스크리

---

81) 이노켄티우스 8세에 의해 이단 선고를 받은 피코의 명제 안에는 다음과 같은 유명한 주장이 나온다. "마술과 카발라만큼 그리스도의 신성에 관해 탁월하게 확증한 학문은 다시없다." Yates, *Giordano Bruno and the Hermetic Tradition*, pp. 84 sq.를 참조하라.
82) D. P. Walker, *The Ancient Theology*, 특히 pp. 22 sq.("Orpheus the Theologian")를 참조하라.

트가 "발견"된 직후에도 이와 동일한 흥분과 기대를 찾아볼 수 있다).

이미 근 2세기 동안 헤르메스주의는 기독교를 믿든 안 믿든 상관없이 무수한 신학자와 철학자들의 마음을 사로잡았다. 조르다노 브루노(1548~1600)가 코페르니쿠스의 발견을 그토록 열광적으로 받아들인 것도 다름 아니라 저 태양 중심주의가 깊은 종교적, 마술적 의의를 가지고 있다고 생각했기 때문이었다. 영국 체재 중에 브루노는 『아스클레피오스』에 기술된 고대 이집트의 마술적 종교가 바야흐로 부활할 것이라고 예언한다. 조르다노 브루노는 자신을 코페르니쿠스보다 뛰어나다고 생각했다. 왜냐하면 코페르니쿠스는 자신의 이론을 오직 수학자로서만 이해한 데에 비해 브루노는 코페르니쿠스의 도식을 신의 비의가 적힌 신성문자로서 해석하는 방법을 터득했기 때문이다.[83]

그러나 조르다노 브루노는 코페르니쿠스와는 다른 목표를 추구했다. 즉 그는 헤르메스를 세상에서 가장 오래된 것이라고 여겨진 이집트 종교와 동일시하면서, 이집트 마술을 토대로 그의 종교적 보편주의를 구축했던 것이다. 이에 반해 16세기의 많은 저술가들은 이제 이단으로 선고받은 헤르메스적 마술에 의거하기를 꺼려했다. 프랑스에 헤르메스주의를 소개한 르페브르 데타플Lefevre d'Étaples(1460~1537)의 경우도 그렇다. 그는 『헤르메스 문헌 집성』의 태반을 『아스클레피오스』와 분리시켰다. 나아가 신플라톤주의자 생포리앙 샹피에Philippe de Morney(1472~1539)는 『아스클레피오스』의 마술에 관한 기술의 저

---

83) Yates, *Giordano Bruno*, pp. 154 sq.를 보라. 박학다식한 그리스 학자 Isaac Casaubon은 1614년에 『헤르메스 문서』가 비교적 후대의 문헌(AD 2, 3세기 무렵)을 모은 것임을 증명했다.(본서 제2권 209절을 참조하라) 그러나 "이집트의 비의"가 가지는 신화적 매력은 그후에도 계속 유럽 지식인들의 상상력을 자극했다. "신성문자의 수수께끼"가 그것이다.

자는 헤르메스가 아니라 아풀레이우스임을 증명하려 하기까지 했다.[84] 16세기 프랑스 및 여타 유럽 제국에서도 헤르메스주의가 범례로서 존중받은 것은 무엇보다 먼저 세계에 평화와 조화를 회복시킬 만한 그 종교적 보편주의 때문이었다. 예컨대 개신교 저술가인 필립 드 모르네Phillippe de Mornay는 헤르메스주의에서 종교전쟁의 위험성을 피할 수 있는 실마리를 찾고자 했다. 그의 저서 『기독교의 진리에 관하여De la vérité de la religion chrétienne』(1581)에서 모르네는 이렇게 강조하고 있다. "신은 유일하며 (……) 신에게만 선하신 아버지라는 표현을 쓸 수 있다 (……). 신은 그 자체로 모든 것이며 이름을 가지지 않고 또한 모든 이름보다 뛰어나다."[85]

다장J. Dagens이 적고 있듯이, "헤르메스주의의 이와 같은 영향은 개신교와 가톨릭 모두에 미치고 있으며 쌍방 간의 가장 협조적인 경향을 촉진시켰다."[86] 헤르메스에 의해 계시되고 처음에는 전 인류가 공유한 이 존경스러운 종교를 통해 오늘날 보편적 평화와 종교 간, 종파 간 협조를 회복시킬 수 있을지도 모르겠다. 이 계시의 중심에 있는 것은 인간의 "신성"에 대한 관념 혹은 인간은 모든 창조물의 종합인 소우주라는 생각이다. "소우주란 대우주의 최종 목표이며 한편 대우주란 소우주의 거주지이다 (……). 대우주와 소우주는 서로 확고

---

84) Yates, *op. cit.*, pp. 172 sq. 16세기 프랑스의 헤르메스주의에 관해서는 Walker, *The Ancient Theology*, ch. III을 보라.
85) Yates, *op. cit.*, p. 177에서 인용하였다. 또한 Walker, *op. cit.*, pp. 31~33, 64~67 등을 보라. 가톨릭 프란체스코회의 파트리치는 『헤르메스 문서』를 연구한다면 독일의 프로테스탄트를 설득하여 가톨릭교회로 복귀시킬 수 있다고 믿기도 했다. Yates, pp. 182 sq.
86) "Hermétisme et cabale en France, de Lefèvre d'Étaples à Bossuet", p. 8; Yates, *op. cit.*, p. 180.

하게 연결되어 있기 때문에 한쪽은 항상 다른 쪽 안에 현존한다."[87]

　대우주와 소우주를 조응시키는 이와 같은 사상은 중국이나 고대 인도 및 그리스에도 알려져 있었다. 그러나 그것이 새로운 생명력을 되찾은 것은 전적으로 파라셀수스와 그 제자들에 의해서이다.[88] 인간이야말로 천상 세계와 지상 세계의 교류를 가능하게 한다. 16세기에 나타난 자연의 마술magia naturalis에 대한 관심은 자연과 종교를 다시금 결부시키고자 하는 새로운 노력의 표출이라 할 수 있다. 자연의 연구는 실제로 신을 보다 잘 이해하기 위한 하나의 시도였다. 이런 발상의 위대한 전개 과정에 관해 계속해서 살펴보기로 하자.

311. 연금술의 새로운 가치 매김: 파라셀수스에서 뉴턴까지

　앞서 지적했듯이(본권 pp. 242~243) 아라비아어로 보존되거나 저술된 연금술 문헌 가운데 가장 오래된 라틴어 번역본은 12세기까지 거슬러 올라간다. 그런 유명한 문헌 중에 헤르메스 위작의 『에메랄드 판』은 대단한 명성을 얻었다. 이 책에는 헤르메스주의와 연금술의 밀접한 관계를 잘 말해주는 유명한 명구가 나온다. "높은 곳에 있는 일체의 것은 낮은 곳에 있는 일체의 것과 같으며, 낮은 곳에 처한 모든 것은 높은 곳에 처한 모든 것과 같다. 이리하여 모든 것이 하나라는

---

87) E. Garin, "Note sull'ermetismo del Rinascimento", p. 14에 인용된 Charles de Bouelles.
88) 특히 Alex Wayman, "The Human Body as Microcosm in India, Greek Cosmology and Sixteenth Century Europe"; Allen G. Debus, *Man and Nature in the Renaissance*, pp. 12 sq., 26 sq.를 참조하라.

기적이 이루어진다."

서구의 연금술사들도 변성變成 과정, 즉 현자의 돌을 획득하는 과정의 네 가지 단계에 관해 헬레니즘 시대부터 이미 알려져 있던 시나리오(본서 제2권 211절 참조)를 그대로 따르고 있다. 첫 번째 단계(흑화黑化 nigredo)—소재를 액체 상태로 퇴행시키는 단계—는 연금술사의 "죽음"에 해당된다. 파라셀수스에 의하면 "하느님의 나라에 들어가고자 하는 자는 먼저 육신을 어머니 안에 집어넣고 거기서 죽지 않으면 안 된다." 여기서 "어머니"란 제1물질prima materia, 혼돈의 덩어리massa confusa, 심연abyssus을 가리킨다.[89] 어떤 문헌은 연금 작업opus alchymicum과 연금술사의 내적 체험이 동시적으로 진행된다는 점을 강조한다. "사물은 그것과 유사한 것에 의해 완성된다. 그렇기 때문에 연금 작업을 행하는 자는 그 작업에 스스로를 참여시키지 않으면 안 된다."[90] 또한 "그대는 죽은 돌로부터 살아 있는 현자의 돌로 변용되어야만 한다"고 도른Dorn은 적고 있다. 뿐만 아니라 기히텔Gichtel에 의하면, "우리는 이런 재생을 통해 단지 새로운 영혼을 받아들이는 데에 그치는 것이 아니라 새로운 육신을 받는 것이다. 그 새 육신은 하느님의 말씀으로부터 혹은 천상의 소피아Sophia로부터 비롯된 것이다." 이때 연금술사의

---

[89] Eliade, *Forgerons et alchimistes*, p. 131을 참조하라. "철학적 근친상간"에 관한 다른 인용들로는 *ibid.*, p. 132를 보라. 바실리우스 발렌티누스가 비트리올vitriol이라는 술어를 두문자로 풀어 만들었다고 하는 명구("대지의 안으로 들어가라. 그러면 그대는 정화되어 비밀의 돌을 찾아내리라 Visita Interiora Terrae Rectificando Invenis Occultum Lapidem")는 지하로의 하강이 반드시 필요하다는 점을 강조하고 있다.

[90] *Forgerons*, p. 135에 인용된 『플라톤 제4의 서Liber Platonis quartorum』(그 아라비아어 원본은 10세기 이전의 것이다). 동일한 교설이 중국 연금술사들에게도 나타난다. 본서 제2권 p. 60을 참조하라.

자질과 덕성이 강조된다는 점에서 보건대 단순히 실험실에서의 작업만이 문제되는 것이 아님은 분명하다. 연금술사는 건전하고 겸허하며 인내심이 강하고 정결하지 않으면 안 된다. 연금 작업과 조화를 이루는 자유로운 정신을 가져야만 하는 것이다. 또한 그가 하는 연금 작업은 동시에 그 자체가 하나의 명상이지 않으면 안 된다.

본서의 목적상 연금 작업의 나머지 단계들에 관해 언급할 필요는 없을 듯하다. 그러나 제1물질과 현자의 돌이 가지는 역설적 성격에 관해서는 주목해보자. 연금술사들에 의하면 제1물질 혹은 현자의 돌은 세상의 모든 존재 안에서 찾아낼 수 있으며, 따라서 그 명칭도 부지기수로 많다. 1526년에 나온 한 문헌에 따르면, 현자의 돌은 "노소를 불문하고 모든 사람들에게 잘 알려져 있으며, 도시와 시골의 모든 마을과 하느님이 창조하신 모든 것 안에서 찾아볼 수 있다. 그런데도 모두가 그 현자의 돌을 무시한다. 부자도 가난한 자도 매일 그것을 가까이하고 있다. 하인과 하녀들은 그것을 내던져버리고 아이들이 그걸 가지고 놀고 있다. 그런데도 누구 하나 그 가치를 깨닫는 자는 없다. 현자의 돌은 인간의 영혼 다음으로 이 지상에서 가장 멋지고 가장 귀중한 것인데도 말이다."(*Forgerons et alchimistes*, pp. 139~140) 이는 일상적 언어로는 이렇게밖에 달리 전달할 수 없는 그런 체험들을 표현함과 동시에 상징의 숨겨진 의미를 암암리에 전해주는 "비밀의 언어"에 관한 문제라고 할 수 있다.

현자의 돌은 대립적인 것들의 동일화를 가능하게 한다.[91] 그것은

---

91) 바실리우스 발렌티누스에 의하면 "악이란 선과 동일한 것이지 않으면 안 된다." 한편 Starkey는 현자의 돌이 "대립되는 것들의 화합이며 적대자들에게 우애를 가져다주는 것"이라고 말한다. *Forgerons*, p. 142를 참조하라.

금속을 정화시키고 "완성시킨다." 아라비아의 연금술사들은 현자의 돌에 치유의 힘이 있다고 주장했는데, 생명의 묘약Elixir vitae이라는 개념이 서구에 전해진 것도 이 아라비아의 연금술사들을 통해서이다.[92] 로저 베이컨은 "가장 하등한 금속에서 모든 부패와 불순물을 제거하고", 사람의 수명을 몇 백 년이나 연장시킬 수 있는 "의술"에 관해 말하고 있다. 또한 빌라노바의 아르놀트에 의하면 현자의 돌은 모든 질병을 치유하며 노인을 회춘시킬 수 있다.

여러 금속들을 금으로 변성시키는 과정에 관해서는 이미 중국의 연금술에서 살펴본 바 있다.(본서 제2권 134절) 이런 연금술은 시간의 리듬을 가속시킴으로써 자연의 작용을 돕는다. 14세기의 연금술 문헌 『숨마 페르펙치오니스Summa Perfectionis』에는 이렇게 적혀 있다. "우리의 방법을 쓰면 자연이 매우 오랜 기간에 걸쳐 완성시키는 것을 지극히 짧은 시간 안에 이룰 수가 있다." 이와 동일한 사고방식을 벤 존슨Ben Johnson의 희곡 『연금술사The Alchemist』(제2막 2장)에서도 엿볼 수 있다. 연금술사가 "만약 납과 다른 금속들은 필요한 시간을 들이기만 한다면, 금이 될 것"이라고 주장하자, 다른 등장인물이 "그것이야말로 우리의 기술을 실현하는 것"[93]이라고 덧붙인다. 바꿔 말하자면 연금술사는 시간을 대체하는 자이다……[94]

전통적 연금술의 이와 같은 제 원리, 즉 광석의 성장, 금속의 변성, 생명의 묘약, 비밀 엄수의 필요성 등은 르네상스와 종교개혁의 시대

---

[92] R. P. Multhauf, *The Origins of Chemistry*, pp. 135 sq.를 참조하라.
[93] *Forgerons*, p. 43을 참조하라.
[94] 이런 프로메테우스적 위업이 초래한 귀결에 관해서는 *Forgerons et alchimistes.*, pp. 153 sq.를 참조하라.

에 아무런 비판도 받지 않았다.[95] 하지만 중세의 연금술이 지녔던 지평은 신플라톤주의와 헤르메스주의의 영향을 받아 점차 변해갔다. 요컨대 연금술이 자연의 작용을 촉진시킬 수 있다는 확신이 기독론적 의의를 가지게 된 것이다. 연금술사는 이제 다음과 같이 주장하게 된다. 즉 그리스도가 그 죽음과 부활에 의해 인류를 대속한 것과 똑같이 연금 작업도 자연의 구제를 보증할 수 있다고 말이다. 가령 16세기의 유명한 헤르메스주의자인 하인리히 쿤라트Heinrich Khunrath는 현자의 돌을 "대우주의 아들"인 예수그리스도와 동일시했다. 나아가 그는 현자의 돌을 찾아낸다면 대우주의 참된 본성을 알 수 있다고 생각했다. 마치 그리스도가 인간, 즉 소우주를 영적으로 완성시킨 것과 마찬가지로 말이다. 연금 작업이 인간과 자연을 함께 구원할 수 있다고 하는 이런 신념은 피오레의 요아킴 이래 서구 기독교를 따라다녔던 노스텔지어, 즉 모든 것의 근원적 갱신에 대한 동경을 이어받은 것이었다.

수학자이자 모든 학문에 정통했던 고명한 연금술사 존 디John Dee(1527년 출생)가 신성로마황제 루돌프 2세에게 선언한 바에 의하면, 그는 금속 변성의 비밀을 알고 있었으며 전 세계에 이르는 영적 개혁이 "감추어진 것", 특히 연금술에 의해 시작될 힘의 작용으로 이루어질

---

[95] 18세기가 되어서도 학자들은 광물의 성장을 믿어 의심치 않았다. 그러나 연금술사가 자연의 이와 같은 과정을 촉진시킬 수 있는지 어떤지에 관해서는, 특히 "실제로 그것을 행하여 보여주었다고 주장하는 사람들이 정직한 사람인지 어리석은 사람인지 아니면 사기꾼인지"에 관해서는 의문시되었다.(Betty J. T. Dobbs, *The Foundations of Newton's Alchemy*, p. 44) 당시 최대의 "합리주의적" 화학자로 간주되었으며 엄밀하게 경험주의적 실험을 행한 것으로 유명한 헤르만 뵈르하베Herman Boerhaave(1664~1739)조차도 금속을 금으로 변형시킬 수 있다고 믿었다. 뉴턴이 이룬 과학혁명에 있어 연금술이 가지는 중요성에 관해 계속해서 살펴보겠다.

것이라고 믿었다.[96] 마찬가지로 영국의 연금술사 엘리아스 애쉬몰Elias Ashmole은 연금술과 점성술 및 자연의 마술 속에서 모든 학문의 "구원자"를 보았다. 실제로 파라셀수스와 반 헬몬트의 지지자들에게 있어 자연은 "화학적 철학"(즉 새로운 연금술) 혹은 "참된 의술"의 연구에 의해서만 이해될 수 있는 것이었다.[97] 하늘과 땅의 비밀을 파헤칠 수 있는 열쇠는 천문학이 아니라 화학이었다. 왜냐하면 천지창조는 화학적 과정으로서 설명되며, 천공과 지상의 현상들은 화학적 용어로 해석할 수 있기 때문이다. 소우주와 대우주의 관계를 고려함으로써 "철학자-화학자"는 하늘의 비밀과 대지의 비밀 모두를 파악할 수 있다. 따라서 로버트 플러드는 태양의 원주 운동을 본보기로 하여 혈액순환의 화학적 서술을 제시했던 것이다.[98]

당시 많은 사람들이 그러했듯이 헤르메스주의자와 "철학자-화학자"들은 모든 종교적, 사회적, 문화적 제도의 전면적이고 근본적인 개혁을 대망했다—그들 중의 몇몇은 그런 개혁을 열심히 준비하기도 했다. 이런 보편적, 우주적 갱신에서 최초의 그리고 불가결한 단계는 바로 지적 개혁이었다. 1614년에 익명으로 출간된 『형제단의 공지 Fama Fraternitatis』는 새로운 교육 모델이 필요함을 호소하고 있다. 이 책의 저자는 예컨대 장미십자단Rose-Croix 같은 비밀결사의 존재를 세상에 알렸다. 이 결사를 창설한 전설적 인물인 크리스챤 로젠크로

---

96) Peter French, *John Dee: The World of an Elizabethan Magus*; R. J. W. Evans, *Rudolf II and his World: A Study of Intellectual History*, pp. 218~228을 참조하라. 존 디가 쿤라트에게 끼친 영향에 관해서는 Frances Yates, *The Rosicrucian Enlightment*, pp. 37~38을 보라.
97) A. C. Debus, "Alchemy and the Historian of Science", p. 134.
98) A. C. Debus, *The Chemical Dream of Renaissance*, pp. 7, 14~15.

이츠Christian Rosenkreutz는 "의술의 참된 비밀" 및 여타 모든 학문의 비밀을 습득했다고 여겨졌다. 그는 계속해서 많은 책을 썼는데, 그의 저작들은 오직 장미십자단원만이 접할 수 있었다고 한다.[99] 한편 『형제단의 공지』의 저자는 유럽의 모든 지식 계층에게 지식의 개혁을 이루기 위해, 다시 말해 서구 세계의 갱신을 가속화시키기 위해 이 결사에 들어오도록 권하고 있다. 이런 주장은 유례없는 반향을 불러일으켰으며, 10년도 채 되지 않는 사이에 장미십자단이라는 수수께끼의 결사가 제시한 청사진에 관해 논한 수백 권의 서책들이 간행되었다.

요한 발렌틴 안드레아Johann Valentin Andreae는 일부 역사가들에게 『형제단의 공지』의 저자로 간주되기도 한 인물인데, 그는 1619년에 『기독교도의 도성Christianopolis』을 간행했다. 베이컨의 『신아틀란티스 New Atlantis』는 이 책의 영향을 받은 것 같다.[100] 안드레아는 거기서 "화학적 철학"에 입각한 새로운 교육 방법의 개발을 역설하면서 이를 위한 학자 공동체의 설립을 제안하고 있다. 유토피아적인 『기독교도의 도성』에서는 화학이나 연금술을 행하는 실험실이 곧 학문 연구의 중심이 된다. 그곳에서는 "하늘과 땅이 결혼"하고 "모든 신적 비의가 발견되어 이 도성의 곳곳에 각인되어간다."[101] 『형제단의 공지』가 요

---

99) 특히 Debus, *The Chemical Dream of Renaissance*, pp. 17~18을 보라. 참고로 17세기 초는 중국, 탄트리즘 및 헬레니즘 관련 문헌에 자주 나오는 고대의 시나리오, 즉 원초적 계시가 새롭게 재발견되었으나 오직 비의 입문자에게만 허용되어 있다고 하는 시나리오가 재등장한 시대였다.
100) *Christianpolis and Ideal State of the Seventeenth Century*, trans. by Felix Emil Held(New York et Londres, 1916)를 참조하라. 또한 F. Yates, *The Rosicrucian Enlightment*, pp. 145~146; Debus, *The Chemical Dream*, pp. 19~20을 보라.
101) *Christianopolis*(trad. Held), pp. 196~197.

청한 이런 지적 개혁을 수많은 사람들이 찬미했는데, 그중에는 영국왕립의사회의 회원인 로버트 플러드Robert Fludd도 포함되어 있었다. 신비적 연금술의 열렬한 신봉자이기도 했던 플러드는 신비학sciences occultes에 대한 깊은 연구 없이는 자연철학에 정통할 수 없다고 주장했다. 그는 "참된 의술"이야말로 자연철학의 기초 그 자체라고 믿었기 때문이다. 플러드에 의하면 소우주—즉 인체에 대한 인식—는 우리에게 우주의 구조를 해명해주고 나아가 우리를 창조주의 곁으로 인도해준다. 또한 인간이 우주에 관해 알면 알수록 그의 자기 인식도 깊어진다.[102]

한편 신비학 전통과 자연과학의 대담한 종합을 통해 유럽의 종교적 및 문화적 갱신을 이루고자 한 이 통합운동에서 뉴턴이 담당한 역할에 관해서는 최근까지도 어느 누구 하나 생각해본 적이 없었다. 확실히 뉴턴은 자신의 연금술 실험 결과를 한 번도 공개한 적이 없다. 하지만 그가 연금술 성공의 영예를 얻은 사람이 몇몇 있었다는 점을 언급한 적은 있다. 1940년까지는 알려지지 않았던 그의 연금술과 관련된 방대한 원고에 대해 베티 조 티터 돕스Betty Jo Teeter Dobbs 교수가 『뉴턴 연금술의 기초The Foundations of Newton's Alchemy』(1975)에서 최초로 면밀한 분석을 가했다. 돕스 교수의 주장에 의하면 뉴턴은 과거의 방대한 연금술 문헌에 언급된 여러 작업들을 자신의 실험실에서 실험했으며, "그 이전에도 이후에도 이 정도의 실험이 행해진 적은 없었다."(*op. cit.*, p. 88) 뉴턴은 연금술의 도움을 받아 소우주의 구조를 발견하여 그것을 그의 우주론 전체에 대응시키고자 하였다. 행성을

---

102) Debus, *The Chemical Dream*, pp. 22~23에 인용된 Robert Fludd, *Apologia Compendiaris Fraternitatem de Rosea Cruce Suspicionis et Infamiae Maculis Aspersam, Veritatis quasi Fluctibus abluens et abstergens*(Leiden, 1616), pp. 88~93, 100~103.

궤도와 결부시키는 힘으로서의 중력의 발견도 그를 완전히 만족시키지는 못했다. 그러나 1669년부터 1696년에 걸쳐 쉼 없이 실험을 계속했음에도 불구하고 그는 끝내 미립자를 지배하는 힘을 찾아내는 데에는 성공하지 못했다. 그럼에도 불구하고 그는 1679~1680년 사이에 천체 운동 역학의 연구에 착수했을 때 인력이라는 "화학적" 개념을 우주에 적용시켰다.[103]

맥과이어McGuire와 랏탄시Rattansi가 보여주었듯이, 뉴턴은 처음에는 다음과 같이 믿었다. "신은 몇몇 특별한 인간에게 종교와 자연철학의 비밀을 가르쳐주었다. 이 지식은 이윽고 상실되고 말았지만, 후에 회복되어 이번에는 우화와 신화적 사고 형식 안에 표현되어 나타났다. 하지만 그것은 입문 의례를 받지 않은 자에게는 여전히 감추어져 있다. 그런데 오늘날에는 이 지식이 실험에 의해, 그것도 한층 엄밀한 형태로 재발견될 수 있다."[104] 이런 이유로 뉴턴은 연금술 문헌 중에서도 가장 비의적인 부분을 철저하게 검토했다. 그런 부분에 참된 비밀이 내포되어 있기를 기대했던 것이다. 이 근대 역학의 창시자가 원초적으로 감추어진 계시라는 전통을 부정하지 않았다는 점은 의미심장하다. 또한 뉴턴은 물질 변성의 원리도 부정하지 않았다. 가령 『광학Opticks』(1704)에서 그는 이렇게 적고 있다. "물질이 빛으로 변하고 빛이 물질로 변하는 것은 자연의 법칙에 완전히 합치되는 현상이다. 왜냐하면 자연은 변성 작업에 열중하고 있다고 보여지기 때문이다."

---

103) Richard S. Westfall, "Newton and the Hermetic Tradition", 특히 pp. 193~194. 그리고 Dobbs, *The Foundations of Newton's Alchemy*, p. 211을 참조하라.
104) Dobbs, p. 90. 여기서는 E. McGuire와 P. M. Rattansi의 논문 "Newton and the 'Pipes of Pan'", pp. 108~143을 인용하고 있다.

돕스에 의하면 "뉴턴의 연금술 사상은 그가 그 총체적 유효성을 한 번도 부정한 적이 없을 정도로 매우 견고하게 구축되어 있다. 어떤 의미에서는 1675년 이후 뉴턴의 전 생애는 연금술과 기계론적 철학의 종합을 추구하는 오랜 노력의 기간이라고 볼 수 있다."(op. cit., p. 230)

뉴턴이 『프린키피아Principia』를 간행한 이래 적대자들은 뉴턴이 말하는 "힘"이란 실은 "[*물질이 가진] 비밀스런 성질"이라고 주장했다. 돕스 교수는 이런 비판이 어떤 의미에서는 정당하다는 점을 인정하고 있다. "뉴턴이 말하는 힘은 르네상스의 많은 신비학 문헌에 나오는 저 감추어진 공감과 반감과 매우 흡사하다. 하지만 뉴턴은 이런 힘에 물질 및 운동과 동등한 존재론적 자격을 부여하고 또한 그 힘을 정량화함으로써 역학적 기계론 철학이 가상적인 '충돌 메커니즘'의 수준을 넘어서 발전할 수 있게 했다."(p. 211) 이와 같은 뉴턴의 힘 개념을 분석한 리처드 웨스트폴Richard Westfall은 근대과학은 헤르메스주의 전통과 기계론적 철학이 결혼하여 낳은 산물이라고 결론짓는다.[105]

"근대과학"은 그 눈부신 발전 과정에서 헤르메스주의의 유산을 무시하거나 혹은 내동댕이쳐버렸다. 다시 말해 뉴턴 역학의 승리는 그의 학문적 이상 그 자체를 소멸시키는 결과가 되었다. 하지만 실상 뉴턴과 그의 동시대인들은 전혀 다른 유형의 과학혁명[지식 혁명]을 대망했던 것이다. 예컨대 파라셀수스, 존 디, 코메니우스, 안드레아, 플러드, 뉴턴 등은 서로 전혀 상이한 정신의 소유자들이었으면서도 르네상스의 신연금술에 있어 여러 가지 희망과 목표, 특히 자연의 구원 및 회복이라는 사상을 계승하여 발전시킨 인물들이다. 그들은 모

---

[105] Richard S. Westfall, *Force in Newton's Physics, The Science of Dynamics in the Seventeenth Century*, pp. 377~391 ; Dobbs, p. 211.

두 연금술 안에서 더할 나위 없이 대담한 기획, 특히 새로운 지식의 방법을 통한 인간 완성의 모델을 찾고자 했던 것이다. 그들의 전망에 의하면 이 방법은 헤르메스주의의 전통과 의학, 천문학, 역학 등의 자연과학을 비고백적인 기독교christianisme non confessionnel 안에서 통합해야만 하는 그런 것이었다. 이런 통합은 사실 예전의 플라톤주의, 아리스토텔레스주의, 신플라톤주의 등에 의한 통합으로써 얻어진 눈부신 성과에 비견될 만하다. 그것은 말하자면 새로운 기독교의 창조였다. 18세기 사람들이 꿈꾸었고 또한 부분적으로 실현시킨 이런 유의 "지식"은 "총체적 지식"의 획득을 목적으로 유럽의 기독교가 시도한 마지막 노력을 보여준다.

티베트의 종교들

312. "인간의 종교"

힌두교와 고대 및 중세의 기독교가 그랬듯이 티베트 종교는 그 정점에서 하나의 멋진 종합을 보여준다. 그것은 제 종교 간의 융화와 동화의 기나긴 과정에서 생겨난 성과였다. 수십 년 전까지만 해도 서양 학자들은 티베트의 저자들을 따라 티베트 종교사를 토착 종교인 **본교**Bon와 인도에서 들어온 불교 사이의 갈등의 역사로서, 그리고 최종적으로는 티베트 불교인 라마교의 승리로 끝난 역사로서 해석해왔다. 그러나 최근의 연구, 특히 둔황석굴에서 발견된 자료(8~10세기)의 분석에 의해 저간의 사정이 더 복잡하다는 점이 밝혀졌다. 무엇보다 먼저 **본교**가 성립되기 이전부터, 그리고 불교가 처음으로 포교되기 이전부터 존재해온 토착 종교의 중요성과 일관성이 오늘날 중요하게 고려되고 있다. 그런데 이런 토착적 전통 종교("인간의 종교"라고 불린다)에 관해 **본교**의 저술가들과 불교도들은 전혀 언급하지 않는다.

또한 본교가 외래적, 종교 융합적 성격을 가진다는 점, 특히 이란과 인도에 그 원천을 둔다는 점이 점차 잘 알려지게 되었다. 확실히 오늘날 우리가 손에 넣을 수 있는 자료는 후대의 것으로서(티베트 문자가 만들어진 것은 7세기다), 그것들은 불교와 본교 사이의 논쟁 및 상호 차용의 결과로서 반영된 것에 불과하다. 그러나 티베트 불교든 본교든 그 외피 밑에서 우리는 이런 전통 종교에 고유한 특징들을 읽어낼 수 있다. 티베트의 역사가들은 "신들의 종교(lha-chos)"와 "인간의 종교(mi-chos)"를 구별해왔다. 이때 전자는 시대에 따라 혹은 본교를 혹은 불교를 의미하기도 했다. 그리고 후자는 전통 종교를 의미했다.

"인간의 종교"—츄Gcug(또는 chos, 즉 "관습"이라고 불린다—에 관해 말해주는 중요한 원전은 "민담", 즉 우주와 모든 사물의 기원에 관한 신화이다. 이런 "민담"은 결혼식, 신년 의례, 토지신들에게 봉납하는 여러 경기 때에 의례적으로 낭송된다. 많은 원초적 종교에 엿보이듯이 사회, 제도 혹은 의식의 기원 신화를 낭송하는 것은 그 신화적이고 "시원적인" 시간과의 어떤 연속성을 다시금 현재화하는 것을 뜻하며, 그럼으로써 각각의 상황에서 기대되는 어떤 것의 성공을 보증하는 것이다.[1] 기원 신화를 정확히 낭송하는 것은 "이 세계와 사회의 질서를 유지하기 위해 없어서는 안 될 종교적 행위"인 것이다.[2]

---

1) Eliade, *Aspects du mythe*, 특히 pp. 33 sq.를 보라. 또한 G. Tucci, *Les religions du Tibet*, pp. 296 sq.를 보라.
2) R. A. Stein, *La civilisation tibétaine*, pp. 163~165. "어떤 집단이 특정 신들이나 조상과 결부되어 있음을 증명하기 위해서는 음송되는 각각의 이야기 속에서 이런저런 제도나 관습의 기원에까지 거슬러 올라갈 필요가 있는데, 이때 그 이야기들은 반드시 진짜여야만 한다. 티베트 불교의 의례는 실로 여기에 해당된다. 거기서는 항상 그 의례를 정당화하는 기원, 즉 신화적인 전례가 언급되기 때문이다."(*ibid.*, p. 165)

어디서나 그렇지만 기원 신화는 우주 창조 이야기부터 시작된다. 이 세계는 하늘의 산들로 상상된 천공의 신들인 피바Phyva에 의해 창조되었다(산악의 종교적 중요성과 상징성에 관해서는 다시 설명할 것이다). 이어서 몇몇 산신들이 동물, 식물 그리고, 아마도, 최초의 인간들을 데리고 지상으로 내려왔다. 그럼으로써 시작된 저 낙원적 시대, 인간이 신들의 바로 옆에서 살았던 시대는 원래 1만 년 동안 계속될 것이었다. 그러나 지하의 제9층에 갇혀 있던 악마가 탈출에 성공하여 지상에 악을 퍼뜨리고 말았다. 그래서 신들은 하늘로 돌아가고 세계는 수십만 년 동안 타락에 빠지게 되었다. 그러나 일부 인간들은 오늘날에도 츄를 실천하면서 "불신앙의 시대"를 기다리고 있는데, 그 "불신앙의 시대" 다음에는 마침내 새로운 세계가 출현하고 신들이 지상으로 돌아오며 죽은 자들이 살아나는 때가 올 것이다.

이 신화는 확실히 "시원의 완전성"과 거기에 이어지는 점진적이고도 전면적인 타락이라는 널리 알려진 주제를 함축하고 있다. 하지만 이와 더불어 인도의 영향(몇 십만 년을 주기로 회귀하는 우주의 순환)과 이란의 영향(창조된 세계를 부패시키는 악마)도 생각해볼 수 있다.

세계는 3중 구조로 되어 있다. 피바 신들은 위쪽에 살고 수중 및 지하의 신들(*Klu*)은 밑에, 그리고 인간은 그 중간에 산다. 최초의 왕은 하늘에서 내려온 신으로서 산신과 하나가 되었다. 그는 이후에 7대에 걸친 신화적 군주의 모델이 된다. 거주 지역의 기원과 관련된 신화—우주 창조 신화의 소규모 이본이라고 할 수 있다—에서는 패배한 악마와 갈기갈기 찢겨진 야수에 관해, 또한 남신(산, 바위, 나무)과 여신(호수, 샘물, 강)의 결혼에 관해 이야기한다. 이와 같은 쌍신은 종종 왕과 영웅의 초자연적 양친과 동일시된다. "각각 주어진 지역에 사는 집단은 자신들의 조상과 성지에서 스스로의 정체성을 찾는다."[3)]

이런 전통 종교에서는 왕이 근본적인 역할을 담당한다.[4] 군주가 신적 본성을 가진다는 것은 그의 "광휘"와 주술적 권능으로 보건대 분명하다. 최초의 왕들은 낮 동안만 지상에 머물다가 밤에는 하늘로 되돌아갔다. 그들은 죽은 것이 아니다. 다만 언제인가 무mu(혹은 *dmu*)라는 주술적 밧줄을 전해주고는 하늘로 올라가 다시 돌아오지 않았다. 본교의 어떤 연대기에 의하면 이 최초의 왕들은 "모두 정수리에 빛의 밧줄, 즉 무를 가지고 있었다. 그것은 길고 팽팽한 동아줄로 색바랜 황색(혹은 갈색)을 띠고 있었다. 왕들이 죽으면 발 쪽부터 (마치 무지개처럼) 사라져 그 정수리의 무 밧줄 속으로 녹아들어갔다.[5] 그리고 다음에는 이 빛의 동아줄이 천공으로 녹아들어갔다." 그러므로 신을 조상으로 하는 마지막 군주 디군Digun 이전까지는 왕의 묘지가 없었다. 그런데 오만하고 성마른 성격의 이 마지막 왕은 어느 결투 때에 부주의로 인하여 자신의 무 밧줄을 끊어버렸다. 그후 왕의 시체는 매장되었고 왕의 묘지도 생겨나게 되었다. 또한 매장 때에 행해진 몇몇 의식도 알려져 있다.[6] 하지만 어떤 특수한 사람들―주로 성자들과 주술사들―은 오늘날에도 그들의 무 밧줄을 타고 천상에 올라갈 수 있다고 한다.

---

3) R. Stein, *op. cit.*, p. 176.
4) 특히 A. Macdonald, "Une lecture des Pelliot tibétains...", pp. 339 sq.를 보라. Erik Haarth, *The Yan Lun Dynasty*, pp. 126 sq.를 참조하라.
5) Trad. R. Stein, *op. cit.*, pp. 189~190. G. Tucci, *Les religions du Tibet*, pp. 286 sq.를 참조하라. 이런 신화 모티프에 대한 비교분석으로서 Eliade, "Corde et Marionettes" (*Méphistophélès et l'Androgyne*, pp. 200~237에 재수록), 특히 pp. 208 sq.를 참조하라.
6) G. Tucci, *The Tombs of the Tibetan Kings*를 보라. Stein, *op. cit.*, pp. 168 sq.를 참조하라.

313. 전통적 관념들: 우주들, 인간들, 신들

디군이 끊어버린 무 밧줄에 관한 신화는 어떤 의미에서는 세계 안에 악이 침투한 이후의 피바 신들과 인간의 분리의 역사이다. 하지만 티베트 종교사상사에서 그것이 가지는 의의는 훨씬 더 크다. 왜냐하면 거기서 무 밧줄은 일종의 우주론적 기능을 수행하고 있기 때문이다. 즉 무 밧줄은 세계축axis mundi으로서 하늘과 땅을 연결시켜준다. 또한 그것은 우주-집-인체의 상동 체계에서 중심적인 역할을 한다. 뿐만 아니라 시대를 확정하기는 어렵지만 일정 시기부터 무 밧줄은 미묘한 비물질적 생리학과, 사자의 영혼의 천계로의 상승과 해방을 보증하는 의례 속에도 등장하게 된다.

이러한 관념은 인도와 **본교**로부터 영향을 받은 것이 분명하다. 그러나 이 신화 의례 체계와 상징체계가 독자적인 기원을 가진다는 사실도 의심할 수 없다. 예컨대 우주-집-인체의 상동성은 아시아 각지에 풍부하게 나타나는 원초적 관념이다. 불교 또한 그런 상동성을 지니고는 있지만 구원적론 가치를 부여하지는 않는다.(본서 제2권 160절 참조)

티베트 전통에서 산들은 지상에 내려온 최초의 조상의 지렛대 혹은 무 밧줄과 동일시되며, 왕의 묘지들은 "산들"이라고 불린다.[7] 한편 성스런 산들—참된 "국토의 신들" 내지 "토지의 주인들"—은 "하늘의 기둥" 혹은 "대지의 말뚝"으로 간주되며, "묘지와 사원 옆에 세워진 기둥도 이것과 동일한 역할을 한다."[8] 집터의 신 또한 "하늘의 기둥" 혹

---

[7] 고대 왕들의 묘지와 궁전은 디군에 의해 밧줄이 잘린 이후에도 여전히 "무 밧줄을 모방하여" 세워졌다고 보여진다. Stein, *op. cit.*, p. 169.
[8] *Ibid.*, p. 170. 거룩한 산들은 또한 전사신이기도 하다. 그것들은 "추장" 혹은 "왕"으로 불렸으며, 각 씨족 계보상의 시조와 결부되었다. *Ibid.*, p. 174.

은 "대지를 고정하는 말뚝"이라고 불린다. 천상과 지하의 세계는 여러 층으로 나누어져 있으며, "하늘의 문"과 "대지의 문"을 통하여 그곳에 이를 수 있다. 집의 각 층은 나무 사다리로 연결되어 있다. 지붕에 뚫린 구멍은 "하늘의 문"에 대응되는 것으로서 거기에서 빛이 들어오고 연기가 빠져나가게 되어 있으며, 화로는 "대지의 문"에 대응된다.[9]

성스런 산―"국토의 신"―이 하늘과 땅을 잇는 무 사다리와 동일시되듯이 인간 신체에서는 어떤 수호신이 문자 그대로 "국토의 신"이라고 불리는데, 신은 무 밧줄이 부착된 정수리에 자리 잡고 있다(양 어깨 위에는 "전사신"과 "인간의 신"이 자리 잡고 있다). 무 사다리는 또한 "바람의 사다리"라고 칭해지기도 한다. 다른 한편 "바람의 말〔馬〕"은 인간의 생명력을 의미한다. 여기서 "바람"은 인도의 프라나 prāṇa〔숨-생명〕와 유사한 생명 원리이다. "그것은 사람이 호흡하는 공기인 동시에 몸 안에 흐르는 미세한 유체이기도 하다."[10] "위쪽으로의 생장"은 모두 무 밧줄에 의해 이루어진다. 이런 관념들은 틀림없이 티베트 불교와 융합한 결과 생겨난 것이다. 어쨌든 라마 승려들이 영혼의 궁극적 해방을 위해 사용하는 수단은 신화상의 왕들이 무 밧줄 안에 녹아들어가는 모습을 연상시킨다.[11] 바꿔 말하면 티베트 불교의 성자는 죽음에 즈음하여 신화상의 왕들이 디군의 불행 이전에 **구체적으로** 행한 일들을 **영적으로** 반복한다(이 관념은 현재의 샤머니즘을 "타

---

9) 집 지붕 위에는 "최고신들"(돌과 옷감으로 만든 두 개의 제단으로 표상된다)이 진좌한다. 이 신들에 대한 제사는 산에서 행해지는 제사와 동일시된다. Stein, p. 188을 참조하라.
10) Stein, p. 189.
11) 이런 종교적 융합은 11세기에 이미 엿보인다. 밀라레파는 "(성자가) 해탈을 위해 붙잡고 오르는 데에 쓰는 밧줄의 절단"에 관해 언급하고 있다. *Ibid.*, p. 189.

락"한 것이라고 보는 북방 아시아의 신화를 연상시킨다. 그 신화에 의하면 최초의 샤먼들은 살과 뼈를 가진 채 하늘에 올라갔다고 한다. 본권 246절 참조)

티베트의 종교 전통에서 빛의 역할에 관해서는 나중에 다시 살펴볼 것이다. 지금은 우주-집-인체의 상동화와 더불어 이 전통 종교는 나아가 신들과 인간 사이의 대칭 관계를 상정하고 있다는 것만 말하기로 하자. 종종 인간의 "혼(*bla*)"은 "신들(*lha*)"과 구별되지 않는다. 발음도 모두 같기 때문에 티베트인들은 곧잘 이 두 가지 말을 혼동한다. 인체에 외재하는 몇몇 "혼" 내지 "생명" 같은 것도 알려져 있으며, 그것들은 나무와 바위 혹은 신들이 거하는 사물 안에 존재한다.[12] 한편 이미 살펴보았듯이 "국토의 신들"과 전사신들은 자연뿐만 아니라 인체 안에서도 살고 있다.

달리 말하자면 인간은 **영적, 정신적 존재인** 한 신으로서의 성격, 특히 우주적 구조의 신의 기능과 운명을 같이한다. 무수한 의례적 경기가 중요한 의미를 가지는 것도 이 때문이다. 경마, 운동경기, 각종 격투기, 미남미녀 콘테스트, 활 시합, 소젖 짜기 대회, 토론회 등이 행해지는데, 특히 신년 축제가 이런 경기들의 무대가 된다. 이 신년 축제의 시나리오에서 중심을 이루는 것은 산들로 형상화된 하늘의 신과 악마의 싸움이다. 다른 유사한 시나리오와 마찬가지로 여기서도 신들의 승리는 곧 새해에 새로운 생명이 승리할 것임을 보증해준다. "신들도 이 장관을 구경하고 사람들과 함께 웃고 즐긴다. 수수께끼 시합, 민담 낭송회, 서사시의 낭송 등은 곡물의 수확과 가축의 풍요를 가져다준다. 신들과 인간은 이런 축제를 기회로 함께 모이며, 거기서는 사회적 대립 관계가 확인됨과 동시에 해소된다. 이리하여 공동체

---

12) *Ibid.*, p. 193.

는 과거(세계와 조상들의 기원) 및 거주지(조상으로서의 거룩한 산들)와의 결합을 다시금 회복하고 새로운 활력을 되찾는다."[13]

티베트의 이러한 신년 축제는 이란의 영향을 받았음이 분명하다. 그러나 이 신화-의례적 시나리오 자체는 원초적인 것이며 많은 전통 종교에서 찾아볼 수 있다. 한마디로 말해 그것은 우주와 생명도, 신들의 기능과 인간의 조건도 동일한 주기적 리듬에 의해 지배되는 것으로 간주하는 관념으로서, 세계 각지에 널리 퍼져 있다.[14] 이때의 주기적 리듬은 상호 교호적이며 상호 보완적이다. 또한 그것은 서로를 품는 두 개의 극으로 이루어져 있으며 그 양극은 정기적으로 역의 **합일**을 보여주는 합일을 통해 전체성을 획득한다. 이와 같은 티베트적 관념은 **음양**의 대립과 그것들이 주기적으로 **도**道 안에서 재통일된다는 중국적 관념(본서 제2권 132절 참조)과 비교될 만하다. 어쨌든 최초의 불교도들이 티베트에서 만난 전통 종교는 "무질서하고 통일성을 결여한 주술-종교적 관념의 혼합 상태가 아니라 (……), 상당 부분 구조화된 체계에 입각한 의례와 실천을 가지는 하나의 종교로서 그 근저에 있는 관념들은 불교적 관념과는 대립적인 것이었다."[15]

314. 본교: 대립과 융합

여기서 "후세의 (티베트) 역사가들이 왜 이런 고대적 종교를 버렸는

---

13) R. A. Stein, *Recherches sur l'épopée et le barde au Tibet*, pp. 440~441.
14) Eliade, "Remarques sur le dualisme religieux: dyades et polarités"(*La nostalgie des origines*, pp. 231~311에 재수록)를 참조하라.
15) A. Macdonald, p. 367을 참조하라.

지, 왜 그 이름(Gcug)까지도 잊어버리고 본교라는 다른 종교로 대체했는지"를 물을 만하다. "본교가 조직적인 종교로서 성립한 시기는 11세기쯤이었다. 그러나 본교 신자의 입장에서 보자면 그 이유를 납득할 수 있다. 그들은 자신들의 가르침이야말로 가장 고대적인 것이라고 생각했고, 따라서 본교의 위신을 높이려는 해석을 기꺼이 받아들였다."[16] 이에 반해 불교 측의 역사가들은 토착 종교의 피비린내 나는 희생 제의와 종말론적인 관념을 불유쾌한 것으로 받아들였다. 때문에 불교도들은 티베트 전통 종교의 그와 같은 요소를 본교의 "주술적" 풍습 및 신앙과 동등하게 취급했다.

본교에 대해 말하고자 한다면 먼저 티베트에서의 불교의 전파에 관해 언급할 필요가 있다. 이 두 종교는 애초부터 서로 영향을 주고받으며 충돌했고 각각 차례대로 위정자의 보호와 박해를 받아왔기 때문이다. 그리고 마침내 11세기 이후부터는 "개혁 본교(agyur Bon)"가 티베트 불교의 교리와 용어 및 조직을 차용하기에 이르렀다. 하지만 본교의 제의 집행자와 점술사 및 "마법사들"은 불교 포교자가 티베트에 오기 이전부터 활동하고 있었음이 분명하다. 한편 본교에 끼친 외래적 요소의 영향도 고려해야 한다. 그럼으로써 우리는 이 시점에서

---

16) A. M. Blondeau, "Les religions du Tibet", p. 245. 확실히 불교에서 "인간 희생 제의는 물론이고 동물 희생 제의를 인정한다는 것은 있을 수 없는 일이었다. 특히 우주 질서를 유지하는 신-왕의 관념이라든가 영혼의 불멸, 즉 지상적 삶을 모델로 하여 상상되고 지상적 삶에 가치를 부여하는, 사후의 행복한 생에 대한 신앙은 불교의 기본 원리, 곧 우주를 비롯한 모든 존재의 무상성, 존재와 불가분의 것인 고통, 윤회(samsāra), 현세 및 내세를 통한 업의 피할 수 없는 응보 관계(karma)에서 보자면 전혀 용납될 수 없는 그런 것이었다. 이에 비해 츄가 보여주는 이상은 올바른 사회와 인간 행복의 이상이었지 결코 정신적 완성의 이상은 아니었다."(ibid)

티베트 종교의 융합에 기여한 외래적 요소의 다양성과 중요성을 정당하게 다룰 수 있다. 사실 적어도 본교의 몇몇 기본 개념들은 외국에서 유래되었다. 전승에 의하면 "외래의 본교"는 샨슌(티베트 서남부) 혹은 타지크(이란)로부터 온 것이라고 한다. 이는 본교의 몇몇 관념에서 이란계 요소가 확인되는 까닭을 설명해주며, 또한 불교 유입 이전부터 인도(특히 시바교)의 영향이 있었음을 시사해준다.

가장 오래된 자료에 의하면 본교에는 여러 신분이 있었다. 제의 집행자, 점술사, 퇴마사, 주술사 등이 그것이다. 하지만 11세기 이전에는 이와 같은 "성사 전문가들"의 단일한 조직이 존재하지 않았다. 본교의 의례용 도구로는 악마를 포획하기 위한 도구 및 특히 샤먼의 북을 들 수 있다. 이 북에는 주술사가 하늘로 올라갈 수 있게 하는 힘이 있다고 여겨진다. 전승에 의하면 본교도 특유의 표징인 모직 두건은 본교 전설상의 개조開祖인 센라브 니 보Shenrab ni bo의 당나귀 귀를 덮기 위한 것이었다고 한다(이는 중요한 세부 사항이다. 왜냐하면 거기서 우리는 서양 기원의 요소를 읽어낼 수 있기 때문이다. 확실히 이것은 미다스 왕의 테마와 같다).[17] 다른 성사 전문가들과 함께 본교도는 씨족장과 지배자들을 수호해왔다. 그들은 또한 (특히 왕의) 장례식에서 중요한 역할을 수행했다. 즉 본교도들은 사자의 혼을 저세상으로 인도하고 사자의 영을 불러낸다든지 쫓아낸다든지 할 수 있다고 믿어졌다.

보다 후대의 다른 문헌에서는 여러 가지 우주 창조론과 신학, 즉 형이상학적 사변이 어느 정도 체계화된 형태로 등장한다. 거기에는 인도, 특히 불교의 영향이 명백히 나타난다. 하지만 그렇다고 해서 이것

---

17) Stein, *Recherches sur l'epopée et le barde au Tibet*, pp. 381 sq.를 참조하라.

이 그 이전에는 어떤 "이론"도 존재하지 않았다는 것을 의미하지는 않는다. 제사 집행자 및 "마법사"와 더불어 "사변적" **본교도**(계보학자, 신화 기술자, 신학자)들이 예로부터 줄곧 존재했음이 거의 확실하다.

후세의 **본교도** 저술가들은 그 "거룩한 역사"를 다음과 같이 적고 있다. 즉 **본교**의 개조는 셴라브 니 보("탁월한" 셴-사제[라브]-인간[니 보])라고 여겨진다. 그의 탄생담과 생애는 석가 및 파드마삼바바 Padmasambhava(그에 대해서는 본권 315절에서 살펴볼 것이다)를 모델로 하고 있다. 우선 셴라브는 서방의 어떤 나라(샨슌 혹은 이란)에서 태어나도록 정해졌다. 그러자 화살 모양을 한 한 줄기 백색 광선(남성의 정액semen virile의 이미지)이 부친의 두개골에 파고 들어왔고 또한 적색 광선(여성의 요소라 할 만한 혈액을 나타낸다)이 모친의 머리로 들어왔다. 보다 오래된 다른 전승에서는 셴라브 자신이 다섯 가지 빛깔(즉 무지개처럼)로 하늘의 궁전에서 내려왔다고 말해진다. 한 마리 새로 변신한 그가 미래의 모친의 머리 위에 머물렀을 때 그의 생식기에서 나오는 백색 광선과 적색 광선이 두개골을 뚫고 그녀의 몸 속으로 들어갔다고 한다.[18] 셴라브는 지상에 태어나자마자 악마의 왕과 대결했고, 악마를 추격하여 만나는 악마마다 주술력으로 모두 정복해버린다. 악마들은 복종한다는 뜻을 전하기 위해 자신들의 마력의 정수가 내포된 물건과 주문을 그에게 헌상했다. 그리하여 악마들은 **본교**의 가르침과 기법의 수호자가 되었다.[19] 이는 곧 셴라브가 **본교도**들에게 신

---

18) Stein, *La civilisation tibétaine*, pp. 205~206. 티베트인들에 의하면 자식의 영혼은 생식을 통해 모친 머릿속으로 들어간다. 또한 죽음의 순간에 동일한 경로를 거쳐 영혼이 신체를 빠져나간다고 한다. Eliade, "Esprit, lumière et semence"(*Occultisme, Sorcellerie et modes culturelles*, pp. 125~166), p. 137을 참조하라.
19) Tucci, *Les religions du Tibet*, p. 304에 요약된 텍스트들을 보라. 동일한 주제가 파

들에 대한 기도문과 악마들을 쫓는 주문을 계시했다는 것을 의미한다. 티베트와 중국에 **본교**를 세운 후 센라브는 세상을 버리고 은거하여 수행하면서 붓다처럼 열반에 들어갔다. 하지만 그는 아들 하나를 남겼으며, 이 아들은 3년 동안 모든 가르침을 전파했다.

센라브라는 이름으로만 알려져 있는 이 전설적 인물이 **본교** 교의 체계의 창시자라고 보는 점에서는 사람들의 견해가 일치한다. 즉 이 인물이 방대하고도 상호 모순된 여러 풍습, 의례, 신화 전승, 주문, 주술적 기법 등을 수집하고 조직화했다는 것이다. "하지만 문헌 자료는 그다지 많지 않다. 센라브 시대 이전에는 문자화된 자료가 거의 없었기 때문일 것이다."[20] **본교** 경전의 성립은 11세기 이후의 일로서, 거기에 집적된 문서들은 불교도 국왕에 의한 박해 중에는 은닉되어 있었으며 후대에 "재발견"된 것으로 보인다.[21] 그것이 최종적인 경전의 형태를 띠게 된 것은 15세기의 일인데, 센라브의 작품으로 여겨지는 문서들(산슌어로 번역되었다고 여겨진다)이 75권의 『칸주르〔經律〕』로 정리되었으며 그것에 대한 주석이 131권의 『탄주르〔論疏〕』에 수록되어 있다. 이 서책들의 제목과 분류법은 분명 티베트 불교의 경전에서 차용한 것이다. 교리 자체도 불교의 그것과 매우 흡사하다. 즉 "윤회 saṃsāra의 원환을 낳는 제 행위〔業〕의 비영속성〔無常〕과 상호 연쇄성〔因果〕의 법칙이 설해진다. 또한 **본교**에서도 도달해야만 하는 목표가 각

드마삼바바의 전설적 생애에도 나타난다. 그러나 후자의 경우는 저 불교의 스승이 본교의 신격들을 항복시킨다.
20) Tucci, p. 305.
21) 이는 근동 지방과 헬레니즘 시대의 그리스 로마 세계뿐만 아니라 인도와 중국에서도 쉽게 찾아볼 수 있는 신화적 테마이다. 하지만 그렇다고 해서 일부 문서가 실제로 박해기에 숨겨졌다가 후에 재발견되었을 가능성을 배제하는 것은 아니다.

성〔깨달음〕, 즉 붓다〔깨달은 자〕의 경지 혹은 대승불교적 형태로서의 공空에 있다."[22] "고파古派"의 불교승들, 즉 파드마삼바바(본권 315절을 보라) 제자들의 가르침과 마찬가지로, **본교**의 가르침은 아홉 가지의 "탈 것"(혹은 "길")으로 나누어져 있다. 그 마지막 세 가지는 두 종교에 공통된다. 처음 여섯 가지에서도 많은 공통점을 찾아볼 수 있는데, **본교**의 경우는 거기에 더하여 **본교** 특유의 수많은 주술적 신앙과 실천이 포함되어 있다.[23]

본교의 문서에서는 수많은 우주 창조 신화가 발견된다. 그중에서도 중요한 것은 원초적 알로부터의 창조를 말하는 이야기, 인간의 모습을 한 거인으로부터의 창조를 말하는 **푸루샤**Puruṣa 유형의 이야기(이는 게사르의 서사시에 보존되어 있는 테마이다), 그리고 마지막으로 **데우스 오티오수스**가 근본적으로 대립하는 두 개의 원리를 낳음으로써 간접적인 창조를 행하는 이야기 등의 세 가지를 들 수 있다. 앞의 두 가지에는 인도의 영향이 분명하게 엿보인다. 한편 세 번째 창조설에 의하면 처음에는 존재와 비존재 사이에 순수한 잠재 상태만이 존재했다. 그런데 이 잠재 상태에는 "창조된 자, 모든 존재의 주인"이라는 명칭이 붙어 있다. 이 "주인"으로부터 흑과 백의 두 가지 광선이 유출되었고 이것이 두 명의 "인간"을 낳았다. 한 인간은 백인이고 다른 인간은 흑인이다. "검은 지옥"이자 창을 닮은 흑인은 비존재의 화신, 부

---

22) A. M. Blondeau, *op. cit.*, p. 310. 그 밖에 **본교**는 보살이라든가 삼불신三佛身의 이론도 차용하고 있다. 신들의 체계에 있어서도 명칭은 다를지 몰라도 "양 종교에는 공통된 신들과 악마들이 많이 존재한다."(*ibid.*)

23) 가장 상세한 분석이 D. L. Snellgrove, *The Nine Ways of Bon*에 나온다. 또한 Tucci, pp. 291 sq.; Blondeau, pp. 310 sq.를 보라.

정의 원리, 모든 악과 모든 재앙의 원인으로 간주된다. 한편 스스로를 "실재를 사랑하는 주인"이라고 칭한 백인은 존재의 화신이자 이 세상에 있는 선하고 생산적인 모든 것의 원리로 간주된다. 그의 힘 때문에 신들은 인간으로부터 숭배를 받고 악마들과 싸울 수 있다.[24] 이는 주르반교의 신학(본서 제2권 213절 참조)을 연상시키는 사유로서, 아마도 중앙아시아의 마니교도를 매개로 하여 전해진 것으로 보인다.

여기서 다시 한번 본교의 종교 융합적 성격을 강조해둔다. 이런 융합적 성격은 "개혁적 본교"뿐만 아니라 전통적 본교에도 해당된다. 앞으로 살펴보겠지만 티베트의 불교 또한 동일한 융합 과정을 겪었다. 역사시대 이후 융합은 티베트 정신의 종교적 창조성을 특징짓는 주된 요소가 되었다.

315. 티베트 불교의 형성과 발전

전승에 의하면 불교는 손첸 감포 왕(620?~641)에 의해 티베트에 정착되었다고 한다. 그는 후세에 아바로키테슈바라[觀自在佛]의 화신으로 여겨졌다. 그러나 이 군주가 불법佛法을 퍼뜨리는 데에 실제로 어떻게 기여했는지는 분명치 않다. 그는 고래의 종교적[비불교적] 풍습을 적어도 부분적으로는 준수했다고 알려져 있다. 한편 7세기 이전에도 티베트의 몇몇 지역에 불교의 가르침이 알려져 있었던 것 같다.

국교로서의 불교는 치손데첸 왕(755~797?) 시대의 공문서에서 처음

---

24) Stein, *La civilisation tibétaine*, p. 209; Tucci, p. 273에 요약된 자료들을 보라. 또한 Tucci, pp. 280~288을 참조하라.

으로 확인된다. 문수보살의 화신으로 간주된 이 군주는 인도의 샨타라크시타, 카말라실라, 파드마삼바바 등의 위대한 스승들을 티베트에 불렀다.[25] 왕의 비호를 받고자 당시 두 불교 유파가 다투었다. 해탈에의 점진적인 길을 설한 "인도학파"와 순간의 깨달음(頓悟)을 추구한 기법(禪chang)을 제시한 "중국학파"가 그것이다. 각각의 방법을 주장하고 변호하는 강론장에 임석한 끝에(792~794) 왕은 결국 인도학파의 주장을 채택했다. 이 유명한 논쟁이 행해진 장소는 치손데첸 왕이 즉위하자마자 세운 사무에Bsam-yas 승원이었다. 이를 효시로 그후 수 세기에 걸쳐 몇몇 큰 사찰들이 건립되었다. 치손데첸 왕은 사찰들에 소유지를 하사했는데, 이것은 이윽고 불교 승려들에 의한 신정정치가 초래되는 과정의 출발점이 되었다.

치손데첸 왕의 후계자들은 불교를 국교로서 강화해나갔다. 9세기에 들어서면서 불교 승려들은 정치적 특권계급으로서의 지위를 누리게 되고, 점점 더 많은 소유지를 획득하게 되었다. 레르파첸 왕(815~838)은 불교 승려들을 지나치게 존중한 나머지 귀족들의 반란을 초래했다. 그리하여 왕이 암살되고 그 동생이 왕위를 계승했는데(838~842), 이 새로운 왕은 불교도들을 무자비하게 박해했다. 후세의 연대기에 의하면 이 왕은 **本교**를 강력하게 지원했다. 그러나 그 또한 암살되었으며 그후 나라는 몇몇 공국公國으로 분할되어 서로 끊임없이 다투는 바람에 혼란 상태에 빠지고 만다. 그 사이 1세기 이상 불교는 금지되

---

[25] 이 가운데 파드마삼바바에 관해서는 무수히 많은 신화들이 만들어졌다. 티베트가 불교로 개종한 것은 그의 업적으로 여겨지고 있으며, 일부에서는 그가 제2의 붓다로 간주되기도 한다. C. Ch. Toussaint이 번역한 신화적 전기 *Le dict de Padma*를 참조하라.

었다. 사원은 더럽혀졌고 승려들은 결혼하여 환속하든가 **본교로**의 개종을 강요당했으며 이를 거부했을 때는 사형에 처해졌다. 그리하여 교단 조직이 붕괴되고 경전 장서류도 뿔뿔이 흩어졌다. 하지만 일부 승려들은 주로 변경 지역에서 살아남을 수 있었다. 이 박해와 혼란의 시대를 기화로 주술과 오르지 유형의 탄트리즘이 널리 횡행했다.

970년경 서부 티베트의 불교도 왕 에세우는 인도의 고승을 모셔오도록 린첸 산포Rin c'en bzan po(958~1055)를 카시미르에 파견했다. 이 군주의 시대에 불교는 제2의 중흥기를 맞이한다. 린첸은 불교 학단을 조직하고 불교 경전의 번역과 구 번역본의 개정 작업을 시행했다.[26] 또한 1042년 탄트리즘의 위대한 스승 아티샤Atiśa가 서부 티베트에 도착했다. 그는 이미 노령기에 접어든 린첸과 그 제자들에게 비의를 전수했다. 그 제자들 중에 보므툰이 있었는데, 그는 아티샤가 전해준 전통의 가장 권위 있는 대변자가 되었다. 아티샤가 추구한 것은 불교의 원초적 형태, 즉 승려의 엄격한 윤리적 행위 규범, 독신제, 금욕과 고행, 전통적인 명상 기법 등을 회복시키려는 참된 종교개혁 운동이었다. **구루**, 즉 티베트어로 라마lama(혹은 *bla-ma*)에게는 매우 큰 중요성이 부여되었다. 아티샤와 그 후계자들에 의한 이와 같은 개혁은 후대의 "유덕자" 학파, 즉 겔룩파(*Dge-lugs-pa*)의 기초를 마련했다. 그러나 파드마삼바바에 의해 소개된 가르침을 받아들인 일부 종교가들은 이 개혁을 받아들이지 않았다. 그들은 이윽고 "고파古派", 즉 닌마파(*Rñin-ma-pa*)를 형성하게 된다.

---

26) 이리하여 그는 방대한 경전 집성의 기초를 놓았다. 즉 『칸주르』 100권(붓다의 언설을 모은 것)과 『탄주르』 225권(인도 저술가들이 쓴 경전 주석서 및 체계적 논술을 번역한 것)이 그것이다.

11세기부터 14세기에 걸쳐 몇몇 위대한 정신적 스승이 나타났다. 그들은 새로운 종파의 창시자이며 유명한 승원의 개설자이다. 티베트 승려들은 이 시대에 해방의 비의(특히 탄트리즘적)에 입문하기를 희망하며 고명한 **구루**를 찾아서 인도, 카시미르, 네팔을 여행했다. 당시는 나로파Naropa, 마르파Marpa, 밀라레파Milarepa 등의 유명한 요가행자와 신비가 및 주술사의 시대였다. 그들은 여러 종파의 개조이자 조직자였는데, 그 종파들은 시대가 흐름에 따라 더 많은 분파로 나누어졌다. 그런 개조들의 이름을 모두 열거할 필요까지는 없을 것이다. 여기서는 총카파Tsong-kha-pa(1359~1419)의 이름을 드는 것으로 충분할 것이다. 총카파는 아티샤의 계보에 이어지는 정열적인 개혁자로서 그가 창설한 학파는 이윽고 크게 발전했다. 이 학파 사람들은 "신파" 혹은 "유덕자(겔룩파)"라고 불려지게 되었다. 총카파의 3대째 후계자 때부터 달라이 라마Dalai Lama라는 칭호가 쓰이게 되었고(1578), 제5대 달라이 라마(1617~1682)하에서 겔룩파는 결정적인 승리를 거둔다. 이때부터 오늘날까지 달라이 라마는 티베트의 유일한 종교적, 정치적 수장으로 인정받아왔다. 승원의 재력과 더불어, 학승이자 동시에 민중의 정신적 지도자인 막대한 수의 승려들이 티베트 불교의 신정정치에 그 지배력과 안정성을 보증해왔다.

한편 "고파"인 닌마파에서는 면면히 구전되어 내려온 교리에 더하여 각종 계시도 승인하고 있다. 뛰어난 수도승이 엑스터시 상태에서 영감을 받아 얻은 계시와 박해기에 "감추어져" 있었지만 후대에 "발견되었다"고 여겨지는 서책에 보존된 계시 등이 그것이다. **본교도**와 마찬가지로 "고파"의 사람들에게 있어서도 이런 문서들이 "발견된" 시대는 11세기에서 14세기이다. 이와 같은 닌마파의 전승 전체를 하나의 정연한 이론 체계로 조직한 자는 매우 유능한 수완가였던 수도승 론첸

Klon'chen(14세기)이다. 하지만 역설적이게도 "고파"의 참된 르네상스는 17세기부터 시작된다. 그러나 "고파"와 "신파" 사이에는 철학적 차원에서의 차이 및 특히 의례상의 차이는 있지만 참된 의미에서의 단절이 존재하는 것은 아니었다. 그리하여 19세기에는 절충주의적 운동이 현저하게 나타났고 모든 전통적 불교 종파들의 통합이 추구되었다.

316. 티베트 불교의 교의와 실천

교의와 관련하여 티베트인들은 자신들이 불교의 혁신자라고는 생각하지 않았다. 다만 "13세기 초에 인도에서는 불교가 경전만을 남기고 소멸된 반면, 티베트에서는 살아 있는 전통 속에 불교가 꽃피었다"[27)]는 점을 잊어서는 안 될 것이다. 티베트 최초의 불교 전래는 인도에서 대승불교(Mahāyāna, 본서 제2권 187절 이하 참조)가 승리를 거둔 이후의 일이었다. 그 무렵 지배적이었던 학파는 나가르주나〔龍樹〕(3세기)가 세운 마디야미카Mādhyamika, 즉 "중간의 길〔中觀派〕", 아상가(4~5세기)가 확립한 요가차라Yogacāra〔瑜伽行派〕 혹은 비주냐나바다Vijñavāda〔唯識派〕, 그리고 탄트라 불교 혹은 바주라야나Vajrayāna("금강승金剛乘")였다. 이어진 5세기 동안 이 모든 학파들은 티베트에 대변자를 파견했고 서로 경합하면서 티베트 불교를 형성했던 것이다.

단순화시키자면 이렇게 말할 수 있겠다. "개혁파"인 겔룩파는 나가르주나의 가르침에 따라 공空을 실현하기 위해, 즉 구원을 얻기 위해 논리학과 변증법을 사용했다.(본서 제2권 pp. 309~312 참조) 한편 "고

---

27) A. M. Blondeau, *op. cit.*, p. 271.

파" 사람들이 제일 추종했던 것은 아상가가 세운 전통으로서, 요가적인 명상 기법을 무엇보다 가장 중요하게 여긴다. 하지만 그렇다고 해서 "고파"가 변증법을 경시했다거나 혹은 "개혁파"가 요가를 전혀 언급하지 않았다는 말은 아니다. 탄트라 의례는 주로 닌마파에서 행해졌지만 그것이 겔룩파에서 무시되었던 것은 아니다.

  요컨대 종교가들은 즉각적인 [돈오의] 길과 점진적인 [점오의] 길을 자유롭게 선택할 수 있었다. 다만 쌍방 모두 절대적인 것(=공空)은 (사유하는) 주체와 (사유되는) 객체, 현상의 세계와 궁극적인 실재, **삼사라**[輪廻]와 **니르바나**[涅槃] 등과 같은 여러 가지 "이원성"을 제거함으로써만 파악될 수 있다는 점을 전제로 삼았다. 나가르주나에 의하면 진리에는 두 가지 종류가 있다. 상대적이고 방편적인 진리(*saṃvṛtti*[世俗諦])와 절대적 진리(*paramārtha*[勝義諦])가 그것이다. 전자의 관점에서 보자면 현상세계는 존재론적으로 비실재라 할지라도 보통 사람들의 경험 속에서는 완전한 설득력을 가지고 **실재한다**. 한편 절대적 진리의 관점에서 보자면 실재하는 것처럼 보이는 일체의 것들이 실은 비실재라는 것을 정신이 깨닫게 되지만, 그러나 이런 진실은 언어로 표현할 수 없다. 이와 같은 두 가지 진리―절대적 진리와 방편적 진리―를 구별함으로써 일반 신도들의 도덕적 행위와 종교 활동의 가치를 유지할 수 있다.

  이런 두 종류의 진리는 또한 인간 존재의 다양한 범주와 대응된다. 확실히 모든 인간들은 **붓**다로서의 본성을 잠재적으로 가지고 있지만, 그 **불성**의 실현은 (각자의 무수한 전생의 결과인) 각자의 카르마 karma[업] 방정식에 의존한다. 방편적 진리의 길을 걷도록 정해진 재가 신자들은 승려와 가난한 자들에 대한 보시와 수많은 의식과 순례, **옴 마니 파드메 훔**oṃ maṇi padme hūṃ과 같은 주문의 영창 등을 통해 공덕을 쌓는 데에 전념한다. 그들에게 "이런 영창에서 중요한 것은 전적으로 신앙이다. 이 신앙이 일종의 정신 집중과 자아의 소멸을 가능케 하기 때문이다."[28] 한편 출가승들도 각자의 영적 완성도에 따라 그 양상이 다르다. 어떤 승려들은 아직 방편적 진리의 관점을 벗어나지 못하고 있으며, 다른 승려들은 상대와 절대, **삼사라와 니르바나**의 동일화를 실현하고자, 즉 궁극적인 진실이자 실재인 **공空**을 체험적으로 파악하고자 노력한다. 개중에는 다소 기교적이고 일탈적인 행위를 통해 자신이 방편적 진리로 인한 "이원성"을 초월했다는 것을 보여주려는 자들도 있다.

인도에서와 마찬가지로(본권 332절 참조) 특히 탄트리즘 계열의 여러 종파에서는 존재의 모든 차원에서 **역의 합일**을 실현하는 것을 목표로 엄격하게 비밀을 엄수하면서 모든 명상 기법과 의례를 실천하고 전수한다. 그러나 티베트의 모든 학파들은 **대승불교**의 근본 사상을 받아들인다. 특히 여성적, 수동적 원리인 고차원의 지혜(*prajñā*)가 남성적, 능동적 원리인 실천으로서의 "방편적 수단(*upāya*)"과 밀접하게 결부되어 있다는 사상이 그것이다. 요컨대 "지혜"는 "실천"에 의해서만 나타난다. 그리고 수행승이 특별한 의례와 명상을 통해 획득하는 양자의 합일이야말로 커다란 지복(*mahāsukha*)을 가져다준다.

티베트 불교가 지닌 특징 중의 하나로서 **구루**의 결정적인 중요성을 들 수 있다. 확실히 인도의 브라만교와 힌두교 및 원시 불교에서도 스승[구루]은 제자의 영적인 아버지로 간주되었다. 그러나 티베트 불교는 **구루**의 지위를 거의 신적인 것으로까지 고양시켰다. 제자에게 입문

---

28) Stein, *La civilisation tibétaine*, p. 143. 현세에서 쌓은 공덕에 힘입어 일반 신자들은 보다 좋은 신분이나 상태로 다시 태어날 수 있다고 기대되었다.

식을 베풀어주고 경전의 비의적 의미를 가르쳐주며 만능적이고 비밀스런 **만트라**mantra〔眞言〕를 전수해주는 것은 바로 **구루**이다. **구루**는 우선 신참자의 "지배적 정념"이 무엇인가를 조사하여 그에 맞는 수호신을 찾아준다. 그런 다음 그에게 적합한 종류의 탄트라를 정해준다.

한편 제자에게 있어 **구루**에 대한 신앙은 절대적이다. "스승의 머리털 하나하나까지 존숭하는 것은 삼세(과거, 현재 그리고 미래)의 일체불을 존숭하는 것보다 더 큰 공덕이다."[29] 명상 속에서 제자는 자신의 스승과 하나가 되며, 더 나아가 그 스승은 지고신과 동일시된다. **구루**는 제자의 자질과 신앙의 정도를 알기 위해 제자에게 수많은 시련을 부과한다. 가령 마르파는 제자였던 밀라레파를 모욕하고 매도하고 구타하고 절망에 빠뜨렸지만, 끝내 그의 신앙을 흔들 수는 없었다. 성마르고 공정하지 못하고 거친 성질의 마르파도 이 제자의 신앙에는 깊이 마음이 흔들려서 종종 숨어서 혼자 눈물을 흘렸다고 한다.[30]

수행승의 종교 활동은 전적으로 요가-탄트리즘적인 일련의 영적수행으로 이루어지는데, 그중에서도 가장 중요시되는 것은 명상이다.[31] 명상에 도움이 되는 한 수행자는 신들의 도상, **만다라** 등 몇몇 외적 사물들을 사용할 수 있다. 그러나 인도, 특히 탄트리즘(본권 333절)에서 그런 것처럼 그 신상들은 내재화되지 않으면 안 된다. 즉 마치 스크린에 영사된 것인 양 신상이 수행자에 의해 "창조되지" 않으면 안되는 것이다. 이를 위해 수행승은 우선 "공허"를 획득한다. 거기서 신비적 주문의 힘으로 신격이 출현한다. 이어 수도승은 이 신격과 하나

---
29) *Ibid.*, p. 145에 인용된 텍스트.
30) J. Bacot가 번역한 훌륭한 전기 *Le poète tibétain Milarepa*를 보라.
31) 어떤 승원이든 승려들의 은둔 생활과 명상을 위한 작은 방들이 마련되어 있다.

가 된다. "그러면 찬란하고 공허한 신적 신체를 얻게 된다. 그리하여 이 신격 안에 녹아들어가서 그 신격을 통해 공성空性에 참여한다." 실로 이 순간에 신격이 정말로 눈앞에 현존하게 된다. "이를 입증하기 위해 예를 들어 다음과 같이 말한다. 명상을 통해 혼을 불러내면 신격은 그 그림으로부터 걸어 나와 한 바퀴 돌고는 다시 그림 속으로 돌아간다. 때문에 그림에서 신들의 의상과 장신구가 흐트러져 있는 것을 확인할 수 있다. 예컨대 사무에 승원에서의 스승 보디샷트바의 명상은 매우 강도 높은 것이어서 신격들이 모든 사람의 눈에 '객관적 대상으로서' 출현할 정도였다. 즉 모든 신상들이 사원으로부터 나와 그 주위를 한 바퀴 돌고는 다시 원래의 장소로 돌아갔다."[32]

어떤 명상은 하타요가Hathayoga 기법의 습득을 필요로 한다.(본서 제2권 143절 참조) 예를 들어 열의 창출(gtum-mo)을 통해 고행자는 한겨울 눈 속에서 엄청난 양의 젖은 셔츠를 하룻밤 새에 자기의 알몸으로 말릴 수 있다.[33] 수행승이 행하는 다른 명상에서는 힌두교 행자들의 요가 능력(*siddhi*, 본서 제2권 195절 참조) 획득이 추구된다. 이를테면 자신의 "영"을 죽은 자의 신체에 이입할 수 있는 능력, 바꿔 말하자면 시체에 활력을 불어넣는 능력을 추구하는 것이다. 가장 끔찍한 명상은 츄("절단")라 불리는 것인데, 이는 자기 몸의 살을 악마들이 뜯어먹게 하는 것이다. "명상의 힘에 의해 검을 뽑아든 여신이 출현하게 한다. 이 여신은 희생 제의를 바치는 자의 머리로 달려들어 머리를 쳐서 떨어뜨리고 갈기갈기 찢어버린다. 그러면 악마와 야수들이 아직 꿈틀거리는 유

---

32) Stein, *op. cit.*, p. 151.
33) 이는 이미 고대 인도에서 행해졌던 원초적인 기법이며(타파스, 본서 제1권 78절 참조), 샤먼 특유의 것이다. Eliade, *Le Chamanisme*, pp. 370 sq., 412 sq.; *Mythes, rêves et mystères*, pp. 124 sq., 196 sq.를 참조하라.

해에 달려들어 살을 먹고 피를 빨아댄다. 그런 와중에 붓다가 전생에서의 윤회 과정에서 짐승과 식인귀에게 자신의 살을 내주었다는 이야기인 자타카jātakas[본생담]의 구절들이 말해진다."[34]

이런 명상은 샤먼이 되고자 하는 자가 악마와 조상령에 의해 갈기갈기 찢겨지는 입문 의례를 연상시킨다. 샤머니즘의 신앙과 기법이 티베트 불교 안에 통합된 사례는 이것뿐만이 아니다. 어떤 라마승 마법사들은 시베리아의 샤먼과 마찬가지로 서로 마법을 걸어 싸운다. 이들은 샤먼과 똑같이 대기에 명령을 내리며 공중을 날아다닐 수 있다.[35] 하지만 샤머니즘적 구조에도 불구하고, 티베트의 수행승들의 놀랄 만한 명상에는 전혀 다른 차원의 영적, 정신적 의미와 가치가 내포되어 있다. "자신의 해골에 대한 명상"이라는 지극히 샤머니즘적인 수행은 티베트 불교에 있어 세계와 자기의 비실재성을 엑스터시 상태에서 체험하는 것을 목적으로 한다. 한 가지 예만 들어보자. 그때 수행승은 자신을 "희고 빛나는 거대한 해골로서, 그리고 거기서 엄청나게 거대한 화염이 불타올라 우주의 공허를 채우는 모습을"[36] 보지 않으면 안 된다.

---

34) R. Bleichsteiner, *L'Eglise Jaune*, pp. 194~195 ; Eliade, *Le Chamanisme*, p. 385. "츄의 실천은 오직 오랜 영적 수련의 성과로서만 가능하다. 이는 심적으로 특별히 강인한 제자들에게만 허락된다. 그렇지 않으면 그것을 행하는 자는 자신이 떠올린 환영에 압도되고 말 것이기 때문이다. 혹은 미쳐버릴 수도 있다. 스승의 주의에도 불구하고 실제로 그런 일이 종종 일어나는 모양이다." A. M. Blondeau, *op. cit.*, p. 284.
35) Bleichsteiner, *op. cit.*, p. 187 sq., 224 sq. ; Eliade, *Le Chamanisme*, p. 387을 보라. 파드마삼바바의 전설에는 샤머니즘적 특징이 많이 엿보인다. *Le Chamanisme*, p. 383을 참조하라.
36) Lama Kasi Dawa Samdup et W. Y. Evans-Wents, *Le Yoga tibétain et les doctrines secrètes*, pp. 315 sq.

317. 빛의 존재론과 신비적 생리학

토착적이며 원초적인 것이든 외래적이며 새로운 것이든 다양한 종교 전통을 동화시키고 새롭게 가치를 부여해나가는 능력은 티베트인들의 종교적 재능의 특징이다. 이런 종교적 융합이 낳은 성과는 빛과 관련된 몇몇 의례와 관념을 검토해보건대 높이 평가되어 마땅하다. 우리는 이미 무 밧줄의 신화와 토착적 내지는 **본교**적인 일종의 우주론을 소개하면서 빛의 역할에 대해 강조한 바 있다. 주제페 투치Giuseppe Tucci는 (출산의 원리로서든, 지고한 실재의 상징으로서든, 혹은 모든 것이 거기서 유래하고 우리 자신 안에도 현존하는 가시적이고 지각 가능한 형태로서의 빛의 현현으로서든)[37] 빛이 가지는 이와 같은 중요성을 티베트인의 종교 체험이 가지는 근본적 특징으로 간주한다. 티베트 불교의 모든 종파에서는 정신(sems)이 곧 빛이라고 말한다. 정신과 빛의 이와 같은 동일성은 티베트 불교 구원론의 기초를 이루고 있다.[38]

그러나 인도에서도 이미 『리그베다』 이래(본서 제1권 81절 참조) 빛은 우주의 모든 계층에 있어 정신과 창조적 에너지의 현현으로 간주되었다는 점을 기억할 필요가 있다. 신격, 정신, 빛, **정액**의 상동성은 『브라흐마나』 문서와 우파니샤드에도 분명하게 기술되어 나온다.[39] 신들이 출현할 때 혹은 구세주(붓다, 마하비라)가 탄생하거나 깨달음을 성취

---

37) Tucci, *Les religions du Tibet*, p. 97.
38) *Ibid.*, p. 98. 또한 pp. 110 sq., 125 sq.를 보라.
39) Eliade, "Expérience de la lumière mystique" (*Méphistophélès et l'Androgyne*에 재수록), pp. 27 sq.를 보라.

할 때는 항상 초자연적 빛이 수반된다. 대승불교에서는 정신(=사유)을 "그 본성상 빛나는" 것이라고 여긴다. 한편 이란의 여러 신학에 나오는 빛의 역할에 관해서도 잘 알려져 있다.(본서 제2권 215절 참조) 따라서 티베트 불교에서 지극히 중시되는 정신(sems)과 빛의 이와 같은 동일시는 인도에서 그리고 간접적으로는 이란에서 비롯된 사상에 의한 것이라고 결론지을 수도 있다. 하지만 여기서는 빛으로부터 인간이 태어났다고 설하는 불교 유입 이전의 한 신화가 티베트 불교 내부에서 어떻게 재해석되고 새로운 가치를 부여받았는지 그 과정에 관해 검토해보기로 하자.

한 오래된 전승에 의하면 흰빛이 하나의 알을 낳고 그 알에서 원초적 인간이 태어났다. 다른 전승에 의하면 원초적 존재가 허공에서 생겨났고 그것은 빛으로 빛났다. 또 다른 전승은 이 빛-인간에서부터 현재의 인간으로의 이행이 어떻게 이루어졌는가를 설명하고 있다. 즉 태초에 인간은 성性의 구별도 없었고 성욕도 가지고 있지 않았다. 그들은 자기 내부에 빛을 가지고 있었으며 스스로 빛을 발하는 존재였다. 해와 달은 아직 존재하지 않았다. 그런데 성적 본능이 자각되면서 성기가 생겨났고 바로 그때 해와 달이 하늘에 출현했다. 처음에 인간의 생식은 남성의 신체에서 나온 빛이 여성의 태내로 들어가 임신시키는 방식으로 이루어졌다. 성적 본능은 남녀가 서로 바라보는 것만으로 충족되었다. 그러나 이윽고 인간은 타락하고 손으로 서로를 만지게 되었으며 마침내 성교하는 법을 알게 되었다.[40]

이런 신앙에 의하면 빛과 성性은 두 개의 대립적인 원리이다. 때문에 그중 어느 한쪽이 지배할 때는 다른 한쪽이 나타날 수 없으며 그

---

40) *Ibid.*, pp. 47 sq.

역도 마찬가지다. 다시 말해 빛은 정액 안에 포함되어 있다는 것이다 (사로잡힌 채 갇혀 있다고 말해야 더 좋을 듯싶다). 방금 예로 들었듯이 이 (신적) 정신, 빛 그리고 정액이 동일한 실체라는 사고방식은 분명 인도-이란 계통의 것이다. 그런데 티베트의 신화와 신학에서 빛이 점하는 중요성(무 밧줄의 사례 등)은 이 인간 발생론적 주제가 티베트 고유의 기원을 가진다는 점을 시사한다. 하지만 그 주제가 후대에 마니교의 영향을 받아 재해석되었을 가능성을 배제할 수는 없다.

실제로 마니교에 의하면 원초적 인간은 오색 빛으로 이루어져 있었는데 암흑의 악마들에게 패배하여 삼켜져버렸다. 그후 이 오색 빛은 악마의 창조물인 인간의 정액 안에 갇히게 된다.(본서 제2권 233절 참조) 그리고 이 오색 빛이 마이투나maithuna, 즉 남녀 교합 의례에 대한 인도-티베트적 해석 안에 다시금 등장한다. 여기서 마이투나는 신들의 "유희"를 모방한 것이라고 한다. 그것은 사정에 의해 끝나서는 안 되는 그런 것이기 때문이다.(본권 334절 참조) 『비밀 집회 탄트라Guhyasamāja Tantra』에 대한 주석에서 찬드라키르티와 총카파는 이 점을 강조하고 있다. 즉 마이투나에 의해 신비적 합일이 이루어지며 그럼으로써 교합하는 두 사람이 니르바나의 의식을 획득하게 된다. 보디치타bodhicitta〔菩提心〕 곧 "깨달음의 사유"라 불리는 이 니르바나 의식은 남성에게 있어서는 일종의 물방울(bindu)로서 나타나며 혹은 어떤 의미에서는 그 물방울과 동일시된다. 이 물방울은 정수리에서부터 흘러내리며 오색 빛의 방사에 의해 성기를 가득 채운다. 찬드리키르티가 규정하는 바에 의하면, "교합 중에 바즈라vajra(남성의 성기)와 파드마padma(자궁)가 내부에서 오색 빛으로 채워지는 모습을 명상하지 않으면 안 된다."[41] 이와

---

41) Tucci, "Some Glosses upon Guhyasamāja", p. 349에 인용된 텍스트들. 대승불교에서

같은 오색 빛의 이미지는 마니교의 영향임에 틀림없다고 보여진다. 또한 탄트리즘이 교합 중에 사정을 억제하라고 강조하는 것은 여성을 임신시켜서는 안 된다는 마니교의 교설과 유사하다(하지만 반드시 차용을 함축하는 것은 아니다)는 점에도 주목할 필요가 있다.

죽음의 순간에 성자와 요가 행자의 "혼"은 마치 빛의 화살처럼 정수리에서 날아올라 "하늘의 굴뚝"을 통해 사라져버린다.[42] 그러나 일반인의 경우는 승려가 죽어가는 사람의 정수리에 구멍을 뚫어 "혼"이 날아 올라가기 쉽게 해준다. 그리고 고통스러운 임종의 때부터 사후 며칠 동안 승려는 고인을 위해 『티베트 사자의 서 Bardo Thödol(=Le livre tibétain de la mort)』를 독송해준다. 그때 승려는 사자에게 다음과 같이 경고한다. 사자는 갑자기 엄청나게 눈부신 빛을 만나게 될 것이다. 그것은 본래 자기와의 만남이며, 동시에 궁극적인 실재를 의미한다. 또한 이 책은 사자에게 이렇게 엄중히 명한다. 즉 그때 "떨거나 두려워 해서는 안 된다. 그것은 그대 자신의 본성의 광휘이기 때문이다." 그리고 계속해서 이렇게 말한다. 벼락과 다른 무서운 현상이 있더라도 그것들이 "그대를 해치는 일은 없을 것이다. 그대는 죽지 않는 존재이다. 그대는 그런 현상들이 그대 자신의 사념이 만들어낸 것임을 인

는 우주적 원소들, 즉 스칸다skandha[蘊] 혹은 다투dhātu[界]가 타타가타Tathāgatas[如來]와 동일시된다는 점을 상기할 필요가 있다. 그리고 타타가타의 궁극적 실상은 곧 모든 색채로 빛나는 광선이다. "모든 타타가타는 오색 광채"라고 찬드라키르티는 적고 있다.(Tucci, p. 348) 이 문제에 관해서는 Eliade, *Méphistophélès et l'Androgyne*, pp. 45 sq.; *Occultisme, sorcellerie et modes culturelles*, pp. 133 sq.를 참조하라.

42) 정수리를 통해 "영혼"을 내보내는 이 의례는 "하늘의 개문開門"이라 불리기도 한다. Stein, "Architecture et pensée religieuse en Extrême-Orient", p. 184. Eliade, "Briser le Toit de la Maison", pp. 136 sq.를 참조하라.

식하기만 하면 된다. 이 모든 것들은 **바르도**bardo(생과 사의 중간 상태)임을 깨달아야 한다."⁴³⁾ 그러나 사자는 각자의 업에 의해 지배받기 때문에 이런 충고를 그대로 따르지 못한다. 그리하여 사자는 자기 눈앞에 순수한 빛―이는 해방, 곧 붓다적 본질과의 합일을 나타낸다―이 계속해서 나타나는 것을 보면서도 불순한 빛에 이끌려 들어가고 만다. 이 불순한 빛은 내생에서의 어떤 형태, 즉 지상으로 되돌아가는 것을 상징한다.⁴⁴⁾

누구든 죽음의 순간에는 해탈에 도달할 수 있는 가능성을 지니고 있다. 죽음의 순간에 체험하는 밝은 빛 속에서 자기를 인식하기만 하면 되는 것이다. 『티베트 사자의 서』를 큰 소리로 낭송하는 것은 바로 이런 해탈을 돕기 위한 마지막 수단이다. 하지만 자신의 운명을 정하는 것은 언제나 죽은 사람 자신이다. 죽은 사람 자신이 이 밝은 빛을 선택하려는 의지를 가지고 내생에 다시 태어난다는 유혹에 저항할 힘을 가져야만 하는 것이다. 바꿔 말하자면 죽음이란 입문 의례를 받을 새로운 가능성을 부여하는 기회라 할 수 있다. 그러나 모든 입문 의례가 그렇듯이, 이때의 입문 의례도 신참자가 정면으로 마주 서서 극복해야만 하는 일련의 시련을 내포하고 있다. **사후의 체험은 아마도 가장 어려운 마지막 입문 의례적 시련일 것이다.**

---

43) Evans-Wentz, *The Tibetan Book of the Dead*, p. 106.
44) 푸른빛과 흰빛 다음에 사자는 황색, 적색, 녹색 빛을 보고 마지막으로 모든 빛을 동시에 본다. *Ibid.*, pp. 110~130. 또한 pp. 173~177 및 *Tibetan Yoga and Secret Doctrines*, pp. 237 sq.를 참조하라.

318. 티베트의 종교적 창안물에 대한 현대적 관심

『티베트 사자의 서』는 분명 서양 세계에서 가장 잘 알려진 티베트의 종교 문서이다. 1928년에 영역 간행된 이 책은 특히 1960년 이후 많은 젊은이들에게 일종의 필독서처럼 널리 읽혀졌다. 이런 현상은 현대 서양의 영성사와 정신사에서 중요한 의미를 가진다. 『티베트 사자의 서』는 다른 어떤 종교 문헌에서도 그 유례를 찾아보기 힘든 심원하고 난해한 문서이다. 이 책이 불러일으킨 관심, 그것도 심리학자, 역사가 및 예술가뿐만 아니라 전적으로 젊은이들 사이에 환기된 관심은 도발적인 그 무엇을 보여준다. 즉 그것은 현대 서양 사회에서 죽음이 거의 전면적으로 탈성화되어버렸다는 점, 그리고 동시에 인간의 실존을 의문을 남긴 채 종결짓는 저 죽음이라는 행위에—종교적으로든 철학적으로든—다시금 가치를 매기고자 하는 욕구가 존재한다는 점을 보여준다.[45]

『티베트 사자의 서』가 획득한 인기만큼 크지는 않지만, 신비스런 나라 샴발라의 커져가는 인기 또한 의미심장하다. 전승에 의하면 샴발라는 **칼라차크라**Kālacakra파의 제 문헌이 보존되어 있는 나라이다.[46]

---

45) 현대 서구 세계에서 이런 이국적인 "죽음의 학문"이 유행하는 것은 중세 말 해골 춤의 급속한 파급에 비견될 만하다. 또한 B. Laufer에 의하면 저 죽음의 무도 또한 티베트에서 유래한 것이라고 한다.

46) 이 탄트리즘 학파는 아직 충분히 연구되어 있지 못한데, 960년경 중앙아시아에서 시작되어 벵갈 지방 및 카시미르 지방으로 퍼져 나갔다. 그후 60년 뒤 칼라차크라—글자 그대로 "시간의 바퀴"—가 특유의 시간 측정 체계 및 그 점성술적 배경과 더불어 티베트에 도입되었다. H. Hoffmann, *The Religions of Tibet*, pp. 126 sq.; "Kālacakra Studies I"를 참조하라.

샴발라에 가기 위한 다수의 안내서가 라마승들에 의해 쓰였다고 하지만, 그것들은 오히려 신화적 지리서라고 할 수 있다. 그런 안내서들에 기록된 난관들(많은 산들, 강, 호수, 늪, 사막, 괴물 등)은 수많은 신화와 민간전승이 말하는 가공의 나라에 이르는 노정을 연상시킨다. 한편 일부 티베트 저술가들은 꿈이나 엑스터시 상태에서 행해진 여행에 의해서만 샴발라에 도달할 수 있다고 주장한다.[47] 낙원적이면서도 실재하는 나라라는 이 오래된 신화의 매력은 탈성화된 서구 사회에 일종의 노스텔지어를 드러내고 있다. 『잃어버린 지평선Horizon perdu』이라는 범속한 소설 및 특히 그것을 원작으로 한 영화가 얻어낸 놀라운 성공을 상기해보라.

『티베트 사자의 서』 이후 서양에서 어느 정도 성공을 거둔 유일한 티베트 문헌은 『밀라레파의 생애Vie de Milarepa』이다. 이 책은 12세기 말에 쓰였는데, 바코J. Bacot에 의한 프랑스어 번역본(1925)과 에반스 웬츠Evans-Wentz에 의한 영어 번역본(1938)이 있다. 하지만 유감스럽게도 밀라레파(1052~1135)의 시편들은 이제 막 알려지기 시작한 데 불과하다. 최초의 전집 번역본은 1962년에 간행되었다.[48] 밀라레파의 생애와 그 시편들은 매우 흥미롭다. 주술사이자 신비가이기도 한 이 시인은 티베트인의 종교적 자질을 멋지게 보여주고 있다. 밀라레파는 숙부에게 복수하기 위해 마술을 습득하는 것으로부터 출발했다. 그는 마르파 밑에서 오랫동안 힘든 수행을 한 후, 동굴에 은거하면서 성자의 깨달음에 도달하여 "현세에서의 해탈"의 지복을 얻었다.

---

47) Edwin Bernbaum, *The Way to Shambala*, pp. 205 sq.를 참조하라.
48) *The Hundred Thousand Songs of Milarepa*. Garma C. C. Chang이 번역하고 주석을 달았다.

그의 시편들—오늘날 시인들이 이 시들을 번역하여 높은 평가를 얻었다—에서 밀라레파는 인도 탄트리즘 수행자들의 노래 기법(doha)을 티베트 토착의 노래에 응용함으로써 그것을 생생하고 새롭게 되살렸다. "명백히 그는 자신의 즐거움을 위해 이런 작업을 했으나, 또한 불교 사상을 평이하게 전달하고자 하는 의도도 가지고 있었다. 즉 그는 불교를 민중가요로 끌어들임으로써 불교 사상을 보다 친숙한 것으로 만들고자 했던 것이다."[49]

끝으로 다음에는 『게사르의 서사시Épopée de Gesar』의 가치가 비교종교학자들뿐만 아니라 널리 지식 계층에 의해 재발견될지도 모르겠다. 이 작품이 현재의 형태로 정리된 것은 14세기 말이었는데, 그 가장 오래된 이야기군은 이미 그보다 3세기 정도 이전으로 거슬러 올라간다. 중심 테마는 주인공의 영웅적 성장과 변형이다. 수많은 시련을 거치면서 추하고 성질 고약했던 소년이 불패의 전사가 되고 마침내 온 세계의 왕들과 악마들을 정복하는 영광의 군주 게사르가 된다.[50]

티베트의 종교들이 낳은 몇몇 종교적 창조물이 서양 세계에 불러일으킨 강렬한 반향은 중국이 티베트를 점령한 이래 상당수의 티베트 학자와 승려들이 세계 각지에 흩어짐으로써 가능했다. 이러한 이산들은 시간의 흐름과 더불어 티베트의 종교적 전통을 근본적으로 바꿔놓았는데, 앞으로는 아예 티베트 전통이 소멸될지도 모른다. 그러나 다른 한편으로 티벳 승려들의 구전에 의한 설교는 콘스탄티노플 함락 이후 귀중한 사본을 가지고 고국을 탈출했던 비잔틴 학자들의

---

49) Stein, *Civilisation tibétaine*, p. 223.
50) *Ibid.*, pp. 239 sq.; Stein, *Recherches sur l'épopée et le barde au Tibet*, pp. 543 sq.를 참조하라.

그것에 비교될 만한 효과와 영향을 서양 세계에 끼칠 수도 있다.

티베트의 종교가 이루어낸 종합은 중세 힌두교 및 기독교의 경우와 일정 부분 유사성을 보여준다. 이 세 종교에서 모두 **전통 종교**(우주적 구조를 지닌 신성성)와 **구제 종교**(불교, 기독교, 비슈누교) 및 비의 전통(탄트리즘, 그노시스주의, 주술적 기법)의 만남이 이루어지고 있기 때문이다. 이런 조응은 로마교회에 지배된 서구 중세와 티베트 불교의 신정정치 사이에서 한층 더 현저하게 나타난다.

약어표

ANET=J. B. Pritchard, *Ancient Near Eastern Texts Relating to the Old Testament* (Princeton, 1950 ; deuxième édition, 1955)

ARW=*Archiv für Religionswissenschaft*(Freiburg-Leipzig)

BEFEO=*Bulletin de l'École Française de l'Extrême-Orient*(Hanoï, Paris)

BJRL=*Bulletin of the John Rylands Library*(Manchester)

BSOAS=*Bulletin of the School of Oriental and African Studies*(London)

CA=*Current Anthropology*(Chicago)

HJAS=*Harvard Journal of Asiatic Studies*

HR=*History of Religions*(Chicago)

IIJ=*Indo-Iranian Journal*(The Hague)

JA=*Journal Asiatique*(Paris)

JAOS=*Journal of the American Oriental Society*(Baltimore)

JAS=*Bombay Journal of the Asiatic Society*, Bombay Branch

JIES=*Journal of Indo-European Studies*(Montana)

JNES=*Journal of Near Eastern Studies*(Chicago)

JRAS=*Journal of the Royal Asiatic Society*(London)

JSS=*Journal of Semitic Studies*(Manchester)

OLZ=*Orientalistische Literaturzeitung*(Berlin-Leipzig)

RB=*Revue Biblique*(Paris)

REG=*Revue des Études Grecques*(Paris)

RHPR=*Revue d'Histoire et de Philosophie religieuses*(Strasbourg)

RHR=*Revue de l'Histoire des Religions*(Paris)

SMSR=*Studi e Materiali di Storia delle Religioni*(Roma)

VT=*Vetus Testamentum*(Leiden)

W.d.M.=*Wörterbuch der Mythologie*(Stuttgart)

연구 현황 및 비판적 문헌 해제

제31장 고대 유라시아 대륙의 종교: 투르크-몽골인, 핀-우골인, 발트-슬라브인

241. 수렵민, 유목민, 전사〔본문 pp. 11~14〕

유라시아 대륙 북부 종교의 선사 내지는 원역사에 관해 잘 개설한 논문으로는 Karl Jettmar, in : I. Paulson, A. Hultkrantz et K. Jettmar, *Les religions arctiques et finnoises*(trad. fr. Payot, 1965 ; édition allemande, Stuttgart, 1962), pp. 289~340이 있다. 중앙아시아 문화사를 소개한 글로는 Mario Bussagli, *Culture e civiltà dell'Asia Centrale*(Roma, 1970), 특히 pp. 27 sq.(유목 문화의 기원), pp. 64 sq.(정착 농경문화의 기원과 특질), pp. 86 sq.(스키타이적 단계로부터 "훈 사르마트" 시대로)를 보라. 이 책에는 뛰어난 연구 문헌 목록이 들어가 있다. 또한 K. Jettmar, *Die frühen Steppenvölker*(Kunst der Welt, Baden-Baden, 1964) ; *id.*, "Mittelasien und Sibirien in vortürkischer Zeit", *Handbuch der Orientalistik*, 1 Abt. V, Bd. 5(Leiden-Köln, 1966), pp. 1~105 ; Sergei I. Rudenko, *Frozen Tombs of Siberia : The Pazyryk Burial of Iron Age Horsemen*(Los Angeles, 1970 ; 러시아어판은 1953년에 출간되었다) ; E. Tryjarski, "On the archaeological traces of Old

Turks in Mongolia", *East and West*(Roma, 1971), pp. 121~135; L. I. Albaum et R. Brentjes, *Wächter des Goldes, Zur Geschichte u. Kultur mittelasiatischer Völker vor dem Islam*(Berlin, 1972)도 보라.

René Grousset, *L'Empire des Steppes: Attila, Gengis-Khan, Tamerlan*(Paris, 1948)의 종합적 서술을 능가하는 저작은 아직 없다. 또한 F. Altheim et R. Stiehl, *Geschichte Mittelasien in Altertum*(Berlin, 1970); F. Altheim, *Attila und die Hunnen*(Baden-Baden, 1951; trad. fr. 1953); id., *Geschichte der Hunnen*, I~IV(Berlin, 1959~1962); E. A. Thompson, *A History of Attila and the Huns* (Oxford, 1948); Otto J. Maenchen-Helfen, *The World of the Huns: Studies in their History and Culture*(Berkeley, 1973; 이는 고고학 자료를 이용한다는 점에서 특히 중요한 저작이며, 철저한 참고 문헌이 pp. 486~578에 수록되어 있다)도 보라.

늑대의 종교적 상징 및 신화-의례적 시나리오(동물로의 의례적 변형, 육식동물의 자손으로서의 유목민이라는 신화 등)에 관해서는 Eliade, "Les Daces et les loups"(1959; *De Zalmoxis à Gengis-Khan*, Payot, 1970, pp. 13~30에 재수록되었다)를 보라. 『몽골 비사L'Histoire secrète des Mongols』는 "칭기즈칸의 최초의 조상은 운명에 의해 선택된, 하늘에서 파견된 잿빛 늑대였다. 그 늑대의 아내는 흰 암사슴이었다"는 말로 시작된다. 돌궐족과 위구르족의 경우는 한 마리 늑대 혹은 암컷 늑대(돌궐)가 조상이었다고 여겨진다. 중국의 사료에 의하면 흉노족은 어떤 황녀와 초자연적 늑대와의 사이에서 태어난 자손이라고 한다. 이와 유사한 신화를 카라키르기즈족에게서도 찾아볼 수 있다(퉁구스족이라든가 알타이족 등의 전승에서는 황녀와 개의 혼인이 언급된다). Freda kretschmar, *Hundestammvater und Kerberos*, 1(Stuttgart, 1938), pp. 3 sq. 및 192 sq.에 인용된 자료들을 보라. 또한 Sir G. Clauson, "Turks and Wolfes", *Studia Orientalia*(Helsinki, 1964), pp. 1~22; J. P. Roux, *Faune et Flore sacrées dans les sociétés altaïques*(Paris, 1966), pp. 310 sq.를 참조하라.

늑대가 육식동물에게 포획되기 쉬운 암사슴과 결혼한다는 것은 이치에 어긋나는 것처럼 보인다. 그러나 민족이든 국가든 왕조든 기원 신화는 그것이

하나의 새로운 창조임을 강조하기 위해 역의 합일(즉 원초적 통일성과 가까운 전체성)이라는 상징을 사용하고 있다.

242. "천신", 탱그리〔본문 pp. 14~18〕

핀란드의 학자 Uno Harva의 저서 *Die religiösen Vorstellungen der altaischen Völker*(FF Communication, No. 125, Helsinki, 1938)는 이 주제에 관해 가장 종합적인 소개를 제시하고 있다.(trad. fr. 1959) 천신에 관해서는 pp. 140~153을 보라. 또한 Eliade, *Traité d'histoire des religions*, §§ 17~18을 참조하라. 중요한 민족지 문헌들은 Wilhelm Schmidt의 저서 *Der Ursprung der Gottesidee*의 마지막 네 권, 즉 vol. IX(1949; 투르크족, 타타르족), X(1952; 몽골족, 퉁구스족, 유카기르족), XI(1954; 야쿠트족, 소조트족, 카라가스족, 예니세이족), XII(1955; 중앙아시아 목축민의 종교에 관한 총람, pp. 1~613; 아프리카 목축민과의 비교, pp. 761~899)에 총괄되어 있다. 이 자료들을 사용할 때는 항상 "원시 일신관"이라는 Schmidt의 중심 사상을 염두에 둘 필요가 있다. 같은 저자의 논문 "Das Himmelsopfer bei den asiatischen Pferdezüchtern", *Ethnos*, 7, 1942, pp. 127~148을 보라.

탱그리에 관해서는 Jean-Paul Roux의 저술 "Tängri. Essai sur le Ciel-Dieu des peuples altaïques", *RHR*, t. 149(1956), pp. 49~82, 197~230; t. 150(1957), pp. 27~54, 173~212; "Notes additionnelles à Tängri, le Dieu-Ciel des peuples altaïques", *ibid.*, t. 154(1958), pp. 32~66을 보라. 또한 같은 저자의 논문 "La religion des Turcs de l'Orkhon des VIIe et VIIIe siècles", *ibid.*, t. 160(janv.-mars, 1962), pp. 1~24도 보라.

몽골인의 종교에 관해서는 특히 N. Pallisen, *Die alte Religion der Mongolischen Völker*, Diss. Marburg, 1949("Micro-Bibliotheca *Anthropos*", Nr. 7, Freiburg, 1953)를 참조하라. Walther Heissig, *La religion de la Mongolie*(in; G. Tucci et W. Heissig, *Les religions du Tibet et de la Mongolie*, trad. fr., Payot, 1973, pp. 340~490)는 몽골 민간신앙과 티벳 불교를 소개하고 있다. 저자는 자신의 중요한 저서 *Mongolische volksreligiöse und folkloristisches Texte*(Wiesbaden, 1966)에 번역, 편집된 텍스트를 다수 인용하고 있다.

훈족의 종교에 관해서는 Otto J. Maenchen-Helfcn, *The World of the Huns*, pp. 259~296, 특히 pp. 267 sq.(샤먼과 환영을 보는 자에 관해) 및 280 sq.(가면과 주물에 관해)를 보라.

243. 세계의 구조[본문 pp. 18~21]

우주론에 관해서는 Uno Harva, *Die relig. Vorstellungen*, pp. 20~88 ; M. Eliade, *Le Chamanisme et les techniques archaïques de l'extase*(2e édition, 1968), pp. 211~222 ; I. Paulson, in: *Les religions arctiques et finnoises*, pp. 37~46, 202~229 ; J.-P. Roux, "Les astres chez les Turcs et les Mongols", *RHR*, 1979, pp. 153~192(태양을 향한 기도, pp. 163 sq.)를 보라.

대지는 신격으로서 중요한 역할을 담당한 것 같지는 않다. 대지는 우상으로 조각된 적도 없고, 사람들이 대지에 희생 제물을 바친 적도 없었다.(Harva, pp. 243~249를 참조하라) 몽골인 사이에서 대지의 여신 에튜겐Ötügen은 원래 몽골인의 발상지를 의미했다.(*ibid.*, p. 243) 또한 E. Lot-Falck, "A propos d'Atüngän, déesse mongole de la terre", *RHR*, t. 149(1956), pp. 157~196 ; W. Heissig, "Les religions de la Mongolie", pp. 470~480("Culte de la Terre et culte des hauteurs")를 보라.

244. 세계 창조의 드라마[본문 pp. 21~26]

"우주 창조를 위한 잠수"의 신화에 관해서는 Eliade, "Le Diable et le Bon Dieu: la préhistoire de la cosmogonie populaire roumaine"(in: *De Zalmoxis à Gengis-Khan*, pp. 80~130)을 보라. 유라시아 대륙의 여러 민족들의 다양한 판본들이 W. Schmidt, *Ursprung der Gottesidee*, IX-XII에 소개, 분석되어 있다. vol. XII, pp. 115~173의 총괄적 논문을 참조하라. (하지만 나는 Schmidt의 역사적 분석과 결론에 대해 전적으로 찬성하는 것은 아니다.)

고대 투르크인의 비문에 나오는 죽음의 신 엘릭에 관해서는 Annemarie v. Gabain, "Inhalt und magische Bedeutung der alttürkischen Inschriften", *Anthropos*, 48, 1953, pp. 537~556, 특히 pp. 540 sq.를 보라.

245. 샤먼과 샤먼의 입문 의례〔본문 pp. 26~33〕

샤머니즘의 형태—북아시아 및 중앙아시아, 남북아메리카, 동남아시아, 오세아니아, 티베트, 중국, 인도-유럽 민족들 사이의—에 관해서는 Eliade, *Le Chamanisme et les techniques archaïques de l'extase*(2e édition, revue et augmentée, Payot, 1968)를 보라. 처음 여섯 장(pp. 21~210)이 중앙아시아와 시베리아 샤머니즘을 다루고 있다. 이 책이 간행된 후에 출판된 중요한 저작으로 다음과 같은 것들을 들 수 있다. V. Dioszegi (éd.), *Glaubenswelt und Folklore der sibirischen Völker*(Budapest, 1963; 샤머니즘에 관한 아홉 편의 논문이 있다); Carl-Martin Edsman (éd.), *Studies in Shamanism*(Stockholm, 1967); Anna-Leena Siikala, *The Rite technique of the Siberian Shaman*(FF Communication, No. 220, Helsinki, 1978).

종합적 소개로서는 U. Harva, *relig. Vorstell.*, pp. 449~561을 보라. Wilhelm Schmidt는 중앙아시아 유목민의 샤머니즘에 관한 견해를 *Ursprung d. Gottesidee*, XII(1955), pp. 615~759에서 요약하고 있다. 또한 J.-P. Roux, "Le nom du chaman dans les textes turco-mongols", *Anthropos*, 53(1958), pp. 133~142; *id.*, "Éléments chamaniques dans les textes prémongols", *ibid.*, pp. 440~456; Walter Heissig, *Zur Frage der Homogenität des ostmongolischen Schamanismus* (Collectanea Mongolica, Wiesbaden, 1966); *id.*, "Chamanisme des Mongols", dans *Les religions de la Mongolie*, pp. 351~372; "La répression lamaïque du chamanisme", *ibid.*, pp. 387~400도 보라.

미래의 샤먼의 입문 의례적 질병과 꿈에 관해서는 Eliade, *Le Chamanisme*, pp. 44 sq.; *Mythes, rêves et mystères*(Paris, 1957), pp. 101 sq.를 보라. 샤먼은 정신병자(1861년 Krivushapkin으로부터 1939년 Ohlmarks에 이르기까지 많은 학자들이 지지했던 견해)가 아니다. 전문가들의 보고에 의하면 샤먼은 해당 집단 내에서도 특히 뛰어난 자들이라고 한다. "그들은 풍부한 구전 문예의 수호자이다. 한 명의 샤먼이 기억하고 있는 시적 어휘는 1만 2000여 개에 달한다. 반면에 일상 어휘—공동체의 나머지 성원들이 알고 있는 어휘—는 4000여 개 정도에 지나지 않는다. 따라서 샤먼은 보통을 훨씬 넘어서는 기억력과 자기 통제력을 보여주고 있는 셈이다. 그들은 참석자들로 가득 찬 천막 안에서 엄격하게 정해진 공간을 벗어나지 않은 채 엑스터시 상태에서 춤을 출 수 있다. 게다가 철로 만든 둥근 금속판 등으로 장식된 15kg이 넘는 의상을 입고 춤을 추면서도 그 누구도 건드리거나 상처 입히지 않는다."(*Mythes, rêves et mystères*, p. 105)

G. V. Ksenofontov의 저작은 A. Friedrich와 G. Buddruss에 의해 독일어로 번역되었다. *Schamanengeschichten aus Sibirien.*(München, 1956)

브리야트족 샤먼의 공개적 입문 의례에 관해서는 Eliade, *Le Chamanisme*, pp. 106~111(p. 106, no. 1의 문헌 목록)에 인용, 요약된 자료들을 보라.

246. 샤먼의 신화와 의례[본문 pp. 33~39]

샤먼의 기원 신화에 관해서는 L. Steinberg, "Divine Election in Primitive Religions"(Congrès International des Américanistes, 제21기 보고문, Pt. 2(1924); Göteborg, 1925, pp. 472~512), 특히 pp. 474 sq.; Eliade, *Le Chamanisme*, pp. 70 sq.를 보라.

알타이계 민족들의 말[馬] 희생 제의에 관해서는 W. Radlov, *Aus Sibirien: lose Blätter aus dem Tagebuche eines reisenden Linguisten*(Leipzig, 1884), vol. II, pp. 20~50; Eliade, *Le Chamanisme*, pp. 160~165에 요약된 서술을 보라. *Ibid.*, pp. 166~167의 탱게레 카이라 칸, 바이 윌겐 및 샤머니즘에 있어 말 희생 제의와 관련된 역사적 분석도 참조하라.

엑스터시에 의한 지옥으로의 하강에 관해서는 Eliade, *Le Chamanisme*, pp. 167~178을 보라. Jean-Paul Roux, *La mort chez les peuples altaïques anciens et médiévaux*(Paris, 1963); *id.*, "Les chiffres symboliques 7 et 9 chez les Turcs non musulmans", *RHR*, 1965, t. 168, pp. 29~53을 참조하라.

몇몇 민족의 경우는 "화이트" 샤머니즘과 "블랙" 샤머니즘이 구별되기도 한다. 하지만 양자의 차이를 명확히 규정하기란 쉽지 않다. 브리야트족은 무수한 반신半神들을 블랙 한black Khans과 화이트 한white Khans으로 구분한다. 여기서 "블랙 샤먼"은 블랙 한을 섬기고 화이트 한은 "화이트 샤먼"의 수호자이다. 그러나 이는 원초적인 것은 아니다. 신화에 의하면 최초의 샤먼은 "화이트 샤먼"이었고 "블랙 샤먼"은 후에 나타난 것으로 되어 있다. Garma Sandschejew, "Weltanschauung und Schamanismus der Alaren-Burjaten"(*Anthropos*, XXVII, 1927~1928, pp. 933~955; XXVIII, 1928, pp. 538~560, 967~986), p. 976을 참조하라. 이런 이분법적 구분의 기원과 형태에 관해서는 Eliade, *Le Chamanisme*, pp. 184~189를 보라. 또한 J.-P. Roux, "Les Êtres intermédiaires chez les peuples altaïques", in: *Génies, Anges et Démons*(Sources Orientales, VIII, Paris, 1971), pp. 215~256; *id.*, "La danse chamanique de l'Asie centrale", in: *Les Danses Sacrées*(Sources Orientales, VI, 1963), pp. 281~314도 보라.

247. 샤머니즘의 의의와 중요성 [본문 pp. 39~42]

샤먼의 의상과 북 상징에 관해서는 Eliade, *Le Chamanisme*, pp. 128~153을 보라.

북아시아 샤머니즘의 형성에 관해서는 *ibid.*, pp. 385~394, 종교 및 문화 전반에 있어 샤머니즘이 행하는 역할에 관해서는 *ibid.*, pp. 395~397을 보라.

248. 북아시아인과 핀-우골인의 종교 [본문 pp. 42~47]

고古시베리아 어족에 속한 민족들로는 유카기르인, 추크치인, 코리악인, 길리악인 등이 있다. 우랄 어족에는 사모예드인, 오스티악인, 보굴인 등이 있으며, 핀-우골 어족에는 핀인, 체레미스인, 보티악인, 헝가리인 등이 있다.

Uno Harva의 저작 *Die Religion der Tscheremissen*(FF Communications, n° 61, Poorvo, 1926)은 반드시 참고할 필요가 있다. "북아시아인(시베리아 제 민족)의 종교"와 "핀족의 종교"에 관한 전반적 소개로는 Ivan Paulson, *Les Religions arctiques et finnoises*, pp. 15~136, 147~261(훌륭한 참고 문헌)을 보라.

천신 눔에 관해서는 M. Castrén, *Reiseerinnerung aus den Jahren 1838~1844*, I(Saint-Pétersbourg, 1853), pp. 250 sq.; Paulson, "Les religions des Asiates septentrionaux", pp. 61 sq.; R. Pettazzoni, *L'onniscienza di Dio*(Torino, 1955), pp. 379 sq.를 보라.

우주 창조를 위한 잠수 신화에 관해서는 Eliade, *De Zalmoxis à Gengis-Khan*, pp. 100 sq.를 보라.

우골인의 샤머니즘에 관해서는 Eliade, *Le Chamanisme*, pp. 182 sq.를 보라. 에스토니아인의 샤머니즘에 관해서는 Oskar Loorits, *Grundzüge des estnischen Volksglauben*, I(Lund, 1949), pp. 259 sq.; II(1951), pp. 459 sq.를 참조하라. 랩족의 샤머니즘에 관해서는 Louise Backman et Ake Hultkrantz, *Studies in Lapp Shamanism*(Stockhom, 1978)을 보라.

베이네메이넨 등 『칼레발라』의 영웅들의 "샤머니즘적" 기원에 관해서는 Martti Haavio, *Väinämöinen, Eternal Sage*(FF Communications, n° 144, Helsinki, 1952)를 보라.

동물의 주인과 수호 정령 및 동물의 보호령 등에 관해서는 Ivan Paulson, *Schutzgeister und Gottheiten des Wildes(der Jagdiere und Fische) in Nordeurasien: Eine religionsethnographische u. religionphänomenologieische Untersuchung jägerischer Glaubensvorstellungen*(Stockholm, 1961)을 보라. 같은 저자의 "La religions des Asiates septentrionaux(tribus de Sibérie)", pp. 70~102; "La religions des peuples finnois", pp. 170~187; "The Animal Guardian: A critical and synthetic review", *HR*, III, 1964, pp. 202~219도 보라. 동일한 관념을 남미와 북미, 아프리카, 코카서스 등의 원시 수렵민에게서도 찾아볼 수 있다. Paulson, "The Animal Guardian", nn. 1~12에 정리된 참고 문헌을 참조하라.

249. 발트족의 종교[본문 pp. 47~54]

문헌 자료는 C. Clemen, *Fontes historiae religionum primitivarum, prae-*

indogermanicarum, indogermanicarum minus notarum(Bonn, 1936), pp. 92~114 에 편찬되어 있다. W. Mannhardt, *Letto-Prussische Götterlehre*(Riga, 1936)도 보라. A. Mierzynski, *Mythologiae lituanicae monumenta*, I~II(Warszawa, 1892~1895)는 15세기 중엽까지의 여러 자료들에 대한 소개와 연구이다. 1952년까지의 연구 상황에 관해서는 Harold Biezais, "Die Religionsquellen der baltischen Völker und die Ergebnisse der bisherigen Forschungen", *Arv*, 9(1953), pp. 65~128을 참조하라.

발트계 민족들의 종교를 개관한 것으로는 Haralds Biezais의 글이 Ake V. Ström et H. Biezais, *Germanische und baltische Religion*(Stuttgard, 1975)에 수록되어 있다. 그 밖에 다양한 시점에서 쓰인 개설로는 다음과 같은 것들이 있다. V. Pisani, "La religione dei Balti", in: Tacchi Venturi, *Storia delle Religioni*(6ᵉ édition, Torino, 1971), vol. II, pp. 407~461; Marija Gimbutas, *The Balts*(London-New York, 1963), pp. 179~204; Jonas Balys et Haralds Biezais, "Baltische Mythologie", in: *W.d.M.*, I(1965), pp. 375~454.

주로 민속학, 민족지학에 관한 방대한 자료 및 총괄적인 참고 문헌이 Haralds Biezais, *Die Gottesgestalt der Lettischen Volksreligion*(Stockholm, 1961) 및 *Die himmlische Götterfamilie der alten Letten*(Uppsala, 1972)에 수록되어 있다. 또한 H. Usener, *Götternamen*(Frankfurt a. M., 3ᵉ édition,1948), pp. 79~122, 280~283; W. C. Jaskiewicz, "A Study in Lithuanian Mythology. Juan Lasicki's Samogitian Gods", in *Studi Baltici*, 9, 1952, pp. 65~106을 보라.

디에브스에 관해서는 Biezais, *W.d.M.*, I, pp. 403~405; *id.*, "Gott der Götter", in: *Acta Academia Aboensis*, Ser. A., Humaniora, vol. 40, n° 2(Abo, 1971)를 참조하라.

페르쿠나스, 레트어로는 페르쿠온스, 고古프러시아어로는 페르쿠니스는 발트-슬라브어의 고형 페르쿠노스Perqūnos(고슬라브어로는 페르누perunŭ)에서 비롯되었으며, 베다어 파르자니야Parjanya, 알바니아어 페렌-디Perëndi, 게르만어 피요르긴Fjorgyn 등과 관계가 있다. 페르쿠나스에 관해서는 J.

Balys, in *W.d.M.*, I, pp. 431~434 및 *ibid.*, p. 434에 수록된 문헌 목록을 보라. 페르쿠온스에 관해서는 H. Biezais, *Die himmelische Götterfamilie der alten Letten*, pp. 92~179(pp. 169 sq., 인도-유럽 민족의 폭풍신에 관한 비교 연구)를 보라.

발트계 민족들의 우주 창조 신화는 거의 알려져 있지 않다. 대양의 한가운데 혹은 서쪽에 태양의 나무(우주목)가 있고, 저무는 태양이 휴식을 취하기 전에 허리띠를 풀어 이 나무에 걸어놓는다고 한다.

태양의 여신 사울레와 그 아들딸들 및 천상에서의 혼인에 관해서는 H. Biezais, *Die himmelische Götterfamilie der alten Letten*, pp. 183~538을 보라. 사울레의 딸들은 인도-유럽 민족의 새벽의 여신에 해당된다.

라이마에 관해서는 H. Biezais, *Die Hauptgöttinen der alten Letten* (Uppsala, 1955), pp. 119 sq.(행운과 불운의 연관성에 관하여), pp. 139 sq.(지상신과의 관계), pp. 158 sq.(태양과의 관계)를 보라. 운명의 여신으로서 라이마는 탄생, 결혼, 수확의 풍요, 가축의 평안 등을 관장한다.(pp. 179~275) Biezais의 해석은 많은 발트 학자들의 지지를 받고 있으나(*Deutsche Literaturzeitung*, 78, 9, sept. 1957에 실린 Alfred Gaters의 서평을 참조하라), 에스토니아인 학자 Oskar Loorits는 이를 부정한다. "Zum Problem der lettischen Schicksalgöttinen", *Zeitschrift für slavische Philologie*, 26, 1957, pp. 78~103을 참조하라. 주된 논쟁점은 민요 다이나가 얼마만큼 레트인의 고대적 이교 신앙을 잘 보여주는지, 그것이 신뢰할 만한 자료인지의 문제에 있다. Pēteris Šmits에 의하면 다이나는 12세기에서 16세기에 걸쳐 유행했다. 한편 Biezais는 다이나가 훨씬 더 고대적인 종교 전승을 보존하고 있다고 간주하여, 16세기의 "유행"은 민중의 시적 창작력에 있어 새로운 시기를 반영한 것에 지나지 않는다고 보았다.(*op. cit.*, pp. 31 sq., 48 sq.) 다른 학자들도 다이나가 반복적으로 새롭게 되살아난다는 점을 강조하고 있다.(Antanas Maceina, *Commentationes Balticae*, II, 1955에 실린 글을 참조하라) 그러나 Oskar Loorits는 라이마를 인도-유럽 민족에 기원을 두는 고대적 신격으로 간주하기에는 그 근거가 되는 다이나가 상대적으로 너무 최근의 것이라고 본다. 이 여신의 신격으로서의 기능은 이차적인 것에 불과하다는 것이다.(*op. cit.*, p.

82) Loorits에 의하면 라이마는 "하위 신격"이며 그 역할은 출산을 돕고 신생아에게 축복을 내리는 것에 한정되어 있다.(p. 93) 요컨대 라이마는 성모마리아가 레트인의 종교 민속 안에서 보여주는 것과 동일한 종교 융합 유형의 2차적인 현현이라는 것이다.(pp. 90 sq.)

하지만 어떤 신앙이 구전 문예로서 표현된 시대를 확정짓는 것이 아니라 그 종교적 내용을 탐구할 경우에는 연대기적 비판 기준을 적용할 수 없다는 점을 간과해서는 안 된다. 출산과 신생아의 수호 여신들은 원초적 구조를 가지고 있다. 특히 Momolina Marconi, *Riflessi mediterranei nella più antica religione laziale*(Milano, 1939); G. Rank, "Lappe Female Deities of the Madder-akka Group"(*Studia Septentrionalia*, 6, Oslo, 1955, pp. 7~79)을 보라. 발트계 민족들의 민간신앙에 있어 (라이마 여신과 같은) 여성 신격 내지 반+신격이 성모마리아를 모델로 하여 생겨난 것이라고는 믿기 어렵다. 마리아가 고대의 이교적 신들을 대체한 것이거나 혹은 오히려 고대적 신들이 발트계 민족들의 기독교화 이후에 성모마리아와 관련된 신화 및 신앙의 여러 특징들을 받아들인 것이라고 보는 관점이 보다 설득력이 있다.

18세기에 레트인 노인이 말한 "긍정적인" 작용을 하는 늑대 인간에 관해서는 Otto Höfler, *Kultische Geheimbünde der Germanen*, I(Frankfurt a. M., 1934), pp. 345~351에 나오는 재판 기록을 보라. 이 내용을 요약한 것이 Eliade, *Occultisme, sorcellerie et modes culturelles*(Paris, 1978), pp. 103~104에 나온다. *Ibid.*, pp. 99 sq., 105 sq.의 몇몇 유사한 사례(아키라의 베난단티, 루마니아의 스트리고이 등)에 대한 분석을 참조하라.

발트계 민족들의 민간신앙이 가지는 원초적 성격에 관해서는 Marija Gimbutas, "The ancient religion of the Balts", *Lituanus*, 4, 1962, pp. 97~108을 보라. 인도-유럽 민족 계통의 다른 잔존 신앙에 관한 연구도 있다. Jaan Puhvel, "Indo-European Structure of the Baltic Pantheon", in : *Myth in Indo-European antiquity*(Berkeley, 1974), pp. 75~85; Marija Gimbutas, "The Lithuanian God Velnias"(*ibid*, pp. 87~92)를 참조하라. Robert L. Fischer, Jr., "Indo-European Elements in Baltic and Slavic

Chronicles", in: *Myth and Law among the Indo-Europeans*(Ed. Jaan Puhvel, Berkeley, 1970), pp. 147~158도 보라.

250. 슬라브의 이교 신앙[본문 pp. 54~60]

슬라브계 민족들의 기원과 고대사에 대한 명쾌하고 간결한 기술로서는 Marija Gimbutas, *The Slaves*(London-New York, 1971)를 보라. 또한 V. Pisani, "Baltico, Slavo, iranico", *Ricerche Slavistiche*, 15, 1967, pp. 3~24를 참조하라.

슬라브 종교에 관한 그리스어 및 라틴어 문헌 자료는 C. H. Meyer, *Fontes historiae religionis slavicae*(Berlin, 1931)에 편집되어 있다. 이 책에는 『크니트링가 사가Knytlinga Saga』의 아이슬란드어 원전과 라틴어판이 들어 있고, 독일어로 번역된 아라비아의 문헌 자료들도 있다. 가장 중요한 자료들이 A. Brückner, *Die Slawen*(Religionsgeschichtliches Lesebuch, Heft 3, Tübingen, 1926), pp. 1~17에 번역되어 있다. 동부 슬라브인과 관련된 자료로는, 풍부한 주석이 붙어 있는 V. J. Mansikka, *Die Religion der Ostslaven*, 1(Helsinki, 1922)이 간행되어 있다.

슬라브계 민족들의 종교사에 관한 총괄적 저작은 없다. 다만 개설서로 L. Niederle, *Manuel de l'antiquité slave*, vol. II(Paris, 1926), pp. 126~168; B. O. Unbegaun, *La religion des anciens Slaves*(*Mana*, vol. III, Paris, 1948), pp. 389~445(풍부한 참고 문헌); Marija Gimbutas, *op. cit.*, pp. 151~170을 보라.

신화에 관해서는 Aleksander Brückner, *La mitologia slava*(Julia Dicksteinna에 의해 폴란드어로 번역되었다, Bologna, 1923); R. Jakobson, "Slavic Mythology", Funk et Wagnalls, *Dictionary of folklore, mythology and legend*(New York, 1950), II, pp. 1025~1028; N. Reiter, "Mythologie der alten Slaven", *W.d.M.*, I, 6(Stuttgart, 1964), pp. 165~208(참고 문헌)을 보라.

서부 슬라브인의 종교에 관해서는 Th. Palm, *Wendische Kultstätten*(Lund, 1937); E. Wienecke, *Untersuchungen zur Religion der Westslawen*(Leipzig, 1940); R. Pettazzoni, *L'onniscienza di Dio*, pp. 334~372("Divinità policefale")를 보라.

슬라브계 민족들의 신 관념에 관해서는 Bruno Merriggi, "Il concetto del

Dio nelle religioni dei popoli slavi", *Ricerche Slavistiche*, I, 1952, pp. 148~176 을 보라. 또한 Alois Schmaus, "Zur altslawischen Religionsgeschichte", *Saeculum*, 4, 1953, pp. 206~230을 참조하라.

슬라브 민족학과 민속학에 관한 매우 풍부한 비교 연구로 Evel Gasparini, *Il Matriarcato Slavo: Anthropologia dei Protoslavi*(Firenze, 1973)가 있다. 상세한 참고 문헌(pp. 710~746)이 수록되어 있다. 저자의 몇몇 결론에 관해서는 주의할 필요가 있지만, 그 안의 자료만큼은 대단히 가치 있다. *HR*, 14, 1974, pp. 74~78의 나의 서평을 참조하라. F. Hasse의 저작 *Volksglaube und Brauchtum der Ostslawen*(Breslau, 1939)은 오늘날까지도 유익하다. Vladimir Propp, *Feste agrarie russe*(Bari, 1978)도 보라.

Helmond(1108~1177년경)의 *Chronica Slavorum*은 *Monumenta Germaniae historica*, t. XXI, Hannover, 1869에 수록되어 있다. 종교와 관련된 부분은 V. J. Mansikka, *Die Religion der Ostlaven*, 1 및 Aleksander Brückner, *Mitologia Slava*, pp. 250~255에도 재수록되어 있다. 그리고 A. Brückner, *Die Slawen*, pp. 4~7에 독일어로 번역되어 있다. 『네스토르 연대기』에 관해서는 Brückner, *Mitologia Slava*, pp. 242~243; id., *Die Slawen*, pp. 16~17을 보라.

페룬에 관한 풍부한 참고 문헌으로는 Brückner, *Mitologia Slava*, pp. 58~80(혹평), R. Jakobson, "Slavic Mythology", p. 1026, Gasparini, *Matriarcato Slavo*, pp. 537~542 정도로 충분할 것이다. 일부 학자들은 페룬에게서 비잔틴 역사가 프로코피우스가 말하는 "천둥과 벼락의 주인인 지상신"을 보고 있다. 그러나 헬몬드가 언급하듯이 저 멀리 떨어져서 세상일에 무관심한 천신은 구조적으로 폭풍신과는 다르다. 프로코피우스의 견해에 대한 평가로는 R. Benedicty, "Prokopios Berichte über die slawische Vorzeit", *Jahrbuch der Oesterreichischen Byzantinischen Gesellschaft*, 1965, pp. 51~78을 보라.

볼로스 혹은 벨레스에 관해서는 Brückner, *op. cit.*, pp. 119~140; R. Jakobson, "Slavic Mythology", p. 1027; id., "The Slavic god 'Veles' and his Indo-European cognates", *Studi Linguistici in Onore di Vittore Pisani*(Brescia, 1969), pp. 579~599; Jaan Puhvel, "Indo-European Structures of the Baltic Pantheon", in: *Myth in Indo-European Antiquity*(G. I. Larson Ed., Berkeley-Los Angeles, 1974), pp. 75~89, 특히 pp. 88~89; Marija Gimbutas, "The Lithuanian God Veles", *ibid.*, pp. 87~92를 보라.

시마르글루에 관해서는 Jakobson, "Slavic Mythology", p. 1027을 보라. 모코슈에 관해서는 Brückner, *Mitologia Slava*, pp. 141 sq.를 보라. 다지보그에 관해서는 Brückner, *Mitologia Slava*, pp. 96 sq.; Jakobson, "Slavic Mythology", p. 1027을 보라.(양자 모두 풍부한 참고 문헌을 싣고 있다)

로드와 로제니차에 관해서는 Brückner, *op. cit.*, pp. 166 sq.를 보라. 마티시라 젬리야에 관해서는 Gimbutas, p. 169를 보라. 그 최대의 축제 쿠팔라Kupala(어원은 "목욕하다"는 뜻의 *kupati*)는 하짓날에 열리며 점화 의식과 집단 목욕이 행해진다. 또한 지푸라기로 쿠팔라의 우상을 만들고 여자 옷을 입힌 다음, 베어내서 가지를 쳐낸 후 땅에 박아놓은 나무줄기 밑에 안치한다. 발트 해 지방의 슬라브인들은 여자들만이 성스러운 나무(자작나무)를 베어 의식을 준비하며, 그 나무에 희생 제물을 바친다. 이 자작나무는 땅과 하늘을 잇는 우주목을 나타낸다.(Gimbutas, p. 169)

발트 해의 신들에 관해서는 앞서 인용된 Th. Palm과 E. Wienecke의 저작들과 Pettazzoni의 비판적 고찰 *op. cit.*, pp. 562 sq.를 보라.

게르만어로 쓰인 문헌 자료와 『크니트링가 사가』(13세기의 고아이슬란드어로 쓰여 있다)도 류겐 섬의 성소와 제의에 관한 몇 가지 중요한 정보를 제공해준다. 금속 장식이 달린 목조 신상에는 세 개 내지 네 개 혹은 그 이상의 머리가 붙어 있다. 슈테틴에는 세 개의 머리를 가진 "최고신" 트리글라프에 바쳐진 신전이 있었다. 한편 아르코나의 스베토빗 신상은 네 개의 머리를 가지고 있다. 더 많은 수의 머리를 가진 우상도 존재하며 루제빗은 머리 하나에 일곱 개의 얼굴이 새겨져 있다.

스반테빗에 관해서는 N. Reiter, *op. cit.*, pp. 195~196; V. Machek, "Die Stellung des Gottes Svantovit in der altslavischen Religion", in: *Orbis Scriptus*(München, 1966), pp. 491~497을 보라.

251. 고대 슬라브인의 의례, 신화 그리고 신앙[본문 pp. 60~65]

레쉬 등 숲의 정령들에 관해서는 Gasparini, *Il Matriarcato Slavo*, pp. 494 sq. 의 자료들을 보라. 도모보이에 관해서는 *ibid.*, pp. 503 sq.를 보라.

우주 창조를 위한 잠수 신화와 관련된 제 유형에 대해서는 Eliade, *De Zalmoxis à Gengis-Khan*, pp. 81~130의 제3장을 보라.

보고밀파에 관해서는 본권의 문헌 해제 293절에 인용된 참고 문헌들을 보라.

슬라브의 "이원론"에 관해서는 Eliade, *De Zalmoxis...*, p. 95, nn. 34~36에 제시된 문헌들을 보라.

제32장 성상 파괴 운동(8~9세기)까지의 기독교 교회

252. 로마는 멸망하지 않는다······[본문 pp. 66~70]

고대 세계의 종언에 관한 근래의 종합적인 저작으로는 S. Mazzarino, *The End of the Ancient World*(London, 1966; 근대의 역사가들이 제시한 여러 가설들을 소개, 검토하고 있다); Peter Brown, *The World of Late Antiquity*(London, 1971; 이 문제에 관한 가장 좋은 오늘날의 입문서이다); Hugh Trevor-Roper, *The Rise of Christian Europe*(New York, 1965; 특히 pp. 9~70) 등을 보라. 아직 Johannes Geffcken의 책 *Der Ausgang des griechisch-römischen Heidentums*(2e édition, Heidelberg, 1929)을 능가할 만한 것은 없다. 보다 상세한 저작으로는 다음과 같은 것들이 있다. Ferdinand Lot, *La fin du Monde antique et le début du Moyen âge*(Paris, 1951); Michael Rostovtzeff, *Social and Economic History of the Roman Empire*(2e édition, I~II, Oxford, 1957); Ernst Stein, *Histoire du Bas Empire*, I~II, (Bruxelles, 1949, 1959); Lucien Musset, *Les invasions: les vagues germaniques*(Paris, 1965, 2e éd. mise à jour, 1969); *id., Les invasions: le second assaut contre l'Europe chrétienne: VII~XIe siècles*(1966). 또한 *The Conflict between Paganism and Christianity in the Fourth Century*(éd. A. Momigliano, 1963)에 나오는 여러 학자들의 연구, 특히 Momigliano, "Pagan and Christian Historiography in the Fourth Century", *ibid.*, pp. 79~99를 보라. Peter Brown, *The Making of late Antiquity*(Cambridge, Mass., 1978)를 참조하라.

이교를 신봉하는 상류층의 반응에 관해서는 P. de Labriolle, *La réaction païenne: étude sur la polémique anti-chrétienne du 1er au VIe siècle*(nouvelle éd., 1950) 및 특히 Walter Emil Kaegi, *Byzantium and the Decline of Rome*(Princeton, 1968), 그중에서도 pp. 59~145를 보라.

『신국』에 대한 가장 최근의 그리고 가장 뛰어난 교정, 번역, 주석으로는 *Études Augustiniennes*(Paris, 1959~1960)를 들 수 있다.

『신국』의 성립 과정 및 구성에 관해서는 Peter Brown, *Augustine of Hippo. A biography*(Berkeley and Los Angeles, 1967), pp. 299~329를 보라. 또한 J. Claude Guy, *Unité et structure logique de la 'Cité de Dieu' de saint Augustin*(Paris, 1961)을 보라. Peter Brown의 표현에 의하면 성 아우구스티누스는 "오직 서고 안에만 존재했던" 고대 이교에 대해서만 논했을 뿐이며, 당대 종교성의 다양한 표현들(비의 종교, 오리엔트의 종교들, 미트라교 등)에 관해서는 언급하지 않았는데, 이는 기이하게 보일지도 모른다. 그러나 5세기에 이교를 신봉했던 상류층 사람들은 말 그대로의 고대─고전 시대 저술가들에 의해 보존되어온 머나먼 과거의 전통─에 열중했다.(Brown, *op. cit.*, p. 305)

그리스와 로마 그리고 더 나아가 유대교 및 기독교의 역사 기술에 보이는 순환 개념에 관해서는 G. W. Trompf, *The Idea of Historical Recurrence in Western Thought: From Antiquity to the Reformation*(Berkeley et Los Angeles, 1979), 특히 pp. 185 sq.를 보라.

253. 아우구스티누스: 타가스테에서 히포로[본문 pp. 70~73]

성 아우구스티누스에 관한 방대한 학문적 연구 문헌으로는 다음과 같은 것들을 들 수 있다. H. I. Marrou, *S. Augustin et la fin de la culture antique*(1938; 6ᵉ édition, 1949) 및 Peter Brown, *Augustine of Hippo*.(두 책 모두 풍부한 참고 문헌을 포함하고 있다) 또한 Étienne Gilson, *Introduction à l'étude de saint Augustin*(2ᵉ éd., 1943); *id., La philosophie au moyen âge*(Paris, 1944), pp. 125 sq.; P. Borgomes, *L'Église de ce Temps dans la prédication de saint Augustin*(Paris, 1972); E. Lamirande, *L'Église céleste selon saint Augustin*(1963); *A Companion to the Study of St. Augustin*, ed., Roy W. Battenhouse(Grand Rapids House, 1955)도 보라.

254. 아우구스티누스의 위대한 선구자: 오리게네스[본문 pp. 73~78]

교회 교부에 관해서는 J. Quasten, *The Golden Age of Greek Patristic Literature, from the Council of Nicaea to the Council of Chalcedon*(Utrecht, 1960); H. A. Wolfson, *The Philosophy of the Church Fathers*, I~II(Cambridge, Mass., 1956); J. Plegnieux, *Saint Grégoire de Nazianze théologien*(Paris, 1952); J. Daniélou, *Platonisme et théologie mystique, essai sur la doctrine spirituelle de saint Grégoire de Nysse*(2ᵉ éd., Paris, 1954); O. Chadwick, John Cassian, *a Study in primitive Monasticism*(Cambridge, 1950); J. R. Palanque, *Saint Ambroise et l'Empire romain* (Paris, 1933); P. Autin, *Essai sur saint Jérôme*(Paris, 1951)을 보라.

오리게네스에 관해서는 Eugene de Faye, *Origène, sa vie, son œuvre, sa pensée*, I~III(Paris, 1923~1928) 및 특히 Pierre Nautin, *Origène: sa vie et son œuvre*(Paris, 1977)를 보라. 저자는 오리게네스의 전기 내용을 확정하고 그 사상의 줄거리를 재구성하기 위해 현재 이용할 수 있는 모든 문헌들을 꼼꼼하게 분석하고 있다. 유세비우스의 『교회사 Histoire ecclésiastique』에 나오는 오리게네스 전기(Nautin, pp. 19~98)에 관해서는 Robert Grant, *Eusebius as Church Historian* (Oxford, 1980), pp. 77~83도 보라.

Nautin의 다음과 같은 지적은 정당하다고 말할 수 있다. "오리게네스는 죽음의 시기를 놓치고 말았다. 감옥 안에서 죽었다면 순교자가 되었을 것이고 그 칭호는 이후 수 세기 동안 집요하게 계속된 공격으로부터 그를 보호해줄 수 있었을 것이다. 게다가 순교자가 된다는 것은 그가 전 생애에 걸쳐 추구한 것이었다. 그는 부친의 뒤를 좇아 셉티미우스 세베루스 황제의 박해 시대에 순교하고자 몸을 던졌다. 막시미누스 트라키아누스 황제 치하에서도 『순교의 권장』을 저술함으로써 그런 각오를 보여주었다. 데키우스 황제 치하에서는 실제 박해를 받기도 했다. 그러나 후대인이 보기에 결국 그는 순교의 영광을 얻지 못하고 말았던 것이다."(p. 441)

『제 원리에 관하여』의 완전한 텍스트는 루피누스의 라틴어판으로만 존재하며, 영어판으로는 G. W. Butterworth(London, 1936), 프랑스어판은 Henri Crouzel et Manlio Simonetti에 의한 *Traité des Principes*("Sources chrétiennes", 4 vols., 1978~1980)가 있다. 『제 원리에 관하여』 제4부, 『순교의 권장』, 『기도』, 「아가서」 주해 서문, 『순교에 관한 설교』는 Rowan A. Greer, *Origen*(New York, 1979)에 영어로 번역되어 있다. 그 밖에 *Commentaire sur saint Jean*("Sources chrétiennes", 3 vols., 1966~1975; éd. et trad.Cécile Blanc); *Contre Celse*(5 vols., 1967~1976, éd. et trad. Marcel Borret); *Commentaire sur l'Évangile selon Matthieu*(1970, éd et trad. Marcel Girot); *Les Homélies sur les Nombres*(trad. A. Méhat, 1951) 및 *Homélies sur Jérémie*(éd. et trad. P. Nautin, Paris, 1976~1977)를 보라.

『헥사플라』의 형성에 관해서는 P. Nautin, *Origène*, pp. 333~361을 보라.

오리게네스의 신학에 관해서는 H. de Lubac, *Histoire et esprit: L'intelligence de l'Écriture d'après Origène*(Paris, 1950); H. Crouzel, *Théologie de l'image de Dieu chez Origène*(Paris, 1956); B. Drewery, *Origen on the Doctrine of Grace*(London, 1960); M. Harl, *Origène et la fonction révélatrice du Verbe Incarné*(Paris, 1958)를 보라.

오리게네스의 적대자들은 그가 『제 원리에 관하여』에서 영혼의 윤회설을 주장했다며 비판하고 있다. Claude Tresmontant의 비판적 저작 *La métaphysique du christianisme et la naissance de la philosophie chrétienne*(Paris, 1961, pp. 395~518)를 보라. 그렇지만 Pierre Nautin의 견해에 따르면 오리게네스는 "항상 이런 비난에 대해 정력적으로 반박했다. 그는 영혼은 각각의 세계에서 단 한 번 수육할 뿐이며 다시 육체로 들어가는 일(=윤회)은 있을 수 없다고 여겼다."(*op. cit.*, p. 126)

255. 아우구스티누스의 신학 논쟁. 은총론과 예정설[본문 pp. 78~86]

『고백록』의 가장 뛰어난 번역은 A. Solignac, E. Tréhord et G. Bouisson, *Œuvres de saint Augustin*, vol. 13~14(1961~1962)이다. P. Courcelle, *Les 'Confessions' de saint Augustin dans la tradition littéraire: Antécédents et postérité*(Paris, 1963)도 보라.

로마령 아프리카에서의 마니교와 성 아우구스티누스에 관해서는 F. Decret, *L'Afrique manichéenne(IV-Ve siècles). Étude historique et doctrinale*, 2 vols.(1978); id., *Aspects du manichéisme dans l'Afrique romaine. Les controverses de Fortunatus, Faustus et Felix avec saint Augustin*(1970)을 보라.

Claude Tresmontant, *La métaphysique du Christianisme*, pp. 528~549에는 아우구스티누스가 마니교를 비판한 문헌들(특히 *Acta contra Fortunatum Manichaeum*, 392년 집필, *De Genesi contra Manichaeos*, 388년 및 *De natura boni contra Manichaeos*, 398~399년)의 발췌가 주해와 같이 있다.

도나투스 및 도나투스파에 관해서는 W. H. C. Frend, *The Donatist Church* (Oxford, 1952); G. Willis, *Saint Augustine and the Donatist Controversy*(London, 1950)를 보라.

펠라기우스 및 펠라기우스주의에 관해서는 G. de Plinval, *Pélage: ses écrits, sa vie et sa réforme*(Lausanne, 1943); J. Fergusson, *Pelagius*(Cambridge, 1956); S. Prese, *Pelagio e Pelageanesimo*(1961)를 보라. 또한 P. Brown, *op. cit.*, pp. 340~375를 참조하라.

영혼의 기원, 원죄, 그리고 예정설에 관한 아우구스티누스의 텍스트는 Claude Tresmontant, *op. cit.*, pp. 588~612에 주해와 더불어 인용되어 있다.

자연과 은총에 대한 신학, 특히 성 아우구스티누스에게 있어서의 자연과 은총의 신학에 관해서는 A. Mandouze, *Saint Augustin, L'aventure de la raison et de la grâce*(Paris, 1968) 및 Jaroslav Pelikan, *The Emergence of the Catholic Tradition, 100~600*(Chicago, 1971), pp. 278~331을 보라.

256. 성인 숭배: 순교, 성물, 성지순례[본문 pp. 86~92]

순교자 숭배에 관해 성 아우구스티누스가 가졌던 견해의 변천에 관해서는 Victor Saxer, *Morts, martyrs, reliques en Afrique chrétienne aux premiers siècles*(Paris, 1980), pp. 191~280을 보라.

서방교회에 있어 성인 숭배와 성물 숭배에 관해서는 H. Delahaye의 기본 저작 *'Sanctus', essai sur le culte des saints dans l'antiquité*(Bruxelles, 1927); *Les origines du culte des martyrs*(2ᵉ éd., Bruxelles, 1933); *Les légendes hagiographiques*(4ᵉ éd., Bruxelles, 1955)를 보라. Peter Brown의 소책자 *The Cult of the Saints: Its Rise and Function in Latin Christianity*(Chicago, 1980)는 이 문제에 대한 관점을 일변시켰으며 종래 연구의 상당 부분을 갱신시켰다.

마르티리아에 관해서는 André Grabar의 저작 *Martyrium, recherches sur le culte des reliques et l'art chrétien antique, I~II*(Paris, 1946)가 오늘날에도 여전히 기본 문헌이다. 또한 E. Baldwin Smith, *The Dome: A Study in the History of Ideas* (Princeton, 1950)도 참조하라.

중세 초 성물의 교역에 관해서는 Patrick J. Geary, "The Ninth Century Relic Trade. A response to popular piety?", in: James Obelkevich (Éd.), *Religion and the people, 800~1700*(Chapel Hill, 1979), pp. 8~19를 보라.

순례에 관해서는 B. Kötting, *Peregrinatio religiosa: Wallfahrten in der Antiken und das Pilgerwesen in der alten Kirche*(Munster i. W., 1950)를 보라.

성인 가운데 가장 인기 있는 성 니콜라스[산타클로스의 모델] 전설의 기원과 발전에 관한 모범적인 저술로는 Charles W. Jones, *Saint Nicolas of Myra, Bari and Manhattan. Biography of a Legend*(Chicago, 1978)가 있다.

257. 동방교회와 비잔틴 신학의 만개[본문 pp. 92~99]

전반적인 입문서로 J. Daniélou, *Message évangélique et culture hellénistique*(Paris, 1961); Jaroslav Pelikan, *The Spirit of Eastern Christendom*(Chicago, 1974); Hans-George Beck, *Kirche u. theologische Literatur im byzantinischen Reich*(München,

1959); D. Obolensky, *The Byzantine Commonwealth: Eastern Europe, 500~1454*(London, 1971); Francis Dvornik, *The Idea of Apostolicity in Byzantium and the Legend of the Apostle Andrew*(Cambridge, Mass., 1958); Olivier Clément, *L'essor du christianisme oriental*(Paris, 1967)을 보라. 칼케돈공의회의 역사와 그 결과들에 관해서는 R. V. Sellers, *The Council of Chalcedon*(London, 1953)에 소개되어 있다. 더 상세한 것으로는 Aloys Grillmeier와 Hienrich Bacht가 엮은 논문집 중 *Das Konzil von Chalkedon: Geschichte und Gegenwart*, 3 Vols(Würzburg, 1951~1952)가 있다. 그리스도 단성론에 관해서는 W. H. C. Frend, *The Rise of the Monophysite Movement: Chapters in the History of the Church in the Fifth and Sixth Centuries*(Cambridge, 1972)를 보라. 비잔틴식 전례에 관해서는 N. M. D. R. Boulet, *Eucharistie ou la Messe dans ses variétés, son histoire et ses origines*(Paris, 1953); Jean Hani, *La divine liturgie. Aperçus sur la Messe*(Paris, 1981)를 보라. 로마누스 멜로두스에 관해서는 E. Wellecz, *A History of byzantine music and hymnography*(Oxford, 1949)를 보라.

비잔틴 교회당의 상징에 관해서는 H. Sedlmayr, *Die Entsehung de Kathedrale*(Zurich, 1950); Jean Hani, *Le symbolisme du temple chrétien*(2ᵉ éd., Paris, 1978)을 보라.

테오시스("신격화")에 관해서는 Jules Cross, *La divinisation du chrétien d'après les Pères grecs: Contribution hitorique à la doctrine de la grâce*(Paris, 1938); J. Pelikan, *The Spirit of Eastern Christendom*, pp. 10~36을 보라.

고백자 막시무스에 관해서는 Hans Urs von Balthasar, *Kosmische Liturgie*(Freiburg, 1941); Lars Thunberg, *Microcosm and Mediator: The Theological Anthropology of Maximus the Confessor*(Lund, 1965); Irénée Hausherr, *Philantie: De la tendresse pour soi à la charité, selon saint Maxime le Confesseur*(Rome, 1952)를 보라.

위-디오니시오스 아레오파기타의 가장 뛰어난 프랑스어 번역으로는 Maurice de Gandillac의 것(Paris, 1942)을 보라. 디오니시오스의 라틴어판을 통해 고백자 막시무스가 서방에 끼친 영향에 관해서는 Deno John Geanakoplos, *Interaction of the 'Sibling' Byzantine and Western Cultures in the Middle Ages and Italian Renaissance, 330~1600*(Yale, 1976), pp. 133~145를 보라.

258. 이콘 숭배와 성상 파괴 운동 [본문 pp. 99~103]

성상 파괴 운동에는 두 시기가 있었다. 제1기는 726~787년까지였고 제2기는 813~843년까지였다. 726년에 레오 3세는 이콘의 사용을 금지한다는 칙령을 발포했다. 아들 콘스탄티누스 5세(745~775년 재위) 또한 같은 정책을 취했다. 콘스탄티누스 5세는 성인과 성모마리아에 대한 숭경까지 금했다. 또한 "성자"라든가 신의 어머니라는 명칭도 못 쓰게 했다. 성상 파괴를 명한 이 황제는 다음과 같이 선언하고 있다. "그리스도의 도상을 새기는 자는 그리스도에 있어 신성과 인성이 불가분의 관계로 결합되어 있다는 교의의 정수를 제대로 이해하지 못하고 있음을 스스로 증명하는 셈이다."(Pelikan, *The Spirit of Eastern Christendom*, p. 117에 인용된 텍스트)

754년에 히에레아공의회는 만장일치로 성상 숭배를 단죄했다. 그러나 787년 레오 4세의 미망인과 콘스탄티노플 총주교는 니케아에서 제7회 전지(全地) 공의회를 소집하여 성상 파괴 운동을 이단으로 선언했다. 하지만 815년에는 황제 교황 레오 5세에 의해 다시금 성상 파괴 운동이 부활한다. 그러다가 843년 테오도라 여제가 소집한 교회 회의에서 이콘 숭배가 결정적으로 회복되었다.

부연하자면 성상 파괴론자들은 이콘을 발견하는 즉시 파괴했다. 또한 제2회 니케아공의회는 모든 성상 파괴론자의 책자들을 몰수하도록 명했다. 그래서 이 문제와 관련된 원전 자료가 하나도 전해지지 못했던 것이다.

이콘 숭배의 기원에 관해서는 A. Grabar, *L'iconoclasme byzantin, dossier archéologique*(Paris, 1957), pp. 13~91 ; E. Kitzinger, "The Cult of Images in the Age before Iconoclasm", *Dumbarton Oaks Papers*, 8, 1954, pp. 83~159를 보라.

이 문제에 대한 비교 연구로서는 Edwin Bevan, *Holy Images : An Inquiry into Idolatry and Image-Worship in Ancient Paganism and Christianity*(London, 1940)를

보라.

논쟁의 역사에 관해서는 N. Iorga, *Histoire de la vie byzantine: Empire et civilisation d'après les sources*(Bucarest, 1934), II, pp. 30 sq., 65 sq.; E. I. Matin, *A History of the Iconoclastic Controversy*(New York, s.d.); Stephen Gero, *Byzantine Iconoclasm during the Reign of Constantine V*(Louvain, 1977); Paul J. Alexander, *The Patriarch Nicephoros of Constantinople: Ecclesiastical Policy and Image Worship in the Byzantine Empire*(Oxford, 1958); Norman Baynes, "The Icons before Iconoclasm", *Harvard Theological Review*, 44, 1955, pp. 93~106; *id.*, "Idolatry and the Early Church", in: *Byzantine Studies and Other Essays*(London, 1960), pp. 116~143; Gerhart B. Ladner, "The Concept of the Image in the Greek Fathers and the Byzantine Iconoclastic Controversy", *Dumbarton Oaks Papers*, 7, 1953, pp. 1~34; Milton Anastos, "The Argument for Iconoclasm as presented by the Iconoclasts in 754 and 815", *Dumbarton Oaks Papers*, 7, 1953, pp. 35~54를 보라. 또한 George Florovsky, "Origen, Eusebius and the Iconoclastic Controversy", *Church History*, 19, 1956, pp. 77~96; Peter Brown, "A Dark-Age Crisis: Aspects of the Iconoclastic Controversy", *English Historical Review*, 88, 1973, pp. 1~34도 보라.

이콘의 미학과 신학상의 전제에 관해서는 Gervase Mathew, *Byzantine Aesthetics* (New York, 1963), 특히 pp. 98~107; E. Kissinger, "Byzantine Art in the Period between Justinian and Iconoclasm", in: *Berichte zum XI: Internationalen Byzantinisten-Kongress*(München, 1958), pp. 1~56; Cyril Mango, *The Art of the Byzantine Empire 312~1453*(Englewood Cliffs, 1972), pp. 21~148을 보라.

이슬람의 영향으로 보는 가설은 G. E. von Grunebaum, "Byzantine iconoclasm and the influence of the Islamic environment", *HR*, 2, 1962, pp. 1~10에서 재검토되고 있다.

제33장 무함마드와 이슬람의 전개

259. 알라, 아라비아의 데우스 오티오수스 [본문 pp. 104~111]

이슬람 이전의 아라비아 역사와 문화에 관해서는 *The Cambridge History of Islam*, I(1970), pp. 3~29에 나오는 Irfan Shahîd의 간단명료한 서술이 도움이 될 것이다. 또한 H. Lammens, *Le berceau de l'Islam*(Rome, 1914); *id.*, *L'Arabie occidentale avant l'Hégire*(Beyrouth, 1928); W. Coskel, *Die Bedeutung der Beduinen in der Geschichte der Araber*(Köln, 1953); F. Gabrielli (Ed.), *L'antica società beduina*(Rome, 1959); F. Altheim et R. Stiehl, *Die Araber in der alten Welt*, I~V(Berlin, 1964~1968); M. Guidi, *Storia e cultura degli Arabi fino alla morte di Maometto*(Firenze, 1951); J. Ryckmans, *L'institution monarchique en Arabie méridionale avant l'Islam*(Louvain, 1951)도 보라.

이슬람 이전의 아라비아 종교들에 관해서는 J. Wellhausen, *Reste arabischen Heidentums*(3ᵉ éd, Berlin, 1961); G. Ryckmans, *La religions arabes pré-islamiques*, 2ᵉ édition, Louvain, 1951; A. Jamme, "Le panthéon sud-arabe préislamique d'après les sources épigraphiques", *Le Muséon*, 60, 1947, pp. 57~147; J. Henninger, "La religion bédouine préislamique", in: *L'antica società beduina*, pp. 115~140; Maria Höfner, "Die vorislamischen Religionen Arabiens", in: H. Gese, M. Höfner, K. Rudolph, *Die Religionen Altsyriens, Altarabiens und der Mandäer*(Stuttgart, 1970), pp. 233~402를 보라. 남부 아라비아 지방의 비문과 유적에 관해서는 *Corpus des inscriptions et antiquités sud-arabes: Académie des Inscriptions et des Belles Lettres*(Louvain, 1977)의 분석을 보라.

정령 신앙에 관해서는 J. Henninger, "Geisterglaube bei den vorislamischen Araben", *Festschrift für P. J. Schebesta*(Fribourg, 1963), pp. 279~316을 참조하라.

3여신, 즉 알라트, 마나트, 알웃자에 관해서는 M. Höfner, "Die vorislamischen Religionen", pp. 361 sq., 370 sq. 및 J. Henninger, "Ueber Sternkunde u. Sternkult in Nord- und Zentralarabien", *Zeit. f. Ethnologie*, 79, 1954, pp. 82~117, 특히

pp. 99 sq.를 보라.

이슬람 이전 시대의 알라 숭배의 구조에 관해서는 *Shorter Encyclopaedia of Islam*(H. A. R. Gibb et J. H. Kramers Eds., Leiden, 1961), p. 33; M. Höfner, *op. cit.*, pp. 357 sq.; *id.*, in: *W.d.M.*, I, pp. 420 sq.를 보라. J. Chelhoud는 이슬람 이전기 및 이슬람기에 있어 아라비아인들의 종교성에 관해 두 가지 중요한 저작을 발표했다. *Le sacrifice chez les Arabes*(Paris, 1955); *Les structures du sacré chez les Arabes*(1965).

만물 봉헌에 관해서는 Joseph Henninger, *Les fêtes de printemps chez les Sémites et la Pâque israélite*(Paris, 1975), pp. 37~50을 보라. 이 책에는 상세한 참고 문헌이 있다. 같은 저자의 "Zum Verbot des Knochenzerbrechens bei den Semiten", *Studi... Giorgio Levi de la Vida*(Roma, 1956), pp. 448~459; *id.*, "Menschenopfer bei den Araber", *Anthropos*, 53, 1958, pp. 721~805도 보라. 이슬람 이전의 아라비아인과 관련된 성 닐루스 이야기에서 착상을 얻어 W. Robertson Smith가 제시한 고대 셈족의 희생 제의에 대한 일반 이론이 Karl Heussi, *Das Nilusproblem*(Leipzig, 1921) 및 J. Henninger, "Ist der sogenante Nilus-Bericht eine Brauchbare religionsgeschichtliche Quelle?", *Anthropos*, 50, 1955, pp. 81~148에서 논해지고 있다.

고대 아라비아 및 이슬람의 달 숭배에 관해서는 Maxime Rodinson, in: *La Lune, Mythes et Rites*(Sources Orientales, 5, Paris, 1962), pp. 153~214(풍부한 참고 문헌)를 보라.

고대의 이슬람 이전 시대 및 이슬람 시대의 메카 순례에 관해서는 J. Gaudefroy-Demombynes, *Le Pèlerinages à la Mecque*, Paris, 1923; Muhammad Hamidullah, dans *Les Pèlerinages*(Sources Orientales, 3, 1960), pp. 87 sq.; J. Henninger, "Pèlerinages dans l'ancien Orient", *Suppl. au Dictionnaire de la Bible*, t. VII, fasc. 38, col. 567~584, Paris, 1963을 보라.

카바 신전에 관해서는 "Die vorislamischen Religionen", pp. 360 sq.에 나오는 M. Höfner의 간결한 서술 및 *Shorter Encyclopedia of Islam*, pp. 192~198의

카바 항목을 보라. 또한 본권의 문헌 해제 263절에서 제시한 참고 문헌들도 보라.

고대 아라비아의 신앙, 상징 및 신화들은 후대 민중들의 신앙 형태와 신화적 상상력 속에서 다시금 생명을 얻고 있다는 점에서 관심을 끈다.

무함마드의 생애와 활동을 알 수 있는 자료로는 먼저 『코란』을 들 수 있다. 또한 구전 전승에 입각하여 편찬된 최고最古의 전기로는 이븐 히샴Ibn-Hishâm(822년 사망)이 요약 개정한 이븐 이스하크(768년 사망)의 『무함마드의 생애Shîrah』, 알 와키디al-Wâqidî(822년 사망)의 『원정 전기Maghâzî』 등이 있다. 이중 첫 번째 전기가 가장 중요한다. 이 책은 Alfred Guillaume에 의해 번역되었다. *The Life of Muhammad : a Translation of (Ibn) Ishāq's S rat Rasūl Allāh*(London, 1955). 그러나 이 책에 나오는 많은 전기적 일화들은 전설에 속하는 것일 수도 있으므로 주의가 필요하다. 가령 무함마드가 대상을 따라 시리아 여행을 했다든지 기독교 수도승과 만났다는 일화 등이 그것이다.

근래에 나온 무함마드 전기 가운데 가장 뛰어난 것으로서 다음과 같은 책들을 들 수 있다. Tor Andrae, *Mohammad, the Man and his Faith*(London, 1936; réimpression, New York, 1960; 예언자 무함마드의 설교의 종말론적 요소를 강조하고 있다); Régis, Blachère, *Le problème de Mahomet. Essai de biographie critique du fondateur de l'Islam*(1952; 현존 자료의 공백 부분을 지적하고 있다); W. Montgomery Watt, *Muhammad at Mecca*(Oxford, 1953) 및 *Muhammad at Medina*(1956; 무함마드의 교설의 정치적, 사회적 의미를 상세하게 검토하는 한편 그의 정치적 천재성을 조명하고 있다); id., *Muhammad: Prophet and Statesman*(Oxford, 1961; 상기 두 권의 내용을 정리한 것이다); Maurice Gaudefroy-Demombynes, *Mahomet*(Paris, 1957; 19세기 말의 실증주의적 역사 기술 방법에 의한 저작이다); Maxime Rodinson, *Mahomet*(1965; 2ᵉ éd., revue et augmenté, 1969); id., "The Life of Muhammad and the sociological problem of the beginnings of Islam", *Diogenes*, n° 20, 1957, pp. 28~51(사회학적 접근). Muhammad Hamidullah의 두 권짜리 저작 *Le Prophète de l'Islam*. I: *Sa Vie*. II: *Son Œuvre*(Paris, 1959)는 풍부한 문헌 자료가

있지만 별 쓸모가 없다.

『코란』은 유럽의 주요 언어로 많이 번역되어 있다. 본권에서 참조한 것은 그중 다음의 것들이다. Arthur J. Arberry, *The Koran Interpreted*, 2 vols.(London, 1955), 이 책은 고풍스러운 문체를 남용하고 있기는 하지만 문학적으로 가장 성공한 번역으로 손꼽힌다. Richard Bell, *The Qur'ân*, 2 vols.(Edimburgh)는 상당히 정확한 번역이기는 하지만 읽기가 쉽지 않다. Régis Blachère의 *Le Coran: traduction selon un essai de reclassement des sourates*, 2 vols.(Paris, 1947~1950)은 제1권이 *Introduction au Coran*(1959)이라는 제목으로 재간되었고 번역 부분도 주석을 줄이고 1957년에 *Le Coran*으로 재간되었다. 이 책은 모두 프랑스 내외의 많은 동양학 연구자들로부터 최고의 찬사를 받았다. 본서의 『코란』 인용은 D. Masson(Bibliothèque de la Pléiade, 1967)의 번역을 사용하면서 R. Blachère, Bell, Arberry의 번역본도 참조했다.

초창기의 신자들이 암송했던 계시들은 무함마드의 생전부터 문자화되어 있었다. 그러다가 무함마드의 사위인 제3대 칼리프(644~655) 우스만의 명에 의해 각 장이 한 권의 "책"으로 정리되었다. 각 장은 계시의 시대순에 따른 것이 아니라, 가장 긴 장이 처음에 그리고 가장 짧은 장이 마지막에 오도록 배열되었다.

『코란』 원전의 성립에 관해서는 A. Jeffery, *Materials for the History of the Text of the Qur'ân*(Leiden, 1937); R. Blachère, *Introduction au Coran*; John Burton, *The Collection of the Quran*(Cambridge Univ. Press, 1977); John Wansbrough, *Quranic Studies: Sources and Methods of Scriptural Interpretation*(Oxford, University Press, 1977)을 보라.

무함마드의 첫 번째 엑스터시 체험에 관해서는 Tor Andrae, *Mohammed*, pp. 34 sq.; Watt, *Muhammad at Mecca*, pp. 39 sq.; Arthur Jeffery, *Islam. Muhammad and his Religion*(New York, 1958), pp. 15~21에 인용된 텍스트 및 분석을 보라.

대천사 가브리엘은 메디나 천도 이전에 편찬된 부분에서는 언급되지 않고 있다. 무함마드는 처음에 자신이 신의 모습을 직접 보았다고 믿었을지도 모른다. Watt, p. 42를 참조하라. 무함마드의 엑스터시 체험은 "선견자들(*Kahîn*)"의 그것과는 다르다. 하지만 무함마드 또한 계시를 기다릴 때는 카힌들Kahîn과 똑같이 머리 위에 외투를 뒤집어쓰곤 했다. 『코란』 73:1, 74:1을 참조하라. 이는 오리엔트 및 지중해 지방의 몇몇 신탁 유형에 특징적인 의례의 하나였다.

하니프에 관해서는 Tor Andrae, *Les Origines de l'Islam et le Christianisme*(trad. de l'allemand, Paris, 1955), pp. 39~65; N. A. Faris et H. W. Glidden, "The Development of the meaning of the Koranic Hânif", *Journal of the Palestine Oriental Society*, 19, 1930, pp. 1~13; Watt, *Muhammad at Mecca*, pp. 28 sq., 96, 162~164를 보라.

260. 무함마드, "신의 사도" 〔본문 pp. 111~117〕

아라비아인의 일신교적 경향에 관해서는 J. Wellhausen, *Reste arabischen Heidentums*, pp. 215 sq.를 보라.

무함마드가 일신교를 확립해간 단계들에 관해서는 C. Brockelmann, "Allah und die Götzen, der Ursprung des islamischen Monotheismus", *ARW*, 21, 1922, pp. 99 sq.; W. Montgomery Watt, *Muhammad at Mecca*, pp. 63 sq.를 보라.

계시를 공표하라는 명령에 관해서는 Watt, *Muhammad at Mecca*, pp. 48 sq. 에 인용된 『코란』의 각 장과 그 해설을 보라.

아라비아의 기독교와 그것이 무함마드에게 끼쳤을 수 있는 영향의 가능성에 관해서는 Richard Bell, *The Origin of Islam in its Christian Environment*(London, 1926); Tor Andrae, *Les Origines de l'Islam et le Christianisme*, pp. 15~38, 105~112, 201~211; Joseph Henninger, *Spuren christlicher Glaubenswahrheiten im Koran*(Schöneck, 1951); J. Ryckmann, "Le Christianisme en Arabie du Sud préislamique", in: *Atti del Convegno Internazionale sul tema: L'Oriente cristiano nella storia della civiltà*(Roma, 1964)를 보라.

무함마드의 종말론적 설교에 관해서는 Paul Casanova, *Mohammed et la Fin*

du Monde. Étude critique sur l'Islam primitif(Paris, 1911~1921; 풍부한 문헌 자료에 입각하고 있어 유익하기는 하지만, 저자의 주장은 일반적으로 받아들여지지 않고 있다); Tor Andrae, *Mohammed*, 특히 pp. 53 sq.를 보라. 죽음, 영혼의 선재성, 부활에 관한 견해에 대해서는 Thomas O'Shaughnessy, *Muhammad's Thoughts on Death: A Thematic Study of the Qur'anic Data*(Leiden, 1969); Ragnar Eklund, *Life between Death and Resurrection according to Islam*(Diss. Uppsala, 1941); M. Gaudefroy-Demombynes, *Mahomet*, pp. 443 sq.; Alford T. Welch, "Death and Dying in the Qur'an", in: Frank E. Reynolds et Earle H. Waugh (Ed.), *Religions Encounters with Death*(University Park et London, 1977), pp. 183~199를 보라.

3여신에 관한 구절의 폐기에 관해서는 Watt, *Muhammad at Mecca*, p. 103 sq.를 참조하라. 이 폐기로 인해 후대의 도그마적 신학에 특별한 교의가 형성되었다. 이에 관해서는 Jeffery, *Islam*, pp. 66~68의 텍스트들을 보라.

261. 천상으로의 엑스터시 여행과 신성한 책[본문 pp. 117~119]

신의 말씀을 전하는 자(사도)가 "신성한 책"을 가져오기 위해 천계로 상승한다는 신화-의례적 시나리오에 관해서는 G. Widengren, *The Ascension of the Apostle and the Heavenly Book*(Uppsala, 1950); id., *Muhammad, the Apostle of God, and his Ascension*(Uppsala, 1955)을 보라.

미라즈(원래는 "사다리"를 뜻하는 말이었는데 후에는 "상승", 특히 무함마드의 천계로의 상승을 의미하게 되었다)에 관해서는 *Shorter Encyclopedia of Islam*, pp. 381~384; G. Widengren, *Muhammad, The Apostle of God*, pp. 76 sq.; Alexander Altman, *Studies in Religious Philosophy and Mysticism*(Ithaca-New York, 1969), pp. 41~72("The Ladder of Ascension")를 보라.

이슬람의 종말론 및 그것이 단테에게 끼친 영향의 가능성에 관해서는 Miguel Asin Palaciós, *La escatologia musulmana e la Divina Commedia*(2ᵉ édition, Madrid, 1941); E. Cerulli, *Il 'Libro della Scala' e la questione delle fonte arabo-spagnole della Divina Commedia*(Studi e Testi 150, Città del Vaticano, 1949); *id.*,

Nuove ricerche sul 'Libro della Scala' e la conoscenza dell'Islam in Occidente(Studi e Testi 271, Città del Vaticano, 1972)를 보라.

Alessandro Bausani는 Geo Widengren의 관점을 받아들여 『코란』의 그 밖의 이란적 요소를 조명하고 있다. *Persia religiosa*(Milano, 1959), pp. 136 sq.를 보라. 그중에서도 가장 중요한 점을 들자면 다음과 같다. 즉 『코란』에 나오는 두 마술 천사 하루트Harut와 마루트Marut(『코란』 2:102)의 유래는 마즈다교의 아메샤 스펜타Amesha Spenta, 즉 대천사 하우르바타트Haurvatât와 아메레타트Ameretât에서 비롯된 것이다(Lagarde가 제시한 이 가설은 G. Dumézil, *Naissances d'Archanges*, Paris, 1945, pp. 158 sq.에서 더욱 보강되었다). 육체의 부활에 관한 논의(『코란』 29:19-20)는 팔레비어〔중세 페르시아어〕 문헌 속에서도 찾아볼 수 있다.(가령 *Zâtspram*, ch. XXXIV) 천계를 침범하려 드는 악마들에게 떨어지는 별들의 이미지(『코란』 15:17-18, 37:79 등)는 *Mênôkê Khrat*(ch. XLIX)에 유사한 사례가 나온다. "알라의 염색"(『코란』 2:138)이라는 구절은 『종교 사전Dênkart』에 나오는 "창조주 오르마즈드(아후라 마즈다)가 시간을 여러 가지 색채로 물들였다"는 구절을 연상시킨다. 이와 같은 이란적 요소는 유대교와 후대의 기독교 및 마니교 등의 종교 혼합주의적 신화 및 그노시스설을 매개로 하여 널리 퍼져 나갔다.

262~263 메디나로의 "이주" / 유랑 끝의 승리〔본문 pp. 120~128〕

메카에서의 신자 박해에 관해서는 Watt, *Muhammad at Mecca*, pp. 117 sq.를 보라. 일부 무슬림의 아비시니아 이주에 관해서는 *ibid.*, pp. 115 sq.를 보라.

예언자 무함마드와 메디나 유대인들과의 관계에 관해서는 Gaudefroy-Demombynes, *op. cit.*, pp. 119 sq., 152 sq.; Watt, *Muhammad at Medina*, pp. 192 sq.(참고 문헌); *id.*, *Muhammad, Prophet and Statesman*, pp. 166 sq.를 보라. 유대교의 영향에 관해서는 A. J. Wensinck, *Mohamed en de Joden te Medina* (Leiden, 1928; G. H. Bousquet et G. W. Bousquet-Mirandolle에 의한 부분적 번역을 보라. "L'influence juive sur les origines du culte musulman," *Revue Africaine*, 98, 1954, pp. 85

~112); Tor Andrae, *Les origines de l'Islam*, pp. 100 sq.; Abraham I. Katsh, *Judaism in Islam*(New York, 1954)을 보라.

메디나에서의 무함마드의 활동에 관해서는 Gaudefroy-Demombynes, *op. cit.*, pp. 110~226; Watt, *Muhammad at Medina*; *Shorter Encycl. of Islam*, s.v.: *al-Madina*, pp. 291~298을 보라.

움마에 관해서는 *Shorter Encycl. of Islam*, s.v. pp. 603~604; Marshall Hodgson, *The Venture of Islam*, I, pp. 172~193; F. M. Denny, "The Meaning of *Ummah* in the Qur'ân", *HR*, 15, 1975, pp. 34~70을 보라. 움마는 종교적 구조를 지니고 있기는 하지만, 부족의 관습도 일부 보존하고 있다.

『코란』에서의 아브라함에 관해서는 *Shorter Encycl.*, s.v. *Ibrahim*, pp. 254~255(참고 문헌); Yonakim Moubarac, *Abraham dan le Coran. L'histoire d'Abraham dans le Coran et la naissance de l'Islam*(Paris, 1957)을 보라.

카바 신전은 상당히 오래전부터 종교 의례의 중심지였다. 무함마드는 그것이 아브라함과 그의 아들 이스마엘에 의해 세워진 것이라고 선포했다. *Shorter Encycl.*, s.v., pp. 181~189(풍부한 참고 문헌)를 보라. 원초적인 의례 중심지들은 모두 잠재적으로 "세계의 중심" 상징을 내포하고 있다. 카바 신전의 경우도 유대교의 예루살렘을 모델로 하여 점차 발전된 것이었다. A. J. Wensinck, *The Ideas of the Western Semites concerning the Navel of the Earth*(Amsterdam, 1916; réédition, New York, 1978), pp. 11~20, 48 sq., 52 sq.를 참조하라. 카바 신전은 천지창조보다 2000년 앞서 건립되었다. 아담도 메카 옆에서 만들어졌으며, 무함마드의 신체 또한 메카에 있는 "대지의 배꼽"에서 그 재료를 모아 만들어졌다.(pp. 18 sq.) 카바 상징에 관해서는 이슬람 신학자와 신비가들에 의해 풍부하게 재해석되어왔다. 수많은 관련 문헌이 있지만 특히 Henry Corbin "La configuration du Temple de la Ka'ba comme secret de la vie spirituelle", *Eranos-Jahrbuch*, 34, 1965, pp. 79~166을 보라.

264. 『코란』의 가르침[본문 pp. 128~133]

상당 기간 동안 무함마드는 기독교도들에게 호감을 표시했다. "이슬람교도들과 우정으로 가장 가까운 이들은 '우리는 기독교도입니다!'라고 말하는 이들이라는 것을 확인할 것이다. 왜냐하면 기독교도들 중에는 교만에 차지 않은 사제라든가 수도사들이 있기 때문이다. 너는 그들이 '사도에게 내리신 것'을 들었을 때, 진리를 깨달은 눈에서 눈물이 넘쳐흐르는 것을 볼 것이다. 그리하여 그들은 말한다. '우리들의 주여, 저는 믿습니다. 어떻게 하든 우리들도 증언자들의 틈에 끼게 해주십시오.'"(『코란』 5:82-83) 무함마드의 태도가 바뀐 것은 메카를 정복한 이후 시리아 기독교도들의 저항에 직면했을 때였다. 『코란』 9:29-35를 참조하라("그들은 알라 대신 자기들의 율법학자나 수도사들 그리고 마리아의 아들 그리스도를 주님으로 숭배하고 있다" 등, 『코란』 9:31).

기독교(특히 네스토리우스파와 일부 유대적 기독교 계통의 그노시스파들)의 신앙 내용과 무함마드 신학의 관계에 대해서는 Tor Andrae, *Les Origines de l'Islam et le Christianisme*, 특히 pp. 105 sq.; D. Masson, *Le Coran et la révélation judéo-chrétienne. Études comparées*(Paris, 1958) 및 본권의 문헌 해제 260절에서 제시한 참고 문헌들을 보라.

이 점에서 일종의 그노시스적 교의, 특히 예수가 십자가에 매달리지 않았으며 죽지도 않았다는 주장 등 정통 교회와의 논쟁과 박해를 거쳐 7세기까지 가까스로 살아남았던 교의들이 무함마드 및 이슬람의 대발전에 의해 다시금 생명을 얻었다는 사실은 의미심장하다. 한편 삼위일체에 반대한 일부 기독교 집단이 무함마드의 절대적 일신관에 공감하여 최초의 이슬람 신봉자 가운데 일익을 담당했을 가능성도 충분히 있다.

『코란』의 신학에 관한 연구 문헌은 방대하다. 그중 가장 좋은 입문 글은 D. B. Macdonald(*Shorter Encyclopedia of Islam*) 및 Louis Gardet(*Encyclopédie de l'Islam*, nouvelle édition, 1956)의 알라 항목일 것이다. 그 밖에 A. J. Wensinck, *The Muslim Creed*(Cambridge, 1932); A. S. Triton, *Muslim Theology*(London, 1947); L. Gardet 와 M. M. Anawati의 *Introduction à la Théologie musulmane*(Paris, 1948);

Gaudefroy-Demombynes, *Mahomet*, pp. 261~497; Fazlur Rahman, *Islam*(London-New York, 1966), pp. 30~66, 85~116; F. M. Pareja, *Islamologia*, pp. 374~391, 445~492(참고 문헌)를 보라.

무함마드 전설의 발전 및 초인간적 존재로서의 예언자 무함마드 숭배에 관해서는 Pareja, *op. cit.*, pp. 533~554(p. 554의 참고 문헌)를 보라.

서양의 중동학 연구자들, 특히 I. Goldziher, C. Snouck Hurgronje, C. H. Becker, D. B. Macdonald, Louis Massignon 등에 의해 이루어진 몇몇 이슬람 이해에 관한 분석적 연구로는 Jean-Jacques Waardenburg, *L'Islam dans le miroir de l'occident*(Paris-La Haye, 1963)을 보라. pp. 331~351에 중요한 참고 문헌이 있다.

265. 지중해 세계와 근동에의 이슬람 유입〔본문 pp. 133~139〕

헤지라 이후 40년간의 역사는 Leone Caetani, *Annali dell'Islam*, 10 vols. (Milan-Rome, 1905~1926)에 주요 원전의 번역과 함께 상세하게 소개되어 있다. 하지만 저자의 해석에는 주의할 점이 많다.

Marshall G. S. Hodgson은 세 권짜리 저서 *The Venture of Islam. Conscience and History of a World Civilization*(Chicago, 1974); vol. I: *The Classical Age of Islam*; II: *The Expansion of Islam in the Middle Periods*; III: *The Gunpowder Empire and the Modern Times*에서 이슬람 통사를 서술하고 있는데, 본 장에서 다루고 있는 문제들과 관련된 것은 제1권뿐이다. 특히 제1권 pp. 146~280 을 보라.

A. Bausani, L. Hertling, F. M. Pareja가 공동 집필한 백과사전적 저작 *Islamologia*(Rome, 1951)에는 이슬람의 종교 제도와 칼리프 제도에 관한 몇 개의 장이 포함되어 있다.(pp. 73 sq., 392 sq.)

초대 칼리프들과 움마이야조의 역사에 관해서는 *Cambridge History of Islam*, vol. 1(1970), pp. 57~139의 Laura Veccia Vaglieri와 D. Sourdel이 공동으로 집필한 논문 및 pp. 739~740의 참고 문헌을 보라. 또한 F. Gabrielli,

Muhammad and the Conquests of Islam(London, 1968); H. Lammens, *Études sur le siècle des Omayyades*(Beyrouth, 1930); A. A. Vasiliev, Byzance et les Arabes, I~III(Bruxelles, 1935~1968); B. Spuler, *The Muslim World, A Historical Survey. 1: The Age of the Caliphs*(Leiden, 1960; traduit de l'allemand)를 보라.

압바스 왕조에 관한 최근 저작으로는 M. A. Shaban, *The Abbasid Revolution* (Cambridge, 1978)을 보라.

무아위야와 알리의 관계에 대해서는 E. L. Petersen, *Alî and Mua'âwiya in early Arabic tradition*(Copenhagen, 1964)을 보라.

시아파 및 이스마일파에 관해서는 본권 35장 및 문헌 해제 273~274절을 보라.

후사인의 살해를 애도하고 기념하는 종교 의례에 관한 최근의 저작으로는 Earle H. Waugh, "Muharram Rites: Community Death and Rebirth", in: Frank Reynolds et Earle Waugh (Eds.), *Religious Encounters with Death*(University Park et London, 1977), pp. 200~213을 보라.

기독교 종교 건축의 영향에 관해서는 E. Baldwin Smith, *The Dome: A Study in the History of Ideas*(Princeton, 1950), pp. 41 sq.를 보라.

이슬람 문화에 나타난 오리엔트 및 지중해 문명의 예술적 기법과 사상의 연속성에 대해서는 Ugo Monneret de Villard, *Introduzione allo studio dell'archaeologia islamica*(Venezia, 1960), pp. 89 sq.를 보라.

칼리프 알 만수르의 바그다드 건설 및 바그다드의 제국적, 우주적 상징(이 상징은 사산 왕조 페르시아에서 비롯된 것이다)에 관해서는 Charles Wendell, "Baghdād: *Imago mundi*, and other foundation-lore", *International Journal of Middle East Studies*, 2, 1971, pp. 99~128을 보라.

제34장 샤를르마뉴에서부터 피오레의 요아킴까지의 서구 가톨릭

266. 중세 초기의 기독교〔본문 pp. 140~146〕

근동 및 아시아 지역을 포함하는 중세의 통사에 관해서는 Édouard Perroy의 저서 *Le Moyen âge, l'expansion de l'Orient et la naissance de la civilisation occidentale*(Paris, 1955; cinquième édition revue, 1967)을 보라. 서구 중세의 문화와 역사에 관한 통찰력 넘치는 서술로 Friedrich Heer, *The Medieval World: Europe 1100~1350*(London, 1962; 독일어 원저는 *Mettelalter*, 1961)이 있다. 또한 R. Morghen, *Medioevo cristiano*(2ᵉ éd., Bari, 1958)를 보라.

고대에서 중세로의 이행에 관해서는 Hugh Trevor-Roper, *The Rise of Christian Europe*(London-New York, 1965); William Carroll Park, *Origins of the Medieval World*(Stanford, 1958); H. I. Marrou, *Décadence romaine ou antiquité tardive? III~VIᵉ siècle*(Paris, 1977) 및 논문집 *Il passaggio dell'antichità al medioevo in Occidente*(Spoleto, 1962)를 보라.

Henri Pirenne의 *Mahomet et Charlemagne*(1937)를 둘러싼 비판적 참고 문헌이 Bark, *op. cit.*, pp. 114~124에 있다.

카롤링거 왕조 시대의 기독교에 관해서는 K. F. Morrison, *The two Kingdoms: Ecclesiology in Carolingian Political Thought*(Princeton, 1964); E. Patzelt, *Die Karolingische Renaissance*(Graz, 1965)를 보라.

교황 그레고리우스 7세와 그의 교회 개혁에 관해서는 A. Fliche, *La réforme grégorienne*, I~III(Paris, 1924~1937)을 보라. 그레고리우스 7세는 교황으로 선출된 다음 해인 1074년에 성직을 매매하거나 아내를 가지거나 혹은 여자와 동거하는 성직자들의 면직을 선언했다. 1075년에는 27개조의 명제를 집성한 『딕타투스 파파에Dictatus Papae』를 공포하여 교황권 내지 세속 권력으로부터의 교회의 독립을 선언함으로써 "로마 교황에 의한 신정정치의 수립"을 지향하고 있다.(Jacques Le Goff, dans *Histoire des Religions*, vol. II, 1972, p. 813) 이 중 가장 대담한 명제들을 몇 가지만 들어보면 다음과 같다. "I. 로마교회는 단 한 사람, 즉 주 그리스도에 의해 창설되었다. II. 로마 교황만이 정당한 의미에서 보편적이라고 말할 수 있다. XII. 로마 교황에게는 황제를 폐위시킬 권능이 주어져 있다. XIX. 로마 교황에 대해서는 그 누구도 옳고 그름을 심판할 수 없다."(*ibid.*, p. 814) 고위 성직자와 왕후들, 특히 황제 하인리히 4세는 이『딕타투스 파파에』를 불쾌하게 받아들였다. 그러자 1076년 그레고리우스 7세는 "이 황제를 파문시키고 직위를 박탈하였고 신하들이 황제에게 바친 충성의 서약을 무효라고 선언했다. 그리하여 황제 하인리히 4세는 카놋사에서의 속죄(1077)를 통해 간신히 위기를 모면하여 교황의 분노를 누그러뜨릴 수 있었다."(*ibid.*) 카놋사의 사건은 "권위를 상실한 제국의 세속화와 약체화의 발단인 동시에, 교황에 의한 신성정치의 실현이 근본적으로 불가능한 것임을 증명해 보여주었다."(Le Goff, p. 814에 인용된 J. Chelini)

또한 R. Folz, *L'idée d'Empire en Occident du Ve au XIVe siècle*(Paris, 1953); M. D. Chenu, *La théologie au douzième siècle*(Paris, 1957)을 보라.

중세의 묵시록과 관련된 테마에 대해서는 Norman Cohn, *The Pursuit of Millenium*(nouvelle édition revue et augmenté, Oxford, 1970), pp. 29 sq.; Bernard McGinn, *Visions of the End. Apocalyptic Traditions in Middle Ages*(New York, 1979)를 보라. "세상의 종말 때에 나타날 황제"의 주제에 관해서는 Marjorie Reeves, *The Influence of Prophecy in the Later Middle Age*(Oxford, 1969), pp. 293 sq.를 보라.

An Mil(Paris, 1980)에서 Georges Duby는 천년왕국의 여러 기이한 징후와 공포에 관한 텍스트들을 모아 소개하면서 멋진 분석을 가하고 있다.

267. 기독교 이전 전통의 동화와 재해석: 신성 왕권, 기사도〔본문 pp. 147~152〕

고대 게르만족의 신성한 왕권에 관해서는 본서 제2권의 문헌 해제 177절을 보라. 기독교화된 이후에도 이런 관념이 존속한 것에 대해서는 Marc Bloch, *Les rois thaumaturges*(Strasbourg, 1922); William A. Chanecy, *The Cult of Kingship in Anglo-Saxon England. The transition from Paganism to Christianity*(Berkeley et Los Angeles, 1970)를 보라. Gale R. Owen, *Rites and Religions of the Anglo-Saxons*

(London, 1981)도 참조하라.

기사도와 봉건제에 관해서는 S. Painter, *French Chivalry*(Baltimore, 1940); Carl Stephenson, *Mediaeval Feudalism*(Cornell Univ. Press, 1942; 훌륭한 개설, 특히 pp. 40 sq.를 보라); Gustave Cohen, *Histoire de la chevalerie en France au Moyen Age*(Paris, 1949)를 보라. 착구식에 관해서는 Philippe du Puy de Clinchamps, *La chevalerie*(Paris, 1961), pp. 37 sq.에 분석되어 있다.

268. 십자군: 종말론과 정략[본문 pp. 152~159]

십자군에 관한 최근의 풍부한 참고 문헌 중에서 특히 René Grousset, *L'Épopée des Croisades*(Paris, 1939); Steven Runciman, *History of the Crusades*, I~III(Cambridge, 1951~1954); Adolf Waas, *Geschichte der Kreuzzüge*, I~II(Freiburg i.B., 1956); Paul Alphandéry et Alphonse Dupront, *La chrétienté et l'idée de Croisade*, I~II(Paris, 1958~1959); K. Setton, *A History of the Crusades*, I~II(Philadelphia, 1958, 1962); J. A. Brundage, *The Crusades*(Milwaukee, 1962)를 보라. 또한 논집 *L'idée de Croisade*(X Congresso Intern. di Scienze storiche, Roma 1955, Relazzioni III, Florence, 1955)에 수록된 연구들, 특히 P. Lemerle, "Byzance et la Croisade" 및 A. Cahen, "L'Islam et la Croisade"를 보라.

아라비아어 자료집으로는 Francesco Gabrielli의 이탈리아어판, *Storici Arabi delle Crociate*(Torino, 1957; 영어판은 *Arab Historians of the Crusades*, Berkeley et Los Angeles, 1969)가 있다.

종말론과 천년왕국론적 측면에 관해서는 A. Dupront, "Croisades et eschatologie", dans: E. Castelli éd., *Umanesimo e esoterismo*(Padoue, 1960), pp. 175~198; Norman Cohn, *The Pursuit of the Millenium*(édition revue et augmentée, Oxford, 1970), pp. 61 sq., 98 sq.를 보라.

또한 F. Cardini, *Le Crociate fra il mito e la storia*(Roma, 1971)도 보라.

269. 로마네스크 예술과 궁정풍 연애의 종교적 의미[본문 pp. 159~165]

11세기 말에 창설된 최초의 수도회들에 관해서는 J. B. Mahn, *L'ordre cistercien* (2ᵉ éd., Paris, 1951); J. Leclercq, *Saint Bernard et l'esprit cistercien*(Paris, 1966)을 보라.

서구 중세사회의 3등급 신분제에 관해서는 J. Le Goff, *Pour un autre Moyen âge. Travail et culture en Occident: 18 essais*(Paris, 1977), pp. 80~90; G. Duby, *Les trois ordres ou l'imaginaire du féodalisme*(Paris, 1978)을 보라.

대성당의 상징에 관해서는 Hans Sedlmayr, *Die Entstehung der Kathedrale* (Zurich, 1950); Otto von Simpson, *The Gothic Cathedral*(New York, 1956); Marie-Madeleine Davy, *Initiation à la symbolique romane*(Paris, 1964); Aurelia Stappert, *L'Ange roman, dans la pensée et dans l'art*(Paris, 1975), 특히 pp. 149 sq., 440 sq.(풍부한 참고 문헌과 훌륭한 도상); Erwin Panofsky, *Gothic Architecture and Scholasticism*(New York, 1976)을 보라.

알리에노르 다키텐과 그녀의 영향에 관해서는 F. Heer, *The Medieval World*, pp. 157 sq.를 보라. 또한 A. Kelly, *Eleanor of Aquitaine and the Four Kings*(Cambridge, Mass., 1952)도 참조하라.

궁정 문학에 관해서는 A. Jeanroy, *La poésie lyrique des troubadours*(Toulouse-Paris, 1934); R. R. Bezzola, *Les origines et la formation de la littérature courtoise en Occident, 500~1200*(Paris, 1944); P. Zumthor, *Histoire littéraire de la France médiévale, VI~XIVᵉ siècle*(Paris, 1954); J. Lafite-Houssat, *Troubadours et Cours d'Amour*(Paris, 1960; 훌륭한 개관을 제시하고 있다. pp. 49~63에는 귀부인들의 법정에서 내려진 판결문의 번역도 들어가 있다); Moshé Lazar, *Amour courtois et Fin Amors dans la littérature du XIIᵉ siècle*(Paris, 1964)를 보라.

270. 비의 종교와 문학 작품들: 트루바두르, 페델리 다모레, 성배 이야기[본문 pp. 166~176]

여성 원리의 종교적 가치에 관해서는 Elaine Pagels, *The Gnostic Gospels*(New York, 1979), pp. 57 sq.에 인용된 문헌들을 보라. 『우뢰, 완전한 혼』이라는 제

목의 텍스트가 George W. MacRae에 의해 *The Nag Hammadi Library*(Ed., James M. Robinson, New York-San Francisco, 1977), pp. 271~277에 번역되어 있다. 또 다른 중요한 텍스트인 John Turner, *Trimorphic Protennoia*를 번역한 글이 실린 *ibid.*, pp. 461~470도 참조하라.

아라비아권 스페인의 서정시가 스페인 시 및 프로방스 시에 끼친 영향에 관해서는 방대한 연구 문헌이 있다. Menéndez Pidal, *Poeseía árabe y poesía europea* (Madrid, 1950); Emilio Garcia Gómez, *Poemas arábigo-andaluces*(nouvelle édition, Madrid, 1940); *id.*, "La lirica hispano-arabe y la aparición de la lirica romanca", *Al Andalus*, 21, 1956, pp. 310 sq.; Claudio Sanchez Albornoz, "El Islam de Espania y el Occidente", in: *L'Occidente e l'Islam: Atti della XIIa settimana di studio di Spoletto*, 2~8 Aprile 1964(Spoletto, 1965, 1), pp. 149~308, 특히 pp. 177 sq.; S. M. Stern, "Esistono dei rapporti letterari tra il mondo islamico e l'Europa occidentale nell'alto medio evo?", *ibid.*, II, 631~665를 보라.

페델리 다모레의 비밀 언어에 관해서는 R. Ricolfi, *Studi su i "Fedeli d'Amore"*, vol. 1(Milan, 1933)을 보라. M. Eliade, *Initiation, rites, sociétés secrètes*(=*Naissances mystiques*, Paris, 1959), pp. 267 sq.도 참조하라.

아더 왕 이야기군에 관한 방대한 연구 문헌들 가운데 다음과 같은 것들을 들 수 있다. Roger S. Loomis (Ed.), *Arthurian Romance*(London, 1963); Jean Marx, *La Légende arthurienne et le Graal*(Paris, 1952); *id.*, *Nouvelles recherches sur la légende arthurienne*(Paris, 1965); R. W. Barber, *Arthur of Albion. An Introduction to the Arthurian Literature and Legends in England*(London, 1961). 또한 논문집 *Lumière du Graal*("Cahiers du Sud", 1951, 특히 J. Vendryès의 논문 "Le Graal dans le cycle breton", pp. 73 sq.) 및 국제 심포지움 논집 *Les Romans du Graal aux XII et XIIIe siècles*(Paris, 1956; éd. C.N.R.S.)를 보라.

아더 왕 이야기군의 입문 의례적 요소에 관해서는 M. Eliade, *Initiation, rites, sociétés secrètes*, pp. 264 sq.를 보라. 또한 Antoinette Fiers-Monnier, *Initiation und Wandlung. Zur Geschichte des altfranzösischen Romans im XII. Jahrhundert*

(Studiorum Romanorum, vol. V, Bern, 1951)를 참조하라.

『파르지팔』의 동양적 요소에 관해서는 Hermann Goetz, "Der Orient der Kreuzzüge in Wolframs Parzival", *Archiv für Kulturgeschichte*, II, pp. 1~42를 보라. 또한 Helen Adolf의 박식하고 시사에 넘치는 저작 *Visio Pacis: Holy City and Grail*(Pennsylvania State University Press, 1960; pp. 179~207의 훌륭한 참고 문헌)을 참조하라.

볼프람 폰 에셴바흐의 『파르지팔』에 나타난 헤르메스주의의 영향에 관해서는 H. et R. Kahane, *The Krater and the Grail. Hermetic Sources of the Parzival* (Urbana, 1965)을 보라. 이 해석은 H. Corbin, *En Islam iranien*, II(1971), pp. 143~154에서 받아들여지고 있다. 세 사람의 수수께끼 같은 인물에 대한 어원 분석은 중요한 의미를 가진다. 키오트는 상당한 교양인이었던 백작 기욤 드 튀델르Guillaume de Tudèle일 수도 있다. 플레게타니스는 12세기의 카발라주의적 저술 *Falakath Thani*, 즉 "제2의 하늘"과 관련이 있는 것 같다. 이 책 제목은 어떤 철학자의 이름으로 여겨졌다.(Götz, pp. 2 sq.에 인용된 H. Kolb.) Henry et Renée Kahane에 의하면 트레브리젠트는 *Trible Escient*(삼중의 지혜), 즉 헤르메스 트리스메기스투스에서 비롯되었다.(*The Krater and the Grail*, pp. 59 sq.를 참조하라) 또한 Paulette Duval, *La Pensée alchimique et le conte du Graal*(Paris, 1979)을 보라.

기사도와 성배 전설의 신화-의례적 시나리오와의 관계에 대해서는 J. Frappier, "Le Graal et la Chevalerie", *Romania*, 75, 1954, pp. 165~210을 보라.

이란과의 유사성에 관해서는 Sir Jahangîr C. Coyajee, "The Legend of the Holy Grail: Its Iranian and Indian Analogous"(*Journal of the K. R. Cama Oriental Institute*, Bombay 1939, pp. 37~126), "The Round Table of King Kai Khusraun", *ibid.*, pp. 127~194; H. Corbin, *En Islam iranien*, vol. II, pp. 155~188을 보라.

271. 피오레의 요아킴: 새로운 역사신학〔본문 pp. 177~182〕

주석 70에 인용한 피오레의 요아킴의 논고 세 편에다 Ernesto Buonaiuti éd., *Tractatus super Quatuor Evangelia*(Rome, 1930) 및 L. Tondelli éd., *Liber Figurarum*

(Il Libro delle Figure dell'Abate Gioachino da Fiore, 2ᵉ éd., Turin, 1954)을 덧붙이고자 한다. 이중 두 번째 저술에 관해서는 또한 Marjorie Reeves et Beatrice Hirsch-Reich, *The Figurae of Joachim of Fiore*(Oxford, 1972)도 보라. 요아킴의 이름을 빌린 위서들에 관해서는 Marjorie Reeves, *The Influence of Prophecy in the later Middle Ages: A Study in Joachimism*(Oxford, 1969), pp. 512~518, 541~542에 더 자세한 목록이 나와 있다.

피오레의 요아킴에 관해서는 특히 H. Grundmann, *Studien über Joachim von Floris*(Leipzig, 1927); *id.*, *Neue Forschungen über Joachim von Floris*(Freiburg i. B., 1950); *id.*, "Zur Biographie Joachims von Fiore und Rainers von Ponza"(*Deutsches Archiv für Erforschung des Mittelalters*, 16, 1960, pp. 437~546); E. Buonaiuti, *Gioacchino da Fiore, i tempi, la vita, il messaggio*(Rome, 1931); A. Crocco, *Gioacchino da Fiore*(Napoli, 1960); Marjorie Reeves, *The Influence of Prophecy*; H. Mottu, *La manifestation de l'Esprit selon Joachim de Fiore*(Neuchâtel et Paris, 1977); Bernard McGinn, *Visions of the End. Apocalyptic Traditions in the Middle Ages*(New York, 1979), pp. 126~141, 313~318을 보라. McGinn은 요아킴 및 요아킴의 사상에 대한 최근의 연구와 관련하여 "Apocalypticism in the Middle Ages: An historiographical approach", *Mediaeval Studien*, XXXVII, 1975, pp. 252~286에서 뛰어난 비판적 전망을 제시하고 있다.

코라초의 수도원에 관해서는 F. Russo, *Gioacchino da Fiore e le fondazioni florensi in Calabria*(Napoli, 1958)를 보라.

요아킴이 사용한 상징의 성서적 기원에 관해서는 B. McGinn, "Symbolism in the thought of Joachim of Fiore", in: *Prophecy and Millenialism: Essays in Honour of Marjorie Reeves*(London, 1980), pp. 143~164를 보라.

제35장 이슬람 신학과 신비주의

272. 주류파 신학의 근본 원리〔본문 pp. 183~187〕

먼저 전반적인 개설서를 몇 권 들기로 하자. H. A. R. Gibb, *Mohammedanism: An Historical Survey*(Oxford, 1949; 2ᵉ éd., 1961); Fazlur Rahman, *Islam*(Chicago, 1966; 2ᵉ éd., 1979); Toufic Fahd, "L'Islam et les sectes islamique", *Histoire des Religions*(direction Henri-Charles Puech), vol. III(Paris, 1977), pp. 3~177; A. Bausani, *L'Islam*(Milano, 1980). 그 밖에 본권의 문헌 해제 264~265절을 보라.

내용이 매우 풍부한 이슬람 통사로서뿐만 아니라 여러 개별적인 문제들에 관한 참고 문헌으로서도 빼놓을 수 없는 저술로는 Henri Laoust, *Les schismes dans l'Islam*(Payot, 1965)을 들 수 있다.

Gustave E. von Grunebaum은 *Medieval Islam*(Chicago, 1946; 2ᵉ édition revue et augmentée, 1953)에서 이슬람 중세의 문화와 영성에 대해 소개하고 있다. 또한 논문집 *Islam and Cultural Change in the Middle Age*(Wiesbaden, 1975) 및 *The Islamic City*(Éd. A. H. Hourani, S. M. Stern), Oxford, 1970에 나오는 S. A. El-Ali, N. Elisséeff 등이 집필한 항목들도 보라.

순니파의 칼람에 관해서는 Henry Corbin, *Histoire de la philosophie islamique*, I (Paris, 1964), pp. 125~178; L. Gardet et M. M. Anawati, *Introduction à la théologie musulmane*(Paris, 1948); A. N. Nader, *Le système philosophique des Mo'tazilites*(Beyrouth, 1956); A. J. Arberry, *Revelation and Reason in Islam*(London, 1957); H. A. Wolfson, *The Philosophy of the Kalam*(Harvard, 1976; 기본 저작)을 보라. 또한 F. Rahman, *Prophecy in Islam: Philosophy and Orthodoxy*(London, 1958); S. H. Nasr, *An Introduction to Muslim Cosmological Doctrines*(Cambridge, Mass., 1964); Daniel Gimaret, *Théories de l'acte humain en théologie musulmane*(Louvain, 1980)도 보라.

아슈아리 및 아슈아리파에 관해서는 W. C. Klein, *The Elucidation of Islam's Foundation*(New Haven, 1940; 아슈아리의 *Kitab al-Ibâna*에 대한 영역); W. M.

Watt, *Free Will and Predestination in Early Islam*(London, 1948)을 보라.

273. 시아파와 비의 종교적 해석학〔본문 pp. 187∼193〕

시아파의 역사에 관해서는 Henri Laoust, *Les schismes dans l'Islam*, pp. 25 sq., 98 sq., 181 sq.를 보라. 시아파의 사상과 영적 기법에 관해서는 Henry Corbin 이 *Eranos-Jahrbucher* 및 몇몇 저술에서 수많은 연구 논문을 발표하면서 처음으로 소개를 했다. 그의 *Histoire de la philosophie islamique*, I, pp. 41∼150(그가 1964년까지 쓴 p. 350의 논문 목록을 참조하라)에 유용하게 집대성되어 있다. 또한 *Terre céleste et corps de résurrection : de l'Iran mazdéen à l'Iran shî'ite*(Paris, 1961) 및 *En Islam iranien*, I∼II(Paris, 1971∼1972), 시아파, 시아파의 교의 부분도 보라.

274. 이스마일파와 이맘의 찬미, 대부활, 마흐디〔본문 pp. 193∼197〕

이스마일파에 관해서는 W. Ivanow, *Studies in Early Persian Ismaelism*(Bombay, 1955); H. Corbin, "Épiphanie divine et naissance spirituelle dans la Gnose ismaélienne", *Eranos-Jahrbuch*, XXIII, 1955; id., *Trilogie ismaélienne*, Paris, 1961; id., *Histoire de la philosophie islamique*, pp. 110∼148, 351(참고 문헌)을 보라.

현존하는 가장 오래된 이스마일파 문헌 중에서 우리는 신약 위경『유년 시대의 복음서Évangile de l'Enfance』를 반영했다고 여겨지는 부분과, (그노시스에서 유래한) 숫자들의 신비론에 관련된 여러 주제들, 우주론에서 중요한 역할을 하고 마니교의 영향을 보여주는 5개가 1조로 된 것들(예를 들어 적대자에 대한 살만의 일곱 가지 전투 등)을 찾아볼 수 있다. Corbin, *Histoire*, p. 111을 참조하라.

마흐디의 신화에 관해서는 *Shorter Encyclopedia of Islam*, pp. 310∼313; Ibn Khaldûn, *The Muqaddimah, An Introduction to History*, vol. I∼III, trad. Franz Rosentha(New York, 1958), pp. 156∼200을 보라(pp. 186 sq.에 나오는 마흐디에 관한 수피들의 견해도 참조하라).

알라무트의 개혁 이스마일파에 관해서는 G. S. Hodgson, *The Order of the Assassins: The Struggle of the Early Isma'ilis against the Islamic world*(La Haye, 1955)를 보라.

"산의 노인"에 관해서는 C. E. Nowell, "The Old Man of the Mountain", *Speculum*, vol. 22, 1947, pp. 497 sq.; *id.*, "The Sources of the History of the Syrian Assassins", *ibid.*, vol. 27, 1952, pp. 875 sq.; W. Fleischhauer, "The Old Man of the Mountain: The Growth of a Legend", *Symposium*, 9, 1955, pp. 79 sq.를 보라. 마르코 폴로의 이야기에 관해서는 Leonardo Olschki, *Marco Polo's Asia*(Berkeley-Los Angeles, 1960), pp. 362~381을 보라.

275. 수피즘, 비의 종교 그리고 신비체험〔본문 pp. 197~202〕

유럽의 주요 언어로 저술된 수피즘에 관한 연구 문헌은 방대하다. 그중 중요한 것 몇 가지만 들기로 하자. Reynold A. Nicholson, *Studies in Islamic Mysticism* (Cambridge, 1921; réedtion, 1967); A. J. Arberry, *Sufism: An Account of the Mystics of Islam*(London, 1950); Marijan Molé, *Les mystiques musulmans*(Paris, 1965; 개설이 뛰어나다); G. C. Anawati et Louis Gardet, *Mystique musulmane. Aspects et tendances, expériences et techniques*(Paris, 1961; 주해된 번역 텍스트들이 다수 포함되어 있다); Fritz Meier, *Vom Wesen der islamischen Mystik*(Basel, 1943; 제자의 입문 의례에 관한 설명이 상세하다); Seyyed H. Nasr, *Sufi Essais*(London, 1972); Anne-Marie Schimmel, *Mystical dimensions of Islam*(Chapel Hill, 1975; 수피즘에 관한 가장 훌륭한 문헌 중의 하나이다. 문헌 목록이 포함되어 있다)

서구의 수피즘 연구사로는 A. J. Arberry, *An Introduction to the History of Sufism*(London, 1942)을 보라. 원전 번역집으로는 다음과 같은 것들이 있다. Margaret Smith, *Readings from the Mystics of Islam*(London, 1950); *id.*, *The Sufi Path of Love*(London, 1954); Martino Mario Moreno, *Antologia della Mistica Arabo-Persiana*(Bari, 1951).

수피의 언어에 대한 분석으로는 Louis Massignon, *Essai sur les origines du*

lexique technique de la mystique musulmane(Paris, 1922; nouvelle éditon, 1968);
Paul Nwyia, *Exégèse coranique et langage mystique*(Beyrouth, 1970)를 보라.

초기의 신비가들에 관해서는 L. Massignon, "Salmân Pâk et les prémices spirituelles de l'Islam iranien"(*Société des Études Iraniennes*, 7, 1934); Margaret Smith, *Râbî'a the Mystic and her Fellow Saints in Islam*(Cambridge, 1928)을 보라.

시아파와 수피즘의 관계에 대해서는 H. Corbin, *Histoire de la philosophie islamique*, pp. 262 sq.; S. H. Nasr, *Sufi Essai*, pp. 97~103; John B. Taylor, "Ja'far al Sâdiq, Spiritual Forebear of the Sufis", *Islamic Culture*, vol. 40, n° 2, pp. 97 sq.; Nasr, *Sufi Essais*, pp. 104 sq.를 보라.

수피들이 추구하는 신적 실재와 성법 사이의 근본적인 차이를 언급한 알쿠샤이리al-Qushairî의 구절을 인용하면 다음과 같다. "성법Sharî'a은 의례와 신행의 준수와 관련되어 있다. 한편 참된 실재(*Haqîqa*)는 신적 권능의 내적 비전을 무엇보다 중시한다. 이런 실재의 정신에 의해 생명을 부여받지 않은 의례는 모두 무가치하며, 성법에 의해 형태를 부여받지 않은 실재의 정신은 모두 불완전하다. 성법은 사람들을 통치하기 위해 존재하며, 실재는 신을 명상하기 위해 존재한다. 성법은 신에게 봉사하기 위해 존재하며, 참된 실재란 곧 신의 명령을 이해하는 데에 있다. 전자는 외적이며 후자는 내적이다."(Risâlat, trad. Eva de Vitray-Meyerovitch, *Rûmî et le soufisme*, Paris, 1977, p. 80)

276. 위대한 수피들, 줄 눈에서 티르미지까지[본문 pp. 202~206]

줄 눈에 관해서는 Margaret Smith, *Readings from the Mystics of Islam*, nr. 20; A. M. Schimmel, *Mystical Dimensions*, pp. 42 sq.를 보라.

비스타미에 관해서는 M. Molé, *Les mystiques musulmans*, pp. 53 sq.; A. M. Schimmel, pp. 47 sq.를 보라. 주석 32~34에 인용된 문헌들도 참조하라.

주나이드에 관해서는 A. H. Abdel Kader, *The Life, Personality and Writings of al-Junayd*(London, 1962); Zaehner, *Hindu and Muslim Mysticism*, pp. 135~161; M. Molé, *op. cit.*, pp. 61 sq.; Schimmel, *op. cit.*, pp. 57 sq.를 보라.

티르미지에 관해서는 Schimmel, *op. cit.*, pp. 56~57 및 주석 35~36에 인용된 참고 문헌들; H. Corbin, *op. cit.*, pp. 273~275를 보라.
쿠트브Qotb에 관한 수피의 교의에 대해서는 M. Molé, *op. cit.*, pp. 79 sq.를 보라.

277. 알 할라즈, 신비가이자 순교자〔본문 pp. 206~210〕

알 할라즈에 관해서는 Louis Massignon의 저서, 특히 *La Passion d'al-Husayn-ibn-Mansûr al-Hallâj, martyr mystique de l'Islam, exécuté à Bagdad le 26 mars 1922*, 2 vols.(Paris, 922; nouvelle édition corrigée et augmentée, 4 vols., Paris, 1975. 할라즈를 다룬 마시뇽의 연구 문헌 일람은 vol. IV, pp. 101~108의 참고 문헌에 있다)를 드는 것으로 충분할 것이다.

할라즈의 생애와 순교 과정은 마시뇽의 *La Passion* 제1권에 매우 잘 소개되고 연구되어 있다. 할라즈의 저작에 관해서는(그의 사후 60년 뒤에 편찬된 저작 목록에는 46권의 책 제목이 나온다) *ibid.*, vol. III, pp. 286 sq.를 보라. 마시뇽은 할라즈의 저작에서 추출해낸 350여 개 이상의 인용문이 4세기에서 9세기 사이에 이슬람 신비주의의 고전적인 공통 유산이 되었음을 입증해 보여주었다. *Ibid.*, p. 294를 참조하라. (엑스터시적 시와 기도문을 집성한) 『시집Dîwân』에 관해서는 *ibid.*, pp. 296 sq.를 보라. pp. 300~334의 번역 및 pp. 344~352에 나오는 『리바야트』의 번역을 참조하라. 또한 마시뇽이 한 『시집』의 새로운 번역("Documents Spirituels", vol. 10, Paris, 1955)도 보라.

말라마티야에 관해서는 Alessandro Bausani, "Note sul 'Passo sacro' nell'Islam", *SMSR*, 29, 1958, pp. 93~107; M. Molé, *op. cit.*, pp. 72 sq. 및 A. M. Schimmel, *op. cit.*, p. 86, n. 59에 나오는 문헌들을 보라.

말라마티야와 매우 흡사한 "그리스도를 위한 바보들"에 관해서는 V. Roshcau, "Saint Siméon Salos, ermite palestinien et prototype des 'Fous-pour-le-Christ'" (*Proche-Orient Chrétien*, t. 28, 1978, pp. 209~219); *id.*, "Que savons-nous des Fous-pour-le-Christ?" (*Irénikon*, t. 53, 1980, pp. 341~353, 501~512)를 보라.

278. 알 가잘리 그리고 칼람과 수피즘의 화해〔본문 pp. 210~215〕

쉬블리와 니파리에 관해서는 A. M. Schimmel, *op. cit.*, pp. 77~82 및 주석 46(참고 문헌)을 보라.

고전기 수피즘의 교의와 실천에 관해서는 G. C. Anawati et L. Gardet, *Mystique musulmane*, pp. 41 sq., 77 sq., 147 sq.; A. M. Schimmel, pp. 89 sq.(참고 문헌)를 보라.

가잘리에 관해서는 Miguel Asin y Palacios, *Espiritualidad de Algazel y su sentido cristiano*, I~IV(Madrid-Granada, 1934~1941); W. Montgomery Watt, *Muslim Intellectual: A Study of Al-Ghazzâlî*(Edinburgh, 1963) 및 Schimmel, p. 92, n. 66에 나오는 문헌들을 보라.

가잘리 저술의 번역에 관해서는 Schimmel, pp. 92~95, notes 67, 71~72의 참고 문헌을 보라. 우리의 관심과 직접 관계있는 것만을 들자면 다음과 같다. W. H. Temple Gairdner, *Al-Ghazzâlî's The Niche for Lights*(London, 1915); W. M. Watt, *The Faith and Practice of Al-Ghazzâlî*(London, 1952; "오류로부터의 해방자"의 번역); G. H. Bousquet, *Ih'yâ'oulum al-dîn' ou Vivification des Sciences de la Foi*(Paris, 1955; 40장의 요약 포함)

279. 최초의 형이상학자들, 아비센나, 이슬람화된 스페인의 철학〔본문 pp. 215~221〕

가장 좋은 개설서로는 Henri Corbin의 *Histoire de la philosophie islamique* (Paris, 1964)를 들 수 있다. *Ibid.*, pp. 348 sq.(기본 참고 문헌)를 보라.

알 킨디에 관해서는 Corbin, *op. cit.*, pp. 217~222, 355(참고 문헌)를 참조하라.

알 파라비에 관해서는 Corbin, *Histoire*, pp. 222 sq.; D. M. Dunlop, *The Fusul al-Madanî. Aphorisms of the Statesman of al-Fârâbî*(텍스트 및 번역, Cambridge, 1961); trad. Muhsin Mahdi, *Alfarabi's Philosophy of Plato and Aristotle*(Glencoe, Illinois, 1962)을 보라. 파라비의 예언론에 관해서는 F. Rahman, *Prophecy in Islam. Philosophy and Orthodoxy*(London, 1958), pp. 11~

29를 보라.

아비센나에 관해서는 A. M. Goichon, *La distinction de l'essence et de l'existence d'après Ibn Sina*(Paris, 1937); Louis Gardet, *La pensée religieuse d'Avicenne*(Paris, 1951); F. Rahman, *Avicenna's Psychology*(London, 1952); S. M. Afnan, *Avicenna, his Life and Works*(London, 1958); Henry Corbin, *Avicenne et le récit visionnaire. Étude sur le cycle des récits avicenniens*(Paris-Téhéran, 1954; 2e éd., Paris, 1979); S. H. Nasr, *Three Muslim Sages*(Harvard, 1963), pp. 9~51을 보라.

최근의 번역 몇 가지를 들면 다음과 같다. *Livre des Directives et Remarques* (trad. A. M. Goichon, Paris, 1952); *La Métaphysique du Shifâ*(trad. M. Anawati, Québec, 1952); *Le Livre de Science*, 2 vols.(trad. M. Achena et H. Mass, Paris, 1955). 그리고 Corbin, pp. 357~358의 참고 문헌들을 참조하라.

스페인의 이슬람 철학 및 신지학에 관해서는 Corbin, *Histoire*, pp. 305~342, 361~363(참고 문헌)의 개설을 보라.

이븐 마사라에 관해서는 Miguel Asin Palacios, *Ibn Massara y su escuela: origenes de la filosofia hispano-musulmana*(2e éd, Madrid, 1946)를 보라.

이븐 하즘에 관해서는 A. R. Nykl, *A Book containing the Risâla known as 'The Dove's Neck-Ring about Love and Lovers'*(Paris, 1932); id., *Hispano-arabic poetry and its relations with the Old Provençal Troubadours*(Baltimore, 1946)를 보라.

아벰파체에 관해서는 M. Asin Palacios, *Avempace. El régimen del solitario*(éd. et trad., Madrid-Granada, 1946)를 보라.

이븐 토파일에 관해서는 Léon Gauthier, *Ibn Thofail, sa vie, ses œuvres*(Paris, 1909); id., *Hayy ibn Yaqdhan, roman philosophique d'Ibn Thofail*(텍스트 및 번역, 2e éd., Paris, 1936)을 보라.

280. 안달루시아의 최후이자 최고의 사상가들: 아베로에스와 이븐 아라비[본문 pp. 221~227]

아베로에스의 최근 번역으로는 L. Gauthier, *Traité décisif(Façî al-maqâl) sur* l'accord de la religion et de la philosophie(3ᵉ éd., Alger, 1948); S. Van der Bergh, Averroes' Tahâfut al-Tahâfut(The Incoherence of the Incoherence), 2 vols.(Oxford, 1954); G. F. Hourani, On the Harmony of Religion and Philosophy(London, 1954) 등이 있다.

방대한 비판적 문헌 해제 가운데 특히 L. Gauthier, Ibn Rochd(Averroës), Paris, 1948; M. Horten, Die Metaphysik des Averroes(Halle, 1912) 및 Étienne Gilson, H. Corbin, Julius R. Weinberg 등의 중세 철학사를 보라.

번역된 이븐 아라비의 저작으로서는 R. W. J. Austin, Ibn al'Arabî: The Bezels of Wisdom(New York, 1980), p. 12를 보라. 그 밖에 Titus Burckardt, La Sagesse des Prophètes(Paris, 1956), 『진주 목걸이Collier de Perles』의 부분 번역; Austin, The Bezels of Wisdom. 풍부한 주석이 달린 완역을 특기하자. 이븐 아라비의 자전적 저작은 Austin, Sufis of Andalusia(London, 1971)에 번역되어 있다.

주요 연구 문헌 목록은 Austin, The Bezels, p. 13에 있다. 그중 특히 Izutsu, Comparative Study of Key Philosophical Concepts in Sufism and Taoism(Part I, Tokyo, 1966); Henry Corbin, L'imagination créatrice dans le soufisme d'Ibn Arabî (Paris, 1958); S. A. Q. Husaini, The Pantheistic Monism of Ibn al-Arabî(Lahore, 1970)를 참조하라.

281. 소흐라와르디와 빛의 신비주의[본문 pp. 227~233]

Henry Corbin은 Œuvres philosophiques et mystiques de Sohrawardî(Istambul-Leipzig, 1945; Téhéran-Paris, 1952)의 첫 두 권을 편집했다. 소흐라와르디의 사상을 가장 예리하게 해석한 것도 역시 Henry Corbin이었다. 특히 En Islam iranien, tom II: Sohrawardî et des Platoniciens de Perse(Paris, 1971); Histoire de la philosophie islamique, pp. 285~304; L'Archange empourpré. Quinze traités et récits mystiques traduits du persan et de l'arabe(Paris, 1976)를 보라.

소흐라와르디가 구전 혹은 문서화된 전승을 통해 얼마만큼 마즈다교의 전통을 알고 있었는지를 규명하기는 쉽지 않다.(Corbin이 기여한 것 외에 A.

Bausani, *Persia Religiosa*, pp. 181 sq. 및 J. Duchesne-Guillemin, *La Religion de l'Iran Ancien*, pp. 363 sq.를 특기하자) 어쨌든 소흐라와르디는 페르시아의 전통과 함께 신플라톤주의적 신지학도 채용했다. 사산 왕조(226~635) 지배하에서 주르반교(본서 제2권 213절) 또한 어느 정도 신자들이 있었지만, 마즈다교가 제국의 공인 종교가 되었다는 점을 상기할 필요가 있다. 마니교에 이단 선고(본서 제2권 231절)를 내리는 데 성공한 대제사장 카르테르는 정통 마즈다교의 창설자이기도 했다. 왕국의 신화 내지는 이데올로기가 새로운 비약적 발전을 보인 것도 마찬가지로 사산 왕조하에서였다.(G. Widengren, *La religions de l'Iran*, pp. 343을 참조하라)

이후 이슬람에 정복당하기까지 카바드 왕(488~531)의 비호하에 행해진 마즈닥의 혁명이야말로 정치적, 종교적 차원에서 유일하게 중요한 사건이었다. 마즈닥은 사회적 불공평이 악과 고통의 원인이라고 주장하였고, 따라서 부와 여성을 재분배해야 한다고 제안했다. 그러나 세속과 종교 양측의 귀족계급들은 카바드 왕을 설득하는 데에 성공하여 528~529년에 걸쳐 카바드 왕으로 하여금 마즈다교도들을 대살육하도록 부추겼다. 여기서 중요한 것은 이 마즈닥의 혁명이 불러일으킨 혼란에 의해 "아베스타가 최종 편집되었고 국교로서의 조로아스터교 교회가 승리를 거두었다는 점이다."(Widengren, p. 343) 얼마 안 있어(635) 페르시아는 무슬림들에게 정복당한다. 그러나 마즈다교는 이란 남부에 고립되어 있으면서 9세기(팔레비어로 쓰인 중요한 작품『원초적 창조Bundahishn』와『종교 사전』 등이 성립한 시대. Duchesne-Guillemin, pp. 356 sq.)에는 참된 의미에서의 재생기를 맞이했다. 하지만 칼리프의 멍에를 벗어나 조로아스터교 국가를 재흥시키고자 하는 열망은 가즈나조 및 셀주크조의 투르크인들 때문에 수포로 돌아가고 말았다. 투르크인들은 종교적 전통과 정치적 자립성의 양 측면에서 이란 민족과 불구대천의 원수라고 할 만한 관계에 있었다.

소흐라와르디를 비롯한 수많은 이란의 신비가들과 시인들이 고대 페르시아에 대해 품었던 노스탤지어는 바로 이와 같은 이데올로기적 맥락에서 이해해야만 한다. 하지만 유감스럽게도 이 방면에 대한 이해는 아직 잘 이루어지지 않고 있다.

282. 잘랄 웃 딘 루미: 거룩한 음악과 시와 춤〔본문 pp. 233~238〕

『마스나위』는 Reynold A. Nicholson에 의해 여덟 권으로 영역, 편집되었다(London, 1925~1940). 그 밖의 번역 혹은 부분역으로는 A. M. Schimmel, *Mystical Dimensions of Islam*, p. 310, n. 24를 보라. *Dîvân-i Shams-i Tabriz*로부터의 선집으로는 R. A. Nicholson의 영어판(1898, rééditon, Cambridge, 1961), E. de Vitray-Meyerovitch의 프랑스어판(제목은 *Odes mystiques*, Paris, 1973)이 있다. 그 밖의 유럽 각국 언어로 번역된 것으로는 A. M. Schimmel, p. 310, n. 25를 참조하라.

루미에 관해서는 A. M. Schimmel, *The Triumphal Sun. A Study of Mewlana Rumiâs Life and Work*(London-The Hague, 1978); id., *Mystical dimensions*, pp. 309~328; E. de Vitray-Meyerovitch, *Rûmî et le soufisme*(1977); id., *Mystique et poésie en Islam: Djalâud-Dîn Rûmî et les derviches tourneurs*(Paris, 2ᵉ éditon, 1973); R. A. Nicholson, *Rûmî, Poet and Mystic*(London, 1950)을 보라. 또한 E. de Vitray-Meyerovitch, *Rûmî*, p. 188 및 A. M. Schimmel, *Mystical Dimensions*, p. 311, n. 25, 26; p. 316, nn. 28~31에 나오는 문헌들을 참조하라.

종교음악과 무용에 관해서는 Marijan Molé, "La Danse extatique en Islam", dans *Les Danses Sacrées*("Sources Orientales", vol. 4, Paris, 1963), pp. 145~280을 보라. 수행자의 무용에 관해서는 Fritz Meier, "Der Derwischtanz: Versuch eines Ueberblicks"(*Asiatische Studien*, 8, 1954, pp. 107~136)를 보라. 마울라위 교단의 춤에 관해서는 Hellmut Ritter, "Der Reigen der tanzenden Derwische"(*Zeitschrift für vergleichende Musikwissenschaft*, 1, 1933, pp. 28~42)를 보라.

283. 수피즘의 승리와 신학자들의 반발. 연금술〔본문 pp. 238~243〕

디크르에 관해서는 Louis Gardet, "La mention du nom divin(*dhikr*) en mystique musulmane", *Revue Thomiste*, 1952, pp. 642~679; 1953, pp. 197~216; *id.*, *Mystique musulmane*, pp. 187~258; M. Eliade, *Le Yoga*, pp. 218~220; 396~397(참고 문헌)을 보라.

연금술의 기원에 관해서는 본서 제2권의 문헌 해제 211절에 제시된 문헌들을 보라. 또한 Eliade, *Forgerons et alchimistes*(2ᵉ éd. corrigée et augmentée, 1977), pp. 173 sq.를 참조하라.

아라비아 연금술의 역사는 *Forgerons*, pp. 175 sq.의 참고 문헌들을 참조하라. 특히 Paul Kraus, *Jabîr ibn Hayyân, contribution à l'histoire des idées scientifiques dans l'Islam*, I~II(Le Caire, 1942~1943); H. Corbin, "Le Livre du Glorieux de Jabîr ibn Hayyân, Alchimie et Archétypes", *Eranos-Jahrbuch*,18, Zürich, 1950, pp. 47~114를 보라. 또한 이븐 아라비의 소책자를 Stéphane Ruspoli가 번역한 *L'alchimie du bonheur parfait*(Paris, 1981)도 참조하라.

제36장 바르 코흐바의 난에서 하시디즘까지의 유대교

284. 『미슈나』의 편찬[본문 pp. 244~248]

랍비 요하난 벤 자카이 및 신전 파괴의 결과에 관해서는 본서 제2권의 문헌 해제 224절에 제시된 참고 문헌을 보라.

고대 말에서 중세에 걸친 유대인의 역사는 Salo W. Baron, *A Social and Religious History of the Jews*, vol. III~VI(New York, nouvelle édition, 1950~1958)에 잘 서술되어 있다.

산헤드린에 관해서는 Hugo Mantel, *Studies in the History of the Sanhédrin* (Cambridge, Mass., 1961)을 보라.

George Foot Moore의 책 *Judaism in the First Centuries of the Christian Era. The Age of the Tannaim*, I~II(Cambridge, Mass., 1927; 재판을 여러 차례 찍었다)는 오늘날에도 충분히 통용될 만하다(그러나 Jacob Neusner, *Judaism*, pp. 5~

14에서 언급, 해설되고 있는 Porter의 지적을 고려할 필요가 있다).

『미슈나』에 관해서는 현재에도 Jacob Neusner의 명쾌한 역작 *The Evidence of the Mishnah*(Chicago, 1981)가 볼 만하다. 이 책은 Neusner가 그전까지 썼던 수많은 저서들을 집대성한 것이다. 그중 『미슈나』 이해에 중요하다고 여겨지는 저서들로 다음과 같은 것들을 들 수 있다. *The Idea of Purity in Ancient Judaism*(Leiden, 1973); *A History of the Mishnaic Law of Purities*, vol. 1~22(Leiden, 1974~1977); *The Modern Study of the Mishnah*(Leiden, 1973); *A History of the Mishnaic Law of Holy Things*, vol. 1~6(Leiden, 1978~1979); *Form-Analysis and Exegesis: A Fresh Approach to the Interpretation of Mishnah* (Minneapolis, 1980).

주요한 참고 문헌은 *Judaism*, pp. 381~403에 나온다.

285. 탈무드. 반랍비적 반동: 카라이파〔본문 pp. 248~252〕

『바빌로니아 탈무드』의 번역으로는 M. L. Rodkinson 판(New York, 1896~1910; 10 vols.)을 I. M. Weiss가 개정 증보하여 낸 신판(Boston, 1918)이 쓸 만하다. 또한 I. Epstein과 J. H. Hertz가 감수하고 많은 전문가들이 번역한 전 35권본이 런던에서 출판되었다(1935년 이후). 그 밖에 A. Cohen, *Everyman's Talmud*(London, 1932; réimpression, 1949); C. Montefiore et C. G. Loewe, *Rabbinic Anthology, selected and arranged with comments and introduction*(London, 1938; réimpression, New York, 1960); G. Goldin, *The living Talmud*(Chicago et Londres, 1958)를 참조하라.

방대한 연구 문헌 가운데 다음 것들을 보라. Solomon Schechter, *Aspects of Rabbinic Theology*(New York, 1909; Louis Finkelstein의 서문을 붙여 1961년에 재판을 간행하였다); G. F. Moore, *Judaism in the First Centuries of the Christian Era*, vol. I, pp. 173 sq.; David Goodblatt, "The Babylonian Talmud", in *Aufstieg und Niedergang der römischen Welt*(Berlin, 1972), I, pp. 257~336; J. Neusner (éd.), *Understanding Rabbinic Judaism: From Talmudic to Modern Times*(New York, 1974;

David Goodblatt, "Bibliography on Rabbinic Judaism", *ibid.*, pp. 383~402를 참조하라);
Joseph Heinemann, *Prayer in Talmud: Forms and Patterns*(trad. Richard S. Sarason, Berlin, 1977); Jacob Neusner, *The Formation of the babylonian Talmud*(Leiden, 1970); Gerd A. Wewers, *Geheimnis und Geheimhaltung im rabbinischen Judentum* (Berlin-New York, 1975); J. Neusner, "The History of Earlier Rabbinic Judaism: Some new Approaches"(*HR*, 16, 1977, pp. 216~236).

카라이파에 관해서는 L. Nemoy, *Karaite Anthology*(New Haven, 1952); D. Sidersky, "Le Caraïsme et ses doctrines", *RHR*, 1936, t. 114, pp. 197~221; Z. Cahn, *The rise of the Karaite Sect. A new light on the Halakah and origin of the Karaites*(Philadelphia, 1937); A. Paul, *Recherches sur l'origine du Qaraïsme*(Paris, 1970)을 보라.

쿰란 교단과의 관계에 대해서는 N. Wieder, *The Judaism Scrolls and Karaites*(London, 1962)를 보라.

286. 중세 유대교의 신학자와 철학자 〔본문 pp. 252~255〕

중세 유대교 철학에 관해서는 G. Vajda, *Introduction à la pensée juive du Moyen Age*(Paris, 1947); Isaac Husik, *A History of Medieval Jewish Philosophy*(New York, 1916; réimpression, 1958); Julius Guttmann, *Die Philosophie des Judentums*(München, 1933; 영어판은 *Philosophies of Judaism*, New York, 1964)를 보라. André Neher는 독창적이고 멋진 개설서를 냈다. "Philosophie Juive médiévale", in: *Histoire de la Philosophie*(*Encyclopédie de la Pléiade*, vol. I, Paris, 1969), pp. 1006~1047.

필론의 텍스트에 주석을 단 선집으로는 Nahum Glatzer, *The Essential Philo* (1971)와 David Winston, *Philo of Alexandria: The Contemplative Life, The Giants and Selections*(New York, 1981)가 있다. 전집은 R. Arnaldez, J. Pouilloux와 Mondésert가 번역 중이다(Paris, 1961년부터; 1980년까지 36권 출간). 필론에 관한 가장 좋은 연구서로 V. Nikiprowetzky, *Le commentaire de l'Écriture chez Philon d'Alexandrie*(Leiden, 1977)를 들 수 있다.

중세 기독교 사상에 필론이 직간접적으로 미친 영향에 관해서는 H. A. Wolfson, *Philo*, I~II(Cambridge, Mass., 1947)를 보라. *Ibid.*, II, pp. 158 sq.에 나오는 연구 현황을 참조하라.

최초의 유대교 철학자는 이집트에서 태어나 이집트에서 세상을 떠난 이삭 이스라엘리(855~955년경)이다. 다양한 사상들을 집성한 그의 저작은 라틴어로 번역되어 13세기의 기독교 스콜라 학자들에게 읽혀졌다. 그 단편들이 A. Altmann과 S. Stern의 저작 *Isaac Israeli*(London, 1959)에 주석과 함께 번역되어 있다.

사디아 저작의 완역으로 S. Rosenblatt, *The Book of Beliefs and Opinions*(New Haven, 1948)가 있다. 또한 M. Ventura, *La Philosophie de Saadia Gaon*(Paris, 1934); H. A. Wolfson, *Kalam Arguments for Creation in Saadia, Averroes, Maimonides and St. Thomas*(Saadia Anniversary volume, New York, 1943, pp. 197 sq.)를 보라.

『생명의 샘』의 히브리어 축약판이 S. Munk, *Mélanges de philosophie juive et arabe*(Paris, 1859; réédtion, 1927), pp. 3~148에 있다. 또한 같은 책 제3권의 완역본으로 F. Brunner, *La Source de Vie*, Livre III(Paris, 1950)이 있다. 영어판 완역본은 H. E. Wedeck, *The Fountain of Life*(New York, 1962)로 나와 있다.

이븐 가비롤에 관해서는 특히 S. Munk, *Mélanges*, pp. 151~306; J. Guttmann, *Die Philosophie des Judentums*, pp. 102~119; Isaac Husik, *A History of Medieval Jewish Philosophy*(New York, 1916), pp. 59~80; Julius R. Weinberg, *A Short History of Medieval Philosophy*(Princeton, 1964), pp. 146~149를 보라.

바히아 이븐 파쿠다의 논고 『마음의 의무에의 입문』은 A. Chouraqui(Paris, 1950)에 의해 프랑스어로 번역되었다. 또한 Edwin Collins가 옮긴 영어판 *The Duties of the Hearts*(1904)도 있다.

유다 할레비의 저작은 Hartwig Hirschfeld가 주석을 붙여 번역한 *The Kuzari*(1946)가 있다. 또한 Isaac Husik, *Three Jewish Philosophers: Philo, Saadia, Gaon, Jehuda Halevi*, trad. Hans Lewys, A Altmann and I. Heinemann(1965; 주해를 단 선집)도 보라.

287. 아리스토텔레스와 토라 사이의 마이모니데스[본문 pp. 255~260]

Isadore Twenski는 마이모니데스 원전에 대한 뛰어난 선집 *A Maimonides Reader. Edited with introduction and notes*(New York, 1972)를 완성했다. 이 책에는 논고 『미슈네 토라』의 긴 발췌(pp. 35~227)와 『길 잃은 자를 위한 안내서』의 중요한 부분(pp. 231~358) 및 번역본에 나오지 않는 몇 편의 글과 서간문(pp. 361~482)이 들어가 있다. 또한 Arthur Cohen, *Teachings of Maimonides*(Marvin Fox의 서문, New York, 1968)도 보라. 『길 잃은 자를 위한 안내서』의 번역 중에서 나는 가장 최근의 것으로 Shlomo Pines가 옮긴 *The Guide of the Perplexed*(Chicago Univ. Press, 1963)를 사용했다. 『미슈네 토라』의 각종 번역본들은 *Maimonides Reader*, p. 484 및 David Hartmann, *Maimonides: Torah and Philosophic Quest*(Philadelphia, 1976), pp. 269~272에 나와 있다. Shlomo Pines의 저작(pp. 484~490)과 David Hartmann(pp. 272~288)의 저작에 풍부한 문헌 목록이 나온다.

총괄적인 소개를 제공하는 문헌으로는 다음과 같은 것들이 있다. Salo W. Baron, *A Social and Religious History of the Jews*, VIII(New York, 1958), pp. 55~138; Joseph Sarachek, *Faith and Reason: The Conflict over the Rationalism of Maimonides*(New York, 1970). 그 밖에 Daniel Y Silver, *Maimonidean Criticism and the Maimonidean Controversy: 1180~1240*(Leiden, 1965); Harry A. Wolfson, "Maimonides on the Unity and Incorporeality of God", *Jewish Quarterly Review*, 56, 1965, pp. 112~136; Alexander Altmann, "Essence and existence in Maimonides", in: *Studies in Religious Philosophy and Mysticism*(Ithaca, 1969), pp. 108~127; "Free Will and Predestination in Saadia, Bahya, and Maimonides", in: *Essays in Jewish Intellectual History*(Hannover-London, 1981), pp 65~76; "Maimonides and Thomas Aquinas: Natural or Divine Prophecy?", *ibid.*, pp. 35~64; "Maimonides's 'Four Perfections'", *ibid.*, pp. 77~96도 보라.

David Hartmann의 저서는 특히 『미슈네 토라』와 『길 잃은 자를 위한 안내서』의 연속성에 초점을 맞추는 많은 텍스트들을 포함하고 있어 중요하다. pp. 102 sq.를 보라. 이와 반대의 견해가 Isaac Husik, *A History of Medieval Jewish*

Philosophy(reprint, New York, 1958), p. 5 및 Leo Strauss, *Persecution and the Art of Writing*(Chicago, 1952), pp. 38~95: "The Literary character of the Guide for the Perplex"; *id.*, "Notes on Maimonides' Book of Knowledge"(in: *Studies... presented to Gershom Scholem*, Jérusalem, 1967, pp. 269~285)에서 주장되었다.

288. 유대교 신비주의의 초기의 제 형태〔본문 pp. 260~267〕

유대교 신비주의의 발생으로부터 하시디즘에 이르는 역사에 관해서는 Gershom Scholem, *Major Trends in Jewish Mysticism*(New York, 1946; 본서에서 사용한 자료는 참고 문헌이 증보된 1960년에 발행된 개정 4판이다)이야말로 빼놓을 수 없는 최고의 문헌이다. 이 책의 프랑스어판인 *Les grands courants de la mystique juive*(Paris, 1950)도 보라. 또한 같은 저자의 *Les origines de la Kabbale*(Paris, 1966; édition allemande, *Ursprung und Aufänge der Kabbala*, Berlin, 1962); *On the Kabbalah and its Symbolism*(New York, 1965; édition allemande, Zurich, 1960); *The Messianic Idea in Judaism and other Essays on Jewish Spirituality*(New York, 1971; 1937~1970년에 걸쳐 발표된 논문 모음집)도 들 수 있다.

몇몇 중요한 텍스트의 번역을 포함한 개설서로는 Guy Casaril, *Rabbi Siméon bar Yochaï et la Kabbale*(Paris, 1961, coll. "Maîtres Spirituels")가 있다. Paul Vulliaud의 저서 *La Kabbale Juive. Histoire et Doctrine. Essai critique*, 2 vols.(Paris, 1923)는 G. Scholem에 의해 신랄한 비판을 받았다. 특히 르네상스 이후의 기독교 카발라주의자에 관해서는 A. E. Waite, *The Holy Kabbalah. A Study of the Secret Tradition of Israel*(London, 1929)이 오늘날까지도 유용하다. 유대교의 비의와 카발라에 관해서는 다음을 참조하라. G. Vajda, "Recherches récentes sur l'ésotérisme juif(1947~1953)", *RHR*, 1955, tome 147, pp. 62~92; *id.*, "Recherches récentes...(1954~1962)", *ibid*, 1963, t. 164, pp. 39~86, 191~212; 1964, t. 165, pp. 49~78; *id.*, *L'amour de Dieu dans la théologie juive du Moyen âge*(Paris-La Haye, 1962); C. Sirat, *Les théories des visions surnaturelles dans la pensée juive du Moyen âge*(Leiden, 1969).

메르카바에 관해서는 G. Scholem, *Major Trends*, pp. 40~79; *id.*, *Jewish*

Gnosticism, Merkabah Mysticism and Talmudic Tradition(New York, 1960); *id.*, *Les Origines de la Kabbale*, pp. 27~33, 118~122, 128~138, 153~160을 보라. 또한 Ithamar Gruenwald, *Apocalyptic and Merkabah Mysticism*(Leiden-Köln, 1980)을 보라.

쉬우르 코마에 관해서는 Alexander Altmann, "Moses Narboni's 'Epistle on *Shi'ur Qomā*", in: *Studies in Religious Philosopy and Mysticism*(Ithaca, 1969), pp. 180~209도 보라.

『세페르 예치라』에 관해서는 Scholem, *Major Trends*, pp. 84 sq., 126 sq., 367 sq.; *Les Origines de la Kabbale*, pp. 31 sq.를 보라. 가장 새로운 번역은 Guy Casaril, *op. cit.*, pp. 41~48에 있다. 또한 G. Vajda, "Le Commentaire de Saadia sur le *Sepher Yetsira*", *Revue des Études Juives*, vol. 56, 1945, pp. 64~86을 보라.

독일의 경건주의자들에 관해서는 Scholem, *Major Trends*, pp. 80~118을 보라. 골렘 신화와 그 기원에 관해서는 Scholem, "The Idea of the Golem", in: *On the Kabbalah and its Symbolism*, pp. 158~204를 보라.

289. 중세의 카발라〔본문 pp. 267~274〕

카발라 속의 몇몇 신화적 주제의 재현에 관해서는 G. Scholem, "Kabbalah and Myth", in: *On the Kabbalah and its Symbolism*, pp. 87~117을 보라.

『바히르』의 독일어 번역과 주해는 G. Scholem, *Das Buch Bahir*(Leipzig, 1923)에 있다. 또한 *Major Trends*, pp. 74 sq., 229 sq.; *Origines de la Kabbale*, pp. 78~107, 164~194, 211 sq.도 보라.

드베쿠트에 관해서는 G. Scholem, "*Devekut*, or Communion with God", in: *The Messianic Idea in Judaism*, pp. 203~226(1950년에 발표된 논문)을 보라.

아브라함 아불라피아에 관해서는 Scholem, *Major Trends*, pp. 119~155(및 pp. 398 sq.의 참고 문헌 주석)를 보라. Guy Casaril, *op. cit.*, pp. 66 sq.도 참조하라. 『조하르』를 거의 완역한 텍스트로서 Sperling et Maurice Simon, *The Zohar*, 5 vols.(London, 1931~1934, réédition, 1955)가 있다. 특히 G. Scholem, *Die*

Geheimnisse Sohar(Berlin, 1935) 및 *Zohar: The Book of Splendor*(New York, 1949; 발췌와 주석)를 보라. 가장 좋은 소개로는 역시 Scholem, *Major Trends*, pp. 156 ~243(및 pp. 385~407의 비판적 주석)을 보라. 또한 Ariel Bension, *The Zohar in Moslem and Christian Spain*(London, 1932); F. Secret, *Le Zohar chez les kabbalistes chrétiens de la Renaissance*(Paris-La Haye, 1958)도 보라.

셰키나 개념의 역사에 관해서는 G. Scholem, "Zur Entwicklungsgeschichte der kabbalistischen Konzeption der Schekinah", *Eranos-Jahrbuch*, XXI(Zurich, 1952), pp. 45~107을 보라. 영혼의 윤회에 관해서는 Scholem, *Major Trends*, pp. 241 sq.; *id.*, "The Messianic Idea in Kabbalism"(*The Messianic Idea in Judaism*, pp. 37~48), pp. 46 sq.; *id.*, "Seelenwanderung und Sympathie der Seelen in der jüdischen Mystik", *Eranos-Jahrbuch*, XXIV(1955), pp. 55~118을 보라.

290. 이삭 루리아와 신카발라 [본문 pp. 274~280]

16세기 사페드의 영적 생활을 소개한 좋은 글로서 R. J. Zwi Werblowsky, Joseph Karo, *Lawyer and Mystic*(Oxford, 1962; réimpression, Philadelphia, 1977), pp. 38~83을 보라. 또한 pp. 84~168에 나오는 요셉 카로의 전기 및 pp. 169~286의 카로의 신비체험과 신학에 대한 분석을 보라.

이삭 루리아와 그의 학파에 관해서는 *Major Trends*, pp. 244~286, 407~415를 보라.

한 제자가 루리아에게 왜 가르침을 책으로 쓰지 않느냐고 물었을 때 그는 이렇게 대답했다. "그럴 수 없다. 왜냐하면 모든 일은 서로 얽혀 있기 때문이다. 그러니까 내가 무언가를 말하려 하면, 대해가 제방을 부수고 넘칠 것만 같은 기분이 들 정도다. 그러니 나의 영혼이 신으로부터 받은 것을 도대체 어떻게 표현할 수 있단 말인가? 어떻게 그걸 책으로 쓸 수 있단 말인가?" (Scholem, *Major Trends*, p. 254)

이삭 루리아는 자신이 나흐마니데스 이후 예언자 엘리야로부터 직접 비밀스런 교의를 배운 유일한 카발라주의자라고 자부한다.

이런 루리아의 사상이 퍼진 것은 모두가 이스라엘 사루그에 의해서였다. 사루그는 1592~1598년에 걸쳐 이탈리아의 카발라주의자들 사이에서 포교를 행한 인물인데, 그러나 그가 루리아의 사상을 알게 된 것은 오직 비탈의 저작을 통해서였다. 어떤 의미에서 그는 스승인 루리아의 교설을 근본적으로 재해석했다고 말할 수 있다. 그는 일종의 플라톤주의를 도입함으로써 루리아 사상에 준철학적인 기초를 부여했던 것이다. 이 점이 바로 그의 포교가 결과적으로 성공을 거둔 이유였다. Scholem, *ibid.*, pp. 257~258.

291. 배교한 메시아〔본문 pp. 280~283〕

사바타이 츠비와 사바타이주의에 관해서는 G. Scholem, *Major Trends*, pp. 286~324; *id.*, "Redemption through Sin"(in: *The Messianic Idea in Judaism*, pp. 78~141; 원래 1937년에 히브리어로 발표되었던 논문); *id.*, "The Crypto-Jewish Sect of the Donmeh(Sabbatianism) in Turkey"(*ibid.*, pp. 142~166), 또한 특히 R. J. Zwi Werblowsky가 히브리어를 번역한 대작 *Sabbatai Sevi, the Mystical Messiah*(Princeton, 1973; 1957년 Tel Aviv에서 간행된 오리지널판을 개정 증보하여 번역한 것)를 보라. 또한 Yosef Hayim Yerushalmi, *From Spanish Court to Italian Ghetto*(New York, 1971; réimpression, Seattle et London, 1981), pp. 313~349도 보라. 신학상, 역사상의 기록 자료는 태반이 없어지고 말았다. 그러나 정통 경건주의와 이단 신앙이 공존했던 온건한 형태의 사바타이주의는 상당히 오랜 기간 동안 존속했다. Scholem, *Major Trends*, pp. 299 sq.

292. 하시디즘〔본문 pp. 284~287〕

하시디즘에 관해서는 G. Scholem, *Major Trends*, pp. 325~350(pp. 436~438, 445~446의 참고 문헌을 참조하라); *id.*, "The Neutralization of the Messianic Element in Early Hassidism"(in: *The Messianism*, pp. 176~202); Martin Buber, *Die chassidischen Bücher*(Hellerau, 1928; 재판을 여러 차례 찍었다); *id.*, *Jewish Mysticism and the Legend of Baal Shem*(London, 1931); *id.*, *Deutung des*

Chassidismus(Berlin, 1935); *id.*, *Hassidism*(New York, 1948); *id.*, *The Origin and Meaning of Hassidism*(M. Friedman, Ed., New York, 1960); Arnold Mandel, *La Voie du Hassidisme*(Paris, 1963); Elie Wiesel, *Célébration hassidique*(Paris, 1972); Trad. A. Guerne, *Les récits hassidiques*(Paris, 1961)를 보라.
라디의 랍비 슈네우르 잘만 및 하바드파에 관해서는 Scholem, *Major Trends*, pp. 340 sq.; Guy Casaril, *Rabbi Siméon bar Yochai*, pp. 166 sq.를 보라. 하바드파에 관해서는 Dov Baer de Loubavitch, *Lettre aux hassidim sur l'extase*(Louis Jacobs의 영어판 및 해설과 주석. Georges Levitte의 프랑스어판, Paris, 1975)도 보라.

제37장 유럽의 종교운동: 중세 후기에서 종교개혁 전기까지

293. 비잔틴제국의 이원론적 이단들: 보고밀파 [본문 pp. 288~293]

보고밀파에 관해서는 Dimitri Obolensky, *The Bogomils. A Study in Balkan Neo-Manicheism*(Cambridge, 1948), pp. 290~304의 풍부한 참고 문헌을 보라. 또한 Eliade, "Le Diable et le Bon Dieu"(*De Zalmoxis à Gengis-Khan*, 1970, pp. 80~130), pp. 94, note 26의 문헌들을 보라. 그 밖에 Arno Borst, *Les Cathares*(trad. fr. Payot, 1974, pp. 55 sq. 특히 참고 문헌들이 많이 있어서 유용하다)를 참조하라. Obolensky의 저술 외에 가장 좋은 종합적인 소개는 Steven Runciman, *Le manich ism médiéval*(Payot, 1949; 영어판은 1947년에 Cambridge에서 간행되었다), pp. 61~85를 보라.

가장 중요한 자료로는 Cosmas le Prêtre, *Le Traité contre les Bogomiles*, H. Ch. Puech와 A. Vaillant에 의한 프랑스어판과 주석(Paris, 1945) 및 Euthyme Zigabène, *Panoplie dogmatique*(in: Migne, *Patrologia Graeca*, vol. CXXX)를 들 수 있다. Runciman, pp. 69 sq.에 나오는 이 두 텍스트에 대한 분석도 보라.

Jordan Ivanov의 저술 *Bogomilski Knigi i legendy*(Sofia, 1925)는 Monette Ribeyrol, *Livres et légendes bogomiles*(Paris, 1976; pp. 381~390, D. Angelov에 의한

최근의 문헌 목록)에 번역되어 있다.

발칸반도 및 루마니아에서의 보고밀파의 잔재와 이단의 역사에 관한 최근 연구로는 Robert Browning, *Byzantium and Bulgaria. A comparative study across the early medieval frontier*(London, Berkeley and Los Angeles, 1975), pp. 163 sq. Răzvan Theodorescu, *Bizanț, Balcani, Occident la începuturile culturii medievale românești, secolele* X~XIV(Bucuresti, 1974), pp. 341 sq.를 보라.

성서 위경과 그에 대한 보고밀파의 재해석에 관해서는 E. Turdeanu, "Apocryphes bogomiles et apocryphes pseudo-bogomiles", *RHR*, 138, 1950, pp. 22~52, 176~218을 보라. 위경 『십자가의 나무』가 유포된 역사에 관해서는 N. Cartojan, *Cărtile populare în literatura românească*(2ᵉ éd., Bucuresti, 1974), I, pp. 155 sq.; Esther Casier Quinn, *The Quest of Seth for the Oil of Life*(Chicago, 1962), pp. 49 sq.를 보라. 『요한의 물음』에 관해서는 Edina Bozóky, *Le livre Secret des Cathares, INTERROGATIO IOHANNIS, Apocryphe d'origine bogomile*(Paris, 1980)을 보라.

294. 서유럽의 보고밀파: 카타리파[본문 pp. 293~299]

카타리파에 관해서는 Steven Runciman, *Le manichéisme médiéval*, pp. 106~152 및 Arno Borst, *Les Cathares*, 특히 pp. 79~196(매우 풍부한 참고 문헌이 있다)의 개설적 소개 글을 보라. 또한 H. Ch. Puech, "Catharisme médiéval et bogomilisme"(in: *Oriente ed Occidente nel Medio Evo*, Roma, 1957, pp. 56~84; *Sur le manichéisme et autres essais*, Paris, 1979, pp. 395~427에 수록)도 참조하라.

극히 일부밖에는 남아 있지 않은 카타리파의 텍스트는 A. Dondaine, *Le 'Liber de duobus principiis' suivi d'un fragment de rituel cathare*(Rome, 1932); C. Thouzallier, *Un traité cathare inédit du début du XIIIᵉ siècle*(Louvain, 1961); id., *Une somme anticathare*(Louvain, 1964); René Nelli, *Écritures Cathares*(Paris, 1968) 등에 편집, 번역되어 있다. 또한 Edina Bozóky가 편집, 번역하고 주석을 단 *Le Livre Secret des Cathares: Interrogatio Iohannis, Apocryphe d'origine Bogomile*(Paris, 1980)도 보라.

알비겐파에 대항한 십자군에 관해서는 P. Belperron, *La Croisade contre les Albigeois et l'union de Languedoc à la France*(Paris, 1943; 2e éd., 1948)를 보라.

이단 심문에 관해서는 J. Guiraud, *Histoire de l'Inquisition au Moyen âge*. 1: *Cathares et vaudois*. 2: *L'Inquisition au XIIIe siècle en France, en Espagne et en Italie*(Paris, 1935, 1938)를 보라. H. Grundmann이 작성한 최근의 참고 문헌이 Jacques le Goff (Ed.), *Hérésies et sociétés dans l'Europe pré-industrielle*(Paris-La Haye, 1968), pp. 425~431에 있다.

역사적 맥락에 관해서는 Friedrich Heer, *The Medieval World*(London-New York, 1962), pp. 197 sq.를 보라.

295. 아시시의 성 프란체스코 〔본문 pp. 300~304〕

청빈의 종교적 의의에 관해서는 Jeffrey B. Russel, *Religious Dissent in the Middle Age*(New York, 1971), p. 41 sq.를 보라.

성 프란체스코에 대한 가장 좋은 전기로는 Omer Englebert, *Vie de Saint François*(Paris, 1947; 풍부한 참고 문헌이 pp. 396~426에 있다)를 들 수 있다. 핵심적인 부분은 Ivan Gobry, *Saint François et l'esprit franciscain*(Paris, 1957, pp. 119~152에는 성 프란체스코의 저술에서 발췌한 내용이 있다)에 소개되어 있다. 또한 Lawrence Cunningham (Ed.), *Brother Francis: An Anthology of writings by and about St. Francis of Assisi*(New York, 1972) 및 특히 *François d'Assise: Écrits*(라틴어 텍스트와 프랑스어로 번역된 "Sources chrétiennes", 285, Paris, 1981)도 보라.

작은 형제단에 관해서는 John Moorman, *A History of the Franciscan Order* (Oxford, 1968); Cagetan Esser, O.F.M., *Origins of the Franciscan Order*(Chicago, 1970); Malcolm D. Lambert, *Franciscan Poverty: The Doctrine of the Absolute Poverty of Christ and the Apostles in the Franciscan Order, 1210~1323*(London, 1961); *S. Francesco nella ricerca storica degli ultimi ottanta anni*(Convegni del Centro di Studi sulla spiritualità medioevale, 9, Todi, 1971)를 보라.

296. 성 보나벤투라와 신비신학[본문 pp. 304~308]

성 보나벤투라의 전집으로는 유일하게 콰라키의 프란시스코회가 편집한 9권 짜리 전집이 있다. 이 전집의 각종 프랑스어판은 J. G. Bougerol, *Saint Bonaventure et la sagesse chrétienne*(Paris, 1963), p. 180~182에 제시되어 있다.

성 보나벤투라의 사상을 다룬 최근의 저술로는 다음과 같은 것들이 있다. Etienne Gilson, *La philosophie de Saint Bonaventure*(2e éd., 1943); J. G. Bougerol, *Introduction à l'étude de saint Bonaventure*(1961); John Quinn, *The Historical Constitution of Saint Bonaventure's Philosophy*(Toronto, 1973); Ewert H. Cousins, *Bonaventure and the Coincidence of Opposites*(Chicago, 1978).

사다리의 상징과 신비적 상승에 관해서는 Dom Anselme Stolz, *Théologie de la mystique*(2e éd., Chèvetogne, 1947), pp. 117~145; Alexander Altmann, *Studies in Religious Philosophy and Mysticism*(Ithaca, 1949), pp. 41~72를 보라. *Le Chamanisme*(2e éd.), pp. 378~381에 나오는 참고 문헌을 참조하라.

297. 성 토마스 아퀴나스와 스콜라신학[본문 pp. 308~314]

알베르투스 마그누스와 성 토마스 아퀴나스 및 기타 스콜라 학자들의 저작에 관해서는 Étienne Gilson의 *La philosophie au Moyen âge*(Paris, 1947)에 나와 있다. 이 책에는 각 저자에 대한 주요 연구 문헌 목록도 실려 있다. 또한 E. Gilson, *Le thomisme*(2e éd., Paris, 1952); F. Copleston, *Aquinas*(Harmondsworth, 1955; p. 265에 성 토마스 저작의 영어판 목록이 있다); M. D. Chenu, *Introduction à l'étude de saint Thomas d'Aquin*(Montréal, 1950); id., *La théologie comme science au XIIIe siècle*(Paris, 1957); id., *Toward understanding Saint Thomas*(Chicago, 1964)를 보라.

스콜라학에 대한 다른 각도에서의 해석으로는 Steven Ozment, *The Age of Reform, 1250~1550: An Intellectual and religious History of Late Medieval and Reformation Europe*(New Haven, 1980; 토마스 아퀴나스에 관해서는 pp. 9 sq., 60 sq.; 오컴에 관해서는 pp. 35 sq.)이 있다. Ozment는 최신의 연구 문헌 목록도 제시하고 있다.

둔스 스코투스에 관해서는 Effren Bettoni, *Duns Scotus: The Basic Principles of his Philosophy*(Washington, 1961)를 보라.

오컴에 관해서는 Gordon Leff, *William of Ockham: The Metamorphosis of Scholastic Discourse*(Manchester, 1975); *id.*, *The Dissolution of Medieval Outlook: An Essay on Intellectual and Spiritual Change in the Fourteen Century*(New York, 1976)를 보라.

스콜라학 전반에 관해서는 F. Van Steenberghen, *Aristotle in the West: The Origins of Latin Aristotelianism*(Louvain, 1955); *id.*, *The Philosophical Movement in the Thirteenth Century*(Edinburg, 1955); Gordon Leff, *Mediaeval Thought: St. Augustine to Ockham*(Baltimore, 1962)을 보라.

종합적인 개관은 H. A. Oberman, *The Harvest of Medieval Theology* (Cambridge, Mass., 1963)에 나와 있다.

298. 마이스터 에크하르트: 신으로부터 신성으로 [본문 pp. 314~322]

마이스터 에크하르트의 저서의 교정판이 현재 간행 중에 있다. *Die deutschen Werke*(vol. I~V, Stuttgart, 1938년부터) 및 *Die lateinischen Werke*(vol. I~V, 1938년부터). *Deutsche Forschungesgemeinschaft*의 기획보다 먼저 나온 간행본들에 대한 간단한 소개가 "A Note on Eckhart's works"(in: Edmund Colledge et B. McGinn, *Meister Eckhart: The Essential Sermons, Commentaries, Treatises and Defense*, New York, 1981), pp. 62 sq.에 나온다. 이 교정판 이전에 유럽 각국어로 번역된 판본들은 그다지 신뢰할 만한 것이 못된다. 예를 들어 C. de B. Evans, *Meister Eckhart*(I~II, London, 1924, 1931)가 그렇다. 각종 영어판 중에서도 가장 괜찮은 것으로 Armand Maurer, *Master Eckhart: Parisian Questions and Prologues*(Toronto, 1974); Reiner Schurmann, *Meister Eckhart: Mystic and Philosopher*(Bloomington, 1978; 설교 8편의 독일어 번역과 에크하르트의 사상에 대한 중요한 연구를 포함하고 있다); 특히 Edmund Colledge와 Bernard McGinn에 의한 번역 등을 들 수 있다. 최고의 현대 독일어판은 Josef Quint, *Deutsche Predigten und Traktate*(Munich, 1955; 중고 독일어로

된 원전 수록)이다. 독일어 저서의 프랑스어판으로는 다음의 두 가지가 있다. Paul Petit, *Œuvres de Maître Eckhart. Sermons-Traités*(Paris, 1942) 및 J. Molitor et F. Aubier, *Traités et Sermons* (Paris, 1942). 또한 Jeanne Ancelet-Hustache, *Maître Eckhart et la mystique rhénane*(Paris, 1956), pp. 77~119의 번역도 보라.

풍부한 비판적 문헌 해제 중에서는 다음의 것들을 특기한다. Vladimir Lossky, *Théologie négative et connaissance de Dieu chez Maître Eckhart*(Paris, 1960; 중요한 저작); C. F. Kelley, *Meister Eckhart on Divine Knowledge*(New Haven et London, 1977); Bernard Welte, *Meister Eckhart, Gedanken zu seinen Gedanken*(Freiburg, 1979; 새로운 해석); M. de Gandillac, "La 'dialectique' de Maître Eckhart"(in: *La mystique rhénane*, Colloque de Strasbourg, 1961, Paris, 1961), pp. 59~94. 또한 Colledge et McGinn, *op. cit.*, pp. 349~353에 나오는 참고 문헌을 보라.

중세 신비주의에 대한 가장 좋은 개설서로는 J. Leclercq와 F. Vandenbroucke et L. Bouyer의 *La spiritualité du Moyen Âge*(Paris, 1961)를 들 수 있다. 또한 *L'Attesa dell'età nuova nella spiritualità della fine del Medio Evo*(Convegni del Centro di Studi sulla spiritualità medioevale, 3, Todi, 1963)도 보라.

299. 민중의 신앙과 종교 생활의 위기 [본문 pp. 322~327]

중세의 여러 이단적인(혹은 이단으로 고발된) 종교운동에 관해서는 M. D. Lambert, *Medieval Heresy. Popular Movements from Bogomils to Hus*(London, 1977); Jacques Le Goff (Éd.), *Hérésies et sociétés dans l'Europe pré-industrielle, XIe~XVIIe siècles*(Colloque de Royaumont, Paris, 1968); *Movimenti religiosi popolari ed eresie del medioevo*(in: *X Congersso Internazionale di Scienze Storiche, Relazioni*, III, Rome, 1955); Gordon Leff, *Heresy in the Later Middle Ages, I~II*(Manchester-New York, 1967)를 보라.

풍부한 문헌 자료에 입각해 11세기의 몇몇 극단적인 금욕주의적 경향, 특히 페트루스 다미아니와 캔터베리의 안셀무스에 대해 분석한 것으로는 Robert Bultot, *La doctrine du mépris du monde. Le XIe siècle, I~II*(Louvain-Paris, 1963~

1964)가 있다.

베긴파와 베갈파에 관해서는 E. W. McDonnell, *The Beguines and Begards in Mediaeval Culture*(New Brunswick, 1954; 풍부한 자료); Gordon Leff, *Heresy in the Later Middle Ages*, I, pp. 195 sq.; Ozment, *The Age of Reform*, pp. 91 sq.를 보라.

막데부르크의 메히틸데에 관해서는 Lucy Menzies, *The Revelations of Mechtilde of Magdebourg*(London, 1953)를 보라. 플랑드르의 베긴파 여성 하데위히에 관해서는 *The Complete Works*(Mother Columbia Hart, O.S.B.가 번역하고 서문을 썼다; New York, 1980)를 보라.

자유성령운동에 관해서는 G. Leff, *op. cit.*, I, pp. 310~407; Robert E. Lerner, *The Heresy of the Free Spirit in the Later Middle Ages*(Berkeley, 1972); H. Grundmann, *Religiöse Bewegungen im Mittelalter*(2ᵉ éd., Darmstadt, 1961), pp. 355~436을 보라.

마르그리트 포레의 『단순한 영혼의 거울』 및 에크하르트 위서에 관해서는 Lerner, *op. cit.*, pp. 200 sq.에 분석되어 있는 여러 텍스트들을 보라.

300. 재난과 희망: 채찍 고행자로부터 새로운 신앙생활까지[본문 pp. 327~333]

14세기 교회의 위기에 관해서는 Steven Ozment, *The Age of Reform: 1250~1550*, pp. 135~181 및 Francis Oakley, *The Western Church in the Late Middle Ages*(Ithaca et London, 1979), pp. 25~80, 131~174에 나오는 최근의 연구 성과와 연구 현황을 보라.

채찍 고행단에 관해서는 Gordon Leff, *Heresy in the Later Middle Ages*, 2, pp. 485~493(풍부한 자료)을 보라.

중세의 죽음에 대한 강박관념에 관해서는 T. S. R. Boase, *Death in the Middles Ages*(New York, 1972; 훌륭한 도상); E. Dubruck, *The Theme of Death in French Poetry of the Middle Ages and the Renaissance*(The Hague, 1964); F. Oakley, *op. cit.*, pp. 116 sq.를 보라. *Il dolore e la morte nella spiritualità dei secoli XII~XIII*(Convegni del Centro di Studi della spiritualità medioevale, 5, Todi, 1967)을 참조하라.

죽음의 춤에 관해서는 J. M. Clark, *The Dance of Death in the Middle Ages and the Renaissance*(1950); Jurgís Baltrušaitis, *Le Moyen Âge fantastique*(Paris, 1955), pp. 235 sq.(풍부한 참고 문헌이 pp. 258 sq., 특히 주석 15에 나온다); Norman Cohn, *The Pursuit of the Millenium*(revised edition, London, 1970), pp. 130 sq.를 보라.

연옥에 관한 교의의 역사에 대해서는 Jacques Le Goff의 중요한 저서인 *La naissance du Purgatoire*(Paris, 1982), 특히 pp. 177 sq., 236 sq., 357 sq., 383 sq.를 보라.

Tauler와 Suso의 프랑스어판은 Jeanne Ancelet-Hustache, *Maître Eckhart et la mystique rhénane*, pp. 190~191에 소개되어 있다.

우리는 Ruysbroeck의 주요 저서의 번역본으로 Eric Colledge, *The Spiritual Espousals*(London, 1952) 및 C. A. Wynschenk et Evelyn Underhill, *John of Ruysbroeck: The Adornement of the Spiritual Marriage; The Sparkling Stone: The Book of Supreme Truth*(London, 1951)를 사용했다. 또한 Kay C. Petry (Ed.), *Late Medieval Mysticism*(Philadelphia, 1957), pp. 285 sq.도 보라.

제르송이 로이스브루크를 공격했을 때 그 근거로 사용한 것은 로이스브루크가 플랑드르어로 저술한 작품의 라틴어판 저본이었는데 그 라틴어판 저본은 오역투성이였다. André Combes, *Essai sur la critique de Ruysbroeck par Gerson*, 3 vols.(Paris, 1945~1959)을 보라.

그로테와 새로운 신앙생활에 관해서는 R. R. Post가 광범위한 자료에 근거해 저술한 *The Modern Devotion: Confrontation with Reformation and Humanism* (Leiden, 1968)을 보라.

301. 쿠자의 니콜라스와 중세의 황혼[본문 pp. 334~339]

쿠자의 니콜라스의 저서의 교정판인 *Nicolai de Cusa Opera Omnia*가 현재 하이델베르크의 인문 아카데미에서 간행 중에 있다.(Leipzig, 1932년부터)

프랑스어판은 다음과 같다. *Œuvre choisies*(Paris, 1942), trad. M. de Gandillac; *De la Docte Ignorance*(Paris, 1930), trad. L. Moulinier; *Traité de la vision de*

Dieu(Louvain, 1925), trad. E. Vansteenberghe. 개설서로는 E. Vansteenberghe, *Le cardinal de Cues*(Paris, 1920); P. Rotta, *Il cardinale Nicola da Cusa*(Milano, 1928)를 보라.

M. de Gandillac의 *La philosophie de Nicolas de Cues*(Paris, 1941)는 지금까지도 가장 뛰어난 저술이다. 또한 Ernst Cassirer, *The Individual and the Cosmos in the Renaissance Philosophy*(New York, 1963; 독일어 원저는 1927년에 간행: *Studien der Bibliothek Marburg*, X, Leipzig-Berlin), Ch. I, II, pp. 7~72; Paul E. Sigmund, *Nicholas of Cusa and Mediaeval Political Thought*(Cambridge, Mass., 1963); E. Hoffmann, *Das Universum des Nicolaus von Cues*(Heidelberg, 1930); id., *Die Vorgeschichte der cusanischen Coincidentia oppositorum*(쿠자의 니콜라스의 논고 *De Beryllo*의 번역에 첨부한 서설, Leipzig, 1938); G. Saitta, *Nicola da Cusa e l'umanesimo italiano*(Bologna, 1957); Jaroslav Pelikan, "Negative theology and positive religion: A study of Nicholas Cusanus De pace fidei"(in: *Prudentia*. Supplementary Number 1981: *The Via Negativa*, pp. 61~77)도 보라.

얀 후스의 신학에 관해서는 M. Spinka, *John Hus at the Council of Constance* (New York, 1966)를 보라.

교회권sacerdotium과 왕권regnum 간 대립의 역사, 그리고 왕권제에서 그 기원과 구조가 비롯된 정치 신학의 제 단계에 대해서는 Ernst H. Kantorowitz, *The King's Two Bodies: A Study of Mediaeval Political Theology*(Princeton, 1957), pp. 193 sq.를 보라.

302. 비잔틴과 로마. 필리오케의 문제[본문 pp. 339~344]

간편한 입문서로는 Olivier Clément, *L'essor du christianisme oriental*(Paris, 1964); id., *Byzance et le christianisme*(Paris, 1964)을 보라. 또한 S. Runciman, *The Eastern Schism*(Oxford, 1955); P. Sherrard, *The Greek East and the Latin West*(New York, 1959) 및 특히 D. Obolensky, *The Byzantine Commonwealth, Eastern Europe, 500 ~1453*(New York, 1971)과 A. Toynbee, *Constantine Porphyrogenitus and his*

World(London, 1973)도 참조하라.

명쾌하고 예리한 서술로서 Jaroslav Pelikan, *The Spirit of Eastern Christendom, 600~1700*(Chicago, 1974), pp. 146~198(비판적 문헌 해제 pp. 308~310)이 있다. 또한 Francis Dvornik, *The Photian Schism: History and Legend* (Cambridge, 1948); id., *Byzantinum and the Roman Primacy*(New York, 1966); id., *Byzantine Mission among the Slavs: SS. Constantine-Cyril and Methodius*(New Brunswig, 1970)를 보라.

동서 양 교회 및 그 문화의 관계에 대한 멋진 분석으로 Deno John Geanakoplos, *Byzantine East and Latin West*(New York, 1966); id., *Interaction of the 'Sibling' Byzantine and Western Cultures in the Middle Ages and Italian Renaissance* (New Haven et London, 1976; 특히 pp. 3~94)를 보라.

303. 정적주의의 수도승들. 성 그레고리우스 팔라마스 [본문 pp. 344~351]

먼저 동방교회의 신학에 관한 최근의 연구서들로는 다음과 같은 것을 들 수 있다. V. Lossky, *Essai sur la théologie mystique de l'Église d'Orient*(2ᵉ éd., Paris, 1960); id., *A l'image et à la ressemblance de Dieu*(Paris, 1967); M. Lot-Borodine, *La déification de l'homme*(Paris, 1970); J. Meyendorff, *Le Christ dans la théologie byzantine*(Paris, 1969); L. Ouspensky, *Essai sur la théologie de l'icône dans l'Église orthodoxe*(Paris, 1960).

시메온에 관해서는 J. Darrouzès가 번역한(Sources Chrétiennes, vol. 51, Paris, 1951) *Siméon le nouveau théologien, chapitres théologiques, gnostiques et pratiques*를 보라. 또한 Hermegild Maria Biedermann, *Das Menschenbild bei Symeon dem Jüngerem dem Theologen*(Würzburg, 1949)을 참조하라.

"마음의 기도"에 관해서는 Jean Gouillard, *Petite Philocalie de la Prière du Cœur*(Paris, 1953; nouvelle éd., 1968)를 참조하라.

요하네스 클리마쿠스에 관해서는 John Climacus, *The Ladder of Divine Ascent*(trad. Colm Luibheid et Norman Russel, New York, 1982; Kallistos Ware의 길고

박식한 서문)를 보라.

정적주의에 관해서는 Irénée Hausherr, *La Méthode d'oraison hésychaste*(Rome, 1927, *Orientalia Christiana*, IX, 2); id., "L'Hésychasme, étude de spiritualité" (*Orientalia Christiana Periodica*, vol. 22, 1956, pp. 5~40, 247~285)를 보라.

Jean Meyendorff는 그레고리우스 팔라마스 재발견에 크게 기여했다. 여기서는 특히 그가 교정하고 번역한 *Triades pour la défense des saints hésychastes* (Louvain, 1959); *Introduction à l'étude de Grégoire Palamas*(Paris, 1959; 팔라마스의 기간행 및 미간행 전체 저작에 대한 완벽한 소개가 pp. 331~400에 있다); *Saint Grégoire Palamas et la mystique orthodoxe*(Paris, 1959)를 참조하라. 또한 Leonidas C. Coutos, *The Concept of Theosis in Saint Gregory Palamas. With Critical Text of the 'Contra Akindynum'*, I~II(Los Angeles, 1963); Jaroslav Pelikan, *The Spirit of Eastern Christendom*(Chicago, 1974), pp. 261 sq.; Vladimir Lossky, "La Théologie de la Lumière chez Grégoire Palamas de Thessalonique"(Dieu Vivant, I, 1945, pp. 93~118)를 보라.

신비스런 빛의 체험에 관한 비교 연구로는 M. Eliade, *Méphistophélès et l'Androgyne* (Pairs, 1962; nouvelle éd., 1981), pp. 17~94를 보라.

니콜라스 카바실라스에 관한 명쾌하고 간결한 소개로 Olivier Clément, *Byzance et le christianisme oriental*(Paris, 1964), pp. 50~73을 들 수 있다.

제38장 종교, 주술 그리고 종교개혁 전후의 헤르메스주의 전통

304. 기독교 이전 종교 전통의 잔존〔본문 pp. 352~358〕

Raul Manselli는 그의 저서 *La religion populaire au Moyen Âge. problèmes de méthode et d'histoire*(Montréal-Paris, 1975)에서 "이교"와 기독교라는 "두 문명 간의 교류를 실현시킨 상호 침투 관계"(p. 20)를 부각시키고 있다.

각 지역의 신화가 기독교의 "거룩한 역사"에 편입되어간 과정은 Paul

Saintyves가 그의 저서 *Les Saints successeurs des dieux*(Paris, 1907)에서 해석하고 있는 "계승" 관계는 아니다. E. Vacandart, *Études de critique et d'histoire religieuse*, IIIe série, Paris, 1912, pp. 59~212: "Origines du culte des saints. Les saints sont-ils successeurs des dieux?"의 고찰을 참조하라.

일종의 신화 상징 복합, 예를 들어 우주목, 다리, 사다리, 지옥, 천국 등이 다소간 기독교화된 형태로 전 세계에 걸쳐 풍부하게 잔존하고 있다는 사실을 새삼 지적할 필요는 없을 것이다. 여기서는 종말론적인 다리를 둘러싼 지극히 고대적인 시나리오(*Le Chamanisme*, 2e édition, pp. 375 sq.를 참조하라)가 중세로부터(Peter Dinzelbacher, *Die Jenseitsbrücke im Mittelalter*, Vienne, 1973을 참조하라) 현대에 이르기까지(Luigi M. Lombardi Satriani et Mariano Meligrana, *Il Ponte di San Giacomo. L'ideologia della morte nella società contandina del Sud*, Milano, 1982, pp. 121 sq.를 참조하라) 존속해왔다는 점을 상기하는 것만으로도 충분할 것이다.

우리는 도시의 광장과 결부된 의식 및 풍습에 관해서는 언급하지 않았다. 예를 들어 새해 첫날에 행해지는 어릿광대들의 축제에서는 가면을 쓰고 특별한 의상을 몸에 걸친 신자들이 어릿광대들의 사제에게 인솔되어 대성당에 들어가 갖은 방탕한 짓을 했다. 노르망디에서는 보조 사제들이 제단 위에서 소시지를 먹으면서 주사위 놀이나 트럼프 놀이를 하며 흥청댔다. Mikhail Bakhtine, *L'œuvre de François Rabelais et la culture populaire au Moyen âge et sous la Renaissance*(trad. fr. Paris, 1970)의 분석도 보라.

그리스에 있어 이교의 잔존에 관해서는 J.-C. Lawson, *Modern Greek Folklore and Ancient Greek Religion*(Cambridge, 1910; réédition, New York, 1964); Georges Dumézil, *Le problème des Centaures*(Paris, 1929), pp. 155~193; C. A. Romaios, *Cultes populaires de Thrace: les Anasténaria; la cérémonie du lundi pur*(Athènes, 1949)를 보라. Paul Friedrich에 의하면 그리스의 농경민 및 목축민 집단에 대한 연구가 호메로스 시대의 사회구조를 해명하는 데에 도움이 되며, 또한 성모마리아 숭배에 대한 연구는 데메테르 여신을 보다 정확하게 이해하는 데 도움이 된다. *The Meaning of Aphrodite*(Chicago, 1978), p. 55를 참조하라. 또한 C.

Poghirc, "Homère et la ballade populaire roumaine", *Actes du IIIe Congrès international du Sud-Est européen*(Bucarest, 1974); Leopold Schmidt, *Gestaltheiligkeit im bäuerlichen Arbeitsmythos. Studien zu den Ernte-schnittzgeräten und ihre Stellung im europäischen Volksglauben und Volksbrauch*(Vienne, 1952); M. Eliade, "History of Religions and 'Popular' Cultures", *HR*, vol. 20, 1980, pp. 1~26, 특히 pp. 5 sq.를 참조하라..

콜린데에 관해서는 방대한 연구 문헌이 있는데("History of Religions", p. 11, n. 29를 보라), 여기서는 본서에서 인용한 문헌만을 소개하기로 한다. Al. Rossetti, *Colindele religioase la Români*(Bucarest, 1920); P. Caraman, "Substratul mitologic al sărbătorilor de iarnă la Români și Slavi", *Arhiva*, 38(Ia i, 1931), pp. 358~447; Ovidiu Bîrlea, "Colindatul în Transilvania", *Anuarul Muzeului Etnografic al Transilvaniei pe anii 1965~1967*(Cluj, 1969), pp. 247~304; Monica Bratulescu, *Colinda Românească*(București, 1981); *id.*, "Ceata feminină—încercare de reconstituire a unei institușii tradiționale românești", *Revista de Etnografie și Folclor*, vol. 23(București, 1978), pp. 37~60; Petru Caraman, "Descolindatul în sud-estul Europei"(Partea 1), *Anuarul de Folclor*, II(Cluj-Napoca, 1981), pp. 57~94.

콜린다토리의 조직과 교육 중에서 오늘날에도 확인 가능한 입문 의례적 구조에 관해서는 Traian Herseni, *Forme străvechi de cultură populară românească* (Cluj-Napoca, 1977), pp. 160 sq.를 보라.

305. 정화의 춤의 상징과 의례[본문 pp. 358~363]

M. Eliade, "Notes on the *Călușari*", in: *The Gaster Festschrift: Journal of the Ancient Near Eastern Society of Columbia University*, 5, 1973, pp. 115~122; *id.*, *Occultisme et sorcellerie et modes culturelles*(Paris, 1976), pp. 109 sq.; *id.*, "History of Religions and 'Popular' Cultures", pp. 17 sq.를 보라.

칼루샤리의 조직에 관한 가장 중요한 문헌 자료로는 Tudor Pamfile, *Sărbătorile de vară la Români*(Bucarest, 1910), pp. 54~75; Thedor T. Burada,

Istoria teatrului în Moldova, 2 vols. (Jassy, 1905), I, pp. 62~70을 보라. 새로운 자료가 Mihai Pop, "Consideratii etnografice şi medicale asupra căluşului oltenesc", *Despre medicina populară românească*, Bucarest, 1970, pp. 213~222; Gheorghe Vrabie, *Folclorul*(Bucarest, 1970), pp. 511~531; Horia Barbu Oprişan, *Căluşari*(Bucarest, 1960) 및 특히 Gayle Kligman, *Călus*(Chicago, 1981)에 소개되어 있다. 나아가 R. Vuia, "Originea jocului de căluşari", *Dacoromania*, II(Cluj, 1922), pp. 215~254; Eliade, "Notes", pp. 120 sq.도 참조하라..

남성 결사의 입문식에 대해서는 Eliade, *Initiation, rites, sociétés, secrètes*(=*Naissances mystiques*), pp. 185 sq. 및 *ibid.*, notes 6~11에 나오는 문헌들을 보라.

306. "마녀사냥"과 민중 종교의 성쇠 [본문 pp. 363~375]

유럽의 마녀 신앙에 관한 방대한 문헌 가운데 아래를 참조하라. H. R. Trevor-Roper, *The European Witch-Craze of the Sixteenth and Seventeenth Centuries*(New York, 1969; *The Crisis of the Seventeenth Century: Religion, the Reformation and Social Change*, 1968, I~IV장 재수록); Alan Macfarlane, *Witchcraft in Tudor and Stuart England*(New York, 1970); Jefferey Burton Russell, *Witchcraft in the Middle Ages*(Ithaca, N. Y., 1972; 풍부한 참고 문헌, pp. 350~377); Keith Thomas, *Religion and the Decline of Magic*(New York, 1971); Norman Cohn, *Europe's Inner Demons*(New York, 1975; trad. fr. *Démonolâtrie et sorcellerie au Moyen âge*, Paris, 1982); F. E. Lorint et J. Bernabé, *La sorcellerie paysanne*(Bruxelles, 1977); Robert Mandrou, *Possession et Sorcellerie au XVIIIe siècle : Textes inédits*.(Paris, 1979)

자료집으로는 E. William Monter, *European Witchcraft*(New York, 1969); Barbara Rosen, *Witchcraft*(London, 1970); Max Marwick (Ed.), *Witchcraft and Society*(Baltimore, 1970) 및 특히 Alan C. Kors et Edward Peters, *Witchcraft in Europe—1100 ~1700 : A Documentary History*(Philadelphia, 1972); H. C. Erik Midelfort, *Witch Hunting in Southwestern Germany, 1562~1684. The Social and Intellectual Foundations*(Stanford, 1972; 특히 pp. 30 sq., 193 sq. 이 저작은 "마녀사냥"에 있어 가톨

릭과 프로테스탄트의 차이를 규명했다는 점에서 유익하다)를 참조하라.

또한 의학사의 관점에서 저술된 다음 저서들도 보라. Gregory Zilbourg, *The Medieval Man and the Witch in the Renaissance*(Baltimore, 1935); Thomas R. Forbes, *The Midwife and the Witch.*(New York, 1966)

E. W. Monter, "The Historiography of European Witchcraft: Progress and Prospects", *Journal of Interdisciplinary History*, 2, 1972, pp. 435~451; M. Eliade, "Some Observations in European Witchcraft", *HR*, 14, 1975, pp. 149~172(=*Occultisme, sorcellerie et modes culturelles*, trad. Jean Malaquais, Paris, 1978, pp. 93~124); Richard A. Horsley, "Further Reflections on Witchcraft and European Folk Religion", *HR*, 19, 1979, pp. 71~95를 참조하라.

베난단티에 관한 가장 좋은 자료는 여전히 Carlo Ginzburg, *I Benadanti: Ricerche sulla stregoneria e sui culti agrari tra cinquecento e seicento*(Turin, 1966)이다.

태의와 관련한 신앙 및 의례에 관한 풍부한 참고 문헌이 Thomas R. Forbes, "The Social History of the Caul", *Yale Journal of Biology and Medicine*, 25, 1953, pp. 495~508에 나온다.

유령 군단에 관해서는 Victor Waschnitius, *Perht, Holda und verwandte Gestalten: Ein Beitrag zur deutschen Religionsgeschichte*(Vienne, 1914), 특히 pp. 173 sq.; Otto Höfler, *Kultische Geheimbünde der Germanen*, I, p. 68 sq.; id., *Verwandlungskulte*, p. 78 sq.; Waldemar Liungmann, *Traditionswanderungen: Euphrat-Rhein, Folklore Fellows Communication, 118*(Helsinki, 1937), p. 596 sq.; R. Bernheimer, *Wild Men in the Middle Ages*(Cambridge, Mass., 1952), pp. 79 sq., 132; C. Ginzburg, *I Benandanti*, pp. 48 sq.를 보라.

지나zina(< Diana) 및 지나텍zînatec(< 라틴어 *dianaticus*)의 어원에 관해서는 Alejandro Cioranescu, *Diccionario etimologico Rumano*(Universidad de la Laguna, 1961), p. 915의 비판적 문헌 해제; Al. Rosetti, *Istoria limbii române*(Bucarest, 1968), pp. 367~395를 보라.

지네 및 그녀들(*iele*)에 관해서는 I. Aurel Candrea, *Folclorul românesc comparat*

(Bucarest, 1944), p. 156 sq.; I. Muşlea et O. Bîrlea, *Tipologia folclorului*, pp. 206 sq.를 보라.

307. 마르틴 루터와 독일의 종교개혁[본문 pp. 375~382]

마르틴 루터의 전기 및 그의 시대에 관한 방대한 저작 가운데 최근의 몇몇 연구 성과로서 다음을 참조하라. R. H. Bainton, *Here I Stand*(New York et Nashville, 1950); Erik Erikson, *Young Man Luther*(1958; 신선한 해석이지만 반론도 있다. Ozment, *The Age of Reform*, pp. 223~231의 비판을 보라); E. G. Schwiebert, *Luther and his Times: The Reformation from a new perspective*(Saint-Louis, 1950); R. H. Fife, *The Revolt of Martin Luther*(New York, 1957); Richard Stauffer, *La Réforme, 1517~1564*(Paris, 1970); J. Pelikan, *Luther the Expositor* (St. Louis, 1959); H. G. Haile, *Luther. An Experiment in Biography.*(New York, 1980; 특히 루터의 만년에 관한 서술이 중요하다)

면죄부의 역사에 관해서는 J. E. Campbell, *Indulgences*(Ottawa, 1953); P. F. Palmer (Ed.), *Sacraments and Forgiveness*(Westminster, 1960)를 보라.

또한 Arthur Rühl, *Der Einfluss der Mystik auf Denken und Entwicklung des jungen Luthers*(Oberhessen, 1960); J. Pelikan (Ed.), *Interpretors of Luther: Essays in honor of Wilhelm Pauck*(Philadelphia, 1968); Steven Ozment, *Homo Spiritualis. A comparative Study of the anthropology of Johannes Tauler, Jean Gerson and Martin Luther in the context of their theological thought*(Leiden, 1968); F. E. Cranz, *An Essay of the development of Luther's Thought on Justice, Law and Society*(Cambridge, Mass., 1959); S. Ozment (Ed.), *The Reformation in Medieval Perspective*(Chicago, 1971)를 보라. 본권 308절에 제시된 참고 문헌들도 보라.

308. 루터의 신학. 에라스무스와의 논쟁[본문 pp. 382~389]

본권에서는 마르틴 루터의 저서의 번역본 중 가장 최근의 것으로 J. Pelikan과 H. T. Lehman이 감수한 *Works*, 58 vols.(Saint-Louis, 1955년부터)를 사용했다. 특히 vol. 25(「로마서」 강의), vol. 38(말씀과 성사), vol. 42~43(신앙 논집)을 보라. 또한 Bertram Lee Woolf가 번역하고 주석을 붙인 *Reformation Writings*(London, 1959)도 참고했다. 또한 Bengt Hoffman이 번역하고 주석을 단 *The Theologia Germanica of Martin Luther*(New York, 1980)도 보라.

마르틴 루터의 신학에 관한 최근의 논의 가운데 특히 다음을 보라. John Dillenberger, *God hidden and revealed : the interpretation of Luther's deus absconditus and its significance for religious thought*(Philadelphia, 1953); R. Prentor, *Spiritus Creator*(Philadelphia, 1953); Bengt Hägglund, *Theologie und Philosophie bei Luther und in der occamistischen Tradition*(Lund, 1955); B. A. Gerrish, *Grace and Reason : A Study in the theology of Luther*(Oxford, 1962; 중요한 저작); H. A. Oberman (Ed.), *Luther and the Dawn of the Modern Era*(Leiden, 1974).

J. Huizinga에 의한 전기 *Erasmus of Rotterdam*(trad. anglaise, 1924)은 오늘날에도 매우 신선하다. Roland H. Bainton의 저작 *Erasmus of Christendom*(New York, 1969)은 에라스무스의 비교적 알려지지 않은 저술과 서간문을 많이 인용하고 있다는 점에서 특히 중요하다(훌륭한 참고 문헌이 pp. 285~299에 있다). 또한 John C. Olin (Ed.), *Erasmus. Christian Humanism and the Reformation, Selected Writings*(New York, 1965)도 보라.

에라스무스의 저작과 사상에 관해서는 Louis Bouyer, *Autour d'Érasme*(Paris, 1955); Peter G. Bietenholz, *History and Biography in the work of Erasmus*(Genève, 1966); Ernst Wilhelm Kohls, *Die Theologie des Erasmus*, I~II(Bâle, 1966); Jean-Claude Margolin, *Érasme par lui-même*(Paris, 1965); Margaret M. Phillips, *Erasmus and the Northern Renaissance*(London, 1949); A. Renaudet, *Érasme et l'Italie*(Genève, 1954)를 보라. 또한 Rochard L. De Molen (Ed.), *Essays on the Works of Erasmus*(New Haven-London, 1978); 특히 De Molen, "Opera Omnia Desiderii Erasmi", pp. 1~50 및 B. A. Gerrish, "*De Libero Arbitrio*(1524): Erasmus on Piety, Theology and the Lutheran Dogma", pp. 187~209를 보라.

『자유의지론』 및 『노예의지론』에는 수많은 간행본과 번역본이 있는데, 본서에서 사용한 것은 E. Gordon Rupp와 Philip S. Watson이 번역하고 주석을 붙인 *Luther and Erasmus: Free Will and Salvation*(Philadelphia, 1969)이다.

309. 츠빙글리, 칼뱅, 가톨릭 개혁[본문 pp. 389~398]

츠빙글리의 생애와 사상에 관해서는 무엇보다 Fritz Büsser, *Huldrych Zwingli: Reformation als prophetischen Auftrag*(Zürich, 1973); G. H. Potter, *Zwingli*(Cambridge, 1976); W. H. Neuser, *Die reformatorische Wende bei Zwingli*(Neukirchen-Vluyn, 1976)를 보라. 츠빙글리와 불링거의 저술들의 선집은 G. W. Bromiley, *Zwingli and Bullinger: Selected Translations with Introduction and Notes*(Philadelphia, 1953)에 제시되어 있다.

재세례파와 "과격한 종교개혁"의 제 운동에 관해서는 특히 G. H. Williams, *The Radical Reformation*(Philadelphia, 1962; *ibid.*, pp. 118~180에 나오는 스위스, 남독일, 오스트리아의 초기 재세례파의 역사를 참조하라)을 보라. 또한 G. H. Williams et A. Mergal (Ed.), *Spiritual and Anabaptists Writers*(Philadelphia, 1957); G. Hershberger(Ed.), *The Recovery of the Anabaptist Vision*(Scottdale, Pa., 1957)을 보라.

칼뱅의 저작 및 사상에 관한 가장 좋은 입문서 중 하나로 A. M. Schmidt, *Jean Calvin et la tradition calvinienne*(Paris, 1956)을 들 수 있다. 최초의 칼뱅 전기는 그와 동시대인이 저술한 Théodore de Bèze, *La Vie de Calvin*(trad. anglaise. Philadelphia, 1836)인데 이것이 향후 모든 칼뱅 전기의 모체가 되었다. 특히 Alexandre Ganoczi, *Le jeune Calvin: Genèse et évolution de sa vocation réformatrice* (Wiesbaden, 1966)를 보라.

본서에서는 『기독교 요강』의 최초의 프랑스어판(1541) 원문(A. Lefranc, J. Pannier et H. Chatelain éd., Paris, 1911년부터, réédition, 1978)과 최종 라틴어판(1559)에 주석을 붙인 번역본 John T. McNeill & F. L. Battles, *Institutes of the Christian Religion*, 2 vols.(Philadelphia, 1960)를 사용했다. 후자는 『기독교 요강』의 모든 판본들—라틴어판 및 프랑스어판—을 두루 참조했다는 이점을

가지고 있다.

칼뱅의 신학에 관해서는 John T. McNeill, *The History and Character of Calvinism*(New York, 1957); Quirinus Breen, *John Calvin: A Study in French Humanism*(2e éd., Grand Rapids, 1968); E. W. Monter, *Calvin's Geneva*(New York, 1967); Rudolf Pfister, *Kirchengeschichte der Schweiz* vol. II(Zurich, 1974); Émile G. Léonard, *Histoire générale du protestantisme*, I~II(Paris, 1961)를 보라.

세르베투스에 관해서는 Roland H. Bainton, *Hunted Heretic: The Life and Death of Michael Servetus, 1511~1553*(Boston, 1960)을 보라.

재세례파와의 분쟁에 관해서는 Willem Balke, *Calvin and the Anabaptist Radicals*(trad. William J. Heynen, Ferdman Publishing Company, Grand Rapids, 1981)를 보라.

가톨릭 개혁에 관해서는 Léon Cristiani, *L'Église à l'époque du concile de Trente*(Paris, 1948); Hubert Jedin, *Geschite des Konzils von Trent*, I~II(Freiburg I. B., 1949~1957, trad. anglaise. St. Louis, 1957~1962); Hermann Tüchler, C. A. Bouman et Jacques Le Brun, *Réforme et Contre-Réforme*(Paris, 1968); Marvin R. O'Connell, *The Counter Reformation 1559~1610*(New York, 1974)을 보라.

로욜라의 이그나티우스에 관해서는 Alain Guillermou, *Saint Ignace de Loyola et la Compagnie de Jésus*(Paris, 1960: 뛰어난 도판이 있는 명쾌하고 생생한 입문서이다. 그리고 *Ibid.*, p. 187의 이그나티우스 데 로욜라 텍스트의 프랑스어판 참고 문헌을 참조하라)를 보라. 또한 Henry Dwight Sedgwick, *Ignatius Loyola. An Attempt of an Impartial Biography*(New York, 1923: 전문가의 저술은 아니지만 나름대로 잘 정리되어 있다); Alexandre Brou, S. J., *Ignatius Methods of Prayer*(Milwaukee, 1947. 매우 많은 텍스트들이 인용, 해설되어 있어서 유익하다. 『영적 훈련』을 기독교 영성사 안에 자리매김하고 있다); James Broderick, S. J., *The Origin of the Jesuits*(London-New York, 1940; 예수회 형성사의 관점에서 본 이그나티우스 전기)를 보라.

310. 르네상스기의 인문주의자, 신플라톤주의 그리고 헤르메스주의[본문 pp. 398~404]

이탈리아 인문주의자들의 기독교관에 대해서는 Charles Trinkaus, "In Our Image and Likeness", *Humanity and Divinity in Italian Humanist Thought*, 2 vols. (Chicago, 1970; 텍스트를 재수록해놓았다는 점에서도 중요한 필독서이다. pp. 325~457, 778~885)를 보라. 또한 Giacchino Paparelli, *Feritas, Humanitas, Divinitas: Le componenti dell'Umanesimo*(Messina et Firenze, 1960); Paul Oskar Kristeller, *Renaissance Thought: The Classic, Scholoastic and Humanistic Strains*(New York, 1961); Wallace K. Ferguson (Ed.), *Renaissance Studies*(New York, 1963); John W. O'Malley, *Giles of Viterbo on Church and Reform. A Study in Renaissance Thought*(Leiden, 1968); Franco Gaeta, *Lorenzo Valla: Filologia e storia nell' umanesimo italiano*(Napoli, 1955)를 보라.

종교의 해석으로는 Carlo Angeleri, *Il problema religioso del Rinascimento. Storia della critica e bibliografia*(Firenze, 1952)를 보라. 또한 Giovanni di Napoli, *Studi sul Rinascimento*(Napoli, 1973), pp. 1~84를 보라.

마르실리오 피치노에 관해서는 특히 P. O. Kristeller, *Il pensiero filosofico di Marsilio Ficino*(Firenze, 1953; 1943년에 간행된 영어판 원저를 증보 번역하였다); Giuseppe Saitta, *Marsilio Ficino e la filosofia dell'Umanesimo*(3e éd., augmentée, Bologna, 1954); E. Garin, *L'umanesimo italiano*(2e éd., Bari, 1958); Raymond Marcel, *Marsile Ficin*(Paris, 1958)을 보라.

피코 델라 미란돌라에 관해서는 Eugenio Garin, *Giovanni Pico della Mirandola* (Firenze, 1937); Engelbert Monnerjahn, *Giovanni Pico della Mirandola. Ein Beitrag sur philosophischen Theologie des italienischen Humanismus*(Wiesbaden, 1960); Giovanni di Napoli, *G. Pico della Mirandola e la problematica dottrinale del suo tempo*(Rome, 1963)를 보라.

르네상스의 헤르메스주의에 관해서는 특히 Frances Yates, *Giordano Bruno and the Hermetic Tradition*(London-Chicago, 1964)을 보라. 고대 신학에 관해서

는 D. P. Walker, *The Ancient Theology*(London, 1972)를 보라. 르네상스기의 마술에 관해서는 D. P. Walker, *Spiritual and Demonic Magic, from Ficino to Campanella*(London, 1958; nouvelle éd., Notre Dame-London, 1975); Edgar Wind, *Pagan Mysteries in the Renaissance*(édition augmentée, London, 1967; 특히 pp. 1～16, 218～235); Ioan P. Culiano, *Éros et Magie*(인쇄 중).

비의 전통에 관해서는 E. Garin, "Note sull'ermetismo del Rinascimento", in: E. Castelli (Ed.), *Testi umanistici dell'Ermetismo*(Roma, 1955), pp. 8～19; E. Castelli (Ed.), *Umanesimo e esoterismo*(Padova, 1969; 특히 Maurice de Gandillac, Cesare Vasoli, François Secret의 논문들)를 보라. 또한 J. Dagens, "Hermétisme et cabale en France de Lefèvre d'Étaples à Bossuet", *Revue de Littérature Comparée*, janvier-mars, 1961, pp. 3 sq.를 보라.

기독교 카발라주의자에 관해서는 F. Secret, *Les Kabbalistes chrétiens de la Renaissance*(Paris, 1964) 및 *Kabbalistes chrétiens*(Cahiers de l'Hermétisme, V, Paris, 1979)에서의 연구들을 보라.

대우주-소우주의 상동화에 관해서는 Leonard Barkan, *Nature's Work of Art: The Human Body as Image of the World*(New Haven, 1977); Alex Wayman, "The Human Body as Microcosm in India, Greek Cosmology and Sixteenth Century Europe", *HR*, 32, 1982, pp. 172～190; Allen G. Debus, *Man and Nature in the Renaissance*(Cambridge, 1978), pp. 26 sq.를 보라.

311. 연금술의 새로운 가치 매김: 파라셀수스에서 뉴턴까지 [본문 pp. 404～414]

연금술 및 그것과 야금술 신화의 관련성에 대한 간략한 소개로는 Eliade, *Forgerons et alchimistes*(2ᵉ édition augmentée, Paris, 1977)를 보라. 또한 R. P. Multhauf, *The Origins of Chemistry*(London, 1966); Allen G. Debus, "The Significance of the History of Early Chemistry"(*Cahiers d'histoire mondiale*, IX, No. II, 1965, pp. 37～58); John Read, *Through Alchemy to Chemistry*(New York, 1956)도 참조하라.

중세의 연금술에 관해서는 Eliade, *Forgerons et alchimistes*, pp. 175～176에 인

용된 문헌들을 보라. 르네상스기 및 종교개혁기의 연금술에 관해서는 *ibid.*, pp. 176~177에 나오는 문헌들을 보라. 특히 Walter Pagel, *Paracelsus: An Introduction to philosophical Medicine in the era of the Renaissance*(Bâle et New York, 1958; trad. fr. 1963); Allan G. Debus, *The English Paracelsians*(London, 1965); *id.*, *The Chemical Dream of the Renaissance*(Cambridge, 1968); *id.*, "The Chemical Philosophers: Chemical Medicine from Paracelsus to van Helmond"(*History of Science*, II, 1974, pp. 235~259); *id.*, *Man and Nature in the Renaissance*(Cambridge, 1978); Peter French, *John Dee, The World of an Elizabethan Magus*(London, 1972); R. J. W. Evans, *Rudolf II and his world*(Oxford, 1973)를 참조하라.

뉴턴 시대의 연금술의 재평가에 관해서는 Betty I. Teeter Dobbs, *The Foundations of Newton's Alchemy*(Cambridge, 1975); Frances Yates, *The Rosicrucian Enlightment*(London, 1972); Richard S. Westfall, "Newton and the Hermetic Tradition", in *Science, Medicine and Society in the Renaissance. Essays to honor Walter Pagel*(New York, 1972), vol. II, pp. 183~198; Richard S. Westfall, *Force in Newton's Physics*(London and New York, 1971)를 보라.

안드레아에 관해서는 J. W. Montgomery, *Cross and Crucible. Johann Valentin Andreae(1586~1654), Phoenix of the theologians*, I~II(La Haye, 1973)를 보라.

『형제단의 공지』는 Frances Yates, *The Rosicrucian Enlightment*, pp. 238~251에 재수록되어 있다. Bernard Gorceix는 *Bible des Rose-Croix*(Paris, 1970)에서 『형제단의 공지』, 『장미십자단 신앙고백Confessio Fraternitatis R.C.』(1615) 및 크리스찬 로젠크로이츠의 『화학의 결혼Noces Chimiques』을 프랑스어로 번역했다.

Jean-Jacques Mathé는 1954~1977년까지 프랑스어로 간행된 저서들에 대한 비판적 문헌 목록을 *Alchimie, Cahiers de l'Hermétisme*(Paris, 1978), pp. 191~221에 싣고 있다. 같은 논집에 있는 Antoine Faivre와 Bernard Husson의 논문을 보라.

제39장 티베트의 종교들

312. "인간의 종교" [본문 pp. 415~418]

티베트의 역사와 문명에 관해서는 R. A. Stein, *La civilisation tibétaine*(Paris, 1962); G. Tucci, *Tibet, Land of Snow*(London, 1967); D. Snellgrove et H. Richardson, *A Cultural History of Tibet*(New York, 1968)을 보라.

티베트 종교에 관한 개괄적인 저작으로는 다음을 보라. Ch. Bell, *The Religion of Tibet*(Oxford, 1931; 오래된 저작이지만 저자 자신이 직접 티베트를 경험하고 쓴 것이므로 유용하다); R. B. Ekvall, *Religious Observances in Tibet: Patterns and Functions*(Chicago, 1964; 티베트 서부에 관한 저자의 견문이 소개되어 있다); H. Hoffmann, *Die Religionen Tibets*(Freiburg -i. Breisgau, 1956; trad. anglaise. *The Religions of Tibet*, London, 1961); Marcelle Lalou, *Les religions du Tibet*(Paris, 1957); G. Tucci et W. Heissig, *Die Religionen Tibets und der Mongolei*(Stuttgart, 1970; trad. fr. *La religions du Tibet et de Mongolie*, Payot, Paris, 1973), pp. 13~336.(티베트의 종교들에 관한 가장 완전한 개설서이다) 훌륭한 소개로서는 R. A. Stein, *La civilisation tibétaine*, pp. 134~210; Anne-Marie Blondeau, "Religions du Tibet", dans *Histoire des Religions*(direction Henri-Charles Puech), vol. III(1976), p. 233~329.

선사시대의 티베트의 상황은 별로 알려져 있지 않다. P. Aufschneiter, "Prehistoric religions discovered in inhabited Tibet", *East and West*, 7, 1956, pp. 74~88을 참조하라. 몇몇 거석기념물이 발견되었으며 일부 구조물과 풍습 속에서 거석문화의 흔적을 찾아내려는 시도도 있었다. A. W. Macdonald, "Une note sur les mégalithes tibétains", *JA*, 1963, pp. 63~76; S. Hummel, "Die Steinreihen des tibetischen Megalithikums und die Ge-sar-sage", *Anthropos*, 60, 1965, pp. 933~988(이 문제에 관한 저자의 종래의 연구 자료들)을 참조하라.

티베트의 전통 종교에 관해서는 다음을 보라. A. Macdonald, "Une lecture des Pelliot tibétains 1286, 1287, 1038, 1047 et 1290. Essai sur la formation et l'emploi des mythes politiques dans la religion royale de Sron-bcan rgam-po", dans: *Études tibétaines dédiées à la mémoire de Marcelle Lalou*(Paris, 1971, pp. 190~391). 이는 둔황 문서에 대한 꼼꼼한 분석으로서, 불교 이전의 전통들에 관해 새로운 해석을 내리고 있다.(그 성과는 A. M. Blondeau, *op. cit.*, pp. 236~245에 간단히 소개되어 있다); R. A. Stein, "Du récit au rituel dans les manuscrits tibétains de Touen-houang", dans *Études tibétaines... Marcelle Lalou*, pp. 479~547; *id.*, *Civil. tibétaine*, pp. 159~193; F. W. Thomas, *Ancient Folk-literature from North-Eastern Tibet*(Berlin, 1957; 둔황에서 발견된 몇몇 점복술서와 그 기원 신화에 대한 교정과 번역이 포함되어 있다). 방대한 양의 문서가 7세기에서 10세기 사이에 둔황의 벽을 쌓아 막은 동굴 속에 숨겨지게 된 이유에 대해서는 아직 알 수 없다.

피바 신들에 관해서는 A. Macdonal, "Une lecture des Pelliot tibétains...", pp. 291 sq.; "츄의 선한 가르침"에 관해서는 *ibid.*, pp. 341; 시간의 순환에 관해서는 pp. 364 sq.를 보라.

우주 창조에 관한 몇몇 티베트 신화의 단편들이 A. Macdonald에 의해 *L'Origine du Monde*(Sources Orientales, I, Paris, 1959), pp. 422 sq.에 번역되어 있다. 또한 E. Haarh, *The Yar-lun Dynasty*(Copenhague, 1969), pp. 134 sq.에 번역된 여러 기원 신화의 앞부분도 보라. 우주가 알에서 비롯되었다고 설하는 우주 개벽 신화는 아마도 인도의 영향을 받은 **본교**의 전승을 반영한 것이라고 보여진다. Stern, *Civil. tibétaine*, p. 162를 참조하라.

최초의 왕들의 기원에 관한 신화는 Haarh, *The Yar-lun Dynasty*, pp. 126 sq.; A. Macdonald, "Une lecture...", pp. 202 sq.; J. Russell Kirkland, "The Spirit of the Mountain: Myth and State in pre-buddhist Tibet", *HR*, 21, 1982, pp. 257~271에서 검토되고 있다.

최초의 왕들이 하늘에서 내려왔다가 죽을 때 다시 하늘로 올라간다는 신화는 이미 수메르인들 사이에서도 존재했다. 본서 제1권의 문헌 해제 17절의 관련 부분을 참조하라. 바빌로니아의 신들이 찬란한 빛을 발했다는 이야기에 관해서는 본서 제1권의 문헌 해제 20절을 참조하라. 티베트의 왕릉은 Tucci, *The*

Tombs of the Tibetan Kings(Rome, 1950)에서 거론되고 있다. 그것들은 왕국이 멸망한 후 약탈당하여 황폐해졌다. 최근의 연구 덕분에 왕릉과 관련된 희생 제의 및 장례 의례에 관한 관념에 대해서 이제 막 알기 시작했다. 일반적으로 매장이 행해졌는데, 이는 육체의 부활을 믿었기 때문이다. 사자의 영혼은 거기서 두 개의 상이한 장소, 즉 "천국"이나 "지옥"에서 부활을 기다린다. A. Macdonald, *op. cit.*, pp. 365 sq.; R. Stein, *Civil. tibétaine*, pp. 167 sq.; A. M. Blondeau, pp. 243~245를 참조하라.

최초의 신화적 왕들이 지녔던 무 밧줄에 관해서는 G. Tucci, *La religions du Tibet*, pp. 286 sq., 301 sq.(왕의 신성성); E. Haarh, *op. cit.*, pp. 28 sq., 177 sq.; Eliade, *Méphistophélès et l'Androgyne*(1962), pp. 207~210을 보라.

티베트 전통 종교에서의 군주의 중심적 역할에 관해서는 A. Macdonald, *op. cit.*, pp. 376 sq.를 보라.

313. 전통적 관념들: 우주들, 인간들, 신들 [본문 pp. 419~422]

우주-집-인체의 상동화에 관해서는 M. Eliade, "Centre du Monde, Temple, Maison", in: *Le Symbolisme cosmique des monuments religieux*(Rome, 1957), pp. 57~82; *id.*, "Briser le toit de la maison: Symbolisme architectonique et physiologie subtile", in: *Studies in Mysticism and Religion, presented to Gershom G. Scholem*(Jérusalem, 1967), pp. 131~139; R. A. Stein, "Architecture et pensée religieuse en Extrême-Orient", *Arts Asiatiques*, 4, 1957, pp. 163~186; *id.*, "L'habitat, le monde et le corps humain en Extrême-Orient et en Haute-Asie", *JA*, 1957, pp. 37~74를 보라.

거룩한 산들의 전사적 성격은 산에 대해 베풀어지는 다양한 축제, 즉 각종 경기 및 두 전사 집단이 서로 노래를 주고받으면서 춤을 추는 의식 등에 잘 나타나 있다. Stein, *Civ. tib.*, p. 176.

"전사신"과 "인간신"은 사람의 양 어깨 위에 거하며 "인간을 공간과 시간에 있어 그 집단과 결부시킨다. 공간에 있어서는 그 신들이 인간이 거주하는 장소, 즉 집이나 나라를 지배하는 신들과 동일시되기 때문이며, 시간에 있어서는 그 신들이 조상에서 자손에 이르기까지 인간의 운명을 지배하기 때문이다. 이 두 가지 유대가 교차되는 해당 인간에게 있어서, 만약 특별한 문제가 없다면, 이 신들이 그의 건강과 능력 및 수명과 성공 등을 보장해준다." Stein, *Civ. tib.*, p. 187.

영혼의 복수성에 관해서는 Stein, *Civ. tib.*, pp. 189 sq.를 참조하라. 의례적 전투에 관해서는 Stein, *Recherches sur l'épopée et le barde au Tibet*(Paris, 1959), pp. 437 sq.; *id., Civ. tib.*, pp. 131 sq.를 보라. 이란의 영향에 관해서는 *Recherches,* p. 296을 참조하라.

두 진영의 대립과 전투에 관한 신화 종교적 문제들은 *La Nostalgie des Origines*(1971), pp. 231~311에 재수록된 Eliade, "Remarques sur le dualisme religieux"(1967)에서 다루어지고 있다. 특히 pp. 284 sq.(인도네시아의 신화와 의례)를 참조하라.

314. 본교: 대립과 융합[본문 pp. 422~428]

본교에 관해서는 G. Tucci, *Les religions du Tibet,* pp. 271 sq.; Helmut Hoffmann, *Quellen zur Geschichte der tibetischen Bon-Religion*(Wiesbaden, 1950; 저자는 전적으로 불교 측의 자료를 사용하고 있다); Marcelle Lalou, "Tibétain ancien Bod/Bon", *JA,* 246, 1958, pp. 157~268; D. L. Snellgrove, *The Nine Ways of Bon*(London, 1972); S. G. Karmay, *The Treasury of Good Sayings: A Tibetan History of Bon*(London, 1967); P. Kvaerne, "Bonpo Studies. The A-Khnid system of meditation", *Kailash,* I, 1973, pp. 19~50, 248~332; *id.,* "The Canon of the tibetan Bonpos", *IIJ,* 16, 1974, pp. 18~56, 96~144를 보라.

본교와 샤머니즘의 실천 형태상의 유사성에 관해서는 M. Eliade, *Le Chamanisme et les techniques archaïques de l'extase*(2ᵉ éd., 1968), pp. 337 sq.를 보라. 또한 H. Hoffmann, *Symbolik der tibetischen Religionen und des Schamanismus* (Stuttgart, 1967), pp. 67~141을 참조하라.

본교의 장례 의례에 관해서는 M. Lalou, "Rituel Bon-Po des funérailles royales", *JA*, 249, 1952, pp. 339~362; *id.*, "Le chemin des morts dans les croyances de Haute Asie", *RHR*, 135, 1949, pp. 42~48; R. A. Stein, "Du récit au rituel dans les manuscrits tibétains de Touen-houang", dans *Études tibétaines...*, pp. 479~547(장례 의례에서 창해지는 기원 신화의 역할)을 보라.

정신, 빛, 정액 사이의 관계에 대해서는 Eliade, *Occultisme, sorcellerie et modes culturelles*(1978), pp. 125~166를 보라.

315. 티베트 불교의 형성과 발전〔본문 pp. 428~432〕

티베트 불교의 역사에 관해서는 H. Hoffmann, *The Religions of Tibet*, pp. 28~83, 111~180; G. Tucci, *La religions du Tibet*, pp. 29~54; P. Demiéville, *Le Concile de Lhasa*(1952; 인도 불교 대표자와 중국 불교 대표자 간의 논쟁); D. S. Ruegg, "Sur les rapports entre le bouddhisme et le 'substrat religieux' indien et tibétain", *JA*, 1964, pp. 77~95를 보라.

아티샤에 관해서는 A. Chattopadhyaya, *Atiśa and Tibet*(Calcutta, 1967)을 보라. 파드마삼바바에 관해서는 G. Ch. Toussaint, *Le dict de Padma*(1933); A. M. Blondeau, "Le Lha-'dre bka'-than", in: *Études tibétaines dédiées à la mémoire de Marcelle Lalou*, pp. 29~126(파드마삼바바가 신들과 악마를 항복시킨 이야기에 관한 발굴 자료의 번역); 나로파에 관해서는 H. Günther, *The Life and Teachings of Naropa*(Oxford, 1963)를 보라. 마르파에 관해서는 J. Bacot, *La vie de Marpa le 'traducteur'*(1937)를 보라. 밀라레파에 관해서는 본권 317절을 참조하라.

총카파에 관해서는 E. Obermiller, "Con-Kha-pa le Pandit", *Mélanges Chinois et bouddhiques*, 3, 1934~1935, pp. 319~338; R. Kaschewsky, *Das Leben des lamaistischen Heilige Tsongkhapa*(Wiesbaden, 1971)를 보라. 또한 C. Schulemann, *Die Geschichte der DalaI-Lamas*(Heidelberg, 1911)도 보라.

316. 티베트 불교의 교의와 실천[본문 pp. 432~437]

티베트 불교의 교리와 실천에 관해서는 R. Stein, *La civilisation tibétaine*, pp. 135~157; Tucci, *Les religions du Tibet*, pp. 55~210; R. Bleichsteiner, *Die Gelbe Kirche*(1936, trad. fr. *L'Église jaune*, 1937); H. V. Guenther, *sGam-po-pa, The Jewel Ornament of Liberation*(London, 1959); *Buddhist Philosophy in Theory and Practice*(London, 1972); F. Lessing et A. Wayman, *Mkhas grub rje's Fundamentals of Buddhist Tantras*(La Haye, 1968, 티베트어 원문과 주석을 첨부한 번역본); Eva M. Dargyay, *The Rise of Esoteric Buddhism in Tibet*(Delhi, 1977)을 보라.

또한 G. Tucci의 저작 *Indo-Tibetica*, 7 vols.(Rome, 1932~1941); *Tibetan Painted Scrolls*, 2 vol.(Rome, 1949); *The Theory and Practice of the Mandala* (London, 1961)도 참조하라. 티베트 불교의 몇몇 "민중적" 측면에 관해서는 R. Nebesky-Wojkovitz, *Oracles and Demons of Tibet*(La Haye, 1956); Stephan Beyer, *The Cult of Tārā: Magic and Ritual in Tibet*(Berkeley-Los Angeles, 1973)을 보라.

도상학에 관해서는 W. E. Clark, *Two Lamaistic Pantheons*(New York, 1937); A. K. Gordon, *The iconography of Tibetan Lamaism*(Tokyo, 1959)을 보라. "마술사(*siddhas*)"의 도상학에 관해서는 T. Schmidt, *The eighty-five Siddhas* (Stockholm, 1958)를 보라.

츄에 관해서는 R. Bleichsteiner, *L'Église jaune*, pp. 194 sq.; Alexandra David-Neel, *Mystiques et magiciens du Tibet*(Paris, 1929), pp. 126 sq.; Eliade, *Le Chamanisme*, pp. 384 sq.를 보라.

티베트와 모소인의 샤머니즘에 관해서는 Eliade, *Le Chamanisme*, pp. 384 sq., 390 sq.를 보라.

317. 빛의 존재론과 신비적 생리학[본문 pp. 438~442]

빛의 유형론과 의미에 관해서는 Eliade, "Expériences de la lumière mystique"(1957; *Méphistophélès et l'Androgyne*, pp. 17~94에 재수록); *id.*, "Esprit, lumière, semence"(1971, *Occultisme, sorcellerie et modes culturelles*, pp. 125~166에 재수록)

를 보라.

영혼-빛이 화살 혹은 광선의 형태로 사람의 몸에 들어오거나 나간다는 상징에 관해서는 Eliade, "Briser le toit de la maison" 및 R. A. Stein의 두 논문 "Architecture et pensée religieuse"; id., "L'habitat, le monde et le corps humain" (문헌 해제 313절)을 보라.

찬드라키르티와 총카파의 텍스트는 G. Tucci, "Some glosses upon Guhyasamāja", *Mélanges chinois et bouddhiques*, 3, 1934~1935, pp. 339~353 에 번역되어 있다. Alex Wayman, *Yoga of the Guhyasamājatantra*(Delhi-Benares, 1977)를 보라.

『티베트 사자의 서』의 번역본으로는 Lama Kazi Dawa-Samdup와 W. Y. Evans-Wentz가 번역한 *The Tibetan Book of the Dead*(Oxford, 1927; 여러 차례 재판되었다; trad. fr. 1958) 및 Giuseppe Tucci가 번역한 *Il Libro Tibetano dei morti*(Milano, 1949)가 있다. 또한 D. M. Back, *Eine buddhistische Jenseitreise: Das sogenannte 'Totenbuch der Tibeter' aus Philologischer Sicht*(Wiesbaden, 1979); Dawa-Samdup et Evans-Wentz, *Tibetan Yoga and Secret Doctrines*(Oxford, 1935), p. 223 sq.도 보라.

318. 티베트의 종교적 창안물에 대한 현대적 관심 [본문 pp. 443~446]

칼라차크라의 탄트리즘 체계는 11세기 최초의 4반세기에 티베트에 형성되었다. 이 교설은 몇 가지 새로운 점을 가지고 있는데, 그중에서도 시간의 주기에 대한 점성술적 해석이 특히 돋보인다. 티베트의 역법은 1026년에 칼라차크라를 공식적으로 채용한 시점부터 시작된다. 대승불교의 마지막 표현 형식이라 할 수 있는 이 칼라차크라의 교리와 역사에 관해서는 아직 거의 연구된 바가 없다. George Roerich, "Studies in the Kālacakra", *Journal of Urusvati Himalayan Research Institute of Roerich Museum*, 2, 1931, pp. 11~22; H. Hoffmann, "Kālacakra Studies, 1: Manichaeism, Christianity and Islam in the Kālacakra Tantra", *Central Asiatic Journal*, 13, 1969, pp. 52~75; id., *The Religions of Tibet*, pp. 126 sq.를 보라.

티베트 전승에 의하면 칼라차크라는 티베트 북부에 있는 신비스런 나라 샴발라에서 만들어졌고 수호되어왔다고 한다. 학자들은 이 나라가 유타 부근(Laufer, Pelliot)이나 박트리아 부근(Sarat Chandra Das), 중앙아시아 등에 위치했다고 여겼다. 이런 지리학상의 논쟁사와 샴발라에 관한 여러 상징적 해석들은 Edwin Bernbaum의 저서 *The Way to Shambala. A Search for the Mythical Kingdom beyond the Himalayas*(New York, 1980, pp. 269~287)에서 다루어지고 있다.

밀라레파의 저서의 부분적인 번역 중에서는 다음 것들이 가장 낫다. Berthold Laufer, *Milaraspa. Tibetische Texte in Auswahl übertragen*(Hagen i.W. et Darmstadt, 1922); H. Hoffmann, *MI-la ras-pa : Sieben Legenden*(München-Planegg, 1950); Sir Humphrey Clarke, *The Message of Milarepa*(London, 1958). 또한 Lobsang P. Lhalungpa의 새로운 번역 *The Life of Milarepa*(New York, 1977)도 참조하라.

최초의 완역본은 Garma C. C. Chang이 번역한 *The Hundred Thousands Songs of Milarepa*, 2 vol.(New York, 1962)이다. 이에 대한 D. Snellgrove, *Asia Major*, 10, 1963, pp. 302~310의 신랄한 서평을 보라. 또한 *IIJ*, 10, 1967, pp. 204~212에 나오는 de Jong의 서평도 참조하라. 그는 "이 업적의 긍정적인 측면을 높이 평가"(p. 205)하고자 했다. *Ibid.*, pp. 211~212에 전체 번역의 일람표가 나와 있다.

도상학에 관해서는 T. Schmidt, *The Cotton-clad Mila : The Tibetan Poet-Saint's Life in Picture*(Stockholm, 1958)를 보라.

『게사르의 서사시』에 관해서는 Alexandra David-Neel, *La vie surhumaine de Guésar de Ling*(Paris, 1931; 서사시의 개괄적인 소개와 부분적인 번역); R. A. Stein, *L'épopée tibétaine de Gesar dans sa version lama que de Ling*(1956); *id.*, "Peintures tibétaines de la Vie de Gesar", *Arts Asiatiques*, 5, 1958, pp. 243~271; *id.*, *Recherches sur l'épopée et le barde au Tibet*(1959; 결정판); *id.*, "Une source ancienne pour l'histoire de l'épopée tibétaine", *JA*, 1963, pp. 77~105; M.

Hermanns, *Der National-Epos der Tibeter: Gling König Ge sar*(Rosensburg, 1965; 1000여 쪽에 달하는 복잡하고 방대한 전문서로서, 이용할 때 신중을 기할 필요가 있다)를 보라.

엘리아데의 저서 목록

Yoga. Essai sur les origines de la mystique indienne, Paris, Librairie orientaliste Paul Geuthner, 1936.

Techniques du Yoga, Paris, Gallimard, coll. <La Montagne Sainte-Geneviève>, 1948. Nouvelle édition revue et augmentée, coll. <Idées>, 1975.

Traité d'histoire des religions, Paris, Payot, 1949. Nouvelle édition, 1966.〔『종교형태론』, 이은봉 옮김, 한길사, 1996;『종교사개론』, 이재실 옮김, 까치글방, 1994〕

Le Mythe de l'éternel retour, Paris, Gallimard, coll. <Les Essais>, 1949. Réimpression coll. "Idées", 1975.〔『영원회귀의 신화』, 심재중 옮김, 이학사, 2003〕

La Nuit bengali, Trad. A. Guillermou, Pairs, Gallimard, coll. <La Méridienne>, 1950. Nouvelle édtion, Lausanne, LA Guide du Livre, 1966.〔『벵갈의 밤』, 이재룡 옮김, 세계사, 1990〕

Le Chamanisme et les techniques archaïques de l'extase, Paris, Payot, 1961. Nouvelle édition corrigée et augmentée, 1974.〔『샤마니즘』, 이윤기 옮김, 까치글방, 1992〕

Images et symboles. Essai sur le symbolisme magico-religieux, Paris, Gallimard, coll. <Les Essais>, 1952.〔『이미지와 상징』, 이재실 옮김, 까치글방, 1998〕

Le Yoga. Immortalité et liberté, Paris, Payot, 1954. Nouvelle édition corrigée et augmentée, 1975.

Forêt interdite, Trad. A Guillermou, Paris, Gallimard, coll. <Du monde entier>, 1955.

Forgerons et alchimistes, Pairs, Flammarion, 1956. Nouvelle édition augmentée, 1977.[『대장장이와 연금술사』, 이재실 옮김, 문학동네, 1999]

Minuit à Serampore, Trad. A.-M. Schmidt, Paris, Stock, 1956.

Le Sacré et le Profane, Pairs, Gallimard, coll. <Idées>, 1956.

Mythes, rêves et mystères, Paris, Gallimard, coll. <Les Essais>, 1957. Réimpression coll. "Idées", 1970.

Naissances mystiques. Essais sur quelques types d'initiation, Paris, Gallimard, coll. <Les Essais>, 1959. Nouvelle édition sous le titre *Initiation, rites, sociétés secrètes*, coll. "Idées", 1976.

Méphistophélès et l'Androgyne, Paris, Gallimard, coll. <Les Essais>, 1962.

Patanjali et le Yoga, Paris, Le Seuil, coll. <Maîtres spirituels>, 1962. Nouvelle édition corrigée, 1976.

Aspects du mythe, Paris, Gallimard, coll. <Idées>, 1963. Nouvelle édition, 1973.[『신화와 현실』, 이은봉 옮김, 성균관대학교출판부, 1994]

De Zalmoxis à Gengis-Khan. Études comparatives sur les religions et le folklore de la Dacie et de l'Europe orientale, Paris, Payot, 1970.

La Nostalgie des origines. Méthodologe et histoire des religions(The Quest), Paris, Gallimard, coll. <Les Essais>, 1971.[『종교의 의미』, 박규태 옮김, 서광사, 1990]

Religions australiennes, Trad. L. Jospin, Paris, Petite Bibliothèque Payot, 1972.

Fragments d'un journal, Trad. L. Badesco, Paris, Gallimard, coll. <Du monde entier>, 1973.

Histoire des croyances et des idées religieuses, tome I. De l'âge de la pierre aux mystères d'Eleusis, Paris, Payot, 1976.[『세계종교사상사』 1, 이용주 옮김, 이학사, 2005]

Le Vieil Homme et l'officier, Trad. A. Guillermou, Paris, Gallimard, 1977.

Histoire des croyances et des idées religieuses, tome II. De Gautama Bouddha au triomphe du christianisme, Paris, Payot, 1978.〔『세계종교사상사』 2, 최종성·김재현 옮김, 이학사, 2005〕

Mademoiselle Christina, Trad. C. B. Levenson, Paris, L'Herne, coll. <Livres noirs>, 1978.

Occultisme, sorcellerie et modes culturelles, Paris, Gallimard, coll. <Les Essais>, 1978.

Andronic et le serpent, Trad. C. B. Levenson, Paris, L'Herne, 1979.

Les Promesses de l'équinoxe(Mémoire I), Trad. C. N. Grigoresco, Paris, Gallimard, 1980.

Fragments d'un journal, II(1970~1978), Trad. C. N. Grigoresco, Paris, Gallimard, 1981.

Noces au Paradis, Trad. M. Ferrand, Paris, L'Herne, 1981.

Le Temps d'un centenaire, suivi de Dayan, Trad. A. Paruit, Paris, Gallimard, 1981.

Uniformes de général, Trad. A. Paruit, Paris, Gallimard, 1981.

Les Dix-neuf roses, Trad. A. Paruit, Paris, Gallimard, 1982.〔『열아홉 송이의 장미』, 김경수 옮김, 천지서관, 1993〕

Histoire des croyances et des idées religieuses, tome III. De Mahomet à l'âge des Réformes, Paris, Payot, 1983.〔『세계종교사상사』 3, 박규태 옮김, 이학사, 2005〕

Les Trois Grâces, Trad. M.-F. Ionesco et A. Paruit, Paris, Gallimard, 1984.

A l'ombre d'une fleur de lys..., Trad. A. Paruit, Paris, Gallimard, 1985.

Les Hooligans, Trad. A Paruit, Paris, L'Herne, 1987.

L'Inde, Trad. A. Paruit, Paris, L'Herne, 1988.

옮기고 나서

1. 호모 렐리기오수스: 엘리아데 종교학의 기본 개념

"궁극적으로 나는 '우주적 인간'이라는 모델의 재발견을 꿈꾸었다."
(M.Eliade, *No Souvenir*)

20세기가 낳은 거장 미르치아 엘리아데(1907~1986)의 종교학에서는 예컨대 원형archetype, 호모 렐리기오수스Homo religiosus, 세계의 중심, 성현聖顯hierophany, 성속의 변증법, 역의 합일coincidentia oppositorum, 창조적 해석학, 뉴 휴머니즘New Humanism, 우주적 종교cosmic religion 등 독특한 개념 장치들이 많이 구사되고 있다.

엘리아데는 삶의 최종적인 근거와 의미를 제공해줄 수 있는 어떤 궁극적인 모델을 추구했다. 원형 개념이 바로 그런 모델을 구성하는데, 그것은 신화에 의해 표현되고 제의를 통해 재연되는 성스러운 패러다임이며 모든 '있음'의 범례로 기능하는 초월적인 모델을 가리킨다. 그에 의하면 이런 원형은 고대인에게 특유한 존재 양식이며, 이에 반해 현대인은 원형의 부재로 특징지어진다.

이처럼 범례적 원형이라는 모델을 살았던 고대인은 다시 호모 렐리기오수스, 즉 종교적 인간으로 규정된다. 호모 렐리기오수스는 범례적인 신화적 사건의 영원한 현존 안에서, 그리고 세계의 중심에서 성聖을 살고자 한다. 달리 말하자면 호모 렐리기오수스는 세계 내의 존재 양식을 성聖과 속俗이라는 두 가지 양태로 준별하며, 양자의 불연속성 안에서 시간과 공간을 경험한다. 그러니까 이때의 성과 속은 시간이나 공간과 마찬가지로 하나의 존재론적 범주로 말해질 수 있다. 어쨌거나 호모 렐리기오수스로 대변되는 엘리아데의 인간 이해는 현대인을 '역사적 인간'으로 보는 근대적 인간 이해와 강렬한 대비를 이룬다. 엘리아데는 현대를 탈성화脫聖化된 사회로 본다. 거기에는 성의 관념이 부재하며 시간도 공간도 더 이상 성스럽다고 여겨지지 않는다. 그리하여 현대인은 다만 무미건조한 사실의 역사에 지배받을 뿐이며, 역사의 공포와 시간의 폭력을 극복할 만한 어떤 모델도 가지지 못함으로써 온갖 무의미와 판단 불능에 시달릴 수밖에 없다.

그런데 성을 지향하는 호모 렐리기오수스는 다른 한편 호모 심볼리쿠스homo symbolicus 즉 상징을 필요로 하는 인간이다. 인간은 왜 상징을 필요로 하는가? 지극히 단순화시켜 말하자면 삶과 세계가 너무도 복합적이기 때문이다. 성의 지향성을 본질로 지니는 호모 렐리기오수스라 할지라도 누구든 속의 현실을 살지 않을 수 없다는 사실을 부인하지 못한다. 바꾸어 말하자면 성속의 두 세계를 함께 살아내지 않으면 안 되는 것이 바로 복합적인 인간 삶의 본래적 조건이다. 이때 상징의 본질은 다의적인 불투명성에 있는데, 그것이 오히려 삶의 복합성을 이해가능한 것으로 만들어준다. 이는 하나의 역설임에 분명하다. 어쨌거나 종교의 세계는 상징으로 가득 차 있다. 그리고 모든 종교 상징에는 성이 드러나 있다. 엘리아데는 이를 히에로파니, 즉 성현이라고 부른다. 산이든 나무든 돌이든 살아 있는 인간이든 어떤 것이라도 성현이 될 수 있다. 이때 성현에는 그 사물의 자연적 속성이 초극되면서 어떤 다른 의미 첨가 혹은 가치 부여가 이루어진다. 가령 돌부처에게 절을 하는 어떤 이에게 그 돌은 그냥 보통 돌(俗)이면서도 동시에 질적으로 전혀 다른 돌(聖)로 받아들여진다. 엘리아데는 이와 같은 역설을 성속의 변증법이라고 불렀다. 인류의 종교사 전체를 통해 찾아볼 수 있다고 그가 누누이 강조하는 '역의 합일'이란 바로 이런 성속의 변증법적 관계를 지칭하는 말이기도 하다.

엘리아데는 이와 같은 주요 개념 장치에 입각하여 탈성화된 현대 문화 속에서 종교학이 해야 할 역할을 강조한다. 예컨대 종교학은 인간의 가능성에 대한 총체적인 이해를 시도해야 한다는 것이다. 이때의 총체적 이해란 무엇인가? 이는 시, 노래, 춤, 섭생, 성性, 노동, 주거 등 인간 삶과 문화의 총체가 본래 종교적이었다고 보는 관점에 입각하여, 호모 렐리기오수스로서의 전인全人을 추구하는 인간 이해 혹은 그런 전인의 회복을 지향하는 인간 이해를 가리킨다.

그러나 엘리아데가 보기에 오늘날의 종교학(넓게는 인문학 전체)은 문헌학적 분석에만 치중하고 지나친 전문화 경향에 빠져 있는 나머지, 현대 문화의 위기에 대해 보다 적극적이고 창조적인 대응을 하지 못한다는 것이다. 이리하여 엘리아데는 이른바 '창조적 해석학'을 말하면서 뉴 휴머니즘을 제창한다. 창조적 해석학이란 종합의 정신, 직관적 사유, 문화 비평적 비전에 입각하여 연구 대상을 해석할 뿐만 아니라 더 나아가 해석자 자신의 변화와 변형까지 꿈꾸는 일종의 정신 기술이라 할 수 있다. 그리고 그것이 지향하는 뉴 휴머니즘은 누구나 다 세계의 중심을 살면서 우주적 다양성과 신비의 한가운데에 거하는 우주적 인간, 자기와 상이한 경험 세계를 알고 타자를 이해하기를 원하며 그런 타자와의 만남을 통해 새로운 문화를 창조하고자 하는 인간, 모든 속俗 안에서 의미 있는 가치를 찾아내고 그것으로 하여금 성聖의 세계에 참여하도록 도와주는 모든 길들을 긍정하는 자유로운 인간, 곧 현대의 호모 렐리기오수스를 꿈꾼다. 그런 호모 렐리기오수스는 자기만의 닫힌 절대 신념 체계나 응고된 교단 종교의 타자 부정을 거부하면서, 누구에게나 열려 있는 우주의 보편적 질서와 민중적 생명력을 찾아 나설 것이다. 엘리아데는 이 호모 렐리기오수스라는 우주적 인간의 종교를 우주적 종교라고 부르고 싶어한 것처럼 보인다.

2. 종합의 정신: 세계종교사상사의 서술 원칙

"메피스토펠레스는 생生의 흐름에 대항하면서도 한편으로는 생을 고취시킨다. 그는 선善과 대적하지만 종국에는 선을 성취시킨다."(M. Eliade, *The One and the Two*)

이상과 같은 개념 장치 위에 세워져 있는 엘리아데 종교학에 있어 『세계종교사상사』는 어떻게 자리매김될 수 있을까? 엘리아데의 1976년 4월 16일자 일기에 의하면, 『종교형태론』 발간 30여 년 뒤에 제1권이 나온 『세계종교사상사』는 『종교형태론』의 연장선상에서 그것을 해설한 저작으로 『종교학의 주제별 자료집: 원시인의 종교에서 선불교까지 A Thematic Source Book of the History of Religions: From Primitives to Zen』 (1967)와 더불어 엘리아데 종교학의 본질적 내용을 구성한다. 또한 이에 앞선 1973년 3월 25일자 일기에서 그는 『세계종교사상사』의 집필을 구상하는 가운데 다음 세 가지 원칙을 제시한 바 있다. 첫째, 읽기 쉬운 개설서로 쓸 것. 둘째, 여러 종교의 '창조적 순간'을 포착하여 묘사할 것. 셋째, 개별 종교 전문가specialist의 미시적 해석과는 다른 종합적 이론가generalist의 거시적 관점을 제시할 것.

이중 첫 번째 원칙부터 생각해보자. 사실 『세계종교사상사』는 내용상 결코 읽기 쉬운 책은 아니다. 그가 이 원칙의 표명에서 염두에 두고 있었던 것은 불어 histoire가 '역사'와 '이야기'를 동시에 뜻하듯이, 인류의 장대한 종교사를 하나의 구조를 지닌 이야기처럼 기술하겠다는 희망이었던 것으로 이해된다. 구체적으로 이는 종교의 역사를 기술하되 역사의 개별적 사실들을 나열하기보다는 그 사실들의 집적이 시사하는 종교사적 의미, 곧 종교의 보편적이고 초역사적(반복적, 가역적)인 구조를 밝히겠다는 말이다. 그리하여 『세계종교사상사』는 기본적으로 연대기적 서술 방식을 따르고 있음에도 불구하고 내용적으로는 모든 종교현상의 근본적인 통일성을 주장하고 있다. 이를 위해 엘리아데는 중요하고 본질적인 종교사적 계기moment들을 찾아내어 그것들을 적절하게 재구성하고자 시도했다. 이때의 중요하고 본질적인 종교사적 계기는 징검다리 혹은 매듭으로 비유될 만하다. 그러니까 인류의 전체 종교사를 하나의 큰 물줄기라고 한다면 그 계기들은 수많은 지류들을 건너뛰도록 도와주는 징검다리의 역할을 할 것으로 기대된다. 그런 징검다리를 밟으면서 장대한 종교사의 물줄기를 건너보자는 것이다. 혹은 종교사 전체를 하나의 기나긴 끈에 비유하자면 그 계기들은 끈의 매듭 같은 것이라 할 만하다. 그런 매듭들을 만짐으로써 전체 종교사의 끈을 느껴보자는 말이다. 이것이 바로 『세계종교사상사』를 하나의 읽기 쉬운 이야기로 서술해보자는 엘리아데의 의도였으리라고

옮기고 나서 549

생각된다.

'창조적 순간'을 포착하자는 두 번째 원칙은 전술한 계기, 징검다리, 매듭이 구체적으로 무엇을 가리키느냐 하는 문제와 직결된다. 즉 그 계기는 인간 사유의 전환점을 구성해주는 새로운 종교적 창안물로서 역사의 창조적 계기라고 바꿔 말할 수 있겠다. 예컨대 봉건제라든가 기사도를 비롯한 신성로마제국의 제도는 비잔틴 세계에는 없던 새로운 종교적 창안물의 등장을 촉진시켰으며(본권 266절 참조), 중세 유대교의 신비주의인 카발라는 그노시스주의의 유산과 우주적 종교성을 정통 유대교 안에서 재생시킨 새로운 종교적 창안물이라 할 수 있다.(본권 289절 참조) 엘리아데가 볼 때 새로운 종교적 창안물은 세속적인 역사적 사실들에 대해 종교적인 가치를 부여valorization한다. 그리고 이와 같은 가치 부여는 역사를 통해 반복적으로 일어난다. 재가치 부여revalorization인 셈이다. 가령 20세기 서구에서 맑스-레닌주의가 불러일으킨 선풍은 12세기에 카타리파(순결파)와 같은 동방 기원의 천년왕국주의적 종교사상이 서유럽에 불러일으킨 유행과 유사한 구조를 가진다.(본권 294절 참조) 또한 망명 티베트인들이 현대 서구인들에게 끼친 문화적 영향은 1453년 비잔틴 제국의 붕괴 후 서구에서 그리스인들이 기여한 것과 유사한 형태를 보여준다.(본권 318절 참조) 요컨대 엘리아데는 여러 이단 종파의 사상, 민중적 신화와 의례, 마술, 연금술, 비의 종교 등을 이런 새로운 종교적 창안물의 관점에서 재해석하고 있다.(본권 「서문」 참조)

『세계종교사상사』 집필에 있어 세 번째 원칙인 거시적 관점은 종교적 종합의 정신을 강조하는 본서 곳곳에서 확인할 수 있다. 가령 이 책에서 무함마드는 전통적인 신화-의례적 시나리오와 사상 및 관습을 새롭게 종합한 종교적 천재로 묘사되고 있다.(본권 261절 참조) 또한 티베트 종교는 중세 힌두교 및 기독교가 이루어낸 종교적 종합과 유사한 구조를 보여준다고 말해진다. 다시 말해 세 경우 모두 전통적인 우주적 종교와 구제 종교(불교, 비슈누교, 기독교) 및 비의 전통(탄트리즘, 주술적 기법, 그노시스주의)의 만남이 이루어졌다는 것이다.(본권 318절 참조) 성배의 상징체계 및 시나리오 역시 기독교 고유의 상징, 헤르메스주의적 요소, 아라비아의 종교 전통, 고대적 입문 의례의 요소 등 다양한 문화 전통의 영향하에서 새롭게 재구성된 영적, 문화적 종합이다.(본권 270절 참조) 이 밖에도 본서에서 엘리아데는 오리게네스의 종교적 종합 정신(본권 254절 참조), 마이모니데스의 성서 전통과 아리스토텔레스 사상의 종합(본권 287절 참조), 플라톤, 아리스토텔레스, 아우구스티누스, 그리스 교부, 위-디오니시오스, 아시시의 프란체스코 등에게 영향받은 보나벤투라의 신학적 종합(본권 296절 참조), 뉴턴의 연금술과 기계론적 철학의 종합(본권 311절 참조)에 관해 언급하고 있다. 여기서 우리는 이와 같은 종합의 정신을 단순한 혼합과 혼동해서는 안 된다. 엘리아데가 말하는 종교적 종합이란 "종교들 간의 혼합과 동화의 기나긴 과정에서 생겨난 것"(본권 312절 참조)으로서 단순한 혼합보다 훨씬 더 정련된 정신적 구조물을 뜻하는 것이기 때문이다.

3. 패러독스의 자유

"사실과 패러독스 중에 하나를 골라야만 한다면, 나는 패러독스를 택할 것이다. 사실은 변한다. 하지만 패러독스는 항상 풍부하고 실재적이며 정당하다. 사실은 사물의 일면만을 보여준다. 반면에 패러독스는 고정되고 강요된 사실에 대한 반란이다. 사실은 변질되어 생기 없고 공허하며 무익한 사물死物이 되기 십상이다. 그러나 패러독스는 언제나 유연성과 생명력을 잃지 않는 하나의 태도이든.”(M. Eliade, *Soliloquies*)

이처럼 보편적 구조를 지닌 이야기, 새로운 종교적 창안물, 종합의 정신에 주목하는 거시적 관점 등 세 가지 원칙에 입각한『세계종교사상사』서술에 있어 우리가 간과해서는 안 될 원칙이 또 하나 있다. '역의 합일'이 가지는 중요성에 대한 강조가 그것이다. 예를 들어 본서에서 엘리아데는 역의 합일이라는 관점에서 기독교를 이해하고 있다. 즉 기독교에서 말하는 신은 무한한 초월자임과 동시에 역사에 개입하는 인격적 존재이고, 그리스도는 신이자 동시에 인간으로 주장되는데, 이런 인식은 역의 합일에 다름 아니라는 것이다. 마찬가지로 엘리아데는 보나벤투라(본권 296절 참조)라든가 쿠자의 니콜라스(본권 301절 참조) 사상의 핵심 또한 역의 합일에 있다고 파악한다. 이쯤에서 우리는 엘리아데 종교학이 토대로 삼고 있는 근본적인 인식론적 태도에 대해 생각해볼 필요가 있다. 이는 사실과 패러독스에 대한 그의 견해에서 매우 분명하게 드러난다.

사실은 그것이 일단 사실로서 고정되어버리면 막강한 권력을 소유하게 된다. 흔히 그것은 진실을 알고 밝히고자 하는 열정에서 시작되지만, 이른바 객관적 사실이라는 이름을 승인받은 후에는 허구라는 이름의 무수한 희생물 위에 견고한 성을 쌓아간다. 이는 특히 역사라는 사실성이 신화를 허구로 그려내고 논리라는 사실성이 상상력을 픽션으로 규정해온 근대 정신사에서 현저하게 엿보인다. 그러나 엘리아데의 생각에 의하면 사실은 항상 변한다. 어제의 사실이 오늘은 허구가 될 수 있다. 어쩌면 모든 사실이 허구가 될 수 있다는 가능성만이 유일한 사실일지도 모른다. 이는 어떤 사실이든 그것이 절대화될 수 없음을 시사한다. 게다가 모든 사실이 다 진실인 것은 아니다. 그리고 모든 진실이 다 사실인 것도 아니다.

그럼에도 불구하고 사실은 종종 절대적인 권위를 행사한다. 사실의 폭력이다. 사실성이라는 후광은 너무나 강렬한 것이어서 거기에 대항하기란 결코 쉽지 않다. 특히 강자의 역사가 만들어낸 사실성의 후광 앞에서 우리는 어쩔 수 없이 눈을 감아버리기 일쑤다. 하지만 어떤 사실은 그것이 사실성의 후광 안에서 스스로의 고정불변성을 주장하는 동안 서서히 변질되어간다. 그런데 엘리아데는 사실의 대칭으로서 허구 대신 패러독스를 말하고 있다. 즉 사실의 반대는 허구가 아니라 패러독스라는 것이다. 그는 패러독스로써 사실에 대한 반란을 꿈꾼 종교학자였다.

본서에서 여러 이단 종파나 신비주의 전통들을 하나의 탁월한 종교적 창안물로서 재해석하고 있는 것도 이런 반란의 꿈과 무관하지 않을 것이다. '역사의 공포'로부터의 자유, 시간으로부터의 자유를 희구한 그에게 있어 사실보다 패러독스가 생명을 가질 수 있는 것은, 그것이 고정되고 강요된 세계를 부정하는 하나의 유연한 태도로서 살아남는 한에 있어서이다. 그럴 때 비로소 자기와 다른 타자와의 대화와 화해가 가능할 것이기 때문이다. 그가 역사의 공포에 대항하는 새로운 휴머니즘을 제창하면서 전인全人, 즉 호모 렐리기오수스의 회복을 외친 것은 타자를 타자 그대로 승인함으로써 체득되어질 어떤 자유를 희망했기 때문이 아닐까? 가면 갈수록 있는 그대로의 타자를 승인하기 어려워지는 오늘날 우리에게 그것은 패러독스의 창조적 자유로 각인되지 않을 수 없다.

반역사주의, 환원주의, 독단적이고 주관적인 신학, 은폐된 오리엔탈리즘, 비학문적 픽션, 애매모호한 직관주의, 실증성과 정밀성을 결여한 제너럴리스트, 또 하나의 종교로서의 엘리아데 종교학 등, 엘리아데 비판에 흔히 따라다니는 수식어를 판단하는 문제 또한 본서를 읽는 독자 자신의 창조적 자유에 속해 있을 것이다.

2005년 봄의 끝, 자유의 뒤안길에서

옮긴이 박규태

찾아보기

[ㄱ]

(대천사) 가브리엘 110, 118, 132, 475
가온 250~252, 285
가이브 186
가자의 나탄 280, 282
게라르두스 243
게르만족 48, 147, 149, 484
게르하르트 그로테 332
게사르 427, 445, 538
겔룩파 430~433
겸양파 300, 323
고백자 막시무스 96, 98~99, 344, 469~470
고트족 54, 67
골디족 31

구루 286, 430~431, 434~435
그노시스주의 76~77, 101, 117, 128, 166, 170, 191, 200, 214, 230, 241, 260~262, 265, 267~269, 273~274, 277~279, 282, 291, 446
그노시스파 106, 283, 291, 295, 480
그레고리우스 팔라마스 97, 344, 348, 518~519
그리스도 단성론 93~94, 97, 469
길굴 279
길리악족 46

[ㄴ]

나로파 431, 535
나지안주스의 그레고리우스 73~74, 78

네스토리우스 93
네스토리우스파 13, 106, 129, 480
누사의 그레고리우스 78
누사이리파 192
눔 44~45, 456
뉴턴 243, 404, 411~413, 529~530
니르바나 433~434, 440
니사의 그레고리우스 74, 97~98, 344
니케포루스 345~346
니콜라스 카바실라스 350, 519
니파리 211, 495

[ㄷ]
다마스쿠스의 요하네스 101~102
다지보그 55, 57, 59, 462
다키르 239
단성론파 94, 129
달라이 라마 431
대大바실리우스 78, 80
데미우르고스 293
데우스 오티오수스 16, 26, 43, 55, 64, 104, 107, 293, 427, 472
도나투스 81, 467
도나투스파 80~81, 83, 467
도미니크 수도회 297
돌궐족 15, 450
둔스 스코투스 311~312, 513
드베쿠트 269~270, 506
디군 418~420

디바스 48
디보스 48, 60
디에바스 48
디에브스 48~50, 53, 457
디오니시오스 아레오파기타 78, 94, 97~99, 101, 317, 335, 469
디크르 201, 239, 346, 499

[ㄹ]
라다 165
라마 420, 430
라마교 13, 415
라마단 131, 194
라비아 198~199
라이마 51, 53, 458~459
라이프니츠 86
락탄티우스 69, 400
랍비 아키바 245, 262
랍비 엘리야 285
랍비 이스라엘 바알 셈 토브 284
래드로프 35
레쉬 62, 463
레싱 182, 338
레트인 47, 49~51, 458~459
레티살로 44
로만 야콥슨 57
로버트 플러드 409, 411, 413
로욜라의 이그나티우스 71, 396~398, 527

로이스브루크 331~332, 516
로저 베이컨 308, 407, 410
로제닛차 58
루미 233~237, 499
루제빗 58, 462
리투아니아인 47~48, 50, 370

[ㅁ]
마나트 108, 115, 472
마녀사냥 363~364, 375, 522
마니교 13, 15, 64, 71~72, 80~81, 85, 200, 229, 278, 295, 428, 440~441, 467, 478, 491, 498
마르그리트 포레 325~326, 515
마르실리오 피치노 375, 398~400, 528
마르코 폴로 14, 173, 492
마르티리아 88~89, 91, 468
마르파 431, 435, 444, 535
마리아 짐부타스 53
마이모니데스 255~259, 270, 308, 504
마이스터 에크하르트 78, 159, 227, 314, 316~322, 326, 329~330, 334, 513, 515
마이투나 440
마즈다교 229, 478, 497~498
마티시라 젬리아 58
마르틴 루터 182, 338, 375~390, 392~395, 397, 524~525
마틴 부버 286
마흐디 193, 196~197, 491
막데브루크의 메히틸데 323, 515
만다라 435
만주족 31
만주-퉁구스족 12
만트라 435
말라마티야 208, 494
메네스 50
메디네 50
메루 20
메르카바 246, 261~265, 506
메자 마테 50
메잘린파 288, 292, 347
모르도바족 45
모세 벤 야콥 코르도베로 276
모코슈 55, 58, 462
몽골인 14~17, 19~20, 34, 194, 449, 451~452
몽골족 11~12, 14
무 418~420, 438, 440, 533
무 몬토 41
무타 126
무타지라파 184~187
무함마드 70, 104~137, 140, 158, 184, 188~190, 192~193, 195~198, 203, 206, 209, 214, 216~217, 223, 232, 378, 472, 474~481

무함마드 잘랄 옷 딘→ 루미
미라즈 119, 203, 477
『미슈나』 244, 246~249, 256, 261, 500~501
미카엘 세르베투스 393, 527
미트라교 32, 152, 464
밀라레파 70~71, 420, 431, 435, 444~445, 535, 538

[ㅂ]
『바빌로니아 탈무드』 249~250, 501
바이 윌겐 17, 20~21, 35~37, 454
바주라야나 432
바틴 190
바흐만 229
『바히르』 268~269, 273, 506
바히아 이븐 파쿠다 253~254, 503
발도파 300, 322~323, 338
발렌틴 바이겔 392
발트족 47, 49, 456
백마술 52
베갈파 181, 300, 323~325, 525
베긴파 181, 300, 323~326, 331, 515
베난단테 369~370
베난단티 366, 369
베델 108
베슈트 46, 284
베이네뫼이넨 46
벨티르인 14, 17

보고밀파 63~64, 288~294, 463, 509~510
보굴인 45, 455
보단 147
보스라의 티투스 80
본교 415~416, 418~419, 422~431, 438, 532, 534~535
볼로스 55~57, 461
볼프람 폰 에셴바흐 172~173, 175, 488
부가 18
불가리아족 54
브리야트족 12, 22~23, 26, 31~34, 41, 454~455
비슈누교 165, 445
빙의 39, 108, 212, 373

[ㅅ]
사디아 벤 요셉 252~523, 257, 265, 503
사르마트족 54
사모예드인 44, 455
사바타이 츠비 260, 280~281, 508
사바타이주의 281~284, 508
사운 131
사울레 50, 53, 458
사페드 273, 275~276, 279, 507
사후 41, 74, 77, 102, 106, 136, 144~145, 148, 180, 193, 210~211, 219,

230, 257, 271, 284, 302, 321, 326, 328, 331, 423, 441~442, 494
산헤드린 245~246, 500
삼사라 433~434
생포리앙 샹피에 402
샤리아 184, 188, 190
샤머니즘 14, 21, 27, 29, 33~34, 39, 46, 420, 437, 453~456, 534, 536
샤먼 19~21, 26~43, 52, 105, 110, 231, 371, 421, 424, 436~437, 452~455
샤이흐 200, 206~207, 211, 223~224, 227, 236, 238
샤하다트 131
샴발라 176, 443~444, 538
샹카라 204
성 게르바시우스 91
성 게오르기우스 353, 355, 372
성 니콜라스 355, 468
성 닐루스 201, 473
성 도미니크 160, 297, 323, 396
성 루시아 52
성 바울 70, 96~97, 315, 379, 393
성 베네딕투스 142
성 베르나르두스 153, 159, 162, 307, 315, 318
성 보나벤투라 303~308, 510
성 스테파누스 86
성 아우구스티누스 68~74, 78~87, 144, 179, 223, 305, 308, 317, 331, 378, 380, 383, 393, 464~465, 467~468
성 안드레아 372
성 암브로시우스 71, 74, 83, 91, 172, 340
성 키릴루스 93
성 토마스 아퀴나스 99, 159, 305, 308~309, 312, 383, 512
성 펠릭스 89, 91
성 프란체스코 160, 181, 300, 303~305, 307, 315, 396, 511
성 히에로니무스 90
성물 숭배 87, 89, 91~92, 99, 468
성배 166, 172~176, 231, 486, 488
성상 파괴 운동 99~100, 463, 470
성인 숭배 86, 89, 91, 200, 468
성인식 29
세계의 형상 138, 161
세계축 19, 419
세르비티움 295
세바스찬 391
『세페르 예치라』 264~265, 272, 506
『세페르 하 조하르』 271~273, 276~277, 282
세피라 264, 272~273
세피로트 264, 271~272, 278, 286
센라브 니 보 424~426
셰키나 268, 272~273, 507

소년 십자군 156~157
소조트인 451
소피아 268, 342, 405
솔로몬 이븐 가비롤 253~254, 503
솜볼 부르칸 22
숄렘 262, 271, 277~278, 283, 285
수리야 50
수피즘 191, 197~201, 205, 210~212, 214, 217, 223, 235, 238, 240~241, 492~493, 495, 499
순교자 숭배 86~88, 468
순나 136, 183~184, 199
순니파 136, 183~187, 191~192, 196, 199, 490
쉬블리 211, 495
쉬우르 코마 264, 506
쉬하붓딘 야흐야 소흐라와르디 201, 215, 219~220, 227~233, 497~498
슐무스 24
스노카체스트보 61
스바로그 59
스반테빗 58, 462
스코투스 에리게누스 98, 266, 311~312, 513
스투디트의 테오도루스 101
시마르글루 55, 57, 462
시메온 275, 345, 518
시아파 6, 115, 118, 134~137, 183, 187~192, 195~196, 199, 206, 217, 232, 238, 242, 397, 482, 491, 493
신년 축제 355, 421~422
신비적 합일 165, 207, 211, 269, 307, 316, 318~319, 325, 327, 335, 396, 398, 440
신성 결혼 273
신의 나라 69~70, 259
신정론 25
신지학 188, 191, 199, 205, 219, 222, 228~229, 231~232, 271, 496, 498
신카발라 273~276, 279~280, 507
신플라톤주의 71~72, 75, 97, 200, 215~216, 219, 237, 264, 266, 269, 305, 376, 398~400, 402, 408, 414, 498, 528
신현 193, 238
십자가의 성 요한 396
십자군 151~159, 173, 175, 289, 298, 342~343, 379, 485, 511

[ㅇ]

아나스테나리아 353
아라트 108
아리스토텔레스 215~217, 220~222, 229, 240, 255~256, 258, 305, 308~309, 311, 383~385, 414, 504
아리우스파 67. 74. 91. 341
아베로에스 185, 213, 215, 220~223, 308, 311, 496

아벰파체 220, 496
아부 바크르 111, 121, 126~127, 133~134
아부 야지드 비스타미 203~204, 493
아부 유소프 알 킨디 215, 495
아불 카심 알 주나이드 204~207, 493
아브라함 아불라피아 269~271, 506
아비센나 213, 215, 217~218, 220, 222, 228, 243, 308, 495~496
아빌라의 성 테레사 396
아이 33
아이 토온 18, 33
아이누족 46
아티샤 430~431, 535
아포카타스타시스 76~78
안테스테리아 축제 353
알 가잘리 210, 212~215, 222, 238, 255~256, 495
알 파라비 185, 213, 216~217, 222, 495
알 할라즈 201, 204~211, 237, 243, 266, 294
알라리크 67, 69~70
알라트 108, 115, 472
알렉산드리아의 필론 252, 257, 502~503
알리에노르 다키텐 163~164, 169, 298, 486
알베르투스 마그누스 220, 309, 512

알비겐파 289, 298~299, 323, 511
알 아슈아리 186, 490
알웃자 108, 115, 472
알타이인 17, 34
압바스 왕조 137~139
야로빗 58
야쿠트족 23, 30~31, 33
얀 후스 338, 517
에라스무스 382, 385~389, 524~525
에튜겐 452
엑스터시 27~28, 31~32, 35~36, 38~42, 46, 51~53, 203~204, 207~209, 219, 228, 231~232, 235, 240, 254, 261~262, 266, 269~270, 275~276, 280, 286, 305, 307, 315, 330, 347, 370, 373, 431, 437, 444, 454, 475~477, 509, 517~519
엔 소프 271~272, 278
엘리아스 뢴로트 46
엘리아스 애쉬몰 409
엘릭 칸 23, 37
역의 합일 305~306, 336, 422, 434, 451
연금술 404~414
예니세이인 43, 451
예수회 182, 395~397, 527
오귀스트 콩트 182
오르마즈드(아후라 마즈다) 478
오리게네스 73~78, 83, 227, 465~466

찾아보기 561

오추르만 24
오치르바니 24
오킴의 윌리엄 308, 311~313, 339, 378, 383, 512~513
왈라야트 189, 193, 206, 232
요셉 카로 275, 507
요하난 벤 자카이 244~245, 500
요하네스 클리마쿠스 201, 345, 518
요한 발렌틴 안드레아 410, 413, 530
요한 타울러 322, 329~331
욤 키푸르 235
우룬 아이 토욘 18
우주목 20~21, 32~34, 458, 462, 520
우주산 20~21
우주적 기독교 247, 340, 352, 356
울라마 138, 200, 202, 238, 241
울리히 츠빙글리 382, 386, 389~392, 395, 526
움마 122, 129, 132~136, 479
유다 할레비 254~256, 503
유카기르인(족) 43, 46, 455
이그나티우스 데 로욜라
이맘 17, 136, 288~196, 199, 232, 242, 397, 491
이맘파 190~191, 193
이브라힘 이븐 아드함 198
이븐 루쉬드→ 아베로에스
이븐 마사라 219, 496
이븐 밧자→ 아벰파체

이븐 루쉬드→ 아비센나
이븐 아라비 219, 221, 223~227, 243, 496~497, 500
이븐 이스하크 109, 114, 474
이븐 토파일 220, 496
이븐 하즘 219, 496
이븐 할둔 199
이삭 루리아 274, 276~279, 282, 284, 507~508
이스마일파 189~196, 214, 217, 482, 491~492
이즈마 184, 221
이즈티하드 184
이코노스타시스 94
이콘 95, 99~103, 289, 340, 342, 470~471
입문 의례 26~33, 41, 105, 149, 167~171, 174~176, 198~201, 205~207, 213~214, 220, 224, 230~231, 249, 262, 280, 284, 295, 357~358, 361~362, 364, 412, 437, 442, 453~454, 487, 492, 521
입문 의례적 질병 29~30, 453
입문 의례적 해체 30
잇티살 212
잇티하드 212

[ㅈ]
자비르 이븐 하이얀 242

자유성령 형제자매단 325
자유성령운동 326, 515
자이드파 191
자카트 131
작은 형제단 301~303, 511
장 칼뱅 375, 377, 389, 392~395, 397, 526~527
장미십자단 409~410, 530
재세례파 391~392, 526~527
제멘 마테 50, 53
제미나 50
조로아스터교 229, 498
조르다노 브루노 375, 402
존 디 408~409, 413
존 위클리프 338, 387
종교의 융합 18, 424
종교 혼합주의 478
종교적 아나키즘 281
주르반교 64, 428, 498
줄 눈 201~202, 493
지롤라모 사보나롤라 339
지하로의 하강 36, 406
진 108, 111, 116

[ㅊ]
차간 슈크르티 24
차디크 284~287
차라투스트라 194, 228
천(공)신 14~15, 17~18, 26, 43~44, 48~49, 55, 451, 456, 461
천상으로의 상승 41
체레미스인 43, 45, 455
총카파 431, 440, 535, 537
츄 416~417, 423, 436~437, 532, 536
침춤 276~277
칭기즈칸 12, 14, 17, 450

[ㅋ]
카간 16
카라이파 248, 251, 501~502
카바 107, 114, 119, 123~127, 132, 197, 223, 474, 479
카발라 191, 265, 267~271, 273~279, 283~285, 401, 488, 505~506, 508, 529
카타리나 326
카타리파 64, 268, 293~300, 324, 510
칼람 184, 210, 213, 253, 258, 490, 495
『칼레발라』 46, 456
칼루샤리 358~362, 374, 521
칼리칸차리 353
칼케돈 신경 94, 97
캄 35
캔터베리의 안셀무스 159, 308, 514
코리악인(족) 43, 455
코르스 55, 57, 59
코헨 108

콘벤차 295
콘솔라멘툼 295~296
콘스탄티누스 대제 67, 87
콘코르단치아 335
콜린다토리 355~356, 358, 521
콜린데 355, 357~358
쿠르비스탄(=오르마즈드) 23
쿠바이코 41
쿠자의 니콜라스(니콜라스 크레브스) 99, 157, 322, 334~338, 516, 519
쿠주 43
쿠팔라 462
크리스찬 로젠크로이츠 409, 530
키야스 184
키프리아누스 83

[ㅌ]
타리카 234~235
타우로볼리움 32
타우히드 185
타월 189, 230
타키투스 57, 149, 151
타타르족 41
탈무드 248~250, 252, 262, 264, 271, 273~274, 284, 501
탱그리 14~17, 26, 43, 451
테오시스(인간의 신화神化) 96~97, 273, 341, 344~345, 400, 469
텡게리 14, 21, 33

토마스 캄파넬라 158~159
투르크족 11~12, 14
퉁구스족 18, 451
트렌트공의회 394~396
트루바두르 163, 166, 219, 298, 486
『티베트 사자의 서』 441~444, 537
틱쿤 277~279

[ㅍ]
파라셀수스 376, 391, 404~405, 409, 413, 529
파르마의 요한 303
『파르지팔』 172, 174, 488
팜필리우스 75
페델리 다모레 166~169, 172, 486~487
페룬 55~56, 461
페르쿠나스 49, 53, 56, 457
페르쿠온스 49, 457~458
펠라기우스 76, 81~83, 467
펠라기우스주의 82~83, 384, 467
포로빗 58
폰티쿠스의 에바그리우스 74, 78, 315
프란체스코회 180~181, 299~304, 307~308, 403
플레로마 261, 268
피바 417, 419, 532
피오레의 요아킴 78, 177, 277, 303, 327, 408, 488~489
피코 델라 미란돌라 400, 528

핀-우골인 42, 60, 449, 455
필리오케 339, 341~343, 517

훈족 11~12, 15, 54, 452

[ㅎ]
하니프교 123
『하디스』 132, 184, 188, 192, 221
하시디즘 196, 231, 265, 284~286,
  500, 505, 508
하인리히 수조 322, 329~331
하인리히 쿤라트 408~409
하임 비탈 276, 279
하지 127, 131, 207
하리지파 135~136
하키카트 188~190
할라카 256, 262
헤르메스 228, 402~404
헤르메스 트리스메기스투스 399~
  401, 488
헤르메스주의 174, 176, 228, 242~243,
  261~262, 274, 398~404, 408~409,
  413~414, 488, 519, 528
헤시카스트(정적주의자) 201~202,
  345, 347~348, 350
헤지라 121~123, 185, 481
헬몬드 55, 461
현자의 돌 405~408
화르나프 174, 229
후사인 티르미지 202, 205~206,
  493~494

찾아보기 565

세계종교사상사 1
석기시대에서부터 엘레우시스의 비의까지

서문

제1장 시간의 처음에……구석기인들의 주술-종교적 행위
1. 방향잡기. 도구를 만드는 도구. 불 "길들이기"
2. 선사 자료의 "불투명성"
3. 매장의 상징적 의미
4. 뼈의 퇴적물과 연관된 논쟁
5. 암벽화: 이미지인가, 상징인가?
6. 여성의 존재
7. 구석기 수렵인들의 의례, 사상 그리고 상상력

제2장 가장 길었던 혁명: 농경의 발견 – 중석기와 신석기시대
8. 잃어버린 낙원
9. 노동, 기술 그리고 상상의 세계
10. 구석기 수렵민들의 유산
11. 식용식물의 재배: 기원 신화
12. 여성과 식물. 성스러운 공간과 세계의 주기적 갱신
13. 근동 지역의 신석기시대의 종교
14. 신석기시대의 정신적 구조물
15. 야금술의 종교적 맥락: 철기시대의 신화

제3장 메소포타미아의 종교
16. "역사는 수메르에서 시작된다……"
17. 신 앞에 선 인간
18. 최초의 홍수 신화
19. 지하 세계로 내려감: 이난나와 두무지
20. 수메르와 아카드의 종합
21. 세계의 창조
22. 메소포타미아 왕의 신성성
23. 불사를 추구했던 길가메시
24. 운명과 신들

제4장 고대 이집트의 종교적 관념과 정치적 위기
25. 잊혀지지 않을 기적: "최초의 시간"
26. 신들의 계보와 우주의 창조
27. 육화한 신의 책임
28. 승천하는 파라오
29. 오시리스, 살해된 신
30. 신성 왕권의 중단: 무질서, 절망 그리고 사후의 "민주화"
31. "태양신화"의 신학과 정치
32. 아켄아톤 혹은 좌절된 개혁
33. 최후의 종합: 라와 오시리스의 결합

제5장 거석, 신전, 제의의 중심: 유럽, 지중해 지역, 인더스 강 유역
34. 돌과 바나나
35. 의식의 중심지와 거석 구조물
36. "거석의 수수께끼"
37. 민족지와 선사
38. 인도의 초기 도시들
39. 원역사적 종교 개념과 힌두교의 대응물
40. 크레타 섬: 신성한 동굴, 미궁, 여신
41. 미노아 종교의 특징
42. 그리스 이전의 종교 구조의 연속성

제6장 히타이트와 가나안의 종교
43. 아나톨리아의 공존과 히타이트의 혼합주의
44. "사라지는 신"
45. 용을 무찌름
46. 쿠마르비와 주권
47. 신들의 세대 간 갈등
48. 가나안의 신들: 우가리트
49. 바알의 통치권 장악과 용 퇴치
50. 바알의 궁전
51. 바알과 모트의 대결: 죽음과 재생
52. 가나안의 종교적 전망

제7장 "이스라엘이 어렸을 적에……"
53. 「창세기」의 처음 두 장
54. 잃어버린 낙원. 카인과 아벨
55. 홍수 이전과 이후
56. 족장들의 종교
57. 아브라함, "믿음의 아버지"
58. 모세와 이집트 탈출
59. "나는 스스로 존재하는 자라"
60. 사사 시대의 종교: 혼합주의의 첫 번째 단계

제8장 인도-유럽 민족의 종교. 베다의 신들.
61. 인도-유럽 민족의 원역사
62. 최초의 판테온과 공통의 종교 어휘
63. 인도-유럽 민족의 3기능 이데올로기
64. 인도의 아리아인
65. 바루나, 원초적 신: 데바와 아수라
66. 바루나: 세계의 왕이자 "주술사", "리타"와 "마야"
67. 뱀과 신. 미트라, 아리아만, 아디티
68. 인드라, 승리자이자 조물주
69. 아그니, 신들의 사제: 희생 제의의 불, 빛, 지성
70. 소마 신과 "불사"의 음료
71. 베다 시대의 두 위대한 신: 루드라-시바와 비슈누

9장 고타마 붓다 이전의 인도:
우주적 희생 제의와 아트만-브라흐만의 동일성
- 72. 베다 의례의 형태학
- 73. 최고의 희생 제의: "아슈바메다"와 "프루샤메다"
- 74. 의례의 입문 의례적 구조: 입문 의례(디크샤), 왕의 즉위식(라자수야)
- 75. 천지창조와 형이상학
- 76. 『브라흐마나』 속의 희생 제의의 교의
- 77. 종말론: 희생 제의를 통한 프라자파티와의 동일화
- 78. "타파스": 고행의 기법과 변증법적 사유
- 79. 고행자들과 엑스터시 체험자들: "무니", "브라티야"
- 80. 우파니샤드와 리쉬들의 탐구: 자기 행위의 "결과"로부터 어떻게 자유로워질 것인가?
- 81. "아트만"-브라흐만의 동일성과 내면적 빛의 경험
- 82. 브라흐만의 두 가지 양태와 물질에 "사로잡힌" "아트만"의 신비

제10장 제우스와 그리스 종교
- 83. 신통기와 신들의 세대 간 갈등
- 84. 제우스의 승리와 지배권
- 85. 최초의 종족에 관한 신화. 프로메테우스. 판도라
- 86. 원초적인 희생 제의의 결과
- 87. 인간과 운명: "생의 환희"의 의미

제11장 올림포스 신들과 영웅들
- 88. 몰락한 대신과 대장장이-주술사: 포세이돈과 헤파이스토스
- 89. 아폴론: 모순들의 화해
- 90. 신탁과 정화
- 91. "환영"으로부터 지식으로
- 92. 헤르메스, "인간의 친구"
- 93. 여신들 I: 헤라와 아르테미스
- 94. 여신들 II: 아테나와 아프로디테
- 95. 영웅들

제12장 엘레우시스의 비의
- 96. 신화: 명계의 페르세포네
- 97. 입문 의례: 공적 의식과 비밀 의례
- 98. 비의를 알 수 있는가?
- 99. "비밀"과 "비밀 의례"

제13장 차라투스트라와 이란 종교
- 100. 수수께끼
- 101. 차라투스트라의 생애: 역사와 신화
- 102. 샤먼적 엑스터시?
- 103. 아후라 마즈다의 계시: 인간은 선 또는 악을 자유롭게 선택할 수 있다
- 104. 세상의 "변용"
- 105. 아케메네스 왕조의 종교
- 106. 이란의 왕과 신년 축제
- 107. 마구스의 문제. 스키타이인들
- 108. 마즈다교의 새로운 측면: 하오마 제의
- 109. 미트라 신의 지위 상승
- 110. 아후라 마즈다와 종말론적 희생 제의
- 111. 사후의 영혼의 여행
- 112. 몸의 부활

제14장 왕과 예언자 시대의 이스라엘 종교
- 113. 왕권 제도: 종교적 융합의 최고점
- 114. 야훼와 피조물
- 115. 욥, 시험받는 의인
- 116. 예언자들의 시대
- 117. 목자 아모스, 사랑받지 못한 자 호세아
- 118. 이사야: "이스라엘의 남은 자"가 돌아올 것이다
- 119. 예레미야에게 준 약속
- 120. 예루살렘의 함락, 에스겔의 사명
- 121. "역사의 공포"에 대한 종교적 가치 부여

제15장 디오니소스 혹은 되찾은 축복
- 122. "두 번 태어난" 신의 현현과 신비화
- 123. 몇몇 공적 축제의 시원성
- 124. 에우리피데스와 디오니소스적 광란
- 125. 그리스인이 신의 존재를 재발견했을 때……

약어표
연구 현황 및 비판적 문헌 해제
엘리아데의 저서 목록
옮기고 나서
찾아보기
2권의 차례
3권의 차례

세계종교사상사 2
고타마 붓다에서부터 기독교의 승리까지

서문

제16장 고대 중국의 종교
126. 신석기시대의 종교 신앙
127. 청동기시대의 종교: 천신과 조상
128. 왕조의 귀감: 주
129. 세계의 기원과 구성
130. 양극성, 교대 그리고 재통합
131. 공자: 예의 위력
132. 노자와 도교
133. 장생술
134. 도교와 연금술

제17장 브라만교와 힌두교: 최초의 철학과 구제의 기법
135. "모든 것은 고통이다……"
136. 최상의 "깨달음"을 얻는 법
137. 사사의 역사와 문헌의 연대
138. 체계화되기 이전의 베단타파
139. 상키야-요가학파에서의 정신
140. 창조의 의미: 정신의 해탈을 돕기
141. 해탈의 의미
142. 요가: 단일한 대상에 대한 집중
143. 요가의 기법
144. 신의 역할
145. 삼마디와 "기적의 힘"
146. 최종적 해탈

제18장 붓다와 그의 시대
147. 왕자 싯다르타
148. 위대한 출가
149. "깨달음", 법을 가르침
150. 데바닷타의 분파, 최후의 개종, 붓다의 입멸
151. 종교적 환경: 떠돌이 고행자들
152. 마하비라와 "세계의 구원자"
153. 자이나교의 교의와 실천
154. 아지비카들과 "운명"의 전능성

제19장 붓다의 멧시지:
영원회귀의 공포로부터 언어를 넘어선 지복으로
155. 독화살에 맞은 사나이……
156. "사성제"와 "중도"
157. 만물의 비영속성과 아나타의 교리
158. 열반에 이르는 길
159. 명상의 기법과 "지혜"에 의한 조명
160. 조건을 벗어난 자의 역설

제20장 로마의 종교: 기원에서부터 바쿠스제에 대한 박해까지(BC 186)
161. 로물루스와 희생 제물
162. 인도-유럽 신화의 "역사화"
163. 로마 종교성의 고유한 특징들
164. 사적인 의례: 페나테스, 라레스, 마네스
165. 사제, 점복관, 신도 집단
166. 유피테르, 마르스, 퀴리누스 그리고 카피톨리움의 삼위신
167. 에트루리아인들: 수수께끼와 가설들
168. 위기와 재난들: 갈리아 지역의 지배에서 제2차 포에니 전쟁까지

제21장 켈트족, 게르만족, 트라키아인 그리고 게타에족
169. 선사시대 요소들의 계승
170. 인도-유럽의 유산
171. 켈트족의 판테온을 재구성하는 것은 가능한가?
172. 드루이드들과 그들의 비의적인 가르침
173. 이그드라실과 고대 게르만족의 우주 창조론
174. 아스 신족과 바나 신족. 오딘과 그의 "샤먼적인" 능력들
175. 전쟁, 엑스터시 그리고 죽음
176. 아스 신족: 티르, 토르, 발드르
177. 바나 신족. 로키. 세상의 종말
178. 트라키아인, 역사의 "위대한 무명인"
179. 잘목시스와 "불사화"

제22장 오르페우스, 피타고라스 그리고 새로운 종말론
180. 오르페우스 신화: 수금 연주자와 "입문 의례의 창시자"
181. 오르페우스교의 신통기와 인간론: 윤회와 영혼의 불멸
182. 새로운 종말론
183. 플라톤, 피타고라스 그리고 오르페우스교
184. 알렉산드로스 대왕과 헬레니즘 문화

제23장 불교의 역사: 마하카샤파에서 나가르주나까지
185. 불교의 최초의 분열
186. 알렉산드로스 대왕에서 아소카 왕에 이르는 시대
187. 교리상의 대립과 새로운 통합
188. "보살도"
189. 나가르주나와 일체공의 교리
190. 마하비라 이후의 자이나교: 학문, 우주론, 구원론

제24장 힌두교의 종합: 『마하바라타』와 『바가바드기타』
191. 18일 동안의 전쟁
192. 종말론적 전쟁과 세계의 종말
193. 크리슈나의 계시
194. "자기 행위의 결과를 포기하라"
195. "분리"와 "통합"

제25장 유대교의 시련: 묵시문학에서 토라의 찬미까지
196. 종말론의 시작
197. 종말론의 예언자, 학개와 스가랴
198. 메시아적 왕에 대한 기다림
199. 율법주의의 발전
200. 신성한 지혜의 인격화
201. 절망에서 새로운 신정론으로: 『전도서』와 『집회서』
202. 최초의 묵시문학: 『다니엘』과 『에녹1』
203. 유일한 희망: 세계의 종말
204. 바리새인들의 반동: 토라에 대한 찬미

제26장 헬레니즘 시대의 혼합주의와 창조성: 구원의 약속
205. 신비종교
206. 신비의 디오니소스
207. 아티스와 키벨레
208. 이시스와 이집트의 비의
209. 헤르메스 트리스메기스투스의 계시
210. 헤르메스주의의 입문 의례적인 측면
211. 헬레니즘의 연금술

제27장 이란의 새로운 종합
212. 아르샤케스 왕조 치하(BC 247~AD 226)의 종교적 지향
213. 주르반과 악의 기원
214. 시간의 종말론적인 기능
215. 두 가지 창조: 메녹과 게틱
216. 가요마르트에서 사오쉬얀트로
217. 미트라교와 비의
218. "만약 기독교의 성장이 중단되었다면……"

제28장 기독교의 탄생
219. "모호한 유대인": 나사렛의 예수
220. 복음: 하느님의 나라가 가까이 왔다
221. 교회의 탄생
222. 이교도들을 위한 사도
223. 쿰란의 에세네파
224. 성전의 파괴, 재림의 지체

제29장 제국 시대의 이교, 기독교 그리고 그노시스
225. 이제 동정녀가 돌아고……
226. 비공인 종교의 수난
227. 기독교적 그노시스
228. 그노시스주의에 대한 접근
229. 시몬 마구스에서 발렌티누스까지
230. 그노시스주의의 신화, 이미지, 은유
231. 순교한 성령
232. 마니교의 그노시스
233. 위대한 신화: 신성한 영혼의 타락과 구원
234. 전율적인 신비로서의 절대적 이원론

제30장 신들의 여명기
235. 이단과 정통
236. 십자가와 생명의 나무
237. "우주적 기독교"를 향해
238. 신학의 만개
239. 솔 인빅투스와 너희는 이 징표 아래에서 승리할 것이다……
240. 엘레우시스에서 멈춘 버스……

약어표
연구 현황 및 비판적 문헌 해제
엘리아데의 저서 목록
옮기고 나서
찾아보기
1권의 차례
3권의 차례